ANTHONY SUMMERS
J. Edgar Hoover

ANTHONY SUMMERS

J. Edgar Hoover
Der Pate im FBI

übersetzt von
Ursula Pommer
und
Andreas Model

LANGEN MÜLLER

38 Abbildungen

Titel der Originalausgabe von 1993
*Official and Confidential
The Secret Life of
J. Edgar Hoover*
G. P. Putnam's Sons, New York

Das Schutzumschlag-Motiv hinten zeigt J. Edgar Hoover mit dem Präsidenten
J. F. Kennedy und dem Justizminister R. Kennedy im Weißen Haus.
(UPI/Bettmann News Photos)

© by Anthony Summers
Alle Rechte für die deutsche Ausgabe
1993 by Langen Müller
in der F. A. Herbig Verlagsbuchhandlung München · Berlin
Umschlaggestaltung: A. Bachmann, Reischach
Satz: Herbrecht Verlag, München
Gesetzt aus: 11/12 Times New Roman, System Apple Macintosh
Druck: Jos. C. Huber, Dießen
Binden: Thomas Buchbinderei, Augsburg
Printed in Germany
ISBN: 3-7744-2472-4

INHALT

7	*Zu diesem Buch*
9	Prolog
15	Kapitel 1-35
432	Epilog
446	*Anmerkungen*
468	*Abkürzungen*
471	Anhang
472	*Danksagung*
474	*Bibliographie*
485	*Personenregister*
493	*Bildnachweis*

Für Robbyn

ZU DIESEM BUCH

Ich danke den nachstehenden Kollegen und Freunden, die dieses Buch möglich gemacht haben. Auf den letzten Seiten dieses Buches ist eine weitere lange Anerkennungs-, Dank- und Namensliste zu finden. Das Projekt dauerte fünf Jahre und erforderte einen Arbeitsaufwand, den allein zu bewältigen ich nicht einmal hoffen konnte. Etwa 850 Leute wurden interviewt und die Aufbewahrung von 100 000 und mehr Dokumenten erforderten den Ausbau eines ganzes Geschosses in meinem Haus.
Was die Recherchen anbelangt, so bin ich besonders Frau Dr. Kathrin Castle dankbar, Lektorin für amerikanische Geschichte an der Universität von North London, wie auch ihrem Mann, Paul Sutton, die beide ein Jahr in den Vereinigten Staaten verbrachten und ausgedehnte Nachforschungen in San Francisco und Washington durchführten. Ingrid Young und Glyn Wright erwiesen sich als echte Sherlock Holmes, wenn es darum ging, Befrager und obskure Dokumente zu überprüfen. In Irland schrieb Jeanette Roots unter Mithilfe von Pauline Lombard unermüdlich das Manuskript und organisierte das ständig wachsende Archiv.
Das Buch wurde von der Putman-Präsidentin Phyllis Graim konzipiert, die ihrem Ruf als legendäre Herausgeberin alle Ehre machte. Auch in New York war Andrea Chambers eine respektgebietende Schriftleiterin. Allison Hargraves, die Redakteurin vom Dienst, bewältige mit peinlicher Genauigkeit bergeweise Details. Bei Gollancz in London erwiesen sich Liz Knights und Joanna Goldsworthy wieder einmal als wirklich loyal und als erstklassige Verlagsleute. Der Nestor der Agenten in Manhatten, Oterlin Lord, führte mir in anstrengenden Zeiten immer neuen Stoff zu und Mark Lucas, mein Londoner Agent, wurde für mich zum Ratgeber.
Niemals werde ich meine Dankesschuld an die Washingtoner Journalistin Robbyn Swan abtragen können. Ursprünglich stieß sie zu dem Projekt, nur um ein paar Interviews zu führen, blieb dann aber vier Jahre und eroberte mein Herz. Robbyn, die heute meine Frau ist, hat mehr zu beanspruchen als nur meinen Dank.

Irland, im Jahre 1992 *A. Summers*

PROLOG

Oktober 1971 im ovalen Office des Weißen Hauses. Der Präsident der Vereinigten Staaten, sein Justizminister sowie einige seiner engeren Berater haben sich mit einem Problem herumzuschlagen, und dieses Problem ist ein alter Mann, ein Mann, vor dem der Regierungschef Angst hat.
Richard Nixon: »Es gäbe eine Menge Gründe, derentwegen er zurücktreten sollte... er sollte sich lieber zum Teufel scheren... vielleicht sollte ich ihn hierher bestellen und ihm den Rücktritt einreden... aber da gibt es Probleme... wenn er es tut, muß er es freiwillig tun... deswegen befinden wir uns in so verdammten Schwierigkeiten... ich glaube, der bleibt, bis er hundert Jahre alt ist.«
John Mitchell: »Der bleibt, bis man ihn dort beerdigt. Unsterblich.«
Richard Nixon: »Ich finde, wir müssen die Situation vermeiden, in der er mit einem Donnerschlag abgehen würde... wir haben es hier mit einem zu tun, der, wenn er geht, gleich den ganzen Tempel mit einreißt, und mich dazu... Das gibt noch Scherereien...«[1]
Sieben Monate später, am 2. Mai 1972, erwies sich das Problem des Präsidenten schließlich doch noch als sterblich. J. Edgar Hoover, Chef des FBI, mit 72 Jahren immer noch im Amt, starb. Den Berichten zufolge fand seine Haushälterin seine Leiche im Schlafzimmer seiner Wohnung neben dem Himmelbett. Es sah aus, als habe er einen weiteren nächtlichen Herzanfall erlitten, und es gab keine Obduktion.
Doch es gab jemanden in Washington – jemand mit viel Macht –, der sich selbst noch nach Hoovers Tod durch ihn bedroht fühlte. Als das Beerdigungsunternehmen mit einigen Leuten im Haus erschien, um die Leiche abzuholen, bot sich ihnen ein seltsamer Anblick. Am Fuß der Treppe saß in einem Sessel mit starrer Lehne ein ältlicher Herr und starrte in die Luft. Um ihn herum ein Kommen und Gehen, ein Hin und Her von einer Anzahl junger Männer – die intensiv mit einer mysteriösen Aufgabe beschäftigt zu sein schienen.
Genau vier Stunden nach der Entdeckung der Leiche hatten die Männer begonnen, das Haus vom Boden bis zum Keller zu durchsuchen. Sie durchstöberten Schubladen, nahmen Bücher aus den Bücherborden, eines nach dem anderen, blätterten es durch und fuhren mit ihrer Arbeit fort. Der alte Mann im Sessel, der engste Freund des Toten – sein Liebhaber, wie manche sagten – schien nicht wahrzunehmen, was sie taten.

Am nächsten Tag wurde Hoovers Leiche mit großem Pomp ins Kapitol überführt, wo sie auf den gleichen schwarzen Katafalk aufgebahrt wurde, der schon Abraham Lincoln und acht weitere Präsidenten getragen hatte. Im Gebäude defilierten die Menschen vorbei, um ihm die letzte Ehre zu erweisen. Ungefähr eintausend stündlich. Draußen hörten ein paar hundert Demonstranten eine »Kriegsliturgie«, die Namensverlesung von 48 000 Amerikanern, die im Vietnamkrieg gefallen waren.

Zwischen den Demonstranten bewegten sich zehn Leute aus dem Weißen Haus mit der Mission, Randale zu provozieren und dadurch die Menge zu zerstreuen. Unter ihnen befanden sich einige Exilkubaner, die bereits in vorausgegangene illegale Einbrüche verwickelt waren und die bald darauf bei der Watergate-Aktion auf frischer Tat ertappt werden sollten. Während sie dort am späten Abend wartend standen, nur einige Meter vom Kapitol entfernt, wo der tote Mann lag, sprachen zwei der Männer über Hoover.

»Erst vor kurzem noch«, sagte der eine und setzte den anderen damit in Erstaunen, »soll auf Veranlassung des Weißen Hauses bei Hoover eingebrochen worden sein.« Aber dann schwieg er plötzlich. Mehr darüber zu reden, meinte er, sei gefährlich.

Den Tag danach erzählte man sich, daß Präsident Nixon die Nachricht von Hoovers Tod mit einem langen Schweigen aufgenommen und dann nichts mehr weiter gesagt habe, als »Ach, du lieber Himmel! Dieser alte Schwanzlutscher!« Irgendwelche Gefühlsregungen habe er nicht gezeigt. Der öffentlichen Meinung wegen habe Nixon vom Ableben eines amerikanischen Nationalhelden gesprochen. Er war es auch, der angeordnet hatte, daß Hoover feierlich im Kapitol aufgebahrt werden sollte – der erste zivile Staatsdiener, der je in dieser Weise geehrt wurde. Er hielt eine Lobrede auf Hoover als auf einen Giganten, der ein nationales Symbol von Mut, Patriotismus, stahlharter Ehrenhaftigkeit und Integrität gewesen sei.

Für Millionen Amerikaner war Hoover ein Held. Vor langer Zeit, – in den zwanziger Jahren, – hatte er praktisch das FBI gegründet. Er hatte es aufgebaut und in hervorragender Art und Weise reorganisiert. Das genügte, um ihn zum G-Mann Nr.1 zu stempeln, zum Verhängnis der Gangster des Mittelwestens – Dillinger, »Maschinengewehr«-Kelly, Alvin »Kriecher« Karpis und »Babyface Nelson«.

Später wurde Hoover etwas viel Bedeutenderes als nur das Auge des Gesetzes – er war von Präsident Roosevelt beauftragt worden, die innere Sicherheit der Vereinigten Staaten zu schützen. Damit entwickelte er sich zum Streiter gegen deren heimtückischsten Feinde, an erster Stelle die Nazis und dann gegen seine Lieblingsfeinde, die Kommunisten und im übrigen gegen alle, die es wagten, politisch aufzumucken. Unendliche Publicity machten Hoover zu einer wandelnden Legende.

Er wurde zu Lebzeiten mit Ehrungen überhäuft. Präsident Truman verlieh ihm die Medaille »für besondere Dienste für die Vereinigten Staaten, und Eisenhower erkor ihn zum ersten Empfänger des Preises »für außergewöhnliche Leistungen im Dienste der Vereinigten Staaten«, die höchste Ehre, die einem Zivilbeamten widerfahren konnte. Der Name »Hoover« stand für die Sicherheit der Nation, für die Grundwerte der amerikanischen Gesellschaft und – obgleich nur wenige das in der Öffentlichkeit zu äußern wagen – für Furcht.
Wie vielen der acht Präsidenten, denen Hoover gedient hatte, war auch Nixon diese Furcht wohlbekannt. Seine Verbindung zu dem Direktor des FBI bestand seit langem und hatte ihre durchaus ironischen Akzente. Noch als schmächtiger junger Mann hatte Nixon sich als Spezialagent in Hoovers FBI beworben. Als flügge gewordener Kongreßabgeordneter war er mit seinem Kreuzzug gegen die Linken, zu dem Hoover ihn angeregt hatte, schnell zu Erfolg gekommen. Er hatte Wohlwollen und eine helfende Hand gefunden. Er hatte mit Hoover aus dessen bevorzugten Wasserlöchern getrunken, er und der alte Mann teilten die Feinde miteinander, die Geheimnisse und die Machtgier. Als der Jüngere schließlich zur Präsidentschaft kam, zum Gipfel, den Hoover einst selbst gern erreicht hätte, schienen die beiden natürliche Verbündete zu sein.
Doch Nixon hatte jetzt öfters Zusammenstöße mit Hoover. Schon bald schien es nicht mehr möglich, mit dem Direktor des FBI noch lange Zeit zusammenarbeiten zu können. Hoover beendete abrupt die Verbindung zu allen anderen Nachrichtendiensten, mehr des Selbstschutzes wegen als aus Prinzip, er sabotierte den Schlachtplan des Präsidenten für eine Überwachungsoffensive gegen radikale Aktivisten. Dann erregte er Nixons Zorn durch die Nachforschungen, die er unter sanftem Druck über Daniel Ellsberg anstellte, der als Analytiker für die Regierung tätig war und der Dokumente über den Vietnamkrieg an die Presse weitergeleitet hatte. Seine unberechenbaren Auftritte in der Öffentlichkeit jagten die Administration in immer neue Peinlichkeiten. Dennoch wagte Richard Nixon es nicht, ihn zu entlassen – er versuchte es allerdings einige Male.
In Herbst 1971 wurde bekannt, daß Nixon Hoover zu einem klärenden Gespräch herbeizitiert hatte. Die Beamten saßen vor der Tür, schauten auf die Uhr und warteten auf die Nachricht, das der Direktor nun endlich vor die Tür gesetzt worden sei. Diese Nachricht kam nicht. Sie kam nie. Auch wenn Nixon es niemals zugegeben hätte, focht der alte Mann gegen jede auf ihn zukommende Katastrophe mit der schärfsten Waffe, die er besaß: Seiner so genauen Kenntnis von Hintergründen und Zusammenhängen.
Kürzlich freigegebene Protokolle aus dem Weißen Haus enthüllen, daß der Präsident und seine Mitarbeiter eine panische Angst hatten wegen

des Schadens, den Hoover anrichten konnte. Auf Nixons Anordnung jagten Mitarbeiter hinter belastenden Unterlagen her – unter dem Vorwand, der Präsident hätte das Abhören von Journalisten und Nachrichtenleuten befohlen, »bevor Hoover einen Wirbel machen könne«. Es gab noch eine Menge anderer Gründe, um sich zu fürchten. Es scheint, als ob Hoover um einige Rechtswidrigkeiten des Weißen Hauses wußte. Er besaß auch Informationen, die Nixon persönlich betrafen – Material für einen Skandal, in dem eine Frau eine große Rolle spielte.
Dem Direktor waren Nixons Sünden und Geheimnisse genauso wie die von manchem anderen bekannt. Als er starb, brach eine Panik aus wegen der Informationen, die möglicherweise zu finden sein würden. Nixons Chef des Stabes kritzelte eine Notiz aufs Papier: »...finden Sie heraus, was es dort gibt, wer die Kontrolle darüber hat, wo die dicken Hunde liegen...«
Im Kongreß lebten viele Senatoren und Kongreßangehörige in Angst und Schrecken wegen der Akten, die Hoover über sie angelegt hatte oder möglicherweise angelegt haben könnte. Mittlerweile ist es erwiesen, daß ihre Ängste berechtigt waren. Berichte beweisen einwandfrei, daß FBI-Agenten routinemäßig und im Detail über die sexuellen Aktivitäten von Politikern – homosexuellen wie heterosexuellen – berichteten. Es gibt Augenzeugenberichte darüber, daß ein Senator, nachdem ihm seine Akte vorgelesen worden war, so schockiert war, daß er arbeitsunfähig wurde. Einer von Hoovers engsten Mitarbeitern, William Sullivan, beschrieb Hoover – nach seinem Tod – als einen »Meister der Erpressung«.
Aber das ist nur eine Seite der Geschichte. Neuere Nachforschungen ergaben, daß dieser unglaublich mächtige Mann selbst dunkle Flecken in seinem Leben aufzuweisen hatte. Er war das Produkt einer schlimmen Kindheit, der Sohn eines psychisch kranken Vaters und einer äußerst dominanten Mutter. Sein Leben als Heranwachsender war verbogen durch Tumult der Gefühle und sexuelle Verwirrungen. Der Mann, der den Amerikanern strenge Moralpredigten hielt, war selbst Homosexueller, ja sogar Transvestit.
Hoover warnte wiederholt, daß Homosexuelle mit das erste Ziel rücksichtsloser Nachrichtendienste für Kompromittierungen jeder Art sein könnten. Er meinte damit wohl sein eigenes Schreckgespenst – die Sowjetunion. Die eigene Verletzlichkeit in dieser Hinsicht plagte ihn so, das er sogar einmal einen Washingtoner Psychiater aufsuchte, um bei ihm Hilfe zu finden.
Die Vorstellung, daß der Erpresser selbst erpreßt wurde, kommt aus einer ganz anderen und sehr überraschenden Richtung. Warum, fragten sich manche, hat Hoover die Verfolgung der schlimmsten kriminellen Macht in Amerika, die der Mafia, so lange schleifen lassen? Heute gibt es einige Mafia-Angehörige, die meinen, daß Hoover nie

eine Bedrohung für sie war. Zwischen ihm und den Spitzen der Organisation habe es eine Übereinkunft gegeben. Aus Interviews mit Mafiosi geht hervor, daß Hoover schon früh im Verlauf seiner Karriere bei seiner Homosexualität erwischt worden sein muß. Der Mafiaboß Meyer Lanski war Spezialist in der Anwendung vernichtender Informationen, um Personen des öffentlichen Lebens zu manipulieren. Und er hat, wie erzählt wird, kompromittierende Tatsachen erfahren, vielleicht sogar Fotos, die das belegten. Danach, bis zu dem Zeitpunkt, als die Kennedy-Brüder damit begannen, das organisierte Verbrechen zu bekämpfen, prahlte Lanski im privaten Kreis, daß Hoover »festgenagelt« sei.

Hinter der Maske der Rechtschaffenheit in der Öffentlichkeit war dieser amerikanische Held korrupt. Er lebte wie »ein orientalischer Potentat«, definierte es ein früherer Bevollmächtigter des Justizministeriums, sahnte von FBI-Geldern und sonstigen Einrichtungen zum eigenen Vorteil und privaten Vergnügen ab. Wohlhabende Freunde verwöhnten ihn mit großzügiger Gastfreundschaft und mit Investmenttips, während er sie ganz offensichtlich vor Nachforschungen des FBI schützte.

Innerhalb der Unterdrückungsmethoden gegen Bürgerrechtler und Liberale geriet Hoovers persönlicher Hang zu bösartiger Gehässigkeit ins Blickfeld. Seine maßlose Wut über die Verleihung des Friedensnobelpreises an Martin Luther King jun. war dafür ein Beispiel. Jahre zuvor hatte er sich in der dünkelhaften Vorstellung gewiegt, daß er selbst diesen Preis verdiene. Die Kritik des Schauspielers Dick Gregory brachte ihn in Raserei und veranlaßte ihn, einen Straßenüberfall auf den Entertainer durch Kriminelle zu inszenieren.

Eigentlich hätte eine aufmerksame Öffentlichkeit zu jener Zeit bereits feststellen müssen, daß Hoovers Ruf zu strahlend war, um der Wahrheit zu entsprechen. Doch die amerikanischen Medien waren zu verbohrt und blind.

»Wenn wir nicht Mr. Hoover und das FBI hätten«, schrieb ein Fernsehzuschauer an die NBC noch vor Hoovers Tod, »würde ich einmal gerne wissen, wie Sie und ich existieren sollten...« Viele Durchschnittsbürger gaben dem gleichen Gefühl Ausdruck.

Aber da waren auch andere. Der Dichter Theodore Roethke nannte Hoover den »Kopf unserer Polizeimacht, einen Leuteschinder und lächerliche Figur, wenn auch keineswegs komisch«. Der Schriftsteller Norman Mailer schrieb: »Hoover ist der Oberbegriff der Mittelmäßigkeit.« Und der Pädiater Benjamin Spock sagte, als er von Hoovers Tod hörte: »Es war eine Erleichterung, daß dieser Mann zum Schweigen gebracht wurde. Er hatte kein Verständnis für die politische Grundhaltung der Regierung, ebensowenig für den Freiheitsgedanken unserer Verfassung. Er war ein Mann, der seine enorme Machtbefugnis dazu

mißbrauchte, Menschen, die politisch mit ihm nicht übereinstimmten, zu quälen und der alles tat, um Millionen Amerikaner einzuschüchtern und sie an ihrem Recht auf eigene politische Meinung und eigene Beurteilung zu hindern.« Ein früherer Assistent des Justizministers unter Präsident Johnson, Mitchell Rogovin, fand, »Hoovers Leben sei ein Passionsspiel von Gut und Böse« gewesen und »wenn es da etwas Gutes gab, dann war es von dürftiger Beschaffenheit.«
Was war das für ein Mann, der so gegensätzliche Reaktionen herausforderte? »Er kam«, schrieb die *New York Post* einmal, »und wurde mit demselben ehrfurchtsvollen Respekt betrachtet wie andere Monumente in Washington, nur daß er der Öffentlichkeit noch näher war.«
Daß ein Mann mit kranker Psyche und zu allem Bösen fähig, zum glaubhaften Symbol für alles Gute und die Sicherheit schlechthin wurde, ist ein Paradoxon unserer Zeit. Genauso widersinnig ist die Tatsache, daß der Präsident des Obersten Bundesgerichtshofes, Warren E. Burger, der nach Hoovers Tod eine Lobrede auf ihn hielt, unter anderem sagte, Hoover sei die »Verkörperung des amerikanischen Traumes« gewesen. Angesehene Psychiater vertraten dagegen die Auffassung, er würde gut in ein hohes Amt in Nazi-Deutschland gepaßt haben. Trotz all der niederschmetternden Informationen, die zutage getreten sind und trotz der Absicht des Kongresses, die Worte »Edgar Hoover« von der Wand des FBI-Hauptquartiers zu entfernen, trägt dieses Gebäude immer noch diesen Namenszug in riesigen goldenen Lettern, als wäre nichts geschehen. Um diesen Widersprüchlichkeiten auf den Grund zu gehen, ist es erforderlich, eine Reise durch unser Jahrhundert anzutreten, durch eine Zeit der Täuschungen und des Selbstbetruges, soweit es unsere Werte, unsere Freiheiten und unsere Helden betrifft. Vielleicht gelingt es uns, weil das Leben Hoovers eine Zeitspanne umfaßt, in der der amerikanische Traum so daneben geriet, ihn zu verstehen und das mag uns helfen, uns selbst zu verstehen.
Um ihn in der Perspektive eines Sterblichen zu sehen, wird J. Edgar Hoover das ganze Buch hindurch »Edgar« bleiben. Seine Geschichte begann an einem frostigen Neujahrsmorgen vor fast einhundert Jahren.

1. KAPITEL

Das Kind wird zum Manne
William Wordsworth

Am 1. Januar 1895, an einem Sonntag, morgens um 7.30 Uhr wurde ich, J. Edgar Hoover, meinen Eltern geboren. Der Tag war kalt, verschneit und klar. Der Doktor hies Madlan, ich kam 413, Seward Square S.E., Washington D.C. zur Welt.«
Der Knabe, der einmal der berühmteste Polizist der Welt werden sollte, führte als Kind über sich selbst ein Dossier. Edgars sachlicher Report über seine eigene Geburt füllt eine Seite in einem kleinen ledergebundenen Notizbuch, das in steiler Schuljungenschrift den Titel trägt:»Mr. J. Edgar Hoover privat«. Jetzt liegt es inmitten eines Durcheinanders von anderen Erinnerungsstücken, Papieren und verblaßten Fotografien, die alle im Obersten Rat des 33. Grades der Freimaurer, dem Hauptquartier in Washington aufbewahrt werden. Sie versetzen uns zurück in das 19. Jahrhundert, in eine Zeit, an die sich heute nur noch wenige Amerikaner erinnern können.
Edgar wurde geboren, als der Bürgerkrieg noch in lebendiger Erinnerung war, als das Attentat auf Abraham Lincoln nicht weiter in der Vergangenheit zurücklag als heute das Attentat auf Präsident Kennedy. Die Union, die Lincoln geschmiedet hatte, umfaßte erst 45 Mitgliedstaaten. Im Jahre 1895 gab es Kriegsgerüchte wegen Unterhandlungen mit England über lateinamerikanische Territorien. Bald kam es auch zu Konflikten mit Spanien, die ihren Grund in der Eroberung der Philippinen durch die Vereinigten Staaten hatten. Etwa vier Jahre vor Edgars Geburt endete der Krieg des weißen Mannes gegen die Indianer am»Wounded Knee«.
Edgar, der im Zeitalter des Jumbojets starb, wurde geboren, als zwei von Edisons Erfindungen immer noch als Wunder betrachtet wurden: das elektrische Licht und die Apparatur, die bewegte Bilder produzierte. Telefon gab es nur für Regierungsbeamte und reiche Leute. Im ganzen Land gab es weniger als 150 Meilen gepflasterte Straßen und nur einige tausend Automobile. Das moderne Fortbewegungsmittel auf der Straße war das Fahrrad in den abenteuerlichsten Abwandlungen.
Schon damals waren die amerikanischen Städte überfüllt, obwohl die große Einwanderungswelle erst bevorstand. Die ersten Einwanderer,

die Schwarzen, sahen sich erneuten Verfolgungen ausgesetzt, weil die Südstaaten Rassentrennungsgesetze erlassen hatten. Am Tag vor Edgars Geburtstag wurde im Süden ein Schwarzer vom Mob gelyncht – damals ein völlig normales Ereignis.

Das verwitterte Holzhaus, Edgars Geburtshaus, war eine Meile vom Weißen Haus entfernt und fern all diesen Elends. Sein Vater, Dickerson Hoover, war bei Edgars Geburt 38 Jahre alt. Er war Abkömmling von Siedlern, die sich im frühen 19. Jahrhundert in Washington niedergelassen hatten.

Später würde Edgars Propagandaabteilung Dickerson als einen »Karrieremann in Regierungsdiensten« darstellen, etwas, das sicher der Wahrheit entsprach, aber der Posten, den er bekleidete, war keineswegs herausragend. Wie sein Vater vor ihm, arbeitete er als Drucker für das Regierungsdepartment, das für die Kartenherstellung zuständig war.

Edgars 34jährige Mutter Anna, für Freunde und Verwandte nur »Annie«, sah auf eine bessere Herkunft zurück. Ihre Vorfahren kamen aus dem Schweizer Dorf Klosters, das heute ein bekannter Skiort ist. Die Familie hatte ihr eigenes Wappen und bewohnte einen schönen Stammsitz, ganz in der Nähe der Kirche – ein Sprößling wurde Bischof.

Annies Großvater, der nach Amerika ausgewandert war, wurde der erste Schweizer Konsul in den Vereinigten Staaten. Ihre Großmutter, die übrigens 13 Kinder zur Welt brachte, war auf ihre Weise prominent geworden. Als ausgebildete Krankenschwester wurde sie unter dem Namen »Mutter Hitz« bekannt und war eine Art Florence Nightingale für die verwundeten Unionssoldaten, die während des Bürgerkriegs auf dem Kapitolshügel lagerten.

Edgars Mutter hatte eine privilegierte Erziehung erhalten. Sie besuchte die Höhere Töchterschule St. Cecilia in Washington und daran anschließend eine Klosterschule in der Schweiz. Die Enkeltochter, Dorothy Davy, die sie vermutlich am besten kannte, erinnert sich ihrer als einer sehr damenhaften, sehr interessanten Erscheinung. Sie war liebevoll, aber gleichzeitig auch sehr stolz. »Großvater war lieb und freundlich, aber die Stärkere in dieser Verbindung war sie.«

Eine Familienfotografie zeigt Edgars Vater, einen etwas bedrückt aussehenden viktorianischen Büroangestellten in steifen Kragen und schmalen Anzug gezwängt, seinen Hut auf den Knien. Seine Frau steht hinter ihm, würdig, in hochgeschlossener Bluse und dunklem Jackett, mit aufgetürmter Frisur, die schmalen Lippen geschlossen, mit dem verunglückten Versuch zu lächeln.

Die Hochzeit des Paares, fünfzehn Jahre vor Edgars Geburt, blieb der Familie als »die größte Hochzeit, die je auf dem Kapitolhügel gefeiert wurde« in Erinnerung. Für Annie mag ein solches Ereignis etwas völ-

lig Normales gewesen sein, für Dickerson, den Mann bescheidener Herkunft, mit Sicherheit überwältigend.
Edgar war das jüngste von vier Kindern. Ein männlicher Erbe, Dickerson jun., kam 1880 zur Welt, gefolgt von zwei Töchtern, Lilian und Sadie. Als Edgar erwartet wurde, trauerten die Eltern immer noch um den Tod der Tochter, die im Alter von drei Jahren ein Opfer der Diphtherie geworden war. Dies geschah zu einer Zeit, als es noch keine Impfungen gab. Die früheste Fotografie von Edgar zeigt einen kleinen Jungen mit unfrohem Gesichtsausdruck neben seinen Eltern, bekleidet mit einem Jackett mit Messingknöpfen und einer Uhrkette und Pumphosen.
Er war ein hochnervöses Kind, kränklich und ungewöhnlich ängstlich, der, wann immer er konnte, am Rockzipfel seiner Mutter hing. Im Jahre 1901 ging er in die Brent Grundschule. Zur Zeit von Theodore Roosevelts Präsidentschaftskandidatur war Edgar gerade sechs Jahre alt und von Anfang an ein Musterschüler.
»Im ersten Schuljahr hatte ich einen Durchschnittspunktewert von 93,8«, schrieb Edgar in sein ledergebundenes Notizbuch. Die Schulberichte bestätigen dies. Während seiner ganzen Grundschulzeit erhielt er die Note »lobenswert« oder zumindest »gut« in Arithmetik und Algebra, in Grammatik und Sprachlehre, in Schrift und Lesen, in Geschichte und Staatsbürgerkunde.
Nicht nur, daß die Lehrer Edgar beurteilten, er machte seinerseits über sie Vermerke in sein Notizbuch: »Hinkel, 4. Klasse, für Betragen zuständig... Mrs. Snowdon, die mich ›intellectly‹ (sic) unterrichtete... Miss Dalton, eine feine Dame, die mich in Ethik unterrichtete...« Edgar mußte niemals, wie er stolz in seinem Notizbuch vermerkte, nachsitzen!
Als er alt genug war, ging Edgar – in jener Zeit noch sicher und ungefährdet –, die Straßen in Washington entlang, um seinen Vater vom Büro abzuholen. Dickerson Senior schien seinen Jüngsten abgöttisch geliebt zu haben und beides, die Zuneigung und der bescheidene Familienhintergrund, kommen in Sprache und Schreibweise seines Briefes zum Ausdruck, den Edgar immer aufbewahrt hat: »Lieber, alter Junge«, schreibt Dickerson im Jahre 1904 aus St. Louis, »ich wünschte, Du kannst (sic) hier sein, damit ich am Morgen mit dir Ringkampf machen könnte. Mama denkt, Du bist wohl nicht so stark, aber laß sie einmal versuchen, mit Dir Ringkampf zu machen, dann wird sie schon sehen... Sei ein lieber Junge, einen dicken Kuß von Papa.«
»Lerne nicht zuviel«, schrieb der Vater fröhlich. Da war Annie ganz anders. »Lerne immer gründlich Deine Lektionen und Deine Musik und versuche, ein lieber Junge zu sein. Ich habe mich so gefreut zu hören, daß Du in Schreiben und Rechnen so gut bist. Gib immer schön auf alles acht und treib Dich nicht auf der Straße herum.« Annie war

streng, aber, Edgar war das einzige ihrer Kinder, das sie verwöhnt hat«, wie Dorothy Davy es beschrieb.

Im Jahr 1906, als Edgar elf Jahre alt wurde, hatte er seine eigene »Zeitung«. Wöchentlich sammelte er zwei Seiten voller Material und drängte seinen älteren Bruder – der damals 26 Jahre alt war – das zu setzen und zu drucken. Edgar nannte seine Zeitung *Wöchentliche Rundschau* und verkaufte sie in der Familie und an Freunde für einen Cent pro Ausgabe. Die *Wöchentliche Rundschau* berichtete über Familienereignisse und Nachrichten über Abraham Lincoln und Benjamin Franklin. Eine der ersten Schlagzeilen berichtete von der Hochzeit der Präsidententochter Alice mit dem Regierungssprecher. Alice Roosevelt war schön, unerschrocken und tanzte aus der Reihe. Sie war die Frau ihrer Zeit.

Etwa im Jahre 1908, als Edgar 13 wurde, begann er Tagebuch zu führen. Er vermerkte die tägliche Außentemperatur, Bewölkung, Geburtstage und Todesfälle in der Familie, seine Einnahmen aus allerlei kleinen Hilfstätigkeiten, und er registrierte sogar seine Hut-, Anzug- und Kragengrößen. »Die ganze Familie«, sagt Edgars Nichte Dorothy, »war so schrecklich pingelig. Alles und jedes mußte organisiert und katalogisiert sein, kein Bild durfte schief an der Wand hängen. Es klingt verrückt, aber so waren wir alle.«

An den Sonntagabenden kam ein alter Mann mit wallendem, weißen Bart zum Dinner. Es war der Großonkel mütterlicherseits, John Hitz. Seine Besuche bei den Hoovers bedeuteten jedesmal eine feierliche Bibelstunde. Die ganze Familie kniete, während Onkel John, ein eingefleischter Calvinist, predigte.

Wenngleich Edgars Eltern nicht besonders fromm waren – Dickerson bezeichnete sich als lutherischen Protestanten –, Annie paßte sich an, war aber, wie Dorothy Davy berichtet, mehr oder weniger Katholikin. Edgars Mutter hatte katholische Schulen besucht und starb mit einem Kruzifix in den Händen. Edgars Neffe, Fred Robinette, bestätigt, daß Annie »nicht in der Bibel geschmöckert habe«. Weder sie noch ihr Mann gingen regelmäßig zur Kirche.

Aus diesem religiösen Mischmasch erwuchsen Ängstlichkeit und Verwirrung. In einem Augenblick der Überreiztheit schmiß Edgars Schwester Lilian einmal die Familienbibel ins Feuer. Edgar, der sich in der Öffentlichkeit als Presbyterianer bezeichnete, suchte katholische Priester auf. Auch er schimpfte eines guten Tages auf die Bibel, in seiner Kindheit folgte er jedoch ganz dem frommen Vorbild seines älteren Bruders Dickerson.

Obwohl es Dickerson mit seiner Hingabe an die Kirche ernst war, bot ihm die Kirche mehr als nur geistlichen Trost. Die Kirche bildete das Kernstück der weißen, protestantischen Infrastruktur, ein Ort, wo man soziale und der Karriere nützliche Kontakte knüpfen konnte. In der lutheranisch-reformierten Kirche lernte Dickerson seine Frau kennen. Der junge Edgar trottete begeistert immer hinterdrein. Er sang Knabensopran im Kirchenchor, versah Dienst als Kirchendiener, mit dreizehn Jahren wurde er in der lutherischen Kirche von dem gleichen Priester getauft, der seinen Bruder getraut hatte. Edgar ging zu Passionsspielen und vermerkte in seinem Tagebuch, daß er die Sonntagsschule besuche und zu den Versammlungen einer Gruppe ging, den »christlich Bemühten«.

»Ich las ein wenig in dem Gospel von Judas Ischariot«, schrieb er eines Tages in das Tagebuch und vermerkte darunter: »Dickes Buch«. Das Buch *Gospel des Judas Ischariot* war, wie man annehmen kann, eine fiktive Geschichte über den Verräter Christi und seine Beweggründe. Das Judas-Konzept ging Edgar nie mehr aus dem Kopf. In späteren Jahren ließ er sogar über das FBI nach biblischen Details forschen. Die Möglichkeit, daß er selbst betrogen werden könne, durch wirkliche oder eingebildete Verräter, wurde zur fixen Idee. Edgars Kindheitsdossier über sich selbst erweckt den Eindruck, daß er gelegentlich, genauso wie andere Jungen, seinen Spaß hatte. Er feierte den »Tag der Waldmurmeltiere«, färbte Ostereier und kaufte im Alter von vierzehn Jahren Valentinsgeschenke oder, wie er in seinem Tagebuch festhielt, »schickte viele Leute in den April«. Er behauptete später sogar, was weniger glaubhaft ist, daß er beim Räuber- und Gendarm-Spiel »immer lieber die Rolle des Räubers übernommen habe«.

Das sensationelle neue Phänomen des menschlichen Fliegens faszinierte Edgar, und er baute mit einem Freund zusammen viele Modellflugzeuge. Im Jahre 1909, als er vierzehn Jahre alt war, erlebte Edgar, wie Orville Wright von Washington nach Alexandria und zurück flog und damit bewies, daß längere Flugreisen möglich sein würden. Von jenem Tag berichtete Edgar stolz in seiner Zeitung, daß er »der erste Außenseiter« gewesen sei, der »Orville die Hand geschüttelt habe«.

Im Herbst 1909 begann Edgar mit einer neuen Schule – drei Meilen Fußweg am Morgen, drei Meilen Fußweg zurück am Abend. Das waren tatsächlich seine ersten Schritte in Richtung Ruhm und Macht. Denn Edgar ging nicht mehr zur ›Eastern High School‹, dem Gymnasium, das auch sein Bruder und seine Schwester besucht hatten. »Seine Mutter fand«, sagt seine Nichte Dorothy, »daß das Eastern Gymnasium nicht gut genug für ihn sei, so ging er also zum Central Gymnasium.«

Die ›Central High School‹ war sozusagen die Brutstätte für die Washingtoner Elite, ein Karriere-Sprungbrett. Ihre Vorzüge wurden mit denen einer britischen Public School verglichen, jedoch ohne die Forderung der Zugehörigkeit zur Oberschicht und der Wohlhabenheit, welche die Basis des englischen Gesellschaftssystems darstellt. Die Central School legte, genau wie die schicken englischen Schulen, großen Wert auf Sport. Während seiner Schulzeit gehörte Edgar dem Schulteam an, aus welchem auch ein späterer General, ein zukünftiger Veteranenanführer und ein Präsident des Washingtoner Handelsministeriums hervorgingen. Dieses Team verblüffte jedermann, als es im Footballspiel die Universität von Maryland 14 : 1 schlug und blamierte.

Edgar war jedoch kein Sportler. »Ich wäre immer gern ein Athlet gewesen«, erinnerte er sich später bedauernd, »aber ich wog nicht mehr als 62 Kilogramm im ersten High School-Jahr.« Um zu beweisen, daß er jedoch trotzdem Schneid gehabt habe, behauptete Edgar später, daß eine Sportverletzung die Ursache für sein berühmtes Bulldoggenprofil gewesen sei. Während eines Baseballspiels in der Schule habe ein Ball ihn mit voller Wucht die Nase zerschmettert, aber nach Edgars Nichte Margaret Fennell sei seine eingedrückt wirkende Nase auf eine Verbrennung zurückzuführen, die man seinerzeit nur ungenügend behandelte.

Edgar bewunderte gut gewachsene Männer voller Ehrfurcht. In der Schule war das Lawrence »Biff« Jones, der später ein berühmter Footballcoach in West Point wurde. Biff war derjenige, wie der erwachsene Edgar zugab, auf den er seine Heldenverehrung richtete. »Wir waren die besten Kumpel, immer zusammen, und unsere Freunde mußten immer lachen, weil der große kräftige Biff sich ständig in Begleitung des Jüngeren befand, der nur halb so groß war wie er.«

Edgar warf sich voll und ganz in die weiteren Aktivitäten der High School, welche die Gewohnheiten der englischen Public Schools widerspiegelten: Das Kadettenkorps. Central School entsandte regelmäßig seine Absolventen zur Kadettenschule nach West Point, darunter aus Edgars Generation Jones und verschiedene zukünftige Generäle.

Edgars Spitzname in der Schule, der ihm lange Zeit anhaftete, war »Speed« (der Rasende). Eine von Hoover autorisierte Biographie meint – was nicht mehr nachprüfbar ist –, daß dieser Spitzname von seiner Schnelligkeit als Football-Spieler herrühre. An anderer Stelle behauptete Edgar, das wäre auf seine Kindheit zurückzuführen, als er mit Botengängen Taschengeld verdiente, indem er für einen Laden der Stadt Päckchen und Pakete für Kunden austrug. Er sei »Speed« genannt worden, weil er stets mit den Paketen so schnell losgerannt wäre.

Keine dieser Erklärungen stimmt, wenn man Francis Gray, einen Klassenkameraden, der 1988 von uns aufgespürt wurde, glauben will: »Wir nannten ihn ›Speed‹, weil Hoover so schnell redete. Er war in allem so schnell. Er sprach schnell, dachte schnell...«

Die außergewöhnliche Geschwindigkeit von Edgars Sprache wurde zu einem seiner Kennzeichen: »Maschinengewehr«, »Stakkato«, »wie die

Peitsche eines Kutschers, wenn er sie knallen läßt« sind die typischen Beschreibungen der Art und Weise, in der er sprach. »Ich kann 200 Wörter in der Minute aufnehmen«, meinte ein Gerichtsstenograf einmal empört, »aber dieser Mann spricht wahrscheinlich 400 in der Minute.«
William Sullivan, der stellvertretende FBI-Direktor, der Edgar 30 Jahre diente und dann mit ihm brach, hatte eine eher unfreundliche Erklärung: »Er mochte nicht, wenn man ihm Fragen stellte«, erzählte Sullivan, »so redete er selbst bis zum Schluß, ohne sich unterbrechen zu lassen, brach dann das Interview ab, schüttelte dem Reporter die Hand und schickte ihn seiner Wege.«[1] Edgar, der FBI-Direktor, sprach nicht mit Leuten – er redete allenfalls an sie hin.
Schon als Heranwachsender war Edgar voll mit den aktuellen und brennenden Themen seiner Zeit beschäftigt. Zum Beispiel, im Nachhinein seine Auftritte bei Diskussionen über die Schulproblematik zu beweisen, oder Kuba, damals wie heute ein politisches Reizwort, das regelmäßig in den Nachrichten auftauchte. Im Diskussionsclub machte sich Edgar – und erwarb sich damit Anerkennung – dafür stark, daß »Kuba von den Vereinigten Staaten annektiert werden« sollte. »NEG«, die Abkürzung für »negativ«, schrieb er in sein Buch, das ihm als Memo für die Diskussionen diente neben den – nicht von ihm – in der Diskussion vorgebrachten Vorschlag, die Todesstrafe abzuschaffen, und begründete seine Ablehnung folgendermaßen:
»1. Die Bibel vertritt die Todesstrafe. 2. Alle christlichen Nationen vollziehen sie.
Die Abschaffung hätte für alle Länder einen beklagenswerten Effekt (kurzgefaßt).«
Edgar sollte bis zu seinem Lebensende für die Todesstrafe sein.
Für etwas, was in diesen Diskussionen immer wieder auftauchte, trat Edgar ganz entschieden ein und gewann schließlich die Zustimmung der anderen – es ging um die Rechte der Frauen und um die Frage, ob ihnen das Wahlrecht zugestanden werden sollte. Edgar war mit voller Lautstärke dagegen.
Nicht jeder nahm Edgar so ernst wie er sich selbst zu nehmen pflegte. »Meine Reden sind immer zu lang, ich muß sie kondensieren«, soll Edgar einmal gesagt haben, als er sich bis spät in die Nacht auf eine Diskussion vorbereitete. »Du kannst Dampf kondensieren«, gab ihm Jeff Fowler, der Herausgeber der Schulzeitung, bissig zur Antwort, »aber nicht heiße Luft.«
Auch noch mit siebzehn Jahren setzten sich Edgars schillernde Schulerfolge fort. Die Schulberichte über ihn zeigen, daß er in fast allen Fächern die Note »hervorragend« erhielt. Wie er einmal sorgfältig für sich selbst ausrechnete, lag sein »Leistungslevel bei durchschnittlich 90 %«. In vier Jahren hat er nur viermal in der Schule gefehlt.

Edgar konnte es einfach nicht ertragen, an zweiter Stelle zu stehen. Ein anderer, David Stephens, erinnert sich seiner Reaktion, als er seinerzeit Captain des Kadettenkorps war und seine Kompanie einen Exerzierwettbewerb verlor. »Als wir damals vom Exerzierplatz wegmarschierten«, schrieb Stephens vierzig Jahre später an Edgar, »fragte ich mich, ob Du vor Wut weintest oder ob Du wütend warst, weil Du weintest.«

Im März 1913 führte Captain J. Edgar Hoover seine Kompanie in die Pennsylvania Avenue in der Parade zur Amtseinführung des Präsidenten Wilson. Sechzehn Jahre republikanischer Regierung gingen zu Ende und Amerika trat in eine völlig neue Phase ein, in die des Aufruhrs. Während Krieg und Revolution Rußland und Europa überzogen, waren Arbeiteraufstände in den Vereinigten Staaten zu den beherrschenden Ereignissen geworden. Die Hälfte der arbeitenden Bevölkerung plagte sich unter überlangen Arbeitszeiten und vegetierte dahin in den schmutzigen Slums. Die Vereinigten Staaten sahen sich einer Welle von Streiks ausgesetzt, eine Million amerikanischer Sozialisten verlangten die Abschaffung des Kapitalismus.

In Ohio schoß eine Militärwache Arbeiter nieder. Mitglieder der Gewerkschaft Industrial Workers of the World wurden gelyncht. Andere wurden ins Gefängnis geworfen. Ihr Recht zu protestieren wurde grundsätzlich von denen in Frage gestellt, die behaupteten, sie und nur sie allein, seien »hundertprozentige Amerikaner«.

In der Central High School gingen indessen die Dinge ihren gewohnten Gang. Der 18jährige Edgar und seine Altersgenossen waren voll mit den Ritualen für die Feierlichkeiten ihres Schulabgangsjahres beschäftigt. Edgar Hoover, Francis Gray und die Kadettenkameraden machten sich in tadellosen blau-weißen Uniformen auf den Weg ins ›Cairo‹-Hotel‹ zum Regimentsball.

»Wir waren keine besonderen Tänzer«, erinnert sich Gray, »wir trugen alle Säbel, und die waren uns immer im Weg.«

Ein Tanz in jener Zeit war eine streng formelle Angelegenheit. Man hatte eine sogenannte Tanzkarte bei sich, in der die Namen der weiblichen Partnerinnen eingetragen wurden, die man entweder zum Walzer oder zum Foxtrott aufgefordert hatte. Da gab es noch eine Rubrik für die Begleitperson und für deren Namen. Edgars Tanzkarte, die er sein Leben lang aufbewahrt hatte, zeigt, daß seine Eltern als Begleitpersonen mitkamen, die Rubriken für die Partnerinnen blieben jedoch leer. Wenn man diesem Dokument Glauben schenkt – und er berichtete alles mit peinlicher Genauigkeit –, so tanzte er nicht mit einem einzigen Mädchen.

Francis Gray erzählte, Edgar sei nie ein junger Mann gewesen, der Verabredungen hatte. Überhaupt sei er mit keinem Mädchen gegangen. Seine Verwandten bemerkten das auch. »Edgar hatte nie ein

Mädchen zur Freundin«, sagt seine Nichte Dorothy, »nie!« Edgars Freunde neckten ihn und meinten, er sei nur ins Kadettenkorps verliebt. »Er war«, sagte Francis Gray, »einer, der sich nur verbrüdern konnte.«
Auf einem Foto in seinem Jahrbuch – mit zusammengekniffenem Mund und Blume im Knopfloch – sieht Edgar bedeutend schmächtiger aus als seine breitschultrigen Freunde. Die Unterschrift unter seinem Bild preist ihn als »Gentleman von unerschrockenem Mut und unangreifbarer Ehrenhaftigkeit«. Edgar war auch derjenige, der die Abschiedsrede hielt. »Es gibt nichts Erfreulicheres«, schrieb Edgar in seinen abschließenden Kadettenkorpsbericht, »als einer Kompanie anzugehören, die aus Offizieren und Mannschaften besteht, von denen man weiß, daß sie voll und ganz hinter einem stehen. Das traurigste Ereignis dieses Jahres war der Augenblick, indem ich mich von einer Gruppe von Kameraden trennen mußte, die zu einem Bestandteil meines Lebens geworden waren.« Edgar, der Debattierer, verabschiedete sich mit Gedanken über die Tugenden des Wettkampfs. »Die Diskussion«, fand er, ist wie das Leben selbst – nichts anderes als das Aufeinandertreffen von eines Mannes Witz und Verstand gegen den eines anderen.«
Und so, für einen jungen Mann seines Alters, mit erstaunlich festgefahrenen Ansichten ausgestattet, machte er sich auf den Weg, in die Welt der Erwachsenen.
Zu diesem Zeitpunkt entwickelte sich eine Familienkrise – eine Tragödie, die für einen jungen Mann niederschmetternd gewesen sein muß: Edgars Vater begann, den Verstand zu verlieren.

Edgar sprach niemals über seinen Vater, nicht einmal mit engsten Freunden. Noch lebende Verwandte, die Generation, die im Ersten Weltkrieg aufwuchs, haben nur noch eine sehr verschwommene Erinnerung an Dickerson sen. Für sie war er »Daddy«, ein freundlicher älterer Mann mit einem kleinen Schnurrbart, der gern die Kinder mit in den Keller nahm, damit sie dort sein selbstgebrautes Ginger Ale kosteten.
Während des Krieges wiesen ihn die Ärzte in eine Nervenheilanstalt in Laurel, etwa 18 Meilen von Washington entfernt, ein. Nie wurde in Gegenwart der Enkelkinder über seine Krankheit gesprochen. Eines davon, Margaret Fennell, erinnert sich bloß, »daß er einen Nervenzusammenbruch gehabt habe«. Als Edgar die Schule verließ, war Dickerson 56 Jahre alt. Er arbeitete immer noch wie bisher als Hersteller für die regierungseigene Kartenproduktion. Er bezog ein Gehalt, das nie ausreichte, um die Auffassung zu entkräften, daß seine Frau Annie unter ihrem Stand geheiratet hätte. Zuhause spielte er bei Annie stets die zweite Geige. Nun, in seinen mittleren Jahren, wurde

er von Depressionen und Ängsten gepeinigt. Wiederholte Aufenthalte in jener Anstalt brachten jedoch keine Besserung und es ging ständig mit ihm bergab.

In den acht Jahren, die ihm noch blieben, wurde Edgars Vater zu einer beklagenswerten Figur. Sein Totenschein aus dem Jahr 1921 besagt, daß er an »Melancholie mit zusätzlicher Zerstörung der Geisteskräfte« gestorben sei. »Melancholie« war seinerzeit das Wort für das, was Ärzte heute als klinische Depression bezeichnen. »Zerstörung der Geisteskraft« kann als gewöhnliche Depressionen verstanden werden. Der Patient verliert den Lebenswillen, nimmt keine Nahrung mehr zu sich und stirbt.

Dieses sich über Jahre hinziehende Elend hatte einen traumatischen Effekt auf das Leben am Seward Square. Edgars ältere Geschwister hatten das Haus schon längst verlassen, waren verheiratet und hatten Kinder, nur Annie und Edgar blieben zu Hause. Sie entwickelten, wie berichtet wird, nur wenig Geduld mit Dickerson sen.

»Meine Mutter«, sagte Edgars Nichte Dorothy, »hat immer gesagt, Edgar sei nicht nett zu seinem Vater gewesen, als er krank wurde. Er schämte sich für ihn. Er konnte es nicht tolerieren, daß Großvater psychisch krank war. Er konnte nie etwas tolerieren, was unvollkommen war.«

Dorothy, eine pensionierte Lehrerin mit großer Lebenserfahrung, meint, bei der ganzen Familie Hoover sei »eine Schraube locker« gewesen. In ihrer Erinnerung war das emotionale Leben der Hoovers ernstlich gestört. Dickerson jun. war ein äußerst zurückhaltender Mann und seine Schwester Lilian wäre »kalt, sehr kalt« gewesen. Edgar, der oftmals zu Dorothy ins Haus kam, um mit ihr Kricket zu spielen, schien »zuerst recht fröhlich zu sein, aber dann änderte er sich, wirkte isoliert und neigte dazu, jeden von sich wegzuschieben«.

»Manchmal habe ich mir gedacht«, sagt Edgars Nichte Margaret, »daß – ich weiß nicht wie ich es ausdrücken soll – er Angst davor hatte, daß ihm Menschen zu nahe kämen.«

Ein halbes Jahrhundert später, äußerte der stellvertretende FBI-Direktor, William Sullivan, die gleiche Ansicht. Es scheint, »als ob Edgar für kein einziges menschliches Wesen je Zuneigung empfand.«

»Ich hatte weder Respekt noch Zuneigung für ihn als Onkel«, sagt Dorothy Davy. »Was immer er für das Land getan haben mag, als Verwandter taugte er nichts.« Andere Familienmitglieder bestätigen – oftmals nervös, weil Edgar noch am Leben war und ihnen jederzeit unfreundlich hätte begegnen können – daß ihn Familienbande wenig kümmerten. Als seine verwitwete Schwester die Parkinsonsche Krankheit bekam, tat er nur wenig, um ihr zu helfen. Als sie starb, war seine Anwesenheit bei der Beerdigung so kurz, daß es als beleidigend empfunden wurde.

Die einzige dauernde Familienbeziehung in seinem Leben, – für ihn die wichtigste, – bestand in der Beziehung zu seiner Mutter Annie. Sobald sie von Dickerson sen. befreit waren, einer Bürde, unter der sie beide sehr gelitten hatten, wurden sie unzertrennlich. Er lebte bis in seine mittleren Mannesjahre zu Hause, bei seiner Mutter. Im Jahre 1938, als sie starb, verließ er das Haus am Seward Square, und als er sich ein eigenes Haus kaufte, lebte er dort allein.

2. KAPITEL

Wann immer Du für einen Mann arbeitest, einerlei wie er heißt, arbeite wirklich für ihn. Wenn er Dir soviel zahlt, daß es für Deinen Lebensunterhalt reicht, sprich gut von ihm, denke gut von ihm. Stehe zu ihm und zu der Institution, die er vertritt.

Albert Hubbard
(angeheftet an Edgars »Anordnungen und Befehle«
im Stabsbüro des FBI)

Als Edgar erwachsen geworden war, schloß er das Dossier, das er als Kind über sich selbst geführt hatte. Es gibt keine Tagebücher mehr und nur ein paar wenige vertrauliche Briefe, die dazu beitragen, seine folgenden sechs Lebensdekaden besser zu erfassen. Seinem Wunsche entsprechend vernichtete seine Sekretärin nach seinem Tode private Korrespondenz und mit ziemlicher Sicherheit noch vieles andere mehr. Dennoch sind eine ganze Menge Beweise übrig geblieben, die es möglich machen, den verborgenen Edgar ins rechte Licht zu stellen. Der Mann, der sich in der Öffentlichkeit als streng moralischen, integren Menschen darstellte, war ein wandelnder Mythos. Das war so sorgfältig bewerkstelligt, daß er möglicherweise das alles selbst von sich glaubte.

Was Edgar über die Vergangenheit sagte, speziell über Ereignisse, die schon lange zurücklagen, muß mit großer Vorsicht behandelt werden. »Er war ein meisterhafter Versteckspieler«, sagte sein Mitarbeiter William Sullivan, »einer der bedeutendsten Geheimdienstleute, die dieses Land je hervorgebracht hat, und das erforderte eine ganz spezielle Intelligenz und Geschicklichkeit.«

Im Jahr 1913, als er 18 Jahre alt wurde, ging Edgar von der Schule ab und entschied sich für das Jurastudium. »Ich weiß eigentlich nicht recht, warum ich mich für die Rechtswissenschaft entschieden habe«, war eine Äußerung, die für die Öffentlichkeit gedacht war. »Man kommt an Kreuzwege und muß in die eine oder andere Richtung gehen.« Was die andere Richtung anbelangte, deutete er an, daß er Monate, bevor er von der Schule abging, von dem Gedanken beherrscht gewesen sei, Priester zu werden.

Die FBI-Propaganda wiederholte diese Geschichte, indem sie einen jungen Menschen darstellte, der zwischen dem einen und dem anderen

Pfad, dem guten der Kirche und dem Jurastudium geschwankt habe. Zudem wurde Edgar, der FBI-Direktor, zum regelmäßigen Kirchengänger, war ein Chef, auf dessen Schreibtisch eine zerlesene Bibel lag und der seine Religion sehr ernst nahm.

Einiges davon entsprach nicht der Wahrheit, und was der Wahrheit entsprach, war bis zur Unkenntlichkeit verzerrt. Familienmitglieder können sich nicht erinnern, daß Edgar »hin- und hergerissen« worden sei zwischen Theologie und Jurisprudenz. Es war hingegen der ältere Bruder, nicht Edgar, der sich einmal in einem solchen Zwiespalt befand.

Edgar, der dem »Ruf der Kirche« so gerne gefolgt wäre, hat diese Geschichte erst 1944, nach dem Tod seines Bruders voll ausgesponnen. Immerhin hätte ihn dieser Lügen strafen können. Dennoch tauchte im gleichen Jahr ein Mitglied der Familie Dickerson jun. auf, um diese Legende richtig zu stellen. »Dieses Gerücht, das aufgekommen ist und besagt, daß Edgar gerne Priester geworden wäre«, sagte Dickersons Schwiegertochter Virginia, »entspricht nicht der Wahrheit. Das hat unsere Familie schon immer gewußt.«

War Edgar überhaupt religiös? Gewiß, in seinem Amt in der Sonntagsschule war er eifriger Lehrer der anderen Kinder und setzte dies auch später noch fort – seltsamerweise stets in der Uniform eines Schulkadetten.

Wenn man der Propaganda über ihn glauben will, war dies der Beginn des lebenslangen regelmäßigen Kirchgangs.

Aus dem Jahre 1916 wird berichtet, daß er »den Mittelgang der Washingtoner Nationalpresbyterianischen Kirche jeden Sonntagmorgen, Punkt neun Uhr entlanggegangen« sei. Aber das war nicht wahr. »Mister Hoover«, berichtete der frühere Pastor dieser Kirche, Edward Elson, im Jahre 1988, »war keineswegs regelmäßig anwesend... Er erschien hauptsächlich zu den großen Festen des Jahres.« Leo McLairen, ein früher FBI-Agent, der immer, wenn Edgar gen Süden reiste, als Chauffeur fungierte, kann sich nicht erinnern, daß sein Chef im Verlauf von zwanzig Jahren, wenn er Weihnachten nach Florida fuhr, auch nur einmal die Kirche besucht hätte.

Edgars Frömmigkeit vor der Öffentlichkeit war Heuchelei. Er begründete seine Entscheidung, doch das Jurastudium aufzunehmen, folgendermaßen: »Wir haben keine Juristen in unserer Familie, und ich erinnere mich auch nicht, daß wir welche gehabt hätten. Aber plötzlich kriegte ich die Kurve und wußte, daß es das ist, was ich will, ein Rechtskundiger sein.«

In Wirklichkeit hatte Edgar jedoch einen Vetter, einen anderen J. E. Hoover, der Rechtsanwalt war, Beamter an verschiedenen Gerichtshöfen und am Justizministerium. Außerdem war die Familie stolz auf einen weiteren, sehr erfolgreichen Anwalt, Annie Hoovers Vetter William Hitz, der gleichfalls höherer Beamter des Justizministeriums war. Er stand Edgar ziemlich nahe, ebenso wie ein weiterer Verwandter, Harold Burton, der Richter am Obersten Bundesgerichtshof war. Die juristische Fakultät der George Washington-Universität, bei der sich Edgar 1913 einschrieb, hatte zwar nicht den gleichen Ruf, wie die anderen Universitäten der Stadt, bot jedoch ein respektables, konservatives Studienprogramm, eine solide Grundlage der Kenntnis der Haken und Ösen des Rechtssystems. Für Edgar war es entscheidend, daß er das Studium in Abendkursen absolvieren konnte, und tagsüber Zeit hatte, sich seinen Lebensunterhalt zu verdienen.

Zu Hause war Schmalhans Küchenmeister und die beiden ältesten Kinder mit Familienverpflichtungen belastet. Als sich die Krankheit des Vaters verschlimmerte, wurde alles noch enger. Edgar war mit 18 Jahren der Mann im Hause und brauchte dringend einen Job. Annies Vetter, William Hitz, besorgte ihm eine Arbeit für 30 Dollar die Woche als Bote im Magazin der Kongreßbibliothek. Vier Jahre ging Edgar zu Fuß die kurze Strecke vom Seward Square zu seiner Arbeit in die Bibliothek. Nachmittags von fünf bis sieben studierte er und ging dann nach Hause, um weiterzustudieren. 26 Kolleghefte mit sorgfältiger Handschrift bewahrte er sein ganzes Leben lang auf. Er wurde Mitglied von Kappa Alpha, einer Südstaaten-Studentenverbindung, welche auf das William and Mary College in Virginia zurückging, eine Verbindung, der er auch nach seiner Studentenzeit lebenslang treu blieb. Unter seinen engsten Mitarbeitern beim FBI befanden sich vor allem GWU-Absolventen und frühere Kappa Alpha-Mitglieder.

Ein Foto aus jenen Tagen zeigt ihn inmitten einer Studentengruppe, die Hände tief in den Taschen vergraben, eine Blume im Knopfloch und mit ernstem Gesichtsausdruck.»Er war ein dunkler Typ, schlank und ernsthaft«, erinnert sich ein Studienkamerad,»er saß immer für sich allein gegen die Wand gelehnt und wußte auf alles eine Antwort. Keinem von uns gelang es, ihn näher kennenzulernen.«

Als Leiter des Verbindungshauses erwies sich Edgar bereits als künftiger Despot. Es wird berichtet, daß er in diesem Haus Belustigungen wie Würfelspiele und Trinkgelage moralisch verdonnerte.»Er stöberte unsere verbotenen Alkoholvorräte auf«, erinnert sich Dave Stephens, der mit Edgar zusammen im Central Gymnasium gewesen war,»und zerstörte sie, indem er sie krachend auf den Steinboden des Kellervorraums schmiß.«»Und ›Speed‹ plagte uns alle mit seiner Sittenstrenge«, erinnert sich der Schauspieler William Gaxton.

Während ihm der Spitzname»Speed« blieb, erfanden einige Studenten noch einen anderen, unliebenswürdigeren.»Wir, die wir die schlechteren Noten hatten«, sagte ein GWU-Absolvent, C.W. Collier,»nannten Hoover, der immer die besten Noten bekam, den ›Ober-Mops‹.«

Für die vielen Dichter und Denker, die seinerzeit die politischen und gesellschaftlichen Standpunkte der Welt veränderten, hatte Edgar nichts übrig. Ihn interessierten weder die Ideen Freuds, George Bernhard Shaws, und nicht Karl Marx oder John Reed, weder Pankhurst noch Bertrand Russell. Seine Lieblingsdichter waren Edgar Guest und Vash Young und Robert Service, der supermännliche Dichter, der Amerika wissen ließ:

»... nur der Starke soll erfolgreich sein, der Schwache wird mit Sicherheit untergehen und nur der Tüchtige überlebt«.

Im Sommer 1916 legte Edgar sein juristisches Staatsexamen ab und erwarb den akademischen Grad »Bachelor« ohne besondere Ehrungen. Inzwischen stand Amerika kurz davor, in den Krieg in Europa einzutreten. Im eigenen Land gab es Probleme, Bomben von Anarchisten, Streiks, Forderungen der Arbeiter nach kürzeren Arbeitszeiten. Henry Ford wurde gezwungen, den Frauen den gleichen Lohn – fünf Dollar täglich – zu bezahlen. Zum ersten Mal wurde eine Frau in den Kongreß gewählt und Präsident Wilson versprach, daß allen Frauen bald das Wahlrecht zugebilligt werde. Am 6. April 1917, erklärten die Vereinigten Staaten Deutschland den Krieg.

Am gleichen Tag, an dem sich sein Gesundheitszustand dramatisch verschlechtert hatte, gab Edgars Vater seine Arbeit endgültig auf. Obwohl Edgar inzwischen der bestbezahlteste junge Mann in seiner Gehaltsgruppe in der Kongreßbibliothek geworden war, geriet die Familie in finanzielle Schwierigkeiten. Am 25. Juli, nachdem er sein Examen bestanden hatte, gab Edgar den Job in der Bibliothek auf. Schon am nächsten Tag nahm er für ein paar Dollar mehr seine Arbeit im Justizministerium auf.

Edgar sollte in Zukunft behaupten, daß er diese Arbeit aus eigener Kraft und Initiative gefunden hatte. Es ist jedoch mit Sicherheit anzunehmen, daß er den Job wieder einmal mit Hilfe von Bill Hitz bekam, der damals Richter war und ihm aufgrund der Verwandtschaft den Posten besorgte. Er zählte den Präsidenten des Obersten Bundesgerichtshof, Brandeis, zu seinen Freunden, und er nahm selbst im Justizministerium einen hohen Rang ein. Bei solchen Verbindungen war es ein leichtes, einem bedürftigen jungen Verwandten einen Posten in der Justizbehörde zu verschaffen.

Späterhin sollte Edgar dies als den Posten eines Buchhalters beschreiben, seine Personalakte weist ihn jedoch als »Aushilfsangestellten« aus. Bruce Bielaski erinnert sich, daß er im Postraum der Hauspost arbeitete. Eines Tages im Jahr 1917, auf der Fahrt zur Arbeit im Bus, unterhielt er sich mit einem Nachbarn, dem Chef der Hauspost, George Michaelson. Michaelson nannte den Namen eines jungen Anwalts, der bei ihm Post sortiere, »einer der hellsten Köpfe weit und breit«. »Für diese Arbeit brauchst du doch niemanden mit Hirn!« »Wenn du ihn haben willst, kannst du ihn haben«, erwiderte Michaelson.

Die Unterhaltung im Bus sollte für Amerika schicksalhaft werden. Bielaski war Leiter des Geheimdienstes, eines direkten Vorläufers dessen, was wir heute als FBI kennen. Dieser Dienst war im Jahr 1908 eingerichtet worden trotz der Bedenken des Kongresses, daraus könne eine Behörde mit viel zu vielen Machtbefugnissen werden, die zu politischer Unterdrückung führen können, – insbesondere wenn sie eines Tages nur einem einzigen Manne unterstünde. Dieses Amt wurde eingesetzt gegen Vergehen wie illegale Überschreitung der Staatsgrenzen, Verletzung der Wirtschafts- und Bankgesetze und – dafür war es berüchtigt – gegen Vergehen gegen die guten Sitten. Dazu gehörte zum Beispiel, wenn man »in der Verfolgung unmoralischer Zwecke« eine Frau von einem Staat in den anderen beförderte.

Bielaski vergaß den Namen des jungen Juristen, den sein Nachbar genannt hatte, nicht, wenngleich er auch Edgar nicht sofort ins Amt holte. Statt dessen erzählte er John Lord O'Brian, dem Leiter der Abteilung für Sondereinsätze im Verteidigungsministerium von Edgar und am 14. Dezember 1917 erschien der Name von »Mr. Hoover, Spezialagent«, das erste Mal in einem O'Brian-Memorandum. So war Edgar vor seinem 23. Geburtstag blitzartig vom Postsortieren in eine verantwortungsvolle Stellung avanciert, in der er über verdächtige Ausländer zu entscheiden hatte.

In den drei Jahren vor Amerikas Kriegseintritt war durch alliierte Kriegspropaganda die Nation in hysterische Angst vor deutschen Spionen und deutschen Saboteuren geraten – obgleich eine offizielle Untersuchung des Amtes nie einen Saboteur oder Spion zutage gefördert hatte. Der Justizbehörde fiel es zu, über das Schicksal vieler deutscher Ausländer zu entscheiden. Die ersten, mittlerweile verblaßten Memos in Edgars erstaunlicher Karriere erzählen ihre eigene Geschichte. Ein 18jähriger deutscher Ausländer an der Grenze nach Texas wurde wegen großmäuliger Lobpreisung des deutschen Kaisers festgehalten – Edgar empfahl Internierung bis zum Kriegsende. Bei einem anderen Deutschen, der Präsident Wilson einen »Schwanzlutscher und Dieb« genannt hatte, sprach sich Edgar ebenfalls für Internierung aus. Sein Vorschlag wurde jedoch abgelehnt, weil eine solche Bemerkung so eine drastische Maßnahme nicht rechtfertige.

Im Jahre 1918 arbeitete Edgar eifrig an einem Register, das alle deutschen Frauen in den Vereinigten Staaten erfaßte. Als die *Washington Post* im Juni des gleichen Jahres schrieb, die Arbeit ginge nur langsam voran, reagierte Edgar sofort mit einem Memorandum, in dem er dies bestritt. Von daher rührte seine tiefe Abneigung sowohl gegen die *Washington Post* als auch gegen die *New York Times*. Er schloß sie aus seiner täglichen Zeitungslektüre aus mit der Behauptung, daß sie alle Nachrichten verdrehten und verfälschten. »Wenn sie das FBI mit Dreck bewerfen«, pflegte er zu sagen, »sollen sie nur! Beschimpfun-

gen von gewissen Leuten sind für die Institution wie Blumenbuketts.«
In diesem ersten Jahr arbeitete Edgar sieben Tage in der Woche, manchmal bis tief in die Nacht hinein, und seine Vorgesetzten nahmen dies zur Kenntnis. »Hoover«, bemerkte O'Brian, »ist ein gewissenhafter und aufrichtiger Bursche.« Während seines ersten Jahres in der Justizbehörde bekam Edgar drei Gehaltserhöhungen, womit sich sein Anfangsgehalt verdoppelte. Aber da war noch irgend etwas Merkwürdiges – warum war dieser 23jährige nicht in den Krieg gegangen?
Nach der Kriegserklärung wurden alle 21- bis 30jährigen männlichen Amerikaner aufgefordert, sich innerhalb von Wochen zum Kriegsdienst zu melden. Ein Ausbildungscamp für Offiziere wurde eingerichtet. Bis Kriegsende wurden drei Millionen Amerikaner eingezogen. 150000 davon fielen. Ein Sturm heiliger Wut erhob sich gegen alle jungen Männer, die sich davor drückten. Während einer Razzia wurden allein in New York City 60000 junge Männer aufgegriffen und in Chicago 27000.
Edgar wäre ein perfekter Wehrpflichtiger gewesen, ein gesunder junger Mann Anfang der 20 mit jahrelanger Offiziersausbildung in einer Schule, die West Point nahestand. Viele seiner ehemaligen Klassenkameraden marschierten ins Ausbildungslager, einige wurden in die Schützengräben nach Frankreich geschickt – aber nicht Edgar.
Später redete er viel über seine Bereitschaft, dem Vaterland zu dienen – »sobald die Hölle des Ersten Weltkriegs vorbei war«. Im Jahre 1922 bekam er den Rang eines Majors der Reserve in der US-Armee, im Zweiten Weltkrieg wurde er zum Oberstleutnant (der militärischen Spionageabwehr) befördert, – ebenfalls als Reserveoffizier. Dieses Amt gab er nur auf, weil der Kriegsminister darauf bestanden habe, daß er seinem Land besser als Direktor des FBI dienen könne.
Zwanzig Jahre später erzählte Edgar einer Zeitung, daß er auch im Ersten Weltkrieg aus dem gleichen Grunde keine Uniform getragen habe, weil »seine Vorgesetzten ihn davon überzeugt hätten, daß er einen größeren Dienst in der Spionageabwehr leisten könne«. Seine umfangreiche Akte aus dem Zweiten Weltkrieg gibt jedoch keine Auskunft über den Ersten Weltkrieg.
»Spionageabwehr« ist ein zu überstrapaziertes Wort, um Edgars Schreibtischarbeit gegen den Feind zu kennzeichnen. Im übrigen erscheint sein Name nicht im Register des 102. Departments des Justizministeriums, in dem die Namen derer verzeichnet sind, die vom Kriegsdienst freigestellt wurden, zum Beispiel Söhne von Familien, deren einzige Verdiener sie waren, was sie nachweisen mußten. Es ist aber nicht bekannt, ob Edgar einen solchen Anspruch geltend gemacht hatte.
Hätte er wie so viele seiner Kameraden, Kriegsdienst leisten wollen, so hätte er es tun können. Der junge Mann, der mehr als jeder andere

vom Kadettenkorps so glühend begeistert war, der als Erwachsener Freundschaften aus seiner Militärzeit pflegte und Kontakte hielt, der eines Tages in Reden und Ansprachen zur Teilnahme am Vietnamkrieg aufrief, der sich ständig in militärischen Metaphern erging – von diesem Mann hätte man erwarten können, daß er zur Einschreibung eilen würde...

Edgar, dessen Junggesellenstatus zu endlosem Klatsch führte, erwog gegen Ende des Krieges einmal zu heiraten. Diese Episode führte zu einer verheerenden emotionalen Niederlage, die durchaus mit ein Grund für seine sexuelle Ambivalenz gewesen sein mag. Der Bericht hierüber kommt von Helen Gandy, der Frau, die ihm 53 Jahre als Sekretärin diente. Die auffallend schmallippige Miss Gandy enthüllte in einer Unterhaltung die traurige Geschichte einer zurückgewiesenen Werbung. Im Alter von 24 Jahren, erzählte sie, lernte Edgar eine junge Frau namens Alice kennen. Auch sie arbeitete in der Abteilung für Sondereinsätze und war offenbar die attraktive Tochter eines Washingtoner Anwalts – eine Tatsache, die Edgars Interesse an ihr noch verstärkte. Sollte bei Ende des Krieges seine Arbeit im Justizministerium enden, hoffte Edgar, eine Arbeit in diesem Rechtsanwaltsbüro zu finden.
Am Waffenstillstandstag, dem 11. November 1918, bekam Edgar von einem Freund namens Sidney Kaufman Besuch in seinem Büro. Kaufman erzählte ihm, er sei mit einem Mädchen befreundet und beabsichtige, sich am gleichen Abend mit ihr zu verloben und zwar bei ›Harvey‹, dem Washingtoner Restaurant, das Edgar sein Leben lang bevorzugte. Alice und Edgar waren zu dieser Verlobungsfeier eingeladen. Miss Gandy erzählte, daß Edgar daraufhin entschlossen gewesen sei, sich auch mit Alice am gleichen Abend zu verloben. Er schickte ihr ein Briefchen mit der Bitte, sich auf dem Weg dorthin mit ihm im ›La Fayette‹-Hotel zu treffen. Alice erschien jedoch nicht. Kurz darauf verlobte sie sich mit einem anderen Mann, einem jungen Offizier, der – im Gegensatz zu Edgar – im Krieg gewesen war.
Helen Gandy gab den vollen Namen von Edgars verlorener Liebe nicht preis. Es gibt jedoch keinen Grund, diese Geschichte anzuzweifeln. Miss Gandy unterhielt sich an jenem Abend im Jahre 1918 mit zwei FBI-Angehörigen und war die erste Zeugin von Edgars Demütigung. Sie selbst war an jenem Abend im Restaurant ›Harvey‹ zugegen, zusammen mit den beiden Männern nahm sie an der Verlobungsparty teil. Edgar – in seiner Einsamkeit – nahm zum erstenmal Notiz von ihr. »Miss Gandy erzählte mir, daß sie damals verschiedentlich Rendezvous miteinander gehabt hätten«, erinnert sich ein Mitarbeiter Edgars, Cartha DeLoach. »Sie verstanden sich gut, waren aber nicht ineinander verliebt. Diese Beziehung kühlte später ab, aber als Edgar ei-

ne Sekretärin brauchte, holte er sie zu sich.« Miss Gandy, die in der gleichen Dienststelle bereits im Büro tätig gewesen war, wurde ein paar Monate später eine zuverlässige Kraft in seinem Büro – und blieb von da an an seiner Seite.

»Den Schock hat er eigentlich nie richtig überwunden«, sagte Miss Gandy im Hinblick auf die Alice-Episode. Die Verletzung war um so tiefer, als Edgar entdeckte, daß das Mädchen, das er zu heiraten hoffte, sich die ganze Zeit, in der er sich mit ihr traf, mit einem anderen – der an der Front war – korrespondiert hatte. »Dies«, sagte Miss Gandy, »wird der Grund dafür gewesen sein, daß Mr. Hoover niemals mehr einer Frau wirklich vertraute und warum er nie geheiratet hat.«

Edgar muß wohl an Alice gedacht haben, als er im Jahr 1945 eine seltene Anmerkung über Frauen machte: »In meiner Jugend war ich einmal verliebt«, erzählte er dem Reporter Fletcher Knebel. »Ich nehme an, Sie nennen so etwas nur Schwärmerei...« Und zu einem anderen Interviewer sagte er, daß Frauen, für die er Interesse gehabt habe, stets schon gebunden seien.

»Ich will hier etwas bekennen«, offenbarte Edgar in einem ungewöhnlich freimütigen Interview aus dem Jahre 1939, »wenn ich jemals heirate und das Mädchen würde mich nicht mehr lieben und die Ehe würde sich auflösen, so würde mich das ruinieren. Ich könnte das nicht ertragen und mein geistiger Zustand wäre so, daß ich für meine Reaktionen nicht mehr zur Verantwortung zu ziehen wäre.« Die Wendung »geistiger Zustand« wurde in Neuauflagen dieses Interviews gestrichen.

In dem gleichen Gespräch gab Edgar einiges von seiner Einstellung preis: »Ich habe Mädchen und Frauen immer auf einen Sockel gestellt«, sagte er, »sie waren für mich etwas, zu dem Männer aufschauen, was sie ehren und respektieren sollten. Wenn Männer sich danach verhalten würden, gäbe es mehr gute Ehen. Ich hatte mein Leben lang diese Auffassung von Frauen.«

Edgars Nichte Magaret, die Edgar in der Zeit nach dem Alice-Fiasko häufig sah, sagte, sie hätte ihn anschließend niemals mehr mit einer Frau seines Alters gesehen und gab seiner Mutter die Schuld daran. »Edgar würde nie haben heiraten können, Nanny war eine echte Matriarchin... sie würde jeden Ansatz dazu schon im Keim erstickt haben.«

Tatsächlich hat Edgars Mutter das schon einmal versucht. Sie versuchte, ihren ältesten Sohn am Heiraten zu hindern und fand, daß das Mädchen seiner Wahl nicht gut genug für ihn sei. Es mißlang ihr, aber den Zugriff auf Edgar sollte sie nie gelockert haben.

Jahre nach der »Schwarm-Affäre« sagte Edgar, daß bei ihm die Arbeit den Platz einer Frau einnähme. »Ich hänge an meinem Amt und ich glaube nicht, daß eine Ehefrau sich damit abfinden würde.«

Noch etwa zehn Jahre nach der Zurücksetzung durch Alice, eigentlich während seiner ganzen zwanziger Jahre, hatte Edgar keine emotionale Bindung, außer zu seiner Mutter Annie. Jeden Abend kam er nach Hause. Edgars Nichte Margaret, die während der zwanziger Jahre mit den Hoovers zusammenlebte, erinnert sich, daß Edgar sich benahm wie ein verzogenes Kind. »Er war ein ziemlicher Tyrann, was das Essen anbelangt... Nanny führte ihm den Haushalt... Sein bevorzugtes Frühstück waren pochierte Eier auf Toast, und wenn das Ei nicht so war, wie er es sich vorstellte, aß er es nicht, und es wanderte in die Küche zurück. Dann wurde ein anderes Ei pochiert... Vom zweiten Toast aß Edgar einen Bissen, den Rest gab er dem Hund.«

Margarets Schwester Anna erinnert sich, daß »Nanny die Jalousien an den Fenstern immer herunterließ, sowohl in den hinteren wie auch in den vorderen Räumen. So war es immer kühl und dunkel, wenn J. E. nach Hause kam. Er ging einfach durch die Zimmer, zog die Jalousien hoch, dann ging er hinauf in sein Zimmer. Es war eine Art Machtkampf zwischen zwei intelligenten Menschen, sie waren beide starke Persönlichkeiten... Es ging darum, wer von ihnen die Situation beherrschte. Sie gestaltete für ihn ein schönes Zuhause und er sorgte für das nötige Kleingeld, damit es schön sein konnte. Er war sehr lieb zu ihr, brachte ihr Geschenke mit und viele sehr hübsche Schmuckstücke...«

Edgars Bruder, Dickerson, der sich gleichfalls an den Rechnungen des Hauses beteiligte, lief die Galle über, wenn er sah, daß Edgar Annie extravagante Geschenke mitbrachte. Dickerson, mittlerweile bereits in leitender Stellung im Wirtschaftsministerium, wurde in der Familie scherzhaft »der General« genannt. Edgar, der Jüngere, blieb »der Major«. »Und wie befindet sich der Herr Rechtsanwalt heute?« pflegte Dickerson sich ironisch zu erkundigen, wenn Edgar auftauchte. Edgar, der sich zunehmend seines Status' bewußt wurde, fand das gar nicht komisch.

Mit der Arbeit im Justizministerium begann Edgar die Erwartungen seiner Mutter zu erfüllen. Im November 1918, zwei Monate vor seinem 24. Geburtstag, war er bereits zum Sonderbevollmächtigten aufgestiegen und bezog ein Jahresgehalt von zweitausend Dollar – soviel Geld wie sein Vater mit sechzig Jahren verdient hatte.

Damals schon arbeitete Edgar jedoch bereits an seinem Image. Einfach durch die Art, in der er sich nur für ihn typische Verhaltensweisen zulegte, unterzeichnete er Dokumente nur mit »E H« oder unterschrieb »J. E. Hoover«, wobei die Schleife des »J« besonders schwungvoll geriet. Doch dies schien allmählich nicht mehr zu genügen. »J. Edgar Hoover«, dieser Namenszug war im Begriff, Bestandteil amerikanischer Lexika zu werden. Edgar behauptete, er hätte seine Unterschrift zuerst im Jahre 1933 geändert, nachdem er erleben mußte, daß ihm in einem Bekleidungsgeschäft Kredit nicht gewährt wurde, weil ein anderer John E. Hoover seine Rechnungen nicht zu bezahlen pflegte. Wie so vieles der Vergangenheit, soweit sie Edgar selbst betraf, stimmte auch dies nicht. Es war im Dezember 1918, drei Tage vor seinem Geburtstag, als die Feder des jungen Mannes über ein ziemlich belangloses Memorandum für John Lord O'Brian glitt. Er unterzeichnete diese Mitteilung mit einem enorm verschnörkelten »J. Edgar Hoover«. Vielleicht bedurfte sein Ego, gerade erst ein paar Wochen nach der Demütigung durch Alice, eines Schubs, eines Auftriebs und das äußerte sich in Geltungssucht. Der Mann, der seinerzeit noch an der Spitze des Geheimdienstes stand und Edgars Karriere in Schwung gebracht hatte, unterschrieb mit »A. Bruce Bielaski«. Ehemalige Angehörige des Justizministeriums ziehen den etwas bösartigen Schluß, daß Edgar, der sich schon ganz oben an der Spitze der Rangleiter sah, Bielaski einfach nachgeäfft habe.

O'Brian, der Edgar auf den Weg zur Macht katapultiert hatte, äußerte sich zu dessen Lebzeiten sehr vorsichtig über ihn. Er überlebte ihn jedoch mit 89 Jahren um ein paar Monate. Nach Edgars Tod wurde O'Brian gefragt, welche Rolle er in der Förderung des jungen Mannes, der sich später J. E. Hoover nannte, gespielt habe.

»Dies«, erwiderte der alte Mann, »ist etwas, über was ich am liebsten nur in einer dunklen Ecke flüstere. Es handelt sich hier um eine Sünde, für die ich eigentlich büßen müßte.«

3. KAPITEL

Ich bin immer besorgt, wenn ich erkenne, daß eine Nation, die im Begriff ist, an Größe und Macht zu gewinnen, dies ihrer Polizeimacht verdankt.
Cyrus Eaton
Industrieller und Kritiker J. E. Hoovers

Die Wahl Edgars erfolgte dank eines opportunistischen Justizministers und seiner Kommunistenjagd. Wären nicht zufällig ein paar merkwürdige Umstände zusammengetroffen, wäre dies vielleicht nie geschehen.

Als Amerika das Kriegsende feierte, war Edgars Zukunft noch durchaus ungewiß. Die Auflösung der Sonderabteilung im Verteidigungsministerium stand bevor und er hielt Ausschau nach einem neuen Aufgabengebiet. Er bewarb sich bei der Einwanderungsbehörde, wurde seinerzeit aber abgelehnt, woraufhin er zu seinem Chef, John Lord O'Brian ging und fragte, ob er nicht in den Geheimdienst übernommen werden könnte. Das schlug allerdings genauso fehl, aber O'Brian erwähnte seinen Namen dem designierten Justizminister gegenüber, Mitchell Palmer, dem »streitbaren Quäcker«.

Eine Menge höherer Beamter, einschließlich O'Brian, quittierten den Dienst möglichst schnell, sobald sie erfuhren, daß Palmer als Minister nominiert war. Während des Krieges, als ihm noch die Verwaltung ausländischer Vermögen oblag, landeten Millionen Dollar aus beschlagnahmten deutschen Guthaben in Palmers demokratischem Freundeskreis. Er hatte Ambitionen, Präsident zu werden und betrachtete das Justizministerium als geeignetes Sprungbrett.

Gerade, als er zum Sprung ansetzte, schwappte eine Welle der Kommunisten-Hysterie über das Land.

Palmer übernahm sein Amt 1919, als Lenin zur Weltrevolution aufrief. Nach monatelangen Horrorgeschichten über bolschewistische Ausschreitungen in Europa, wurde die amerikanische Mittelklasse durch massenhafte Streiks im eigenen Lande geschockt, allein in jenem Jahr 3000. Dann begann eine Reihe von Bombenanschlägen, ein mitternächtlicher Anschlag wurde auf das Haus des Justizministers verübt. Der Senat bestand auf einer gründlichen Untersuchung eines angeblichen Planes, die Regierung zu stürzen und der Kongreß finanzierte die bundesweite Durchforstung radikaler Gruppen.

So begann die Panik vor den Roten. Palmer stellte William Flynn, den früheren Chef des Nachrichtendienstes ein, um dem Geheimdienst vorzustehen, zusammen mit Frank Burke, dem Rußland-Experten des früheren Geheimdienstes, als Vertreter. Als er sich nach einem Assistenten im eigenen Büro umsah, erinnerte sich Palmer Edgar Hoovers – einem von nur zwei Stabsangehörigen aus Kriegszeiten, die darum nachgesucht hatten, im Amt bleiben zu dürfen.

Edgars geheimdienstliche Überprüfung brachte nichts Bemerkenswertes zutage, außer, daß sein Vater – mittlerweile »sehr krank« – sich in einer Anstalt aufhielt und Edgar die Rechnungen zahlte. Mit 24 Jahren wurde Edgar Assistent zur besonderen Verwendung Palmers und Leiter einer neugegründeten Abteilung, die Tatsachen über »revolutionäre und ultraradikale Gruppen« sammelte.

Der Stellvertreter des Justizministers teilte ihm die täglichen Aufgaben zu. Es war dies Francis Garvan, der subversive Elemente fanatisch verfolgte und einen geradezu urtümlichen Fremdenhaß entwickelte – Edgar wurde bald als »Garvans Hätschelkind« bekannt. Dieser Job war maßgeschneidert für den jungen Mann, der einst sein Vergnügen darin gefunden hatte, seine Bücher zu sortieren und eine Liste über seine Anzugsgrößen zu führen, und sich schließlich zwischen den Bücherstapeln der Kongreßbibliothek herumplagen mußte.

Er nutzte nunmehr seine Bibliothekserfahrung dazu, ein umfangreiches Karteikartensystem von linksgerichteten Bürgern aufzubauen. Dieses Verzeichnis stellte sich als äußerst effizient heraus, vergleicht man den damaligen Standard mit den heutigen Möglichkeiten eines Computers. Mit seinem System waren Namen und Kreuzverbindungen dazu in Minuten festzustellen.

In dieser ersten großen Aktion Edgars waren 500000 Namen registriert worden, zusammen mit biographischen Vermerken von über 60000 Leute.

Edgar vertiefte sich in kommunistisches Schrifttum: »Ich studierte die Schriften von Marx, Engels und Lenin ebenso wie Berichte über die Aktivitäten der dritten Internationalen«, erinnerte sich Edgar. »Solche Doktrinen«, äußerte er seinen Vorgesetzten gegenüber, »bedrohen das Glück der menschlichen Gesellschaft und die Sicherheit jeden Individuums ... sie können den Frieden des Landes zerstören.«

»Diese Lektüre reichte aus, um mich über Sowjet-Kommunismus zu informieren.« Einige Historiker sind allerdings der Ansicht, daß es in den zwanziger Jahren in den Vereinigten Staaten nie eine wirkliche Gefahr für den Ausbruch einer Revolution gegeben habe. Doch mit Beginn der Bombenanschläge – und nicht zuletzt dank Palmers und seines klugen jungen Mannes – geriet das Land aus dem Gleichgewicht.

Der Assistent, den Edgar sich ausgesucht hatte, war George Ruch, ein

früherer Schulfreund, der extreme, rechtsgerichtete Auffassungen vertrat. Ruchs Konzept einer Demokratie enthüllt einer seiner Berichte, in welchem er sein Erstaunen zum Ausdruck bringt, daß Linken genau wie anderen Bürgern erlaubt sein sollte, alles was sie gegen die Regierung vorzubringen haben, aussprechen oder niederschreiben.
Später, als Ruch das Amt verließ, um Leiter der Betriebspolizei einer Pittsburgher Kohlenbergwerksgesellschaft zu werden, stellte Edgar Agenten ein, um sie als Schläger zu trainieren, die er gegen Gewerkschaftsaktivisten einsetzte. Ruch taufte seinen Sohn J. Edgar und Edgar bezeichnete Ruch als einen »besonderen persönlichen Freund«. Er redete ihn liebevoll mit »Blimp« an.
Die beiden empfahlen ihrem Vorgesetzten der einzige Weg, der es ermöglichte, mit Radikalen fertig zu werden sei, sie des Landes zu verweisen – und zwar durch Erlaß eines Gesetzes, das bereits die pure Mitgliedschaft in einer radikalen Organisation zu einem Vergehen machte, das mit Ausweisung bestraft werden konnte.
Der Richter Lawrence Brooks aus Massachusetts erinnert sich noch gut dieser Zeitspanne der Unterdrückung. Er war selbst Augenzeuge einiger Greueltaten und findet, »das sei die traurigste Episode in der Geschichte unseres Landes gewesen, die Ära von Senator Joseph McCarthy nicht ausgenommen«.
Sie begann am 7. November 1919 – ein sorgfältig ausgewählter Termin, weil dies gleichzeitig der zweite Jahrestag der Russischen Revolution war. Regelrechte Überfälle wurden auf die Büros der Gewerkschaft russischer Arbeiter in etwa einem Dutzend Städten gestartet, Hunderte verdächtiger Revolutionäre wurden verhaftet, manche von ihnen nach allen Regeln der Kunst verprügelt. Fast alle wurden anschließend wieder freigelassen, entweder weil sie keine Ausländer waren oder weil man den Begriff des Revolutionärs nicht auf sie anwenden konnte. Diese Angriffe wurden zwar von Polizei und FBI durchgeführt, doch durch das Justizministerium veranlaßt und von Edgar »in Gang gesetzt«.
Mit der nächsten Phase dieser Aktion wurde Edgar einer breiteren Öffentlichkeit bekannt. Sie gab ihm eine der seltenen Gelegenheiten, einen Fall sogar vor Gericht zu bringen: Er war es, der die Deportation von Emma Goldman sicherstellte, die den heutigen Kinogängern in dem Film *Reds* als Anarchistin, als Kritikerin organisierter Religion und Streiterin für Geburtenkontrolle bekanntgemacht wurde. Sie war gleichzeitig eine Befürworterin der freien Liebe, und ihre abgefangenen Briefe sollen, wie Edgar sagte, eine »gepfefferte Lektüre« gewesen sein. Als extreme Radikalistin und »liederliche Person« war sie ihm ein Greuel.
Emma Goldman zu deportieren, war eine Zumutung. Sie lebte seit 34 Jahren in den Vereinigten Staaten, schon lange bevor Edgar zur Welt

kam, und ihr Vater und ihr früherer Ehemann waren US-Bürger geworden. Edgar schaffte es jedoch überzeugend darzulegen, die amerikanische Staatsbürgerschaft des Ehemannes sei erschwindelt worden und die Reden der Mrs. Goldman hätten das tödliche Attentat auf Präsident McKinley 18 Jahre zuvor inspiriert. Vier Tage vor Weihnachten des Jahres 1919 nachts um zwei Uhr fuhren Edgar und William Flynn an Bord eines Kutters nach Ellis Island im New Yorker Hafen. Emma Goldman und ihr Liebhaber, Alexander Berkman, und 247 andere Ausgewiesene, waren dort an Bord eines Truppentransporters gebracht worden und wurden nach am gleichen Tag nach Rußland verschifft. Edgar sprach am nächsten Tag darüber mit der Presse, äußerte seine Erleichterung und versprach, daß »weitere Sowjettransporte nach Europa schippern würden, wann immer es nötig wäre, das Land von gefährlichen Radikalen zu säubern«.

Am Neujahrstag hatte Edgar wenig Zeit, seinen Geburtstag zu feiern. Der Countdown für die bisher größte Verfolgung von »Roten« lief. Am 2. Januar verhafteten Polizei und Agenten des Geheimdienstes einige 10 000 Leute in 23 Städten – wieder mit großer Brutalität und unter Verletzung der bürgerlichen Rechte. Die meisten von ihnen stellten sich als unschuldig heraus und wurden irgendwann wieder entlassen.

Der Justizminister Palmer und sein Ministerium gerieten unter intensiven Beschuß. Louis Post, der stellvertretende Gewerkschaftssekretär, der die Ausweisungen bekämpfte, beschreibt diese Aktion als eine »gigantische und grausame Schweinerei«. Wenngleich Edgar auch beteuerte, er hätte »mit den Razzien nichts zu tun«, er »habe dafür keine Verantwortung«, ist aber vollkommen klar, daß er und Ruch in den Nächten, in denen die Razzien stattfanden, als Schlüsselfiguren in den Hauptquartieren fungierten. Amtsanordnungen, die durch den stellvertretenden Amtschef Frank Burke an die Nebenstellen gegeben wurden, wiesen die Agenten an, mit Mr. Hoover, per Ferngespräche, alle wichtigen Ereignisse zu besprechen, die während der Verhaftungen auftreten könnten. Der Agent James Savage berichtet, daß Burke »Hoover zu Ansehen verholfen hat. Er hat ihn gelehrt, was er selber wußte, hat ihn informiert und hat ihm geholfen, seine Talente zu entwickeln.«

Edgar benutzte das Amt, um Anwälte auszuspionieren, die Verhaftete vertraten oder die daran arbeiteten, nachzuweisen, daß die bürgerlichen Rechte mißachtet würden. Die Nachforschungen über diesen Personenkreis hätten »diskret und amtlich« zu sein, ordnete er an. Einer der solchermaßen Observierten war der zukünftige Richter des obersten Gerichtshofs, Felix Frankfurter, damals ein bedeutender Universitätsprofessor der juristischen Fakultät der Harvard-Universität. Edgar behielt ihn ein halbes Jahrhundert lang im Auge, da er seiner privaten Meinung nach »der gefährlichste Mann in den Vereinigten Staaten«

sei. Später, 1961, als Frankfurter beim Bundesgerichtshof war, sollte ein Report aus diesen Jahren Edgar das Leben schwer machen. Er war von 1921 datiert, signiert mit »J. E. Hoover« und bezeichnete Frankfurter als einen »Verbreiter bolschewistischer Propaganda«. In der darauf folgenden Aufregung behauptete Edgar, dieser Bericht wäre von jemand anderem erstellt worden.
»Hoover lügt, wenn er die Verantwortlichkeit für die roten Razzien bestreitet«, sagte Frankfurter zu seinem Mitarbeiter Joseph Rauh. »Er steckte bis zum Halse drin.«[1]
Edgar behauptete, er hätte lediglich Praktiken durchgeführt, wie sie von anderen angeordnet worden seien. »Das war ein Mann«, meinte John Lord O'Brian, »der entschlossen war, jederzeit Befehle auszuführen.« Richter Anderson, der die Deportationsverhandlungen leitete, schnob: »Es ist die Aufgabe eines jeden amerikanischen Bürgers, der nur etwas über amerikanische Geisteshaltung und Lebensweise weiß, sofort einzuhalten, wenn er solche Befehle bekommt.«
Weder Edgar noch Justizminister Palmer oder die übrigen Angehörigen des Stabes hatten unter diesen überfallartigen Razzien auf die »Roten« zu leiden. Die Nachforschungen durch den Kongreß zogen sich so lange hin bis ein neuer Justizminister unter einem neuen Präsidenten gewählt worden war, so daß jeder der Verantwortlichen der verdienten Vergeltung entging.
Edgar hatte Lektionen gelernt, die er nicht vergessen würde. Einerseits wußte er nun, daß staatliche Unterdrückung in den Vereinigten Staaten möglich war. Nach anfänglichen Erfolgen hatten die amerikanischen Kommunisten schlimme Rückschläge erlitten. Die Mitgliederzahl der Partei – vor den Razzien auf etwa 80 000 geschätzt – sank Ende 1920 auf 6 000. Edgar hatte auch festgestellt, daß es möglich war, Leute auszuforschen und zu jagen – nicht begangener Verbrechen wegen, sondern wegen ihrer politischen Einstellung. Um zu vermeiden, auf frischer Tat ertappt zu werden, hatte Edgar gelernt, daß es lebensnotwendig sei, sich zu vergewissern, daß »die Rechtmäßigkeit« stets gewährleistet blieb und außerdem, daß der größte Schatz des Geheimdienstlers darin bestand, seine vertraulichen Akten der Öffentlichkeit nicht zugänglich zu machen. Viele peinliche Dokumente waren während der »Roten Razzia« ans Licht gekommen. Später, als FBI-Direktor, perfektionierte Edgar ein Aktensystem, das, außer bei besonderen Gelegenheiten, von keinem Außenseiter einzusehen war. Dossiers wurden gelegentlich herausgegeben, aber nur dann, wenn das Edgars eigenen Zwecken diente.
Er lernte gleichfalls alles, was die Gefahren der Loyalität anbelangte, wen immer sie auch betrafen. Im Juli 1920, als Justizminister Palmer sich zur Nominierung als demokratischer Präsident in San Francisco auf den Weg machte, war Edgar an seiner Seite. »Zu jener Zeit«, erin-

nert sich ein früherer Politiker, »sah er seine Zukunft noch im Zusammenhang mit Palmers politischem Erfolg. Er diente ihm über seine ursprünglichen Verpflichtungen hinaus und machte seine offiziellen Kontakte mobil, um Palmer nützlich zu sein.«
Später, nachdem Palmer bei der Nominierung durchfiel und die Demokraten abgeschlagen waren, wurde durch eine Überprüfung des Senats offengelegt, daß Edgar mit anderen Beamten auf Kosten des Steuerzahlers nach San Francisco gefahren war. Er behauptete allerdings, daß er sich auf einer routinemäßigen Nachforschung nach Radikalen befunden hätte. Eine Überprüfung hätte Edgar sein Amt kosten können. In Zukunft sollte er sich nur noch als Mann darstellen, der über der Politik stand. Er wurde nie Mitglied einer politischen Partei und – als Bewohner von Washington D.C. – ging er auch nie zur Wahl.[2] »Ich mag keine Etikettierung und ich bin überhaupt unpolitisch«, pflegte er gern in der Öffentlichkeit zu sagen.
Das war nicht wahr. Vom Jahr 1921 an bis zu seinem Lebensende war Edgar ein Anhänger des rechten Flügels der Republikanischen Partei. »Meine Verbindungen waren immer an die republikanischen Interessen geknüpft«, erzählte er einem früheren Kollegen, Denis Dickason, in einem privaten Brief, nachdem Herbert Hoover 1929 gesiegt hatte. »Die Ergebnisse der letzten Wahl haben mich ganz besonders erfreut...«
Nur wenige Menschen, die Edgar als seine Freunde bezeichnete, waren Demokraten und alle, die ihm einmal verbunden waren, bezweifelten nicht seine Loyalität. »Hoover war von Anfang an Republikaner, aber wenn es ihm notwendig erschien, verheimlichte er dies«, sagte eine ehemalige Beamtin des Justizministeriums, Patricia Collins. »Er konnte für alle Leute alles sein«, sagte William Sullivan. »Wenn ein Liberaler zu ihm kam, konnte er denken: ›Mein Gott, Hoover ist ja ein Liberaler‹. Wenn ein John Bircher zu später Stunde noch bei ihm hereingekommen wäre, hätte er beim Gehen überrascht sagen können: ›Es ist völlig klar, Hoover ist ein überzeugtes Mitglied der John-Bircher-Gesellschaft.‹ Er war ein brillantes Chamäleon.«
Er war jemand, der den Mantel nach dem Wind drehte. Der stellvertretende Amtsvorsteher Frank Burke, der alles getan hatte, Edgars Karriere zu fördern, mußte nun hören, daß sein Schützling ihn hinter seinem Rücken »einen politisch abgehalfterten Gaul« nannte und drohte in seiner Wut, »Edgar den Hals umzudrehen«. Das nächste Mal, als die beiden Männer sich begegneten, erinnert sich Agent James Savage, »hatte sich der junge dünne Hoover mit drei schwergewichtigen Leibwächtern umgeben – alles auf Staatskosten«.
Harry Daugherty, Justizminister unter dem schwachen neuen Präsidenten Harding, war politisch gesehen »ein schwacher Halm im Winde«, noch ungeeigneter auf dem Posten, als Palmer es gewesen war.

Mißbrauch politischer Macht mit einem gehörigen Quantum Korruption waren weiter an der Tagesordnung. Zum Zeitpunkt dieser Regierungsumbildung im Jahre 1921 trat Edgar in das Amt, das für den Rest seines Lebens sein berufliches Zuhause sein würde. Im August 1922 war er bereits gewählter stellvertretender Direktor des Geheimdienstes. Der neue leitende Direktor, William Burns, ein ewig Zigarren kauender, früherer Detektiv aus New York City und irgendwo auch ein Playboy, vergab Jobs aus politischer Gefälligkeit.
Der neue Justizminister war genauso wild darauf, die Roten und die Radikalen zu zermalmen wie sein Vorgänger. Sein Vorgehen schloß auch noch das Bespitzeln von Kongreßangehörigen und Senatoren ein. Einige der so erzielten Ergebnisse gelangten zu Edgar. In Zukunft sollte Edgar stets vorsichtig behaupten, es habe nie mehr Schnüffeleien im Kongreß gegeben, »seitdem ich Direktor wurde«. Das war zwar nicht wahr, aber als er Direktor wurde, verstand er es, seine Spuren stets zu verwischen.

Edgars Bruder Dickerson, ganz und gar nicht durch Edgars Titel – stellvertretender Direktor des Geheimdienstes – beeindruckt, fuhr fort, ihn aufzuziehen. Eines Abends, als Edgar zu Fuß allein nach Hause zum Sewart Square ging, bemerkte er, daß ihm jemand folgte. Ein dunkler Schatten verschwand in den Büschen hinter ihm, kam dann wieder hervor und stieß einen gellenden Schrei aus, daß einem das Blut in den Adern gefror. Dickerson! Gepeinigt durch das Hohngelächter seines Bruders, eilte Edgar nach Hause zu seiner Mutter Annie. Diese nahm ihrerseits Rache, in Form von Unfreundlichkeit an Dickersons Ehefrau, welche sie von vornherein nicht leiden konnte.
Witze über Detektive kamen schlecht bei Edgar an. Er behauptete, Detektivarbeit könne er nicht leiden, er finde Kriminalgeschichten »abgeschmackt«. Dabei besaß er selbst eine ganze Menge Sherlock Holmes-Geschichten und wurde einmal dabei beobachtet, wie er an einem Zeitungsstand billige Detektivmagazine einkaufte.
Als stellvertretender Direktor bedeuteten ihm Image und Status alles. Kurze Zeit zuvor war Edgar Freimaurer geworden und absolvierte eine bizarre Aufnahmezeremonie, zu der auch gehörte, daß ihm die Augen verbunden wurden und ihm eine Schlinge um den Hals gelegt wurde und er auf die Spitze eines Dolches schwören mußte, niemals Freimaurergeheimnisse zu verraten. Edgar wurde schließlich Tempelritter, ein Nobler des mystischen Schreines, ging in der Freimaureratmosphäre auf und erhielt schließlich – in seinem sechzigsten Jahr unter Einhaltung der Altenriten – die Würde des 33. Grades.
Nach seiner eigenen Feststellung galt Edgars wirkliche Liebe zu jenem Zeitpunkt De Bozo, seinem Hund, den er als jungen Welpen bereits 1922 bekam. Der Hund, ein Airedale, begleitete seinen Herrn jeden

Morgen, um die Zeitung zu holen, und saß mit ihm bei Tisch, um das zu essen, was Edgar nicht mochte. Edgar hatte das Bild De Bozos auf dem Schreibtisch stehen, nicht das eines Freundes oder Verwandten. Es war der erste von sieben Hunden, die Edgar in der Folge besaß. Als De Bozo starb, fuhren Edgar und drei männliche Begleiter nach Aspin Hill, zum Hundefriedhof. Die vier lüfteten die Hüte, als der Hundekadaver in einer weißen Kiste in die Erde versenkt wurde. »Dies«, sagte Edgar zu einem der Friedhofsangestellten, »ist einer der traurigsten Tage in meinem Leben.«

Beim FBI machte man von solchen Hundegeschichten oft Gebrauch. Ein Mitarbeiter erzählte allen Ernstes und in getragenem Tonfall einem Zuhörerkreis in der Yale-Universität, daß er sich eines Falles erinnere, wo ein Mann vor seinem letzten Gang zum elektrischen Stuhl Hoover schrieb und ihn bat, sich um seinen Hund zu kümmern und dabei gleichzeitig seinen Dank zum Ausdruck brachte, daß für den Hund gesorgt werden würde. Edgar berichtete gern die Geschichte von der Ankunft des schottischen Terriers, der De Bozos Nachfolger wurde. »Ich sehe noch meine Mutter, Tränen quollen ihr aus den Augen. Ihre Überraschung wurde nur noch durch ihre Freude übertroffen.«

In der Tat war das häusliche Leben anstrengend. An den meisten Abenden zog sich Edgar, wenn er nach Hause kam, nach oben in sein Zimmer zurück. Er arbeitete in seinem Schlafzimmer an den mitgebrachten Akten oft bis in die Nacht hinein. Nun, nachdem er stellvertretender Direktor geworden war, hatte er öfters Reden zu halten. Seine Nichte Margaret, die mit ihm Tür an Tür wohnte, hörte ihn oft am Abend seine Reden proben. »Manchmal«, sagte sie, »hatte er Probleme mit dem Stottern.«

Ein Angehöriger des Kongresses, der Edgar bei seiner Arbeit im Rahmen der Kommunistenverfolgung beobachtete, meinte, auf ihn habe er wie »ein schmales Bündel Starkstromkabel« gewirkt. Mittlerweile rauchte er eine türkische Markenzigarette namens Fatima und sicher zu viele davon. Seit 1924 – er war immer noch bläßlich und untergewichtig – klagte er über Probleme mit dem Magen.

Mit 24 Jahren war Edgar alleine und gestreßt. Aber er stand kurz davor, einen Riesenschritt in seiner Karriere zu machen auf ein Ziel zu, dessen Erreichung seine Mutter überaus glücklich machen sollte.

4. KAPITEL

> *Ich will gewiß nicht behaupten, daß Hoover nicht einige ungewöhnliche Fähigkeiten besessen hätte, was den Aufbau einer Organisation anbelangt, die dazu gedacht sind, eine immerwährende diktatorische Kontrolle auf beides auszuüben: auf das FBI und – soweit ihm das möglich war – auf die Geisteshaltung und Richtung des amerikanischen Bürgers. Aber Hitler hatte diese auch.*
>
> Arthur Murtagh
> Früherer FBI-Agent, 1990

Am Muttertag 1924 schenkte Annie Hoover ihrem Sohn einen Ring mit einem riesigen Saphir, umgeben von Diamanten, den er sein Leben lang trug. Am Tag zuvor, am 10. Mai, einem Datum, dessen sich zukünftige Agenten zu erinnern haben sollten, war Edgar zum Leiter des Geheimdienstes aufgestiegen.

So wie Edgar das erzählte – und er erzählte es oft – wurde er an jenem Samstag zu Harlan Stone gerufen, dem neuen Justizminister, der dazu ausersehen war, das Justizministerium zu säubern. Stone hatte damit begonnen, indem er William Burns feuerte und eigentlich war erwartet worden, auch Edgar. Doch statt dessen sagte Stone: »Junger Mann, ich möchte, daß Sie geschäftsführender Direktor werden.«

Edgar erzählte diese Version erst, nachdem Stone schon einige Jahre tot war. Er unterschlug einen weniger großartigen Teil der Geschichte: Stone hatte das Ministerium übernommen und kannte niemanden dort. Er hatte keine Vorstellung, wem er trauen konnte. Deswegen konsultierte er Kabinettskollegen, einschließlich Herbert Hoover, seinerzeit Staatssekretär im Wirtschaftsministerium.[1]

Edgar hatte schon lange mit dem persönlichen Stab seines Namensvetters in Verbindung gestanden. Er stand insbesondere dem wichtigsten Mitarbeiter Hoovers nahe, Lawrence Richey, einem früheren Agenten, dem Edgar unter der vertraulichen Bezeichnung »J. E.« bekannt war. Nachdem ihm erzählt worden war, daß der neue Justizminister Umschau nach einem neuen Amtschef hielte, hatte er gleich eine Antwort parat: »Warum, zum Teufel, veranstalten die eine große Suche, wo sie doch schon einen der hervorragendsten Juristen beschäftigen?« So kam Edgars Namen Stone zu Ohren.

Edgars Ernennung kam nicht in die Presse und Stone machte ihm klar, daß dieser Job keineswegs schon fest sei: »Ich bin nur noch auf der

Suche nach dem richtigen Mann«, sagte er, »und so lange behalte ich es mir vor, das Amt persönlich zu überwachen.« Die vordringlichste Aufgabe des Justizministers bestand darin, den häufigen Amtsmißbrauch während der Daugherty-Periode und das verlorengegangene Vertrauen wiederherzustellen. Edgar mußte zu einem äußerst gefährlichen Zeitpunkt Stone davon überzeugen, daß er die richtige Wahl getroffen habe.

In dem bisherigen Amt gab es ein Büro, das als »Bussard-Nest« bekannt war, ein Raum – wie es in einem von Edgar lancierten Zeitungsartikel hieß – wo die Nichtstuer zusammenhockten, sich schmutzige Witze erzählten und einander dabei behilflich waren, Pullen zu leeren, die jeder Agent, der von seinem Dienstauftrag ins Büro zurückkehrte, zu liefern hatte. Edgar machte dem ein Ende und feuerte zahlreiche Agenten. »Hoover«, so wurde berichtet, »war angewidert von der Unmoral des Nestes und von der dort vergeudeten Zeit.« Von allen seinen unbestreitbaren Leistungen sollte diese Säuberung des Agentenstabes von bleibendem Wert sein: Seit Beginn von Edgars Amtsübernahme bis zum heutigen Tag war die Bestechlichkeit der Agenten mehr oder weniger kein Thema mehr – eine seltene Leistung innerhalb einer Polizeiorganisation. Diese Integrität erntete Bewunderung und Vertrauen in der Öffentlichkeit und wurde zum Juwel in Edgars Krone.

Der neue Direktor tat auch noch etwas anderes, was Stone, der während der Periode der Roten-Verfolgung ein herber Kritiker der damals stattgefundenen Amtsübergriffe gewesen war, mit Wohlgefallen feststellen konnte: Edgar, der »Roten-Jäger«, war zu Edgar, dem Gemäßigten, geworden. Zehn Tage nach seiner Ernennung versicherte er dem Senatskomitee, daß in Zukunft kein Bürger mehr seiner politischen Einstellung wegen überprüft würde.

Auf Stones Veranlassung traf Edgar mit dem Vorsitzenden der amerikanischen Civil Liberties-Gewerkschaft, Roger Baldwin, zusammen. Baldwin hatte das Amt beschuldigt, eine »Geheimpolizei« zu installieren. Er hatte selbst die Telefon-Abhörgeräte gesehen, deren Existenz Edgar leugnete. Er hatte von dem Plan des Amtes erfahren, der darauf abzielte, am Ort eine Schein-Gewerkschaft zu gründen und sie in erster Linie mit regierungstreuen Informanten zu besetzen. Nunmehr, nachdem Edgar ihm versichert hatte, daß jetzt eine »neue Ära« anbräche, schrieb Baldwin an Stone, um ihn wissen zu lassen, daß er »Mr. Hoover Unrecht getan« habe.

Nach Edgars Tod, hatte Baldwin mit dreiundneunzig Jahren Gelegenheit, die alten Amtsakten über die ACLU (American Civil Liberties Union) einzusehen. Daraus ging hervor, daß während der Amtszeit Stones Edgar weiterhin von anwesenden Informanten Berichte über Versammlungen dieser Gewerkschaften erhalten hatte – vollständig mit erschlichenen Einzelheiten und den Namen der Mitwirkenden.

Das Amt bediente sich polizeidienstlicher Methoden, um diese Gruppe auszuspionieren und – selbst noch 1977 – die Auskunft darüber zu verweigern, ob solche Aktionen abermals stattgefunden hatten. Edgar versuchte, seinen besten Freund, den rechtsgerichteten George Ruch, zu seinem wichtigsten Mitarbeiter zu bestellen, doch der Justizminister, der öffentlichen Meinung folgend, verhinderte diesen Plan, bestätigte aber Edgar in seinem Amt als ständigen Direktor des Geheimdienstes. Dies berichteten am 22. Dezember 1924, zehn Tage vor Edgars 30. Geburtstag, die Nachrichten. Noch fehlte das »F« vor dem Bureau of Investigation (es kam erst 1935 dazu, erst dann wurde es zur Amtsbezeichnung FBI). 48 Jahre lang sollte Edgar diesen Posten innehaben, ein Viertel der Zeit, in der die Vereinigten Staaten als Nation existierten!

Bis ans Ende ihres Lebens verhielt sich Edgar den Männern, die zu seinem Aufstieg am meisten beigetragen hatten, gegenüber liebedienerisch. Stone und Herbert Hoover erhielten regelmäßig Briefe, in denen sie sich verherrlicht fanden und auf ihren Reisen wurden sie überall von wartenden FBI-Agenten willkommen geheißen. Edgar sprang, wenn es darum ging, für Hoover vertrauliche Nachforschungen anzustellen oder einen Sommerjob für Stones Chauffeur ausfindig zu machen – ein immerwährender Strom kleiner Gefälligkeiten dafür, daß sie ihm zum Durchbruch verholfen hatten.

Edgar war den Trümmern des alten Amtes entkommen. Nun – ausgehend von einer vorerst schmalen Basis der Macht – war er im Begriff, ein Empire aufzubauen.

Edgar war im Begriff, die mächtigste Organisation in den Vereinigten Staaten zu schaffen, in einer gewissen beunruhigenden Art und Weise die mächtigste von allen. Er verdankte dies teilweise der rapiden sozialen Veränderung, der politischen Wende und einem Gutteil Glück. Er brachte für diese Aufgabe seine eigenen brillanten Eigenschaften als Organisator mit und besaß zudem die Fähigkeit, die nationale Stimmung zu erahnen und sich selbst in unnachahmlicher Weise in der Öffentlichkeit darzustellen.

Edgar kam genau im richtigen Augenblick zu seinem Amt. Nach dem Chaos der Hardingschen Präsidentschaft setzte Amerika sein Vertrauen in eine effiziente Verwaltung, in Bildung und Ausbildung und in die Wunder der Technologie. Der neue Direktor wurde allen diesen Anforderungen gerecht.

Gleichzeitig mit den schrägen Vögeln feuerte Edgar auch die alten Agenten und löste mehr als 20 Nebenstellen auf. Innerhalb von fünf Jahren senkte er die Anzahl der Agenten auf 339, ein Viertel weniger als zum Zeitpunkt seiner Amtsübernahme.

Neuzugänge mußten zwischen 25 und 35 Jahre alt sein, über Geset-

zeskenntnisse sowie über solide Erfahrungen im Rechnungswesen verfügen.[2]
Ein Anfänger-Agent erhielt einen Ernennungsbrief von Edgar, ein Jahresgehalt von 2.700 Dollar, Reisespesen und verpflichtete sich, jederzeit an jeden Ort der Vereinigten Staaten zu gehen. Er kam zum Dienst in einem Anzug mit weißem Hemd und gedeckter Krawatte, einen simplen Strohhut auf dem Kopf. Er leistete einen Amtseid, in der Frühzeit eine knappe Erklärung, in welcher er versprach, die Verfassung »gegen alle einheimischen und fremden Feinde zu verteidigen«. Später wurde ihnen eine von Edgar erstellte Erklärung vorgelegt, die sich wie ein Katechismus mit Freimaurer-Untertönen liest:

»In aller gebotenen Bescheidenheit erkenne ich die Verantwortung, die mir übertragen wird, gelobe, daß ich allzeit die hohen Anforderungen bedenken werde, die das Gesetz mir auferlegt, um in einem ehrenvollen Beruf die Pflichten zu erfüllen, die sowohl Künstlerisches wie Wissenschaftliches beinhalten... In Ausübung dieser Pflichten werde ich wie ein Priester bestrebt sein, Trost, Rat und Hilfe zu spenden... Wie ein Soldat werde ich einen entschlossenen Feldzug gegen alle inneren und äußeren Feinde meines Landes führen... Wie ein Arzt werde ich die verbrecherischen Parasiten eliminieren, soweit sie den Volkskörper und unsere Politik befallen haben... Und wie ein Künstler werde ich bemüht sein, jeden mir erteilten Auftrag zu einem Meisterstück zu machen...«

Einer der Neueingestellten, Edward J. Armbruster, diente von 1926 bis 1977 als Experte für Bankbetrug. Er war der typische Vertreter des neuen Agententyps, ausschließlicher Teetrinker und Nichtraucher, Freimaurer und Sonntagsschullehrer, der sieben seiner Schüler zum FBI brachte. Er wohnte sein Leben lang in einem Sears- und Roebuck-Fertighaus, das er in dem Jahr anschaffte, in dem Edgar Direktor des FBI wurde. Für Edgar war er ein Musterbeispiel aller Tugenden und er erlaubte ihm, weit über das Pensionsalter hinaus zu arbeiten.
Ein Agent der späteren Generation, Norman Ollestad, beschrieb einen pensionierten Kollegen: »Er umgab sich mit einem ganzen Arsenal symbolischer Kinkerlitzchen – Ringen, Abzeichen und edelsteinbesetzten Krawattennadeln. Er war immer tip-top, eine Klemme in Form eines Löwenhauptes bewahrte seine Krawatte vor dem Verrutschen und Manschettenknöpfe die Ärmel seines weißen Hemdes vor dem Zerknittern. Er trug einen College-Ring an seiner rechten Hand, um sich als gebildeter Mann auszuweisen, einen Freimaurerring an der Linken, der ihm spirituellen Schutz gewähren sollte. Am linken Ringfinger trug er einen Ehering, der ihn gegen hinterhältige Frauen abschirmen sollte, die er möglicherweise befragen mußte.«
Leon Turrou, ein gefeierter Agent der ersten Generation hatte eine vielsagende Definition für die Sorte Mann parat, die Edgar wollte. »Er

gehört der breiten Mittelklasse an, er ißt immer gut und kleidet sich gut, er wird nie einen schnittigen ›Packard‹ fahren, nie ein kostspieliges Haus bewohnen... Er ist ein Mann, der in guten und schlechten Zeiten 24 Stunden am Tage nur mit seinem Job verheiratet ist. Er gehört mit Leib und Seele dem Amt, verleiht gerne an Freunde und Familie, er lernt sein Leben nach den Grundsätzen seiner Arbeit aufzuwerten, indem er sich von gewöhnlichen Vergnügungen gewöhnlicher Sterblicher fernhält und nicht dauernd nach Entspannung sucht. Sein Lebensmotto ist ›für Gott, Vaterland und für J. Edgar Hoover‹.«
Heimlich nannten die Agenten Edgar den »kleinen Napoleon«. Er war diktatorisch und von kleiner Statur – schätzungsweise 1,65 bis 1,70 m, das größere Maß war in seiner Personalakte eingetragen. Den Mangel an Körpergröße kompensierte er, wie ganze Generationen von Kollegen feststellten, durch raffinierte Kunstgriffe. Der Direktor saß auf einem Drehstuhl, der bis zur äußersten Höhe hochgedreht war, so daß er auf Besucher herabsehen konnte, die angewiesen worden waren, auf seiner Couch Platz zu nehmen. Sein Schreibtisch und sein Schreibtischstuhl wiederum standen auf einem kleinen Podest. »Er pflegte mir vorzuwerfen, ich trüge Schuhe mit Absatz, um so groß zu sein wie er«, sagte Miami-Agent Leo McLairen. »Das war natürlich ein Unsinn, denn ich bin 1,86 m groß.« Edgar jedoch trug normale Standardschuhe, die er von seinem persönlichen Schuhmacher bezog.
Edgar war ein harter Lehrmeister. Während der Prohibition, die während der ersten Dekade seiner Amtszeit noch andauerte, feuerte er jeden Agenten, den er beim Trinken erwischte – sogar wenn er außer Dienst war. Im Jahr 1940, lange nach der Prohibition, wurde einem Agenten die Gehaltszahlung beschnitten, nur weil er im Nachtclub in Begleitung eines stockbetrunkenen Kollegen angetroffen wurde. Sogar noch 1960 wurden Agenten mit Entlassung bedroht, auch wenn man sie nur mit einer halben Flasche Whisky erwischt hatte.
Von unverheirateten Agenten erwartete man, daß sie wie Mönche lebten. Einmal, als Edgar erfuhr, daß ein Agent in Knoxville, Tennessee, im Büro mit einer Frau Sex gehabt hätte, feuerte er die Missetäter zwar nicht gleich, aber er versetzte fast alle, die zum Knoxville-Stab gehörten, über das ganze Land.
Obwohl Edgar steif und fest behauptete, daß er von seinen Leuten nicht verlangte, unverheiratet zu bleiben, so versuchte er doch in den ersten Jahren, Ehen zu blockieren, die ihm nicht in den Kram paßten. Wenn es Glück hatte, wurde dem zukünftigen Ehepaar nur eine flüchtige Überprüfung durch das FBI zuteil, schlimmstenfalls allerdings wandte er versteckte Mittel an, um die Ehe zu zerstören, die ihm nicht genehm war. Die Frau eines Agenten erhielt anonyme Briefe, in denen fälschlicherweise behauptet wurde, daß ihr Mann fremdginge.
Im Jahr 1959 wurde dem Agenten Erwin Piper in San Diego verboten,

als Trauzeuge bei einem seiner Kollegen zu fungieren, weil die Katholiken im Büro Einwendungen dagegen hatten, daß der katholische Agent eine protestantische, geschiedene Frau heiratete. Obwohl Piper sich fügte, degradierte Edgar ihn, vor allem weil er sich mit den Beschwerdeführern angelegt hatte.

Sobald Agenten einmal verheiratet waren, behielt Edgar sie wachsam im Auge. Die Leiter von FBI-Nebenstellen, sogenannte verantwortliche Agenten, hatten die Order, ihn darüber zu informieren, wenn Kollegen außerhalb ihrer Ehe Verhältnisse begannen. Solche Männer nannte Edgar »Seitenspringer«.

Generationen von Agenten lebten in Angst und Schrecken vor den Inspektionsteams, die als Schleichtrupps bekannt waren. Zu deren Aufgaben gehörte es, ohne Vorwarnung aufzutauchen und die harmlosesten Vergehen herauszuschnüffeln – beispielsweise einen Flugplan in einer Schreibtischschublade, die nur für offizielle Unterlagen vorgesehen war, Wäsche, die am falschen Platz lag, schmutzige Kleidungsstücke, die hinter einen Kühlschrank geklemmt waren. Edgar pflegte zu behaupten, daß seine eigenen Büros der gleichen Prüfung unterzogen wurden, was aber nicht stimmte. Minivergehen zogen für gewöhnlich einen Ermahnungsbrief nach sich. Jeder Agent besaß einen Stapel davon. Bei ernsteren Verstößen gab es innerhalb von Stunden eine Versetzung. Eine ganze Serie von Versetzungen hinter sich gebracht zu haben, war »das Amtsfahrrad zu besteigen«, ein Kunstgriff, der angewandt wurde, um Agenten auszusortieren, die mit ihren Verstößen keinen direkten Kündigungsgrund boten. Ein Mann, der alle paar Monate zu einer Versetzung gezwungen wurde, entschied sich lieber, gleich ganz auszusteigen.

Die endgültige Sanktion »unwiderrufliche Kündigung« bedeutete ein lang anhaltendes Desaster. Das Opfer würde niemals mehr eine Anstellung im Dienst des Bundes bekommen und hatte keine Referenz, um in einen anderen Job überzuwechseln. Das heißt, die meisten einmal von Edgar Ermahnten, würden niemals wieder berufen werden, wenn er sich einmal entschied, den Betreffenden hinauszuwerfen.

Das Leben eines Agenten war gefährlich und wurde noch gefährlicher während der Gangsterumtriebe in den dreißiger Jahren. Bis 1934 trugen Agenten einen Revolver nur in Notfällen, 22 von ihnen starben im Dienst. Edgar war damals bereits Direktor. Trotz der Risiken und trotz der drakonischen Disziplin dienten die Männer bereitwillig unter Edgars Befehlsgewalt. Sie erhielten bessere Bezahlung und zusätzliche Leistungen, mehr als die durchschnittlichen Regierungsangestellten. Sie entwickelten einen Korpsgeist, um den sie in anderen Ämtern beneidet wurden. Was die Gefahren anbelangte, so erntete Edgar den Respekt seiner Agenten dadurch, daß er persönlich die Jagd auf den Mörder von Edwin Shanahan, dem ersten Agenten, der im Dienst getötet

wurde, bis zur Ergreifung des Mörders leitete. Er sorgte dafür, daß die Witwe eines ermordeten Agenten Pension erhielt und sagte, wenn es gewünscht wurde, geistlichen Beistand und ein kirchliches Begräbnis des Opfers zu.
Edgar konnte den mitfühlenden Chef spielen oder auch ohne Vorwarnung oder Rechtfertigung das Ungeheuer. Einer der Leute erinnert sich der Bereitwilligkeit, mit welcher Edgar ihm eine Versetzung gewährte, damit er seiner schwangeren Frau nahe war, ein anderer des brutalen Empfangs, als er, dem eine Beförderung mit Versetzung angeboten war, um einen Monat Aufschub bat, damit er auf sein neugeborenes Kind aufpassen konnte. Die Beförderung wurde zurückgenommen und der Agent wieder in den vorigen Rang eingestuft.
Edgar wurde in gleichem Maße von seinen Leuten geliebt wie gehaßt. In der Notzeit der zwanziger und dreißiger Jahre machte er das FBI für die Männer zu einer Art Heimstatt, ganz ähnlich wie die Dienststellen der bewaffneten Polizeikräfte, eine Art Schutzschirm gegen die Welt da draußen. Bald erzählten auch die Instruktoren den Neuankömmlingen allen Ernstes: »Dies ist die größte Organisation, die jemals von einem menschlichen Hirn ausgedacht wurde.« Sie wurden offiziell angewiesen, immer so zu zitieren: »Eine Institution ist der verlängerte Schatten eines Mannes«, womit natürlich der Direktor des FBI gemeint war. Die Behörde wurde eine große Familie, in der Edgar als eine Art Patriarch aus dem 19. Jahrhundert lobte oder strafte, wie er es für richtig hielt.
Indessen hatte Edgar das Amt zentralisiert und unabhängig gemacht. In einer Zeit, in der vieles in Amerika wenig Fortschritte gemacht hatte, brachte Edgar Modernität in den Gesetzesvollzug. Er zog in das Büro des Direktors im Jahre 1924 ein und brachte eine Menge Kisten mit, die mit einer vielbenutzten Kartei von Fingerabdrücken angefüllt waren. Diese Kartei, gekoppelt mit 800000 Personenbeschreibungen, wurde an das alte Amt von Leavenworth Penitentiary geschickt und wurde zum Ursprung einer technischen Revolution in der Verbrechensfahndung.
Edgars Traum war eine landesweite »universelle« Kartei von Fingerabdrücken, abgenommen von jedem Bürger, ob schuldig oder unschuldig. Das geschah zwar nie, aber Edgar wurde bald der amtliche Verwahrer aller Fingerabdrücke, die bis dato überall im Lande von der Polizei abgenommen und aufbewahrt wurden, außerdem von Fingerabdrücken von Regierungsangestellten, später – im Zweiten Weltkrieg – von allen Militärs, von Soldaten der Infanterie, der Marine und der Luftwaffe und außerdem die Fingerabdrücke eines jeden Arbeiters in der Rüstungsindustrie.
Edgars Raum für Fingerabdruck entwickelte sich von einem kleinen Aktenzimmer zu einem L-förmigen Bürohaus, das innerhalb des Ju-

stizministeriums ganz im Dienste amtlicher Aufklärung stand. Mit der Zeit wurde daraus ein sechsstöckiges Gebäude, ein Block, der eine ganze Straße einnahm. In den sechziger Jahren hieß es, daß diese Karten aufeinander gestapelt, die Höhe des Empire State Buildings 113 mal übertreffen würden. Zu der Zeit als Edgar starb, war eine riesige Identifizierungsabteilung daraus geworden, die unmittelbaren Zugang zu einem riesigen Personenkreis bot, Erkennung eines einzelnen durch die Fingerabdrücke von 159 Millionen Menschen!

Edgar entwickelte ein enormes Labor für Verbrechensaufdeckung, viele Räume hintereinander, in denen reihenweise Experten saßen und an ballistischen Ergebnissen, Giftanalysen an Haaren und Fasern tüftelten. Andere Mitglieder dieses spezialisierten Personals verbrachten ihr ganzes Berufsleben ausschließlich damit, sich in Gummistempel von Drucknormen, in Unterlagen über spezielle Schreibmaschinen für Scheck- und Paßbeschriftung, in Papiersorten, in Schreibmaschinentypen-Standards, in Gaunerpersonalien und in die Schriftüberprüfung von anonymen Briefen zu vertiefen.

Das FBI-Labor für Verbrechensbekämpfung wurde schnell das fortschrittlichste in der Welt und der Schlüssel zur Ausdehnung von Edgars Imperium. Der erste Schritt bestand darin, die Polizeichefs in Amerika, die immer eifersüchtig auf ihren Machtbefugnissen bestanden, davon zu überzeugen, daß in einer zunehmend mobilen Nation eine Zentralstelle für Fingerabdrücke dringend erforderlich sei. Nachdem die Polizeistellen damit begonnen hatten, die bei ihnen aufbewahrten Fingerabdrücke nach Washington zu schicken – jeden Tag Tausende – stieg die Zunahme von Verhaftungen und Überführungen sprunghaft an.

Allein schon das Fingerabdrucksystem und dann noch die Aktionen des Laboratoriums machten das Amt von einem vergleichsweise kleinen Büro mit beschränkten Befugnissen zu einer lebenswichtigen Einrichtung, von der alle anderen Vollstreckungsstellen abhingen. Bald war es in der Lage, ein einheitliches Kriminalreportsystem anzubieten, ein bürokratisches Wunder, das in der Lage war, Millionen von Kriminalstatistiken, die aus dem ganzen Land herangezogen worden waren, zu koordinieren. Als nächstes kam das Vollstreckungs-Bulletin heraus, das eine Fahndungsliste herausbrachte, aus der mit der Zeit eine Art Magazin wurde, das jedem Polizisten im Land die Ansichten des Amtes – oder eher diejenigen Edgars – nahebrachte. Bald hatte das Amt praktisch eine Monopolstellung inne, was die Herausgabe von Verbrechensinformationen anbelangte, nicht allein für die Polizei, sondern auch für das ganze Land. Ob zutreffend oder nicht, die hier gebotene Version wurde zum Evangelium.

Die endgültige und letzte Verbindung zur Polizei wurde im Jahre 1935 hergestellt, als Edgar eine Polizeitrainingsschule ins Leben rief, die wiederum sich zur nationalen Akademie des FBI auswuchs. In einer Ära, als es so etwas wie berufliche Qualifikation für Polizisten noch nicht gab, wurden die Offiziere, die Kurse an der Akademie besuchten, die Elite. Von den von der Akademie Gekommenen, die im Gesetzesdienst blieben, wurde mit der Zeit einer von fünf Leiter eines Polizeidepartments. Ein entsprechender Prüfungsabschluß wurde zu einer großen Angelegenheit, die auch von Präsidenten und Justizministern wahrgenommen wurde, und bald wurde die Akademie zum West Point und Harvard der Gesetzesvollstreckung schlechthin.

Edgar war geschickt. Er wußte, daß es eine tief sitzende Furcht vor einer nationalen Polizeimacht gab. So behauptete er vehement, so eine Macht würde überhaupt nicht existieren. Gleichwohl kam der Polizeizusammenschluß, den er zustandebrachte, dem nahe, was er vor der Öffentlichkeit bestritt.

Edgar beschränkte seine Behörde und deren Aktivitäten immer auf das, von dem er wußte, daß es erfolgreich sein würde. Er vermied jeden Auftrag zur Rauschgiftbekämpfung, weil er seine Agenten vor der Versuchung der Korruption bewahren wollte. Außerdem bestand dabei auch wenig Aussicht auf Erfolg. So blieb es anderen Polizeidiensten vorerst überlassen, sich mit Drogen, Vergehen gegen die Prohibition, Schmuggel, Fälschungen und Verstößen gegen das Einwanderungsgesetz zu befassen. In der Tat fiel in den Bereich des Amtes in der ersten Zeit, in der Edgar ihm vorstand, nur ein winziger Prozentsatz der Kapitalverbrechen, die in den Vereinigten Staaten begangen wurden.

Edgar nahm dafür mehr Ziele in Angriff, die ihm leichter Prestige verschafften. In den dreißiger Jahren stieg er, als die Nation von einer Welle spektakulärer Verbrechen überflutet wurde, raketengleich in die Publicity auf. Edgar verstand es, erfolgreich wie kein zweiter, sich in der Öffentlichkeit in Szene zu setzen – und das auf lange Sicht –, denn er schuf auf Kosten des Steuerzahlers die »Division acht«, der Öffentlichkeit euphemistisch als Verbrechensinformation und Mittel der Kommunikation bekannt. Sein arbeitswütiger Vertrauter, Louis Nichols, auch ein Absolvent der juristischen Fakultät von der George Washington-Universität, baute die Division zu einer zweckdienlichen PR-Agentur aus, die dem zunehmenden Ruhm Edgars und des FBI diente.

Die Verbrechensberichte hatten eine mehrfache Funktion. Einmal um die Öffentlichkeit zu informieren, was nichts mit Gesetzesvollzug zu tun hatte, sondern mehr damit, was Edgar unter die Leute bringen wollte. Die dabei verwendete Sprache appellierte an die Emotionen, speziell an Ängste, und prangerte an: die »moralische Entartung«, »Gleichgültigkeit, die eine echte Krankheit ist«, »respektlose junge Leute«, die »verderblichen Aktivitäten jugendlicher Schläger«, »moralische Dekadenz«, »anarchistische Elemente«, »Handlangerdienste der

Medien«, »die Bedrohung der Sicherheit unseres Landes«, »eine neue Weltsicht, die die westliche Welt peinigt« – eine Schreckensvision, die beweisen sollte, daß nur Edgar und sein FBI schützend zwischen Amerika und der Anarchie standen.
Edgar entwickelte einen eigenen »FBI-Jargon«. Dieser war auch zur Verleumdung von Leuten in Gebrauch, die für Edgar politische Feinde darstellten. Der hier folgende Text enthält ein innerbetriebliches Memorandum über die »angeblichen gemischt-rassischen Affären« eines Anwalts in der Abteilung »Bürgerliches Recht« im Justizministerium:

»Diese Behauptungen wurden einem Repräsentanten des FBI gegenüber nicht direkt geäußert, sie kamen von einer dritten Person. Insofern ist das FBI nicht in der Lage, die Zuverlässigkeit der Quelle zu kommentieren. Jedenfalls hat diese Quelle auch noch einige andere Informationen geliefert, einige davon durchaus merkwürdiger Natur, welche Zweifel an der Glaubwürdigkeit der Quelle angebracht erscheinen lassen.«

Mit dieser FBI-Amtssprache brachte es Edgar fertig, Zweifel an einer Informationsquelle zu äußern und damit das Amt zu schützen, aber dennoch die Person seines Angriffs in Mißkredit zu bringen. Dieses Memorandum, wie tausend andere der gleichen Art, hatte absolut nichts mit Gesetzesvollzug zu tun.
Edgar war mittlerweile politisch gestärkt, als ihn am Vorabend des Zweiten Weltkriegs Präsident Roosevelt mit der Aufgabe betraute, die nationale Sicherheit zu schützen. Dank der Vollmachten, die in der Hauptsache darauf abzielten, Faschisten effektiver zu überprüfen, war Edgar wieder einmal in die Lage versetzt, seine bevorzugten Feinde, die Radikalen, zu hetzen.
Mit Verbrechensberichten, die gleichzeitig einen Schwall von Propaganda beinhalteten, mit dem sich ausdehnenden FBI, das im Jahre 1946 bereits mehr als 3 000 Agenten beschäftigte, mit der Genehmigung des Präsidenten, sich nötigenfalls auch der Mittel der Staatspolizei zu bedienen, wie zum Beispiel die Abhörung von Telefongesprächen, war der Weg frei für eine gründliche Verfolgung der »Roten«. Tausende von amerikanischen Bürgern wurden vom FBI, direkt oder indirekt, bedrängt, während Edgar die allgemeine Vorstellung förderte, daß die Kommunisten für alle sozialen Probleme Amerikas verantwortlich seien – angefangen von verändertem Sexualverhalten bis zur Jugendkriminalität.
Edgars Schützling, Joseph McCarthy, schlug ähnlich laute Töne an und erlag schließlich seiner eigenen Volksverhetzung. Edgar überlebte, weil er vorsichtig genug war, sich niemals in die Mitte der politischen Bühne zu begeben, und weil er nachdrücklich die Auffassung nährte, daß er »über aller Politik« stünde. Er hatte sich schon lange der

Loyalität einer mächtigen Wählerschaft versichert, der Polizei, der Ankläger der Bundes- und Staatsgerichtsbarkeit, zahlloser Nachrichtendienste, die mittlerweile alle auf das FBI angewiesen waren, um Sicherheitsarbeit gewährleisten zu können, und der patriotischen Organisationen, wie die Amerikanische Liga. Diese Liga, der Edgar regelmäßig den Hof gemacht und die er auch infiltriert hatte, widersetzte sich ihm praktisch nie.

Häufige Abstimmungen bewiesen, daß die Mehrzahl der Bevölkerung der Überzeugung war, Edgar und sein Amt könnten überhaupt nichts Unrechtes tun. Bis zur Mitte der sechziger Jahre gab es praktisch kaum Kritik. Wenn es überhaupt welche gab, fand Edgar Mittel und Wege, derlei sofort aus dem Weg zu räumen. Unverschämte Journalisten wurde das Fürchten gelehrt, sie wurden zum Schweigen gebracht oder verleumdet.

Am Ende des Krieges hatte Edgar dank der Verbrechensberichte auch den Kongreß im Griff. Das Amt hielt mit jedem Politiker Kontakt, führte über jeden, dem es gelungen war, bis ins Capitol vorzudringen, eine Akte. Leute in Schlüsselpositionen wurden überaus höflich behandelt, die meisten waren glücklich, sich in Edgars Glanz mitzusonnen. Weit entfernt davon, jemals Bittsteller zu sein und Gelder bewilligt zu bekommen, wie die meisten Leiter anderer Nachrichtendienste, war Edgar derjenige, der die Fäden zog.

Edgars jährliches Erscheinen vor dem Haushaltsausschuß war jedesmal wie ein Sonntagsspaziergang. Er legte ein Arsenal wundersamer Statistiken vor, strich FBI-Erfolge heraus, um dem Amt ein gutes Ansehen zu geben und knüpfte finstere Warnungen daran, um beispielsweise seinem letzten Antrag um Zahlungen auch den nötigen Nachdruck zu verleihen. Niemals wurde ihm ein legislatives Mandat verwehrt und seine Gesuche wurden niemals abgelehnt. Von 1924 bis 1971 gab es nie eine öffentliche Anhörung über das FBI-Budget!

Edgar stellte sich stets als gehorsamer, ja unterwürfiger Diener der Staatsgewalt dar. Theoretisch war der Justizminister sein Vorgesetzter, praktisch sah dies aber so aus, daß, nachdem Edgar für die Öffentlichkeit zum Helden geworden war, dieser nur noch nominell als solcher existierte. Kein Justizminister hätte eine offene Konfrontation mit dem Mann gewagt, der mittlerweile zum nationalen Symbol der Integrität und Kontinuität geworden war.

Die acht Präsidenten, denen Edgar diente, hatten natürlich die Macht, ihn zu entlassen. Ein oder zwei kamen dem sehr nahe und einige hätten es brennend gerne getan, aber keiner brachte es fertig. Edgar hatte Mittel und Wege, um seine Dienste unverzichtbar erscheinen zu lassen, Präsidenten, die daran zweifelten, wagten es wiederum nicht, diejenigen Gruppen vor den Kopf zu stoßen, die ihrerseits fanden, Edgars Sache sei auch die ihre.

Edgars umfangreiches Archiv war Teil seines Erfolgs, und er war stolz darauf. Präsidenten und Politiker hatten mit der Bedrohung zu leben, daß dieser Archivinhalt jederzeit Unheil über sie bringen konnte. Vom Routinereport bis zu skandalösen Dossiers, von detaillierten Analysen bis zu Informationsfragmenten war Edgars Papiersammlung beides: sowohl bürokratischer Traum als auch demokratischer Alptraum.
Selbst heute noch durchschauen nur wenige Edgars Aufzeichnungssystem. Zu seinen Lebzeiten wußte überhaupt kein Außenstehender davon. Edgars Bestehen auf Geheimhaltung, die er mit Vehemenz verteidigte, um, wie er sagte, die Privatsphäre anderer zu schützen, garantierte, daß keiner von all dem etwas erfuhr.
Edgars Aktensystem enthielt Ordner mit speziellen Bezeichnungen, wie UNZUCHT, SEXUELLE ABWEICHUNG, COINTELPRO, OFFIZIELLES UND GEHEIMES, PERSÖNLICHES UND VERTRAULICHES, JUNIPOST. Es gab sogar einen Ordner, auf dem stand NICHT ZU ARCHIVIEREN. Er war deshalb so bezeichnet, damit Berichte über illegale Büroeinbrüche zum Zweck der Überprüfung vom zentralen Aktensystem ausgeklammert blieben.[3]
Die Akten blieben immer unter der Kontrolle nur eines Mannes. Edgars Männer, die schon länger im Dienst waren und mit ihren Spezialkenntnissen brillierten, waren teilweise auch nur Vollstreckungsbeamte auf Zeit. Einige waren feine Kerle und integer, andere fragwürdige Kreaturen, die zu allem fähig waren. Alle jedoch waren von Edgar abhängig, in einer abgeschlossenen, genau aufgeteilten Welt, die keinerlei Verbindungen zuließ, die Edgars Position gefährlich werden konnten.
Er schuf diesen fast privaten Bereich so, daß er ein Leben lang die absolute Macht über Leute hatte, die für ihn arbeiteten. Gleichzeitig besaß er Waffen, um all jene abzuwehren, die das nicht taten.

5. KAPITEL

> *Ich möchte bei dieser Gelegenheit sagen, daß, solange ich Direktor des FBI bin, Berufungen immer noch der Verdienste wegen, ohne Berücksichtigung der Konfession, der Hautfarbe oder der Nationalität erfolgen werden.*
>
> J. Edgar Hoover, 1943

Der Sprößling eines verstörten Vaters und einer ehrgeizigen Mutter bestand immer noch darauf, daß alles genauso zu verlaufen habe, wie er es sich vorstellte, daß mithin alles und jedes seinem Konzept der Perfektion zu entsprechen hatte. Für diejenigen, die ihn gut genug kannten, schien Edgar irgendwie besessen zu sein.

Das zeigte sich in kleinen Dingen, wie etwa in Edgars Fixierung auf Ordnung. Dienstboten wissen zu berichten, daß bei ihm zu Hause der Teufel los war, wenn ein Bettuch nur ein paar kleine Falten warf, ein Kissen sich nicht an seinem Platz befand, ein heruntergefallenes Blatt eines Busches oder Baums etwa die Zufahrt zum Haus verunstaltete.

Das erste, was Edgar morgens tat, nachdem er das Büro betreten hatte, erzählte seine Sekretärin, war, daß er ein Tuch nahm und seine Schuhe abwischte, für den Fall, daß sie auf dem Weg von zu Hause ins Amt durch Straßenstaub ihren Glanz verloren hatten.

Im Hauptquartier, wie Edgar seinen Amtssitz zu nennen pflegte, kam eines Tages ein Beamter in Teufels Küche, weil in seinem Büro nach Edgars Meinung die Jalousien zu weit heruntergezogen waren und das der Hausfront ein unordentliches Aussehen gab.

Wie Howard Hughes, der exzentrische Milliardär, befand sich Edgar in ständiger Furcht vor Bazillen und führte einen Kampf dagegen, indem er darauf bestand, daß sein Büro kühl gehalten wurde. Später legte er Wert auf ultraviolettes Licht im Raum, damit es die Viren abtöte. Ein Angestellter, mit einer Fliegenklatsche bewaffnet, wurde beauftragt, ständig auf Fliegenjagd zu gehen. Und der Direktor wich vor jedem Fremden zurück, der ihm nahe kam, speziell, wenn dieser feuchte Handflächen hatte.

Edgar verteidigte sein zart besaitetes Ego wie einen Atombunker. Dies war ein Mann, wie seine Umgebung auf ungemütliche Art und Weise erfuhr, der niemals zugab, daß er eventuell Unrecht hätte. Nicht einmal die entfernteste Möglichkeit, sich geirrt zu haben, zog er in Erwägung. Einmal, als ein verantwortlicher Spezialagent sich verpflichtet

fühlte, Edgar darauf hinzuweisen, daß er unzutreffende Zahlen genannt habe, saß er schweigend da, hochrot im Gesicht. Er wartete, bis dieser den Raum verlassen hatte, um den Mann, der ihn mit Statistiken versorgte, anschließend in der Luft zu zerreißen.
Edgars Mitarbeiter wurden Experten darin, mit diesem Problem fertig zu werden – bei Gelegenheiten, die wichtig waren und auch bei solchen, die keine Rolle spielten. Als er fundierte Recherchen zurückwies, weil darin behauptet wurde, daß die Bürgerrechtsbewegung nicht, wie Edgar behauptet hatte, von den Kommunisten inspiriert sei, mußte ein stellvertretender Direktor einfach demütig zugeben, daß sein Bericht eben falsch war. Wenn Edgar einen Bericht, in dem die Existenz der Mafia als relevant bezeichnet wurde, als »Quatsch« abtat, ließ der Verfasser dieses Berichts es lieber erst gar nicht zur Auseinandersetzung kommen. Als Edgar einmal seiner Bekümmernis Ausdruck gab, daß ein Agent gestorben sei, der in Wirklichkeit aber nur verwundet war, zogen die Kollegen des Mannes im Scherz ein Los, wer von ihnen den Verletzten denn nun endgültig umbringen sollte. Der Direktor hatte eben immer recht.
Edgar konnte, was Kontrollen anbelangte, manisch sein. Ein älterer Agent verdarb aus Versehen ein freundschaftliches Meeting, als er seinen Chef an die gute, alte Zeit erinnerte, als das Amt noch kleiner gewesen war und »man persönlich verfolgen konnte, was vor sich ging«. Edgar explodierte: »Ich weiß immer noch persönlich, was vor sich geht!« schrie er. »Ich führe immer noch persönlich dieses Amt!« Dann griff er nach der Personalakte des Agenten, um freundliche Anmerkungen, die er kurz zuvor darin gemacht hatte, nun auszustreichen.
Der Korridor, der zu Edgars innerem Heiligtum führte, war als »Seufzerbrücke« bekannt und nur wenige wußten besser mit ihm umzugehen als Sam Noisette, der schwarze Angestellte am Empfang, der Besuchern den Weg dorthin wies. »Wenn es draußen schneit und stürmt«, sagte er, »und der Direktor kommt herein und sagt, es ist ein wunderschöner, sonniger Tag, dann ist es eben ein wunderschöner, sonniger Tag.« Mehr gibt es dazu nicht zu sagen.

Zu Edgars Agentenstab stießen mit der Zeit frühere Farmer, Luftwaffenangehörige, Journalisten, ein Bäcker, ein professioneller Fußballspieler, Cowboys, Streckenarbeiter und Bergleute. Einige von ihnen hatten Militärerfahrung und Edgar war speziell darauf bedacht, frühere Marineangehörige dabei zu haben, war jedoch nicht daran interessiert, Schwarze, Spanier oder Frauen einzustellen und – er war Antisemit.
Im Jahre 1924, als Edgar Direktor wurde, gab es unter den Agenten drei Frauen. Zwei davon entließ er innerhalb eines Monats. Die Berufung der dritten, Leonore Houston, bestätigte er nur unter dem Druck eines Kongreßabgeordneten. Ihr Dienstverhältnis dauerte dann auch

nicht mehr lange. FBI-Berichte besagen, daß sie in einer Nervenheilanstalt geendet sei, weil sie gedroht hatte, »Mr. Hoover zu erschießen, sobald er sie entlasse.«
Von da an wischte Edgar jeden Vorschlag beiseite, der darauf zielte, Frauen einzustellen, indem er einfach behauptete, daß sie »nicht mit der Waffe umgehen könnten«. Er ließ sich auch nicht umstimmen, als Jahre später zwei Feministinnen das FBI verklagten, indem sie vorbrachten, daß die Zurückweisung ihrer Bewerbung eine Verletzung ihrer durch die Verfassung gesicherten Rechte bedeutete. Sobald Edgar tot war, sollte sich diese Einstellung ändern. Heute gibt es nahezu neunhundert weibliche FBI-Agenten, alle im Umgang mit Feuerwaffen voll ausgebildet.
Den Frauen gegenüber, die er für das Büro einstellte, benahm sich Edgar wie ein Zuchtmeister. Er war in einer Zeit herangewachsen, in der Frauen noch inhaftiert wurden, wenn sie in der Öffentlichkeit rauchten. Also verbot er ihnen, im Büro zu rauchen. Er erlaubte auch nicht – bis zum Jahre 1971 – daß Frauen in Hosen zur Arbeit kamen. Erst als seine eigene Sekretärin ihn bedrängte und ihm erklärte, daß Frauen Hosen tragen müßten, damit sie im Winter nicht froren, gab er nach.
Aber selbst dann noch bestrafte Edgar weibliche Angestellte, wenn sie sich im Privatleben nicht so aufführten, wie er sich das vorstellte. »Als ein Mädchen einmal in der Sektion Fingerabdrücke schwanger wurde, ohne verheiratet zu sein«, erinnert sich der für Miami verantwortliche Agent Kenneth Whittaker, »wurde Hoover wütend. Er wollte wissen, wer über sie Ermittlungen eingezogen hatte, bevor das Amt sie einstellte. Hatte sie etwa häufig wechselnden Geschlechtsverkehr? Als er herausbekam, daß sie mit einem Mann zusammenlebte, kündigte er ihr fristlos. Er wünschte nicht, daß man dem Amt nachsagte, sie stellten Mädchen ein, die so etwa tun.«
Edgars Verhalten ging, rangmäßig abgestuft, bis zum Grad rüder Geringschätzung. Weibliche Angestellte wurden toleriert, sagte der frühere Agent Cyril Payne, »aber nur, soweit sie langweilige, administrative Funktionen erfüllten, damit beispielsweise die Ablage im Fluß blieb. Das vorherrschende Verhalten Frauen gegenüber bestand darin und galt allgemein als gut und richtig, auf sie herabzusehen, sie nicht ernst zu nehmen und ihnen auf keinen Fall irgendwelche Geheimnisse anzuvertrauen.«
Edgar war ganz offensichtlich gegen Juden voreingenommen. In Miami Beach, wo er sich jedes Weihnachten aufhielt, wählte er wechselnd Hotels, die bis zum Zweiten Weltkrieg ein Schild vor der Tür hängen hatten, mit der Aufschrift: KEINE JUDEN, KEINE HUNDE. Er bezeichnete den irischen Führer Eamon de Valera in einem frühen Report als »portugiesischen Juden«, und er verabschiedete 50 Jahre später Robert Mardian, einen Assistenten des Generalstaatsanwaltes wäh-

rend der Nixon-Ära, als »diesen libanesischen Juden«. In Wirklichkeit war de Valera spanischer Herkunft, mit jüdischem Blut in den Adern. Mardian war Christ armenischer Herkunft.
Im Laufe der Jahre wurden zwei Juden Direktionsassistenten. Jüdischen Angestellten wurden bestimmte Tage freigegeben, damit sie ihren religiösen Pflichten nachgehen konnten. Früher einmal waren die meisten Spieler der FBI-Basketballteams Juden, doch Jack Levine, ein Jude, der 1960 ins Amt eingetreten war, rechnete aus, daß weniger als ein Prozent der Agenten Juden seien. Er fand auch, daß die Diskriminierung von Juden weiter um sich griffe, wozu auch ein Aufsicht führender Beamter gehörte, der die Auffassung vertrat, daß an der amerikanischen Nazipartei gar nichts Umstürzlerisches sei, weil »das einzige, wogegen sie was haben, Juden sind«. Ein Ausbilder beschrieb einen Sachverständigenzeugen als »schmierig aussehenden Jidd«.
Edgar stellte kaum Spanier ein. »Der durchschnittliche Mexikaner ist ein psychologischer (sic) Lügner... Vielleicht haben sie Visionen davon, wie sie zu Geld kommen«, sagte er. »Man muß sich niemals Sorgen machen, daß ein Präsident von einem Puertorikaner oder Mexikaner erschossen wird«, sagte er in einem Interview, »sie sind keine besonders gute Schützen. Aber wenn sie dir mit einem Messer zu nahe kommen, Vorsicht!«
Edgar hatte keine ausländischen Freunde, dafür hegte er hochgradiges Mißtrauen gegen jedermann, der aus dem Ausland kam. Außer ein paar Tagesausflügen über die kanadische oder mexikanische Grenze reiste er niemals außerhalb der Vereinigten Staaten. Einmal ließ er verlauten, daß ein *Newsweek*-Korrespondent, Dwight Martin, als »Interviewer nicht akzeptabel« sei, weil seine chinesische Ehefrau aus Hongkong sich mit Marineoffizieren getroffen hatte, als sie noch als Assistentin eines Schneiders arbeitete.
»Ich glaube, der hatte nur Angst, sie sei Spionin«, sagte Martins Kollege, Ben Bradlee. »Es war so dumm, aber das lächerlichste war, daß er einen so hochangesehenen Reporter nur deswegen in dieser Weise ausforschen ließ, weil der ganz einfach um ein Interview gebeten hatte.«
Was schwarze Agenten anbelangte, war Edgars Verhalten nicht anders als das der meisten weißen Südstaatler seiner Generation. »Farbige« waren in erster Linie Hilfskräfte, wurden aber von einem richtigen Beruf ausgeschlossen. Die Verordnung, daß Vertreter gesetzgebender Behörden schwarze Bürger höflich anzureden und zu behandeln hätten, erschien ihm auch noch Ende 1966 völlig unverständlich. Anstatt »Boy komm hierher!« zu sagen, soll ich jetzt alle mit Mister titulieren, spottete er.
Edgar hielt sein Amt in einem Status der Apartheid, so lange wie dies möglich war. Als er das Amt übernahm, gab es einen schwarzen

Agenten, ein »Onkel Tom« mit Namen James Amos, der als Bewacher der Kinder von Präsident Theodore Roosevelt angefangen hatte. Dieser Mann war unter Edgars Vorgänger, William Burns, später Agent geworden und war als Unterwanderungsagent gegen schwarze Aktivisten eingesetzt worden. Amos war der erste schwarze Agent, und er wäre auch, wenn es nach Edgar gegangen wäre, der letzte geblieben.
Von neun schwarzen Männern, die in Edgars ersten 40 Jahren von den untersten Dienstgraden aufstiegen, waren fünf seine persönlichen Lakaien.[1] Edgars erster Diener war Sam Noisette, der vom einfachen Boten zum Türsteher seines Büros avancierte. Jeden Morgen, wenn ein Summer die Ankunft seines Chefs in der Tiefgarage anzeigte, stand er am Aufzug, um ihn zu begrüßen. Noisette blieb zu Edgars Verfügung, bis dieser abends das Amt verließ, stets unterwürfig und immer darauf bedacht, Besucher mit dem passenden kehligen »schwarzen Akzent« zu begrüßen.
Noisette war ein begabter Künstler und Edgar ermutigte ihn zu malen. Ein Gemälde von des Direktors Hund, Spee de Bozo, hing in Edgars Wohnung und weitere wurden im Vorraum seines Büros aufgehängt. Edgar war ungehalten über Mitarbeiter, die es versäumten, Noisettes jährliche Ausstellung zu besuchen, und einige der Beamten kauften ihm Bilder ab, bloß um den Chef zufriedenzustellen.
Ein zweiter Schwarzer, ein früherer Lastwagenfahrer, James Crawford, stieß im Jahre 1934 zum Gefolge als tonangebender Chauffeur und Mädchen für alles. Morgens um sieben Uhr erschien er vor Edgars Haus und fuhr zuerst den Privatwagen des Direktors zum Hauptquartier, stieg dann in den Dienstwagen, so daß niemand behaupten konnte, Edgars Dienstwagen sei von ihm zu privaten Zwecken benutzt worden. Zu Crawfords Arbeitstag gehörte es, Edgar ins Büro zu fahren und den ganzen Tag zur Verfügung zu stehen, oft auch bis in die Nacht, wenn sein Chef am Abend etwas zu tun hatte. Er diente Edgar 38 Jahre lang.
Zwei andere Schwarze, Jesse Strider in Los Angeles und Leo McLairen in Miami, waren zwei Chauffeure, die Edgar während seines Urlaubs zur Verfügung standen. Sobald er etabliert war, fuhr er nur Pierce-Arrow und Cadillac-Panzerwagen. Außer dem Präsidenten war er der einzige Bundesbeamte, der einen solchen Wagen benutzte, offensichtlich deshalb, weil er regelmäßig Morddrohungen bekam. Der Präsident jedoch fuhr nur einen solchen Wagen, der je nach Bedarf von einem Ort des Landes zum anderen gefahren wurde, Edgar hingegen drei (zum Schluß seiner Karriere kostete jeder 30.000 Dollar), die ständig in Washington, in Kalifornien und in Florida zu seiner Verfügung standen und schließlich auch noch einen vierten in New York. Niemand nahm daran Anstoß.
In Washingtons Bevölkerung erzählte man sich, daß Edgars Fahrer den

Motor laufen lassen mußten, wenn sie auf ihn warteten, selbst wenn es stundenlang dauerte, damit er auch nicht den Bruchteil einer Sekunde aufgehalten wurde. Harold Tyler, ein stellvertretender Justizminister während der Eisenhower-Ära, konnte feststellen, daß die Geschichte stimmte. »Hoover kam in mein Haus«, erinnert er sich, »ich dachte, er bliebe nur einen Augenblick, aber er blieb und blieb. Ich ging einen Moment vor das Haus, um nach irgend etwas zu sehen, ich weiß nicht mehr was, und fand seinen Fahrer, der dort stand. Er sah sehr verlegen aus und sagte: ›Der Anlasser funktioniert nicht, ich traue mich nicht, den Motor abzustellen, weil er mir sonst nachher nicht mehr anspringt...‹«

Eines Morgens im Jahre 1946 händigte Edgar auf dem Weg zur Arbeit Crawford ein amtliches Schreiben aus, das ihm mitteilte, daß er nun nach 13 Jahren in den Rang eines Sonderagenten erhoben worden sei. Noisette wurde auch befördert, aber beide verrichteten weiter ihre Dienstbotenpflichten, nachdem sie ihre Agentenausbildung absolviert hatten. Sie waren nie richtige Agenten geworden. Leo McLairen, der ein Staragent wurde und zur Miami-Truppe gehörte, die für Flüchtlinge zuständig war, war eine Ausnahme, aber er mußte dann immer wieder seine Chauffeur-Rolle übernehmen, wenn Edgar sich in Miami aufhielt.

Die Beförderung von ein paar Schwarzen war nur ausgeheckt, um die National Association for the Advancement of Colored People (NAACP) zu besänftigen, welche das FBI angeklagt hatte, eine »lilienweiße« Organisation zu sein. Das FBI blieb während der sechziger Jahre eine Domäne für Weiße. Jack Levine, der jüdische Agent, der 1961 seine Ausbildung machte, war entsetzt, als er hörte, wie Ausbilder öffentlich Schwarze als »Nigger« bezeichneten. Einer der Ausbilder erzählte den Angestellten, daß die NAACP eigentlich eine kommunistische Organisation sei. Ein Ausbilder in Erster Hilfe sagte, daß die entscheidende Rettungsmaßnahme die Mund-zu-Mund-Beatmung sei, es gäbe jedoch alternativ ein System, das man bei farbigen Unfallopfer anwenden könnte.

Justizminister Robert Kennedy machte sich einen Spaß daraus, Edgar an die Notwendigkeit, mehr Schwarze einzustellen, zu erinnern. Er fing immer wieder davon an, oftmals holte er Edgar, der gerade sein Büro verlassen wollte, zurück, um ihn zu fragen, als wäre es ihm eben eingefallen »Oh, übrigens, Edgar, wieviele Schwarze haben Sie in diesem Monat eingestellt?« Das FBI war wegen seiner Politik, nur Weiße zu berücksichtigen, ernstlich unter Druck geraten.

Ein paar Schwarze wurden plötzlich mit der Aufforderung konfrontiert, dem FBI beizutreten. Aubrey Lewis, ein früherer Notre Dame-Fußballstar und späterer Fußballcoach, fand sich plötzlich anläßlich eines Dinners, dem auch Präsident Kennedy beiwohnte, neben einem

hochrangigen Amtsangehörigen plaziert. Bald darauf wurde Lewis eingestellt und war im Juli 1962 zusammen mit dem früheren Amtsangestellten James Barrow der erste von zwei Schwarzen, die in der FBI-Akademie in Virginia zugelassen wurden. Beide Männer wurden bald darauf in einem sorgfältig ausbalancierten Artikel im *Ebony*-Magazin gewürdigt. Das Amt prahlte mit 13 Schwarzen bis zum Ende jenen Jahres, und das bei einer Agentenanzahl von 6000 Leuten!
Edgar blieb starrköpfig bis zum Ende. »Ich habe nicht den hohen Standard, den das FBI traditionell fordert, begründet, um jemals davon abzuweichen«, murrte er, nachdem die Kennedys nicht mehr da waren. »Robert Kennedy wurde deswegen sehr wütend auf mich, aber ich habe nicht aufgegeben.« Edgar und einige seiner Mitarbeiter behaupteten, es gäbe nicht genügend schwarze Antragsteller, die diesen Anforderungen genügen könnten. Schwarze Absolventen, die bevorzugt würden, sollten lieber einen besser bezahlten Job annehmen.
Als Edgar starb, waren im Amt gerade 70 schwarze Agenten tätig, nicht einer von ihnen im höheren Rang. Bis 1991 stieg die Anzahl auf 500, aber das waren immer noch nur 4,8 Prozent der gesamten Agententruppe von 10360 Leuten. Häßliche Geschichten über die Diskriminierung schwarzer Agenten sind bis zum heutigen Tag im Umlauf.

Die Sorte Agenten, die Edgar wünschte, war, wie ein früherer Agent, Arthur Murtagh, vor einer Kongreßkommission im Jahre 1978 aussagte, »ein guter, weißer Angelsachse, vorzugsweise ein Ire mit konservativen Ansichten... oder ein anderer guter WASP (Weißer, Angelsachse, Protestant) sollte einen Antrag beim Amt stellen und den Job kriegen – einerlei über was für Qualifikationen er verfügt...«
Einige Bewerber wurden abgewiesen, weil Edgar ihr Gesicht nicht gefiel. »Haben Sie bemerkt, daß er Augen wie Robert Mitchum hat?« fragte ein Agent in Chicago einmal Murtagh während der Befragung eines früheren Luftwaffenhauptmanns. »Er hat hängende Augenlider. Ich habe Angst, ihn zu empfehlen. Ich bin schon einmal versetzt worden, weil ich jemanden empfohlen habe, der Akne im Gesicht hatte.«
Die Denkungsweise eines Mannes war das allerwichtigste. »Wir sind nicht daran interessiert«, behauptete Edgar, »was ein Mann für politische Auffassungen hat.« Das stimmte nicht. Das FBI überging Antragsteller, die bei früheren Interviews liberale Ideen geäußert hatten oder in irgendwelchen Punkten von Edgars Normenkonzept abwichen. Der frühere Agent Jack Levine berichtet, daß Neueingestellte mit einer Menge radikaler Propaganda angefüllt wurden. »Liberale, die durch dieses Netz schlüpften, wurden kaltgestellt, wenn sie nicht wieder hinausbefördert wurden, sobald ihre abweichende Haltung erst entdeckt worden war.«
Kontrollen erstreckten sich sogar auf die FBI-Kleidungsvorschriften,

die das Tragen roter Schlipse untersagten. »Mr. Hoover brachte es fertig«, sagte der Agent Murtagh, »über einen Zeitraum von fast 50 Jahren Tausende von sorgfältig ausgewählten Agenten zusammenzubringen, die politisch genauso rechts standen wie er selbst... Das Resultat ... führte zu einem unausgewogenen, schädlichen Einfluß auf die amerikanische Kultur.«

Ein paar mutige Agenten begannen, sich gegen Edgars Maßnahmen zu wehren, bald nachdem er Direktor geworden war. Im Jahre 1927 erhielt der Senator Thomas Walsh, der als Kritiker des Amtes bekannt war, ein ätzendes Memorandum von Franklin Dodge, einem früheren Agenten in Chicago. Es berichtete von ungerechter Behandlung des Personals und verdrehten Tatsachen, um dem FBI die Anerkennung zu verschaffen, die eigentlich der Polizei gebührte, von illegaler Verfolgung von Radikalen und inkorrekter Zusammenarbeit mit Journalisten des rechten Flügels. Edgar selbst, schreibt Dodge, veranstaltete »Vergnügungsausflüge durchs Land« mit seinem »Hätschelfreund« Frank Baughman, wobei er für seine persönlichen Zwecke Steuergelder ausgäbe.

Zwei Jahre später schickte ein weiterer früherer Agent aus Chicago, Joseph Bayliss, eine detaillierte Beschwerde an den Justizminister. Er sprach von einem Geheimdienst, in welchem bürokratische Perfektion wichtiger sei als die Untersuchung von Verbrechen, von einem Bestrafungssystem, das Leute unter Druck setze und individuelle Initiative gar nicht erst aufkommen ließe. Er klagte Edgar an, Jobs an frühere Mitstudenten aus seiner Studienzeit zu vergeben und außerdem auch Berufungen auszusprechen, »um gewissen einflußreichen Politikern... zu Gefallen zu sein«.

Wie Bayliss ahnte, wurde seine Beschwerde ignoriert.

Michael Fooner, ein Mitglied der technischen Abteilung des Amtes machte den Fehler, die Formationen einer FBI-Nebenstelle des Verbandes der Regierungsangestellten zu unterstützen. 40 Jahre später, als er seine Akte zur Einsicht bekam, war er überrascht, daß sie ungefähr 20 Zentimeter dick war. Das Amt hatte ihn während seiner ganzen beruflichen Tätigkeit beobachtet und sogar andere Nachrichtendienste verständigt, daß er eine aufrührerische Persönlichkeit sei.

»Angst«, beklagte sich einmal ein Agent, »bestimmt das Handeln jedes Angestellten.«

Im Jahre 1929, als Edgar seinen 34. Geburtstag feierte, waren ihm wenig echte Erfolge beschieden. In einem Artikel, der unter anderem berichtete, daß ein halbes Dutzend Washingtoner Beamte Hoover hießen, stand er als Letzter auf der Liste – zwei Reihen unter seinem Bruder Dickerson, der mittlerweile ein wichtiger Beamter im Wirtschaftsministerium geworden war.

In Washington herrschte Niedergeschlagenheit. Nach den Jahren unter Calvin Coolidge war Herbert Hoover, der Republikaner, ins Weiße Haus eingezogen. Auch er, der eigentlich ein Geschäftsmann war, schätzte die Bedeutung des Börsenkrachs in der Wall Street nicht im entferntesten richtig ein, als er verkündete, die wirtschaftliche Depression sei »vorüber«. Dabei stand die ganz große Misere erst noch bevor.
Im Jahre 1932 waren mehr als 13 Millionen Amerikaner, ein Viertel der arbeitenden Bevölkerung, arbeitslos. Tausende von Männern und Frauen standen vor den öffentlichen Suppenküchen Schlange, über eine Million war obdachlos. Der Name des Präsidenten Hoover wurde gleichbedeutend für wirtschaftlichen Zusammenbruch. Es gab Hoover-Decken, mehrfach zusammengelegte Zeitungen, die von den armen Leuten benutzt wurden, um die Kälte abzuwehren. Ein leeres Portemonnaie wurde Hoover-Flagge genannt und die Notquartiere der Obdachlosen hießen Hoover-Siedlung.
Die am Präsidenten immer wieder geäußerte Kritik wurde durch Aktivitäten des Amtes zum Schweigen gebracht. Edgar schickte nicht weniger als fünf Agenten vor, um den Herausgeber des *Wall Street Forecast*, George Menhinick, der Artikel über den gräßlichen Zustand der nationalen Banken herausgegeben hatte, zu interviewen. »Menhinick«, berichtete Edgar befriedigt, »war einigermaßen aufgeregt über den Besuch der Agenten... Er war völlig verängstigt und ich bezweifle, daß er noch irgendwelche Informationen über das Bankwesen herausgeben wird.«
Eine Nacht im März des Jahres 1932 brachte die für den Präsidenten so notwendige Ablenkung von seinen Problemen. Die Entführung von Charles Lindberghs Sohn und die kurz darauf folgende Entdeckung der Leiche des Babys führte zu einer Welle der Empörung in der Öffentlichkeit. Gerade in jener so schwierigen Zeit war der Pionier der Luftfahrt, Charles Lindbergh, für alles Positive in und an Amerika ein Symbol. Der Präsident schickte Edgar als seinen persönlichen Vertreter an den Ort des Verbrechens.
Obwohl Edgar in der Öffentlichkeit als »Weltautorität der Verbrechensbekämpfung« gepriesen wurde, verhalf seine Anwesenheit nicht zum Durchbruch bei den Ermittlungen. Die lokale Polizei machte sich lustig über den Sherlock Holmes von Washington, indem sie eine ausgestopfte weiße Taube am Dachfirst des Lindbergh-Anwesens befestigte. Edgar fiel darauf herein, wunderte sich und machte sich laut darüber Gedanken, ob es eine Haustaube oder eine Brieftaube sei, die eine Nachricht von den Kidnappern brächte.
Ein in diesem Fall tätiger Agent, John Trimble, erinnert sich, daß er »in einem Hotel in Trenton stationiert war... nur für den Zweck, etwaige Neuigkeiten an Hoover zu überbringen, die dieser gleich der Presse

weitergeben konnte...« Trimble glaubte, daß Edgar versuchte, »diesen Fall für seine Zwecke und seine Publicity zu nutzen«.
Einer der besten Köpfe in der Untersuchung dieses Falles war der Leiter der Internal Revenue Service's Intelligence Unit, Elmer Irey. Er war es, der dafür sorgte, daß ein Teil des erpreßten Geldes in identifizierbaren Banknoten ausgehändigt wurde, eine Maßnahme, die dann später zur Ergreifung des mutmaßlichen Mörders, Richard Hauptmann, führte. Edgar versuchte, Irey von dem Fall abzuziehen, was Lindbergh im Verlauf der Verhandlung in Rage brachte.
Soweit Trimble berichtet, stellte Edgar Irey und einen seiner Mitarbeiter unter Amtsaufsicht, was der Beginn einer langen Feindschaft bedeuten sollte. Nach fünf Jahren, lange nach der Lösung des Falles, wurde Ireys Telefon immer wieder auf Hinweise von FBI-Wanzen untersucht...

Im Frühsommer 1932, am Höhepunkt der wirtschaftlichen Depression, witterten die Demokraten bereits den Sieg bei der kommenden Präsidentenwahl. Unter den Männern, die sich zu einer Tagung in Chicago versammelten, gab es einen einflußreichen Mann, der einen bitteren Groll gegen Edgar hegte. Mitchell Palmer, der frühere Justizminister, der in der Zeit der Verfolgung der Roten Edgar lebenswichtigen Beistand geleistet hatte, hatte Grund anzunehmen, daß sein junger Schützling von damals ihn verraten habe. Er war der Meinung, daß Edgar zu denen gehörte, die das Gerücht verbreitet hatten, er, Palmer, sei korrupt. Nunmehr, als Vorsitzender der demokratischen Partei, drängte er darauf, daß, falls die Partei zur Macht zurückkehren sollte, Edgar zu feuern sei.
Mit dem Versprechen einer ganz neuen Politik, den »New Deal«, wurde Franklin D. Roosevelt zum Präsidenten gewählt – es war ein überwältigender Wahlsieg für die Demokraten. Kurz vor seinem Amtsantritt verbreitete sich das Gerücht, daß Thomas Walsh, ein früherer Senator, sein künftiger Justizminister werden könnte. Walsh, der Edgar mit der Verfolgung der Roten und auch mit späterem Amtsmißbrauch in Verbindung brachte, äußerte, er beabsichtige eine völlig neue Organisation des Justizministeriums, mit »einer nahezu vollständig neuen Personalbesetzung«.
Edgar versuchte, die Gefahr abzuwenden. Neu gewählte Abgeordnete, die in Washington am Union-Bahnhof ankamen, waren überrascht, von lächelnden Agenten des FBI empfangen zu werden. Mr. Hoover, ließen die Agenten wissen, stünde ihnen jederzeit zur Verfügung, bei der Beschaffung passender Unterkünfte...
In diesem Zusammenhang wurde Edgar eine unerwartete Gnadenfrist zuteil. Walsh starb plötzlich, offenbar an einem Herzanfall an Bord des Zuges, der ihn nach Washington bringen sollte. Das Gespräch über

Edgars Entlassung dauerte zwar an, aber seine republikanischen Freunde sammelten sich schon, ihm zu Hilfe zu eilen. Herbert Hoover, der scheidende Präsident, setzte sich noch im letztmöglichen Augenblick für ihn ein, und das unter außergewöhnlichen Umständen. Am Tage von Roosevelts Amtseinsetzung schlossen alle Banken im Land. Es war ein Tag der nationalen Krise. Doch als Hoover in seiner Limousine neben dem neuen Präsidenten die Pennsylvania Avenue entlangrollte, fand er noch Zeit, ein gutes Wort für Edgar einzulegen. Aus dem Bericht eines Geheimdienstlers, der das Gespräch mithörte, geht hervor, daß er seiner Hoffnung Ausdruck verlieh, daß es keinen Wechsel an der Spitze des Geheimdienstes gäbe, eine Äußerung, die Hoover später selbst bestätigte. Und er wies darauf hin, daß Edgar eine »ausgezeichnete Personalakte« vorweisen könnte. Roosevelt erwiderte, er wolle sich um die Sache kümmern.
In Wirklichkeit hatte der neue Präsident ernstlich Zweifel, was Edgar betraf, und schob seine Entscheidung monatelang auf die lange Bank. Edgar fühlte sich verdammt unbehaglich, selbst sein Ausgabenkonto wurde genau untersucht. Warum war er erster Klasse im Zug nach New York gereist? Hatte er ein Hotelzimmer in Manhatten für berufliche oder persönliche Zwecke gemietet? Als vom Weißen Haus die Vermutung geäußert wurde, daß Edgar ein Mitglied des Ku-Klux-Klan sei, beeilte sich John McCormack, ein Kongreßabgeordneter und Verbündeter Edgars, das schleunigst zu widerlegen.
Senator Kenneth McKellar, der führende Demokrat im Haushaltsausschuß, forderte den Justizminister, Homer Cummings, auf, Edgar zu entlassen. Eine Menge anderer Kongreßabgeordneter drängten ebenfalls. In den letzten Monaten der Hooverschen Präsidentschaft war McKellars Büro geplündert worden, und er hielt das FBI dafür für verantwortlich.
Da griff das Schicksal wieder ein. Diesmal durch den Tod von Wallace Foster, einem früheren Ministerialbeamten, der von Cummings anstelle Edgars für dessen Posten vorgesehen war.
Einstweilen versorgte Edgar den Justizminister mit abschätzigem Material über einen Hauptrivalen, den New Yorker Privatdetektiv Val O'Farrell. Der Chef der amerikanischen Bundespost, James Farley, der O'Farrell unterstützte, wurde angeblich in den kommenden Monaten durch Edgar observiert. »Ich glaube, er war von der Vorstellung besessen, daß Farley eine Art wandelndes Symbol dafür war, das Amt zu behalten oder zu verlieren«, meint ein früherer Agent. »Hoover konzentrierte sich ganz auf ihn. Eine Wanze wurde in Farleys Bürotelefon installiert, andere Abhöranlagen in seinen Wohnungen in Washington und in New York...«[2]
Nach monatelangen Intrigen war es Roosevelt selber, der sich dafür entschied, Edgar in seinem Amt zu belassen. Einer der Leute, auf die

er hörte und – was bezeichnend ist – Edgars Vorgesetzter aus den Tagen der Kommunistenverfolgung war Francis Garvan. »Lassen Sie sich nicht dazu überreden, den Burschen Hoover abzuschütteln«, schrieb Garvan dem Präsidenten. »Jeden Tag, an dem Sie mit ihm zu tun haben, werden Sie immer deutlicher erkennen, wie notwendig er für Ihre Bequemlichkeit und Ihre Sicherheit ist.« Das sollte sich als nur zu wahr erweisen, wenn auch in einer anderen Weise, als Garvan es wohl gemeint hatte.

Die entscheidende Wahl traf schließlich Justizminister Cummings, der wünschte, daß Edgar blieb. Am 29. Juli 1933 wurde die Berufung bekannt gegeben. Ein großer liberaler Präsident hatte in einer Reihe von Maßnahmen den ersten Schritt getan, der Edgar nicht nur das Überleben im Amt sicherte, sondern auch den Fortbestand einer konservativen Unterdrückung, in dessen Verlauf er die mächtigste Kraft der Nation wurde.

Cummings sollte es einmal bedauern, daß er dem Präsidenten diesen Rat gegeben hatte, es war, wie er sich bekümmert erinnerte, »einer der größten Fehler, die ich je gemacht habe«. Er sollte entdecken, daß Edgar sowohl schwierig zu handhaben als auch zu kontrollieren war und daß er die Begabung besaß, zu viel Aufmerksamkeit auf sich selber zu ziehen.

Zu Beginn war es geradezu notwendig, Aufmerksamkeit zu erregen. Die Roosevelt-Administration stand unter dem Druck, etwas gegen die Kriminalität zu tun und es war ebenso notwendig, darauf aufmerksam zu machen, daß sie sehr wohl etwas tat. Im schwer betroffenen Mittelwesten waren die Banken ständig von Raubüberfällen bedroht und wohlhabende Leute wurden gegen hohes Lösegeld entführt. Das war die Zeit von Bonnie und Clyde, »Maschinengewehr«-Kelly, John Dillinger und Pretty Boy Floyd.

Dies war ein regionales Problem. Die Statistiken geben keinen Hinweis darauf, daß es eine Verbrechenswelle gegeben hätte, die die gesamten Vereinigten Staaten überflutete. Doch die Regierung sah die Chance positiver Schlagzeilen in schweren Zeiten. Der Justizminister rief zu einem nationalen Kreuzzug gegen das Verbrechen auf.

6. KAPITEL

Wenn diese riesige Gruppe von Übeltätern in eine Einheit von sieghaften Kämpfern umgeschmiedet werdenkönnte – Amerika würde ihr erliegen, nicht in einem Monat, nicht in einem Tag, sondern innerhalb von wenigen Stunden.

J. Edgar Hoover
Während der Verbrechenswelle von 1936

Edgars leitender Beamter im Kampf gegen die Verbrecher war der 29jährige Melvin Purvis, sonst verantwortlicher Agent in Chicago. Um die beiden rankt sich eine Geschichte von Freundschaft und Verrat, die einzige Episode in Edgars Leben, die reichhaltig dokumentiert blieb. Während praktisch keine persönliche Korrespondenz mehr existiert, hat die Familie Purvis etwa 500 Briefe aufbewahrt, die das Paar während der Jahre 1927 und 1936 miteinander gewechselt hat. Einige davon sind intim, und aus ihnen geht hervor, daß Edgar mit dem jungen Mann wie mit keinem anderen Agenten in der Bürogeschichte umging.

Purvis' Jugend spiegelte die eigene Jugend Edgars wider. Der Sohn eines Südstaatlers und Pflanzers in Carolina hatte seine Schulkadettenzeit als Kapitän einer Kompanie beendet, später einen juristischen akademischen Grad erworben und war Mitglied der Kappa Alpha, der gleichen studentischen Verbindung, der auch Edgar angehört hatte, und er war Freimaurer. Er war ein unglaublich harter Arbeiter und so auf Ordnung und Sauberkeit bedacht, daß er dreimal täglich das Hemd wechselte. Er beeindruckte Edgar vom ersten Moment an und wurde von ihm eingestellt, obwohl er zwei Jahre jünger war, als die Einstellungsvorschrift es festgelegt hatte.

Edgar ließ ihm gegenüber die übliche steife Formalität in der Korrespondenz fallen und redete ihn mit »Lieber Melvin« oder »Lieber Mel« an und unterschrieb mit »J. E. H.« oder sogar mit »Jayee«. Verständlich nervös, blieb Purvis bei »Mister Hoover«, bis Edgar ihm sagte, er solle »mit dem MISTER aufhören«, dann ging der junge Mann über zu »Lieber Chef« oder »Lieber Jayee«.

In nicht amtlichen Schreiben an Purvis ritt Edgar immer wieder auf dem Thema herum, was Frauen für Purvis empfanden, seine eigene Sekretärin Helen Gandy eingeschlossen. Einmal beklagte er sich spöttisch bei dem jungen Mann, daß Gandy, eine gut aussehende Frau Mitte Dreißig, in der Umarmung eines anderen Beamten gesehen worden

sei. Im Herbst 1932 versicherte er Purvis, falls er zum Halloween-Ball nach Washington kommen sollte, Miß Gandy in ein »Cellophan-Gewand« gehüllt erscheinen würde.
Im darauffolgenden Jahr, als Edgar um seine Position bangen mußte, fand er dennoch Zeit, Purvis einen Luftreiniger zu schicken, ein Gerät zur Luftumwälzung, das dem jungen Mann seine Mandelentzündung etwas erleichtern sollte. Er überschüttete den Jüngeren mit einer Flut besorgter Briefchen, einmal drei innerhalb von vier Tagen.
Vor dem Hintergrund dieser seltsamen Verbindung fand die aufgebauschte Verbrecherjagd der dreißiger Jahre statt. Durch die Ergreifung der Gangster, tot oder lebendig, sicherte Purvis Edgars Ruhm.
Im Juni 1933, einen Monat vor Edgars Wiedereinsetzung, wurde der Präsident einer Brauerei-Gesellschaft, William Hamm jun. in St. Paul, Minnesota, entführt und nach der Zahlung von 100.000 Dollar Lösegeld wieder entlassen. Ein Tag danach wurden in Kansas City, Missouri, ein Agent und drei Polizisten von Gangstern mit Maschinengewehren niedergemäht. Ein anderer wohlhabender Mann, John Factor, verschwand zwei Wochen später in Chicago. Dank eines neuen Gesetzes, das nach der Lindbergh-Tragödie verabschiedet worden war, waren nunmehr Agenten berechtigt, in Entführungsfällen zu ermitteln, und außerdem, Waffen zu tragen. Das Büro machte sich umgehend an die Arbeit.
Dabei erwies sich Purvis vordergründig als hervorragend. Er löste anscheinend beide Fälle, die Hamm- und die Factor-Entführung, innerhalb von Wochen durch die Verhaftung von Roger »dem Schrecklichen«, Tuohy, einen berüchtigten Schmuggler aus Illinois, der in der Zeit der Prohibition große Triumphe feierte. Edgar nannte Tuohy einen der lasterhaftesten und gefährlichsten Verbrecher in der Geschichte des amerikanischen Verbrechens. »Ihn zu ergreifen«, meinte er, »sei ein Verdienst für das gesamte FBI.«
In Wirklichkeit war Tuohy nicht von Edgars Leuten ausgemacht worden, sondern von einem unbewaffneten Polizisten, der gerade beim Fischen war. Später stellte sich heraus, daß dieser Gangster an Hamms Entführung unschuldig war, wenngleich er auch in den Factor-Fall verwickelt war. Er kam für 25 Jahre hinter Gitter. Schließlich stellte sich heraus, daß er von anderen Kriminellen hereingelegt worden war. Der Bundesrichter, der Tuohy 1959 aus der Haft entließ, war besonders über die Tatsache erbost, daß das FBI es abgelehnt hatte, dem Gericht Einblick in die sachdienlichen Unterlagen zu gewähren.
Edgars Ruhm stieg, als im gleichen Jahr der Ölmillionär Charles Urschel aus seinem Haus in Oklahoma City entführt wurde. Nach der Freilassung Urschels aufgrund eines Lösegelds wurde die verantwortliche Gang durch sechs Staaten verfolgt, ein Bereich, so groß wie ganz Europa. Einer der Anführer, George »Maschinengewehr«-Kelly, rea-

gierte mit einer Flut von Briefen, in einigen davon verhöhnte er Edgar und seine »weibischen College-Knäblein«, die unfähig seien, ihn zu finden. Außerdem machte er Edgars Mutter mit Drohanrufen Angst, aber er feuerte nie einen Schuß auf jemanden ab.
Edgars Leute fanden Kelly. Er war es, der, wenn man der Amtspropaganda glauben mag, den Spottnamen »G-Man« kreierte, wobei das »G« für »Government« stand als Spottnamen der Unterwelt für die FBI-Agenten. Als die Agenten und Polizisten sein Versteck stürmten, soll er geschrien haben »Schießt nicht G-Men! Schießt nicht!« Das ist zwar eine hübsche Geschichte, aber sie wird von Polizisten, die dabei waren, nicht bestätigt. Jedenfalls fuhren die Verbrecher munter fort, Edgars Agenten »the Feds« zu nennen, genau wie sie es zuvor getan hatten. Nur die Presse hielt an dem Ausdruck »G-Man« fest, doch vielleicht war es gerade das, was Edgars PR-Abteilung beabsichtigt hatte.
Edgar war überzeugt, daß der Kopf hinter der Urschel-Entführung Kellys Ehefrau Kathryn gewesen sei, und daß sie auch die Briefe mit der Forderung nach Lösegeld geschrieben habe. Erst im Jahr 1970 kam heraus, daß das FBI seine eigenen Schriftuntersuchungen beziehungsweise die Berichte darüber zurückgehalten hatte, die schlicht und einfach Mrs. Kelly als Schreiberin ausschlossen. Trotzdem verbüßte sie 26 Jahre im Gefängnis.
»Wenn eine Frau professionelle Kriminelle wird«, behauptete Edgar, »ist sie hundertmal lasterhafter und gefährlicher als ein Mann... Selten handelt ein Mann mit so kalter Brutalität.« Edgar behauptete auch in einer Konferenz allen Ernstes, daß kriminelle Frauen »immer rote Haare hätten« ... »Entweder trägt sie eine rote Perücke oder sie hat ihre Haare rot gefärbt.« Kathryn Kelly trug eine solche Perücke...[1]

Edgars Korrespondenz mit seinem Schützling Melvin Purvis wurde zunehmend intimer. Edgar drückte immer wieder seine große Besorgnis aus, wenn der junge Mann eine Erkältung hatte. In der Zeit, in der Clark Gable durch den Film *It happened one night (Es geschah eines Nachts)* zu Star-Ruhm kam, schmeichelte er Purvis, als er schrieb: »Ich begreife nicht, wie die Filmwelt ›einen schlanken, blondhaarigen, braunäugigen Gentleman‹ entbehren konnte... Alle Macht und Herrlichkeit dem Clark Gable der Dienststelle!«

Es ist kaum möglich, diesen Briefwechsel als etwas anderes zu definieren als eine homosexuelle Werbung, obwohl nicht bekannt ist, ob Purvis überhaupt solche Neigungen hatte. Edgars merkwürdigster Brief an ihn, ein Handschreiben mit dem Datum vom 3. April 1934, war eine bizarre Mischung von Schuljungenwitzelei und sexueller versteckter Andeutungen:

»Lieber Melvin,
ich erhielt die True-Vue, die Filme und die Bomben, den Zaubertrick und Deine kesse Notiz. Was haben die True-Vue und die Filme gekostet? Ich habe Dich gebeten, sie mir zu besorgen, und ich habe die Absicht, sie auch zu bezahlen. Die Filme waren beides, bildend und erhebend, ich dachte, sie enthielten die Serie über ›Eine Nacht im Mohren-Harem‹ oder war es im ›türkischen Harem‹? Wie auch immer, es war eine tolle Nacht und ich erwarte, daß Du einen Anfang machst. Natürlich ist mein Interesse ausschließlich das eines Zensors oder eines Vorsitzenden des Verbandes für moralische Erbauung. Die Bomben sind das beste von allem. Ich habe schon Miss Gandy dazu gebracht, einen halben Meter hochzuspringen, das ist in Anbetracht der Tatsache, daß sie mittlerweile zur Schwergewichtsklasse gehört, schon etwas. Der verdammte Zaubertrick bringt mich fast um den Verstand, weil ich dauernd versuche, herauszukriegen wie es funktioniert... Schön mein Sohn, halte die Ohren steif, faß den Dillinger für mich und die Welt gehört Dir!
Aufrichtigst und herzlichst
Jayee«

Genau einen Monat, bevor Edgar diesen Brief schrieb, wurde John Dillinger zur Zielscheibe des FBI. Er war kurz zuvor, dreißigjährig, aus einer langen Gefängnishaft entlassen worden, die er wegen versuchten Raubüberfalls verbüßt hatte. Innerhalb eines Zeitraums von vier Monaten, organisierte er eine Massenflucht früherer Mitgefangener mit Revolvern und kugelsicheren Westen, die er auf einer Polizeistation gestohlen hatte, und begann über den ganzen Mittelwesten Raubüberfälle auf eine Bank nach der anderen zu verüben. Drei Polizisten wurden dabei getötet – obwohl ganz offenbar nicht durch Dillinger selbst.

Der Gangster war gerade wieder in Indiana im Gefängnis, als er eines seiner frechsten Stücke lieferte, das in der ganzen Welt Schlagzeilen machte und ihn an die oberste Stelle von Edgars Fahndungsliste setzte. Er bahnte sich den Weg aus dem Gefängnis, indem er mit einem Revolver aus Holz herumfuchtelte, den Wagen des Sheriffs klaute und ins benachbarte Illinois abhaute.

Purvis erhielt einen Hinweis, daß der Gangster sich in einem Versteck in Little Bohemia, in Wisconsin aufhielte. Purvis rief Edgar an, der dem Plan zustimmte und eilte mit einem Agententrupp nach Little Bohemia.

»Das Nervenbündel Purvis«, wie ihn andere Agenten hinter vorgehaltener Hand nannten, machte aus der Aktion einen totalen Mißerfolg. »Der fieberhafte Wunsch nach Aktion«, gab er später zu, »war übermächtig...« Purvis und sein Trupp stürzten tollpatschig ins Gelände und feuerten einfach drauf los, wobei ein unschuldiger Restaurantbesucher erschossen wurde. Ein Mann wurde getötet, zwei weitere ver-

letzt. In der Nähe tötete ein Mitglied der Dillinger-Gang, Babyface Nelson, einen Mann und verwundete einen weiteren. Alle Verbrecher konnten entkommen.
Es war innerhalb von drei Wochen das zweite Mal, daß Dillinger das FBI bis auf die Knochen blamierte. In Bohemia hatten, einem Bericht zufolge, einige von Edgars fabelhaften Agenten »gemeutert und ihre Vorgesetzten in Gewahrsam genommen«. In der Presse wurde Purvis' Rücktritt gefordert – selbst der von Edgar.
Edgar, der nur selten Stillschweigen bewahrte, äußerte sich über den Vorfall nicht in der Öffentlichkeit. Heimlich schickte er einen Washingtoner Inspekteur, der sein Vertrauen hatte, Sam Cowley, mit 30 sorgfältig ausgewählten Männern, eine spezielle Dillinger-Truppe, los, die in Chicago tätig werden sollte. Doch obwohl Purvis katastrophal agiert hatte, blieb er Agent in Chicago. Jayee sorgte für Melvin.
Dillinger, den Edgar ein »biertrinkendes Scheusal« nannte, war nunmehr in der Öffentlichkeit der Feind Nummer eins und sein Fahndungsplakat hing überall in den Vereinigten Staaten. Justizminister Cummings sagte, die Agenten sollten »schießen, um zu töten und dann erst bis zehn zählen«. Obwohl man nicht genau wußte, ob Dillinger jemals jemanden umgebracht hatte, wurde es zu einem Imperativ in der Öffentlichkeit, ihn zu eliminieren.
Wie bei »Maschinengewehr«-Kelly empfand Edgar diese Angelegenheit als persönliche Herausforderung. Dillinger verhöhnte den Direktor mit einer Unzahl von provozierenden Postkarten. Da keine Nachricht aus Chicago kam, die einen Durchbruch verkündet hätte, wurde Edgars Korrespondenz mit Purvis zunehmend formeller. Plötzlich sprach er ihn nicht mehr mit »Lieber Mel«, sondern mit »Lieber Mr. Purvis« an.

»4. Juli: Ich war heute doch sehr irritiert, als ich erfahren habe, daß mein Befehl von heute morgen nicht entsprechend befolgt wurde... Sie haben absolut kein Recht, Instruktionen zu ignorieren...
16. Juni: Ich hatte heute nachmittag die Gelegenheit, zu versuchen, Sie telefonisch zu erreichen... Ich erfuhr dann, daß Sie zu einem der Country-Clubs zum Golfspiel gegangen sind... Es gibt keinen Grund, warum ein verantwortlicher Agent nicht eine Nachricht hinterlassen sollte, wo man ihn jederzeit erreichen kann...
Ihr
J. Edgar Hoover«

Am 21. Juli erhielt Purvis einen Telefonanruf, der den Fall Dillinger endlich einer Lösung nahe zu bringen schien. Ein Polizist aus Indiana gab ihm einen Tip, daß Anna Sage, eine Chicagoer Puffmutter, wüßte, wo sich Dillinger aufhielt und bereit war, ihm dies zu verraten. Anna Sage, eine rumänische Emigrantin, die mit dem Gesetz in Konflikt ge-

raten war, hoffte auf eine Belohnung in Form einer weiteren Aufenthaltserlaubnis in den Vereinigten Staaten.
Am folgenden Tag erhielt Edgar den Hinweis, daß Dillingers Ergreifung bevorstünde. In Chicago gaben Purvis und Inspektor Cowley einem Team von Spezialagenten entsprechende Order und am frühen Abend, nach einem Anruf von der Sage, umstellten diese das ›Biograph‹-Theater. Derweil saß Edgar zu Hause mit seiner Mutter und wartete auf Neuigkeiten.
Dillinger kam um 20.30 Uhr aus dem Theater und Purvis gab ein verabredetes Zeichen. »›Ich war sehr nervös«, erinnerte er sich, »meine Stimme muß sich überschlagen haben, als ich rief: ›Gib's auf Johnny! Du bist eingekreist...‹ Dillinger zog seine 38er Pistole, aber er kam nicht mehr dazu, abzudrücken. Er fiel zu Boden – erschossen.«[2]
In der Hauptstadt eilte Edgar in sein Büro, um eine mitternächtliche Pressekonferenz zu geben. Er pries Purvis, der »fast Unvorstellbares gewagt« habe, und goß seine ganze Verachtung über den toten Verbrecher. Er behauptete, seine Agenten hätten das Feuer erst eröffnet, als Dillinger selbst nach der Waffe gegriffen habe. Das Gegenteil ist jedoch der Fall.
Was auch immer die Wahrheit sein mochte, Edgar kannte kein Bedauern: »Persönlich bin ich froh, daß Dillinger erschossen worden ist... Nur ein toter Verbrecher ist ein angenehmer Verbrecher...«
In seinem 1970 erschienenen Buch: *The Dillinger-Dossier* bringt der Autor Jay Robert Nash eine andere These vor, daß nämlich Dillinger überhaupt nicht in Chicago starb, sondern daß ein Kerl aus Unterweltskreisen an seiner Stelle ins ›Biograph‹ geschickt worden sei. Zum Beweis führt er erstaunliche Fehler in dem Autopsie-Bericht und andere Details an, die seine Behauptung stützen. Ein wütender Edgar bestand zwar darauf, daß Dillingers Identität durch Fingerabdrücke bewiesen sei, aber exakte Beweise wurden nie erbracht.
Einige Tage nach Dillingers Tod zeigte Edgar der Presse den Strohhut des Toten, seine zerschmetterte Brille, seine Fünfzig Cent-Zigarre und eine 38er Automatik mit zerschossenem Lauf, die vermutlich Eigentum des Gangster gewesen war. Diese Gegenstände blieben jahrzehntelang wie Jagdtrophäen Schaustücke in Edgars Empfangsraum. Die Nummer 119702 auf dem Revolver beweist, daß er die Waffenfabrik fünf Monate nach Dillingers Erschießung verlassen hat...
Eine Totenmaske des Erschossenen wurde ebenfalls öffentlich ausgestellt, ein Einbalsamierungsinstitut in Chicago hatte sie hergestellt. Sie wurde, wie ein Korrespondent des *New Yorker* es nannte, eine Art von »Kaiser's Bart für das FBI«. Jahre später, als ein Arzt Edgar schrieb, es wäre an der Zeit, die Dillinger-Ausstellung zu entfernen, raste Edgar vor Wut. Die Totenmaske blieb bis zum heutigen Tag im FBI-Hauptquartier ausgestellt.

Nach der Dillinger-Aktion schien es, als ob Melvin Purvis nun alles zu gelingen schien. Edgar begrüßte ihn im Union-Bahnhof bei seiner triumphalen Ankunft von Chicago und eine Schlagzeile lautete: »Dillinger-Helden treffen zusammen«. Edgar schrieb an Purvis' Vater: »Er zeigte diese einfache Bescheidenheit, die so charakteristisch für ihn ist... Er war einer meiner nächsten und liebsten Freunde.«
Purvis war im gleichen Herbst verantwortlich leitender Agent, als ein angeblicher Teilnehmer des Kansas City-Massakers, Pretty Boy Floyd, in einem Kornfeld bei Ohio getötet wurde. Wieder wurden Edgar und Purvis im gemeinsamen Triumph abgebildet, Edgar nannte Floyd eine »gelbe Ratte, die ausgerottet werden mußte«. Ein bei diesem Vorfall anwesender Polizeioffizier berichtete jedoch, daß Purvis einem anderen Agenten befohlen habe, auf den am Boden liegenden verwundeten Verbrecher zu schießen. In einer formellen Beschwerde behauptete der Polizeichef des Ortes, daß statt eine Ambulanz zu rufen, wie es erforderlich gewesen wäre, Purvis Edgar angerufen hätte, um über seinen neuesten Coup zu berichten. Als er zurückkam, war Floyd tot.
Kaum eine Woche verging, ohne daß der Tod oder die Überwältigung eines weiteren Mannes, der auf der Fahndungsliste stand, bekannt wurde. Babyface Nelson starb an seiner Verwundung, nachdem er selbst zwei Agenten erschossen hatte, denen er in einer Chicagoer Vorstadt in einem Wagen gefolgt war. In Florida töteten Agenten Kate »Ma« Barker und ihren Sohn Fred, eine Schlüsselfigur in der Hamm-Entführung und bei anderen Verbrechen. Edgar nannte Mrs. Barker »eine Wölfin... das Hirn der ganzen Organisation«. In Wirklichkeit war sie weder das eine noch das andere.
Auf dem Höhepunkt dieser Erfolgsserie ließ der Direktor Purvis plötzlich fallen. »Er war eifersüchtig auf ihn«, sagte Purvis Sekretärin, Doris Lockerman, im Jahr 1988. »Wenn man nicht immerzu willens war, dem König zu gefallen, war man nicht mehr der Favorit... Er sorgte dafür, daß Purvis keine Aufträge mehr bekam, die ihm öffentliches Interesse einbrachten. Statt dessen wurde er auf einmal dazu herangezogen, monatelang Bewerber um einen Agentenjob zu begutachten und zu befragen. Es wurde jede Anstrengung unternommen, ihn zu verunglimpfen... Er war furchtbar verletzt.«
Im März 1935 schickte Edgar an Purvis eine kurze Notiz, die mit »Dear Sir« begann, und bat ihn, Rechenschaft über einen Bericht abzulegen, den er auf einer Chicagoer Party im betrunkenen Zustand erstattet hätte. Purvis nannte das eine »unverzeihliche, unerhörte Lüge«. Dann behauptete eine Zeitung, Purvis hätte in einem Geschäft in Cincinnati mit einem Revolver herumgewedelt, versucht Edgar anzurufen und wäre dann hinausgetaumelt. Doris Lockerman erinnert sich eines solchen Vorfalls nicht und fragt sich, ob die Geschichte nicht manipuliert worden sei. »Jedermann«, sagte sie, »hatte Angst vor Hoover.«

Purvis gab am 10. Juli seinen Rücktritt telegraphisch bekannt. Der Mann, den Edgar seinen »nächsten Freund« genannt hatte, wurde nun zum Angriffsziel seiner Gehässigkeiten. Als der Chef eines Filmstudios, Darryl Zanuck, Purvis anbot, als Verbrechenssachverständiger in Hollywood zu arbeiten, intervenierte Edgar, um diese Anstellung zu blockieren. Er ließ Purvis ausspionieren, als dieser seine Autobiographie vorbereitete. Purvis jedoch verriet Edgar nie, er gab die private Korrespondenz nie heraus, die den FBI-Direktor im ganzen Land zur lächerlichen Figur gemacht hätte. Er heiratete, diente als Oberst im Zweiten Weltkrieg, leitete dann einen lokalen Radiosender und arbeitete für verschiedene Kongreßausschüsse.

Purvis' Name Edgar gegenüber zu erwähnen, war, dem Bericht eines Beamten zufolge, so, »als habe man eine Bombe in den Vesuv geworfen«. Sein Name erscheint nirgendwo in *The FBI Story*, der autorisierten Geschichte des Amtes, die 1956 erschien. Es gibt keine Person namens Purvis in dem gleichnamigen Hollywoodfilm, der unter Edgars Kontrolle gedreht wurde. Als Purvis ein Amt im Senat angeboten wurde, ordnete Edgar offiziell an, »abfällige Informationen« über ihn zu verbreiten.

Nachdem Edgar 1952 Purvis' Chancen auf ein Bundesrichteramt zunichte machte, schlug seine Frau einen Versöhnungsversuch vor. Ein FBI-Bericht beweist, daß sich die Männer trafen – für sechs Minuten. »Ich erinnere mich, daß ich zu Hoovers Office gebracht wurde«, erinnert sich Purvis' Sohn Alston. »Hoover begann ein Telefongespräch und ignorierte meinen Vater ungefähr eine Minute. Ich sah, daß die Hände meines Vaters zu zittern begannen. Dann sagte er zu Hoover: ›Du verdammter Kerl, wenn ich meine Frau in Dein Büro bringe, dann stehe wenigstens auf.‹ Hoover stand nicht auf und so war der Versöhnungsversuch beendet.«

Eines Morgens im Jahre 1960, zwei Monate, nachdem Purvis zum Berater eines Senatsausschusses ernannt worden war, hörte seine Frau den Knall eines Pistolenschusses. Sie fand ihren Mann um 6.30 Uhr tot mit einer 45er Automatik in der Hand. Die Presse berichtet, Purvis habe wegen seinen seit Monaten zunehmenden chronischen Rückenbeschwerden Selbstmord begangen.

Die Purvis-Familie war sich da nicht so sicher. Dieser Tod kam gerade kurz nach der fatalen Erschießung des alten Schmugglers Roger Tuohy – direkt nach dessen Haftentlassung wegen einer Entführung, die er nicht begangen hatte – in einem Fall, dessen Ermittlungen Purvis geleitet hatte. 36 Stunden, bevor Purvis starb, bekam er Besuch von jemandem, der in einem großen schwarzen Wagen mit einem fremden Kennzeichen vorgefahren war. Am nächsten Morgen rief er seinen Rechtsanwalt an, um sein Testament mit ihm zu besprechen. Von allen Waffen in seiner großen Waffensammlung war es die Pistole eines

Gangsters aus den dreißiger Jahren, die am nächsten Morgen in der Hand des Toten gefunden wurde...
Von Edgar kam kein Wort der Anteilnahme und der Presse gegenüber enthielt er sich jeden Kommentars. Er sandte auch kein Beileidsschreiben an die Purvis-Witwe. Mrs. Purvis ihrerseits schickte Edgar ein Telegramm voller Bitterkeit:

»WIR FÜHLEN UNS GEEHRT, DASS SIE MELVINS TOD IGNORIERT HABEN. IHRE EIFERSUCHT HAT IHN SEHR VERLETZT, ABER ICH GLAUBE, DASS ER SIE BIS ZU SEINEM ENDE GEMOCHT HAT.«

Gleichzeitig mit Edgar schrieb ein anderer FBI-Beamter negative Bemerkungen in Purvis' Akte, als dieser gestorben war – der stellvertretende Direktor Clyde Tolson. Schon vor langer Zeit hatte Edgar in einer Unterhaltung mit der Schicki-Micki-Dame Anita Colby eine neue Lesart in der Mythologie um den Fall John Dillinger gefunden. »Edgar erzählte mir«, erinnerte sich Miß Colby, »daß es nicht Purvis gewesen sei, der Dillinger erledigte, sondern Clyde Tolson. Er habe nur Purvis die Anerkennung zukommen lassen, obwohl Clyde es tatsächlich gewesen sei.«
Aufzeichnungen aus dem Amt beweisen, daß Tolson an dem Tag, an dem Dillinger starb, im Hauptquartier war. Mit Sicherheit wird er eine Schlüsselfigur für das gewesen sein, was zwischen Edgar und Purvis verkehrt lief. Clyde Tolson war und blieb Edgars ständiger männlicher Begleiter – fast ein halbes Jahrhundert.

7. KAPITEL

> *Worte sind nur die den Menschen gegebenen Symbole*
> *für Gedanken und Gefühle, doch sie reichen nicht aus, um*
> *die Gedanken in meinem Kopf und die Gefühle in meinem*
> *Herzen auszudrücken, die ich für Dich habe.*
> J. Edgar Hoover in einem Brief an Clyde Tolson
> aus dem Jahr 1943.

Clyde Anderson Tolson war 1900 in der Nähe von Laredo, Missouri, inmitten des Corn Belt geboren. Seine Eltern waren arm und auch ein Umzug nach Cedar Rapids in Iowa brachte keine Verbesserung der Lebensumstände. Clydes Vater, ein Baptist, der den Lebensunterhalt mit bäuerlicher Arbeit im Nebenberuf verdiente und später Frachtgutbewacher bei der Eisenbahn wurde, sagte seinen beiden Söhnen, sie sollten in die Welt hinausgehen und etwas Besseres werden.
Als Clyde 18 Jahre alt war, nahm er den Zug nach Washington. Er hatte ein Jahr lang eine Wirtschaftsschule besucht. Er war ein gut aussehender junger Mann mit stechenden schwarzen Augen, von athletischem Körperbau, sorgfältig gekleidet, bevorzugte cremefarbene Leinenjacketts und elegantes Schuhwerk, aber niemals zu auffällig. Die Presse schrieb später, man hätte ihn »für einen gebildeteren Effektenmakler halten können oder für den Junior-Partner einer Maklerfirma«. Clyde bekam eine Anstellung beim Verteidigungsministerium und avancierte. Dank seiner Arbeitswut und einer erstaunlichen Fähigkeit, große Mengen von Informationen in sich aufzunehmen, wurde er mit 20 Jahren Vertrauensmann eines Regierungsdirektors im Verteidigungsministerium. Acht Jahre später, als er das Gefühl hatte, er müsse weiterkommen, begann er noch ein Jurastudium in Abendkursen an der GeorgeWashington-Universität.
Als kleiner Junge hatte Clyde mit seinen Freunden ein Spiel gespielt, das sie »Jesse James« nannten, nach dem Verbrecher, der die Rinder von Clydes Großvater gestohlen hatte. Und so spielte Clyde immer die Rolle, die keiner sonst haben wollte – den Sheriff. Er trug dann einen Silberstern, den er noch lange nach seiner Schuljungenzeit immer in der Tasche bei sich hatte, auch noch, als er sich im Jahr 1927, nachdem er ein juristisches Staatsexamen abgelegt hatte, als Spezialagent beim FBI bewarb.
Zuerst hatte das Amt keine entsprechende Stelle frei. Dann, in den ersten Monaten des darauffolgenden Jahres, schickte der Regierungsdi-

rektor im Verteidigungsministerium eine persönliche Empfehlung. Edgar sah die Bewerbungsunterlagen mit Clydes Fotografie. Es war sein erster Blick auf einen außergewöhnlich gutaussehenden jungen Mann mit offenem Gesicht über einem modischen Hemdenkragen.
Edgar las die überschwenglichen Referenzen von einer Reihe distinguierter Männer, Staatssekretären, dem Chef der Militärjustiz, einem Zeitungsverleger aus Missouri und einem republikanischen Mitglied des Nationalkomitees. Hier war ein junger Mann, der, ganz ähnlich wie Edgar, im zweiten Semester seiner Studienzeit als Studentenvertreter fungiert hatte, Mitglied des Universitätssenats und ein begeisterter Teilnehmer am Verbindungsleben der Studentenschaft gewesen war. Er war, wie berichtet wurde, »durchaus nicht verschwenderisch« und hatte »kein besonderes Interesse an Frauen«.
Edgar stellte Clyde ein und bevorzugte ihn wie keinen anderen der neuangestellten Bewerber im Amt. In einem Zeitraum von weniger als drei Jahren avancierte er vom einfachen Agenten zum stellvertretenden Direktor. Clyde hatte nie Alltagsarbeit vor Ort zu machen, statt dessen holte ihn Edgar nach nur vier Monaten in Boston wegen »dringender Erfordernis« nach Washington zurück. Im Hauptquartier stellte Clyde strenge Überstundenregeln auf und erwies sich so als Ausbeuter nach dem Vorbild und Geschmack von Edgar. Dann, nach ungefähr 14 Tagen als verantwortlicher Agent in Buffalo, New York, wurde er zum Inspekteur ernannt und endgültig in die Hauptstadt zurückversetzt. Nach einem weiteren Jahr war Clyde zu einem von nur zwei stellvertretenden verantwortlichen Direktoren im Verwaltungsbereich befördert worden. Einige Wochen nach dieser Berufung bestand Edgar darauf, daß Clyde auf die Einladungsliste des Weißen Hauses gesetzt wurde.
Dies war eine unverfrorene Begünstigung eines Favoriten. Der raketenhafte Aufstieg des jungen Mannes hatte wahrscheinlich keine Parallele in irgendeinem anderen Regierungsdienst. Und das, weil Edgar genau das in ihm sah, was er brauchte – einen absolut vertrauenswürdigen Leutnant und passenden Gefährten.
Von seinen Kollegen wurde Clyde als »Sphinx« bezeichnet, »ein Schatten und so farblos, daß er sich gegen einen Hintergrund gar nicht abhob. Er sah immer besorgt aus, selbst wenn er sich wohlfühlte« und sein immerwährendes Schweigen ließ in seinem Umkreis Unbehaglichkeit aufkommen.
Viele Agenten hatten eine Art widerstrebende Sympathie für Edgar, »den alten Mann« zum Ausdruck gebracht, aber niemand schien für Clyde nur eine Spur Herzlichkeit zu empfinden. »Tolson«, meinte Jim Doyle, ein früherer Spezialist für das organisierte Verbrechen, »war ein Nichts, ein hochklassiges Arschloch, einer der mit dem Alten im ständigen Einverständnis stand.«

Clyde war das »stiere Auge«, ein Mann aus Eis, der es genoß, Untergebene zu strafen oder zu feuern. Ein interner Witz lautet folgendermaßen: Clyde sagt zu Edgar, »He, ich fühle mich deprimiert, ich glaube, ich nehme mir frei für den Tag und geh' ins Bett.« »Clyde tu das nicht«, kommt Edgars Antwort, »schau die Liste durch, such dir jemanden raus und feuere ihn. Du wirst dich gleich viel besser fühlen.« Tolson strahlt und fragt hoffnungsvoll, »und weswegen?«
Selbst die, die mit dem Direktor gutstanden, wie Edgars Sekretärin, waren Clyde gegenüber mißtrauisch.»»Helen Gandy und Tolson«, erinnerte sich der stellvertretende Direktor Cartha »Deke« DeLoach, »schlichen umeinander herum wie die Katze um den heißen Brei. Sie hatten beide enormen Einfluß auf Mr. Hoover und gleichzeitig große Angst vor ihm. Tolson war smarter als Mr. Hoover – er hatte einen messerscharfen Verstand. Sein großer Fehler war, daß er dem Diktat Mr. Hoovers sklavisch Folge leistete.«
»Mein Alter ego ist Clyde Tolson«, pflegte Edgar gerne zu sagen, »er kann meine Gedanken lesen.« Vielleicht, aber dennoch gab es da etwas, auf das Edgar nicht verzichten mochte, auch Clyde gegenüber nicht – die totale Kontrolle. Wenn im Gymnastikraum des Amtes ein Fußabdruck zu sehen war, wurde Clyde dafür angeschossen, wenn die Uhr in Edgars Wagen zu langsam ging, mußte Clyde eine Erklärung dafür finden. Auch nach zehn Dienstjahren bekam Clyde immer noch einen Klaps auf das Handgelenk, wenn er Dokumente in seinem Schrank im Büro gelassen hatte.
Dennoch konnte Edgar, nach Clydes Dafürhalten, nichts falsch machen. »So will es der Boß haben«, sagte er zu seinen älteren Kollegen in offensichtlicher Übereinstimmung mit Edgar, wenn es eine Entscheidung zu treffen gab, und dann gab es keine Diskussion mehr darüber. »Der Direktor ist der Mann des Jahrhunderts«, sagte Clyde zu jedem, der zuhörte.
Manchen erschien er als eine pathetische Figur, als er älter wurde. Der Washingtoner Klatsch bemerkte, daß er demütig ein oder zwei Schritte hinter Edgar herging und den Schritt wechselte, wenn er mit ihm das gleiche Tempo halten wollte.
Edgar nannte ihn anfänglich »Junior« und später nur »Clyde«. In der Öffentlichkeit, selbst in der privaten Atmosphäre der Direktorenlimousine nannte Clyde, wie ein Chauffeur es bemerkte, Edgar stets »Mr. Hoover«. (Frühere Beamte, selbst hochrangige, bringen es immer noch nicht fertig, einfach »Hoover« zu sagen, selbst nicht zwei Jahrzehnte nach seinem Tod.) Doch manchmal wurde gehört, daß Clyde den Boß so nannte, wie sonst kein anderer: »Eddie«.
Es wurde bald klar, daß die beiden mehr als nur Kollegen waren. Jeden Tag, Punkt zwölf, kam die Limousine vorgefahren, die sie ins ›Mayflower‹-Hotel zum Mittagessen brachte. Dort aßen sie meistens

Hamburger und Vanilleeis oder, wenn Edgar auf sein Gewicht achtete, Hühnersuppe und Salat. Das Hotel war sehr beliebt und wurde von vielen zum Lunch aufgesucht. Als Edgar einmal bemerkte, daß ein vom FBI gesuchter Mann zwei Tische weiter saß, verhaftete er ihn und fuhr dann fort zu essen.

An fünf Abenden wöchentlich für mehr als 40 Jahre erschien das Paar in ›Harveys‹-Restaurant. (Mit Ausnahme einer kurzen Unterbrechung, als Edgar mit einem neuen Besitzer eine Auseinandersetzung hatte.) Das Restaurant lag damals am 1100 Block der Connecticut Avenue.

»Sie kamen immer zusammen und saßen auf einem kleinen Podium«, erinnert sich der Barmann George Dunson, »ein bißchen weiter weg und ein bißchen höher als die anderen Leute. Tolson hatte immer die Tür im Blick, Mr. Hoover saß mit dem Rücken zur Wand. Mr. Tolson machte das, damit er sah, wer hereinkommt. Wenn irgend jemand versuchen sollte, an Mr. Hoover heranzukommen, war das zumindest nicht von hinten möglich.« Sobald Edgar berühmt wurde, installierte die Restaurantleitung eine Barriere zwischen ihm und unwillkommene Fremde, indem sie den Durchgang mit einem Servierwagen blockierte. Aufgrund einer Abmachung, die Clyde ausgehandelt hatte, bezahlten sie für alles, was sie nur essen konnten – zwei Dollar fünfzig und die Getränkepreise extra – und das in einem der besten Restaurants der Stadt. Jahrelang hatten sie nicht einmal dies zu zahlen. »Die Rechnung wurde von Hoovers Freund, Harry Viner, bezahlt, der eine Großwäscherei besaß«, sagte ein früherer Washingtoner Polizeiinspektor, Joe Shimon. »Als Dank stellte Hoover zu Beginn des Zweiten Weltkrieges einen Verwandten von ihm als Agenten ein. Später, als das ›Harvey‹-Restaurant eine Zeitlang zumachte, schickte Hoover Agenten in das gegenüberliegende Restaurant, um dort ein ähnliches Arrangement auszuhandeln. Er war ein alter Gauner.«

Edgar mochte Steak, medium, und, etwas exotischer, grüne Schildkrötensuppe. Er nahm an Austern-Wettessen teil, die das Restaurant ausgeschrieben hatte und gewann sie für gewöhnlich. Am späten Abend verließ er das Restaurant mit einem Beutel von Schinken- und Putenresten für seine Hunde, dafür sorgte die Restaurantleitung.

Einmal, als Edgar und Clyde später kamen und ihren Tisch besetzt fanden, machten sie eine Riesenszene und stürmten aus dem Lokal. Der Besitzer des ›Harvey‹-Restaurants, Julius Lulley, war oft die Zielscheibe von Edgars besonderer Art von Scherzen: Als sich Lulleys Frau einmal beschwerte, daß ihr Mann ihr keinen neuen Pelzmantel kaufen wollte, ließ Edgar Lulley und eine andere Frau fotografieren und benutzte die Bilder, um Lulley zum Kauf des Pelzmantels zu bewegen.

Edgar, der mit seinen Agenten so streng verfuhr, was das Trinken anbelangte, liebte Whisky, und die Beamten von weiter entfernten Ne-

...oovers Geburtshaus, 413 Seward Square,
...ington D.C.

2 Der Vater Dickerson N. Hoover

3 Als Hauptmann der Kadetten in der Schule

4 Dienstausweis aus dem Jahr 1921

8 Mit Clyde Tolson auf dem W
zum Obersten Bundesgericht

5 Das Bureau of Identification mit der Sammlu
von Fingerabdrücken

benstellen mußten sich, je nachdem, welche Marke er gerade bevorzugte, entsprechend eindecken. Edgar trank nie viel, wenn Kollegen anwesend waren. Nie sah einer von ihnen ihn jemals betrunken. »Außerhalb des Büros«, sagte der Besitzer des ›Miami‹-Restaurants, Jesse Weiss, der Edgar in den dreißiger Jahren kennenlernte, »war die Sache schon etwas anders.« Die Stimmung bei einer privaten Gesellschaft konnte »richtig lustig sein, sogar locker und viele der Burschen tranken harte Sachen.«

Die Kellner des Restaurants ›Harvey‹ erinnern sich gleichfalls an Zechereien mit harten Sachen. »Mr. Hoover trank ›Grand-Dad‹, sagte Pooch Miller, der 36 Jahre lang Oberkellner im ›Harvey‹-Restaurant war. »Ich pflegte ihm sechs Miniaturfläschchen zu bringen, wenn er hereinkam, zusammen mit Club-Soda. Wenn er mit dem Trinken fertig war, brachte ich ihm sein Essen, fünf Tage in der Woche.« »Heute«, sagte Aaron Shainus, dessen Vater einige Zeit der Besitzer der ›Harvey‹-Restaurants war, »würde Hoover als Alkoholiker gelten.«

Das Paar wurde in Washington eine Legende, mit der versteckten Andeutung, daß sie wohl ein homosexuelles Liebespaar seien. Robert Ludlum, schreibt in seinem 1978 erschienenen Roman *The Chancellor Manuscript*, was zu Lebzeiten der beiden keiner direkt zu schreiben oder zu sagen gewagt hätte. Für Ludlum war Clydes »weiches, verzärteltes Gesicht – das sich vergeblich bemühte, männlich zu wirken – Jahrzehnte lang die Blüte am stachligen Kaktus«.

Journalisten gaben bereits in den dreißiger Jahren Hinweise auf das Paar. »Mr. Hoover«, teilte das *Colliers*-Magazin seinen Lesern schon zu Beginn der Roosevelt-Präsidentschaft mit, »ist klein, dick, sehr geschäftig und hat einen trippelnden Schritt am Leibe... er kleidet sich pingelig, bevorzugt in Blau, so daß der Schlips zum Taschentuch und zu den Socken paßt. Immer ein bißchen pompös, fährt er eine Limousine, selbst wenn er nur zu einem nahegelegenen Restaurant will...«

Edgar legte über den Schreiber dieses Artikels, den Journalisten Ray Tucker, eine dicke Akte an und behauptete verächtlich, er sei ein »degenerierter Alkoholiker«. Tucker war überzeugt, daß Edgar ihn eine Weile observieren ließ. »Hat eigentlich schon jemand bemerkt«, fragte ein anderer Kolumnist, »daß Hoover deutlich größere und energischere Schritte macht, seitdem ihm Tucker nachgesagt hat, daß er einen Trippelgang habe?«

Ein anderer Reporter beobachtete, daß Edgar zierliches Porzellan neben seinen Verbrechenstrophäen im Büro stehen habe. »Er ist anders«, fand ein ausländischer Diplomat, »er ist anders als jeder Polizeibeamte, dem ich jemals begegnet bin, denn er benutzt ein teures und auffallendes Parfüm!« Edgar befahl daraufhin einem älteren Mitarbeiter, »sehr, sehr diplomatisch« zu verbreiten, daß er niemals Parfüm benutze. Aber in Wirklichkeit tat er es doch.

Die Gerüchte über Edgar und Clyde hörten nicht auf. Das Nachrichtenmagazin *Time* brachte einen Artikel über Edgar und erwähnte, daß er »selten ohne männliche Begleitung« zu sehen wäre, »am häufigsten mit dem ernst dreinblickenden Clyde Tolson.«

FBI-Insider hingegen wußten meistens nicht, was sie davon halten sollten und witzelten etwa im Jahr 1939, als ein Top-Mitarbeiter, Louis Nichols – wie George Ruch vor ihm –, seinen Sohn J. Edgar nannte: »Wenn er ein Mädchen geworden wäre, hätte man sie Clyde genannt.« In den sechziger Jahren kicherten die Agenten über »J. Edna« und »Mutter Tolson«. Der Schriftsteller Truman Capote, selbst homosexuell, erzählte dem Herausgeber eines Magazins, er wisse, daß Edgar und Clyde es gleichfalls wären. Er beabsichtigte, für das Magazin einen Artikel zu schreiben – aber er kam nicht weiter als bis zu dem Titel: *Johnny and Clyde*.

Immer wieder hat man auf die zahlreichen Fotografien hingewiesen, wovon die meisten davon Clyde zeigen, von Edgar aufgenommen, Fotografien, die aus Edgars privater Fotosammlung übrigblieben: Clyde schlafend, Clyde im Bademantel, Clyde am Swimmingpool. Aber die beiden Freunde haben niemals in einem gemeinsamen Haushalt gelebt. Clyde behielt weiter sein eigenes Appartement, als Edgar nach dem Tod seiner Mutter ein eigenes Haus kaufte. Frühere Kollegen bestätigen, daß die beiden Männer im Büro keine ungewöhnliche Zuneigung zueinander zeigten. In den 44 Jahren, die ihre Verbindung dauerte, muß die Heimlichtuerei ständigen Streß bedeutet haben.

Der Mann, der sie in den dreißiger Jahren am besten kannte, war Guy Hottel, ein junger Angestellter der AETNA-Versicherung, der zusammen mit Clyde jahrelang ein Appartement bewohnte. Die drei Männer fuhren regelmäßig zum Fischen, zusammen mit dem Publizisten, Courtney Ryley Cooper. Edgar stellte Hottel 1938 sogar als Agenten ein, ein kleiner Gefallen, um eine höchst unangenehme Versetzung innerhalb der Firma AETNA zu umgehen. Nach einer flüchtigen Ausbildung wurde Hottel Leiter des Washingtoner Außendienstes. Später war Edgar Hottels Trauzeuge.

Hottel blieb Vertrauter und dauernder Begleiter Edgars und Clydes. Kurz vor seinem Tod im Jahre 1990 berichtete er von einem gemeinsamen Urlaub in Florida und Kalifornien, vom Zusammentreffen mit den Firestones von der berühmten Reifenfirma und leitenden Angestellten der Firma Ford.

»Wir haben ein bißchen gespielt, jai alai (ein spanisches Ballspiel), gingen zu Pferderennen und shuffleboard«, erinnerte sich Hottel. »Im ›Flamingo‹-Hotel in Miami gab es einen Innenhof, wo man sich sonnen konnte, auch nackt. Hoover liebte die Sonne, aber Tolson mochte das nicht so sehr.« In dem Bericht beschränkte sich Hottel darauf, nur zu erwähnen, daß Edgar und Clyde sich von Frauen fernhielten. »Sie verabredeten sich nie mit ihnen. Es konnte schon vorkommen, daß sie sie zum Essen ausführten, aber sie hatten keine Rendezvous – wenn Sie wissen, was ich meine.«

In den vierziger Jahren hatte Hottel zum Thema mehr zu sagen! Als er nämlich, leitender Agent im Washingtoner Außendienst, Alkoholprobleme bekam. Der frühere Polizeiinspektor Joseph Shimon, dessen Tätigkeit im Washingtoner Strafvollzug drei Dekaden umfaßte, erinnert sich an diese Zeit:

»Wenn Hottel anfing zu trinken«, sagte Shimon, »ging er in verschiedene Bars und begann, Geschichten über die Sexparties in Hoovers Haus zu erzählen. Wissen Sie, mit den Jungs... und wenn Hottels Frau anrief und sagte: ›Er ist auf Sauftour‹, erhielten wir von Hoover den Befehl über Fernschreiber, die Polizeistation anzurufen, sie sollten die Bars absuchen, ihn sofort mitnehmen und ihn beim FBI abliefern, um ihn am Reden zu hindern... Das passierte oft...«

Edgar warf Hottel nicht hinaus. Vielleicht deshalb, weil er nach so vielen Jahren der Freundschaft einfach zu viel wußte.

Ein weiteres, ernstzunehmendes Indiz kam von Jimmy G. C. Corcoran, der während seiner Arbeit als FBI-Inspektor in den zwanziger Jahren zu Edgars Vertrauten geworden war.

»Nachdem er aus dem Amt ausschied«, sagte Shimon, »wurde Jimmy politisch sehr einflußreich. Während des Zweiten Weltkriegs war er ein Lobbyist und wurde von einer Gruppe von Wirtschaftsleuten vereinnahmt mit dem Ziel, Unterstützung vom Kongreß zu bekommen, damit sie eine Fabrik aufmachen konnten – für ein Honorar von 75.000 Dollar. Das war während des Krieges illegal und wir bekamen einen Hinweis vom Büro des Justizministers, daß das FBI den Jimmy hoppnehmen sollte, wenn er ins ›Mayflower‹-Hotel ging, um seine 75.000 Dollar abzuholen.

Jimmy war stinkwütend. Er ging ins ›Harvey‹-Restaurant und ließ Hoover ausrichten, Jimmy Corcoran wünsche, daß er herauskäme und zwar sofort oder er werde hineingehen und einen Riesenkrach veranstalten.

Hoover kam heraus und sagte: ›Was ist denn los, Jimmy?‹ Jimmy überschüttete ihn mit Beschimpfungen und sagte: ›Was soll das heißen, daß du versuchst, mich festzusetzen?‹ Hoover sagte: ›Also Jimmy, ich wußte doch nicht, daß du das warst.‹ Jimmy erwiderte: ›Um Himmelswillen, wie viele J. C. Corcorans kennst du denn? Ist das der Lohn dafür, daß ich dir mal einen Gefallen getan habe, du Mistkerl?‹ Und zum Schluß war es so, daß Jimmy seine 75.000 Dollar bekam und nicht verhaftet wurde.«

Nach diesem Vorfall vertraute Corcoran Shimon und einem Washingtoner Lobbyisten, Henry Grunewald, an, worin der »Gefallen« bestanden hatte. Während er noch im Amt war, habe Edgar ihn benutzt, um mit einem »Problem« fertig zu werden. Er sagte, Edgar wäre in den späten zwanziger Jahren in New Orleans einmal wegen eines Sexualvergehens verhaftet worden, in das ein anderer junger Mann verwickelt war. Er, Corcoran, der damals das FBI verließ, hatte ausgezeichnete Verbindungen in Louisiana gehabt und interveniert, um eine strafrechtliche Verfolgung zu verhindern.

Corcoran kam bei einem mysteriösen Flugzeugunfall im Jahre 1956 in der Nähe von Spanish Cay, einer karibischen Insel, ums Leben. Die Maschine gehörte einem Freund Edgars, dem Ölmillionär Clint Murchison. Die meisten Dokumente seiner FBI-Akte sind seit damals verschwunden. Während Corcorans Bericht niemals bewiesen werden konnte, steht er doch nicht allein da. Joe Pasternak, der alte Filmproduzent, dessen man sich wegen seiner Förderung von Marlene Dietrich in den späten dreißiger Jahren erinnert, erzählt eine weitere Geschichte. Er kannte Edgar und behauptete, daß er von einer erbärmlichen Episode, die sich in Kalifornien ereignet hat, wisse. »Er war ein Homosexueller«, sagte Pasternak. »Jedes Jahr pflegte er mit einem anderen jungen Mann zum Del Mar-Rennplatz zu kommen. Er wurde von einem Journalisten in einem Badezimmer erwischt. Sie vergewisserten sich, daß der nichts sagen würde... Eigentlich wagte niemand, etwas zu sagen...«

Es gibt zahlreiche Anekdoten über Edgar und Clyde. Joseph Shimon erinnert sich einer Geschichte, die von einem verblüfften Taxifahrer erzählt wurde, der das Paar am National Airport aufnahm. Er sagte, Hoover habe das Taxi gemietet und wartete. Tolson kam von einem Flug zurück und der Mann sagte, »er habe niemals in seinem Leben soviel Küsserei und Hinterngrabschen gesehen. Man hatte das Gefühl, die Gerüchte stimmten doch.«

Harry Hay, der Gründer der Mattachine Society, Amerikas erste Organisation zur Wahrung der Rechte von Homosexuellen, hatte homosexuelle Freunde, die regelmäßig zu Edgars Summer racing haunt, dem Del Mar-Rennplatz in Kalifornien gingen. »In den vierziger Jahren«, erzählte Hay, »kamen Leute zu mir und sagten: ›Rate mal, wer heute in der soundso Box war?‹ Und dann sagten sie: ›Na klar, Hoover und Tolson waren wieder da.‹ Ich bin schwul, die Leute von denen ich das gehört habe, waren schwul und die Boxen, in denen Hoover und Tolson sich befanden, waren Eigentum anderer Schwuler. Das war ein Kreis, zu dem Leute, die nicht schwul waren, überhaupt keinen Zutritt hatten. Sie wurden eben als Liebespaar angesehen.«

Die Broadway-Sängerin Ethel Merman, Star des Musicals *Annie get Your Gun*, lernte Edgar und Clyde 1936 in New York kennen. Sie blieben bis zu ihrem Lebensende miteinander in Verbindung und die Freunde schickten Ethel regelmäßig herzliche Telegramme zu ihren Premieren. 1978, als ein Reporter sie über Anita Bryant und deren an-

tihomosexuelle Kampagnen befragte, hatte Miss Merman eine interessante Antwort parat. »Einige meiner besten Freunde«, sagte sie, »sind homosexuell und jeder weiß von J. Edgar Hoover. Aber der ist der beste Chef, den das FBI jemals hatte. Viele Leute waren schon immer homosexuell. Jedem das Seine. Mich stört es nicht.«
In den dreißiger Jahren begann Edgars langwährende Verbindung mit dem Kolumnisten, der 30 Jahre lang als erster Klatschlieferant der Nation galt, mit Walter Winchell. Edgar begann, den Kolumnisten während der Gangsterkriege mit Nachrichten darüber zu bedienen, sobald Winchell freundlich über ihn schrieb. Er stellte Agenten ab, um Winchell während eines Besuches in Chicago zu beschützen und lud ihn öfter in das ›Shoreham‹-Hotel in Washington ein. Nach den Berichten von Winchells Freund, Curly Harris, kamen der Kolumnist und der FBI-Direktor sich schnell näher. Winchell war einer der wenigen Leute, die Edgar mit seinem ersten Vornamen »John« anredeten.
Jahre danach versorgte Winchell seine Leser mit belangloseren Geschichten über Edgar, manchmal aber auch mit echten Neuigkeiten. Die Quelle war, was er allerdings immer leugnete, Edgar selbst. »Die Information kam auf weißem Papier ohne Aufdruck, in einfachen Umschlägen ohne einen Hinweis auf den Absender«, sagte der Assistent des Kolumnisten, Herman Klurfeld. »Winchell hielt den Brief hoch und sagte: ›Hier ist wieder was von John.‹ Hoover war wie eine Presseagentur, die genau wie andere Material heranschaffte.«
Es war Winchells Einfluß zu verdanken, daß Edgar zuerst Zugang zum ›New York City's Stork Club‹ fand, der als der Ort bekannt war, »an dem man sich sehen lassen muß, wenn man das Gefühl hat, wichtig zu sein«. Zwischen 1934 und 1965 waren einige Kennedys und Rockefellers Schirmherren des Clubs, aber auch Al Jolson und Joe DiMaggio, Grace Kelly und Madame Chiang Kai-shek, der Herzog und die Herzogin von Windsor und H.L. Mencken.
Winchell kannte den Besitzer des ›Stork Clubs‹, Shermann Billingsley, sehr gut. Er hielt dort regelmäßig Hof und war öfters in Begleitung von Edgar und Clyde am Tisch 50, seinem Stammplatz. Billingsley sorgte dafür, daß für Edgar Speisen und Getränke nicht berechnet wurden. Bald darauf konnte der ›Stork Club‹ mit einem neuen Cocktail glänzen, dem ›FBI-Fizz‹.
An Silvester 1936, kurz vor Mitternacht, schoß der freiberufliche Fotograf Gustave Gale verschiedene Aufnahmen von Winchell und seinen Partygästen. Alle trugen komische Hüte und lächelten fröhlich. Ein Foto zeigt Edgar, den glucksenden Clyde an seiner Seite, wie er die Hände in gespieltem Schrecken hochhält, weil eine junge Frau mit einem Spielzeugrevolver vor ihm steht. Die Frau war ein gefeiertes Mannequin jener Zeit, Luisa Stuart.[1]
An jenem Silvesterabend im ›Stork Club‹ befanden sich Luisa Stuart,

ihr Freund und Winchells Kollege, Art Arthur, plötzlich alle an Edgars Tisch zum Dinner. »Der Weltmeister im Schwergewicht, Jim Braddock, war auch da«, erinnert sich Miss Stuart, die damals Anfang 20 war. »Ich erinnere mich, daß wir über Rassen gewitzelt haben, und Hoover wollte nicht mit zum ›Cotton Club‹ gehen, weil Gene Krupa, der weiße Jazz Drummer dort mit einer schwarzen Band spielte. Aber schließlich fuhren wir doch in einer FBI-Limousine in den ›Cotton Club‹. Ich saß mit Art auf dem Rücksitz. Hoover und Tolson saßen auf den beiden Klappsitzen, die in großen Limousinen angebracht sind, uns gegenüber. Da bemerkte ich, wie sie Händchen hielten. Den ganzen Weg zum Club, glaube ich. Sie saßen nur da, sprachen und hielten sich an den Händen.
Hoover wurde wütend, als wir im ›Cotton Club‹ waren. Nicht nur weil Schwarze und Weiße zusammen spielten, da war auch ein schwarzweißes Paar, das tanzte – ein schwarzer Mann mit einer weißen Frau. Und Tolson, der allmählich betrunken geworden war, sagte so etwa wie ›Na, jetzt möchte ich aber gerne mit dir tanzen...‹
Damals wußte ich nicht viel über Homosexualität«, fuhr Miss Stuart fort. »Ich war so jung und es waren andere Zeiten. Jedenfalls hatte ich noch nie zwei Männer gesehen, die Händchen halten. Und ich erinnerte mich, daß ich deswegen auf dem Heimweg Art gefragt habe. Art sagte nur, ›Komm, das weißt du doch.‹ Er erzählte mir, daß sie ›Schwuchteln‹ seien oder ›vom anderen Ufer‹ – Ausdrücke, die man damals so gebrauchte.«
Nach dem Ereignis im ›Stork Club‹ sah Luisa Stuart Edgar und Clyde verschiedene Male beim Sonntagsbrunch, den Winchell und seine Frau des öfteren in ihrem Manhattan-Appartement gaben. »Eines Sonntags«, erinnert sich Miss Stuart, »erschien Hoover – ›Jedgary‹, wie wir ihn jetzt nannten – ohne Clyde und sagte, Clyde wäre krank. Nachdem er gegangen war, sagten die Leute, Clyde wäre nicht richtig krank, sie hätten einen großen Streit gehabt und das Gerücht ging um, Hoover hätte Clyde mit einem anderen Mann im Bett erwischt.«
An einem Weihnachtsabend hielten sich Edgar, Clyde und Hottel im ›Miami's Golfstream‹-Hotel auf. Auf dem Höhepunkt eines Krachs mit Clyde stürmte Edgar ins Badezimmer und schloß die Tür. Hottel mußte sich den Zugang ins Badezimmer erzwingen, er griff den Direktor bei den Schultern und schüttelte ihn, bis er wieder zu Verstand kam.
Diese Badezimmer-Szene war offensichtlich durch Eifersucht ausgelöst. Hottel, der ein bißchen ein Frauenheld war, hatte Clyde gefragt, ob er nicht einmal mit ihm und zwei Frauen ausgehen würde. Clyde hatte zugesagt und Edgar, bei der Aussicht allein gelassen zu werden, bekam einen Koller.
»Eine von Guys Aufgaben«, sagte sein Schwager Chandler Brossard,

»bestand darin, Hoover zu besänftigen. Der war ein Hysteriker und Guy mußte oft genug die halbe Nacht bei ihm verbringen, um ihn zu beruhigen. Einer der mächtigsten Männer Amerikas mußte in Wirklichkeit unter Hausarrest gehalten werden. Er und Clyde mußten dann sorgfältig auf ihn aufpassen...«

8. KAPITEL

> *In Washington gibt es einen Mann, der schaut nicht viele Frauen an, den ich jedoch so blendend fand, wie einen Scheich aus dem Morgenland.*
> Gedicht aus dem Jahr 1940 für J. Edgar Hoover, von einer Frau, die sich »Wisconsin Girl« nannte.

Edgar hegte zutiefst ambivalente Gefühle für Frauen, und es war nicht immer so, daß er ihre Nähe mied. Manchmal legte er Wert darauf, mit einer Frau gesehen zu werden, um die Gerüchte über seine Homosexualität zu zerstreuen. Vielleicht wollte er sich auch selbst beweisen, daß er eine heterosexuelle Verbindung haben könnte – etwas, was er aber niemals richtig angestrebt hat. Zum Schluß war er emotional zu verkrüppelt, um eine richtige und erfüllte Liebesbeziehung zu irgend jemanden aufrechtzuerhalten, nicht einmal zu Clyde.

Als sie sich kennenlernten, hatten Edgar und Clyde vieles gemeinsam. So wie Edgar seiner Mutter Annie zugetan war, so hing auch Clyde an seiner Mutter. Als die Zeit verging und ihre Mütter alt wurden, wandte jeder von ihnen seine Herzlichkeit und Aufmerksamkeit auch der Mutter des Liebhabers zu. Clyde schickte Annie Hoover sogar Valentinkarten.

Wie Edgar im Jahre 1918 von einer jungen Frau gedemütigt worden war, so war auch Clyde abgewiesen worden – gleich zweimal. Dennoch fühlte er sich von Frauen weiterhin angezogen, was Edgar nur schwer ertragen konnte.

Anita Colby, das gefeierte Modell der dreißiger Jahre, erinnerte sich, daß »Clyde heftig für sie geschwärmt« habe, aber in der Folge nichts weiter unternahm. Im Jahr 1939 machte er kurz Edna Daulyton den Hof, einer Kellnerin in einem Restaurant in der Nähe des Justizministeriums. »Er hat mit mir geflirtet«, erinnert sich diese, »und er führte mich zum Essen aus. Er erzählte mir manchmal ein bißchen über seine Fälle. Wir sahen uns vielleicht sechsmal... Als wir eines Abends zum Essen im ›Mayflower‹ saßen, kam Hoover und setzte sich zu uns. Ich war schockiert. Er benahm sich mir gegenüber abscheulich. Er gebärdete sich wie ein kleiner Napoleon. Zwischen den beiden war eine Intimität, die ich einfach nicht verstand, etwas, was mir nicht ganz natürlich zu sein schien. Erst danach hörte ich die ganzen Geschichten.«

Clyde hielt zwar Ednas Hand und gab ihr einen Gute-Nacht-Kuß auf die Wange, aber das war auch alles. »Eines Abends«, sagte sie, »fragte ich ihn, ob irgend etwas zwischen ihm und Hoover bestünde.« Er wurde sehr ernst und sagte so etwas wie, »Was meinst du damit? Willst du damit sagen, ich bin unnormal?« Als wir wieder ein anderes Mal zum Essen ausgingen, irgendwo in einem Restaurant in der Nähe des Flusses, setzte sich Hoover wieder zu uns. Bald danach hörte ich auf, mich mit Clyde zu verabreden.«

Im Jahr 1939, als Clyde sich in eine Frau in New York verliebte und von Heiraten zu sprechen begann, unternahm Edgar alles, um das zu verhindern. »Hoover bat mich«, sagte Guy Hottel, »mich ein bißchen mit Clyde darüber zu unterhalten und ihm zu sagen, er solle dies lieber vergessen. Das machte ich dann auch. Wenn Clyde geheiratet hätte, wäre er nicht mehr da gewesen, um jeden Abend mit Hoover zum Dinner zu gehen. Hoover mochte das Arrangement, so wie es war, und er verstand es auf eine bestimmte Art, immer wieder seinen Willen durchzusetzen.«

Ironischerweise fing Edgar zur gleichen Zeit, in der er die Verbindung Clydes herausbekam, selbst an, sich mit Frauen zu treffen. Es war kurz nach dem Tod seiner Mutter, die nach einer lang dauernden Krebserkrankung 1938 starb.

Annie war immer da gewesen, sie hielt Hof, wenn FBI-Kollegen zu Besuch kamen. Sie sorgte sich jedes Mal, wenn Edgar dienstlich ein Flugzeug besteigen mußte: »Ich bin stolz und glücklich, daß du mein Sohn bist«, kabelte sie vom Krankenbett aus, als Edgar vom Nationalinstitut der Sozialwissenschaften wegen »hervorragender Dienste für die Menschlichkeit« geehrt wurde. Bald danach – Edgar war an ihrer Seite – starb sie im gleichen Schlafzimmer, in dem sie Edgar zur Welt gebracht hatte.

Die Gedanken an Annie ließen Edgar sein ganzes Leben lang nicht los. Sogar Fremde überraschte er mit seinen Ausbrüchen von Schuldgefühlen, weil er nicht genug Zeit mit ihr verbracht habe, als sie noch lebte.

Einige Wochen nach Annies Tod sah man Edgar öfters mit einer älteren Frau zusammen. Seine neue »bevorzugte Person«, wie Walter Winchell es ausdrückte, war Lela Rogers, die Mutter von Ginger Rogers, eine hervorragend schön gewachsene Frau. Sie war 47 Jahre, vier Jahre älter als Edgar und hatte zwei Ehen hinter sich. Sie hatte Durchsetzungsvermögen und war, für jene Zeit ganz ungewöhnlich, eine der ersten weiblichen Rekruten im US-Marinekorps, wo sie das Korps-Magazin *Leatherneck* herausgab. Politisch gehörte sie zur äußersten Rechten und erklärte eines Tages vor einem Kongreßausschuß, daß sie die Zeile »Teile und teile gerecht – das ist Demokratie« in einem Filmskript für gefährliche kommunistische Propaganda halte. Sie wurde eines der Gründungsmitglieder der Bewegung der Film-Allianz für die Bewahrung amerikanischer Ideale.

Bald gab es Gerüchte, daß Mrs. Rogers und Edgar zu heiraten beabsichtigten. Um das Stück, das sie geschrieben hatte, zu fördern, empfing sie vor einem silbergerahmten Foto Edgars stehend die Pressevertreter in New York und erwähnte, daß Edgar sie um drei Uhr nachts angerufen habe, zu dieser ungewöhnlichen Zeit deswegen, weil er sich mal wieder auf der Jagd nach einem Mörder befunden habe. »Werden Sie heiraten oder sind Sie nur an Detektivarbeit interessiert?« fragte ein Reporter. »Das«, erwiderte sie strahlend, »ist seine Sache.«
Mrs. Rogers überschüttete Edgar mit Geschenken – einen Ring mit Monogramm, eine goldene Zigarettendose. »Ich glaube, Lela war mehr an Edgar interessiert als umgekehrt«, sagte ihre Freundin Anita Colby. Ginger Rogers war der Ansicht, es wäre nur eine »enge Freundschaft und keine Affäre gewesen. Ich weiß nur, Mutter und Edgar Hoover waren Einzelgänger und im Grunde genommen einsam.«
Dennoch erzählte Edgar nahestehenden Freunden, »daß die Affäre ernst sei!« »Er war wirklich hingerissen von ihr«, erinnert sich Effie Cain, ein wohlhabender Texaner, der Edgar in den vierziger Jahren kennenlernte. Und Edgar äußerte das gleiche Leo McLairen, dem schwarzen Agenten gegenüber, der ihn gelegentlich chauffierte und dem er als einzigen Schwarzen vertraute. McLairen erinnert sich genau: »Mr. Hoover erzählte mir einmal, er sei in Ginger Rogers Mutter verliebt. Auch, daß sie glaubte, sie würden heiraten, aber etwas kam dazwischen...«
»Keine Frage«, meinte Richard Auerbach, ein hoher Beamter, »es war seinerseits eine Werbung. Ich war für die Arrangements zuständig, wenn sie sich mit ihm in Florida traf. Sie waren sehr vorsichtig und die Ehe blieb für einige Jahre eine offene Möglichkeit. Es dauerte bis 1955. Als ich ihr die Nachricht brachte, der Präsident wünschte ihn am nächsten Morgen in Washington zu sehen, da sagte seine Angebetete zornig: ›So geht das ja nicht. Dann gehe ich eben zurück nach Los Angeles...‹ Sie drehte sich herum und verließ tränenüberströmt den Raum. Ich brachte sie zum Flughafen. Ich glaube nicht, daß sie sich jemals wiedergesehen haben.«
Von da an hielt Edgar vorsichtige Distanz. »Es kamen zwar Mrs. Rogers Briefe«, sagte Cartha DeLoach, »doch er schickte sie mir unbeantwortet. Ich hatte einen Agenten in der Korrespondenzabteilung, der die Briefe beantwortete und er unterzeichnete sie dann.«
Es gab in den dreißiger und frühen vierziger Jahren noch zwei andere Frauen in Edgars Leben. Die erste war die Oscar-Gewinnerin Frances Marion, die Autorin der Filme *Rebecca of Synnbrook Farm* und *The Scarlet Letter*. Sie war sieben Jahre älter als Edgar und hatte bereits mehrere Ehen hinter sich. »Frances erzählte mir, daß Hoover ziemlich hinter ihr her gewesen sei«, erinnert sich ihre Schwiegertochter, »aber sie hätte ihn ihrer Söhne wegen nicht geheiratet.«

Die dritte und vielleicht wichtigste Verbindung war die mit der Schauspielerin Dorothy Lamour, der Heldin von Filmen wie *Road to Singapore* und *Road to Hong Kong* mit Bob Hope und Bing Crosby. Sie hatte Edgar schon früh im Jahre 1931 kennengelernt, als sie eine 20jährige frühere Schönheitskönigin war und als Sängerin im ›Stork Club‹ arbeitete. Sie freundeten sich aber erst nach Mrs. Lamours Scheidung von ihrem ersten Mann an und nach dem Tod von Edgars Mutter.
In ihrer Autobiographie schrieb Mrs. Lamour nur, daß Edgar »ein lebenslanger Freund« gewesen war. In den siebziger Jahren, im privaten Kreis, sprach sie von tieferen Gefühlen. »Sie bekam leuchtende Augen, wenn sein Name erwähnt wurde«, sagten kalifornische Bekannte. »Aber sie erzählte uns auch, daß sie wüßte, daß eine Ehe zwischen ihnen niemals gutgehen würde. Sie wären beide zu sehr mit ihrer Karriere beschäftigt. Dennoch schienen sie unglücklich verliebt, es war eine richtig traurige Geschichte.«
Nach 1942, als Mrs. Lamour ihren zweiten Ehemann, den Geschäftsmann Bill Howard, geheiratet hatte, wurde Edgar regelmäßiger Besucher in ihrem Haus. »Es wurde sonst keiner eingeladen«, sagte Howard. »So genoß er die völlig private Atmosphäre, in der er sich entspannen konnte... Wir hatten Barbecue und saßen im Garten. Ich habe mit Edgar nie gescherzt, ich hatte Angst vor ihm...«
Lamour und Howard lebten jahrelang in der Nähe von Baltimore, eine kurze Autofahrt von Washington entfernt. Gelegentlich wurde der Star gesehen, wie sie mit Edgar in ›Harveys‹-Restaurant speiste. Er wurde auch öfters an ihrer Seite gesehen, bei Filmaufführung oder wenn sie Interviews gab. Von längeren Reisen holten FBI-Agenten sie ab.
»Als unsere Söhne auf die Welt kamen, schickte Edgar einen FBI-Agenten und ließ ihre Zehenabdrücke auf kleine goldene Münzen prägen, und auf der Rückseite stand der Name des Kindes«, sagte der Ehemann der Schauspielerin. »Er schrieb mir einen ganzen Stapel von Briefen mit ›Onkel‹ unterzeichnet«, erinnert sich John, der ältere von Howards beiden Söhnen. »Mein Bruder pflegte mich immer aufzuziehen, ich sei in einem FBI-Reagenzglas zur Welt gekommen.«
Als die Schauspielerin einmal Geld für einen Film brauchte, half ihr Edgar, die Verbindung zu einem texanischen Millionär aufzunehmen, an den man sonst nur schlecht herankam. »Clyde Tolson rief den zuständigen Agenten in Dallas an«, erinnert sich der FBI-Agent Joseph Schott in Fort Worth. »Er erhielt die geheime Telefonnummer, Mrs. Lamour bekam Kontakt zu dem Millionär und erhielt das Geld. Aber der Film geriet zum Flop und der Geldgeber wurde wütend. Er rief Edgar an und fragte, wie die Schauspielerin überhaupt an seine Nummer herangekommen wäre. Es endete damit, daß der zuständige Agent den Schwarzen Peter bekam und versetzt wurde...«
Nach Edgars Tod, während einer Befragung wegen FBI-Korruption,

entdeckten die Ermittler, wieviel Steuergelder Edgar ausgegeben hatte, um Mrs. Lamour auszuführen und zu beschenken. »Zeugen erzählten uns von einer Zeit, in der er für Dorothy Lamour eine Party gegeben hatte«, sagte der Ermittler Joseph Griffin. »Sie sang die Mondlieder und Hoover wollte ihr an jenem Abend einen eigenen Mond schenken. So installierte die FBI-Ausstellungssektion einen elektrischen Globus aus Milchglas an einem Baum in seinem Garten. Dann zogen sie ihn hoch, damit er wie ein Mond zwischen den Zweigen wirkte.«

Edgar selbst machte bei einem Besuch von Arthur und Mara Forbes in seinem Haus, den Managern des Urlaubsortes, wo er jeden Sommer verbrachte, Andeutungen über seine Gefühle für Mrs. Lamour. »In seiner Bude«, erinnert sich Mara, »hingen überall ihre signierten Bilder an der Wand. Er grinste darüber und machte kein Geheimnis daraus. Es wirkte auf mich, als wäre das die Liebe seines Lebens gewesen, etwas wirklich Ernstes.«

Edgars sexuelle Quälerei hatte, über sein persönliches Leben hinaus, ihre Wirkung. Wie viele andere wichtige Personen in der Öffentlichkeit, die insgeheim ein homosexuelles Leben führten, verhielt Edgar sich oftmals anderen Homosexuellen gegenüber wahrhaftig abgefeimt.[1] Einmal wuchs sich das, wie von anderer Seite berichtet, zur Karrierevernichtung eines führenden Staatsmannes aus.

Im Herbst 1943 gab Roosevelt den Rücktritt des Unterstaatssekretärs Sumner Welles bekannt. Welles war 47 Jahre alt, ein brillanter Diplomat und einer von Roosevelts persönlichen Freunden. Der Präsident gab bekannt, daß der Rücktritt erfolgt sei, weil Welles' Frau krank sei, aber der wirkliche Grund war die Aufdeckung eines homosexuellen Skandals, in welchem Edgar eine Schlüsselrolle spielte.

Welles hatte drei Jahre vorher während einer Nachtfahrt im Zug zusammen mit Kollegen aus dem Kabinett angeblich schwarzes Schlafwagenpersonal mit Geld bestochen, damit sie in seinem Schlafwagenabteil mit ihm Sexspiele mitmachten. Nachdem die Gerüchte nicht verstummen wollten und er viele Monate vergeblich versucht hatte, Welles zu halten, beschloß Roosevelt schließlich, daß er seinen Hut nehmen müsse.

Edgars Akte über diesen Fall besagt zwar, daß er lediglich auf Wunsch des Präsidenten sich des Falls angenommen hätte, und dabei nicht mehr getan hätte, als das, was unbedingt notwendig gewesen wäre. Aber im Fall Welles gibt es Berichte, die etwas ganz anderes aussagen. Die nicht veröffentlichten Tagebücher über Interna von Roosevelts Sekretär Harold Ickes zeigen dagegen, daß Edgar den Diplomaten ohne Anlaß mit Schmutz bewarf – zu einer Zeit, als der Präsident noch versuchte, den Skandal in den Griff zu bekommen. Im Juni 1941, notierte Ickes, habe Edgar gesagt, daß er »absolute Beweise habe, daß Welles

homosexuell sei... und er bat mich nicht etwa, diese Information vertraulich zu behandeln... Zu meiner Überraschung fand ich, daß Hoover sehr mitteilungsfreudig war.«
Charles Higham, Autor und früherer Korrespondent der *New York Times*, kam vor kurzem an neue Informationen über die Rolle, die Edgar in diesem Spiel gespielt hatte. Ein früherer, jetzt pensionierter FBI-Beamter bestätigt, daß Edgar mit einem von Welles' eingeschworenen Feinden, William Bullitt, gemeinsame Sache machte, um ihn zu Fall zu bringen. Der Vorfall im Pullman-Zug, behauptete der Beamte, sei eine abgekartete FBI-Inszenierung gewesen: Einige der Pullman-Bediensteten, die in Welles' Schlafwagenabteil gingen, seien dafür bezahlt worden.
Die Historikerin Dr. Beatrice Berle, die Witwe von Adolf Berle, damals Ministerialrat im Außenministerium und eine Cousine von Welles, wies vor kurzem darauf hin, daß ihr Mann ebenfalls angenommen habe, daß dieser Skandal eine »Manipulation« gewesen sei. Edgars Bosheit wurde genährt durch sein Mißtrauen gegenüber Welles' liberalen Tendenzen und durch den Klatsch, daß Welles speziell an homosexuellen Beziehungen zu jungen Schwarzen interessiert sei.
Auch bei verschiedenen späteren Gelegenheiten versuchte Edgar, andere Persönlichkeiten, die in der Öffentlichkeit standen – zum Beispiel Adlai Stevenson, Martin Luther King und drei Mitarbeiter von Präsident Nixon – als Homosexuelle zu verdächtigen. Es gibt keinen Hinweis darauf, daß diese Vermutung der Wahrheit entsprach.
Der Fall Welles ereignete sich zur gleichen Zeit, in der Gerüchte über Edgars eigene Homosexualität in Regierungskreisen kursierten, schrieb der Sekretär Ickes in sein Tagebuch, und der Justizminister Francis Biddle machte sich einen Spaß daraus, Witze darüber von sich zu geben. »Glauben Sie, daß Hoover homosexuell ist?« sagte er laut genug zum stellvertretenden Justizminister James Rowe, während sie an Edgars Büro vorbeigingen. Als sich Rowe vor Verlegenheit wand, meinte Biddle, immer noch laut genug, »Oh, ich meine ja nur eine latente Homosexualität...«
Das Geflüster über ihn machte Edgar wütend aber auch ängstlich. Er rächte sich, wann immer es möglich war. Alle Agenten rings im Land erhielten diesbezügliche Befehle. »Wir hatten Anweisung«, erinnert sich ein früherer FBI-Angehöriger, Joe Wickman, »die besagte, daß wir solche Vermutungen strikt zurückzuweisen hätten, wenn sie an uns herangetragen würden und Hinweise darauf zu sammeln, woher sie kämen. In jedem Fall war ein Bericht zu machen, er wollte wissen, wer was sagte.«
Gewöhnliche Bürger, die einmal eine Bemerkung über Edgars Sexualität fallen ließen, entdeckten, daß ihre Bemerkungen zum FBI zurückkamen und sie sich plötzlich Agenten gegenüber sahen, die sie streng

befragten. Die Berichte an Edgar versicherten ihm immer wieder, daß die Personen ihre Behauptungen zurückgenommen hätten, offensichtlich aus Furcht. »Die Agenten traten ziemlich forsch auf«, notierte ein Mitarbeiter, »viel forscher, als das in den Memoranden zum Ausdruck kommt.«

Um sich selbst aus der Schußlinie zu bringen, machte Edgar immer wieder einmal eine öffentliche Bemerkung über seine Jagd auf »Leute im Regierungsdienst mit abweichenden Sexpraktiken«. Er ordnete an, Gruppen, die für homosexuelle Rechte eintraten, im ganzen Land zu ermitteln, Namen von Mitgliedern zu notieren sowie Reden und Ansprachen aufzuzeichnen und Demonstrationen zu fotografieren. Diese Überwachung dauerte 23 Jahre, lange nachdem das FBI zu dem Schluß gekommen war, daß diese Aktivisten in keiner Weise »aufrührerisch« waren.

Edgar geriet in helle Wut, wenn die führende Gruppe, die Mattachine Society, ihn, wie andere Leiter von Bundesbehörden, an die Spitze ihrer Adressenkartei setzten. Einige Jahre später dachte sich Edgar eine Versicherung gegenüber dem Haushaltsausschuß aus, »daß kein Mitglied der Mattachine Society oder jemand, der sexuell abnorm sei, vom FBI eingestellt würde«.

Beide, Edgar und Clyde, blieben ihr Leben lang Machos. Sie zeigten, daß sie anstößige Witze mochten und forderten ältere Kollegen auf, zweifelhafte Gags – stets gegen Frauen gerichtet – in Reden einzuflechten. Edgar schenkte einmal Präsident Trumans Justizminister Howard McGrath einen durchsichtigen Kugelschreiber mit einem ›Striptease‹ im Innern sowie der Inschrift »J. E. H.« und Clyde wurde beobachtet, wie er am Neujahrsabend im Restaurant ›Gatti‹ in Miami Beach dem 60jährigen Edgar mit einer ›Jane-Mansfield-Puppe‹, zu seinem Geburtstag gratulierte.

Edgar pflegte in der Öffentlichkeit über die Pornographie zu schimpfen und unentwegt strenge Maßnahmen zu fordern, gegen diese »Schmutzhausierer«, gegen diese »Parasiten der gefährlichsten Art«. Noch 1960 wurde ein Agent in Gegenwart seiner Kollegen beschimpft, weil er eine Ausgabe des *Playboy* bei sich führte, und einer der Beamten meinte, »der Direktor betrachte diejenigen, die so etwas lesen, als degenerierte Leute.«

Edgar selbst genoß nicht nur den *Playboy*, sondern sah sich im Blauen Zimmer pornographische Filme an. Ein früherer leitender Agent, Neil Welch, weiß noch, wie ein Ermittler aus Washington losrennen mußte, um eine neue Kollektion obszönen Materials zu holen, das bei Aktionen des Amtes einbehalten worden war. Edgar wurde wütend, als Agenten es versäumten, ihm beschlagnahmte Filme mitzubringen, auf denen die schwarze Aktivistin Angela Davis beim Geschlechtsverkehr mit ihrem Liebhaber zu sehen war.

William Sullivan, ein hochrangiger Mitarbeiter Edgars, bekennt, daß er einen Hauptschlüssel besessen habe und einmal der Versuchung nicht habe widerstehen können, Edgars Schreibtisch nach der Dienstzeit zu durchstöbern. Er fand Schundliteratur der schmutzigsten Art... obszöne Abbildungen nackter Frauen und Schmutzmagazine, die alle Arten von abnormer sexuellen Aktivitäten zeigten.
Was Edgars sexuelle Verhaltensmuster anbelangt, so sind zwei führende medizinische Spezialisten zu dem gleichen Schluß gekommen. Dr. John Money, Professor für klinische Psychologie der medizinischen Fakultät der John Hopkins-Universität, befand, daß Edgar »bisexuell mit deutlich vorrangiger homosexueller Orientierung« gewesen sei, und Dr. Harold Lief, emeritierter Professor der Psychiatrie an der Universität von Pennsylvania und früherer Präsident der amerikanischen Akademie für Psychoanalyse, meint dazu, Edgar sei ein »Bisexueller mit verkümmerter Heterosexualität, wegen einer, wie ich es beurteile, scharfen Trennung zwischen sexueller Begierde und Liebe gewesen, die sich durch seine ganze Lebensgeschichte zieht«.

Der drückende Konflikt seiner sexuellen Konfusion im Privatleben, während er in der Öffentlichkeit als amerikanischer Held und maskuliner J. Edgar Hoover posierte, trieb Edgar gelegentlich dazu, medizinische Hilfe in Anspruch zu nehmen. Wahrscheinlich im Spätjahr 1946 kam Edgar unter dem Druck des zunehmenden Gerüchtes seiner Homosexualität mit seinen Sorgen zu einem Psychiater.
Fast lebenslang war Edgar Patient von Clark, King und Carter, einer Diagnoseklinik in Washington, die viele prominente Patienten behandelte. Dr. William Clark, der die Praxis gegründet hatte, kümmerte sich gewöhnlich selbst um Edgar. Verblüfft durch eine merkwürdige Krankheit seines Patienten, empfahl er Edgar an einen Kollegen weiter, den Psychiater Dr. Marshall de G. Ruffin.
Dr. Ruffin, aus Harvard und Cornell hervorgegangen, hatte während des Krieges Psychologie an der Fakultät für Luftfahrtmedizin gelehrt. Später wurde er Bevollmächtigter am Landgericht im Distrikt Columbia als Sachverständiger für Psychiatrie. Er nahm Edgar als Patienten an, sagte seine Witwe Monteen, »weil Dr. Clark nicht recht erkannte, was ihm fehlte. Irgendwie war er unsicher, so wollte er, daß ihn mein Mann als Spezialist für Psychiatrie untersuchte. Die Auffassung der drei überweisenden Ärzte war – daß Hoover eine psychiatrische Untersuchung nötig hatte.«
»Er war definitiv belastet durch die Homosexualität«, sagte Mrs. Ruffin 1990, »und die Notizen meines Mannes würden das beweisen... Vielleicht errege ich einen Sturm im Wasserglas, wenn ich das sage, aber jeder hier erkannte, daß er homosexuell war, nicht nur die Ärzte.« Nach mehreren Besuchen, sagt Mrs. Ruffin, »hatte ich das Gefühl,

daß Hoover eine Art Verfolgungswahn entwickelte bei dem Gedanken, daß jemand seine Homosexualität erkennen könnte, und er bekam auch Angst vor der psychiatrischen Behandlung.« Nach einer Weile gab Edgar die Besuche beim Psychiater auf, aber es wird berichtet, daß er Dr. Ruffin Ende 1971, kurz vor seinem Tode, nochmals besuchte.
Dr. Ruffins Anmerkungen über Edgars Krankheit sind nicht mehr verfügbar. Er verbrannte sie im Kamin seiner Wohnung zusammen mit anderen Krankengeschichten, kurz vor seinem eigenen Tod im Jahr 1984.

1945 hatte Edgars gesellschaftliches Leben schon lange den Standard der dreißiger Jahre verloren. Edgar entzog sein Privatleben völlig den Augen der Öffentlichkeit und ging praktisch in den Untergrund. William Stutz, damals ein junger Lehrling in Schaffers' Blumenladen in Washington, läßt uns einen Blick darauf tun, wie er mit ihm zurechtkam.
»Das erste jeden Morgen war«, sagte er, »daß eine Lincoln-Limousine vorfuhr. Der Chauffeur, meistens ein Schwarzer, kam in den Laden und kaufte eine rosa Nelke, eine spezielle Blumensorte namens Dubonnet, die wir per Luftfracht bezogen. Normalerweise trug er sie raus in den Wagen und fuhr weg. Doch eines Tages gab er mir mit einer Handbewegung zu verstehen, mit hinauszukommen zur Limousine. Die Scheibe wurde heruntergerollt und der Mann, der auf dem Rücksitz saß, fragte mich, ob ich ein privates Telefon habe. Wenn ich eines hätte, würde er es gerne benutzen, um Bestellungen aufzugeben. Nun ja, es war Mr. Hoover und mein Boß richtete eine Nebenstelle für mich ein, damit er mir telefonisch seine Anordnungen durchgeben konnte...
Meist galt der Anruf einer separaten Bestellung, immer einer Blume für einen Freund. Seine Lieblingsblume war eine Orchidee – Frauenschuh – innen braun gesprenkelt, diese Art von Blumen, die man an Männer verschenken kann, ohne weibisch zu wirken. Die Blume befand sich in einer Glasphiole, und diese wiederum steckte in einem kleinen schmiedeeisernen Ständer. So'n Ding kostete pro Stück 25 Dollar.«
Stutz erinnert sich, daß Edgars Blumenrechnung monatlich ungefähr 250 Dollar ausmachte. Manchmal schickte Edgar Stutz mit mysteriösen Aufträgen los. »Es wurde mir ein Schlüssel in einem Briefumschlag übergeben, ich mußte die übliche Orchidee nehmen, ausliefern und die Schlüssel zurückgeben, wenn die Limousine am nächsten Morgen vorfuhr. Es war alles äußerst diskret, wissen Sie. So nach dem Motto: ›Nicht weitersagen‹, ohne daß dies jemals geäußert wurde. Ich mußte zu einer Wohnung gehen, aufschließen, die Orchidee irgendwo-

...elen Gandy, seine langjährige ...le Sekretärin

...it Dorothy Lamour

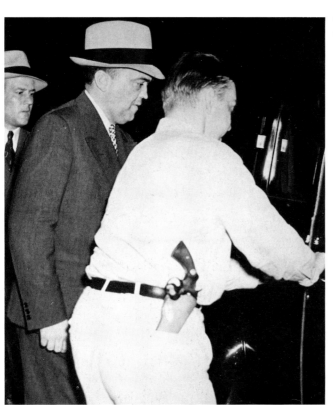

9 Ankunft am Flughafen in Miami

10 Mit Tolson (links) in Manhattans Stork Club

hin setzen und wieder gehen. Einmal bekam ich einen Schlüssel für ein Appartement im ›Wardman Park‹-Hotel. Dort gab ich einen versiegelten Umschlag mit Blumen ab. Ich wußte nicht, ob es für eine Dame oder für einen Herrn war. Ich habe niemals irgendwelche Fragen gestellt...«

9. KAPITEL

Das FBI ist wirklich eine großartige Organisation. Die Liste dessen, was es unter Edgar Hoover alles erreicht hat, ist beeindruckend. Aber die wirkliche Schwierigkeit besteht in der endlosen Bemühung, den Heiligenschein immer schön blank zu halten. Jeder Engel wird Ihnen bestätigen, daß dies verdammt anstrengend ist.

James Lawrence Fly
Früherer Vorsitzender des Bundesfernmeldewesens, 1956

Sein 20jähriges Jubiläum im Justizministerium feierte Edgar im Sommer 1937. Er bekam die FBI-Dienstmarke Nr. 1 in Gold, eine gravierte Armbanduhr und einen Ehren-Cowboyhut von Tom Mix. Fotos zeigten ihn und Clyde, sehr gepflegt in cremefarbenen Sommeranzügen, buchstäblich bis zum Bauch in einem Blumenmeer stehend.

Edgar konnte zufrieden sein. Er hatte nicht nur unter Roosevelt überlebt, sondern er stand auf dem Höhepunkt seiner Karriere, und er konnte zum erstenmal politisch Macht auskosten. Nachdem sich Roosevelt das Public Relations-Potential Edgars als des Meisters der Verbrechensbekämpfung zunutze gemacht hatte, unterzeichnete er spezielle neue Gesetzesanträge zur Verbrechensbekämpfung, kam persönlich zur Einweihung des neuen kolonnadengeschmückten Justizministeriums an der Pennsylvania Avenue. »Diese moderne Masse von Steinen und Aluminium«, schrieb die Presse, »dieser 13 Milliarden-Dollar-Traum von einem verbrechensfreien Amerika stellt Scotland Yard und die Sureté, alle ähnlichen Einrichtungen weit in den Schatten. Es ist Amerikas oberste Kommandostelle im Kampf gegen das Verbrechen.«

Keine Frage, Edgars FBI war in der Tat einen großen Schritt vorangekommen. Die Fingerabdruckoperationen, die Technologie der Verbrechensaufdeckung, das disziplinierte Korps hochangesehener Agenten, das waren ohne Frage höchst nutzbringende Faktoren für die Allgemeinheit. Der dafür verantwortliche Mann wurde jedoch wider alle Vernunft glorifiziert. Wo nur Lob angebracht gewesen wäre, wurde Edgar zum Idol hochgespielt.

Einige wenige kritische Stimmen waren zu vernehmen. Der Senator von Tennessee, Kenneth McKellar, beschuldigte Edgar vor einem Senatsausschuß, er habe öffentliche Beziehungen ausgenutzt, um sein

Image aufzubauschen. Edgar wich diesbezüglichen Fragen geschickt aus, indem er die Tatsache verheimlichte, daß er Propagandamitarbeiter hatte, die rund um die Uhr für ihn arbeiteten. Dann wurden die Fragen persönlicher. »Haben Sie jemals«, fragte McKellar, »selbst jemanden verhaftet?« Edgar war gezwungen zuzugeben, daß er praktisch keine derartigen Erfahrungen habe. Aber eigentlich war es eine wirkungslose Frage, so als hätte man einen Stabsoffizier gefragt, ob er jemals einen Feind persönlich getötet habe. Dennoch war Edgar am Boden zerstört. Wieviel hatte er getan, um alle Welt wissen zu lassen, wie mannhaft er dem Verbrechen gegenüber getreten war!
Eine zweite Attacke erfolgte innerhalb von wenigen Tagen, als der Kongreßabgeordnete Marion Zioncheck ihn als »Meister der Erfindung ... als einen Diktator« bezeichnete. In einer erstaunlich scharfen Erwiderung nannte Edgar den Abgeordneten »einen Feind der Allgemeinheit«, den man vom öffentlichen Leben ausschließen sollte.
Zwei Tage später hatte Edgar Gelegenheit, zu beweisen, daß er aus echtem Schrot und Korn sei. Als Agenten in New Orleans Alvin Karpis ausmachten, einen führenden Mann der Unterwelt in Sachen Kidnapping, charterte Edgar ein vierzehnsitziges Flugzeug – eine bemerkenswerte Aktion in jenen Tagen – und flog nach Süden. Er war anwesend, als eine 18 Mann starke Truppe von FBI-Agenten Karpis und seine Leibwache überwältigte. Das war am 1. Mai 1936.
Edgars Version von Karpis' Verhaftung war die, daß er ihn persönlich entwaffnet habe. Der Gangster allerdings behauptete 28 Jahre später bei seiner Entlassung, Edgar habe sich hinter einer Hausecke versteckt, bis Agenten ihm das Zeichen gegeben hätten, daß alles vorbei sei. Selbst Clyde Tolson prahlte später, er habe mit der Maschinenpistole »dem Gangster die Zigarette aus dem Maul geschossen«.
Wie auch immer es war, die Verhaftung polierte Edgars Image gewaltig auf. Er prangte auf der Bildseite der Nachrichten als persönlicher Leiter der Karpis-Verhaftung, als Karpis eine Woche später in Handschellen zur Verhandlung nach Minnesota geflogen wurde. Edgar hatte die Kritik des Kongresses zum Schweigen gebracht und der Nation bewiesen, was für ein harter Kerl er war.
Edgar hatte eine ganze Zeit daran arbeiten müssen, alle Propaganda, die die Gesetzesdurchführung betraf, unter seine persönliche Kontrolle zu bringen und die Public Relation in einer Art zu institutionalisieren, wie sie in jeder anderen Behörde undenkbar gewesen wäre. Nachdem er Henry Suydam, dem Publizisten, der durch Justizminister Cummings eingestellt worden war, kaltstellte, holte sich Edgar den Mann, der das öffentliche Ansehen des Amtes über mehr als drei Jahrzehnte gestalten sollte.
Das war Louis »Nick der Grieche« Nichols, ein College-Fußballstar aus dem Mittelwesten, der auf dem kürzesten Weg durch einen juristi-

schen akademischen Grad der George Washington-Universität und durch die Mitgliedschaft bei den Freimaurern zum Amt fand. Nichols' Personalakte, die heute noch im Aktenschrank mit Kombinationsschloß verwahrt ist, enthüllt, daß er zweierlei war, sowohl ein arbeitswütiger als auch gewerbsmäßiger Verleumder und bestrebt, seinem Meister zu gefallen – sowohl bei der Arbeit als auch durch eine Flut teurer Geschenke.

Es war Nichols, der die Formierung der FBI-Division 8 konzipierte, und die Edgar »das Blutplasma des FBI« nannte. Die Dokumente in Nichols Aktenschränken und in den FBI-Akten, angefangen von den Biographien kleiner Ganoven und von Leuten aus der Justiz bis zu Drehbüchern und Manuskriptentwürfen spiegelten eine herkulische Anstrengung wider, um J. Edgar Hoover noch mehr zu glorifizieren.

Leitartikel in den wichtigsten Blättern großer Zeitungskonzerne waren nur dann »genehm«, wenn das Blatt, um das es sich handelte, auch von Edgar anerkannt wurde. Bevorzugt wurden von ihm die Blätter der Hearst-, Copley- und Gannett-Gruppe, der *San Francisco Examiner*, der *Washington Star* und eine Zeitlang die *Chicago Tribune*.

Andererseits hatte Edgar einen lebenslangen Haß auf die *Washington Post*. »Falls ich mich jemals in Übereinstimmung mit dieser Zeitung befinde«, sagte er zu einem Kollegen, »würde ich meine Position nochmals überprüfen.«

In den späten sechziger Jahren wurde es auf Clydes Anregung so gehandhabt – was er übrigens auch selbst steuerte –, daß weiterhin keine Hintergrundinformationen über Edgar an die *New York Times*, an *Time* oder *Newsweek* vergeben wurden.

Einzelne Reporter zu umwerben, andere zu verfolgen, wurde zur Praxis. Bevorzugte Kontakte wurden liebevoll mit wertvollen Geschenken wie Lederreisetaschen und Koffern oder Golfschlägern gepflegt. Einige der so Beschenkten nahmen dies dankend an und revanchierten sich mit der Berichterstattung, die Edgar wünschte.

»Lieber Chef«, schrieb der NBC-Journalist Raymond Henle und bedankte sich bei Edgar für die Übersendung des Buches *Masters of Deceit* (*Meister der Täuschung*), eines der vielen Bücher über den Kommunismus, »vielen Dank für die Widmung in dieser Ausgabe... Wieder einmal sind Sie vorn an der Verteidigungsfront unseres Volkes gegen die kommunistischen Ratten. ›Three-Star Extra‹ wird sofort, das heißt am 10. Mai, für diesen Band werben...«

FBI-Akten geben über Journalisten etwa folgendermaßen Auskunft: »Ein sehr zuverlässiger Kontakt« oder »guter Freund des Amtes«. Ein solcher Freund wurde in späteren Jahren Jeremiah O'Leary, der damals für den *Washington Star* arbeitete. Als er einmal eine »vernichtende Kritik« über das Buch eines Autors losließ, den Edgar als Feind betrachtete, ließ das FBI circa 1 000 Kopien der Buchbesprechung landauf und landab verteilen. O'Leary seinerseits half, wie das in seiner Akte verzeichnet ist, einmal dem FBI, als dieses versuchte, die Quellen eines anderen Journalisten herauszubekommen. Er legte sogar einmal dem FBI eine Kritik vor, wie in seiner Akte vermerkt ist, und »brachte die gewünschten Änderungen an«.

Obwohl das FBI es immer abstritt, wurde einigen Reportern der Zugang zu den verschiedenen Informationen gestattet. Karl Hess, der gelegentlich für Goldwater die Reden schrieb, die *National Review* gründete und seinerzeit ein abgesprungener Linker war, erinnert sich: »Der Unterschied zwischen einem einfachen Reporter und einem Reporter, der stramm antikommunistisch eingestellt war und regelmäßige Unterstützung von ›geheimen‹ Unterlagen des FBI bekam – war erheblich...« Solchermaßen Bevorzugte wurden mit Informationen versorgt, die auf neutrales Papier ohne Wasserzeichen getippt wurden, um die Quelle nicht preiszugeben.

»Die Art, wie sie öffentliche Angelegenheiten behandelten«, meinte der Journalist Fletcher Knebel, »kann man nur als Erpressung bezeichnen. Nichols sagte mir, ›Schauen Sie, Sie können eine Menge für Ihre Karriere tun – wenn Sie mitspielen...‹ Erst später wurde mir klar, was das bedeutete. Als ich den allmächtigen Direktor für das *Look Magazine* interviewen wollte, stimmten sie nur zu, wenn ich den Artikel geschrieben hätte, bevor ich das Interview durchführte, was natürlich ganz unglaublich und unkorrekt ist. Es tut mir leid, sagen zu müssen, daß meine Chefs irgendwann einverstanden waren und Nichols ging mein Manuskript durch wie ein Schulmeister. Was dabei herauskam, war so verwässert, aber für sie immer noch nicht zufriedenstellend. Das nächste Mal, als ich Hoover traf, sprach er nicht mit mir.« Reporter, die das FBI nicht anerkannten, seien »journalistische Prostituierte«, sagte Edgar einmal vor dem Verband früherer Agenten. Er führte eine überaus höfliche Korrespondenz mit Drew Pearson, der 37 Jahre lang für die *Washington Post* Kolumnen schrieb, während er privat gegen ihn wetterte. Edgar legte eine 4 000 Seiten umfassende Akte über Pearson an und ließ ihn, dem Bericht des Roosevelt-Vizepräsidenten Henry Wallace zufolge, während des gesamten Zweiten Weltkrieges beobachten.

Der Kolumnist ließ sich nicht einschüchtern und fuhr fort, Edgar zu kritisieren, vor allen Dingen wegen seiner Laissez-faire-, Laisser-aller-Methode dem organisierten Verbrechen gegenüber. Im Jahre 1969, als Pearson starb, schrieb Edgar in die Akte. »Dieser Lausejunge hört nicht auf mit seinem Widerkäuen.« Der Kolumnist war für ihn ein »Schakal«, das, was er schrieb, »pathologische Lügen«.

Für Edgar war der Herausgeber der *New York Post*, James Wechsler, »eine Ratte«, der illustre Walter Lippmann, ein weiterer »Coyote der Presse«, Tom Wicker von der *New York Times* wurde als »Blödmann«

hingestellt und Art Buchwald als ein »kaputter Humorist« bezeichnet. Die dicke Akte über Carey McWilliams, dem Herausgeber von *The Nation*, enthält die Ergebnisse einer 32jährigen Überprüfung, Überwachung und Schnüffelei seines Privatlebens, um zu beweisen, daß er ein Kommunist sei. Er war es nicht.

Sobald einmal Journalisten als Feinde identifiziert waren, machte Edgar vor nichts halt, um sie zu diskreditieren. Er erzählte im Weißen Haus, daß der Kolumnist Joseph Alsop ein Homosexueller sei, und Mitarbeitern der *Los Angeles Times* gegenüber äußerte er, daß der Reporter Jack Nelson ein Trunkenbold sei. Es gibt keinen Beweis, daß die eine oder andere Vermutung wahr ist.[1]

Solche Taktiken erwiesen sich als hochwirksam. In den ersten 35 Jahren von Edgars Tätigkeit als Direktor gab es nur ein einziges Publikationsorgan – *The New Yorker* –, das ohne Zwang und Gegenleistung unter dem Motto »Eine Hand wäscht die andere« berichtete, beziehungsweise Interviews durchführte.

Mit den Rundfunkjournalisten hatte Edgar weniger Schwierigkeiten, sie verarbeiteten die Abenteuer des FBI zu Unterhaltungssendungen. Das begann im Jahre 1935, als Edgar von dem unterwürfigen Reporter Rex Collier unterstützt, einen Vertrag aushandelte, der ihm die absolute Kontrolle über *G-Men* gab, eine Radioserie über aufsehenerregende FBI-Fälle. Später wurde die Propaganda bedeutend ehrgeiziger. Louis Nichols ließ das Buch *The FBI-Story* schreiben, das unter demselben Titel ein Warner Brothers-Film wurde.

Edgar hatte Jack Warner jahrelang den Hof gemacht. So begrüßten ihn Agenten an Flughäfen und bahnten ihm überall seinen Weg, wenn er um die Welt reiste. Der Schauspieler Jimmy Stewart, der in diesem Film bekannt wurde, wurde in ähnlicher Weise hofiert. Die Fernsehserie *Das FBI*, das seit dem Jahr 1965 ausgestrahlt wurde, war völlig unter FBI-Kontrolle. Edgar und Clyde lasen die Drehbücher, während ein FBI-Agent die Dreharbeiten überwachte.

Edgars massive Selbstpropaganda zahlte sich aus. Schon im Jahre 1935 machte ihm *Time* zur Titelfigur – die erste von vier derartigen Ausgaben – und erklärte, daß Edgars Name ein jedermann geläufiger Begriff geworden sei. Universitäten und Institutionen begannen, ihn mit Ehrungen zu überhäufen. Edgars Alma mater, die George Washington-Universität, verlieh ihm den Doktortitel honoris causa in der Jurisprudenz und die New Yorker Universität folgte kurz darauf.

1936 verschlangen Millionen von Amerikanern G-Man-Literatur und G-Man-Filme. Die Kinder waren wild auf G-Man-Medaillen, spielten mit G-Man-Spielzeugpistolen und schliefen in G-Man-Schlafanzügen. Einer schrieb einmal an Edgar und redete ihn als »amerikanischen Jesus« an.

Im selben Jahr ergab eine Befragung von 11000 Schulkindern, daß

Edgar der zweitpopulärste Mann der Nation war, nur noch von Robert »Glaubt es oder nicht« Ripley übertroffen. Präsident Roosevelt kam erst an zehnter Stelle. Junge Leute, so ergab die Befragung, wollten viel lieber Edgar sein als der Präsident der Vereinigten Staaten.

Es gab andererseits auch ein paar mutige Stimmen in der Presse, die Edgar vorwarfen, daß er »süchtig danach sei, immer an der Rampe zu stehen«. »Ein paar Drehbuchschreiber sollten«, meinte Lee Casey von *The Pittsburgh Press*, »eine Burleske über die G-Men schreiben. Diese Berufsagenten wurden so lange verherrlicht, daß die Gefahr besteht, daß sie schließlich noch selbst glauben, sie seien mindestens halb so gut wie die Leute von ihnen annehmen.«

Edgar, so scheint es, glaubte seiner eigenen Propaganda. Im Frühjahr 1936, als die Kandidaten der republikanischen Partei sich um die Präsidentschaft bewarben, ließ er von Agenten seine eigenen politischen Chancen erkunden. Einer von ihnen, Charles Winstead, sprach noch kurz vor seinem Tod mit William Sullivan über diesen Auftrag. Das war im Jahr 1973.

Sullivan schildert es so: »Hoover fiel es plötzlich ein, daß er doch eigentlich gegen FDR (Franklin D. Roosevelt) als Präsidentschaftskandidat antreten könne. Er fand, er sei zu einer nationalen Figur geworden. Er glaubte, daß er, da er doch die gesamte Gesetzgebung in Bund, Staat, Stadt und Land gestützt und beeinflußt habe, für die Republikaner antreten und Roosevelt und seine liberale Mannschaft verdrängen könne... Hoover schickte einige seiner vertrautesten älteren Agenten wie Charlie – die meisten von ihnen Südstaatler –, mit einem Top Secret-Auftrag auf die Reise. Sie sollten wegen irgendeines unbedeutenden Vorfalls Polizeichefs und Sheriffs kontaktieren und dann im Verlauf der Unterhaltung das Gespräch auf J. Edgar Hoover bringen. ›Er ist ein großer Mann‹, sollte Charlie sagen, ›und hat wahnsinnig viel für unsere Gesetzgebung und unser Vollstreckungswesen auf jeder Ebene überall im Land getan. Viele Leute meinten, man solle lieber Hoover zum Präsidenten wählen.‹ Und dann wartete er auf die Reaktionen.«

Die Reaktion, sagte Winstead, »sei überwältigend negativ« gewesen. Ein völlig verblüffter Edgar bemühte sich ganz schnell, seine ehrgeizige Ambition, den Griff nach dem Präsidentenamt, zu vergessen. Die Wahl selbst war eine weitere, massive Vertrauenskundgebung für Franklin D. Roosevelt.

Ein paar Monate später empfing Edgar den Schriftsteller Jack Alexander, den zukünftigen Herausgeber der *Saturday Evening Post*, im großen achteckigen Raum, der nun sein Büro-Allerheiligstes war. Alexander beobachtete Edgar hinter seinem riesigen Mahagoni-Schreibtisch, von Blumen, exotischen Kakteen und Flaggen eingerahmt und fühlte sich unwohl.

»Ein paar Schritte hinter dem Direktor«, schrieb Alexander, »standen zwei große Messingpfosten, gekrönt von zwei Messingadlern und umgeben von amerikanischen Flaggen. Die meiste Zeit verbringt der Direktor in diesem riesigen Raum... Einige Vertreter der Liberalen und der Linken haben beim Anblick der symbolischen Adler und bei der Abschätzung der enormen Distanz zwischen Tür und Schreibtisch wenig erfreuliche Erinnerungen an die Atmosphäre, in der Mussolini aufzutreten pflegte...«

10. KAPITEL

Es gibt nur einen Mann im politischen Leben, den FDR fürchtet. Er gibt zu, daß dieser Mann Hoover ist.
Ein früherer Mitarbeiter des Oberst Donovan. Chef des Generalstabes während des Zweiten Weltkriegs.

Franklin D. Roosevelt dachte nicht daran, sich darüber auszulassen, was er wirklich von Edgar hielt. Edgar seinerseits würde Jahre später behaupten, daß er und der Präsident »persönlich und offiziell sich sehr nahegestanden« hatten. Dies war eine Mischung von Wahrheit und Lüge.

Vor der Öffentlichkeit spielte Edgar den loyalen Höfling. Wie bei allen Präsidenten verhielt er sich in formellen Situationen makellos und bedachte das Weiße Haus mit respektvollen Memoranden. Er begleitete Mrs. Roosevelt auf einer Tour durch das FBI-Hauptquartier. Nach der Ergreifung Dillingers bat Edgar Roosevelt bei einem gemeinsamen Abendessen um seine Fotografie mit Unterschrift.

»Und dennoch«, sagte William Sullivan, »Hoover mochte Roosevelt nicht. Er ließ keine Gelegenheit aus, eine schneidende Bemerkung zu machen, sobald FDRs Name fiel, und er versäumte es auch nicht, in internen Memos seine Ansicht über den Präsidenten zu äußern... Als ich der Nachforschungsabteilung zugeteilt war, sah ich diese mit blauer Tinte geschriebenen Bemerkungen über Roosevelt, und einer der Mitarbeiter meinte ›Er habe einen Imperatoren-Komplex.‹«

Edgar verdächtigte Roosevelt, sich politisch ganz weit links zu befinden. »Hoover traute den Liberalen nicht«, sagte Sullivan, »und FDR hatte sich mit weiteren Liberalen umgeben. Hoover haßte Henry Wallace, Roosevelts Staatssekretär im Landwirtschaftsministerium. Er haßte Harry Hopkins, Verwalter einer der wichtigsten Programmpunkte im neuen Regierungsprogramm, und überhaupt fand Edgar die meisten Mitarbeiter im Stab des Präsidenten nicht akzeptabel. ›Roosevelts neues Regierungsprogramm‹, meinte Edgar einem seiner Freunde, dem künftigen US-Senator George Murphy gegenüber, ›ist von den Kommunisten beeinflußt.‹«

Edgars Verhalten gegenüber dem Präsidenten war äußerst milde im Vergleich zu seiner Ablehnung von Eleanor Roosevelt. Er hatte größte Bedenken gegenüber der Präsidentengattin wegen ihres Enthusiasmus für die Sache der Linken und ihre linksgerichteten Freunde. Er ließ den Präsidenten das auch wissen. Einmal als der Anführer der amerikanischen Arbeiterbewegung, Robert Watt, sich beschwerte, daß das FBI hinter ihm her sei, hatte Roosevelt nur ein resigniertes Lächeln für ihn übrig. »Das ist gar nichts«, sagte er, »gegenüber dem, was J. Edgar Hoover über meine Frau sagt.« Dennoch tolerierte der Präsident Edgar, ja er verließ sich sogar auf ihn.

Roosevelt hatte, wie ein Historiker einmal bemerkte, »einen weiteren Blickwinkel«, was die ausführenden Organe anbelangte, als seine republikanischen Vorgänger. Er sah im FBI ein Werkzeug, das für mehr benutzt werden konnte als nur für den Strafvollzug, das in den Dienst der Staatsräson gestellt werden und seinem eigenen politischen Nutzen dienen konnte. Infolgedessen überließ der Präsident Edgar bedeutende neue Machtbefugnisse, die dieser fast 40 Jahre lang mißbrauchte.

Einen Monat vor Roosevelts Amtseinführung war Adolf Hitler deutscher Reichskanzler geworden. Bald darauf gab es das erste Konzentrationslager. Als Edgar die Überwältigung von »Maschinengewehr«-Kelly feierte, trat Hitler aus dem Völkerbund aus und äußerte die Absicht, Deutschland wieder zu bewaffnen. Als Edgar die Erschießung John Dillingers feiern konnte, ermordeten die Nazis den österreichischen Bundeskanzler Engelbert Dollfuß.

Im Frühjahr 1934 befürchtete man, daß rechte politische Gruppen, die amerikanischen Nazigruppen eingeschlossen, planten, die amerikanische Regierung zu stürzen. Am 8. Mai ging Edgar ins Weiße Haus, um dieses Problem mit dem Präsidenten und mit den Mitgliedern seines Kabinetts zu diskutieren. Das Ergebnis war fürs erste, daß Edgar die Führung des politischen Geheimdienstes übertragen wurde.

Er begann mit der Ausforschung der amerikanischen Nazis, aber bald hatte er andere politische Richtungen im Visier. Im Herbst des gleichen Jahres beauftragte Roosevelt Edgar mit der Überwachung der streikenden Fabrikarbeiter auf Rhode Island. Als an Weihnachten die American Civil Liberties Union, eine der großen Gewerkschaften, den Präsidenten um ein Treffen bat, bat das Weiße Haus das FBI um entsprechende Informationen. Die genannte Gewerkschaft war eine von Edgars Lieblingsfeinden, und auf seinen Rat hin beschied der Präsident die Bitte der Gewerkschaft abschlägig. Roosevelt und seine Berater gewöhnten sich bald darauf an, in allen Angelegenheiten, die wenig oder nichts mit den Gesetzen zu tun hatten, vorher das FBI zu konsultieren. Edgar war eifrig zur Stelle, er war, wie ein Historiker es ausdrückte, »des Präsidenten Kammerdiener in Sachen Abwehr«.

Stalin hatte seinen Weg zur Macht in Moskau mit Morden gepflastert. Die Nazis marschierten ins Rheinland, und in Spanien brach der Bürgerkrieg aus. Roosevelt erhielt beunruhigende Hinweise, daß rechte Gruppen im eigenen Land wiederum planten, ihn zu stürzen, und außerdem wurden ihm Andeutungen über ausländische Spionage zugespielt. Am Morgen des 24. August 1936 bestellte er Edgar zu einer privaten Unterredung ins Weiße Haus, die weitreichende Konsequenzen haben sollte.

»Ich habe Sie herüber gerufen«, zitierte Edgar den Präsidenten, »weil ich möchte, daß Sie etwas für mich tun, und es muß vertraulich bleiben.« Edgars Bericht zufolge wünschte der Präsident zu wissen, wie er einen zuverlässigen Abwehrdienst gegen kommunistische und faschistische Aktivitäten in den Vereinigten Staaten einrichten könne. Edgar sagte, daß dies völlig legal vom FBI übernommen werden könnte, obwohl das nicht in den Rahmen gesetzlich durchzuführender Maßnahmen paßte, wenn dieser Auftrag nicht vom Außenministerium erteilt würde. Am nächsten Tag erzählte der Präsident dem Sekretär des Außenministeriums, Cordell Hull, in Edgars Gegenwart, daß die Vereinigten Staaten durch sowjetische und faschistische Spionage von außen bedroht werde. »Na, dann mal los«, soll Hull gesagt haben, »überprüfen Sie die Schweine!«

Der Präsident wollte nur schriftliche Anfragen vom Außenministerium an das FBI zulassen und »ein eigenes handgeschriebenes Memorandum im Safe des Weißen Hauses aufbewahren, in dem festgehalten werden sollte, daß er den Staatssekretär eingehend instruiert habe, die notwendigen Informationen anzufordern...«

Ein solches Memorandum von Roosevelt wurde nicht gefunden, so ist es also nicht möglich zu erfahren, was der Präsident wirklich beabsichtigte und in welchem Umfang seine Order weitergegeben wurde. Da ist jedoch die Tatsache, daß diese Anordnung streng geheim von ihm ausgegeben wurde, ohne den Segen des Kongresses, und daß der Justizminister als Edgars offizieller Vorgesetzter erst danach davon in Kenntnis gesetzt wurde.

Hatte die Propaganda Edgar bereits schon zum mythologischen Hüter der Nation gemacht, zu dem Mann, der dem amerikanischen Durchschnittsbürger das Gefühl der Sicherheit gab, übte er jetzt durch die Ermächtigung des Präsidenten reine politische Macht aus.

Unmittelbar nach diesen Treffen des Jahres 1936 mit Roosevelt und bevor er das Vorgehen auch nur mit dem Justizminister Cummings besprochen hatte, startete Edgar eine massive Überprüfungsaktion gegen Gewerkschafter und Radikale. Eine Liste des FBI mit entsprechenden Zielpersonen wird heute noch in den Akten aufbewahrt, sie schließt die Stahl- und Kohleindustrie ebenso ein wie die Bekleidungsindustrie, Bildungsinstitutionen und organisierte Arbeiterverbände. Obwohl es Edgar damals leugnete, begann das Amt ebenfalls Informanten zu suchen und Dossiers über politische »subversive Elemente« anzufertigen.

Im Frühjahr 1938, als 18 angebliche Nazi-Spione ins Gefängnis wanderten, entsprach der Präsident dem öffentlichen Druck und machte für den Sicherheitsdienst mehr Geld locker. Edgar betonte, daß diese Summe auch für den inländischen Abwehrdienst genutzt werden könnte und es deshalb keiner besonderen Gesetzgebung bedürfe. Solche Überwachung von Amerikanern im eigenen Land müsse unter äußerster Geheimhaltung erfolgen, schrieb Edgar dem Präsidenten, damit man Kritik und Einwendungen vermeide, die entweder von falsch informierten Personen oder von irgendwelchen Individuen mit Hintergedanken kommen könnten. Im Herbst des gleichen Jahres, bei einem Treffen an Bord des Präsidenten-Sonderzuges im New Yorker Pennsylvania-Bahnhof, gab Roosevelt Edgar die Genehmigung, mit seiner Arbeit anzufangen.

Nun begann das FBI neue Agenten in großer Anzahl einzustellen. Waren es bis 1937 noch weniger als 1 000, so waren es am Ende des Krieges 4 000. Die meisten der Neueingestellten waren dazu vorgesehen, die nationale Sicherheit in Kriegszeiten zu gewährleisten. Gleichzeitig jedoch wurden vom FBI riesige Mengen von Informationen über ganz normale Bürger mit liberaler Überzeugung und von sonstigen harmlosen Gruppen gesammelt wie beispielsweise von der Liga für Fair Play (welche die Redner für Rotary und Kiwanis Clubs stellte) oder von Wählern der Unabhängigen von Illinois bis zu einem Kinderhilfswerk in der Bronx. Es gab eine gründliche Überprüfung des NAACP, die eine ebenso gründliche Befragung vieler Informanten erforderte. Edgar sorgte dafür, daß alle eingeholten Informationen einschließlich aller Fußnoten über völlig integre Bürger sorgsam in Akten archiviert wurden, um für den eventuellen zukünftigen Bedarf zur Verfügung zu stehen.

Die FBI-Akte über die Ford Motor Company läßt erkennen, daß Edgar im Januar 1939 Henry Fords wichtigsten Mitarbeiter Harry Bennett, traf. Bennett war ein rücksichtsloser Gegner der Gewerkschaften, und ein Befürworter einer Zusammenarbeit zwischen Ford und den Führern des organisierten Verbrechens. Er hatte persönlichen Kontakt zu Detroits Gangsterboß Chester LaMare, zu Männern wie Joe Tocco und Leo Cellura, er arrangierte es, daß Ford Gangstern wie Joe Adonis und Tony D'Anna Privilegien zugestand.

Bennett benutzte seine Unterweltkontakte, um Fords Gewerkschaftsprobleme zu bewältigen. Er bediente sich Schlägergruppen, die den Anführer der Gewerkschaft der Automobilarbeiter, Walter Reuther, (den auch Edgar ständig mit Haß verfolgte), überfielen und verprügelten, als er, zusammen mit anderen, in der Nähe der Fabrik versuchte, Propagandamaterial zu verteilen. Bennett baute mit der Zeit eine Privatarmee auf, die, mit Pistolen, Gummiknüppeln und langen Schläuchen aus Autoreifen bewaffnet, die Versammlungen der Gewerkschafter sprengten und Aktivisten der Arbeiterbewegung attackierten. Edgar kam mit Bennett sehr gut zurecht. Er schickte ihm

Fotos von ihrem ersten Treffen mit einer Unterschrift und posierte zusammen mit ihm als einem Verbündeten. Edgars Agent John Bugas, der die Verantwortung für Detroit hatte, hatte ständigen Zugang zu Bennetts »ausführlichen Unterlagen über kommunistische Aktivitäten« und berichtete, daß Bennett ein »wertvoller Freund sei... und ohne Frage eine der besten Informationsquellen«.

Das FBI stellte später fest, daß Bennett viele der Kommunistennamen in seinen Akten wiederum von Gerald Smith, dem faschistischen Anführer am Ort, gekauft hatte. Das änderte jedoch nichts an Edgars Begeisterung für ihn!

Im Jahr 1939 wies Edgar, ohne die vorgesetzte Behörde zu verständigen, seine Leute an, Dossiers für eine Verhaftung von Verdächtigen anzulegen, ein Verzeichnis von Leuten, die in Kriegszeiten möglicherweise inhaftiert werden konnten. Diese Liste beinhaltete nicht nur Namen von Bürgern, die mit den Deutschen und ihren Verbündeten sympathisierten, sondern auch solche, die sich »als kommunistische Sympathisanten« verdächtig machten. Sie enthielt auch Leute, die nichts getan hatten, was eine Verdächtigung gerechtfertigt hätte, wie Harrison Salisbury von der *New York Times*.

Im Jahr 1942, im Begriff einen Auslandsauftrag auszuführen, hatte Salisbury Schwierigkeiten, einen Paß zu bekommen. Erst 40 Jahre später entdeckte er in seiner FBI-Akte, warum. Eine exzentrische Nachbarin hatte den Behörden erzählt, daß Salisbury »ein Angestellter der deutschen Regierung« sei. Sie glaubte, er sei ein Code-Experte für die Entschlüsselung von Funknachrichten, weil er entsprechende Aufnahmegeräte im Hause hätte. Salisburys Haus wurde heimlich durchsucht und eine Akte über ihn beim FBI angelegt. Salisburys Name wurde in die Zwangsinternierungsliste aufgenommen mit dem Vermerk: »Prodeutsch – vermutlich in deutschen Diensten«. Salisbury blieb praktisch für den Fall eines nationalen Notstandes bis 1971 zur Verhaftung und Internierung vorgesehen.

Edgar wehrte sich verzweifelt, als 1940 der Justizminister Jackson darauf bestand, daß das Justizministerium – statt das FBI – die Verantwortung für die Zwangsinternierungsliste und die ausschließliche Kontrolle übernahm. Der Direktor fand einen Weg, sich nicht an diese Vorschrift zu halten, als 1943 Justizminister Biddle feststellte, das Ministerium sei dazu da, Verbrecher zu verfolgen und habe nichts mit der Katalogisierung von Bürgern zu tun, weil diese angeblich »gefährlich« seien. Die Verhaftungslisten seien abzuschaffen. Edgar hingegen gab seinen Beamten einfach die Anweisung, die Liste fortzuführen, sie aber nun statt dessen *Sicherheitsverzeichnis* zu nennen. Das tat er wiederum heimlich, ohne zuvor seinen direkten Vorgesetzten zu informieren, wie der Senatsausschuß für Geheimdienste im Jahr 1975 entdeckte.

In der Öffentlichkeit taten die meisten Justizminister so, als seien ihre Beziehungen zu Edgar gut. Privat jedoch gab es oft unwahrscheinliche Reibungen. Frank Murphy, künftiger Richter am obersten Bundesgericht, der dieses Amt bis 1939 bekleidete, vermutete, daß Edgar Ambitionen hatte, selbst Justizminister zu werden. Er fand das Verhalten des Direktors »fast pathologisch« alarmierend. »Wenn er erst jemanden im Auge hat, dann kriegt er auch etwas heraus – über jeden«, erzählte Murphy dem stellvertretenden Justizminister Norman Littell.

In der Tat führte Edgar selbst eine Akte über Murphy, die Informationen über sein Privatleben enthielt und die existierte, bis er starb. Teile dieser Akten sind noch vorhanden.

Im Juni 1939, als sich der Krieg in Europa abzeichnete, stimmte Präsident Roosevelt zu, daß das FBI – zusammen mit dem Verteidigungs- und Marineministerium – alle geheimdienstlichen Operationen übernehmen sollte. Ende August, als Hitler den Nichtangriffspakt mit Stalin unterzeichnete und den Einmarsch in Polen vorbereitete, erklärte der Präsident in aller Öffentlichkeit, daß Edgar den Kampf gegen Spionage und Sabotage im Ausland an oberster Stelle leiten werde. Zur gleichen Zeit ermächtigte er ihn, Informationen über »aufrührerische Aktivitäten« zu sammeln. Die Anordnungen waren eher vage und so gehalten, daß sie einer vorübergehenden Notwendigkeit entsprachen. Die Wirkung war jedoch, daß sie Edgar die besten Möglichkeiten gab, die er je bekommen konnte, und er sozusagen einen Freibrief für die Führung auch des inländischen Geheimdienstes erhielt, worauf er für den Rest seiner Karriere immer wieder zurückkam.

Edgars Anwendung der neuen Befugnisse verursachte einen Sturm des Protestes. Im Januar endete die Inhaftierung zahlreicher antisemitischer Agitatoren (wegen eines Komplotts gegen die Regierung) in einem Fiasko. Es stellte sich heraus, daß die Leute ihre Anregungen und ihre Waffen von einem bezahlten FBI-Informanten bekommen hatten. Daraufhin wurden die Verfahren eingestellt.

Dann griffen zwei FBI-Agenten, einer in Detroit und einer in Milwaukee, zwölf radikale Aktivisten mit der Begründung auf, daß sie drei Jahre zuvor Freiwillige angeworben hätten, um auf der Seite der Linken im spanischen Bürgerkrieg zu kämpfen. In früherer Gesetzgebung war es für Privatbürger ein Vergehen, auf Grund und Boden der Vereinigten Staaten Verbände für kriegerische Auseinandersetzungen im Ausland aufzustellen. Die Verhaftung war schon deswegen sonderbar, weil das angebliche Vergehen sich vor langer Zeit ereignet hatte und der damalige Krieg schon lange vorbei war. Der neue Justizminister Robert Jackson ließ die Anklage schleunigst fallen – jedoch zu spät. Edgars Leute starteten vor Sonnenaufgang eine Überraschungsaktion, brachen Türen auf, durchwühlten Wohnungen, ließen die Verhafteten stundenlang ohne Kontakt zur Außenwelt, führten zweimal Leibesvisitationen durch und erlaubten ihnen die Verständigung mit ihren Anwälten nur für einige Minuten, bevor sie zur Verhandlung erscheinen mußten. Es erinnerte alles sehr stark an die Überfälle auf Kommunisten im Jahr 1920, und diesmal konnte Edgar die Verantwortung dafür nicht leugnen.

Zum erstenmal verglich die Presse das FBI mit der Geheimen Staatspolizei Nazideutschlands und auch mit dem sowjetrussischen KGB. Im Kongreß sprach der Senator George Norris von »einer amerikanischen Gestapo« und nannte Edgar den »größten Bluthund im öffentlichen Amt auf dem amerikanischen Kontinent« und fügte hinzu, »daß bald hinter jedem Baumstumpf ein Spion und in jedem Schrank ein Detektiv in unserem Land zu vermuten sei«. Wie die FBI-Akten heute enthüllen, hatte Edgar sogar in Senator Norris' eigenem Stab im Jahr 1940 seine Zuträger und Informanten.

Drei Tage nach dem Überfall in Detroit wurde Edgar zum Präsidenten befohlen. Da verschwand er, mit Clyde im Schlepptau, überraschend »in Urlaub« nach Miami Beach. Dort ließ er sich in einer Villa häuslich nieder, die zum ›Nautilus‹, einem Hotel für sehr reiche Gäste, gehörte, um sich fürs erste vor dem Hagel von Kritik in Sicherheit zu bringen.

In Washington waren Edgars Mitarbeiter fieberhaft damit beschäftigt, eine Gegenattacke zu starten. Die Agenten ermittelten gegen jedermann, der die Verhaftung der Aktivisten im spanischen Bürgerkrieg kritisiert hatte. In der Zwischenzeit versuchte Edgar, den Justizminister Jackson dazu zu bringen, ein Wort zu seiner Verteidigung zu sagen. Jackson zögerte, doch war ihm warnend anvertraut worden, daß das FBI auch gegen Regierungsbeamte ermittelte und Lauschangriffe auf ihre Telefone startete. Edgar leugnete solche Anschuldigungen und bot seinen Rücktritt an. Es endete damit, daß Jackson einen Kompromiß einging, indem er Edgar sein Vertrauen ausspracht und der Regierung das Recht zubilligte, die bürgerlichen Rechte zu schützen.

Edgar überstand die Krisis, weil er den mächtigsten Beschützer auf seiner Seite hatte – den Präsidenten. Typisch für Roosevelt, sprach dieser wieder einmal die Dinge direkt aus. »Edgar«, rief er bei einem Washingtoner Presseempfang quer durch den Raum, »was versucht man denn schon wieder, Ihnen anzutun?« »Ich weiß es nicht, Mr. Präsident«, erwiderte Edgar. Roosevelt zeigte dann in einer übertriebenen Geste mit beiden Daumen zu Boden und erklärte laut und deutlich: »Na, reagieren Sie am besten so!« Und viele der Anwesenden wußten, daß Edgars Job für voraussehbare Zeit erst einmal gesichert war.

»Hoover fuhr fort wie bisher und fügte seiner Macht sogar noch etwas hinzu«, berichtete Roosevelts Sekretär des Innenministeriums, Harold Ickes, »weil er es fertigbrachte, sich in das völlige Vertrauen des Präsidenten hineinzuschmeicheln.« Edgar erreichte das, indem er genau

wie bei den zukünftigen Präsidenten, einen Strom politischer Nachrichten in das Weiße Haus leitete.
»Er fing damit an, dem Präsidenten schönzutun«, sagte William Sullivan, »indem er ihm kleine Klatschgeschichten über hochrangige Beamte in öffentlichen Ämtern berichtete...« Francis Biddle, der Jackson als Justizminister im Amt folgte, hatte dieselben Erfahrungen gemacht. »Er nahm den Lunch mit mir alleine in einem meinem Büro benachbarten Raum ein«, erinnert sich Biddle, »und dann begann Hoover einiges von seinem ungewöhnlich breiten Wissen über intime Details auszubreiten, darüber, was Mitarbeiter im Kabinett taten und sagten und über ihre Vorlieben, Abneigungen und Verbindungen.«
Im Juni 1940, als Roosevelt Edgar schrieb, um ihn für seine »wunderbare Arbeit« zu danken, revanchierte Edgar sich mit einer Schmeichelei: Seine Mitteilung wäre »eine der erfreulichsten Botschaften gewesen, die zu erhalten, er je die Ehre gehabt habe... Ein Symbol der Prinzipien, die unsere Nation auszeichnet.«
Edgars »wunderbare Arbeit« war, wie beide Männer genau wußten, weit jenseits dessen, was im Verantwortungsbereich eines FBI-Direktors lag. Roosevelt hatte das FBI gebeten, den Berg kritischer Telegramme, die er nach einer Rundfunkansprache über nationale Verteidigung erhalten hatte, »einmal durchzuschauen«. Edgar gehorchte, indem er Namen überprüfte und neue Akten von Hunderten von Bürgern anlegte.
Politische FBI-Spionage für das Weiße Haus wurde zur Regel. Im Herbst 1940, als der Präsident Edgar bat, einen Agenten mit dem Auftrag nach Palm Beach zu schicken, um »Freunde und Feinde« der Administration zu beobachten, kam Edgar diesem Wunsch durch »vollständige Berichterstattung« nach.
Roosevelt wandte sich an Edgar mit der Bitte um Hilfe, als eine Zeitlang die *Chicago Tribune* sich seinen Verteidigungsplänen entgegenstellte. Er wünschte, daß ein Konkurrenzblatt in der Stadt gefördert würde. »FDR benutzte das FBI auf alle Arten von krummen Touren«, sagte Walter Trohan von der *Tribune*, der für das FBI zum wertvollen Kontaktmann wurde. »Die Regierung nahm das FBI in Anspruch, um die Zeitungsherausgeber einzuschüchtern.« Später sagte Hoover: »›... ich habe einen Brief bekommen, der mich anwies, mich so zu verhalten‹. Er zeigte mir die Anweisung...«
Im Laufe der Zeit überging Roosevelt oft den Justizminister und nahm direkt mit Edgar Verbindung auf. Eine ganze Reihe späterer Justizminister, die theoretisch die Autorität über den Direktor des FBI ausübten, mußten lernen, mit dieser Demütigung zu leben. Wie der Staatssekretär Ickes 1941 in seinem Tagebuch bemerkte, war Edgar »so mächtig geworden, daß er offensichtlich diktieren konnte, wer Justizminister wurde – nominell sein direkter Chef«.

Edward Ennis, ein alter Mitarbeiter von Francis Biddle, meinte, daß die Justizminister durch die Verbindung zu Edgar und dem Präsidenten von vornherein eingeschüchtert gewesen wären, aber vor allem durch die Furcht, daß er über jedermann Akten führte. Der stellvertretende Staatssekretär im Außenministerium, Adolf Berle, meinte dazu, daß Edgar »mit Hilfe der Polizei einen minimalen Kollisionskurs gegen die bürgerlichen Rechte führte, und das ist schließlich alles, was man von jedem Chef einer geheimen Polizei erwarten kann«.
Tatsache war jedoch, daß das erste Mal in der amerikanischen Geschichte ein Bundesbeamter eine solche Macht ausübte. Seine Angriffe auf die bürgerlichen Rechte, die nicht nachließen, waren ernst zu nehmen.

Im Mai 1940 gab Roosevelt die Erlaubnis zum Gebrauch des wichtigsten Werkzeugs jeder Geheimpolizei – den Telefonlauschangriff. Angesichts dessen waren Edgars Überwachungsberichte aufgrund des Anzapfens von Telefonleitungen durchweg sehr ansehnlich. Noch 1928 stellte das Amt schlicht und einfach fest, daß Lauschangriffe »unanständig, illegal... und unethisch« seien und daß man sie nicht dulden würde. Edgar hatte dem Kongreß versichert, daß der Agent, der beim Anzapfen einer Telefonleitung erwischt würde, sofort seine Kündigung bekäme.
Dennoch versuchten einige, ein Hintertürchen zu finden, denn das Bundesgesetz von 1934 schien Lauschangriffe grundsätzlich zu verbieten. Obwohl der amtierende Justizminister das Abhören in Sonderfällen erlaubte, fuhr Edgar fort zu behaupten, daß er persönlich dagegen wäre, es sei denn, es handle sich um eine vorrangige Situation, bei der es um Leben und Tod ginge, wie zum Beispiel einen Entführungsfall. Das Zeugnis seiner eigenen Leute macht jedoch deutlich, daß dies nicht stimmte.
Im Jahr 1936 waren fünf FBI-Agenten zwei Monate lang gezwungen, vor Gericht auszusagen, daß ihr Amt mehrmals funktionierende Abhörgeräte in New York angebracht hatte, um in einem Fall von »zwischenstaatlichem Einbruch«, das heißt bei widerrechtlichen Übergriffen eines Staates auf das Eigentum eines anderen Staates, zu ermitteln. Dies war klarer Beweis dafür, daß es sich um etwas durchaus Übliches handelte, daß es Dutzende ähnlicher Aufträge gegeben hatte.
Wie aus Berichten anderer Agenten hervorgeht, hatte Edgar gelegentlich im eigenen, privaten Interesse sogenannte Wanzen anbringen lassen. Da war es – Jahre zuvor – schon einmal vorgekommen, daß er die Telefone von Roosevelts Präsidenten der Postverwaltung, James Farley, der sich dafür aussprach, daß Edgar als FBI-Direktor durch einen anderen ersetzt werden sollte, anzapfen ließ. Im Jahr 1937, während eines harten Durchgreifens auf Bordelle in Baltimore, hatten Reporter

Edgar gefragt, ob die Gerüchte stimmten, daß während dieser Aktion die Telefone angezapft worden seien. »Manchmal müssen wir das tun«, antwortete Edgar vorsichtig. Später stellte sich heraus, daß so viel abgehört worden war, daß zwei Aktenordner mit Unterhaltungsbruchstücken allein aus einem einzigen Bordell gefüllt werden konnten. Ein Teil dieser Mission, erzählten frühere Agenten, hätte den Zweck gehabt, Material über Polizeibeamte in die Hände zu bekommen, mit denen Edgar sich zerstritten hatte.

»Vielleicht ist nur Mr. Hoover selbst in der Lage«, schrieb der Vorstand des Fernmeldewesens, James Fly, »darüber auszusagen, wie oft er seine Leute instruiert hat, das Gesetz zu brechen, das sein Amt eigentlich vertreten sollte. Aber er hat sich dazu entschlossen, solche Details nicht zu diskutieren.« Im Jahr 1940, als Edgar weiter versuchte, die Gesetze gegen das Abhören von Telefonen etwas zu lockern, war es Fly gewesen, der im Kongreß dafür sorgte, daß dieser Antrag auf eine neue Gesetzgebung abgelehnt wurde. Edgar konnte den Präsidenten des Fernmeldewesens daraufhin nicht mehr ausstehen – selbst 20 Jahre später noch, als er pensioniert war. Fly bestand bei einem Treffen mit einem Reporter darauf, daß sie vor die Tür gingen, weil er befürchtete, daß seine Wohnung vom FBI »verwanzt« war.

Im Frühjahr 1940 überging Präsident Roosevelt das Gericht, weil er davon überzeugt war, daß Lauschangriffe für die nationale Sicherheit von entscheidender Wichtigkeit seien. Er autorisierte den Justizminister zum Anzapfen von Telefonleitungen bei »Personen, die im Verdacht aufrührerischer Aktivitäten gegen die Vereinigten Staaten stehen, einschließlich vermuteter Spionage...« »Diese Anordnung«, erklärte Francis Biddle später treffend, »öffnete die Türen weit für Lauschangriffe auf jedermann, den man ›aufrührerischer Aktivitäten‹ verdächtigte...[1] So blieb es ein Vierteljahrhundert lang Edgars Grundrecht, jederzeit Lauschangriffe zu starten.«

Justizminister Robert Jackson war über diese Entwicklung so entsetzt, daß er es Edgar überließ zu bestimmen, wer abgehört werden sollte.

Harry Bridges, der 35jährige Leiter der Internationalen Gewerkschaft für Hafenarbeiter, war lange Zeit ein Dorn im Fleisch des Managements gewesen. Fünf Jahre zuvor, als Edgar Roosevelt vor der internen Bedrohung durch die Kommunisten warnte, hatte er auch Bridges erwähnt. Selbst nachdem der Gewerkschaftsführer eine friedliche Übereinkunft mit dem Management geschlossen hatte, verfolgte ihn Edgar weiterhin unablässig.

Bridges war geborener Australier, und Edgar behauptete, er sei ein Kommunist und geborener Ausländer. Kommunisten konnten wegen der Zugehörigkeit zu einer »Organisation, die den gewaltsamen Sturz der Regierung befürwortete«, deportiert werden. Bridges bestritt jemals, Mitglied der kommunistischen Partei gewesen zu sein, wenn er auch zugab, ein »Bewunderer der Sowjetunion« zu sein. Das Ergebnis seiner späteren Deportationsanhörung war im Sommer 1941 ungeklärt, daß heißt noch anhängig.

Im Sommer des gleichen Jahres erhielt Leon Goodelman, ein Journalist bei der New Yorker Zeitung *PM* einen Anruf vom Sekretär des Ausschusses für Bürgerrechte wegen Harry Bridges. Bridges, wurde ihm erzählt, wohne seit kurzem im Hotel ›Edison‹ in der 47. Straße West und hätte entdeckt, daß sein Telefon angezapft war. Er bat den Reporter zu kommen und sich das selbst anzusehen.

Goodelman glaubte, daß er eine schöne Geschichte daraus machen könne. Bridges erzählte ihm, daß er seit Anfang Juli wieder einmal im ›Edison‹ wohne. Er wäre es gewohnt, daß er vom FBI überwacht würde und mißtrauisch geworden, als er ein bestimmtes Zimmer mit bestimmter Ausstattung verlangte, das Hotel aber diesmal darauf bestanden hätte, ihm statt dessen das Hotelzimmer Nr. 1027 zu geben.

Als er dann in die Hotelempfangshalle hinunterging, entdeckte Bridges einen FBI-Agenten, der bei einer seiner Deportationsverhandlungen anwesend gewesen war. Nachdem er noch zwei andere Agenten wiedererkannt hatte, entschied sich Bridges für ein Experiment. Er benutzte das Telefon in seinem Zimmer, rief dort einen Gewerkschaftskollegen an, um sich mit ihm in einem nahegelegenen Drugstore zu verabreden. Natürlich erschien einer der FBI-Agenten bei diesem Rendezvous. Wenn sie über diese Verabredung Bescheid wußten, überlegte Bridges, dann hörten sie auch alle seine Telefonate ab.

»Ich ging ins Hotel zurück«, erzählte er, »ging sehr schnell durch meine Zimmertür und legte mich flach auf den Boden neben die Verbindungstür zu dem benachbarten Hotelzimmer. Durch die Spalte erkannte ich zwei Füße, die an mir vorbei marschierten und ich konnte einen Telefondraht auf dem Fußboden erkennen... nachdem ich meinen Freund verständigte hatte, daß ich abgehört würde, ließ ich mich in aller Ruhe nieder, um meinen Spaß mit dem FBI zu haben. Ich verließ das Zimmer ganz leise und ging aus dem Hotel.«

Mit einem Fernglas beobachtete Bridges vom Dachgarten des gegenüberliegenden Hotels sein Zimmer und das benachbarte Hotelzimmer. »Da waren zwei Burschen«, sagte er, »die lagen auf dem Doppelbett ausgestreckt und hatten Ohrhörer auf.« Mit seinem Freund, später mit dem Reporter Goodelman und mit einem Fotografen beobachtete der Gewerkschaftsführer tagelang seine Beobachter. Wann immer Bridges den Raum verließ, schrieb der Journalist, daß einer der Agenten im Nachbarraum sich an die Schreibmaschine setzte. Derselbe Mann wurde auch beobachtet, wie er kleine Papierfetzen aus dem Papierkorb von Bridges Zimmer zusammensetzte.

Dann benutzte Goodelman eine Nagelfeile, um die Anschlußdose des

Telefons in Bridges Zimmer zu untersuchen. Er entdeckte ein verborgenes Mikrophon, eine Wanze mit Doppelfunktion, die sowohl die Stimme in der Telefonleitung als auch die Unterhaltung im Raum übertragen konnte. Die Polizei wurde gerufen und der diensttuende Agent im Nebenzimmer mußte über die Feuerwehrleiter fliehen. Er ließ Leitungen zurück, die durch die Wand zu Bridges Telefon führten und vergaß in der Eile ein Stück von einem Kohlemikrophon... Darauf war der verräterische Hinweis zu erkennen: »Evelle J. Younger, Special Agent«.

Das FBI war auf frischer Tat ertappt worden. Francis Biddle, der im gleichen Monat das Amt des Justizministers übernahm, sah sich bereits unangenehmen Fragen des Rechtsausschusses des Senats ausgesetzt. »Als dies in die Zeitung kam«, sagte er, »konnte ich nicht widerstehen und schlug Hoover vor, er solle doch selbst dem Präsidenten die Geschichte dieser unglücklichen Lauschaktion vortragen. Wir gingen beide ins Weiße Haus und FDR war ... mit einem breiten Grinsen auf jedes Wort erpicht. Er schlug Hoover auf die Schulter, als er zu Ende war. ›Bei Gott, Edgar, das ist das erste Mal, daß Sie die Hosen runterlassen mußten.‹«

Roosevelt hätte wahrscheinlich nicht so laut gelacht, hätte er gewußt, was Edgar hinter seinem Rücken gesagt hatte: »Hoover erklärte ganz einfach«, schrieb der stellvertretende Justizminister Norman Littell in sein Journal, »daß er, wenn er aufgrund ... des Falles Bridges in den Zeugenstand gekommen wäre, frank und frei darauf hingewiesen hätte, daß er vom Präsidenten selbst die Befugnis erhalten habe, Leitungen anzuzapfen.« Littell bemerkte noch: »Hoover kennt seinem obersten Chef gegenüber keine Loyalität. Er hätte dem Präsidenten den Schwarzen Peter zugeschoben...«

Roosevelt selbst hatte wenig Bedenken, Wanzen auch bei seinen Mitarbeitern einzusetzen. Es wird berichtet, daß er Edgar aufgefordert habe, einen seiner früheren Berater, Tommy »den Korken« Corcoran[2] abzuhören. Er habe sogar um einen Bericht über ein noch im Amt befindliches Kabinettsmitglied, den Präsidenten des Postwesens, Jim Farley, gebeten. Edgar, so wird gesagt, soll davor zurückgeschreckt sein, habe aber dann die abgehörten Gespräche, die von einem FBI-Gerät durch jemand anderen abgehört wurden, weitergegeben. Während der Vorbereitung zur Präsidentenwahl 1944 hat er, was mittlerweile bekannt ist, das Weiße Haus mit den Ergebnissen von Lauschangriffen auf republikanische Politiker versorgt – eine Art Watergate, 30 Jahre vor dem Skandal, über den Richard Nixon stolperte.

Laut Nixon, habe ihm Edgar berichtet, daß »jeder Präsident seit Roosevelt« ihm Abhöraufträge gegeben habe. Der Senatsausschuß für geheimdienstliche Nachrichten entdeckte dann im Jahr 1975 tatsächlich, daß die Präsidenten Truman, Eisenhower, Kennedy, Johnson und Ni-

xon alle das FBI genutzt hatten, Abhörgeräte einzusetzen und Überwachungen anzuordnen, die absolut nichts mit nationaler Sicherheit oder Kriminalität zu tun hatten.
Vor diesem Hintergrund kann es kaum noch überraschen, daß Edgar sich berechtigt fühlte, den Kongreß hierüber im unklaren zu lassen beziehungsweise zu täuschen. »In Chicago«, erinnert sich der frühere FBI-Überwachungsspezialist Wesley Swearingen, »bekamen wir ein paar Tage, bevor Hoover vor dem Haushaltsausschuß erscheinen sollte, einen Anruf aus dem Hauptquartier.« Hoover sollte den Kongreßabgeordneten doch berichten, daß gerade einige wenige Abhöraktionen liefen. »Wir hatten Dutzende allein in unserer Stadt! Aber dieser Anruf vom Hauptamt informierte uns, daß wir sie alle auf eine einzige Aktion reduzieren sollten – etwa auf die Zentralstelle der kommunistischen Partei. So kontaktierten wir die Telefongesellschaft und sagten, ›Von Dienstag um Mitternacht bis Mittwochmitternacht möchten wir nur einen Anschluß in Chicago abhören.‹ Daraufhin könnte Hoover losgehen, seine Rede halten, einige niedrige Zahlen nennen, die an diesem Tage wirklich stimmten und die Abgeordneten würden beeindruckt sein. Dann, nach Mittwochnacht, wurden alle anderen Lauschangriffe wieder aufgenommen.«
Man wird wahrscheinlich nie in Erfahrung bringen können, wieviel Lauschangriffe ohne Zustimmung des Justizministers allein zur Überprüfung der Glaubwürdigkeit ranghöherer FBI-Beamter unternommen worden sind. Berichte über solche angezapften Leitungen von designierten stellvertretenden Direktoren wurden aufbewahrt. Aber im Jahr 1953 ordnete Edgar an, daß die Akten dieser Dienstränge zu vernichten seien. Die einzige derartige Akte, die übrig blieb, war diejenige von Lou Nichols. Sie enthält substantielle Informationen über abgehörte Telefonleitungen – einschließlich einer Menge von Berichten über John Monroe, ein Mann, der einen großen Einfluß ausübte, indem er mit allerlei Klatsch hausieren ging und nicht zuletzt Edgars Aufmerksamkeit deshalb erregte, weil er, wie man wußte, immer wieder behauptete, daß Edgar eine »Schwuchtel« sei.
Das FBI-Verzeichnis von ständig überwachten Personen, das im Jahre 1941 angelegt wurde, enthält 13 500 Eintragungen. Wenn auch die Identität der belauschten Personen aus Gründen der Absicherung der Privatsphäre nicht bekanntgegeben wird, bleibt doch die Tatsache bestehen, daß Edgars FBI 13 Arbeitergewerkschaften, 85 radikale, politische Gruppen und 22 Bürgerrechtsorganisationen abgehört hat.
1940, völlig sicher in seiner Verbindung zu Präsident Roosevelt und außerdem ermutigt durch seine neuen ungeheuren Befugnisse, bereitete sich Edgar auf den Zweiten Weltkrieg vor.

11. KAPITEL

Hoover war ein Größenwahnsinniger, ein Egomane und ungeheuer prüde. Er war uns ein Stachel im Fleisch.
A.M. Ross-Smith
Britischer Kriegsnachrichtendienst-Beamter in den USA, 1990

Für Edgar begann der Krieg schon zwei Jahre vor Pearl Harbor mit einem Brief des nicht mehr aktiven Boxers Gene Tunney, des ungeschlagenen Schwergewichtsweltmeisters der zwanziger Jahre, der Edgar und Clyde häufig bei ihren Besuchen im Yankee-Stadion begegnet war. Jetzt, im Frühjahr 1940, erhielt er plötzlich eine vertrauliche Botschaft von einem Mann, dem er zum ersten Mal anläßlich einer Militär-Boxveranstaltung in seiner Jugend begegnet war, von einem Mann, der in der Zwischenzeit einer der obersten britischen Geheimagenten geworden war. Das war William Stephenson, der Held des Bestseller *A Man Called Intrepid*. Stephenson, ein Kanadier desselben Jahrgangs wie Edgar, war eine außerordentliche Persönlichkeit – ein Flieger-Ass im Ersten Weltkrieg und geflohener Kriegsgefangener, ein Radio- und Fernsehpionier und ein unglaublich erfolgreicher Geschäftsmann. Seine Mission mit dem Auftrag, Tunney zu bitten, Kontakt mit Edgar aufzunehmen, stand unter dem persönlichen Befehl von Winston Churchill.

Churchill, der Erste Lord der Admiralität, stand seit Monaten in Korrespondenz mit Präsident Roosevelt. Der Präsident wünschte nichts sehnlicher, als Europa vor den Nazis zu schützen, war aber noch nicht in der Lage, offen einzugreifen. Mächtige Kräfte in den Vereinigten Staaten waren gegen die Einmischung in den Krieg und die Wahl des Präsidenten stand wieder einmal bevor. Es war eine kritische Zeit und Churchill wählte Stephenson zu seinem persönlichen Beauftragten in den Vereinigten Staaten.

Im April 1940 diskutierten die beiden Männer im Zimmer 39 der Admiralität über ein Geheimnis von großer Tragweite. Großbritannien war in den Besitz des Dechiffrier-Codes für die deutschen, mit der Schlüsselmaschine ›Enigma‹ codierten, Funksprüche gekommen und – damit praktisch zum Schlüssel für den Sieg. Bereits seit Frühjahr 1940 las der britische Geheimdienst mit. Er bezeichnete diese geheimste aller Geheimoperationen des Zweiten Weltkriegs ›Ultra Secret‹. Churchill war der Meinung, daß Präsident Roosevelt als das einzige ausländische Staatsoberhaupt dies wissen dürfte.[1] »Ihm, und nur ihm allein«, sagte er zu Stephenson, »dürfe die Wahrheit anvertraut werden... Unsere tägliche Zusammenfassung von Geheimnachrichten sollte ihm durch das FBI zukommen.«

Edgar selbst sollte nicht in ›Ultra Secret‹ eingeweiht werden, aber seine Kooperation war lebensnotwendig. Deshalb war ihr gemeinsamer Freund Gene Tunney ausersehen worden, erst einmal Stephensons informellen Brief zu überbringen. Sein Inhalt ist unbekannt, aber Edgar war von seiner Wichtigkeit überzeugt. Er rief Tunney an, um ihm zu sagen, daß er bereit sei, Churchills Mann zu empfangen.

Die beiden Männer trafen sich im Monat April in Edgars neuem Haus am 30. Place N.W., das Haus, das er halb fertig, noch bevor seine Mutter starb, für 25.000 Dollar gekauft hatte. Annie hatte es nicht gemocht. Aber nun, zwei Jahre nach ihrem Tod, war er allein eingezogen. Bevor sie zum geschäftlichen Teil der Unterredung kamen, ließ Stephenson die Umgebung auf sich wirken und war gespannt, was ihm dieses Haus über den Direktor des FBI erzählen mochte. Er bemerkte die peinliche Ordnung zahlreicher Ziergegenstände und die vielen Fotografien von Edgar selbst. Er bemerkte insbesondere die überreichlich vorhandenen männlichen Aktbilder. »Da gab es«, erinnerte sich Stephenson, »Bronzen, nackte männliche Akte im Treppenhaus, sehr suggestive männliche Darstellungen, wohin man schaute.« Bald darauf traf er Edgar in Gesellschaft von Clyde und erkannte, daß es sich hier um ein homosexuelles Paar handelte. Stephenson empfand Edgar als überaus distanzierten und komplizierten Menschen.

Edgar hörte sich Stephensons Bitte um Zusammenarbeit in Fragen des geheimen Nachrichtendienstes an und sagte dann, er könne ohne besondere Anordnung des Präsidenten nichts tun. Stephenson kehrte nach London zurück, nur um im Mai wieder in Washington zu sein, als Churchill Premierminister geworden war.

Es war in diesem Monat, als Churchill in seinem Schlafzimmer stand und sich rasierte. Sein Sohn Randolph kam herein und sagte zu seinem Vater, er sehe nicht, wie die Briten die Deutschen möglicherweise schlagen sollten. Churchill wandte sich heftig um und erwiderte, daß er »die Vereinigten Staaten da mithineinziehen wolle«.

Etwas später, nach einem Zusammentreffen zwischen Stephenson und Roosevelt im Weißen Haus, ordnete der Präsident eine enge Zusammenarbeit zwischen dem FBI und dem britischen Nachrichtendienst an.[2]

Roosevelt ging ein großes Risiko ein, möglicherweise sogar das eines Amtsvergehens, als er eine solche Zusammenarbeit mit einer fremden Nation befahl, während Amerika offiziell neutral war. Bis zu einem gewissen Grade mag Edgar dieses Risiko mit ihm geteilt haben. Während er noch Jahre später steif und fest behauptete, er hätte eine schriftliche Anweisung dieser Art vom Präsidenten erhalten, kann ein solches Dokument auch heute nirgendwo aufgefunden werden. Edgar bestand darauf, daß diese Verbindung vor dem Außenministerium geheimgehalten werde. Wäre das 1940 entdeckt worden, hätte neben Roosevelt auch Edgar mit furchtbaren Angriffen von all denen zu rechnen gehabt, die die Vereinigten Staaten unbedingt neutral halten wollten. .

Die offizielle britische Geschichtsschreibung über Stephensons Operation stellte anerkennend fest, Edgar hätte »Courage und Weitsicht« bewiesen, fügte aber ätzende Kommentare über seinen Charakter hinzu: »Eine Primadonna, die keine Rivalität duldete« und die »genausowenig Skrupel hatte in der Methodik, solche Rivalen auszuschalten...« Der Preis für Edgars Zusammenarbeit, so die Briten, »lag immer in seinem überwältigenden Ehrgeiz für das FBI«.[3]

Es ist ziemlich schwierig zu sagen, wo Edgar privat stand, während sich der Krieg bereits langsam abzeichnete. Noch 1938 hatte er einen von Himmlers leitenden Mitarbeitern empfangen, lange nachdem der Charakter des Hitlers-Regimes erkennbar geworden war, und er korrespondierte fast liebenswürdig mit hochrangigen deutschen Polizeistellen und schmiedete damals Pläne – die später zurückgestellt wurden –, einer internationalen Polizei-Konvention beizutreten.

Kritiker weisen darauf hin, daß das FBI schließlich, noch drei Tage vor Pearl Harbor, auf der Ebene der Vollzugsorgane Kontakte mit Deutschland unterhalten habe. All dies sagt jedoch nichts. Vor dem Kriegseintritt der USA gab es keinen Grund, Kontakte abzubrechen, die nützliche Informationen bringen konnten. Gewiß, als Deutschland Amerika den Krieg erklärt hatte, reagierte Edgar jedenfalls mit Begeisterung.

Als der Krieg immer unabwendbarer schien, unternahm Edgar Schritte, daß Clyde Tolson nicht in den Krieg ziehen müßte. Der Marine teilte er mit, daß Clyde im Dienst des FBI nicht entbehrt werden könnte. Im Herbst 1940, als das FBI zwei hohe Beamte nach England schicken sollte, meldete Clyde sich dafür freiwillig. Edgar begrüßte diesen »vaterländischen Geist«, schickte dann aber jemand anderen auf den Kriegsschauplatz nach London. Edgar liebte es, wenn er auf Clyde kam, vom »Kommandanten« zu sprechen, dem Rang, den dieser als Reserveoffizier der Marine hatte. Edgar selbst, mittlerweile 44 Jahre alt, war Oberstleutnant der Reserve in der militärischen Spionageabwehr. Einige Militärs redeten ihn mit seinem Rang an, und er hatte dagegen nichts einzuwenden.

Gleich zu Beginn der Zusammenarbeit mit den Briten besorgte Edgar den Sender, der Stephenson die Verbindung mit seinen Leuten in London ermöglichte, und das FBI half, die Sabotage an britischen Schiffen in amerikanischen Häfen zu verhindern. Dann kam Edgar Stephenson zu Hilfe, als dieser Briefe in der US-Post abfangen wollte. FBI-Agenten entwendeten einfach Korrespondenz aus den Postämtern – ohne offizielle Erlaubnis. Das FBI gab auch Dokumente weiter, die sie deutschen Spionen abgenommen hatten, ohne die US-Militärabwehr zu verständigen, die sich in diesem Stadium noch ganz und gar gegen eine Zusammenarbeit mit den Briten wehrte.

Das FBI entdeckte bald, daß die britischen Kollegen Experten in der Kunst des Öffnens von fremder Leute Briefe waren, und zwar ohne eine Spur zu hinterlassen. Daraufhin flogen FBI-Agenten in die britische Kolonie Bermuda, um zu lernen, wie das gemacht wurde.

Stephenson bekam von Edgar viele der Informationen, die von dessen Agenten hereinkamen, nicht zuletzt solche aus Lateinamerika. Ein Jahr nach dem Beginn der Zusammenarbeit waren es nicht weniger als 100 000 Berichte, die vom FBI an die britische Basis im Rockefeller-Center weitergegeben wurden.

Die Zusammenarbeit mit den Briten gab Edgar das Gefühl, selbst wichtiger Bestandteil im Räderwerk der Spionage-Abwehrmühle zu sein – wie ein Agent, der vor Ort arbeitete. Im August 1940, als die Deutschen versuchten, eine Sendung mit wissenschaftlichen Daten zu entwenden, die von einem britischen Beamten im Washingtoner ›Shoreham‹-Hotel aufbewahrt wurde, war es Edgar, der quer durch die Stadt raste, um das Material zu sichern.

Unter Berücksichtigung von Edgars Eitelkeit sorgte Stephenson dafür, daß der Direktor die nötige Anerkennung bekam, als die britische Arbeit einen Durchbruch gegen die Nazispione erreichte. »Er lebte durch Publicity«, erinnert sich Herbert Rowland, einer aus dem britischen Team, »Stephenson hingegen vermied Publicity um jeden Preis. Da war es unausweichlich, daß das FBI die Anerkennung bekam. Wir haben niemals etwas dagegen gehabt!«

Während Europa bereits in Flammen stand, schwelgten die Chefs der amerikanischen Nachrichtendienste in Aufbauplänen für ein Geheimdienst-Imperium und in Ränkespielen – Edgar genauso wie seine Kollegen vom militärischen Nachrichtendienst. Bereits im Jahr 1939, als der Präsident das Gerangel zwischen den einzelnen Nachrichtendienste ziemlich ermüdend fand, wurde der stellvertretende Sekretär des Außenministeriums, George Messersmith, gebeten, die Streithähne unter den Nachrichtendienstchefs zusammenzubringen. Als er die Herren zu einem Dinner in sein Haus in Georgetown einlud, kamen alle außer Edgar. Er tauchte erst beim nächsten Treffen auf, aber erst, nachdem der Präsident ihn angerufen und mit Rausschmiß gedroht hatte.

General Ralph Van Deman, der Edgar gut kannte, warnte die militärischen Nachrichtendienste, daß Edgar ein Mann sei, der »in einen Job katapultiert worden war, von dem er keine Ahnung hat...« Der Staatssekretär des Verteidigungsministeriums, Henry Stimson, fand, daß Edgar »den Verstand des Präsidenten vergiftete... und sich eher wie ein verwöhntes Kind als ein verantwortungsvoller Amtsvertreter benahm«.

Als Präsident Roosevelt anfing, Oberst William Donovan für den Posten eines obersten Chefs aller Nachrichtendienste in Erwägung zu ziehen, war dies für die leitenden Beamten dieser Dienste wahrhaftig eine Hiobsbotschaft. Donovan war 1941 48 Jahre alt, ein hochdekorierter Held aus dem Ersten Weltkrieg, ein prominenter Anwalt und als Persönlichkeit eine politische Kraft, mit der man rechnen mußte. Obwohl er Republikaner war, respektierte ihn Roosevelt sehr und war sogar der Überzeugung, daß er auch das Zeug zum Präsidenten habe.

Als stellvertretender Justizminister im Jahr 1924 hatte Donovan Edgar weiterempfohlen, weil er damals überzeugt davon war, er sei der richtige Direktor für das Amt. Seitdem hatte er dies jedoch längst bereut. Sollten die Republikaner wieder an die Macht kommen, sagte er, würde er alles tun, um Edgar an die Luft zu setzen. Seine Agenten haben dies Edgar natürlich sofort zugetragen. Das konnte unangenehm werden, wenn man bedenkt, daß Donovan die Zentralfigur in dem Plan war, einen neuen Nachrichtendienst einzurichten!

Im Gegensatz dazu hatten Donovan und Stephenson ein partnerschaftliches Vertrauen zwischen sich aufgebaut. Churchills Agent wußte allmählich, was er von Edgar zu halten hatte. Vom britischen Standpunkt aus betrachtet, machte er wenig Gebrauch von den Informationen, die ihm übermittelt wurden, Edgar war, wie ein Beamter es ausdrückte, »in seiner Denkungsweise nichts anderes als ein simpler Polizist«.

Stephenson brauchte jemanden mit Instinkt für geheimdienstliche Arbeit. Donovan hatte diesen. Bald darauf flogen der »Wilde Bill«, wie die Presse ihn getauft hatte, mit dem »Kleinen Bill« zusammen nach Europa, um dort an einem Crash-Kurs nach britischem Geheimdienstzuschnitt teilzunehmen. Die Briten hatten bei weitem mehr Erfahrung im Außendienst mit Aktionen vor Ort, als ihre US-Partner – etwas, was Donovan neidlos anerkannte. Edgar jedoch grollte.

Der Leiter der britischen Marineabwehr, Konteradmiral Godfrey, und der Kommandant Ian Fleming – später berühmt geworden als Schöpfer von James Bond – kamen im Mai 1941 nach Amerika, um eine nachrichtendienstliche Zusammenarbeit zwischen Donovan und Edgar zu erreichen. Edgar »drückte sich kurz aber äußerst höflich aus und war total uninteressiert an unserer Mission... Hoovers negative Reaktion war samtartig weich wie Katzenpfoten. Mit den Anschein, als täte er uns einen Gefallen, führte er uns durch das FBI-Laboratorium und die Berichtabteilung wieder hinunter ins Parterre... Dann wurden wir mit einem kurzen Händedruck zum Ausgang geleitet«, erinnert sich Flemming.

Im Juni 1941 wurde Donovan tatsächlich zum Koordinator der Nachrichtendienste ernannt, sehr zur Freude von William Stephenson und zum Zorn der militärischen Abwehrchefs und Edgars, der diese Ernennung »Roosevelts Blödsinn« nannte. Die britischen Berichte beweisen, daß Edgar über die Verbindung zwischen Donovan und Stephenson wohl informiert war und jetzt anfing, Fremde mit »kaum verhüllter Feindseligkeit« zu behandeln. Das entwickelte sich kurz vor Pearl Harbor zur richtigen Feindschaft mit Ergebnissen, die sehr wohl zu der nationalen Tragödie mit beigetragen haben mögen.

Am 14. August 1941, fast vier Monate vor Pearl Harbor, schickte ein hochrangiger FBI-Beamter Edgar einen Bericht über Dusan »Dusko« Popov, einen Jugoslawen, der gerade in New York angekommen war. Er war ein Doppelagent, der sowohl mit den Alliierten als auch mit den Deutschen zur gleichen Zeit arbeitete. 30 Jahre später, als er seine Erinnerungen veröffentlichte, verblüffte er die Welt mit der Behauptung, er habe das FBI im voraus gewarnt, daß die Japaner einen Überfall auf Pearl Harbor planten. Er behauptete weiterhin, er hätte versucht, Edgar persönlich die Information zukommen zu lassen, wäre aber nur auf eine Mauer der Abwehr gestoßen.

Popov, der Sohn eines wohlhabenden jugoslawischen Industriellen, war im Jahr 1941 22 Jahre alt. Der Grund für seine Kriegsabenteuer wurde gelegt, als er vor dem Krieg in Deutschland Jura studierte und sich mit einem anderen intelligenten Studenten, einem Deutschen namens Johann Jebsen, befreundete. 1940, als Jebsen nach Belgrad kam und Popov erzählte, er arbeite für die deutsche Abwehr, fragte er seinen Freund, ob er nicht mitmachen wolle. Für beide Männer war es der Beginn eines gefährlichen Weges – eines Weges, der für Jebsen mit dem Tod endete.

Popov machte keinen Hehl aus seinem Widerstand gegen die Nazis und Jebsens Tätigkeit in der deutschen Abwehr war ohnehin nur eine Fassade. In Wirklichkeit war er gegen Hitler und stand in enger Verbindung zum Abwehrchef Admiral Canaris. Auf Jebsens Bitte, als deutscher Spion nach England zu fahren und dort Kontakte aufzunehmen, setzte sich Popov prompt mit dem britischen Geheimdienst in Verbindung. Der gab ihm den Auftrag, für die Deutschen zum Schein zu arbeiten und den Briten Bericht zu erstatten.

Popov reiste nach London, über das neutrale Portugal, wo er seinen deutschen Verbindungsoffizier, Major Kremer von Auenrode[4], traf. Leutnant Colonel T. A. »Tar« Robertson, ein hochrangiger Offizier des inländischen politischen Sicherheitsdienstes MI-5 fand, daß der Jugoslawe eine unter Umständen wertvolle Neuerwerbung sei. Nach einer intensiven Einweisungsperiode kehrte Popov nach Lissabon zurück, um die Deutschen mit irreführenden Informationen zu versorgen, die von den Briten entsprechend vorbereitet worden waren.

Die Deutschen merkten nichts. Popov, mit dem Codenamen »Tricycle«, den er von MI-5 bekommen hatte, verbrachte das erste Halbjahr 1941 mit Reisen zwischen Portugal und England, wobei er immer bei der Rückkehr nach Lissabon die Abwehr mit wichtig aufgemachten Informationen versorgte. Im Mai des gleichen Jahres wurde Popov von Auenrode gefragt, ob er nicht nach New York gehen wolle, um dort einen Spionagering aufzubauen. Popov hatte so gut wie keine Wahl, wenn er das Vertrauen der Deutschen nicht verlieren wollte. Die Briten ihrerseits sahen eine Möglichkeit, sich diese Situation selbst zunutze zu machen.

Steward Menzies, der Leiter des Geheimdienstes oder MI-6, der geheimdienstliche Aktionen im Ausland durchführte, stimmte dem Plan zu. Popov sollte in die Vereinigten Staaten gehen – sozusagen als eine »Leihgabe« für Edgar und das FBI. Er sollte einen Spionagering aufbauen, wie die Deutschen hofften, die Alliierten sollten diese Einrichtung von Anfang an für Täuschungsmanöver benutzen. Edgar, mit dem die Angelegenheit auf höchster Ebene besprochen wurde, stimmte zu.

In Lissabon traf Popov seine Vorbereitungen zur Abreise nach Amerika, erfuhr aber noch zuvor eine höchst interessante nachrichtendienstliche Neuigkeit von Jebsen. Bei einem Treffen auf den Klippen am Atlantik erzählte Jebsen von einer Reise, die er kürzlich nach Taranto gemacht habe, dem italienischen Flottenstützpunkt, der bei einem Luftangriff der Briten von einem Flugzeugträger aus zerstört worden war. Die Japaner hätten die Deutschen bekniet, um Einzelheiten darüber zu erfahren, wie die Briten diese Operation ausgeführt hatten. Der Luftwaffenattaché in Tokio, Baron Gronau, vermutete, daß die Japaner einen ähnlichen Überraschungsangriff innerhalb des nächsten halben Jahres planten – etwa Ende 1941. »Ein Angriff, wo?« fragte Popov. »Wenn dich meine sorgfältig kalkulierte Meinung interessiert«, entgegnete Jebsen, »werden die Japaner die Vereinigten Staaten angreifen.«

Hinzu kam, daß von Auenrode, als er mit Popov seine Amerika-Aktion besprach, ihm auch noch eine Liste nachrichtendienstlicher Fragen mitgab. Sie enthielt detaillierte Fragen über Hawaii und einige spezifische Erkundigungen über Pearl Harbor. Bei dem Fragebogen von 97 Positionen für die gesamte US-Mission bezogen sich allein 37 Zeilen davon ausschließlich auf Pearl Harbor. Da gab es Fragen über die genaue Lage von Munitions- und Minendepots, über Öltanks, Hangars, über Unterseeboote und deren Stützpunkte und Ankerplätze. »Sie werden auch nach Hawaii gehen«, sagte von Auenrode, »und das sobald wie möglich.«

Popov fand, daß das alles einen Sinn ergab – das japanische Interesse an Taranto, das Gerede des Luftwaffenattachés über einen Überraschungsangriff und die zumindest schwerwiegende Vermutung, daß dieser gegen die Vereinigten Staaten gerichtet sein würde und schließlich und endlich das Ziel: Pearl Harbor.

Popov berichtete das sofort dem britischen Geheimdienst und sein früherer Verbindungsoffizier hat bestätigt, daß dieser Hinweis sehr ernstgenommen wurde. »Ich sah bald darauf den Fragebogen«, erinnert sich Colonel Robertson. »Ich war unglaublich beeindruckt davon und ich dachte, das erste, was wir zu tun hätten, wäre, diese Information sofort nach Amerika weiterzugeben...«

Popovs Führung wurde nun an MI-6 vergeben, der Popov instruierte, diese Nachricht bei seiner Ankunft in New York den Amerikanern zu überbringen. »Sie hielten es für wichtig«, erinnert sich Popov, »daß ich der Überbringer dieser Botschaft sei, weil die Amerikaner möglicherweise den Wunsch haben würden, mich bis auf die letzte Kleinigkeit auszupressen.«

Popov ging am 19. August 1941 in New York von Bord einer Pan Am-Maschine und traf kurz darauf mit höheren Beamten des FBI zusammen, auch mit Earl Connelley, einem von Edgars Stellvertretern, und Percy »Sam« Foxworth, einem Agenten, der für New York zuständig war. Aus der Akte ist ersichtlich, daß er Foxworth eingangs Einblick in das Mikrobildsystem gab, einer neuen deutschen geheimdienstlichen Erfindung, eine Technik, durch die lange Berichte fotografisch auf winzige Formate reduziert in

scheinbar harmlosen Briefen versteckt werden konnten. Dann gab Popov ihm den Pearl Harbor-Fragebogen, sowohl in Normalgröße als auch in Mikrobildformat.
Foxworth reagierte zurückhaltend auf die Information über Pearl Harbor. »Es sieht alles zu präzise aus«, zitiert ihn Popov, »der Fragebogen und die anderen Informationen zeigen im Detail, wo, wann und wie und durch wen wir angegriffen werden sollen. Ich muß sagen, es klingt wie eine Falle.« Eine Entscheidung, fügte Foxworth hinzu, würde in Washington durch Mr. Hoover gefällt werden.
In der teilweise zensierten FBI-Akte sind praktisch alle Anfangsseiten von Foxworths Berichten über Popov an Edgar totgeschwiegen, ebenso wie der ganze einleitende Abschnitt des zwölfseitigen Berichts, der vom stellvertretenden Direktor Connelley abgefaßt wurde. Leider gibt es keine Möglichkeit zu erfahren, was wörtlich an Edgar berichtet wurde, da alle damals Beteiligten mittlerweile tot sind. Jedoch beweist der Bericht, daß Edgar persönlich über Popov informiert wurde. Drei Wochen nach Popovs Ankunft kritzelte er eine knappe Notiz an Foxworth: »Sam, triff Connelley in New York und regle diese Popov-Geschichte.«
In New York wurde für Popov eigentlich überhaupt nichts geregelt. Sein FBI-Kontaktmann Charles Lanman hatte ihm gesagt, daß er nicht nach Hawaii gehen sollte (was doch die Deutschen von ihm so bald wie möglich erwarteten). Außerdem wurden ihm keine Informationen gegeben, die er an die Deutschen hätte weiterleiten können, um glaubhaft zu bleiben. »Da muß irgendwo ein Haken sein«, sagte Lanman, »irgendwo zwischen Ihren Leuten, der britischen Geheimkoordination und unseren in Washington... Mr. Hoover wird in 14 Tagen nach New York kommen und dann mit Ihnen sprechen.«
Der wahre Grund für die Verzögerung war, wie die Akten belegen, daß Edgar im Begriff stand, mit Clyde in Urlaub zu fahren. Popov beschloß, die Zeit mit einer kurzen Reise nach Florida zu nutzen, zumal die Deutschen wünschten, daß er auch dort einmal hinfahren sollte, um die militärischen Einrichtungen auszuschnüffeln. Er entschied sich außerdem, eine Freundin mitzunehmen, was das FBI ziemlich konsternierte. Popov scherte sich nicht darum. Er kaufte sich ein schickes Buick-Coupé und fuhr für eine Woche nach Florida. Aus den Akten ist weiterhin ersichtlich, daß er, um das FBI zu beschwichtigen, im Hotel zwei Einzelzimmer nahm, eines für sich und eines für seine Freundin. Als er wieder in New York war, flirtete er mit der Schauspielerin Simone Simon – er hatte ja genügend Zeit. Schließlich, schreibt Popov in seinen Erinnerungen, »stießen Hoover und ich im FBI-Büro in New York zusammen. Ich gebrauche dieses Wort absichtlich«, fährt Popov fort, »es gab keine Vorstellung, kein Eröffnungsgespräch und keinerlei Höflichkeitsgeste... Ich betrat Foxworths Büro, da saß Hoover hinter dem Schreibtisch und sah aus wie ein Vorschlaghammer auf der Suche nach einem Amboß. Foxworth, nicht mehr Herr in seinem Büro, saß schweigend in einem Armsessel daneben.«

Popov erinnert sich, daß Edgar ihn mit »Abscheu« anblickte, daß er plötzlich pathetisch wurde und anfing »herumzuschreien«. Er wurde purpurrot vor Wut und nannte Popov einen »Als-ob-Spion«, der seit seiner Ankunft nichts Nützliches getan hätte. Der Grund für diese Tirade war natürlich, daß Popov eine Frau mit nach Florida genommen hatte, »Filmstars hinterherlief und durchweg auf großem Fuße lebte«. Er, Edgar, führe eine saubere Organisation und Popov hätte sie beschmutzt.

Popov erwiderte kühl, daß er immer luxuriös lebe, daß die Deutschen ihn großzügig mit Geld ausstatteten und es für merkwürdig halten würden, wenn er das nicht täte. Er hätte seit seiner Ankunft nur deshalb nichts tun können, weil das FBI wenig kooperativ gewesen wäre. Edgar wurde nur noch wütender. Das Treffen endete innerhalb von Minuten und mit Edgars schriller Verwünschung »gut, daß wir Sie los sind!« als Popov ging.[5]

Edgars Verteidiger meinen, daß dieser keinen Grund gehabt hätte, Popovs Informationen vier Monate vor Pearl Harbor – mehr Aufmerksamkeit zu schenken als anderen Nachrichtenschnipseln. Im August 1941 hätte Edgar gute Gründe dafür gehabt, Popovs Meldung genauer unter die Lupe zu nehmen. Popovs Information kam schließlich mit einer Empfehlung des britischen Geheimdienstes. Sie kam, wenn man dem MI-5-Colonel Robertson glauben will, erst nach sehr sorgfältiger Überprüfung durch Guy Liddell, damals der Leiter der Abwehrspionage-Organisation. Liddell kannte Hoover und schätzte ihn.

»Der Grund, weshalb wir Popov mit Hoover zusammenbringen wollten«, erklärte Robertson, »war, daß Liddell mit dem Direktor sehr freundschaftlich stand. Das beste wäre, Popov mit den Informationen zu Hoover zu schicken, da er glaubte – irrtümlicherweise, wie sich später herausstellte –, daß Hoover genauer hinschauen würde, weil Popov von ihm kam. Der Fehler, den wir machten, bestand darin, daß wir die Pearl-Habor-Information aus den Nachrichten nicht ausgeklammert und nicht separat an Roosevelt geschickt haben.«

Popovs Informationen zu ignorieren war deswegen unverzeihlich, weil diese Warnung nicht allein dastand. Dank der Briten hatte Edgar bereits genügend Hinweise darauf erhalten, daß die Deutschen mit den Japanern in Pearl Harbor herumschnüffelten. Schon Anfang des Jahres hatte das FBI als Resultat wachsamer britischer Briefzensur in Bermuda einen Brief von Ulrich von der Osten, eines Abwehragenten, der in den Vereinigten Staaten arbeitete, abgefangen. Der Brief, der nach einer Reise nach Hawaii, aufgegeben worden war, enthielt einen Bericht über Verteidigungsanlagen der Insel, eine Karte und Fotos – bemerkenswerterweise von Pearl Harbor. »Und dies«, so in von der Ostens Bericht, »wird für unsere gelben Verbündeten von Interesse sein.«

Popovs Bericht wäre für Edgar Grund genug gewesen, sich dieses abgefangenen Schreibens zu erinnern. Ein anderer deutscher Agent, ein enger Mitarbeiter von der Ostens, wurde ein paar Tage, bevor Popov seinen Fragebogen überreichte, vom FBI verhaftet. Edgar und seine Beamten hätten sofort die Verbindung zwischen dem Brief von der Ostens und Popovs Informationen feststellen können.

Nach seiner Auseinandersetzung mit Edgar suchte Popov Hilfe bei einem hochrangigen Beamten des britischen Geheimdienstes in New York, Charles Ellis. Der FBI-Direktor hätte bald täglich einen Koller, stellte Ellis fest und bat Stephenson zu intervenieren. Stephenson versuchte es und kam damit nicht weiter,[6] ebensowenig wie ein Mann, den MI-6-Chef, Oberst Menzies, aus London geschickt hatte. Menzies' Sorge war vor allem, daß Edgars Hartnäckigkeit alle sorgfältige Arbeit zerstören könnte, die darin bestanden hatte, Popov zu einem hervorragenden Star-Doppelagenten aufzubauen.

Bald entdeckte Popov, daß das FBI überall in seiner Wohnung in Manhatten Wanzen angebracht hatte. Das Leben mit seinen FBI-Kontaktleuten wurde zu einer Serie von Wortgefechten. Schließlich bekam er seine (unwichtigen) Informationen, die er an die Deutschen weiterschicken konnte und die Erlaubnis, nach Brasilien zu fahren, um dort einen Abwehr-Kontaktmann zu treffen. Popov verließ New York und kehrte erst nach dem japanischen Angriff auf Pearl Harbor zurück.

So weit bekannt ist, hat Edgar Donovans Dienstbehörde, die dazu da war, den Geheimdienst zu koordinieren, über Popov nichts berichtet. Edgars Verhalten dem britischen Geheimdienst gegenüber in den Wochen vor Pearl Harbor war, wie ein britischer Historiker trocken schreibt, »alle notwendigen Aktivitäten, soweit ihm das möglich war, zu unterdrücken«.

Popovs Memoiren kamen im Jahr 1974 heraus, zwei Jahre nach Edgars Tod. Das FBI weist die darin enthaltenen Behauptungen schlichtweg zurück. Edgars Nachfolger im Amt, Direktor Clarence Kelley, sagt, »das Büro hätte mit Sicherheit keine Informationen erhalten, die darauf hingewiesen hätten, daß die Japaner Pearl Harbor angreifen würden.« Wie Kelley behauptet, zeigen die Akten, daß »Popov niemals mit Hoover zusammengetroffen sei«, daß seine Geschichten eher Erfindungen als Tatsachen wären. Thomas Troy, ein früherer CIA-Offizier, der Geheimdienst-Historiker wurde, behauptete, daß Popov »niemals Hoover persönlich gewarnt habe, daß ein Angriff geplant sei... Er warnte niemanden.« Popov, meinen beide Männer, war nicht viel mehr als ein unerfreulicher Playboy. Frühere Angehörige des britischen Geheimdienstes sagen genau das Gegenteil. John Masterman, der Leiter des britischen XX-Services in Kriegszeiten, der Doppelagenten mit legendärem Erfolg einsetzte, fand, daß »Popov ein besonders erstklassiger Agent sei... eine der führenden Persönlichkeiten auf dem Gebiet der Doppelspionage.«[7]

Montgomery Hyde, der mit dem britischen Geheimdienst in New York zusammenarbeitete, hielt ihn für »einen der wichtigsten britischen Doppelagenten«, eine Einschätzung die von dem Schriftsteller Graham Greene, einem MI-6-Veteranen, bestätigt wird. Ian Fleming, der während des Krieges ebenfalls mit Popov zusammenkam, mag ihn als ein Vorbild für seinen

James Bond benutzt haben. Der frühere Kommandant, Ewen Montagu, ein Marine-Nachrichtenoffizier, fand, Popov sei ein Mann aus Stahl gewesen, außerordentlich vernünftig, der einen »großen Beitrag zum Sieg der Alliierten geleistet habe«.

Popov war bei den Briten so angesehen, daß er schließlich den Ehrenrang eines Obersten erhielt sowie die britische Staatsbürgerschaft und den Orden des britischen Empires, die außergewöhnliche Verdienstmedaille und ein Modigliani-Gemälde – ein Geschenk der königlichen Familie. Er wurde Pate von den Nichten des MI-6-Chefs Steward Menzies.

Die FBI-Akten enthalten keine schriftlichen Berichte über ein Treffen zwischen Edgar und Popov, aber dies beweist nichts. Edgar verstand es hervorragend, Informationen zu verbergen, indem er sie in ein alternatives System verstaute oder einfach nicht darüber berichtete. Edgars offizielle Unterlagen, die 1991 freigegeben wurden, beweisen, daß er Ende September 1941 in New York war, ungefähr zu der Zeit, die von Popov für das Treffen angegeben ist. Die 1991 freigegebenen Akten konnten Popov zu dem Zeitpunkt, als er seine Memoiren schrieb, noch gar nicht bekannt gewesen sein.[8]

Popov hat seine Geschichte nicht einer verlegerischen Sensation wegen in den siebziger Jahren veröffentlicht, wie seine Gegner behaupten. Er hatte ja zu jener Zeit die Episode schon längst seinen Vorgesetzten mitgeteilt. William Stephenson, der nicht gern etwas sagen wollte, was die anglo-amerikanischen Beziehungen beeinträchtigen könnte, vermied Kommentare zur Popov-Kontroverse. Er diskutierte darüber nur privat mit seinem Biographen, der zufälligerweise auch William Stephenson hieß.

»Unsere Unterhaltung war zu jener Zeit nicht für die Veröffentlichung bestimmt«, sagte der Schriftsteller Stephenson. »Aber er war sehr klar. Er sagte, Popov hätte tatsächlich Hoover getroffen – er wußte alles darüber. Er fand, es sei ein schrecklicher Fehler von Hoover gewesen, der durch seine starre Haltung nicht mehr in der Lage war, die Realitäten zu erkennen. Stephenson hatte keine Zweifel an Popovs Glaubwürdigkeit, er fand, daß das FBI total versagt hätte, indem es nicht zur Kenntnis genommen hätte, was Popov über Pearl Harbor zu sagen hatte.«

Popov berichtete auch seinem Führungsoffizier, Colonel Robertson. »Er erstattete Bericht, als er nach London kam«, erinnert sich Robertson, »und er hat natürlich berichtet, daß er Hoover gesehen hat. Er hat keineswegs die Geschichte erfunden..., daß er und Hoover einen schrecklichen Zusammenstoß hatten. Ich sehe keinen Grund für ihn, warum er so etwas erfinden sollte.«

Chloe MacMillan, der mit dem britischen Geheimdienst in Portugal zusammenarbeitete, traf Popov, als er dorthin zurückkam. »Er hat Hoover gesehen, da bin ich sicher«, sagte MacMillan, »er hat ihm die Warnung über Pearl Harbor gegeben, bevor es passierte. Als ich ihn Monate später sah, war er immer noch deprimiert, über das, was geschehen war!« Andere Zeitgenossen erinnerten sich in ähnlicher Weise.[9]

Britische Beamte hatten im übrigen keinen Zweifel über den Wert von Popovs Informationen soweit sie Pearl Harbor betrafen. In einem Bericht von 1945 – zu jener Zeit nur für den offiziellen Gebrauch geschrieben – meinte Masterman, »es wäre völlig klar, ... Pearl Harbor sei der erste Punkt für weitere Angriffe gewesen und die Pläne für diesen Angriff hatten sich im August 1941 bereits in einem fortgeschrittenen Stadium befunden.«
William Stephenson hatte den Fragebogen Popovs gesehen und fand diesen »erschlagend«. Er sei speziell durch die Tatsache beeindruckt gewesen, daß darin nach der Tiefe des Hafenbeckens von Pearl Harbor gefragt wurde – so bald, nachdem die Briten zum ersten Mal aus der Luft Torpedos auf die italienische Flotte in Taranto abgeschossen hatten. Als er das sah, erinnerte er sich Jahre später, »hatte ich keinen Zweifel, daß Pearl Harbor ein Ziel war und vielleicht d a s Ziel«.[10]
Die FBI-Akte sagt, daß am 20. Oktober 1941, sieben Wochen vor Pearl Harbor, das FBI gemeinsam mit der US-Marine und dem militärischen Abwehrdienst eine paraphrasierte Version von Popovs Fragebogen besaß. Es scheint aber fast gewiß zu sein, daß weder die Marine noch der militärische Abwehrdienst Popovs Report in Verbindung mit der Aussage Jebsens, der von Baron Gronau und von Major von Auenrode, erhalten haben. Ohne diese Informationen, die den Fragebogen erst zu einer Bedrohung für die Zukunft machten, mußte ein insgesamt wesentlich weniger gefährlicher Eindruck entstehen.
Dem Weißen Haus ging es noch schlechter als der Army und der Marine. Drei Monate vor Pearl Harbor schickte Edgar eine Beschreibung des Mikrofilmsystems, zusammen mit zwei von Popovs Mikroaufnahmen, an den Mitarbeiter von Präsident Roosevelt, General Edwin Watson. Der Präsident selbst sah dieses Material innerhalb von 24 Stunden. Er sah jedoch nicht die Mikrofilme mit den Fragen über Pearl Harbor. Edgar hatte diese nicht an Roosevelt gesandt, obwohl er selbst den Inhalt der Mikrofilme kannte – die Versuchsberichte des Labors über all diese Mikroaufnahmen waren am gleichen Tag gekommen, an dem der Brief an das Weiße Haus abgeschickt wurde.
Edgars Egomanie hatte seine Intelligenz überwältigt. Als er sich beeilte, sein Wissen über die neue deutsche Spionage-Erfindung mitzuteilen, scheint es ihm nicht eingeleuchtet zu haben, daß der Inhalt der Mikrofilme vielleicht wichtiger sei als die Filme an sich. Im Bericht ist nichts davon zu erkennen, daß Edgar dem Weißen Haus jemals etwas über Fragen zu Pearl Harbor oder die anderen Informationen mitgeteilt hat.
Konteradmiral Edwin Layton, der leitende Nachrichtenoffizier der Flotte in Honolulu im Jahr 1941, verfaßte später eine gründliche Studie über den japanischen Angriff. Er kam zu dem Schluß, daß auch ohne die neuen Tatsachen, die in diesem Kapitel aufgezeigt werden, Edgar »vollständig versagt habe« bei der Handhabung von Popovs Informationen. »Sein Fehler«, erklärt der Layton-Bericht, »stellte ein weiteres amerikanisches Versagen im Fall Pearl Harbor dar.«

12. KAPITEL

> *Hoover hat schon früh seine völlige Inkompetenz für ausgeklügelte Abwehr bewiesen. Seine Handhabung der ›Popov-Affäre‹ mag als Hinweis auf seine legendäre Geheimniskrämerei und überaus simple Denkungsweise dienen.*
>
> William Casey
> CIA-Direktor

Am 7. Dezember 1941, als sich die japanischen Maschinen mit aufheulenden Motoren auf Pearl Harbor stürzten, befand sich Edgar in New York. Es war genau 1.25 Uhr nachmittags Ostküstenzeit, 7.55 Uhr morgens in Pearl Harbor. Der Abwehrchef William Donovan befand sich gleichfalls in der City, um sich dort das Spiel Brooklyn Dodgers gegen die New York Giants anzusehen.[1]
Ungefähr 6000 Kilometer entfernt im FBI-Büro in Honolulu, saß ein junger Funktechniker namens Duane Eskridge und überprüfte die Funkanlage. Er war vor vier Monaten eingestellt worden, um ein neues Kommunikationssystem für das FBI aufzubauen. Seine ersten vier Wochen in dieser Stelle in Washington verbrachte er am Funk des Hauptquartiers – Funkzeichen WFBI –, das damals nur für das FBI bestand, außer WFBII für Edgars Limousine und noch einen anderen Wagen. Eskridge mußte bereits früh am Morgen im Dienst sein, um »FBI/I im Dienst« antworten zu können, wenn Edgar sich auf seinen Weg zur Arbeit meldete. Andere Funksprüche gab es nicht, und so saß Eskridge einfach den ganzen Tag herum und wartete auf Edgars Ruf, wenn er am Abend auf dem Weg nach Hause war.
»Ich saß gerade da und testete die Übertragung, als die japanischen Flugzeuge kamen«, erzählte Eskridge. »Ich ging aufs Dach um nachzusehen, was da los war, und ich konnte sehen, wie sie über mich hinwegflogen. Sie waren wirklich ganz niedrig, man konnte die Piloten mit ihren Helmen erkennen. Ich bin gleich runter gerannt und hab' mir eine 45er Automatik geholt und fing an, auf sie zu schießen.«
Plötzlich fiel es Eskridge ein, daß er Funker und kein Scharfschütze sei und so eilte er zurück zu seinem Funkgerät. »Ich übermittelte die Nachricht im Morse-Code, im Klartext nach San Diego«, erzählte Eskridge. »Der Funker dort glaubte, ich mache Witze, und ich sollte es wiederholen. Doch dann rief er unverzüglich seinen leitenden Agenten an, der wiederum den am Wochenende diensttuenden Beamten in Washington anrief. Ich habe immer angenommen, er hätte Hoover gerufen und daß dieser das Weiße Haus verständigt hätte. Niemand hätte schneller durchkommen können.«

Tatsächlich erreichen den Präsidenten die ersten Nachrichten über die Katastrophe eine halbe Stunde später über das Marine-Kommunikationsnetz. Trotz Eskridges Bemühungen dauerte es fast eine Stunde, bis die Leute im Hauptquartier zu Edgar durchkamen und zwar durch den leitenden Agenten in Honolulu, Robert Shivers. Dann reagierte Edgar schnell. Lange bevor die endgültige Verlustzahl durchgegeben war – 2400 Tote und 1300 Verletzte, elf Schiffe gesunken und 118 Maschinen zerstört – war Edgar schon per Flugzeug unterwegs nach Washington.

Ins Hauptquartier zurückgekehrt, ließ Edgar eine Flut von Anordnungen los. Wachen wurden vor japanischen diplomatischen Einrichtungen aufgestellt, Häfen und Flughäfen für japanische Reisende gesperrt, Post- und Telefonverbindungen genauestens überwacht, für Hunderte verdächtiger Japaner wurden Haftbefehle ausgestellt[2] und Edgar berichtete am gleichen Abend dem Weißen Haus, daß all diese Maßnahmen für den Eventualfall schon lange im voraus geplant und sofort durchgeführt werden konnten.

Etwa eine Woche nach der amerikanischen Kriegserklärung, agierte Edgar als Zensor. Das Weiße Haus bat ihn am 12. Dezember zu intervenieren, als es erfahren hatte, daß der Kolumnist Drew Pearson begann, Einzelheiten über die Katastrophe zu veröffentlichen. »Ich erhielt während des Essens einen Anruf von J. Edgar Hoover«, erinnert sich Pearson, »der mir drohte, er wolle mich ins Gefängnis stecken, wenn ich die Geschichte über Pearl Harbor nicht sofort stoppen würde. Ich sagte Hoover, daß er verrückt sei und daß es kein Gesetz gäbe, aufgrund dessen ich ins Gefängnis gesteckt werden könne... Er mußte dies zugeben und sagte, daß ihn Steve Early aus dem Weißen Haus angerufen habe und ihn gebeten hätte, mir die Hölle in Aussicht zu stellen.«

Die Geschichte erschien nicht und Pearson hatte bald Gelegenheit, sich über das Ausmaß von Edgars Einfluß auf die Presse Gedanken zu machen. Auf Veranlassung des Stabschefs besuchten zwei Generäle den NBC und verlangten, daß Pearson und Walter Winchell aus der Sendung herausgenommen würden. Merkwürdig war, daß Edgar später in einem Telefongespräch bekannt gab, daß er eine »Mitschrift über das habe, was während dieses Treffens passiert sei«. Das konnte nur bedeuten, daß das NBC-Studio abgehört wurde...

Die »wahre« Geschichte um Pearl Harbor blieb natürlich Gegenstand endloser Debatten – übrigens bis heute. Gewiß ist allerdings, daß die amerikanische Abwehr versagte, weil sie unfähig war, das was wirklich wichtig war aus einem Wust hereinkommender Nachrichten herauszufiltern und logische Schlüsse zu ziehen. Aber dann, nach dem Desaster, gab es eilfertige Bemühungen, alles aufzudecken und die Schuld anderen zuzuschieben. Doch während viel Kritik am Militär geübt wurde, fragten nur wenige nach der Rolle des FBI.

Unmittelbar nach dem Angriff begannen Edgars Versuche, anderen die Schuld an dem Debakel zu geben. In einem Bericht an den Präsidenten, den er fünf Tage später losschickte, behauptete er, daß die Marine in Hawaii rechtzeitig von »dem ganzen Plan« unterrichtet und auch vor der japanischen Attacke von Nachrichtenkollegen in Washington gewarnt worden sei. Es gibt keine Beweise dafür, daß das Militär eine derartige Warnung erhalten hatte und zum Glück für ihn blieb das Memorandum in Roosevelts Unterlagen bis zu dessen Tod verborgen.

Im gleichen Bericht erwähnt Edgar ein vom FBI, etwa 36 Stunden vor dem Angriff, abgehörtes Telefongespräch zwischen Mrs. Mori, einer Zahnarztfrau in Hawaii und einer Anruferin aus Japan. Das Telefonat dauerte 40 Minuten, kostete 200 Dollar und drehte sich ums Wetter, Scheinwerfer und darum, welche Blumenart gerade blühte. Der leitende Agent Shivers habe diese Unterhaltung für ziemlich verdächtig gehalten. Dieser Eindruck habe sich verdichtet, als er die Abschrift am Samstagnachmittag nachlesen konnte. Er habe sofort die Marine und die Armee informiert, aber deren Reaktion sei beklagenswert unzulänglich gewesen.

Es trifft zu, daß General Short, der kommandierende General in Hawaii, dem Mori-Anruf nicht die Aufmerksamkeit gab, den er wohl verdient hätte. Neue Forschungen werfen die Frage auf, wie das FBI sich selbst nach dem mysteriösen Anruf verhalten hatte. Eine Überprüfung des Berichts und die Aussagen überlebender Zeugen ergibt eine Diskrepanz in den Zeitangaben. Edgar berichtete, daß der Anruf am Samstagnachmittag des 5. Dezember abgehört, übersetzt und abgeschrieben und am Sonntagabend, den 6. Dezember, dem Vorabend des Angriffs an Marine und Militär weitergegeben worden sei. Der leitende Agent, Robert Shivers, sagte auch, der Anruf sei am 5. Dezember erfolgt.

Die offizielle Abschrift über die Abhörung des Telefongesprächs ist mit dem 3. Dezember datiert. Zwei noch lebende FBI-Angehörige, die im Jahr 1990 interviewt wurden, waren ganz sicher, daß die Abhörung des Gesprächs am Mittwoch stattfand. Ein Dritter meinte, es sei am Donnerstag gewesen und nur einer stimmte mit Shivers überein, daß der Anruf am Freitag abgehört worden sei. Einer der Zeugen, der frühere Agent George Allen, war der »Tontechniker«, der die Wanze installiert hatte, die den Mori-Anruf aufnahm. Er sagte 1990, er sei sicher, daß dieser Anruf am Mittwochabend belauscht worden sei und daß die Abschrift am nächsten Morgen nach Washington gegangen sei. »Das ist mir noch klar im Gedächtnis«, meinte er. »Wir arbeiteten Mittwochabend daran und waren damit am Donnerstagmorgen fertig.«

Kam also der Mori-Anruf früher als auf offizielle Fragen hin mitgeteilt worden war? Obwohl diese Frage bis heute nicht geklärt ist, glauben Fachleute, daß der Anruf eine verschlüsselte Unterhaltung mit einem japanischen Spion gewesen sei. Hat Edgar und das FBI aber die Nachricht dann so schnell wie möglich an die militärischen Behörden weitergegeben? Wäre dann nicht vielleicht mehr Zeit gewesen, zum Beispiel für eine erfolgreiche Befragung von Mrs. Mori durch die Spionageabwehr?

Ein anderer Hinweis besagt, daß das FBI bereits vor dem Mori-Telefongespräch eine Information besessen habe, die darauf hingewiesen habe, wo und wann der japanische Überfall stattfinden würde, die aber nicht bearbeitet worden sei. Der Leiter des Polizei-Spionage-Büros in Honolulu, John Burns, konnte niemals den Besuch vergessen, den ihm Shivers eine Woche vor dem Angriff abstattete. Der FBI-Mann, offensichtlich äußerst aufgeregt, bat Burns, seine Bürotür zu schließen und vertraute sich ihm erst dann an: »Ich erzählte es nicht einmal meinen Leuten, ich sage es Ihnen... Wir werden noch vor Ende der Woche angegriffen werden.« Er war so aufgeregt, erinnert sich Burns, daß er Tränen in den Augen gehabt hatte. Burns hatte den Eindruck, Shivers Information stamme aus dem Hauptquartier in Washington. Shivers hatte seit 1922 im FBI gedient, stand Edgar nahe und hatte zu dieser Zeit engen Kontakt zu ihm.

Einen Monat nach Pearl Harbor, als die Roberts-Kommission sich anschickte, Befragungen in Hawaii abzuhalten, machte Shivers eine andere sonderbare Bemerkung: »Sie werden einer von denen sein, die vor den Nachforschungen schon befragt werden. Was werden Sie ihnen erzählen?« Burns meinte, er würde die Wahrheit sagen. »Sie wollen wirklich die ganze Wahrheit sagen?« erwiderte Shivers. »Genau die Wahrheit?« »Ja, Sir«, entgegnete Burns, »einschließlich dessen, was Sie mir soeben erzählt haben.«

Wie man heute weiß, trat die Kommission an Burns nicht heran. Sie befragten Shivers, aber mit keinem Wort erwähnte er die prophetische Unterhaltung mit Burns. Edgar selbst wurde niemals offiziell zu Pearl Harbor befragt. Die oberste Heeresbehörde bat ihn im August 1944 zu erscheinen, aber er lehnte mit der Begründung ab, daß er »zu diesem Zeitpunkt nicht in der Stadt sein werde...«

Die Unterlagen beweisen, daß Edgar tatsächlich wegen eines zweiwöchigen Urlaubs mit Clyde abwesend war. Er schickte statt dessen eine eidesstattliche Versicherung und wurde daraufhin niemals mehr von einer offiziellen Seite über Pearl Harbor befragt.

Die Ergebnisse einer der gründlichsten Untersuchungen, die für den Staatssekretär des Verteidigungsministeriums von Henry Clausen durchgeführt wurde, blieben bis 1972, als Clausen sein Buch *Final Judgement* herausgab, unveröffentlicht. Seine ellenlange Aufführung dienstlicher Torheiten gibt eine Erklärung dafür, warum fünf Tage vor Pearl Harbor die Marineabwehr abrupt aufhörte, die Telefone des japanischen Konsulats in Honolulu zu überwachen. Diese Entscheidung sei, wie Clausen folgert, das Resultat eines »kindischen Streits« zwischen dem FBI-Agenten Robert Shivers und Captain Irving Mayfield von der Marineabwehr gewesen. Shivers hatte in einer Auseinandersetzung wegen einer Verbindung, wie eine Aussage beweist, den Bürokraten gespielt und eine förmliche Beschwerde an die Beamten der Telefongesellschaft geschickt. »Ich konnte mir nicht helfen«, schreibt Clausen, »ich mußte mich fragen, was wohl geschehen wäre, falls Mayfield und Shivers bloß dagesessen und in aller Ruhe das Thema durchgesprochen hätten und die Marine-Abhörgeräte wären dort geblieben, wo sie waren.«»Wenn das Abhören weiter fortgesetzt worden wä-

re, meint Clausen, hätten sich in letzter Minute vielleicht noch die Hinweise auf die japanischen Absichten finden lassen.
Edgar hielt für seinen Teil die Beschuldigung anderer weiterhin aufrecht, nicht zuletzt mit dem Hinweis darauf, daß er das Abhören von Tokioter Beamten auf Hawaii vorgeschlagen hätte, was aber ignoriert worden wäre. Der japanische Konsul hatte die meisten seiner Berichte über kommerzielle Leitungen durchgegeben, die durch RCA und Mackay Radio geschaltet wurden. Anders als die überseeischen Telefonverbindungen, die mit Ermächtigung des Justizministers abgehört wurden, durften solche Kommunikationseinrichtungen weder durch das FBI noch durch die militärischen Abwehrdienste angezapft werden. Bei der Forderung, dies tun zu dürfen, war Edgar mit einem alten Widersacher, dem Präsidenten des Bundesnachrichtenwesens, James Fly, heftig zusammengestoßen.
Die Berichte zeigen, daß Edgar verlangt hatte, daß das Bundesnachrichtenwesen den ganzen Telefon- und Kabelverkehr zwischen den Vereinigten Staaten, Japan und Deutschland, Italien und Frankreich und auch der Sowjetunion überwache und dann das FBI mit den Ergebnissen versorgte. Fly und seine Beamten hatten wiederholt dieses Ansinnen abgewiesen, indem sie erklärten, daß solche Lauschangriffe gesetzlich verboten seien. Die einzige Möglichkeit, sagte Fly, sei eine Gesetzesänderung oder eine direkte Anweisung vom Präsidenten.
Laut *The FBI-Story*, der Geschichte des FBIs, die unter Edgars Aufsicht verfaßt wurde, war Fly auch nachdem Pearl Harbor angegriffen worden war, immer noch ablehnend. Edgar wollte damit sagen, daß, wäre nicht Flys Dickköpfigkeit gewesen, das Desaster hätte abgewendet werden können.
Fly hat dagegen eine ganz andere Darstellung. »Der Fernhorchdienst des FCC«, sagte er, »überwachte den Fernmeldeverkehr des Auslands und möglicher Feinde, speziell die verschlüsselten Funksprüche zwischen Tokio und Berlin... Wir hatten aber keine Entzifferungsfachleute. Der RID schaltete sich in den Pearl-Harbor-Funkverkehr ein und gab das Ergebnis an das FBI, an Armee- und Marinenachrichtendienst und das Außenministerium weiter. Schließlich forderte Hoover, daß wir diesen Dienst – wegen der Unfähigkeit des FBI, den Code zu knacken – einstellen sollten. Aber das FCC fuhr auf meine Anweisung hin fort, die Funkverkehrsergebnisse an das FBI zu schicken. Deshalb lagen diese Überwachungsergebnisse am 7. Dezember auch auf den Schreibtischen des FBI, als Hoover das Wochenende in New York verbrachte. Und die Flotte ging zugrunde.«
Am 19. November war den japanischen Botschaften mitgeteilt worden, daß, falls die normale Kommunikation gestört sein sollte, der Befehl ihre Codes zu verbrennen, in einen Wetterbericht-Funkspruch verpackt sein würde. »Higashi no kaze ame« – »Regen bei Ostwind« würde heißen, daß ein Bruch mit den Vereinigten Staaten kurz bevorstehe. So ein Funkspruch wurde von der US-Überwachung am 4. Dezember aufgefangen, aber die Kommandeure in Honolulu waren nicht informiert. Die Dokumente über

diesen Vorgang wurden anschließend bei der offiziellen Befragung verheimlicht.

Die Berichte beweisen, daß das FCC den japanischen Fernsprech- und Funkverkehr überwachte und einen ›Wind‹-Funkspruch am 4. Dezember abfing und innerhalb von 24 Stunden an die Marineabwehr weiterleitete. Es gibt keinen Grund, Flys Behauptung, daß die Information sehr wohl auch vor dem Angriff dem FBI zugeleitet wurden, zu bezweifeln.

Dusko Popov hörte das erste Mal verwirrende Nachrichten über den Angriff an Bord eines Schiffes in der Karibik, auf seiner Rückfahrt nach New York. »Es waren Neuigkeiten«, erinnert er sich, »auf die ich gewartet hatte. Ich war sicher, daß die amerikanische Flotte einen großen Sieg verbuchen konnte... Ich war sehr, sehr stolz, daß ich in der Lage gewesen war, den Amerikanern vier Monate zuvor eine Warnung gegeben zu haben... Aber dann kamen die Nachrichten tröpfchenweise... Die Japaner hatten einen Überraschungsangriff gestartet... Ich konnte nicht glauben, was ich erfuhr... Wir wußten doch, daß sie angreifen würden... Irgendwo, irgendwie mußte es eine Erklärung dafür geben...«

Zurück in New York, fragte Popov seinen FBI-Verbindungsmann, was verkehrt gelaufen sei. War seine Warnung ignoriert worden? Der leitende Agent Foxworth sagte ihm, er solle keine Fragen stellen... »Nach der Wahrheit zu fragen«, habe Foxworth gesagt, »könnte gefährlich werden. Das könnte in Mr. Hoovers Kopf eine Idee aufrühren...«

Zwei der britischen Offiziere, die eingeweiht waren, Ewen Montagu und Montgomery Hyde, trafen Popov zu diesem Zeitpunkt. »Ich konnte sehen«, erinnert sich Hyde, »wie verärgert er über das FBI war, ... daß aufgrund seiner frühen Warnungen über die Japaner und Pearl Harbor keinerlei Aktionen unternommen worden waren.«

Popovs Verbindung zum FBI ging bald darauf völlig in die Brüche. Das FBI lehnte es ab, ihn wissen zu lassen, welche Informationen den Deutschen übermittelt wurden – über einen »geheimen Sender«, so als kämen sie von Popov. »Vom deutschen Standpunkt aus«, meinte Montagu, »hatte er ... sie nicht mit wertvollen Informationen versorgt, er hatte keinen Spionagering aufgebaut. Am gefährlichsten war, daß er auf die intensiven Fragen, die zu erwarten waren, keinerlei Antworten wußte, nämlich über die Funknachrichten, die in seinem Namen übermittelt worden waren...«

Im Sommer 1942 und trotz der tödlichen Gefahr, daß er als Doppelagent entlarvt werden könnte, kehrte Popov zu seiner Arbeit nach Portugal zurück. Er brachte es fertig, das deutsche Vertrauen wiederzugewinnen und spielte dann eine Schlüsselrolle in den Plänen über die geplante Invasion der Alliierten im besetzten Europa.

Popovs Freund, Johann Jebsen, der vor einem Überraschungsangriff auf die Vereinigten Staaten gewarnt und darüber hinaus weitere lebenswichtige Informationen an die Alliierten durchgegeben hatte, überlebte nicht. Er wurde von der Gestapo verhaftet, unter Folter verhört und erschossen.[3]

Es wird berichtet, daß Edgar in Washington unter der Hand fortfuhr, anzügliche Bemerkungen über Pearl Harbor auszustreuen und dabei selbst auch Präsident Roosevelt nicht ausnahm. Im Februar oder März 1942 war laut Carlton Ketchum, dem früheren US-Luftwaffenobersten, Edgar mit einer Gruppe politisch gleichgesinnter Kollegen zusammengekommen, unter anderem auch mit dem republikanischen Abgeordneten George Bender, dem früheren stellvertretenden Justizminister Joseph Keenan und dem Führer der Mehrheitsfraktion im Senat, Leslie Biffle. Die Herren trafen sich zu einem privaten Dinner im Armee-Marine-Club. Was Edgar den Versammelten zu erzählen habe, darauf wurden die Gäste zuvor eindringlich hingewiesen, liege selbstverständlich außerhalb jeder offiziellen Berichterstattung.

»Mr. Hoover sagte«, berichtete Ketchum,« daß er wiederholt Warnungen durch Quellen im Frühherbst 1941 gehabt habe, gerade ein paar Tage vor dem Pearl Harbor-Angriff... Und daß diese Warnungen von Mal zu Mal deutlicher geworden seien...Er sagte, von besonderer Bedeutung sei es, daß der Präsident diese Warnungen ebenfalls die ganze Zeit über erhalten hätte... Hoover wäre durch den Präsidenten angewiesen worden, diese Informationen niemandem gegenüber zu äußern, aber sie nach Einschätzung des Präsidenten zu handhaben (sic) und sie innerhalb des FBI nicht weiterzugeben... Über diesen Punkt gab es dann innerhalb der Gruppe eine Diskussion, daß nämlich die Heeres- und Marinekommandanten im voraus hätten gewarnt werden müssen, damit die Zahl der Opfer minimal geblieben wäre... Es wurden eine ganze Menge bitterer Bemerkungen über das Verhalten des Präsidenten gemacht.«[4]

Kürzlich angestellte Forschungen weisen auf die Möglichkeit hin, daß Churchill in seinem Bestreben, die Vereinigten Staaten in den Krieg »mithineinzuziehen«, vielleicht in letzter Minute eine geheimdienstliche Warnung über den Pearl Harbor-Angriff zurückgehalten haben könnte. Die meisten Historiker halten es für unwahrscheinlich, daß Roosevelt solche Informationen gehabt habe, sonst hätte er mit Sicherheit dafür gesorgt, daß die Marine auf den Angriff vorbereitet gewesen wäre, zumindest auf See.

Ketchums Bericht kann jedoch nicht einfach abgetan werden. Nachforschungen bestätigen, daß Edgar mit seinen Zuhörern im Armee-Marine-Club auf freundschaftlichem Fuß stand. Wenn dieser Bericht stimmt, war Edgar einer der ersten, die solche ungeheuerlichen Behauptungen aussprachen.

Im Sommer 1942, ein halbes Jahr nach Pearl Harbor, übernahm ein Team amerikanischer Geheimagenten eine höchst wichtige Mission. Gegen alle internationalen Regeln waren sie beauftragt worden, geheime Codes aus den ausländischen Botschaften neutraler Länder, die Deutschland wohlwollend gegenüberstanden, zu stehlen. Das bedeutete, mitten in der Nacht einzubrechen, Safes zu knacken, die Code-Bücher zu fotografieren und wieder zu verschwinden, ohne erwischt zu werden.

Unter der Führung von Edgars Rivalen, William Donovan, brachte das

Team dieses Kunststück mehrmals fertig. Als sich die Agenten jedoch spät in der Nacht gerade in der Spanischen Botschaft in Washington aufhielten, kamen zwei FBI-Wagen, hielten mit quietschenden Bremsen direkt vor der Botschaft und ließen ihre Sirenen heulen und ihre Scheinwerfer aufflammen. Einige von Donovans Leuten wurden verhaftet. Donovan hatte keinen Zweifel daran, daß Edgar persönlich dahinter steckte.
Edgar war es nicht genug, die Kontrolle über die Geheimdienst-Operationen in Latein- und Mittelamerika zu haben. Er war wütend. Donovan, mittlerweile General, war zum Leiter des Geheimdienstes des Büros für strategische Dienste ernannt worden, und Edgar behinderte ihn bei jeder sich bietenden Gelegenheit. »Die deutsche Abwehr«, meinte Donovan trocken, »wurde vom FBI besser behandelt als wir.« Donovans Aktion in der Spanischen Botschaft kam dem FBI, das bereits seinerseits Überwachungen angestellt hatte, in die Quere und so sabotierte Edgar sie einfach.
Der Agent, der den Einbruch geleitet hatte, Donald Downes, erinnerte sich später, wie Donovan im Weißen Haus protestiert hatte – mit geringem Erfolg. Einer seiner Mitarbeiter kommentierte: »Keiner der Präsidenten wagt es, Edgar Hoover auch nur anzutasten. Sie alle haben Schiß vor ihm.«
Edgars Kontakt zu William Stephenson, der Donovan sehr gewogen war, sank damit auf den Nullpunkt. Edgar schickte einen Mitarbeiter, um Adolf Berle, dem stellvertretenden Staatssekretär des Äußeren, einem Mann mit wenig Zuneigung für die Briten, ins Ohr zu flüstern, daß einer von Stephensons Leuten durch allerlei Verleumdungen versuchte, ihn aus dem Amt zu drängen.
Der frühere MI-6-Beamte, A. M. Ross-Smith, der den besagten Agent führte, sagte im Jahr 1990, daß Edgars Behauptung absolut unwahr gewesen sei »kompletter Unsinn. Sie kam von einem bezahlten Informanten, einem Deutschamerikaner, der die Geschichte aufbrachte, nur um seinen FBI-Zahlmeistern einen Gefallen zu tun. Und Hoover benutzte sie, um seine eigenen Ambitionen zu fördern.«
Ob falsch oder nicht, die Episode wuchs sich auf höchster Ebene zu einem internationalen Krach aus. Der britische Botschafter, Lord Halifax, wurde zu einem Gespräch mit Berle und Justizminister Biddle gebeten. Selbst als der »beleidigende englische Beamte« eiligst das Land verließ, beharrte er auf seiner Meinung, daß es unmöglich sei, mit den Briten weiterzuarbeiten. Trotz aller Differenzen blieb den Chefs der Geheimdienste nichts anderes übrig, als zusammenzuarbeiten. Donovan verhalf dem OSS speziell in Europa zu hervorragenden Erfolgen und Stephenson tat in New York das seine.[5] Edgar hatte genug damit zu tun, für die internationale Sicherheit zu sorgen und sich um den lateinamerikanischen Geheimdienst zu kümmern. Laut einer glaubwürdigen Quelle fand er jedoch noch Zeit, einen ganz anderen Plan zu entwickeln.
J. Edgar Nichols, Sohn von Edgars engem Mitarbeiter Lou Nichols, erinnert sich daran, wie sein Vater einmal von einem phantastischen Plan gesprochen hatte. »Mr. Hoover, mein Vater und ein dritter Mann, dessen Na-

men ich nicht weiß, entwickelten einen Plan, hinter die deutschen Linien zu gehen und ein Attentat auf Hitler zu verüben. Sie haben den Plan tatsächlich dem Weißen Haus vorgetragen, wurden angehört und ... vom Staatssekretär des Außenministeriums, Hull, ins Gebet genommen. Sie hatten sich ein Drei-Mann-Team vorgestellt, welches das Attentat ausführt und mein Vater sprach davon, daß er und Mr. Hoover hofften, dabei mitmachen zu können. Soweit ich das verstanden habe, war es kein Witz – sie hofften wirklich, daß etwas daraus würde.«

Edgar befand sich auf dem Höhepunkt seiner Auseinandersetzung mit Donovan und den Briten, als die Öffentlichkeit durch ein spektakuläres Ereignis aufgeschreckt wurde. Am 13. Juni 1942 um Mitternacht tauchte vor Amagansett, am östlichen Ende von Long Island ein deutsches Unterseeboot auf. Es spuckte vier Männer aus, die mit Waffen, Munition und Geld ausgestattet waren – deutsche Saboteure mit dem Auftrag, in kriegswichtigen Fabriken möglichst verheerenden Schaden anzurichten und Panik in der Bevölkerung auszulösen. Das Team wäre wahrscheinlich erfolgreich gewesen, hätte sein Anführer nicht fast von Anfang an das Unternehmen verraten. Diese unbequeme Wahrheit, die Edgars Propaganda nur lächerlich gemacht hätte, wurde aber unterdrückt.

Der Anführer des Kommandos, der 39 Jahre alte George Dasch, hatte vor dem Krieg viele Jahre in den Vereinigten Staaten gelebt. Bei seiner Rückkehr nach Deutschland, so scheint es, hatte er bald das Vertrauen in das Nazi-Regime verloren. Während der Ausbildung zu diesem Auftrag sah er seine Rolle, wie er später nach dem Krieg in seinen Memoiren bekannte, darin, dafür zu sorgen, daß der Auftrag mißlang. Das gelang fast ohne seine Hilfe. Die Deutschen liefen am Strand einem Mann der Küstenwache in die Hände, ließen ihn aber laufen, nachdem sie ihm Geld in die Hand gedrückt hatten, damit er den Mund hielt. Bis er Alarm gegeben hatte, waren die Deutschen jedoch verschwunden, Waffen und Munition hatten sie in einem schlecht getarnten Versteck zurückgelassen.

Zwei Wochen später berief Edgar eine Pressekonferenz ein, um bekanntzugeben, daß acht verhinderte Saboteure einschließlich einer zweiten Gruppe in Florida gefangengenommen worden waren. Er erschien regelmäßig bei der Verhandlung vor dem Militärgericht, die folgte. Lloyd Cutler, ein Mitglied des Gerichtshofes, der später Berater des Präsidenten Jimmy Carter werden sollte, berichtete, daß Edgar sich fast überschlug »wie ein General, der seine Truppe von Agenten voll und ganz im Griff hatte. Wir bekamen den Fall, vom FBI vorbereitet, übertragen und Hoover hielt uns auf Armlänge von seinen Leuten fern.«

Beide Kommandos wurden zum Tod verurteilt und sechs der Männer kamen auf den elektrischen Stuhl. Edgar empfahl diese Art der Todesstrafe und organisierte persönlich die Durchführung der Exekutionen. Nur zwei der Deutschen, George Dasch und sein Kamerad mit Namen Ernst Burger, bekamen längere Gefängnisstrafen.

30 Jahre später sollte Edgar, wenn man auf diesen Fall »Pastorius« zu spre-

chen kam, von einer »der größten Leistungen« sprechen. Viel später, im Jahr 1979, wurde eine Bronzeplakette zur Erinnerung an die Überwältigung dieser Saboteure in der Eingangshalle des Justizministeriums angebracht. In Wirklichkeit wußte Edgar sehr wohl, daß die Rolle des FBI dabei völlig unbedeutend gewesen war.
Weit davon entfernt, von FBI-Agenten verfolgt oder gar überwältigt worden zu sein, hatte Dasch seine Kameraden freiwillig ans Messer geliefert. Es begann damit, als er das FBI in New York anrief und sich selbst als »Franz Daniel Pastorius« identifizierte, dem deutschen Code-Namen der Aktion. Er sagte, er sei soeben aus Deutschland angekommen und hätte wertvolle Informationen an J. Edgar Hoover zu übergeben und bat, daß Washington über seinen Anruf informiert wurde. Der Agent, der Daschs Anruf entgegennahm, entgegnete nur, »Ach ja, gestern hat Napoleon angerufen« und warf den Hörer auf die Gabel. Er gab auch nicht ein Wort an Washington weiter, wie Dasch gebeten hatte.
Dasch begab sich dann selbst zum FBI in Washington und versorgte das Büro mit allen notwendigen Informationen, um seine Kameraden ausfindig zu machen. Er handelte, wie er betonte, in voller Kenntnis und in Übereinstimmung mit seinem Kameraden Ernst Burger. Später erinnerte er sich, daß FBI-Agenten ihn – mit der Zusicherung eines Gnadenerlasses des Präsidenten – gebeten hatten, sich für schuldig zu erklären und nichts darüber auszusagen, daß er mit dem FBI zuvor verhandelt hatte. Statt dessen verbrachte er fünf Jahre im Gefängnis und wurde nach dem Krieg abgeschoben.
Inzwischen ist der US-Militär-Geheimdienst der Meinung, daß Edgars Verhaftung der Saboteure zu früh erfolgte und damit weitere geplante Aktionen einige Wochen später nicht zur Durchführung kamen. »Der Staatssekretär des Verteidigungsministeriums, Stimson, war furchtbar wütend«, erinnert sich Lloyd Cutler. »Hoover hat sich den ganzen Ruhm geraptscht. Er wollte nur Schlagzeilen.«
Die bekam er, und der Rechtsausschuß des Senats empfahl, ihn mit der Medaille des Kongresses zu belohnen, die normalerweise nur denen zustand, die sich im Krieg hervorgetan hatten. Diese Idee wurde zwar wieder fallengelassen, aber am 25. Juli, dem 25. Jahrestag seines Amtsbeginns wurde im Justizministerium sowieso gefeiert. Edgar posierte neben einer gigantischen Postkarte mit Gratulationen und saß für Farbaufnahmen – damals noch eine absolute Neuigkeit –, mit Clyde an seiner Seite.
Dann fuhr Edgar wieder einmal mit Clyde unter dem Jubel der Gratulanten, auch des Präsidenten, in Urlaub. Edgar revanchierte sich mit einem überschwenglichen Brief, in dem er Roosevelt sagte, daß die Jahre unter seiner Regierung »zu den glücklichsten seines Lebens gehörten«. »Seien Sie gewiß«, schrieb er, »daß Sie auch in Zukunft auf das FBI und alle seine Angehörigen rechnen können...«
Die Wahrheit hinter der formellen Schmeichelei sah völlig anders aus. Seit langem schon hatte Edgar hinter des Präsidenten Gattin hergeschnüffelt.

13. KAPITEL

Hätte es in der ersten Hälfte des 1. Jahrhunderts n. Chr. einen Mr. Hoover gegeben, stellen Sie sich vor, was der alles über einen gewissen Störenfried aus Nazareth, dessen sittliche Auffassungen und menschlichen Umgang in seine Unterlagen gepackt hätte?

New York Times
Aus einer Leserzuschrift aus dem Jahre 1979

Edgar und Clyde konnten Eleonor Roosevelt nicht ausstehen. Es sei einer der Gründe, warum er nie geheiratet habe, pflegte Edgar gerne anzumerken, daß Gott eine Frau wie Eleonor Roosevelt erschaffen habe. Er nannte sie die alte »Heule-Eule« und äffte in Gegenwart hochrangiger Kollegen ihre dünne Stimme nach. Im Zweiten Weltkrieg war Mrs. Roosevelt in den späten Fünfzigern und rein äußerlich nicht gerade besonders attraktiv. Während ihr Mann sich mit anderen Frauen tröstete, machten sich Zeitgenossen Gedanken über Eleonor Roosevelts leidenschaftliche Freundschaften außerhalb des Weißen Hauses, einige mit Frauen, die als Lesbierinnen bekannt waren. Hinter dem Rücken der First Lady schnüffelte Edgar diese Dinge heraus.

»Der Präsident«, erzählte er einmal einem Mitarbeiter, als er von einem Meeting im Weißen Haus zurückkam, »meint, die alte Schachtel befände sich an einem Lebenswendepunkt... Wir müssen sie eben so nehmen, wie sie ist.« Einmal erschien er unvermutet bei W. C. Fields, dem Komiker, und bat ihn, »gewisse interessante Bilder« anschauen zu dürfen. Fields besaß in der Tat drei raffinierte optische Zerr-Miniaturen von der Präsidentengattin, die, wenn man sie normal vor sich hinhielt, ganz normale Abbildungen waren, wenn man sie hingegen verkehrt herumdrehte, als groteske anatomische Abbildungen einer Vagina erschienen. Edgar fand das irrsinnig komisch und nahm sie gleich mit.

Es war Mrs. Roosevelts politische Haltung, die Edgar vor allem gegen den Strich ging. Es gab eine Menge Fälle, in denen sie sich für mehr Liberalität und Freizügigkeit einsetzte, mehr, wie manche dachten, als für eine Frau jener Ära üblich. Überdies führte sie hartnäckige Kampagnen für die ordentliche Unterbringung und faire Behandlung schwarzer amerikanischer Bürger, etwas, was Edgar erst recht in Wut versetzte. Einmal beobachtete er finsteren Blicks im ›Mayflower‹-Hotel, daß sie versuchte, zwei Schwarze ins Restaurant zu schleusen. Als man ihm Gerüchte zutrug, daß schwarze Frauen im Süden *Eleonor Roosevelt-Clubs* beiträten, ließ er diese sofort von Agenten observieren.

»Wann immer ein Schwarzer kein Blatt vor den Mund nahm«, sagte William Sullivan, »gab Edgar Mrs. Roosevelt die Schuld.« Hoover »nannte sie ein Nigger-Liebchen und Schlimmeres«, erinnerte sich Clydes Freundin Edna Daulyton. »Clyde war ganz der gleichen Meinung und fand, Eleonor solle sich um ihren eigenen Kram kümmern, statt die Nase in die Angelegenheiten ihres Mannes zu stecken. Er sagte, das Weiße Haus stünde für die falschen Leute sperrangelweit offen.«
Manchmal zog Mrs. Roosevelt mögliche Peinlichkeiten direkt auf sich, weil sie, wie der Biograph ihres Mannes, Ted Morgan, es ausdrückte, »butterweich« war. Wenn es sich um die liberale Sache handelte, traf sie sich sogar mit Kommunisten, Radikalen oder auch einfach mit Querdenkern und schien zu glauben, daß die Frau des Präsidenten so etwas ungestraft tun könne.
Edgar, der die kommunistische Partei schon seit langem unterwandern ließ, wurde zugetragen, was Mrs. Roosevelt vermutlich zu einem kommunistischen Freund über ihn gesagt hatte. »Da sehen Sie mal, was für ein Kerl der Hoover ist«, soll sie geäußert haben, »so bemäntelt er seine faschistische Grundhaltung. Sie sollten Franklin gesehen haben... Er sagte, das wäre nur ein weiterer Beweis für die Doppelzüngigkeit dieses Himmler-Abklatsches.«
Solche Berichte machten Edgar natürlich noch viel wütender. Noch im Jahr 1960 sprach er von der verwitweten Eleonor als von einer »echten Gefahr«. Wie der frühere Agent Gordon Liddy meinte, »führte er viele der linksgerichteten Standpunkte des Präsidenten Roosevelt auf ihren verderblichen Einfluß zurück. Er erzählte, daß er oftmals Probleme mit den Kommunisten habe lösen können, nachdem er erfahren habe, daß sie ihren Ursprung bei Eleonor Roosevelt hätten. Dann ging er eben zu ihrem Mann, und Präsident Roosevelt tat ihm den Gefallen und sprach ein Machtwort zu Eleonor.«
Was an Akten übrigblieb, die die First Lady betreffen, sind 449 Seiten. Solange Edgar noch lebte, standen diese Akten in einem Aktenschrank hinter Miss Gandys Schreibtisch. Eine Akte davon, ein streng geheimes Exemplar, wurde von dem übrigen Aktensystem getrennt gehalten. Einige Angestellte erzählen, es sei so untergebracht gewesen, daß der Zugang dazu nur einigen hochrangigen Angehörigen des Stabes möglich gewesen sei, damit die Personen, auf die sich der Akteninhalt bezog, in gewisser Weise geschützt blieben. Darunter befanden sich einige prominente Personen des öffentlichen Lebens. Andere wiederum vertraten die Auffassung, es habe sich dabei um eine Art Waffenkammer gehandelt, um ausreichend Munition für aktuelle oder potentielle Erpressungsmanöver.
Eleonor Roosevelt bekam von Edgars Unverfrorenheit im Januar 1941 Wind, als sie erfuhr, daß FBI-Agenten ihre Sekretärin Edith Helm und eine weitere Mitarbeiterin, Malvina Thompson, ausgeforscht hatten. Die Agenten waren tief in das Privatleben der beiden Frauen gedrungen, befragten auch deren Nachbarn und forschten bei dem Empfangspersonal des Hotels

nach dem Kommen und Gehen in deren Hotelzimmern. Sie stellten sogar Leuten in Mrs. Helms Heimatstadt in Illinois verfängliche Fragen.
Als Mrs. Roosevelt protestierte, gab Edgar ihr zur Antwort, die Überwachung von Mrs. Helm sei nur reine Routinesache gewesen, und deswegen durchgeführt, weil sie in einem Komitee arbeitete, das dem Rat für nationale Verteidigung angeschlossen gewesen sei. Es wären keine Nachforschungen angestellt worden, sagte er weiter, wenn das FBI gewußt hätte, daß diese Frau für die Präsidentengattin arbeitete.
Von dieser Erklärung völlig unbeeindruckt, weil diese beiden Frauen in Washington schließlich wohlbekannt waren, ließ die First Lady einen weiteren Brief folgen: »Mich wundert es nicht«, schrieb sie diesmal, »daß wir eine immer nervösere, immer ängstlichere Gesellschaft bekommen... Diese Art von Nachforschung scheint mir doch den Gestapo-Methoden erschreckend ähnlich zu sein.«
Edgar mußte sich entschuldigen und der Langzeiteffekt bestand vermutlich darin, daß Edgar noch mehr Groll gegen Mrs. Roosevelt hegte. Die Geschichte hatte in ganz Washington die Runde gemacht – und Edgar zu demütigen, hieß, ihn noch gefährlicher werden zu lassen.
Kürzlich angestellte Nachforschungen scheinen die früheren Klatschgeschichten zu bestätigen, die besagen, daß die Frau des Präsidenten ein geheimes Sexualleben führte. Ihre Biographin aus dem Jahre 1992, Blanche Cook, hält es für möglich, daß sie mit Earl Miller, einem Kavallerie-Offizier, der ihr als Leibwächter beigegeben war, intime Beziehungen unterhalten habe und außerdem mit Lorena Hickok, einer lesbischen Reporterin, die von der *Associated Press* für das Weiße Haus abgestellt worden war.
Doch niemand ging so weit wie Edgar, der Eleonor verdächtigte, sie habe gleichzeitig Affären mit mehreren Männern, eingeschlossen ihr schwarzer Chauffeur, ein Armeeoberst, ihr Arzt und zwei Gewerkschaftsführer, gehabt. Diese Männer, beide ehemalige Seeleute, pflegten darüber zu witzeln, daß man sich an die Präsidentengattin halten müsse, um Zugang zum Präsidenten zu bekommen. »Verdammt noch mal, Blacky«, soll der eine zum anderen gesagt haben, was wiederum eine Wanze des FBI aufnahm, »ich habe mich jetzt schon genügend geopfert, jetzt bedienst Du mal die alte Schraube.«
Es kann mit Sicherheit angenommen werden, daß dies nicht mehr als ein rüder Scherz sein sollte. Aber Edgar nahm es todernst. Für ihn war das vielversprechendes Material. Eine Information, die darauf hinwies, daß die Präsidentengattin mit zwei Arbeiterführern schlief, einer noch dazu ein führendes Mitglied der kommunistischen Partei.
Edgar überschwemmte den Präsidenten mit Berichten über diese beiden Männer, behielt jedoch die Sex-Verdächtigungen für sich. Und dann, als der Krieg seinen Höhepunkt erreicht hatte, konzentrierte er sich voll und ganz auf einen von Eleonors linksstehenden Freunden – Joseph Lash.
Lash war 30 Jahre alt, als er die 55jährige Eleonor im Jahr 1939 bei einer Parlamentssitzung des Ausschusses gegen un-amerikanische Umtriebe

kennenlernte. Lash war kein Kommunist, aber ein glühender Antifaschist, der die Sowjetunion und Spanien während des Bürgerkrieges bereist hatte. Als er zurückkam, wurde er ein radikaler Studentenführer. Für Edgar war er ein aufrührerisches Element, einer, der dringendst der Überwachung bedurfte. Eleonor jedoch nahm Lash unter ihre Fittiche und lud ihn ein, den Präsidenten im Weißen Haus kennenzulernen, lieh ihm Geld und versuchte, seine Karriere zu fördern.

Auf Edgars Befehl bereiteten FBI-Beamte ein elf Seiten umfassendes Memorandum über Lash vor. Das war im Jahr 1941. Im darauffolgenden Januar brachen Agenten in das New Yorker Hauptbüro des amerikanischen Jugendkongresses ein, dessen Anführer Lash war, und fotografierten die Korrespondenz der First Lady mit den führenden Männern der Gruppe. Im gleichen Monat, in dem Lashs Bewerbung um Übernahme in die Marine abgelehnt wurde, schrieb Mrs. Roosevelt an den Justizminister Biddle. »Ich würde gerne wissen«, schrieb sie, »ob es Ihnen möglich sein würde, im Federal Bureau of Investigations für mich nachzuprüfen..., was sie dort wirklich an Unterlagen über Joe Lash haben.« Biddle gab diese Anfrage an Edgar weiter, der verbindlich antwortete, daß »das FBI keine Überwachung in Erwägung ziehe«, das war eine beim Amt übliche Umschreibung dafür, daß das Sammeln von Informationen noch nicht den Umfang einer vollen Überwachung erreicht hatte. In Wirklichkeit hatten Edgars engste Mitarbeiter mit den Verantwortlichen der Marine über Lash diskutiert.

Als Lash statt dessen zum Heer eingezogen wurde, verbrachte er die folgenden Wochen mit Mrs. Roosevelt, die ihn wie eine Henne umsorgte. Sie zahlte den Champagner und die Band bei Lashs Abschiedsparty in New York. Edgar notierte dies alles, auch die Tatsache, daß Lash die Nacht auf der Durchreise zu seinem Stützpunkt, der in der Nähe von Washington gelegen war, in einem der Besuchszimmer des Weißen Hauses verbrachte.

Im November 1942 schickte Edgar »eine außergewöhnlich vertrauliche« Information an einen General des Heeres-Geheimdienstes. Im nächsten Monat erfolgte ein Einbruch in das Büro des internationalen Studentendienstes. Ein FBI-Report berichtet über Lash und Eleonor Roosevelt und ihre »unübliche Freundschaft«. »Dies ist übelkeiterregend«, schrieb einer von Edgars Mitarbeitern.

Im April 1943, als Lash in Illinois stationiert war, schickte Edgar noch mehr Informationen an die Militärbehörden, speziell an den CIC des Heeres. Drei Monate später wurde auf Anweisung des Weißen Hauses hin diese Organisation zahlenmäßig drastisch reduziert und mit einer anderen Einheit verschmolzen. Bis 1944 war sie praktisch abgebaut. Warum? Die Antwort liegt in einem zwei Seiten umfassenden Report, der am 31. Dezember 1943 an Edgars Büro geschickt wurde und seitdem in seinen Akten aufbewahrt blieb. Er kam von dem Agenten George Burton und berichtete über Kontakte zu zwei Obersten des CIC. Die Überwachung Lashs, berichtete Burton, hätte auch ein Treffen mit Mrs. Roosevelt in einem Hotel in Chicago miteinbezogen. Der Präsident selbst hätte das herausgefunden und General Strong vom Heeres-Geheimdienst ins Weiße Haus beordert. Der Agent Burton berichtet:

»Das Material enthielt einen Bericht des vollständigen Vorgangs zwischen Lash und Mrs. Roosevelt, der durch ein Mikrophon, das im Hotelzimmer installiert war, aufgenommen wurde. Dieser Bericht bewies ziemlich klar, daß Mrs. Roosevelt und Lash während ihres Aufenthalts im Hotelzimmer Geschlechtsverkehr miteinander hatten... Nachdem dieses Band abgespielt worden war, wurde Mrs. Roosevelt in die Konferenz berufen und mit der Information konfrontiert, und das mündete in einem schrecklichen Streit zwischen dem Präsidenten und Mrs. Roosevelt. Genau um fünf Uhr morgens am nächsten Tag ließ der Präsident den General des Luftwaffenkorps, Arnold, rufen und befahl ihm, Lash innerhalb von zehn Stunden außerhalb der amerikanischen Staaten zur kämpfenden Truppe zu bringen... Es wurde bekannt, daß der Präsident angeordnet hatte, daß alle, die etwas über diesen Vorfall wußten, unmittelbar aus ihrem Dienst entlassen und im Südpazifik gegen die Japaner kämpfen sollten, bis sie fielen...«

Heute ist es schwierig, wenn nicht gar unmöglich festzustellen, was wahr ist an diesem erstaunlichen Dokument. Es ist mit Ungenauigkeiten gespickt und andere noch vorhandene Dokumente versagen bei der Frage, ob Eleonor Roosevelt mit Joe Lash eine Affäre hatte oder nicht. Die Akten zeigen, daß die Heeresdetektive, die Lashs Briefe regelmäßig öffneten, feststellten, daß er eine Flut von Briefen bekam sowohl von Mrs. Roosevelt als auch von einer anderen Schreiberin, der radikalen Genossin Trude Pratt. Pratt, damals noch mit einem anderen Mann verheiratet, hatte ein kompliziertes Verhältnis mit Lash, das von der Präsidentengattin freundschaftlich unterstützt wurde.

Die vielen Briefe Mrs. Roosevelts an Lash waren mit politischem Geplauder und einem warmen Strom der Zuneigung angefüllt. »Liebster Joe«, begann ein Brief, der im Februar geschrieben worden war, »... ich bin so aufgeregt beim Gedanken, Ihre Stimme zu hören. Was werde ich tun, wenn ich Sie dann wirklich sehe?... Ich bin froh, daß Sie Ihre Milch trinken, und hoffe, daß Sie eines Tages genügend Schlaf bekommen... Ich schließe einen Brief mit ein, der zum Valentinstag von Trude kam... Ich bete auch zu St. Valentin, daß er uns alle zusammenbringen möge, aber das ist darum, weil ich Sie sehr brauche. Ich muß schließen, Gott segne Sie, mein Lieber, mit Liebe und einer Welt von Zuneigung, E. R.«

Der Heeres-Geheimdienst beobachtete am 5. März Mrs. Roosevelt, als sie das erste von zwei Rendezvous mit Lash in Illinois-Hotels hatte. Sie zog in das Zimmer 332 des ›Urbana Lincoln‹-Hotels in Urbana ein, zusammen mit Malvina Thompson, einer ihrer Mitarbeiterinnen, sagte am Empfang, daß sie keine Öffentlichkeit wünsche und ließ ein anschließendes Zimmer, Nr. 330 »für einen jungen Freund« reservieren. Lash bezog sein Zimmer am Abend und blieb mit der First Lady die ganze Zeit in den Zimmern mit Ausnahme eines Besuchs im Speisesaal. Sie verließen das Hotel 36 Stunden später.

Mrs. Roosevelt schrieb einen Brief im Zug, der sie von ihm entfernte. »Trennung von Menschen, die sich lieben«, schrieb sie, »macht die Vereinigung immer zu einer neuen Entdeckung... Gott segne Sie, Lieber, ich danke Ihnen für die glückliche Zeit. Alle meine Liebe E. R.« Mrs. Roosevelt wünschte Lash für das Treffen mit Trude Pratt am kommenden Wochenende alles Gute.

Die Agenten des Heeres-Geheimdienstes waren vollzählig da, als Lash sich mit seiner zukünftigen Frau eine Woche später im gleichen Hotel traf. Diesmal wurde ein Abhörgerät im Schlafzimmer installiert und die Mikrophone gaben die Geräusche wiederholten Geschlechtsverkehrs wieder. Sie gaben auch den Anruf des Paares bei Mrs. Roosevelt wieder.

In den Tagen danach schrieb ein hochrangiger Offizier des militärischen Geheimdienstes, Oberleutnant Boyer, einen erstaunlichen Brief an einen Vorgesetzten in Washington. Die Briefe zwischen Lash, Trude Pratt und Mrs. Roosevelt, meinte Boyer, deuteten auf eine »gigantische Konspiration« hin. Tatsächlich gab es nichts Konspiratives in den Briefen. Der Oberst wartete indessen nur auf eine andere Gelegenheit und stürmte dann in Lashs Zimmer, in dem er mit Mrs. Pratt lag und verhaftete ihn wegen moralischen Vergehens.

Bevor sich das Paar wieder treffen konnte, hatte Lash ein weiteres Rendezvous mit der Präsidentengattin. Das war, nach einem Bericht in Edgars Akten, in einem Zimmer des ›Blackstone‹-Hotels in Chicago. Das verborgene Mikrophon belauschte Lash und Mrs. Roosevelt, während sie Sex miteinander hatten.

Nach diesem Rendezvous wechselten beide wiederum atemlose Briefe. »Ich kann Ihnen nicht sagen«, schrieb die First Lady, »wie ich es hasse, mich von Ihnen zu verabschieden. Ich fand es wunderbar, neben Ihnen zu sitzen, während Sie schliefen...« »Es tut mir leid«, schrieb Lash, als er zum Stützpunkt zurückfuhr, »ich war so ein dösiger Mensch nach dem Dinner, aber es war hübsch in der Dunkelheit zu dösen, während Sie meinen Kopf streichelten und wir dann Gin Rummy spielten (ein amerikanisches Kartenspiel)...« Lash schrieb auch an Trude Pratt, erzählte ihr, daß Mrs. Roosevelt ihn zum Einkaufen mitgenommen hätte und ihn dazu überredet habe, daß er ein bißchen »knalligere Unterwäsche« kaufen solle.

Laut Lash wurde Eleonor von der Leitung des ›Blackstone‹-Hotels auf die Abhörgeräte hingewiesen. Rasend vor Wut brachte sie den Vorgang im Weißen Haus zur Sprache, als sie nach Washington zurückkam. Es hatte schlimme Konsequenzen für das CIC des Heeres. Als Lash in den Pazifik versetzt wurde, fuhr die Präsidentengattin nach San Francisco, um sich von ihm zu verabschieden. »Das Harte an der Liebe ist«, schrieb sie später, »daß man so oft lernen muß, diejenigen gehenzulassen, die wir lieben.«

Was soll man von all dem halten? Hat die Präsidentengattin mit Lash im ›Blackstone‹-Hotel oder sonstwo geschlafen? Lash, der die Akten des FBI und des Heeres 1978 in die Hand bekam, stritt dies ab und bezeichnete alles als eine herzliche, aber unschuldige Freundschaft mit Mrs. Roosevelt.

Seine Witwe Trude bestätigte dies. »Ich wüßte nicht, daß Mrs. Roosevelt jemals im Verlauf unserer Freundschaft eine Affäre hatte«, sagte sie 1992. »Was die angeführten Abhörgeräte angeht, kann ich nur sagen, daß Joe von seinem Armeestützpunkt entsetzlich müde ins Hotel kam und Mrs. Roosevelt gesagt haben mag, legen Sie sich auf mein Bett und ruhen Sie sich aus. Vielleicht saß sie neben ihm und streichelte seine Stirn. Sie war ein sehr herzlicher Mensch, aber die Behauptung, sie habe Sex mit ihm gehabt, ist grotesk. Der Präsident wurde wütend, aber nur weil er von der Schnüffelei hörte und nicht wegen irgendwelcher Affären. Mrs. Roosevelt sagte, eine Menge Leute seien deswegen bestraft worden.«

Eines der sechs Kinder der Roosevelts, Franklin junior, äußerte, daß er Joe Lash glaube. Seine ältere Schwester Anna hatte jedoch eine interessante Information hinzuzufügen. Sie erinnerte sich, daß ein Beamter ihr ein Briefbündel gebracht habe, das er als »Liebesbriefe« von Lash an Eleonor bezeichnet habe und die von der Zensur abgefangen worden seien. Sie brachte die Briefe ihrem Vater, worum der Beamte sie gebeten hatte, und dieser nahm sie wortlos von ihr in Empfang. Was immer die Gefühle des Präsidenten gewesen sein mochten, er äußerte sich mit keinem Wort darüber.

Die Briefe aus dem Jahr 1943 beweisen auf jeden Fall, daß die First Lady ungewöhnlich unvorsichtig war, wenn sie glaubte, daß sie sich ungestraft wiederholt mit jungen Männern in Hotelzimmer treffen konnte, oder sie war überaus naiv. Sie war zu jener Zeit 58 Jahre alt, ein Vierteljahrhundert älter als Lash, und die Briefe zeigen auch, daß sie immer wieder als Beschützerin bei den Treffen ihres Protegés und seiner verheirateten Freundin fungierte. Es ist unwahrscheinlich, wenn auch nicht völlig unmöglich, daß sie dennoch mit dem jungen Mann ein Verhältnis gehabt hatte.

Dennoch existiert ein einwandfreier Bericht über sexuelle Aktivitäten. Kann es sein, daß der Heeres-Geheimdienst den Geschlechtsverkehr Lashs mit seiner zukünftigen Frau, Trude Pratt, mit den Berichten über seine Treffen mit Mrs. Roosevelt durcheinanderbrachte? Der Nachweis, der die Wahrheit bringen könnte, ist nicht zu erbringen. Gemäß dem Bericht eines früheren Geheimdienst-Obersten des Heeres soll er »außerhalb des Aktenumlaufs« im Jahr 1967 existiert haben.

Edgar sorgte dafür, daß die Berichte seines Amtes, teilweise mit den Heeres-Überwachungsberichten ergänzt, zusammen mit den Kopien von Mrs. Roosevelts Briefen an Lash in den vollgestopften Aktenschrank in Mrs. Gandys Büro wanderten. Dort blieben sie bis 1953, als sich eine Gelegenheit ergab, davon Gebrauch zu machen.

Im Jahr 1953, als der republikanische Präsident Eisenhower darauf bedacht war, Eleonor Roosevelt aus der US-Delegation bei den Vereinten Nationen zu entfernen, unterrichtete der stellvertretende FBI-Direktor Louis Nichols einen Eisenhower-Mitarbeiter von dieser angeblichen Affäre Eleonors mit Lash. 1954, als die *New York Post* massiv Kritik an Eisenhower übte, fand Nichols einen Weg, darauf zurückzukommen, indem er darauf hinwies, daß

Lash nunmehr ein Korrespondent der *Post* war und daß Mrs. Roosevelt dem Herausgeber dieser Zeitung nahestand. Er schlug Edgar vor, die Verleumdung dem Präsidenten selbst zu übergeben.
Viel später als der stellvertretende Direktor William Sullivan mit Edgar gebrochen hatte, schrieb er ihm eine leidenschaftliche Anklage aller Versager des Amtes:
»Mr. Hoover, Sie haben der Öffentlichkeit regelmäßig erzählt, daß FBI-Akten sicher seien, unangetastet und fast geheiligt. Vor Jahren, als ich zum erstenmal entdeckte, daß das durchaus nicht stimmte, war ich völlig sprachlos. Aber wir hatten mit der Zeit innerhalb des FBI eine gewisse, schwer zu beschreibende, Atmosphäre geschaffen... Wir haben Informationen durchsickern lassen und zwar inkorrekt, wie Sie wissen, sowohl über Personen als auch über Organisationen. Meine erste Erinnerung bezieht sich auf Informationen über Mrs. Roosevelt, die Sie verabscheuten...«

Was immer auch Präsident Roosevelt über Edgars Rolle in der Lash-Affäre wußte, seine Geduld ihm gegenüber war bereits lange vor Kriegsende erschöpft. »Mrs. Roosevelt sagte, ihr Mann sei sehr erzürnt über Hoover«, erinnerte sich Trude Lash. »Ich hatte den Eindruck, der Präsident habe sie gebeten, keine Details zu erwähnen, aber es war klar, daß er sich von Hoover abwandte. Hoover wußte das und versuchte, sich selbst unentbehrlich zu machen, indem er herausfand, was Mrs. Roosevelt zu wissen wünschte. Soweit ich weiß, äußerte der Präsident jedoch privat, daß er Hoover sobald wie möglich entlassen wolle.«
Für Roosevelt war die Lash-Episode nicht die einzige unerfreuliche Tatsache. Im Herbst 1943 war er ärgerlich, als er sich gezwungen sah, Sumner Welles, den geschätzten Unterstaatssekretär des Außenministeriums und persönlichen Freund, fallenzulassen, weil er einen Skandal über dessen homosexuelle Aktivitäten vermeiden wollte. Nach Dr. Beatrice Berle, der Witwe des stellvertretenden Staatssekretärs des Außenministeriums, Adolf Berle, führte die Rolle, die Edgar in der Flüsterkampagne gegen Welles spielte, zu einem endgültigen Riß zwischen dem Direktor und dem Präsidenten.[1]
»Nachdem alles vorbei war«, sagte Mrs. Berle 1990, »sagte Roosevelt zu Hoover, er solle sich hinausscheren und empfing ihn nie wieder.« Der Präsident distanzierte sich von Welles' Hauptverfolger, und die Akten der Roosevelt-Bibliothek enthalten von diesem Zeitpunkt an keine weiteren privaten Diskussionen und keinerlei Korrespondenz mehr mit Edgar. Es wird gesagt, daß der Präsident geplant hatte, seine Befugnisse zu beschränken und sobald der Krieg zu Ende war, ihn sogar aus dem Amt zu entfernen. Wenn es so gewesen sein sollte, das Kriegsende sollte Roosevelt nicht mehr erleben.

14. KAPITEL

> *Wir betreiben keine Aufklärung über Leute, wir verdammen niemand, nur in dem Augenblick, indem das FBI beginnt, Empfehlungen zu geben, was mit seinen Informationen anzufangen sei, werden wir zur Gestapo.*
>
> J. Edgar Hoover
> 14. Juli 1953

Am 12. April 1945 um 5 Uhr früh eilte Harry S. Truman, allein und unbewacht ins Weiße Haus. Zwei Stunden später legte der 60jährige Vizepräsident den Amtseid als 33. Präsident der Vereinigten Staaten ab. Franklin D. Roosevelt war, nach zwölfjähriger Dienstzeit an einer schweren Cerebral-Blutung gestorben.

Das Kriegsende zeichnete sich ab. Die amerikanischen Truppen näherten sich dem Konzentrationslager Buchenwald, wo 50 000 Juden ermordet worden waren. Die Sowjetarmee erkämpfte sich ihren Weg nach Berlin, Hitler sollte bald in seinem Bunker Selbstmord begehen, Mussolini sollte von italienischen Partisanen umgebracht werden, Deutschland würde kapitulieren und, drei Monate später, als Truman die Atombombe zünden lassen sollte, auch Japan.

Unterdessen machte sich Truman – und dies nicht zum ersten Mal – Sorgen über Edgar und sein FBI. Als Senator hatte er bereits in der Öffentlichkeit Einwände geäußert, daß das FBI von aller Schuld an den Vorgängen um Pearl Harbor freigesprochen wurde. Nun, in seinen ersten Wochen als Präsident, war er alarmiert über das, was er über das FBI hörte – die Hinterlassenschaft Roosevelts.

Einen Monat nach seiner Amtsübernahme drückte Truman seine Gefühle in einem seiner berühmten Memos für sich selbst aus:

»12. Mai 1945
Wir wollen keine Gestapo oder Geheimpolizei. Das FBI tendiert in diese Richtung. Sie kramen in den sexuellen Skandalen anderer und betreiben Erpressung, wo sie sich lieber damit beschäftigen sollten, Verbrecher zu fangen. Sie haben außerdem die Gewohnheit, Beamte des Rechtswesens hier am Ort zu verspotten. Das muß aufhören. Was wir brauchen ist Kooperation.«

Edgar, der es sehr eilig hatte, seine Position zu stützen, suchte sofort in seinem Amt nach einem Mann, der Truman bekannt war und als neues FBI-Verbindungsglied zum Weißen Haus dienen konnte. »Mr. Hoover möchte Sie wissen lassen, daß er und das FBI zu Ihrer persönlichen Verfügung ste-

hen und Ihnen in jeder gewünschten Weise zu helfen bereit sind«, teilte dieser dem Präsidenten mit. »Wenn ich die Dienste des FBI brauche«, entgegnete Truman, »werde ich das durch meinen Justizminister ausrichten lassen.«
Als der Ausgesandte mit dieser Botschaft zu Edgar zurückkam, so erinnert sich der stellvertretende Direktor William Sullivan, »kannte Hoovers Haß keine Grenzen mehr«. Truman hatte ihn an seinen Platz verwiesen, wie es kein anderer Regierungschef (außer später Kennedy) getan hatte, und er hatte seinen speziellen Zugang zum Sitz der Macht verloren.
Doch Edgar fand einen Weg, das Trumansche Weiße Haus in sein Netz zu ziehen. Als der Präsident zustimmte, daß sein militärischer Mitarbeiter, General Harry Vaughan, direkte Verbindung mit Edgar aufnehmen solle, machte Edgar die Verbindung prompt zur konspirativen Beziehung. »Es wird hier viel geredet«, warnte er Vaughan. »Wenn Sie hier herüberkommen, empfehle ich Ihnen, von der Pennsylvania Avenue hereinzukommen, an den Aufzug zu gehen und zum siebten Stock zu fahren, dort herumzugehen zu den anderen Aufzügen und dann wieder in den dritten Stock herunterzufahren, wieder zu den anderen Aufzügen zu gehen und in den fünften Stock zu fahren und in mein Büro zu kommen. Sie und ich, wir haben Dinge zu besprechen, die ausschließlich die Angelegenheit des Präsidenten, außerdem meine und Ihre Angelegenheit sind.«
Ein anderer Mitarbeiter Trumans, John Steelman, empfahl eine neue Form der verdeckten Kommunikation zwischen dem FBI und dem Weißen Haus. Unter Roosevelt war von Edgars Leuten Material, daß das FBI überhaupt nicht zu handhaben hatte, in Form von Briefings, den Mitarbeitern des Präsidenten laut vorgelesen wurden. Anschließend wurden die Dokumente, um keine Spur zu hinterlassen, wieder zum FBI-Hauptquartier zurückgebracht.
»Eines Tages«, erinnert sich Curtis Lynum, einer von Edgars neuen Verbindungsleuten, »schnitt ich den Briefkopf und den unteren Rand des Memos, das ich gelesen hatte, ab und gab es Mr. Steelman, der sagte: »Warum können wir das nicht mit allen Meldungen machen, die Sie uns bringen?« Ich erwiderte, »daß ich das mit Mr. Hoover durchsprechen würde«. Edgar machte einen Luftsprung vor Freude. Empfindliche Geheimbotschaften wurden von jetzt ab zu Truman ins Weiße Haus geschickt, ohne Wasserzeichen, ohne FBI-Briefkopf und ohne Unterschrift. Informationen, die niemals zu ihrem Ursprung zurückverfolgt werden konnten.
In den ersten Wochen seiner Präsidentschaft erfuhr Truman, laut Harry Vaughan, daß Roosevelt Edgar benutzt hatte, um Telefone für politische Informationen anzuzapfen. »Was ist das für ein Scheiß?« soll der Präsident geschrien haben, als er die Abschrift eines Lauschangriffs auf Tommy Corcoran sah, der aus dem Roosevelt-Lager ausgeschert war. »Sag dem FBI, wir haben keine Zeit für diesen Scheißdreck.«
Wenn Truman dies auch sagte, so änderte er doch bald seine Meinung. Die FBI-Akten enthalten etwa 5000 Seiten über Abhörung von Corcoran auch

während der Truman-Jahre. Edgar persönlich überwachte die Abhöraktion, die in einem Appartement in der 13. Straße N.W. stattfand. »Eine der zentralen Anlagen«, die unter Leitung von Edgars Freund Guy Hottel stand. Abgesehen von der Abhörung von Telefonen sandte Edgar in Trumans Weißes Haus alle möglichen Leckerbissen politischer Geheimnachrichten, z.B. eine Warnung, daß ein Skandal bevorstand oder eine Vorabinformation über eine Zeitungsmeldung über den Präsidenten. Und Truman akzeptierte das. Vielleicht glaubte er, es sei ungefährlich, Edgars politischen Spionageservice in dieser Weise in Anspruch zu nehmen, solange er trotzdem ernsthafteren Mißbrauch bürgerlicher Rechte durch das FBI verhindern konnte. Aber durch die Erlaubnis des politischen Telefonabhörens machte er Edgar zum Wächter von Geheimnissen, die, wenn sie durchsickerten, hätten gefährlich werden können.

Für Edgar liefen die Dinge gut. Da gab es außerdem auf der politischen Weste des Präsidenten auch einen Flecken: das lange bestehende Verbindungsglied zu der etwas fragwürdigen Maschinerie der Demokratischen Partei in Kansas City, Missouri, seinem Heimatstaat.

Truman verdankte seinen Aufstieg Tom Pendergast, der, wenn nötig, seine Parteispielregeln mit Hilfe der Mafia durchsetzte. Es war Pendergast, der Truman in den US-Senat gebracht hatte. Das war eine Verbindung, die, wie Truman seiner Frau bekannte, »ihm von nun an wie ein Bleigewicht anhängen würde«.

Edgar wußte dies alles. Er war selbst in Kansas City gewesen, als Pendergast einige Jahre zuvor wegen Steuerhinterziehung angeklagt war, und er wußte deshalb, welche Waffe er in Händen hatte. Während des Wahlkampfes von 1948 ließ er einige Informationen über Korruption in Kansas City durchsickern, um Trumans Gegner, Gouverneur Dewey, Hilfestellung zu geben. Weil er von Trumans persönlicher Abneigung wußte, fühlte Edgar sich unwohl und unsicher. Seine Agenten mußten ihm über jedes Detail einer Änderung im politischen Klima berichten und über jedes Gerücht, das seinen Job gefährden konnte. Er wurde so unsicher, daß es schon fast an Verfolgungswahn grenzte.

»Hoover hatte vor Truman Angst wie vor dem Teufel«, erinnert sich William Sullivan, »das weiß ich persönlich. Während seiner ganzen Zeit im Weißen Haus hatte Truman nichts mit Hoover zu schaffen und ließ Hoover auch nicht auf Armlänge an sich herankommen.«

Schon während der ersten zwei Jahre seiner Präsidentschaft zerstörte Truman Edgars Hoffnungen, seinen ehrgeizigsten Traum wahr zu machen: auch die Kontrolle über Geheimdienste im Ausland zu bekommen. Dies war etwas, was er schon 1940 angestrebt hatte, als er den Vorschlag machte, einen FBI-Geheimdienst, das heißt, FBI-Stationen mit Agenten in der ganzen Welt, zu gründen. Davon träumte er, als er gegen seinen schärfsten Rivalen, William Donovan, um die Kontrolle der überseeischen Geheimdienste kämpfte.

Vor Kriegsende hatte Edgar wieder damit begonnen, über ein weltweites

Netzwerk von FBI-Agenten zu sprechen. In London, vermuteten US-Diplomaten, hatte er bereits Undercover-Männer in der Botschaft eingeschleust, die im Code-Raum den Verbindungen des Außenministeriums nachschnüffelten. Nervös beobachten Donovans Leute das FBI.
Im November 1944 hatte General Donovan auf Roosevelts Bitten hin einen Plan für Geheimdienste in Friedenszeiten vorbereitet. Darin war eine »zentrale Abhörbehörde« unter der persönlichen Oberhoheit des Präsidenten vorgesehen – und Donovan hoffte, mit ihm selbst als Leiter. Edgar entgegnete, es gäbe gar keine Verwendung für so eine Behörde und empfahl die Wiederaufnahme der Gedanken vor dem Krieg mit dem FBI als derjenigen Organisation, die die Zügel in der Hand behielt. Plötzlich gab es Presseattacken auf Donovans Plan mit der Warnung, wie gefährlich ein ›Superspionagesystem‹ werden könnte. Donovan war überzeugt, daß eine von den Stories auf einem der Top Secret-Memoranden basierte, das von Edgar freigegeben worden war.[1]
Edgars Machenschaften hatten jedoch unter Präsident Truman keine Chance. Der Präsident erzählte dem Haushalt-Direktor, Harold Smith, daß er »sehr dagegen sei, mit dem FBI eine Gestapo aufzubauen«. Weit davon entfernt, die Expansion des FBI zu erlauben, fand er, daß das Amt sobald wie möglich zumindest auf den Vorkriegsstand zurückgestutzt werden sollte.
Edgar begann nun, Einfluß auf die Abgeordneten zu nehmen. Generale und Admirale, Kongreßabgeordnete und Senatoren wurden bekniet, seine Sache im Weißen Haus wohlwollend zu vertreten. Sie taten dergleichen, weil auch sie ein Territorium zu verteidigen hatten und weil manche Edgars Behauptung, die bis zum Krieg zurückdatierte, glaubten, daß Donovans OSS eine Menge Bolschewiken eingestellt habe. Eine Überprüfung, die nach dem Krieg durchgeführt wurde, noch dazu von Edgars eigenen Agenten, konnte in dem, was von der Organisation überhaupt noch existierte, keine Kommunisten ausfindig machen.
Truman hatte für Edgars Anspruch, was den inländischen und den ausländischen Geheimdienst anging, nur taube Ohren. »Ein einziger Mann sollte nicht beides in seiner Hand vereinen«, sagte er zu seinem Mitarbeiter Harry Vaughan. »Was er verlangt, ist ein paar Schuhnummern zu groß für ihn.« Der Präsident ließ es lediglich zu, daß Edgar erschien, aber, als man auf dieses Thema zu sprechen kam, blieb er hart. »Hoover versuchte, mit dem Präsidenten zu streiten«, sagte Vaughan, »Truman sagte nein und als Hoover auf seinem Standpunkt beharrte, sagte er nur ›Sie überschreiten Ihre Grenzen.‹«
Irgendwann einmal stimmte der Präsident der Schaffung eines Central Intelligence Agency (CIA) zu, sozusagen als Erwiderung auf die echte Bedrohung sowjetischer Subversion. Aber ohne eine Position für Edgar. Das CIA war dem Präsidenten verantwortlich über einen nationalen Sicherheitsausschuß, und im Brennpunkt seiner Aufgaben stand die Einschätzung geheimdienstlicher Nachrichten als Aktion vor Ort. (Die Kapazität »ver-

deckter Aktionen«, für die dieser Dienst heute wohlbekannt ist, wurde erst später entwickelt.)
Obwohl Donovan niemals diese Organisation leitete, mußte Edgar doch annehmen, daß er diese neue Tatsache womöglich einem Geistesblitz des Generals zu verdanken hatte. Die Schaffung des CIA raubte Edgar außerdem das ihm in Kriegszeiten unerwartet zugefallene Recht über die Territorien südlich der mexikanischen Grenze. Die verschiedenen überseeischen FBI-Standorte blieben einzig und allein zu Verbindungszwecken erhalten. Edgar aber ließ nicht ab davon, Geheimdienst in Mexiko zu betreiben.
»Edgar war über die Schaffung des CIA so rasend«, sagte William Sullivan, »daß er spezielle Instruktionen ausgab, unter keinen Umständen irgendwelche Dokumente oder Informationen dem neueingerichteten CIA weiterzugeben...« »Hoover verfolgte eine Politik der verbrannten Erde«, sagte der spätere CIA-Direktor Richard Helms. »Er räumte alle Aktenunterlagen weg, erlaubte seinen Agenten nicht, mit den neuen CIA-Leuten über Informationsquellen zu sprechen. Wir bekamen nichts, was wert gewesen wäre, es zu behalten.«
Edgars Widerstand gegen den neuen Dienst hielt bis zu seinem Tode an. »Wenn Anfragen vom CIA kamen«, sagte Sullivan, »legitime, autorisierte Anfragen, stellte sich Hoover blind und taub, nahm die Hälfte der Anfragen zur Kenntnis und ignorierte die andere Hälfte.« Diese peinlichen Reaktionen führten zu Zusammenstößen mit Trumans zweitem CIA-Direktor, dem angesehenen General Walter Bedell Smith.
»Es ist Vorschrift für Sie, mit dem CIA zu kooperieren«, sagte Smith zu Edgar. »Wenn Sie dagegen ankämpfen wollen, werde ich Sie in ganz Washington bekämpfen.« Edgar wich zwar zurück, aber seine Akte über Smith zeigt seine Verachtung. »Smith ist ein Stinker«, krakelte Edgar auf einen Bericht, »und nicht einmal der kleinste.« Die Verbindung zu anderen Diensten und ihren Leitern war sogar noch schlechter. Laut der Aussage des CIA Counter-Intelligence-Chefs, James Angleton, setzte sich Edgar mit einem CIA-Direktor nicht mehr als fünfmal in seiner ganzen Dienstzeit zusammen.
Längere Zeit schien sich Edgar nicht ganz sicher zu sein, welche Richtung er einschlagen solle. Er hing der Hoffnung nach, Justizminister unter einer künftigen republikanischen Regierung zu werden, den Traum von der Präsidentschaft hatte er aufgegeben. Einige dachten, er hätte die Absicht, das FBI zu verlassen. Es gab sogar Spekulationen, daß er Baseball-Präsident werden könne.
Was sein Privatleben anbelangt, so war dies eine Zeit, in der verstärkt Gerüchte über Edgars Homosexualität verbreitet wurden. Während eines Dinners, an dem die höchsten Justizbeamten des Landes teilnahmen, wurde Edgar in größte Verlegenheit gebracht, als eine Entertainerin, eine der Duncan-Schwestern, nicht davor zurückschreckte, sich auf seinen Schoß zu setzen. Nach Aussage der Anwesenden soll er doch tatsächlich versucht haben, aus dem Raum zu fliehen. Die Geschichte ging für Tage durch ganz

Washington, und als der Amerikanische Mütterausschuß Edgar als »einen der besten Väter des Jahres« bezeichnete, alberten die Zeitungen: »Ach du lieber Himmel... Mr. Hoover ist doch Junggeselle.« Es gab wohl kaum einen Leser, der die versteckte Anspielung nicht begriffen hätte.
Zu dieser Zeit trieben ihn die Sorgen über seine Homosexualität wieder zu Dr. Ruffin, den Washingtoner Psychiater. Der Besuch endete jedoch ganz abrupt, da Edgar selbst dem Doktor nicht traute.[2] Von jetzt an versuchte er nur noch, die Gerüchte über seine Homosexualität zu unterdrücken, soweit es ihm möglich war. Zum Beispiel benutzte er die FBI-Agenten, um die Presse einzuschüchtern.
In der Öffentlichkeit und im Privatleben befand sich Edgar stets in der Defensive gegen irgendwelche Feinde, echte oder eingebildete. Um Amerikas »J. Edgar Hoover« zu bleiben, brauchte er den Kampf gegen einen klar ausgewiesenen Feind und der Feind seiner Wahl war immer der Kommunismus gewesen. Oder, wie Edgar es auszusprechen pflegte, »Kommonismus«. Doch gerade, als sein Image an Glanz zu verlieren schien, schob ihn die Geschichte wieder in den Blickpunkt. Der kalte Krieg gegen die Sowjetunion und seine Satellitenstaaten gab Edgar eine neue Lebensbasis als amerikanischer Held. Hinter der Szene spiegelte seine Bespitzelung amerikanischer Bürger etwas von dem wider, was er als exzessiv im Kommunismus zu erkennen glaubte und verdammte.

15. KAPITEL

> *Das FBI war nicht gegen Amerikaner, weil sie Kriminelle waren, sondern weil sie nicht der Vorstellung Direktor Hoovers von einem akzeptablen Bürger entsprachen, und das ist ein Schandfleck auf unserem Anspruch, eine freie Gesellschaft zu sein.*
>
> Don Edwards
> Abgeordneter, früherer FBI-Agent und Präsident des Unterausschusses des Zivil- und Verfassungsrechts

An seinem 51. Geburtstag, am Neujahrstag 1946, öffnete Edgar einem presbyterianischen Pastor, Dr. Elson, die Tür zu seinem Haus in Rock Creek Park. Die beiden Männer beteten etwas zusammen, was Dr. Elson »einen spirituellen Akt gemeinsamer Hingabe« nannte, etwas, was sie für den Rest ihres Lebens an jedem Neujahrstag wiederholten. Eine Woche später kniete Edgar bei einer *Champion Club*-Zeremonie in New York nieder, um den Saphirring des römisch-katholischen Bischofs von New York, Francis Spellman, zu küssen.

Mit Spellman an seiner Seite verkündete Edgar der versammelten Menschenmenge: »Wenn 30 Millionen Katholiken ihr Recht geltend machen, dann muß die Nation Pause machen und zuhören. Es gibt nur 100 000 Kommunisten, die organisiert sind und sich artikulieren, aber ihre Motivation ist Fanatismus und Raserei.«

Die Raserei kam eher von Edgar und rechtsgerichteten Eiferern wie Spellman. Amerikanische Kommunisten, erzählte Edgar einem Auditorium von älteren Polizeibeamten, seien »die Kuppler niedriger Instinkte, teuflischen Mißtrauens, die ihre Anstrengungen darauf ausrichten, Verwirrung zu stiften und zu zerstückeln... Es steht uns wohl an, auf der Hut zu sein gegen einen Feind, der unverfroren und offen der Korruption in Amerika den Weg bereitet hat...«

Der frühere stellvertretende Direktor Charles Brennan, ein FBI-Spezialist in der Verfolgung aufrührerischer Elemente, meinte trocken, daß selbst FBI-Insider niemals genau gewußt hätten, gegen welchen Feind sie eigentlich ankämpften. »Es gab niemals eine konkrete Feststellung dessen, was Kommunismus wirklich bedeutet«, erinnert er sich. »Das Wort wurde nur als ein allgemeiner Begriff benutzt für alles, was ausländisch, unvertraut und unerwünscht war...«

Edgar war mehr als jeder andere Mensch für die lange Periode der Kommunisten-Hysterie verantwortlich, von der sich die amerikanische Gesellschaft niemals vollends erholt hat. Edgars eigene Zahlen zeigen, daß die Partei mit 80 000 Mitgliedern auf dem Höhepunkt des Bekanntheitsgrads

während der Allianz mit der Sowjetunion in Kriegszeiten stand. Bei einer Bevölkerung von 50 Millionen war das ein Prozentsatz von 0,533. Weniger als ein Drittel der amerikanischen Kommunisten waren Industriearbeiter und wohl kaum eine Bedrohung der wirtschaftlichen Stabilität.
Präsident Truman hatte vermutlich recht, wenn er sagte, »die Menschen sind zu besorgt wegen des kommunistischen Affentheaters. Ich bin der Meinung, daß das Land, was den Kommunismus anbelangt, vollkommen sicher ist – wir haben zuviel Verrückte.« Was der Präsident jedoch privat meinte, wurde durch republikanische Wahlgewinne und einem Chor fordernder Stimmen von rechts unterdrückt, die energisches Einschreiten verlangten.
Im Jahr 1947 ordnete Truman an – um die Rechten zu beschwichtigen –, daß alle neu eingestellten Zivilangestellten der Bundesregierung auf ihre »Loyalität« hin überprüft werden sollten. Beschäftigte, die der »Disloyalität« verdächtig waren, konnten hinfort vor einen Loyalitätsrat gebracht werden – ohne das Recht, ihren Ankläger zu kennen oder ihm gegenübergestellt zu werden. Truman hatte bewußt das meiste dieser Arbeit nicht dem FBI, sondern der Civil Service Commission anvertraut – eine Brüskierung, die Edgar zu einer denkwürdigen Entscheidung trieb.
Edgar fühlte sich dem Kongreßabgeordneten Parnell Thomas (der bald darauf wegen des Empfangs von Schmiergeld ins Gefängnis kam), verpflichtet und stimmte daher zu, sich an den Ausschuß für un-amerikanische Umtriebe zu wenden. Edgar war nie zuvor ähnlich aufgetreten. Als er dies jetzt im März 1947 tat, bedeutete das eine öffentliche Konfrontierung mit der Verwaltung, der er diente. Daß er trotzdem ungeschoren davon kam, war ein Maßstab seiner Macht im Lande.
»Dies ist ein großer Tag für mich«, sagte Edgar zu einem Freund, als er sich aufmachte, um seine Rede zu halten. »Kommunismus«, stellte er vor den Abgeordneten klar, breitet sich durch die »diabolischen Machenschaften finsterer Gestalten aus, die sich durch un-amerikanische Umtriebe auszeichnen.« Amerikas Liberale, fügte er spitz hinzu, »seien hereingelegt worden, als sie den Kommunisten die Hand reichten.«
Edgar hielt sich gerade noch zurück, den liberalen Präsidenten beim Namen zu nennen, aber auch ohne dies war die Wirkung die gleiche. Truman raste vor Zorn. »Der Präsident ist ausgesprochen anti-FBI«, notierte ein Assistent. Aber Truman war auch Realist. »J. Edgar«, sagte er zu Clark Clifford, »will in jeder Hinsicht wahrscheinlich den rückwärtsschauenden Kongreß dazu bringen, das zu kriegen, was er wünscht. Das ist gefährlich.«
Edgar bekam auch diesmal, was er wünschte – die volle Kontrolle über die Loyalitätsüberprüfungen. Er hatte eine Erklärung abgegeben, unabhängig zu sein und sich somit selbst als Bannerträger des Kreuzzugs gegen die Roten ausgewiesen.

Während der HUAC-Anhörung hatte Edgar von einem frischgebackenen Kongreßabgeordneten namens Richard Nixon verschiedene Fragen gestellt bekommen. Zu Edgar vorgebeugt, murmelte der Rechtsanwalt Bradshaw Mintener, daß Nixon gefälschte Verleumdungsbeweise benutzt habe, um in der kürzlich stattgefundenen Wahlkampagne seinen demokratischen Gegner zu schlagen. »Ich weiß das alles«, erwiderte Edgar, »aber was die Gesetzgebung anbelangt, sieht es mir doch so aus, als ob er ein guter Mann für uns werden könnte.«

Zehn Jahre zuvor, angeregt durch eine Rekrutierungsrede von Edgar, hatte Nixon sich als junger Jurastudent um die Stelle eines Agenten beworben. Seine Berufung war beschlossen, war dann aber doch zurückgestellt worden, weil das FBI bei ihm »einen Mangel an Aggressivität« festgestellt hatte. Nun, da er Kongreßabgeordneter war, hatte Edgar Nixons wegen keine Zweifel mehr. Die beiden Männer trafen im gleichen Jahr zusammen und waren sich bald in der Bemühung einig, den Beamten im Außenministerium Alger Hiss zu ruinieren, eine Kontroverse, die später Nixons erster Schritt in Richtung des Weißen Hauses sein sollte.

Edgar war plötzlich der Held des Jahres 1947. Sein Gesicht, von Stars und Stripes umrahmt, blickte vom Cover des Magazins *Newsweek*, um der Nation zu sagen, »wie man den Kommunismus bekämpft«. Er wurde ernst genommen und nahm sich selbst viel zu ernst.

Während des Streits mit Präsident Truman erfuhr Edgar, daß *Liebe zu den drei Orangen*, die Themamelodie für zwei Filme und eine Radioshow über das FBI von dem sowjetischen Komponisten Sergej Prokofjew komponiert worden war. »Wir müssen in der Lage sein, Musik dafür zu verwenden, die von einem anderen bekannten Komponisten geschrieben worden ist«, krakelte Edgar auf ein Memorandum. »Bitte, darüber zu beraten und zwar s c h n e l l.« Die Mitarbeiter strengten sich an, zu gehorchen, indem sie Konferenzen auf höchster Ebene abhielten und Prokofjews Hintergrund beleuchteten. Da war aber auch nicht der Funken einer Erleuchtung.

Die nationale Säuberung begann in Hollywood, als der Ausschuß gegen un-amerikanische Umtriebe seinen Sturmangriff jetzt auf die Filmindustrie ausdehnte. Edgar, der fand, daß Hollywood nach »der dumpfen Luft des Kommunismus roch«, spielte von Anfang an eine Hauptrolle – im geheimen. »Ich wünsche, daß dem Ausschuß mehr und ausgedehntere Hilfe zuteil wird«, sagte er zu seinen Mitarbeitern, Monate, bevor die Anhörungen begannen. Sein für Los Angeles zuständiger Agent, Richard Hood, gab für die FBI-Akten Informationen über verdächtige Angehörige der Filmbranche weiter. Das Ermittlerteam des Ausschusses wurde von Allen Smith angeführt, einem erfahrenen Mitarbeiter des FBI mit enger Verbindung zu Edgar und anderen früheren Agenten.

Die Anhörungen waren wie ein Zirkus mit kichernden Frauen, mit Scharen »freundlich gesinnten« Zeugen wie etwa Gary Cooper, Robert Taylor und Walt Disney, der überzeugt war, daß der Kommunismus in seinem Studio versuchte, Mickey Mouse einzuspannen, um Propaganda zu verbreiten. Edgars frühere Freundin Lela Rogers machte eine bemerkenswerte Äußerung. Nach ihrer Meinung war der Film *None but the Lonely Heart* unter der Regie von Clifford Odets höchst verdächtig – weil es dort eine Szene gibt, in der der Sohn zu seiner Mutter sagt: »Du wirst hier nicht arbeiten und aus Leuten, die noch ärmer sind als wir, die letzten Pfennige herausquetschen.« Der Ausschuß stellte fest, daß Mrs. Rogers »eine der ungewöhnlichen Experten über Kommunismus in den Vereinigten Staaten« sei. »Unfreundliche« Zeugen und solche, die die Anhörungen verurteilten, wie John Huston, Katharine Hepburn, Lauren Bacall und Humphrey Bogart, wurden verleumdet. Die *Hollywood Ten*, eine Gruppe von Artisten, die es prinzipiell ablehnte, auszusagen, ob sie jemals Mitglieder der kommunistischen Partei gewesen waren, kamen wegen Nichtachtung des Kongresses hinter Gitter. Ihre Karriere war ruiniert, weil die Hollywood-Chefs dem Ausschuß schmeichelten und sie als »auf die schwarze Liste gesetzt« bezeichneten.

Die Angriffe des Ausschusses gegen un-amerikanische Umtriebe auf Hollywood dauerte bis 1953, wobei Edgar eine strafende Rolle hinter den Kulissen spielte, wie der Schauspieler Sterling Hayden fand. Hayden war kurze Zeit Mitglied der kommunistischen Partei gewesen und hatte Angst seiner Vergangenheit wegen. Er ließ durch einen Rechtsanwalt bei Edgar um Rat anfragen. »Machen Sie einen Bericht darüber«, riet Edgar und versprach, Hayden zu helfen, »wenn etwas herauskommen sollte«. Der Schauspieler bekannte prompt seine Vergangenheit in einem formalen Statement dem FBI gegenüber.

Für Edgar war das eine Gelegenheit für neuerliche Verfolgung. Weit davon entfernt, Hayden zu schützen, schickte er dessen Bekenntnis dem Ausschuß. Der Schauspieler wurde dazu verurteilt, auszusagen, geriet in Panik und nannte verschiedene Freunde und Kollegen, die gleichfalls der Partei angehörten. Er bedauerte es bis zum Ende seines Lebens, »ein Zuträger für J. Edgar Hoover gewesen zu sein«.

Die FBI-Akte 100-382196 enthält Mitteilungen über einen unbekannteren Hollywood-Schauspieler – »1,85 m groß, 150 Pfund schwer, blaue Augen und braune Haare« namens Ronald Reagan. Der spätere Präsident, der als Schauspieler mehr Zeit für gewerkschaftliche Aktivitäten als beim Spielen verbrachte, gehörte zum Vorstand des HICCASP, des Bürgerausschusses für Künste, Wissenschaft und entsprechende Berufe, welcher für das FBI eine kommunistische Organisation darstellte. Sein Bruder Neil, der den HICCASP für das FBI ausspionierte, warnte Ronald und meinte, es wäre klug, da auszutreten. Statt dessen agierte Ronald gleichfalls als FBI-Informant.

Einige Zeit später rief er seinen Bruder um Mitternacht von einer Telefonzelle am Sunset Boulevard an, um Informationen über die HICCASP-Versammlung weiterzugeben. Als zuverlässiger Informant (mit der Nr. T-10) ließ Reagan FBI-Agenten im Schutz der Dunkelheit in sein Haus ein, um ihnen von den ›Cliquen‹ innerhalb der Filmschauspieler-Gilde etwas zu berichten, »die der kommunistischen Parteilinie folgten«. Er zählte die Namen der fraglichen Schauspieler und Schauspielerinnen auf und zwar während eines persönlichen Gesprächs mit Edgar und während eines geheimen Auftritts vor dem Ausschuß.

Edgar ermittelte gegen Bürger, die keine Kommunisten waren und die ebensowenig jemals ein Gesetz gebrochen hatten. Sein Interesse richtete sich z. B. auf Artikel, die sich seiner Ansicht nach äußerst unfair und herabsetzend gegen die amerikanische Lebensart richteten. Er gab den Auftrag für eine FBI-Studie, die »subversive Faktoren« im Hintergrund prominenter Schriftsteller und Verleger erforschen sollten. Unter 100 willkürlich ausgewählten Leuten identifizierten Agenten bei 40 von ihnen »einschlägige Faktoren«. Berichte über sie wurden in Memoranden – ohne Aufschrift – festgehalten. Für Edgar liefen sie unter »informelle und vertrauliche Grundlagen« und sind heute nicht mehr aufzuspüren.

Über die Jahre hinweg waren die bekanntesten und meistgeehrten Schriftsteller Zielscheibe von Edgars Angriffen. Einige von ihnen, wie Dorothy Parker, Dashiell Hammett und Lilian Hellman sympathisierten tatsächlich mit dem Marxismus. Sie wurden verfolgt, überwacht und ihre Post wurde geöffnet. Als Hammett starb – ein Veteran beider Kriege – tat das FBI alles, um seine Beisetzung auf dem Arlington-Friedhof zu verhindern.

Viele andere bekannte Schriftsteller hatten keine Verbindung zum Marxismus, trotzdem wurde gegen sie ermittelt. Es gibt eine 400 Seiten umfassende Akte über Nobelpreisträger, darunter die Schrifstellerin Pearl S. Buck. Agenten öffneten auch ihre Post, obwohl sie nichts Aufrührerisches tat, außer über Rassismus und ihre Verbindung zur ACLU, eine Menschenrechtsorganisation, zu schreiben.

Wir wissen heute, daß Edgar Akten über die Nobelpreisträger Thomas Mann, Erskine Caldwell, Sinclair Lewis, William Saroyan und Carl Sandburg führte. Das FBI stufte Ernest Hemingway als »ganz weit links« und »unaufrichtig« ein und führte auch eine Akte über seine Frau Mary. Es berichtete über John Steinbeck, der das FBI in Alarmbereitschaft versetzte, weil er »eine extrem heruntergekommene und verarmte Seite des amerikanischen Lebens« zeichnete, ebenso wie über Irwing Shaw, Aldous Huxley, John O'Hara, Arthur Miller, Tennessee Williams und Truman Capote. Rex Stout, der Schöpfer des Ermittlers Nero Wolfe, sie alle schienen dem FBI »unter kommunistischem Einfluß« zu stehen. Da gab es sogar eine Akte über E. B. White, den Autor des Kinderklassikers *Charlotte's Web*.

Akten wurden auch über Maler und Bildhauer geführt, einschließlich Georgia O'Keeffe und Henry Moore – sogar über Picasso, der niemals einen Fuß in die Vereinigten Staaten gesetzt hat. Große Wissenschaftler waren gleichfalls Zielscheiben. Für Edgar war Dr. Salk, der Entdecker des Polio-Impfstoffes, verdächtig genug, um einen vierseitigen Warnbrief an das Weiße Haus zu richten, weil er Mitglied der amerikanisch-sowjetischen Medizingesellschaft war. Salk war eingestuft als »weit links vom Zentrum« und er hatte einen Bruder, der Mitglied der kommunistischen Partei war.

Edgar hatte damit angefangen, Informationen über Albert Einstein im Jahr

1940 zu sammeln, weil er an pazifistischen Konferenzen – zusammen mit den Kommunisten – teilnahm und weil er die republikanische Sache in Spanien unterstützt hatte. Nach dem Krieg, als der Physiker feststellte, daß er beobachtet wurde, war er unbeschreiblich desillusioniert. »Ich kam nach Amerika«, sagte er 1947, »wegen der großen, großen Freiheit, von der ich gehört habe, daß sie in diesem Land existiere. Ich machte einen Fehler, Amerika als Land der Freiheit auszuwählen, einen Fehler, den ich im Verlauf meines Lebens nicht mehr korrigieren kann.« Zum Zeitpunkt seines Todes war sein FBI-Dossier auf 1000 Seiten angewachsen. Sie enthalten keinen Beweis dafür, daß er jemals unloyal gewesen war.

Der Schauspieler Charlie Chaplin, einer von Einsteins Freunden, verkörperte all das, was Edgars Angst und Zorn hervorrief. Als in England geborener Ausländer lebte er ein ausgedehntes heterosexuelles Leben und war ein utopischer »Internationalist«, der mit Kommunisten freundlichen Umgang pflegte. Er war außerdem einer der berühmtesten Männer der Welt, viel berühmter als der Direktor des FBI...

Das Amt stufte Charlie als »gefährlich« ein, schon bevor Edgar Direktor wurde. FBI-Beamte waren besorgt, daß seine »kommunistischen« Filme die »Ansicht der Menschen infizieren« könnten. Sie hatten diese Sorge auch noch 1942, als er Ansprachen hielt, in denen er die Vereinigten Staaten aufforderte, den Sowjets in ihrem Kampf gegen die Nazis zu helfen.

Edgars Chance zur Verfolgung Chaplins ergab sich, als eine aus der Fassung geratene junge Schauspielerin, Joan Barry, behauptete, Charlie sei der Vater ihres ungeborenen Kindes. Edgar dachte, er könnte Chaplin nach dem Bundesgesetz des Mann Act (einem Gesetz, mit dem er auch dem Doppelagenten Popov während des Krieges gedroht hatte), unter Anklage stellen, weil der Schauspieler Miss Barrys Zugreisen quer durch das Land bezahlt hatte. Unter seiner persönlichen Aufsicht stöberten FBI-Agenten bald darauf in Chaplins Unterlagen über seine finanziellen Verhältnisse, befragten Freunde und Berufskollegen und fragten auch die Dienstboten aus, ob der Schauspieler »wilde Parties mit nackten Frauen« gefeiert habe.

Im Fall Barry erwies sich Charlie Chaplin als unschuldig, alle Bluttests ergaben, daß er nicht der Vater des Kindes sein könne. Edgars Verfolgungswut blieb jedoch bestehen. Er schickte Informationen über den Schauspieler an Hollywood-Klatschkolumnisten, schickte Agenten in die Bibliothek des Kongresses, um einen Bericht zu suchen, der 25 Jahre zuvor in der *Prawda* gestanden hatte und in dem dieses Blatt Chaplin »einen Kommunisten und einen Freund der Humanität« genannt hatte.

Tausende von Arbeitsstunden, die in diese Nachforschung gesteckt wurden, ergaben nichts. Aber schließlich waren Edgars Bemühungen dann doch erfolgreich. Es war seinem Ratschlag für den Justizminister zu verdanken, daß der Schauspieler 1952 des Landes verwiesen wurde, mit der Begründung, daß er »einen fragwürdigen Charakter« habe.

Jahre später, lange nachdem Chaplin sich in der Schweiz niedergelassen hatte, hatte Edgar ihn noch im Sicherheitsverzeichnis, auf der Liste jener, die im Falle eines nationalen Notstandes verhaftet werden sollten. Noch im Jahr 1972, als der Schauspieler nach Los Angeles eingeladen wurde, um den Sonder-Oscar in Empfang zu nehmen, war Edgar bemüht, ihm das Einreisevisum verweigern zu lassen. Es sollte ihm nicht gelingen und Chaplin erhielt einen stürmischen Empfang. Seine FBI-Akte umfaßt 1 900 Seiten.

Im Jahr 1975, drei Jahre nach Edgars Tod, ordnete ein Kongreßausschuß eine detaillierte Überprüfung der inländischen Sicherheitsakten in den zehn größten FBI-Büros an. Dabei förderte man zutage, daß nicht weniger als 19 Prozent der gesamten Arbeit des Amtes immer noch darin bestand, »aufrührerische Elemente« zu jagen. Ein krimineller Hintergrund wurde nur in vier von 19 700 Ermittlungen tatsächlich gefunden und in keinem Fall handelte es sich dabei um die Gefährdung der nationalen Sicherheit, um Spionage oder Terrorismus.

Im Herbst 1947 schrieb Präsident Truman, nach einer Krise im Geheimdienst, an seine Frau:

»...ich bin gewiß froh, daß der Geheimdienst bessere Arbeit leistet, ich war besorgt um die Situation. Edgar Hoover würde sein rechtes Auge dafür gegeben haben, ihn vollends zu übernehmen und alle Kongreßabgeordnete und Senatoren fürchten ihn. Das tue ich nicht, und das weiß er. Wenn ich es verhindern kann, soll es kein NKWD (Vorläufer des russischen KGB) oder Gestapo in unserem Land geben. Edgar Hoovers Organisation würde ohne weiteres ein System auf den Weg bringen, das Bürger ausspioniert. Nicht bei mir...
Allerherzlichst
Harry«

Im Jahr 1948, einem Wahljahr, hoffte die Parteileitung der Republikaner auf eine Rückkehr ins Weiße Haus. Edgar, der sich so oft als parteilos bezeichnete, half das Ansehen des Präsidenten zu unterminieren, indem er neue Panik wegen des Roten Feindes im Lande schürte. Das Spiel, das darum ging, angebliche Kommunisten in der oberen Chefetage der Truman-Administration ausfindig zu machen, hätte nicht ohne Edgars persönliche Mitarbeit gespielt werden können.

Das fing im Juli 1948 an, als eine Frau, die von der Presse die »blonde Spionagekönigin« genannt wurde, vor dem Ausschuß für un-amerikanische Umtriebe trat: Elizabeth Bentley, eine untersetzte, frühere Kommunistin mittleren Alters, deren mittlerweile verstorbener Liebhaber als Handlanger der Sowjets bekannt war.

Miss Bentley sagte, daß sie in den Jahren von 1938 bis 1944 als Kurier fungiert hätte, indem sie vertrauliche Informationen aus hochgradigen Quellen in Washington an die Kommunisten im Untergrund weitergeleitet hätte. Diese Quellen, behauptete Miss Bentley, hätten auch einen älteren Beamten von Präsident Roosevelt als Informanten eingeschlossen und zwei

Beamte der Truman-Administration, William Remington aus dem Wirtschaftsministerium und Harry Dexter White, einem früheren Staatssekretär des Finanzministeriums.
Vier Tage später erfolgte die Aussage des *Time*-Herausgebers Whittaker Chambers. Er war ebenfalls ein früherer Kommunist, seine Aussage blieb ein »cause celebré« bis heute. Chambers sagte aus, daß Alger Hiss, ein früherer Beamter des Außenministeriums, heimlich Kommunist gewesen sei, einer von einigen wenigen, die in einer kleinen, besonderen Gruppe zusammengefaßt waren, um die Regierung zu infiltrieren. Hiss wies diese Anklage von sich, aber Chambers legte eine Menge klassifizierter Dokumente vor, die, wie er behauptete, Hiss an ihn weitergegeben habe.
Was immer die Wahrheit in den Bentley-Chambers-Behauptungen sein mag, das Resultat bestand darin, daß einige Leben ruiniert waren und vier Männer starben. White fiel einem Herzanfall zum Opfer, nachdem er sich vor dem Ausschuß leidenschaftlich verteidigt hatte, William Remington wurde im Gefängnis zu Tode geprügelt, nachdem er wegen Meineids verurteilt worden war. Laurence Duggan, ein früherer Sekretär des Außenministeriums, starb an einem nie geklärten Sturz aus dem 16. Stock eines New Yorker Bürogebäudes. Marvin Smith, ein Justizbeamter, der in den Hiss-Fall verwickelt war, beging Selbstmord und Chambers selbst versuchte das gleiche.
Alger Hiss wurde dann des Meineids überführt, das Gericht glaubte, daß er log, als er sagte, er habe keine Dokumente an Chambers weitergegeben. Er verbüßte dreieinhalb Jahre im Gefängnis und heute, in seinen späten achtziger Jahren, besteht er immer noch darauf, unschuldig zu sein.[1]
Edgar hat sich in der Sache White und Hiss schwer zurückgehalten – bis sich die Gelegenheit ergab, Präsident Truman in Verlegenheit zu bringen. Der Direktor hatte von der Hiss-Angelegenheit bereits 1942 gewußt und hatte sie damals als eine »entweder geschichtliche oder hypothetische Schlußfolgerung« von sich gewiesen. Elizabeth Bentleys Reisen nach Washington, offensichtlich um Geheimnisse von Verrätern zu holen, waren jahrelang unangefochten geblieben trotz der Tatsache, daß Jacob Golos, ihr Liebhaber – ein lange bekannter, aktiver Kommunist – ein bevorzugtes Ziel der FBI-Überwachung war.
Im Jahr 1948, als Whites mögliche Schuld diskutiert wurde, fragte der frühere Sekretär des Finanzministeriums, Henry Morgenthau, Edgar privat, ob er glaube, daß White schuldig sei. Morgenthaus Sohn, heute Staatsanwalt in New York, hat die damalige Notiz seines Vaters über Edgars Antwort, die auf einem alten Umschlag gekritzelt wurde, aufgehoben. Edgars Meinung war, daß »daran nichts sei«.
Edgar wußte, aber er erwähnte es nicht öffentlich, daß die Hauptquelle der ganzen Spionageermittlung, der Sowjet-Abtrünnige Igor Gouzenko, ausdrücklich gesagt hatte, daß White nicht einer der amerikanischen Verräter sei. Aber es war, wie berichtet wird, Edgar, der Whites Aussage an erster Stelle durchsickern ließ, indem er Informationen an den Senatausschuß für

un-amerikanische Umtriebe weitergab. Er tat dies über seinen Mitarbeiter Lou Nichols, einen Mann, der für Edgar so geschickt in der Weitergabe von Informationen war, daß er als »das einwandfreiste Leck in ganz Washington« bekannt wurde.
Alger Hiss kam aufgrund nur eines einzigen stichfesten Beweises ins Gefängnis. Er hatte eine Woodstock-Schreibmaschine benutzt, von der behauptet wurde, daß sie Typen hatte, die sowohl die Kopien offizieller Dokumente erstellten, wie sie von Chambers geschrieben wurden, als auch Briefe, die auf der privaten Schreibmaschine der Hiss-Familie geschrieben sein konnten. Hiss, unterstützt durch einige Sachverständigen-Aussagen, behauptet, daß die Schreibmaschine umgebaut worden sei, um ihn hereinzulegen.
Wir werden niemals wissen, ob Edgar krumme Touren anwandte, um unschuldigen Männern etwas anzuhängen. Aber Dokumente, die jetzt vorliegen, beweisen, daß er im Jahr 1960 immerhin der Auffassung war, man dürfe mit Fälschungen arbeiten, um Mitglieder der kommunistischen Partei außer Gefecht zu setzen, z. B. indem man sie ihren Kollegen gegenüber durch die falsche Behauptung bloßstellte, sie seien FBI-Informanten. Die einzige Ermahnung, die Edgar seinen Agenten gab, bestand darin, daß sie sich vergewissern sollten, daß dieser Betrug Erfolg gewährleiste und dem Amt keinen Schaden brächte. Auf den Einwand, daß dieses Schema ja auch Änderungen an Schreibmaschinen beinhalte, hatte Edgar nur milden Protest parat, aber nicht wegen der Idee an sich. »Um eine Schreibmaschine zu ändern, damit sie einem bekannten Modell ähnlich wird«, meinte er, »würde das eine besondere Kenntnis über Schreibmaschinen erfordern und zusätzlich wochenlange Laboratoriumsarbeit.«
Ob das FBI Hiss hereingelegt hatte oder nicht – jedenfalls steht fest, daß die Möglichkeit, diese Affäre für seine politischen Zwecke zu nutzen, Edgar mehr bedeutete, als jegliche Rechtmäßigkeit. Er hatte insgeheim schon 1945, lange bevor Chambers an die Öffentlichkeit ging, daran gearbeitet, derartige Vorwürfe durchsickern zu lassen. Das wurde zuerst durch William Sullivan, dann durch einen von Edgars ausgewählten Beamten verbreitet, und zwar in Form der Unterrichtung eines rechtsgerichteten katholischen Priesters, Pater John Cronin.
Sullivan war bezeichnenderweise der Mann, dem Edgar eines Tages COINTELPRO, ein Programm, anvertraute, das speziell dazu entworfen worden war, angepeilte Gruppen um jeden Preis in Mißkredit zu bringen. Das schloß auch die Fälschung von Dokumenten mit ein.[2]
Pater Cronin seinerseits gab die Hiss-Vorwürfe weiter, zuerst in einem Bericht an die amerikanischen katholischen Bischöfe und im Jahr 1947 an den Kongreßabgeordneten Richard Nixon. Nixon sagte in einem kürzlichen Interview, das »das FBI und Hoover in dem Fall Hiss keine Rolle gespielt haben... Hoover war Truman gegenüber loyal... Es ist sehr unwahrscheinlich, daß er seine Jungs 'rumrennen ließ, um dem Ausschuß zu helfen.«

Laut Pater Cronin war Nixon ständig informiert, dank dem FBI-Agenten Ed Hummer. »Hummer rief jeden Tag an«, erinnert sich Cronin. »Ich fragte Dick (Nixon), der etwas wußte, wo man sich da wohl erkundigen könne...« Die FBI-Akte bestätigt mittlerweile Nixons eigene Aussage, die er 40 Jahre später abstritt. Im Dezember 1948 bei einem geheimen Zusammentreffen in seinem Hotelzimmer, sagten Agenten, daß »er im letzten Jahr sehr eng mit dem Büro und mit Nichols an dem Hiss-Fall gearbeitet habe.«

Lange vor der Hiss-Affäre war Nichols ein vertrautes Gesicht im Büro eines anderen republikanischen Mitglieds des Ausschusses für un-amerikanische Umtriebe geworden, dem des Kongreßabgeordneten Karl Mundt aus Süd-Dakota.[3] Mundt stand auch Edgar sehr nahe. »Sie dinierten privat zusammen«, sagte sein früherer Assistent Robert McGaughey, »und sie gehörten derselben Pokerrunde an. Der Senator sagte immer zu mir, wenn es irgendetwas gibt, was Sie zur Sprache bringen wollen, werden wir heute Abend beim Spielen darüber reden.«[4]

Edgar gab Mundt Informationen über Hiss von 1945 an weiter, erzählte McGaughey. Während der heißen Phase im Jahr 1948, erzählte er, »war Nichols im Büro, sagen wir zweimal am Tag... Da gab es eine Menge Vorschläge, mehr von Mr. Hoover als von Mundt, durch die wir erfuhren, wo wir nach Informationen zu suchen hätten.«

Hatte Mundt Zugang zu FBI-Akten? »FBI-Akten? Schon!« sagte Mr. McGaughey. »Ich will es einmal so sagen, er hatte Zugang zu Akten, die im Besitz von Mr. Hoover waren. Das war eine persönliche Verbindung.«

Edgar fand einen Weg, sich selbst bedeckt zu halten. Wenn ein Politiker bat, eine FBI-Akte sehen zu dürfen, erhielt dieser Politiker prompt ein Schreiben, in dem ihm der Zugang zu den Akten verweigert wurde. McGaughey enthüllt jedoch, daß der Agent die negative Antwort persönlich zum Kapitol hinüberbrachte und unter Umständen gleichzeitig aber die gewünschte Information weitergab, manchmal verbal, manchmal auch auf einfachem Papier getippt, dessen Ursprung man nicht zurückverfolgen konnte. Die Aktenkopie der Absage wurde als »Beweis« im Hauptquartier aufbewahrt, zum Nachweis, daß die Bitte abgeschlagen worden sei. Andere Beweise einer Zusammenarbeit mit konservativen Politikern wurden einfach vernichtet.

Im Jahr 1992 kam aus dem nachkommunistischen Moskau offizielle Unterstützung für Alger Hiss' Abstreiten der ganzen Angelegenheit. Dimitri Volkogonov, ein angesehener Militärhistoriker und enger Berater von Präsident Jeltzin, gab seine Erkenntnisse aufgrund eingesehener Sowjet-Akten bekannt. Er nannte die Anschuldigung, daß Hiss ein Spion gewesen sei, »völlig grundlos... Kein einziges Dokument erhärtet die Behauptung, daß Mr. A. Hiss mit dem Geheimdienst der Sowjetunion kollaboriert hat«, erklärte Volkogonov. »Die Tatsache, daß er in den fünfziger Jahren ins Zuchthaus kam, war das Ergebnis entweder falscher Informationen oder eines Justizirrtums.«

Präsident Truman glaubte nie, daß Hiss schuldig sei, er hatte nie einen Zweifel, um was es sich in diesem Fall wirklich handelte. »Was sie versuchten zu tun, all diese schrägen Vögel«, soll Truman Jahre später gesagt haben, »war, den Demokraten an den Kragen zu gehen. Sie versuchten, mich aus dem Weißen Haus hinauszudrängen und waren willens, dafür alles zu tun. (Die Republikaner) waren lange Zeit nicht mehr am Ruder gewesen, sie hätten alles getan, um an die Macht zu kommen. Sie stellten ungefähr alles an, was möglich war, wenn man an diese Hexenjagd denkt... Niemals war die Verfassung in so großer Gefahr...«
Man muß sich vor Augen halten, daß nur vier amerikanische Kommunisten des Vergehens der Spionage überführt wurden in der ganzen Zeit, während der Edgar Direktor des FBI war.[5]

Edgars vordringlichstes Anliegen im Jahr 1948 war, seine Machtbasis zu sichern, indem er versuchte, das Seine dazu beizutragen, Truman aus dem Weißen Haus hinauszudrängen. Im Frühjahr sprach er im Yankee-Stadion bei Hot Dogs mit dem Journalisten Walter Winchell privat über die kommende Wahl. »Er sagte, er sei wütend über Truman«, erinnert sich Winchells Assistent Herman Klurfeld. »Der Präsident hatte seine Macht beschnitten und das nahm er ihm übel. Er fand, Truman sollte durch jemand anderen ersetzt werden.«
Edgar kletterte bei den Wahlumzügen auf den Musik-Wagen des Kandidaten, der die meiste Aussicht bot, Truman abzulösen: auf den des Republikaners Thomas Dewey. Es war sechs Jahre her, daß das FBI angefangen hatte, Informationen über Dewey zu sammeln, die Ergebnisse waren recht gemischt. Während der letzten Kampagne hatten Agenten in Erfahrung gebracht, Dewey habe privat geäußert, daß der richtige Platz für Edgar eine Gefängniszelle sei!
Später wurden die Berichte positiver und im Jahr 1948, träumte Edgar, laut William Sullivan, vom politischen Aufstieg unter einem Präsidenten Dewey. Als die erste Wahlphase anlief, stellte er Dewey heimlich Material des Amtes zur Verfügung.
»Mit Hilfe des FBI«, erinnert sich Sullivan, »glaubte Hoover, könne Dewey nicht verlieren... Als Lohn für seine Hilfe, glaubte der Direktor, daß Dewey ihn, Hoover, zu seinem Justizminister machen würde und Nichols zum Direktor des FBI. Um diesen Meisterplan zu vervollständigen, sollte Tolson Hoovers Stellvertreter werden. Es wäre ein hübsches Arrangement gewesen, so mit Nichols am Steuer des FBI. Hoover würde das FBI so stramm unter Kontrolle gehabt haben, als ob er es niemals verlassen hätte... Hoovers Ehrgeiz machte vor dem Justizministerium nicht halt. Gut, wenn er schon nicht Präsident werden könnte, meinte Hoover, wäre es ganz passend, daß er dem Obersten Gerichtshof vorstünde, und er plante, sein Amt als Justizminister dafür als Sprungbrett zu benutzen...«
Dewey nahm Edgars Hilfe an, behauptet Sullivan. »Das FBI half Dewey während des ganzen Wahlkampfes, indem wir ihm alles gaben, was Tru-

man kränken konnte... Wir gruben die frühere Verbindung des Präsidenten zu Tom Pendergast, ... von Kansas City, wieder aus und versuchten, den Eindruck zu vermitteln, daß Truman zu ignorant sei, um die kommunistische Bedrohung zu erkennen. Wir präparierten sogar Studien für Dewey, die unter seinem Namen herausgegeben wurden, als ob er und sein Stab die Arbeit getan hätten. Ich arbeitete selbst an einigen dieser Projekte.«
Edgar erkrankte in jenem Herbst ernstlich an Lungenentzündung und befand sich am Wahltag, dem 2. November 1948, in Miami Beach zur Genesung. Clyde und Lou Nichols hatten ihm gesagt, daß die meisten Leute der Ansicht seien, Dewey würde mit Sicherheit gewinnen. Am nächsten Tag brachte die *Chicago Tribune* ihre berühmte »Ente«: »Dewey besiegt Truman«, nur um die Nachricht um so verwirrender zu machen, da sich das Gegenteil ereignet hatte: Truman war wieder zurück im Weißen Haus.[6]
»Eine düstere Stimmung breitete sich im Amt aus«, erinnert sich Sullivan. Von Florida aus sandte Edgar ein rasendes Memorandum, in dem er Nichols die Schuld gab, daß er »ihn in eine prekäre Lage gebracht habe«. »Edgar«, sagte Sullivan, »konnte niemals zugeben, daß er selbst einen Fehler gemacht hat.«
Doch am Tag der Amtseinführung des Präsidenten, am 20. Januar 1949, war Edgar immer noch Direktor des FBI. Er lud die 21jährige Schauspielerin Shirley Temple, die er noch aus ihrer Zeit als Kinderstar kannte, ein, um auf seinem Bürobalkon die Parade, die die Pennsylvania Avenue entlang marschierte, zu sehen. Er hatte, wie Miss Temple sich erinnert, »sein bestes St.-Nikolaus-Lächeln im Gesicht« aufgesetzt, und hatte für sie ein Geschenk, eine Tränengaspistole in Form eines Füllhalters.
Edgar hatte überlebt, aber er konnte sich nie sicher fühlen...

16. KAPITEL

> Es ist unmöglich, Hoovers Empfindlichkeit gegenüber Kritik an seiner Person oder des FBI zu überschätzen... Die harmloseste Bemerkung, die vorsichtigste Feststellung war ein ausreichender Grund für Mr. Hoover, ein Memorandum an den Justizminister loszuschicken, in dem er sich beschwerte und die Integrität des Urhebers angriff.
>
> Nicholas Katzenbach
> Früherer Justizminister

Einige Dokumente belegen, daß im März 1949 Details über Edgars privates Leben Präsident Truman erreichten. Ein hoher Beamter – sein Name ist aus dem Dokument gestrichen – schrieb in seinem Tagesbericht, daß ein Kollege (Name gleichfalls gestrichen):

»... mir einige schlechte Nachrichten über J. Edgar Hoover gab. Ich hoffe, es ist nur Klatsch. Geo (wahrscheinlich Trumans Vertrauter, George Allen) schlug vor, ich solle mit dem Präsidenten allein darüber sprechen.«

Die »schlechten Nachrichten« handelten sehr wahrscheinlich von Edgars Homosexualität. »Einmal«, vertraute Truman dem Autor Merle Miller an, »brachten sie mir einen Haufen Zeug über sein persönliches Leben. Ich sagte ihnen, daß es mir verdammt egal sei... Das ging mich nichts an... Ich sagte zu ihm, ›Edgar, mir ist egal, was ein Mann in seiner Freizeit macht, was mich interessiert ist das, was er während seiner Arbeit tut.‹«

Der Präsident war richtig zornig, als er drei Monate später einen FBI-Report über die heterosexuellen Abenteuer von zwei seiner engen Mitarbeitern erhielt. Charlie Ross, sein Pressesekretär und Freund, hatte offensichtlich während eines Schiffsausfluges »ein paar Mädels über das ganze Deck verfolgt«. Der gleiche Bericht handelte über eine jugendliche Liebesaffäre von Dave Niles, einem zuverlässigen Verwaltungsassistenten. »Ein Opfer Cupidos zu sein«, sagte Truman ärgerlich bei einer Kabinettsitzung, »ist nicht so schlimm, wie ein Opfer der Moskauer Propaganda zu sein.«

Hier zeigte sich der Präsident der Vereinigten Staaten zu Recht verärgert über den FBI-Klatsch, der sich um die Frauengeschichten seiner Mitarbeiter drehte, und das gerade in dem Moment, als er über Edgars eigenes Verhalten unterrichtet worden war. Edgars Fall war vergleichsweise eher ein Grund besorgt zu sein. Ein homosexueller FBI-Direktor mit dem Auftrag, die nationale innere Sicherheit zu gewährleisten, war ein klassisches Ziel für bösartige Geheimdienste – speziell den der Sowjetunion.

Im selben Monat, im Juni 1949, sah sich Edgar mit dem Fall der Judith

Coplon, einer jungen Angestellten des Justizministeriums öffentlich konfrontiert. Der jungen Frau wurde vorgeworfen, Informationen an die Sowjets weitergegeben zu haben. Miss Coplon war erwischt worden, als sie sich mit einem sowjetischen Diplomaten traf und dabei eine kleine Tasche voller Inhaltsangaben von FBI-Berichten bei sich trug. Dann, zu Edgars Entsetzen, ordnete der Richter bei ihrer Verhandlung an, daß das FBI Originaldokumente freizugeben hätte, die die Authentizität des in der Tasche gefundenen Materials belegten.

Dies war das erste Mal, daß ungesichtete FBI-Akten je veröffentlicht wurden und Edgar war nicht nur besorgt, weil sie höchst geheime Daten enthielten, sondern weil sich auch ein Mischmasch ungeprüfter Belanglosigkeiten darunter befand. Edgar protestierte bis hinauf zum Präsidenten, aber vergebens. Die Dokumente mußten bei Gericht vorgelegt werden und erwiesen sich als so peinlich, wie Edgar es befürchtet hatte.

Es kam heraus, daß das FBI selbst während der Verhandlung Unterhaltungen zwischen Miss Coplon und ihrem Anwalt abgehört hatte. Die Agenten hatten dann hastig die entsprechenden Berichte und Bänder zerstört und in einer Art und Weise vertuscht, die nur von Edgar genehmigt worden sein konnte. Während dieser Wochen, die Edgar als »scheußliche Angelegenheit« bezeichnete, war Truman wieder nahe daran, zu tun, was er schon immer tun wollte, den FBI-Direktor an die Luft zu setzen.

Die Liste von Edgars erklärten Feinden wurde immer länger. Und er wurde immer boshafter, den Liberalen, auch der Kirche, selbst den Medien gegenüber. In diesem Herbst beschäftigte er sich mit einem Artikel in *Harper's Magazine*, in welchem der Historiker Bernard de Voto sagte, die FBI-Berichte, die jetzt durch den Coplon-Prozeß aufgedeckt worden waren, »seien unverantwortlich wie das Geschnatter irgendwo zurückgebliebener Kinder«. Ein wütender Edgar telefonierte herum, um Informationen über de Voto zu bekommen und seine Mitarbeiter wußten, wie sie ihn zufriedenstellen konnten. Sie meinten allen Ernstes einen Fleck auf der weißen Weste des Pulitzer-Preis-Gewinners feststellen zu können, als sie erklärten, de Voto stellte seine »liberale intellektuelle Harvard-Attitüde zur Schau, ohne jeden praktischen Nutzen...«

»Ich mag ein Land«, hatte de Voto geschrieben, »wo es – verdammt noch mal – keinen zu interessieren hat, welche Illustrierte jemand liest, was er denkt, mit wem er seinen Cocktail trinkt. Ich mag ein Land, wo das, was ich sage, nicht in FBI-Akten landet und keine Bemerkung von S-17 feststellt, daß ich vielleicht eine Beziehung zu einer Frau in Kalifornien habe... Wir hatten so ein Land noch vor kurzer Zeit und ich bin dafür, wir kriegen es zurück. Es war sehr viel weniger beängstigend, als das, was wir jetzt haben.«

Jetzt nahm das FBI den Universitäts-Campus ins Visier. In Yale, berichtete eine Studentenzeitung, beeinflusse das FBI akademische Ernennungen, in dem es den Rektor jeweils mit abschätzigen Informationen versorgte. Ein hervorragender Physiker, Professor Henry Margenau, wurde von Agenten

beschimpft, weil er vor einer Jugendgruppe, die vom FBI mißbilligt wurde, eine Ansprache gehalten hatte. Er hatte sich gefügt und das FBI-Büro am Ort aufgesucht, bevor er eine Einladung zu einem weiteren Vortrag annahm.
William F. Buckley jun., später ein rechtslastiger Gelehrter, damals Herausgeber von *The Yale Daily News*, spielte eine führende Rolle in dem Aufruhr, der dieser Enthüllung folgte. Heimlich schickte er dem FBI Kopien der Arbeitsthemen von seinen Kommilitonen im Fach Zeitungswissenschaften. Edgars Oberpropagandist, Lou Nichols, sah in Buckley sofort den zukünftigen Verbündeten.
Während Edgar abstritt, daß seine Agenten Yale infiltriert hätten, zeigt ein Bericht, daß es einen FBI-»Verbindungsmann« in der Universität gegeben hat. Heute ist bekannt, daß das FBI über Tausende von Lehrern im ganzen Bildungssystem Akten führte. »Die gesamte Lehrerschaft«, erklärte bald darauf der Universitätspräsident in Chicago, Robert Hutchins, »ist eingeschüchtert.«
Furcht wurde für gewöhnlich, wie in Yale, hervorgerufen durch sogenannte stille Ermittlungen gegen Radikale. Dem FBI-Geflüster über College-Beamte folgten meist diskrete Kündigungen.
Ein paar Jahre später, wirbelte der Fall Howard Higman, eines Soziologieprofessors an der Colorado-Universität, der den Fehler machte, sich über Edgar persönlich zu mockieren, viel Staub auf. Die Epidsode begann damit, daß eine Studentin des Professors, eine frühere Miss America namens Marylin Van Derbur, Edgars Buch *Masters of Deceit* benutzte, um des Professors These zu widerlegen, daß die Sowjets auch ohne Hilfe der westlichen Kommunisten, die Bombe hätten bauen können. Higman reagierte daraufhin erst einmal mit abfälligen Bemerkungen über Edgars Buch und meinte dann »er mißbillige das Aufkommen einer politischen Polizei...« Nachdem Edgar diese Bemerkung durch einen Informanten zugetragen worden war, ließ er eine Flut von Geschichten und Briefen verbreiten, die den Professor in Mißkredit bringen sollten.
Im Jahr 1991, als das Bundesgesetz über die Freigabe von Informationen es möglich machte, konnte der Professor seine zum Teil zensierte FBI-Akte einsehen. Er war nicht wenig überrascht, daß sie auf über 6000 Seiten angewachsen war, sich über viele Jahre erstreckte und nicht nur ihn selbst, sondern auch seine Kinder betraf. »Können wir nicht unter der Universität von Colorado, die so einen Kerl an ihrer Fakultät hat, Feuer legen?« hatte Edgar geschrieben. »Wir müssen die akademischen Gauner in ihren eigenen vier Wänden an den Kanthaken kriegen«, schrieb ein anderer Mitarbeiter, und ein FBI-Beamter flog daraufhin nach Colorado, um vor Higmans Studenten und Kollegen einen »gepfefferten« Vortrag zu halten.
»Ich habe mich geirrt, als ich das FBI eine politische Polizei genannt habe«, erklärte der Professor. »Ich habe seitdem entdeckt, es ist eine Kirchengemeinde. Da wagt man auch keine Gegenrede; J. Edgar Hoover ist eben unfehlbar.«

Mittlerweile ist bekannt, daß das FBI in den fünfziger und sechziger Jahren mehr als 50 Colleges und Universitäten durchforstete. Es wurde dabei unterstützt von vielen hochrangigen Akademikern, wie z. B. von den Präsidenten von Yale und Princeton und dem Dekan von Harvard – alles zu dem Zweck, extreme Linke und kommunistische Fakultätsmitglieder auszusieben.
Nicht einmal Männer der Kirche waren vor Edgars strafender Hand sicher. In Brooklyn, in der Kirche der Heiligen Dreieinigkeit zogen der Pfarrer William Melish und sein Vater heftige Kritik des rechten Parteiflügels auf sich, weil sie sich für amerikanisch-sowjetische Freundschaft stark machten. Melish erinnert sich heute, daß das FBI bald einen heimtückischen Weg gefunden habe, ihn zu »züchtigen«. »Der Direktor der privaten Vorbereitungsschule auf dem Polytechnikum, die ich als Junge besucht habe, war auch Gemeindesekretär. Eine ganze Anzahl von »Poly-Boys« waren beim FBI und sie waren in voller Absicht zu dem Direktor geschickt worden, den Gemeindesekretär über mich auszuhorchen. Sie versuchten, ihn unter Druck zu setzen mit dem Ansinnen, er solle etwas tun, um mich loszuwerden. Fast jedes Mitglied des Gemeinderats wurde auf die eine oder andere Weise durch das FBI bedrängt... Eine meiner Predigten in der Heiligen Dreieinigkeit-Kirche, in der ich das FBI beschuldigte, die religiöse Freiheit einzuschränken, wurde im Wortlaut an J. Edgar Hoover gesandt. Hoover schickte sie wiederum an alle seine Büros und er dankte dem Informanten persönlich...«
Melish und sein Vater wurden tatsächlich aus der Kirche hinausgedrängt, trotz des überwältigenden Beistands seiner Kirchenratsmitglieder. Es sollte 20 Jahre dauern, bis der jüngere Melish eine Art von Genugtuung erhielt, als man ihn bat, doch als Hilfspriester wieder zurückzukommen.
Alle, die das Amt kritisierten, waren für Edgar Personen, gegen die ermittelt werden mußte. Solche, die Fehler an Edgar selbst fanden, hatten unter seinem Zorn zu leiden, dem Zorn eines Mannes mit 3 000 Agenten und riesigen finanziellen Möglichkeiten, die zu seiner Verfügung standen.
Im Sommer und Herbst des Jahres 1950 mißbrauchte Edgar diese Macht, um in unverschämter Art und Weise den Versuch zu unternehmen, die freie Meinungsäußerung zu beschneiden. Es begann damit, daß er erfuhr, William Sloane Associated, das New Yorker Verlagshaus, sei im Begriff, ein Buch über das FBI von Max Lowenthal, einem persönlichen Freund von Präsident Truman, herauszugeben. Wie ein Eichhörnchen hatte Lowenthal Dokumente über das FBI und seinem Direktor seit den späten zwanziger Jahren gesammelt, zu einem Zeitpunkt, als er noch Sekretär des Nationalausschusses für Gesetzgebung war. Was er dabei herausbekommen hatte, legte er nun in einer kritischen Arbeit über 500 Seiten vor.
Edgars Machenschaften, um das Buch zu einem Mißerfolg werden zu lassen, begannen sofort in dem Augenblick, in dem er von dessen Existenz erfuhr. Er bat seinen Freund, Morris Ernst, einen prominenten New Yorker Anwalt, das Buch zu sabotieren, indem er sich hinter der Szene an den

Verleger wandte. Korrespondenz beweist, daß das FBI das Buch wegen »verdrehender, halbwahrer, inkompetenter Einzelheiten« von dem Zeitpunkt seines Erscheinens an attackiert hatte. Lowenthals Sohn John glaubt zu wissen, wie Edgar von seines Vaters Buch erfuhr, bevor es auf den Markt kam. Das Haus der Familie, sagt er, sei einmal von Einbrechern heimgesucht worden, die offenbar mehr daran interessiert waren, die Papiere seines Vaters zu durchstöbern als etwas von den Wertgegenständen zu stehlen.

Im September hielt der republikanische Kongreßabgeordnete George Dondero, so als sei es ihm gerade spontan eingefallen, eine zehnminütige Schmährede gegen Lowenthal. Dondero war ein Mann, auf den Verlaß war, daß er des Direktors Gebote befolgte – in diesem Fall, Lowenthal mit Schmutz zu bewerfen und zu behaupten, er habe kommunistische Verbindungen. Als nächstes kam eine plötzliche Vorladung des Autors vor den Ausschuß für un-amerikanische Umtriebe. Der Bericht über die Anhörung wurde den FBI-Freunden bei der Presse im November, einen Tag bevor Lowenthals Buch herauskam, unter der Hand durchgegeben. Als das Buch eine begeisterte Kritik bekam, erhob sich ein anderer von Edgars politischen Freunden, der Abgeordnete Bourke Hickenlooper aus Iowa, im Senat, um den Rezensenten fertigzumachen.

Die persönlichen Akten von Edgars Propagandachef Lou Nichols waren lange in einem stählernen Aktenschrank in der Garage von Nichols Familie weggeschlossen. Sie enthalten einen Originalentwurf der Denunziation Lowenthals durch den Kongreßabgeordneten Dondero. Zeile für Zeile, Absatz für Absatz wiederholt die Ansprache des Kongreßabgeordneten lediglich eine Schmährede, die vom FBI auf Papier ohne Briefkopf und ohne Unterschrift vorbereitet worden war. Eine Notiz, die von Nichols an Edgar gegeben wurde, deckt das ganze Spiele auf:

»Ich füge eine Dokumentation zu den Einzelheiten über Max Lowenthal bei... Ich habe jeden Hinweis zu Lowenthal im Amt geprüft. Sie werden feststellen, daß einige Dinge fachspezifisch sind. Ich fühle mich durchaus sicher, sie benutzen zu können wegen der Phrasen, die in jedem Beispiel benutzt werden. Bei manchen Beispielen ist es die einzige Möglichkeit für uns, um Lowenthal mit diesen Kerlen in Verbindung zu bringen... Wenn Sie die Dinge, so wie sie jetzt stehen, billigen, können Sie Miss Gandy sagen, daß sie mir Bescheid geben soll, daß das Projekt okay ist... Sie kann die alte Kopie vernichten, die ich Ihnen hiermit schicke...«

»Fachspezifisch« war der übliche Amtsjargon für telefonische Überwachung. Lowenthals FBI-Akte zeigte, daß Agenten fast 30 Jahre lang Informationen über ihn gesammelt haben. Anderes Material, das nun benutzt wurde, um Lowenthal zu verleumden, war, wie Nichols Edgar mitteilte, dank eines »black bag job« zu erhalten gewesen – dank eines illegalen Einbruchs also. Handgeschriebene Notizen weisen daraufhin, daß Edgar selbst den FBI-Entwurf, den Dondero vorlesen sollte, gebilligt hat.

Lowenthals Buch verkaufte sich schlecht, aber nicht unbedingt wegen der Attacke im Kongreß. Solche Art Kritik kann den Verkauf eher fördern als hemmen. »Eines unserer Ziele war es, den Verkauf abzuwürgen«, enthüllte William Sullivan Jahre später. »Wir sind sogar zu einigen Buchhandlungen gegangen und haben sie gebeten, das Buch nicht auf Vorrat zu nehmen... Wir hatten einen enormen Zeitaufwand auf Kosten des Steuerzahlers...« Präsident Truman hatte einen langen und wehleidigen Brief Edgars über Lowenthal einfach ignoriert, ein Brief, der es geschickterweise vermied zu erwähnen, daß das beleidigende Buch nur vom FBI handelte. Truman, der das Buch bereits im Manuskript kannte, schickte Edgars Brief an Lowenthal zu dessen Erheiterung. Der Präsident sagte, die Lektüre dieses Buches »hätte ihm eine wirkliche Anregung bedeutet« und er lobte den Autor für »seine fabelhaften Dienste, die er dem Land damit erwiesen habe«.
Das war allerdings privat. Als er auf einer Pressekonferenz gefragt wurde, ob er das Buch gelesen habe, verneinte Truman das. Er wagte nicht, seine wahren Gefühle für Edgar in der Öffentlichkeit preiszugeben, geschweige denn, ihn hinauszuwerfen. Edgars Popularität hatte zu dieser Zeit einen neuen Höhepunkt erreicht. Angesichts der Tatsache, daß die Sowjets eventuell die Atombombe besaßen, der Beginn des Koreakrieges vor der Tür stand, angesichts der Rosenberg-Spionage-Affäre und der neuerlichen Anklagen gegen amerikanische Kommunistenführer, fiel es leicht, Edgars Behauptung zu glauben, daß die Nation von subversiven Elementen zerfressen sei.
Nach den Worten des damaligen Justizministers Howard McGrath, war Edgar »zu groß geworden, um ihn in den Griff zu bekommen«. Und in der Welt der wirklichen Politik war Edgar einer von denen geworden, die ihrerseits die Dinge im Griff hatten.

17. KAPITEL

> *In diesem Land gibt es keine Redefreiheit... Das ist Interessenpolitik und sie ist dumm und gefährlich.*
>
> Hubble Gardner
> Darsteller in dem Film *The Way We Were*, gedreht während der McCarthy-Ära

Es war Februar 1950 und Joseph McCarthy hatte gerade seine sensationelle Behauptung ausgesprochen, daß das Außenministerium Trumans mehr als 200 Mitglieder der kommunistischen Partei aufzuweisen habe. Diese Behauptung war frei erfunden, aber in einem Amerika, daß von der Angst vor den Kommunisten geschüttelt wurde, war der Senator aus Wisconsin im Begriff, zum Helden zu werden.

Während der folgenden vier Jahre spielte McCarthy als Vorsitzender des Senatsunterausschusses für Ermittlungen den Großinquisitor, indem er wilde Beschuldigungen gegen den Präsidenten, gegen Dutzende anständiger Beamter und eine große Menge meist unschuldiger Bürger ausstieß. Heutzutage ist »McCarthyismus« ein Begriff im Wörterbuch für »den Gebrauch diskriminierender und oftmals unbegründeter Anschuldigungen für Sensationsmacher und inquisitorische Ermittlungsmethoden«. Doch Edgar pflegte und hegte den Senator, fütterte ihn mit Informationen und eilte ihm fortgesetzt zu Hilfe, wenn er wieder einmal Amok lief.

Zehn Monate vor der unglaublichen Beschuldigung des Außenministeriums der Regierung Truman hatte sich Edgar in den Senderaum des Senats begeben, um dem 41jährigen McCarthy in einer 15minütigen Rundfunkansprache an die Bevölkerung seines Bundesstaates zur Seite zu stehen. Dies war eine seltene Geste der Unterstützung für einen jungen Politiker, eigentlich unvereinbar mit Edgars stets behaupteter Überparteilichkeit.

Edgar war über McCarthy unterrichtet worden, wie er über jedes Kongreßmitglied unterrichtet wurde, und als er im Rundfunk auftrat, pries er die früheren Verdienste des Senators als Richter – ein Lob, das aus dem Band herausgeschnitten wurde, dessentwegen McCarthy vom Obersten Gerichtshof von Wisconsin gerügt wurde, was ungefähr dem Verlust seiner Zulassung als Anwalt gleichkam.

Edgar wußte, daß McCarthy keine Reputation hatte. Jedoch nahm er ihn unter seine Fittiche, lange bevor er eine nationale Figur wurde. Der Senator speiste mit Edgar und Clyde im ›Harvey‹-Hotel und ging mit ihnen an den Wochenenden zur Rennbahn. Wie berichtet wurde, war er der einzige, dem, wenn Edgar abwesend war, die private Loge in Charles Town in West Virginia zur Verfügung stand. Edgar war »verrückt nach McCarthy«, wie

ein gleichfalls zum Rennen gehender Bekannter, der frühere Sekretär des demokratischen Ausschusses, George Allen, es ausdrückte. Als McCarthy aufgefordert wurde, Beweise für seine Anklage gegen das Außenministerium vorzulegen, rief er Edgar an und bat ihn um Hilfe. Edgar rüffelte ihn erst einmal, nicht etwa seiner Äußerungen wegen, sondern wegen der ermüdenden Art, in der er es getan hatte, und dann ordnete der Direktor die Suche nach Akten an, um irgend etwas zu finden, was den Senator unterstützen könnte.
»Wir waren diejenigen«, erinnert sich William Sullivan, »die die McCarthy-Anhörungen überhaupt erst möglich machten. Wir fütterten McCarthy mit dem ganzen Material, das er brauchte. Ich wußte, was wir taten. Ich arbeitete selbst mit daran. Zur gleichen Zeit erzählten wir der Öffentlichkeit, wir hätten mit dem ganzen überhaupt nichts zu tun.«
Andere Quellen, ohne persönliches Interesse am Sachverhalt, bestätigen dies. »Er ließ McCarthy eine Menge Zeug zukommen«, sagte Edgars Journalistenfreund Walter Trohan. »Joe erzählte mir selbst, daß er dies oder das vom FBI bekommen hätte.« Ruth Watt, eine Angestellte in McCarthys Ausschuß, bestätigte später, sie hätte »eine Menge FBI-Unterlagen« bekommen.
McCarthys Chef-Ermittler, Donald Surine, war ein ehemaliger FBI-Agent und auch andere wichtige Mitglieder des Stabes waren es. Des Senators spätere Frau, Jean Kerr, wandte sich an Edgar um Hilfe, als McCarthy hinter einer mit einem FBI-Agenten verheirateten Sekretärin her war. Der Agent wurde mit seiner Frau nach Alaska versetzt.
»Jeder Erfolg, den das FBI hatte«, schrieb Edgar in einem Brief an den Senator, »ist in nicht geringem Maß der vollen Unterstützung und Kooperation zuzuschreiben, die wir immer von so guten Freunden wie Ihnen erhalten haben.«

Im Jahr 1951, als das Land sich zu einer neuen Präsidentenwahl rüstete, kam ein republikanischer Kongreßabgeordneter auf die Idee, daß Edgar sich als ein »bevorzugter Sohn der Nation« um das Präsidentenamt bewerben sollte. »Was für eine Inspiration für die amerikanische Jugend«, meinte ein Bürger aus Chicago. »Die wirklich großen Staatsmänner sind die, welche Führungseigenschaften, vereint mit Ehrenhaftigkeit und Idealismus besitzen. Für mich ist Edgar Hoover das Synonym all dieser Eigenschaften.« »Wenn er sich bewirbt«, schrieb ein Geschäftsmann aus Missouri, »wird er mit mehr Stimmen gewählt werden, als jeder andere Präsident vor ihm.«
Aber anstatt sich um das Amt im Weißen Haus zu bewerben, wurde der Mann, der behauptete, über aller Politik zu stehen, einer der Königsmacher. Edgar schloß sich einer Clique von märchenhaft reichen Amerikanern an und versuchte nun Dwight Eisenhower und Richard Nixon ins Weiße Haus zu hieven.
An einem Augustabend mischte sich Edgar diskret unter die Gäste einer

Gesellschaft, die um den Swimmingpool eines exklusiven kalifornischen Hotels versammelt waren, um über Nixons Wahlkampffinanzierung zu sprechen. Obwohl er der Gastgeber war, blieb Edgars Rolle in der Presse unerwähnt. Es gab nur wenige Gäste, nur wenige waren notwendig. »Ich glaube, es waren ungefähr 20«, erinnert sich Barbara Coffman, eine der »ärmeren« Gäste »und einige Mädels kamen zu uns und sagten, ›Ich habe nur eine Million Dollar, wie steht es mit dir?‹ Es war eine witzige Party, sehr locker.«
Unter den anwesenden Millionären waren zwei der reichsten Männer der Welt, die texanischen Ölmogule Clint Murchison und Sid Richardson. Richardson, damals 61 Jahre alt, war ein schräger Typ, ein rauhbeiniger Junggeselle mit einem Hinkebein und einer Vorliebe für Bourbon Whisky und nächtliche Pokerspiele. Murchison, damals 57 Jahre alt, war ein wandelndes Kraftwerk, verheiratet mit Virginia, seiner zweiten Frau, nach der er auch ein Privatflugzeug benannte. Das Vermögen der beiden Männer wurde auf mindestens 700 Millionen Dollar geschätzt, ihre noch nicht erschlossenen Ölreserven nicht gerechnet.
Sobald sie erkannt hatten, daß Edgar großen Einfluß hatte, unterhielten die beiden Millionäre Beziehungen zu ihm in den späten vierziger Jahren – luden ihn nach Texas als Hausgast ein und nahmen ihn mit auf Jagdausflüge. Edgars Verbindung zu ihnen war weit jenseits dessen, was für einen Direktor des FBI korrekt gewesen wäre. Obwohl sich Murchison mit Gestalten aus dem organisierten Verbrechen umgab, zählte Edgar ihn »zu einem seiner engsten Freunde«.
»Geld«, pflegte der Millionär zu sagen, »ist wie Dünger. Wenn Du es um Dich verstreust, tut es viel Gutes.« Murchison und seine texanischen Freunde streuten eine Menge von Dollar über das politische Terrain. Sie waren traditionell konservative Unterstützer der demokratischen Partei – bis zur Präsidentschaft von Harry Truman. Er versetzte die Ölmagnaten in Wut, weil er öffentlich ihre steuerlichen Privilegien angriff und ein Veto gegen Preise einlegte, die sie noch reicher gemacht hätten. Murchison schrieb Trumans Name mit einem kleinen t, um zu zeigen, für wie klein er ihn hielt.
Murchisons politische Einstellung war weit rechts. Es wird berichtet, daß er die antisemitische Presse unterstützte und daß er eine der ersten und wichtigsten Geldquellen der amerikanischen Nazipartei und deren Anführer, Lincoln Rockwell, war, der Edgar zu »unseren Leuten« zählte.[1]
Während Trumans Regierungszeit stellte Edgar des öfteren für sich und den privaten Kreis Überlegungen bezüglich einer perfekten politischen Marschrichtung an. Er fand, daß Murchison und Richardson als Kandidaten für hohe Ämter in Frage kamen – oder zumindest als finanzielle Stützen für Politiker, die ihm genehm waren. Murchison fühlte sich seitdem verpflichtet, und bewarf Edgars Freund McCarthy förmlich mit Geld, stellte dem Senator Flugzeuge zur Verfügung und versprach ihm, ihn »bis zum bitteren Ende« zu unterstützen.

Während der Präsidentschaftswahl im Jahr 1952 steckten die Texaner Geld – buchstäblich – in Dwight Eisenhower. Sid Richardson war im Jahr zuvor in des Generals Pariser Hauptquartier geflogen mit einem fünf Seiten umfassenden Dokument, das darlegte, warum er sich um die Präsidentschaft bemühen sollte. Von da an ließ der Druck auf ihn nicht mehr nach. Murchison, dem es egal war, ob Eisenhower als Demokrat oder als Republikaner im Wettbewerb war, bemühte sich unablässig. Hauptsache war für ihn, daß er mitmachte.

Im August während eines nicht bekanntgegebenen Treffens in Kalifornien, diskutierte Eisenhower mit Edgar und Murchison über den demokratischen Kandidaten, den Gouverneur von Illinois, Adlai Stevenson. Sie kamen zu dem Schluß, Murchison solle einem Freund schreiben, daß Stevenson »von den Radikalen benutzt wird, um unsere stolzen, amerikanischen Traditionen kaputtzumachen«. In dem gleichen Monat begann jemand in Washington das Gerücht zu verbreiten, daß der Gouverneur »vom anderen Ufer« sei. Es kann mit Sicherheit angenommen werden, daß das FBI dahintersteckte.

Edgar war Stevenson schon seit drei Jahren böse, weil dieser eine milde Kritik an der Wirksamkeit des FBI geäußert hatte. Agenten waren an die Arbeit gegangen und hatten abfälliges Material gesammelt, und Edgar informierte Eisenhower über Stevensons Scheidung im Jahr 1949. Im Frühjahr 1952, kurz vor Stevensons Nominierung durch die Demokraten, erhielt Edgar einen Bericht, in dem behauptet wurde, daß Stevenson und der Präsident der Bradley-Universität, David Owen, die »beiden bekanntesten Homosexuellen der Vereinigten Staaten« seien. Stevenson sei vermutlich seinen homosexuellen Kameraden als »Adeline« bekannt.

Urheber dieses Berichtes waren bestimmte Polizisten aus Illinois. Ein studentischer Basketball-Spieler war der indirekte Zuträger. Stevensons Biographen haben nie eine homosexuelle Tendenz erwähnt. Beim FBI jedoch wanderte der Name des Gouverneurs in einen speziellen Akt mit der Aufschrift: »Stevenson, Adlai Ewing – Gouverneur von Illinois – Sexuell Abartiger.«

Im Juli gab Stevenson seine Kandidatur bekannt. Ein FBI-Agent bereitete ein 19seitiges Memorandum vor – einschließlich der homosexuellen Verunglimpfung und des Hinweises, daß Stevenson früher einmal kommunistische Sympathisanten beherbergt habe. Edgar hatte außerdem die Abfassung eines Memorandums auf Papier ohne Briefkopf angeordnet, in dem die homosexuellen Vermutungen zusammengefaßt werden sollten. Das Gerücht war, wie die demokratischen Amtsträger glaubten, von Edgars engem Freund, Guy Hottel, in diesem Sommer verbreitet worden.

Im Oktober, einem kritischen Zeitpunkt des Wahlkampfs, nutzte Senator McCarthy eine landesweite Fernsehansprache, um »den kaltschnäuzig dokumentierten Hintergrund« von Stevenson darzulegen, indem er mit Papieren in der Hand wild herumfuchtelte und den demokratischen Kandidaten als einen kommunistischen Kollaborateur einer linksgerichteten Orga-

nisation während der Kriegszeit brandmarkte. Die »Dokumentation«, von der kein Argument standgehalten hätte, wenn man sie einer Analyse unterzogen hätte, war durch den früheren FBI-Agenten Donald Surine beschafft worden, dem ständigen Verbindungsmann zwischen McCarthy und dem Amt.[2]
Das waren die schmutzigsten Angriffe in einer der schmutzigsten Kampagnen der Vereinigten Staaten. Im November 1952, drei Monate nach dem kalifornischen Strategietreffen mit Murchison und Edgar, schickte ein gewaltiges Abstimmungsergebnis Eisenhower nach Washington.

Allen, ein gemeinsamer Freund des neuen Präsidenten, Murchison, Richardson und Edgar, installierten die Eisenhower-Administration mit politischem »Saft« – mit der Vorliebe seiner Freunde fürs Öl.
Durch eine geheime Übereinkunft, noch vor der Amtseinführung, arrangierten es Allen und Billy Byars – ein weiterer Ölmagnatenfreund von Edgar – Eisenhowers Gettysburg-Farm zu finanzieren. Sie ließen ihm auch »für einen Teil seiner Farm-Aktivitäten« Geld zukommen. Byars finanzierte Mamie Eisenhowers Schwager, Gordon Moore, indem er ihm einen Rennstall auf seinem Grund und Boden einrichtete.
Sid Richardson seinerseits ließ Robert Anderson heimlich einen erheblichen Geldbetrag zukommen, um ihn als künftigen Finanzminister in die Lage zu versetzen, die Politik des Präsidenten dergestalt zu beeinflussen, daß sie den heimischen Ölförderern auch zugute kam. Die Eisenhower-Administration vergab während ihrer ersten Amtsperiode 60 Ölpachtverträge über Förderungslizenzen aus Regierungsbeständen – im Gegensatz von nur 16 in den vergangenen 55 Jahren.
Parlamentssprecher Sam Rayburn, ein Texaner, der die Gewohnheiten und Kniffe der Ölmagnaten kannte, beobachtete verzweifelt, wie Eisenhower Schlüsselpositionen in der Bundesregierung an die Wirtschaftsbarone verteilte. »Der Kerl Hoover«, grollte der Regierungssprecher, »half ihm dabei. Dieser Kerl, der Hoover, ist der schlimmste Fluch, den die Regierung seit Jahren ereilt hat.«
»Ich stand dem General Eisenhower nahe«, sollte sich Edgar später erinnern. »Er war ein großer Mann und ein großer Präsident.« Laut dem früheren Justizminister William Rogers, hatte Edgar geäußert, daß die acht Regierungsjahre Eisenhowers »die besten und glücklichsten« seiner Karriere gewesen seien. Das waren sie auch insofern, als er unter Eisenhower absolut nichts zu fürchten hatte.
Eisenhower verlieh Edgar die nationale Sicherheitsmedaille und Edgar dem Präsidenten als ersten das neue »goldene Abzeichen der Ehrenmitgliedschaft des FBI«. »Ich wünschte«, sagte Eisenhower später zu Edgar, nachdem er das Weiße Haus verlassen hatte, »es gäbe tausend J. Edgar Hoovers in Schlüsselpositionen in der Regierung.«
Neben dem Austausch von Höflichkeiten gab es aber auch mangelnde Übereinstimmungen. Eisenhowers Unterlagen enthüllen seine Besorgnis,

Präsident Roosevelt unterschreibt
Strafgesetzvorlagen (dahinter Hoover)

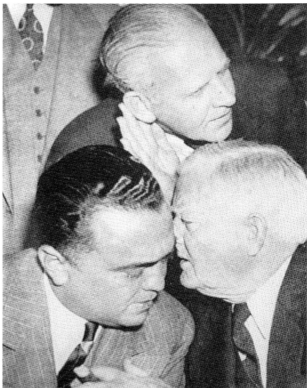

Mit Vize-Präsident John Garner
(dahinter Walter Winchell)

13 Der Doppelagent Dusko Pepov, der vor dem japanischen Angriff auf Pearl Harbor warnte

14 Eleanore Roosevelt mit Joseph Lash und Trude Pratt

daß loyale Amerikaner als angebliche Kommunisten verfolgt wurden, was er nicht wünschte. Er verachtete den McCarthyismus, den Edgar seinerseits bis zum Ende unterstützte. Später sollte Edgar Eisenhowers Entscheidung, den sowjetischen Staatschef Chruschtschow in die Vereinigten Staaten einzuladen, mißbilligen, da er fand, daß dadurch eine »kommunistenfreundliche Atmosphäre unter den Amerikanern« geschaffen würde.
Eisenhower ging – weniger als seine demokratischen Vorgänger – Kompromisse ein, was die Nutzung des FBI zur persönlichen politischen Information anbelangte. Es ist möglich, daß er es ohnehin nie gemacht hat. »Bei Eisenhower«, erinnert sich Ralph de Toledano, dem Edgar vieles anvertraute, »wußte Hoover nie, ob er gelobt oder getadelt wurde... Er mochte Eisenhower in Wirklichkeit nicht besonders...« Tatsächlich wühlte Edgar, räuberisch wie immer, in des Präsidenten Privatleben herum, genauso wie er in dem des Präsidenten Roosevelt gewühlt hatte.
Eisenhowers Romanze mit seinem weiblichen Chauffeur, der jungen Irin Kay Summersby, während des Krieges, war während der Präsidentschaftswahl des Jahres 1952 eine ständig tickende Zeitbombe gewesen. Führende Republikaner hielten Summersbys Memoiren aus dem Jahr 1948 *Eisenhower Was My Boss* für ziemlich explosiv – obwohl sie nichts über die wirkliche intime Beziehung des Paares aussagten. Exemplare des Buches verschwanden auf geheimnisvolle Art und Weise aus Washingtons Buchläden und auch aus der New Yorker öffentlichen Bibliothek.
Drei Jahre später im September 1955, gab Joe McCarthys Mitarbeiter, Donald Surine, einige Informationen an das FBI weiter. In den vergangenen sechs Wochen, sagte Surine, sei Miss Summersby in Washington gewesen und hätte sich unter einem anderen Namen im ›Shoreham‹-Hotel aufgehalten. Edgar stellte sofort intensive Nachforschungen an. Agenten machten zahlreiche »Anrufe unter irgendeinem Vorwand«, eingeschlossen einen Anruf bei Miss Summersby selbst, um herauszufinden, ob sie wirklich in Washington gewesen war.
Sicher wollte Edgar feststellen, ob der Präsident die Affäre mit Miss Summersby wieder hatte aufleben lassen. Es war seine Gewohnheit, die Präsidenten wissen zu lassen, daß er über ihre Sünden Bescheid wußte und sei es auch nur in einer verklausulierten Form von Informationen, die er ihnen zukommen ließ. Die Akten geben nicht preis, was Edgar mit der Summersby-Information tat, die ihn an dem Tag erreichte, als Präsident Eisenhower seinen ersten Herzanfall erlitt.
Seit 1953 machten Edgar und Clyde ausgedehnte Sommerferien als Gäste von Clint Murchison im ›Del Charro‹-Hotel, einem Hotel bei La Jolla in Südkalifornien, das Murchison gehörte. Edgar war seit den dreißiger Jahren regelmäßiger Gast in der Stadt und hatte der Presse gegenüber gesagt: »Dies sei ein Platz, wo er die Nähe Gottes spüre.« Seine jährliche Wallfahrt war dem Pferderennen im nahegelegenen Del Mar gewidmet, genau wie die von Murchison und Richardson, den beiden »Renn-Flüchtlingen« aus Texas, wo das Wetten auf Pferde illegal und daher verboten war.

Murchison hatte das ›Del Charro‹ in einem Anfall von Gekränktheit gekauft, weil die Hotelleitung keine komplette Etage für ihn allein zur Verfügung gestellt hatte. »Unser Vater der Du bist in Dallas«, lautete das Gebet des Hotelpersonals, »Murchison ist sein Name.«
Die ›Lone-Star‹-Flagge flatterte in der Pazifikbrise, wenn der Millionär und seine Freunde ihre dortige Residenz bezogen. Gefeierte Größen wie John Wayne, Zsa Zsa Gabor, Elizabeth Taylor und einige ihrer Ehemänner und auch weniger berühmte, aber geldschwere Gäste kamen und gingen wieder in ihren Privatflugzeugen. Das Hotel war klein und hatte astronomische Zimmerpreise – nach heutigem Wert 700 Dollar pro Nacht –, was die Zahl der Gäste drastisch einschränkte.
Nachdem Murchison das Hotel im Jahr 1953 übernommen hatte, hielten Edgar und Clyde sich niemals mehr woanders auf. Ihr Aufenthalt im Bungalow A, einer von sieben reservierten Bungalows für die Freunde des Industriekapitäns, wurde zu einer jährlichen Tortur für die FBI-Agenten am Ort. Ein respektvolles Klopfen an der Tür wurde mit Schweigen beantwortet, dann schnauzte Clyde »Was zum Kuckuck wollen Sie?« Er galt als ständig pickiert und »verrückter als ein Skorpion im Angriff«. Murchison gab ihm den Spitznamen »Killer«.
Der frühere Agent Harry Whidbee hat immer noch die Liste von Edgars Ferienanforderungen: direkte Telefonleitung nach Washington, drei Ventilatoren – der Direktor mochte keine Air-conditioning –, neue elektrische Birnen für jede Lampe, weiße, unlinierte Papierblöcke in den Maßen 15 x 25; zwei Rollen Tesafilm zum Abreißen, sechs gespitzte Bleistifte Nr. 2; zwei Flaschen Tinte des Fabrikats Scirpps Permanent Royal Blue Nr. 52 – niemand sonst war im Amt berechtigt, diese Marke zu benutzen –, ein Korb mit Früchten, Whisky – Jack Daniels für Edgar und Haig & Haig für Clyde, in Geschenkpapier verpackt und von dem leitenden Agenten des Ortes bezahlt, ob er nun wollte oder nicht.
Einmal gab es eine Panik, als untergeordnete Hilfskräfte etwas vergaßen – Edgars Lieblingseiscreme. Als er darauf bestand, diese auch noch spät am Abend zu bekommen, drängten Agenten einen Eishersteller am Ort, seinen Betrieb noch mal ein paar Stunden zu öffnen. Eine FBI-Stenotypistin, als Kellnerin verkleidet, servierte dann dem Boß seinen Nachtisch.
Selbst während der Ferien war das Paar selten anders gekleidet zu sehen als in Anzug und Krawatte. Edgars alternative »Uniform«, erinnert sich ein Mitglied des Stabes, war ein »schriller als schrillest, schockierend blaues Hawaii-Hemd, das er mit passenden Hosen trug«. Edgar benutzte niemals den nierenförmigen Swimmingpool des Hotels. Die Nähe von Wasser, erzählte er einmal den Nixons in La Jolla, verursache ihm »verdammtes Unbehagen«. »Die beiden saßen immer mit dem Rücken zur Wand, wenn sie ihr Dinner am Pool einnahmen«, erinnert sich ein langjähriger Hotelangestellter, Arthur Forbes. »Dies geschah der Sicherheit wegen. Es wurde behauptet, den Zugang zu beobachten, sei für diese beiden Männer etwas Lebenswichtiges gewesen.«

Clint Murchison vergewisserte sich persönlich, daß Edgar und Clyde im ›Del Charro‹ alles hatten, was sie sich wünschten. Als Edgar einmal erwähnte, daß er bei seinen Ferien in Florida »direkt vom Baum an der Tür Früchte pflücken konnte«, fand er am nächsten Morgen, als er erwachte, daß sein Patio mit Orangen-, Pfirsich-, Pflaumenbäumen und Weinreben bepflanzt worden war. Die Trauben waren, wie die Hotelangestellten sich erinnern, über Nacht mit Draht an den Reben befestigt worden.
Die vielen Gefälligkeiten, die Edgar von Murchison annahm, schadeten seinem Image als Mann der Unbestechlichkeit.»Ende des Sommers«, erinnert sich Allan Witwer, der erste Manager des ›Del Charro‹-Hotels, »machte Hoover keine Miene, seine Rechnung zu bezahlen. So ging ich zu Murchison und sagte, ›Was soll ich denn machen?‹ ›Setzen Sie es auf meine Rechnung‹, sagte er mir. Und das tat ich dann.«
Nach Witwer und seinem Nachfolger, Artur Forbes, hat die Firma Murchison KG die enormen Ansprüche Edgars und die enormen Kosten, die jedes Jahr dafür anfielen, 20 Jahre lang, bis zu seinem Tod, getragen. Witwer hatte eine Rechnungskopie aus dem Jahr 1953 für die Zeit vom 28. Juli bis 28. August bei sich zu Hause in Maine aufbewahrt. Sie ist schlicht mit »Murchison« unterschrieben und wurde der Sekretärin des Millionärs, Ernestine van Buren, zur Bezahlung zugeschickt. In den späten fünfziger Jahren, sagte Witwer, waren Edgars Rechnungen wiederum von Delhi-Taylor, einer Murchison-Gesellschaft, bezahlt worden.
Allein die Rechnung von 1953 betrug 3.100 Dollar oder nach heutigem Wert 15.755 Dollar. Wenn dies der durchschnittliche Preis war – und das Hotel erhöhte über die Jahre seine Preise –, dann brachten die 18 Jahre, die folgten, Edgar eine Gastfreundlichkeit im Wert von fast 300.000 Dollar. Diese Zahl mag noch niedrig geschätzt sein, weil Edgars Urlaub manchmal fast zwei Monate dauerte. Wenn man seine Reisen nach Kalifornien hinzuzählt, die er als »offizielle Inspektionsreisen« bezeichnete, bedeutet das, daß die Steuerzahler diese Reisekosten trugen. (Seit 1950 betrug Edgars FBI-Gehalt mehr als das eines Kongreßabgeordneten oder eines Kabinettmitglieds.)
Einige Monate vor seinem Tod, in einer nicht aufgezeichneten Unterhaltung mit dem Chefredakteur der *Los Angeles Times*, David Kraslow, hat Edgar zugegeben, daß er diese Großzügigkeit akzeptiert hat. Nebenbei, als ob dies die Sache wieder ins Lot brächte, erwähnte er, er hätte für seine Mahlzeiten und seine Getränke selbst bezahlt.
1958 kam Edgars Buch *Masters of Deceit* als ein Handbuch über »Kommunismus in Amerika und wie er zu bekämpfen ist«, heraus. Weil Edgar der Autor war, wurde es ein großer Bestseller, es wurden 250 000 Exemplare im Hardcover und zwei Millionen als Taschenbuch verkauft. In manchen Schulen wurde das Buch zur Pflichtlektüre. In einer offiziellen Bekanntmachung des Justizministeriums wurde mitgeteilt, daß die Tantiemen dem Fonds des FBI-Erholungszentrums zugute kämen.
Masters of Deceit ist weder von Edgar geschrieben worden noch war es

seine Idee. Das Buch erwuchs aus einem Vorschlag des stellvertretenden Direktors William Sullivan, und wurde von vier Agenten des Amtes geschrieben, die mit dem Job betraut wurden. Von Fern Stukenbroeker, einem Agenten mit einem Dr. phil., der an Verbrechensberichten arbeitete, wurde es »aufpoliert«. Die Agenten überall im Lande wurden angewiesen, das Buch zu empfehlen und Kritiken – die vorher im Amt geschrieben wurden – in freundlich gesinnten Zeitungen zu plazieren. *Masters of Deceit*, so hieß der Witz im Hause, »ist geschrieben vom Master of Deceit (Meister des Betruges), der es selbst aber nie gelesen hat.«

Nach Edgars Tod stellte eine offizielle Untersuchung fest, daß Tausende von Dollar aus dem Fonds des Erholungszentrums des FBI für ganz andere Dinge als für »sportliche und soziale Zwecke« abgezweigt worden waren, wofür der Fonds eigentlich ursprünglich eingerichtet worden war. Außerdem kam nur ein Fünftel der Bucheinnahmen überhaupt an den Fonds. Edgar wies den Vorschlag, daß der Restbetrag an ein Herz- oder Krebsklinikum gehen solle, schroff zurück und teilte ihn zwischen sich, Clyde, Lou Nichols und Bill Nichols (keine Verbindung zwischen beiden), einem Journalisten, der hinzugebeten war, um dem Manuskript den letzten Schliff zu geben.

»Ich weiß es wirklich nicht mehr«, war die Erwiderung Lou Nichols, als er Jahre später gefragt wurde, wieviel er erhalten habe. Edgar war da unverblümter – im privaten Kreis. Er gab zu, daß jeder der Männer 72.000 Dollar erhalten habe, etwa 340.000 Dollar nach heutigem Wert.

Edgars Freund Clint Murchison, der eine Mehrheitsbeteiligung bei Henry Holten, dem Verleger von *Masters of Deceit* hatte, wies die Gesellschaft praktisch an, das Buch zu kaufen, und seine Sekretärin, Ernestine van Buren, erinnert sich, daß er sich »mit großem Nachdruck dafür einsetzte, daß Hoover einen günstigen Vertrag bekam«.

Während die neu eingestellten FBI-Mitarbeiter dringend gewarnt wurden, niemals am Aktienmarkt zu spekulieren, wurden Edgar und Clyde reich – dank der Investment-Tips und einem speziellen »ohne Verlust«-Arrangement, das ihre texanischen Freunde für sie erstellten. Edgar investierte in Öl, Versicherungs- und Eisenbahngesellschaften, Bereiche, in denen Murchison und Richardson Spezialisten waren. Einige Holding-Gesellschaften, Gulf Life, Chesapeake & Ohio Eisenbahn, Texas-Öl und Texas-Gas, betrafen unmittelbar die eigenen Interessen der Millionäre.

Edgar und Clyde investierten immer die gleichen Summen in die gleichen Öl-Konzerne. Noch im Jahr 1973 – nach Edgars, Richardsons und Murchisons Tod – machte Clyde allein durch ein einziges Oil-Investment 4.000 Dollar monatlich. »Leute, die im Öl-Geschäft waren«, sagte der frühere stellvertretende FBI-Direktor John Mohr, »riefen an und sagten ihm: ›Wir haben hier etwas Gutes, möchtest du mitmachen, Clyde?‹«

Als er 1975 starb, hinterließ Clyde 725.000 Dollar, fast 1,8 Millionen Dollar nach heutigem Wert. Edgars offiziell bekannt gegebenes Vermögen, von dem das meiste an Clyde ging, schloß 122.000 Dollar an Öl-, Gas- und

Mineralrechten ein. Wenn er nicht in den Jahren vor seinem Tod große Verluste erlitten hätte, könnte das tatsächliche Vermögen weit größer gewesen sein. Die folgende Episode bezeugt, daß Edgar und Clyde Riesensummen, zweimal soviel als das ganze von Edgar deklarierte Vermögen, nur in ein einziges texanisches Ölprojekt steckten.

Im Jahr 1961, während er seines verstorbenen Vaters Angelegenheiten ordnete, stieß der aus Massachusetts stammende Geschäftsmann Peter Sprague auf einen Briefwechsel, der darauf hinwies, daß Edgar und Clyde Hauptinvestoren an Santiago-Oil und -Gas gewesen waren, daß heißt, an einer texanischen Ölbohrgesellschaft. Der frühere Präsident von Santiago, Leland Redline, bestätigt das und Dokumente zeigen, daß Edgar fortgesetzt in Texas-Oil investierte. »Ich weiß, daß wir ihm Profit verschafften«, sagte Redline, »aber die... Profite gingen mich nichts an.«

Wie sich Sprague erinnert, beweisen Dokumente, daß Edgar und Clyde große Summen in Santiago-Oil steckten – etwa eine dreiviertel Million nach heutigem Wert. »Für mich erhob sich die Frage«, sagte er, »wo kriegten sie all das Geld her? Bestimmt nicht aus Ersparnissen ihres FBI-Gehalts...« Sprague gab die Berichte an den New Yorker Staatsanwalt Robert Morgenthau weiter.

»Hauptsächlich«, sagte Morgenthau 1988, »waren das Telegramme, die ihm von seinen Bohr-Projekten berichteten. Was meine Aufmerksamkeit erregte, war, daß das Bundesrechte waren – und Hoover war Beamter der Bundesregierung. Hatte er einem Hintermann geholfen, diese Rechte zu erwerben? War sein Investmentprofit im Grunde nur eine Vermittlungsgebühr? Das würde bedeutet haben, daß es sich um eine Belohnung dafür handelte, daß er dem fraglichen Hintermann die Förderungsrechte und anstehenden Ölgeschäfte zur Kenntnis gebracht hätte. Das wäre für einen Bundesbeamten wie Hoover ein außerordentlich unlauteres Verhalten gewesen.«

Informationen über die Verbindungen zwischen Edgars Ölgeschäften und Clint Murchison waren Beweise, die ihn hätten zu Fall bringen können, wären sie irgendwelchen Bundesbeamten zu Ohren gekommen. Entsprechende Berichte landeten auch auf dem Schreibtisch von William Hundley, dem Leiter der Abteilung Organisiertes Verbrechen im Justizministerium während der Kennedy-Präsidentschaft. »Doch es war nicht handfest genug, um einen Kriminalfall daraus zu machen«, erinnert sich Hundley, »aber es war unkorrekt. Er hätte das nicht tun dürfen.«

John Dowd, der nach Edgars Tod eine Untersuchung des Justizministeriums über FBI-Korruptionen leitete, war entsetzt über das, was er dabei über die Öl-Investments erfuhr. »Hoover machte Öl-Geschäfte mit Clint Murchison«, bestätigte Dowd im Jahr 1988. »Wenn eine Bohr-Gesellschaft ins Trockene vorstieß, bekam er sein Geld zurück. Es mußte sicher sein, falls nicht, bekam er sein Geld wieder, seien es Wertpapiere oder Aktien mit Dividendengarantie für ein anderes risikoreiches Ölgeschäft. Das war außergewöhnlich.«

Laut William Sullivan, hatte Edgar »ein Abkommen mit Murchison, daß, wo immer er in Öl investierte und sie trafen auf Öl, er seinen Anteil des Profits bekam, aber wenn sie kein Öl fanden, zahlte er keineswegs für die Kosten... Einmal geriet er in ernsthafte Schwierigkeiten einer Einkommensteuer-Manipulation wegen. Wir mußten einen Buchprüfer von New York nach Houston, Texas, schicken, wo diese Vorgänge offenbar bekannt waren. Er sagte mir hinterher, ›Gütiger Gott! Wenn die Wahrheit herausgekommen wäre, wäre Hoover in ernsthafte Schwierigkeiten geraten...‹ Offensichtlich konnte er alles glätten. Aber er sagte, Hoover hätte etwas getan, was eine ernsthafte Verletzung des Gesetzes gewesen sei.«

Der Amtsvorsteher Albert Gunsser regelte Edgars und Clydes Steuerangelegenheiten in späteren Jahren – und ein dankbarer Clyde hinterließ ihm in seinem Testament 27.000 Dollar.

Im Spätsommer 1953, als Edgar das erste Mal Murchisons Gastfreundschaft im ›Del Charro‹ genoß, tauchte unerwartet McCarthy im Hotel auf. Edgar erzählte Reportern, dies sei ein reiner Zufall gewesen, aber die Umstände sprechen dafür, daß es ein Krisengespräch zwischen Schützling und Mentor gewesen war.

Zu Beginn der Eisenhower-Präsidentschaft im Jahr zuvor, hatte der Senator den Vorsitz im Unterausschuß für Ermittlungen bekommen, für ihn eine günstige Gelegenheit, die widerwärtigen Hearings zu leiten, für die er noch berüchtigt werden sollte. Und sein Chef-Berater während dieser Zeit politischen Terrors war einer von Edgars bevorzugten Gefolgsleuten, Roy Cohn. Der begabte Sohn eines New Yorker Richters am Obersten Gerichtshof, Cohn, hatte eine Menge Gemeinsamkeiten mit Edgar. Er identifizierte sich bereits mit den politischen Rechten, als er in Washington im Alter von 25 Jahren auftauchte – obwohl er das bis 1986 bestritt, als er an Aids starb. Er war homosexuell und wie Edgar machte er es zu seiner Hauptaufgabe, anderen Homosexuellen und den Verfechtern homosexueller Rechte nach Kräften ein Bein zu stellen. Cohn erhielt den Job im Justizministerium dank George »Sok« Sokolsky, einem Kolumnisten, der Edgar nahestand und jeden Tag im FBI erschien, um Hinweise über das entgegenzunehmen, was er zu schreiben habe. Er stand auch Walter Winchell nahe und erhielt seine erste Audienz bei Edgar ein paar Minuten, nachdem er darum gebeten hatte. Edgar drängte ihn, seinen Vorgesetzten Widerstand entgegenzusetzen und eine geplante Verfolgung angeblicher amerikanischer Kommunisten in den Vereinten Nationen zu fördern und weiterhin mit ihm in Verbindung zu bleiben. »Es war offensichtlich«, erinnerte sich Cohn, »daß man mir traute.«

Edgar empfahl Cohn an Joseph McCarthy weiter und war auch anwesend, als Cohns Ernennung zum Chef-Berater durch den Senator gefeiert wurde. McCarthy und sein Mentor kamen sich, wie Cohn entdeckte, noch näher in einer Folge von privaten Dinners in dem Appartement Jean Kerrs, der Verlobten des Senators. Edgar, begleitet von Clyde, kam immer pünktlich und immer tadellos gekleidet. Anders als McCarthy konnte er niemals dazu überredet werden, sein Jackett abzulegen, bis zu dem Abend, als der Senator scherzend fragte, ob er ein Tonbandgerät in seiner Jackentasche habe. Da gab Edgar nach und setzte sich hemdsärmelig an den Tisch.

Cohn brachte einen unbezahlten »Chefberater« zum Unterausschuß mit und Edgar kam auch mit ihm in Verbindung. Das war David Schine, ein gutaussehender, blonder, 26jähriger Harvard-Absolvent, der Cohns ständiger Begleiter war – und das Ziel unablässigen Klatsches. Es wurde getuschelt, daß sie ein Paar seien. Schines Vater Myer spielte regelmäßig für Edgar und Clyde den Gastgeber bei ihren Weihnachtsbesuchen in Miami Beach.

Edgar ließ sich keineswegs abschrecken von der Tatsache, daß Myer Schine dem Kefauver-Ausschuß gestanden hatte, daß er mit einer Unterweltbande ein Abkommen über Glücksspiele in seinem Hotel getroffen habe. Er und Clyde akzeptierten Schines Gastfreundschaft im ›Gulfstream‹, einer exklusiven Einrichtung von Strandappartements in Miami Beach, und im ›Ambassador‹-Hotel in Los Angeles. Schine zahlte, wie Murchison in La Jolla, die Rechnungen.

Im Jahr 1953 tauchte McCarthy zu dem Zeitpunkt, als seine Popularität schwand, in La Jolla auf. Alle wichtigen Persönlichkeiten, einschließlich des Präsidenten und vieler Abgeordneter des rechten Flügels, hatten das Gefühl, genug sei genug. Der Senator traf in einem desolaten Zustand im ›Del Charro‹ ein. Er war betrunken, behandelte die Hotelangestellten miserabel und warf seine Verlobte in voller Bekleidung in den Swimmingpool.

In dem Moment, als andere Personen des öffentlichen Lebens sich von McCarthy distanzierten, ergriff Edgar seine Partei. »Ich sehe in ihm einen Freund«, sagte er zu den Reportern am Ort. »Gewiß ist er ein kontroverser Mensch, aber er ist ernsthaft und er ist ehrenhaft. Er hat Feinde. Wenn immer man Kommunisten, Faschisten, sogar den Ku-Klux-Klan angreift, wird man das Opfer gemeiner Kritik... McCarthy war in der Marine, er war Amateurboxer, er ist Ire. Kombinieren Sie das alles miteinander und Sie haben einen deutlichen Hinweis darauf, daß er ein Mensch ist, der sich nicht herumstoßen läßt.«

McCarthy war größtenteils wegen der Arroganz des Mannes ins Schleudern gekommen, den Edgar ihm zur Unterstützung geschickt hatte. Im folgenden Sommer 1954 sahen Millionen von Fernsehzuschauern die Hearings, die enthüllten, daß während der Kommunistenjagd innerhalb des Militärs Roy Cohn seine Privilegien als Abgeordneter weitgehend mißbrauchte, indem er versucht hatte, Schine davor zu bewahren, eingezogen zu werden. Als das daneben ging und er versucht hatte, die Armee zu beeinflussen, daß Schine spezielle Privilegien zuerkannt würden, war Cohn gezwungen, im Juli zurückzutreten. McCarthys Ende schien unvermeidlich.

Er reagierte damit, daß er wieder mal zu Edgar und Clint Murchison nach

La Jolla rannte. Cohn, der mit ihm gekommen war, wurde am Empfang abgewiesen, weil er Jude war. Murchison hatte ein Schild »Kein Zutritt für Juden« an die Tür des ›Del Charro‹ hängenlassen, ebensowenig erhielten Schwarze Zutritt, es sei denn als Bedienstete. Während der Trinkgelage spielte McCarthy Shuffleboard mit Edgar oder saß neben Edgar, einen Arm um die Schulter des Direktors gelegt, und erzählte.

Falls McCarthy mit öffentlicher Unterstützung durch Edgar gerechnet hatte, so wurde er enttäuscht. Edgar hatte die ganze Zeit ein doppeltes Spiel gespielt, indem er seine Rolle als unparteiischer FBI-Direktor in der Öffentlichkeit unterstrich und gleichzeitig den Senator nur insgeheim praktisch unbegrenzt unterstützte.

Weil er wußte, daß Eisenhower McCarthy nicht ausstehen konnte, erzählte Edgar dem Präsidenten, daß des Senators Tätigkeit nun die Kommunistenjagd behindere. Im Senat ließ er wissen, daß er McCarthys Arbeit zwar schätzte, seinen Methoden jedoch kritisch gegenüber stand. Jedenfalls hielt er die Behauptung aufrecht, daß keine FBI-Dokumente an McCarthy weitergereicht worden seien.[3]

McCarthy blieb noch mit dem FBI in Verbindung, lange, nachdem der Senat ihn mit Schimpf und Schande verstoßen hatte. Noch in seinen letzten Lebenstagen, als er sich im Endstadium des Alkoholismus befand, schlug er Edgar als den einzigen richtigen Nachfolger Eisenhowers vor. Im Jahr 1957, als McCarthy an Leberzirrhose gestorben war, waren Edgar, Roy Cohn und Richard Nixon unter den zahlreichen Trauergästen.

Einige, die ihn gekannt hatten, meinten, daß McCarthy selbst niemals an das geglaubt hätte, was er so an antikommunistischer Rhetorik von sich gegeben habe. Edgars Eifer mag in den fünfziger Jahren auch auf tönernen Füßen gestanden haben. »Selbstverständlich war es ihm nicht ernst«, sagte William Sullivan. »Er wußte genau, daß die kommunistische Partei verdammt unbedeutend war...«

Aufgrund nicht nachlassenden Drucks des FBI war die Mitgliederzahl der kommunistischen Partei 1956 von ihren etwa 80 000 Mitgliedern – dem Höhepunkt im Jahr 1944 – auf nur noch 20 000 gesunken. Die Zahl fiel immer weiter auf 8 500 im Jahr 1962 und auf 2 800 im Jahr 1971. Zwar überlebte die Partei, aber sie war durch die unentwegten Aktivitäten des FBI nur noch ein trauriger Rest. »Wenn es nicht meinetwegen wäre«, sagte Edgar zu Abba Schwartz, dem stellvertretenden Staatssekretär für Sicherheit im Außenministerium 1961, »dann gäbe es überhaupt keine kommunistische Partei der Vereinigten Staaten. Ich habe eigentlich die kommunistische Partei geradezu finanziert, nur um zu wissen, was die so tun.«

»Wie, glauben Sie, soll ich meine Zuwendungen aus dem Staatshaushalt bekommen, wenn sie ständig die kommunistische Partei herunterspielen?« raunzte Edgar gegen Ende seines Lebens einmal William Sullivan an. Sullivan, der spezialisiert auf die Überwachung der Parteiaktivitäten war, erklärte später in der Öffentlichkeit, daß die kommunistische »Bedrohung«

lange Zeit »eine Lüge gewesen sei, die man vor der amerikanischen Öffentlichkeit aufrecht erhalten habe«.

All dies weist darauf hin, daß am Ende der McCarthy-Ära selbst Edgar die antikommunistischen Anstrengungen, die im FBI als »The Cause« (Die Sache) bekannt war, unmöglich ernst genommen hat. Aber jenseits all dessen bestand die Tatsache, daß Edgar an Edgar glaubte. Diejenigen im Kongreß, die nach seiner Pfeife tanzten, wie McCarthy, benutzte er. Bei den anderen, die das nicht taten, fand er eine Möglichkeit, ihnen an den Karren zu fahren.

Von den frühen fünfziger Jahren an, so meinte Senator Estes Kefauver, besaß Edgar durch seinen Einfluß auf den Kongreß »mehr Macht als der Präsident«.

18. KAPITEL

> *J. Edgar Hoover war wie eine Kloake, in der sich Dreck sammelte. Ich glaube heute, daß er der schlimmste Staatsdiener in unserer Geschichte gewesen ist.*
>
> Lawrence Silberman
> Früherer Justizminister

Edgar bestritt immer wieder, daß er Akten über Personen des öffentlichen Lebens, Politiker und andere öffentliche Persönlichkeiten führte. »Die vermuteten geheimen Dossiers«, sagte er, »existieren nicht.« Die Politiker jedoch glaubten ihm nicht. Im Jahr 1958 versammelten sich einige US-Senatoren und diskutierten, was zu tun sei, falls Edgar plötzlich stürbe. Sie beschlossen, daß eine Delegation zum Hauptquartier eilen und Einsicht in die Akten verlangen sollte.

Grundsätzlich herrschte Angst, auch dort, wo man es nicht annehmen sollte. Der Senator Karl Mundt, ein Republikaner des äußersten rechten Flügels und ein getreuer Anhänger des Ausschusses für un-amerikanische Umtriebe, war angeblich einer von denen, die Edgar verbal unterstützten. Doch eines Abends im Jahr 1960 schilderte Mundt seinem Mitarbeiter, Henry Eakins, seine wahren Gefühle.

»Hoover«, sagte er, »ist der gefährlichste Mann der Vereinigten Staaten. Er hat sein Amt mißbraucht. Ich weiß von Dingen, die Hoover Kongreßabgeordneten und Senatoren angetan hat, Dinge, die niemals hätten passieren dürfen. Er weiß über jeden etwas.« Später, besorgt, weil er so etwas ausgesprochen hatte, bat er Eakins, nicht weiterzuerzählen, was er zu ihm gesagt habe, solange Edgar noch im Amt sei.

Dank einer Senatsüberprüfung im Jahr 1975 wissen wir heute, daß das FBI Akten unterhielt, die »Informationen persönlicher Natur« über folgende berühmte Kongreß-Mitglieder enthielten: Carl Albert, Hale Boggs, Edward Kennedy, George McGovern, Mike Mansfield, Wilbur Mills, Abraham Ribicoff, Adlai Stevenson und Lowell Weicker. Als Edgar noch lebte, konnten Senatoren und Kongreßabgeordnete die »Natur« dieser Akten nur vermuten. Dann, ein paar Monate nach seinem Tod, wurde ein FBI-Agent in Ohio dabei überrascht, daß er gegen einen demokratischen Wahlkandidaten ermittelte. Es wurde offenbar, daß für mehr als 20 Jahre die Abteilung Verbrechensberichte einen »Service für Kongreßverbindungen« unterhalten hatte, um öffentliche Berichte über Politiker für »interne Zwecke« zu nutzen.

Die FBI-Beamten wußten sehr wohl, daß allein die Existenz einer solchen

Einrichtung höchst explosiv war. »Diese Dinge«, warnte eine Instruktion während der ersten Kampagnen, »sollten mit a u ß e r g e w ö h n l i c h e r Diskretion gehandhabt werden, damit der Eindruck vermieden wird, daß wir Kandidaten überprüfen.«

»Hoover«, erzählte William Sullivan, »hatte für jeden neuen Kongreßabgeordneten eine komplette Akte angelegt, wußte ihren Familienhintergrund, wo sie zur Schule gegangen waren, ob sie Fußball spielten oder nicht und jeden anderen Kleinkram... Diese Inhalte konnten herangezogen werden, um die Frage zu beantworten, ob der fragliche Mann eine Person war, um die man sich bemühen mußte, den man benutzen und in unsere »Stabilen« auf dem Kapitolshügel eingliedern konnte? Oder mußte man ihn als jemand in Erwägung ziehen, der mit dem Amt eher unfreundlich umgehen würde?«

Wenn eine Wahl bevorstand, wurden für alle Kandidaten Gratulationsbriefe vom FBI vorbereitet. Wenn das Wahlergebnis feststand, wurden die Gewinnerbriefe abgeschickt, die für die Verlierer gedachten Briefe jedoch vernichtet. Ein »freundlicher« Politiker fand sich durch das FBI hofiert, wo immer er hinging. Wenn er in ausländische Hauptstädte reiste, in denen das Amt Büros unterhielt, war eine Eskorte von Agenten am Flughafen, um ihn zu begrüßen. »Wir überschlugen uns«, erinnert sich Sullivan, »um ihm zu zeigen: ›Wir mögen Dich.‹«

Auf dem Kapitolshügel wurden Politiker von Männern beobachtet, die dort als Spitzel Edgars plaziert waren. Von 1943 an wurden FBI-Agenten an Kongreßausschüsse als Ermittler »ausgeliehen«, andere »verließen« angeblich ihren Job beim FBI, um im Stab des Kongresses zu arbeiten. Edgars Brückenkopf im Kongreß war der Haushaltsausschuß, der die Gelder der Regierungsstellen in Händen hielt, In den siebziger Jahren wurden nicht weniger als 28 FBI-Agenten allein in diesen Ausschuß aufgenommen. John Rooney, der Vorsitzende des Unterausschusses, der das FBI-Budget kontrollierte, war der geliebte Freund des Amtes. Der demokratische Abgeordnete von Brooklyn hatte lediglich eine einzige Fotografie auf seinem Büroschreibtisch stehen – die von Edgar. Er lobte den Direktor bei jeder passenden Gelegenheit über den grünen Klee. »Ich habe niemals sein Budget beschnitten«, sagte Rooney, »und ich werde es auch niemals tun.« Wenn sich Edgar auch gegen Aufforderungen wehrte, vor dem Parlamentsausschuß für Innere Sicherheit gelegentlich als Zeuge aufzutreten, so sehr machte er doch aus seinem alljährlichen Erscheinen vor dem Haushaltsausschuß ein Ritual. Der Ausschuß war eine Plattform, von der aus er seine Weltanschauung predigen und seine Statistiken verkünden konnte, die belegten, wie erfolgreich das Amt bei der Verbrechensaufklärung war – für gewöhnlich etwa 96 Prozent von allen begangenen Verbrechen.

Diese Zahlen waren oft aufbereitet. Die große Zahl von Verurteilungen betraf nur die Anzahl der Fälle, die zur Verhandlung kamen, nicht die der vorgenommenen Ermittlungen. Manche der offensichtlichen Erfolge, wie zum Beispiel Verurteilung von Autodiebstahl, waren vielmehr von der lokalen Polizei erzielt worden. Im Lauf der Jahre haben verschiedene öffentliche Einrichtungen und einzelne Wissenschaftler ihre Zweifel an Edgars Statistiken bekommen. Warren Olney, ein amerikanischer stellvertretender Justizminister in den fünfziger Jahren, nahm an, daß sie »frisiert« gewesen seien. Sie wurden jedoch nie durch Rooneys Haushaltsausschuß in Frage gestellt.

Edgar schützte Rooney, obwohl der Abgeordnete nach den Worten des Verbrecher-Experten Ralph Salerno »bis zum Hals in Schwierigkeiten mit dem organisierten Verbrechen« steckte. Der Washingtoner Lobbyist Robert Winter-Berger, der sagte, er habe persönlich gesehen, wie Rooney einen mit Bargeld gefüllten Briefumschlag in Empfang nahm, bezeichnete ihn als »Hauptverbindungsmann zur Unterwelt« auf dem Kapitolshügel.

Ein FBI-Report aus dem Jahr 1967 merkt an, daß trotz der Behauptung, Rooney habe 100.000 Dollar Bestechungsgeld angenommen, das Amt »beschlossen hat, nicht zu ermitteln«. Im darauffolgenden Jahr, als ein anderer Kandidat sich um Rooneys Sitz bewarb, tat Edgar sofort, um was der Abgeordnete ihn gebeten hatte, nämlich seinen jährlichen Rechenschaftsbericht mit etwas würzen, was aktuell war und was seine Wählerschaft aufhorchen lassen würde. Darüber hinaus versorgte Edgar Rooney mit dem Bericht über Gesetzesübertretungen, die sich ein enger Mitarbeiter seines Wahlgegners geleistet hatte.

Im Jahr 1970, als Rooney wieder um seinen Sitz bangen mußte, besorgte Edgar Details über Polizeistrafen, die über seinen Rivalen verhängt worden waren und die ihren Ursprung in einer schon lang zurückliegenden Burschenschaftsparty hatten, die aber Rooney in die Lage versetzten, den Kandidaten als »vorbestraft« zu bezeichnen. Rooney behielt seinen Abgeordnetensitz mit sehr knapper Mehrheit.

Der Kongreßabgeordnete John McCormack aus Massachusetts, Parlamentssprecher in den sechziger Jahren, pflegte gleichfalls eine spezielle Verbindung zu Edgar. »Ich lernte Hoover etwa um 1962 kennen«, berichtet Winter-Berger, »als McCormack mich zum FBI schickte, um dort Akten für ihn in Empfang zu nehmen. Immer wenn McCormack einige Informationen brauchte, die er gegen jemanden benutzen wollte – wenn irgendein Bursche ein Mädchen nicht haben sollte oder etwas ähnliches – Hoover konnte ihm helfen. Es konnte auch jemand im Parlament sein, den McCormack bei der Wahl gerne eins ausgewischt hätte. Oder jemand in der Regierungsmannschaft, den er unter Druck setzen wollte. McCormack konnte nicht einen gewöhnlichen Boten schicken, um diese Dinge in Empfang zu nehmen, also benutzte er mich. Ich ging 'rüber in Hoovers Büro und er gab mir die Akte persönlich. Er wußte, weswegen ich kam und er hatte mich schon erwartet.«

Winter-Berger erinnert sich auch eines Vorgangs, der ihm sämtliche Lust nahm, Hoover weiterhin aufzusuchen. »Als ich ging, gab mir Hoover einen Klaps auf die Kehrseite, so etwa wie man das mit Sportlern nach einem Sieg tut, aber nicht, wenn wir allein in seinem Büro waren. Ich war ja nun

weiß Gott kein Sportler... Ich fand, das sei nicht korrekt für den Chef des FBI, es wurde mir unbehaglich. Von da an unternahm ich alles, nicht mehr hinübergehen zu müssen.«
Edgar speiste regelmäßig mit dem Kongreßabgeordneten, der sogar Senator wurde, George Bender aus Ohio, der später allgemein wegen seiner korrupten Verbindung mit der Teamsters Union verdammt wurde. Edgar unterstützte energisch die Kongreßkarriere des Senators Thomas Dodd, der sich regelmäßig in Lobreden über das Amt vernehmen ließ. Dodd, ein früherer FBI-Agent, wurde einmal in einem Memo aus Edgars Büro als »absolut nicht erfreulich... ein Schurke« beschrieben. In den sechziger Jahren jedoch, als Dodd wegen Korruption ins Gerede kam, half das Amt ihm, seine Spuren zu verwischen. »Nichts«, erinnert sich der frühere Mitarbeiter des Senators, James Boyd, »war effektiver, um mögliche Zeugen einzuschüchtern... FBI-Agenten waren angewiesen worden, keine Informationen entgegenzunehmen, die Dodd betrafen.«
Die Art und Weise, in der sich Edgar der Ergebenheit eines Mannes versicherte oder potentielle Feinde zum Schweigen brachte, war rücksichtslos. FBI-Agenten waren immer auf dem Posten, um menschliche Fehler zu registrieren. »Wir hatten eine generelle Anweisung«, sagte der frühere Agent Curtis Lynum, »alles zu berichten, was wir in Zukunft brauchen könnten, und in einen sogenannten ›Null‹-Ordner aufzubewahren. Ich war einmal zum Skifahren mit meiner Frau, als ich noch im Dienst war. Wir fuhren nach Nevada. Wir sahen einen Mann in einer homosexuellen Umarmung mit einem halbwüchsigen Jungen, draußen vor einem Chalet... Wir stellten beide fest, daß es sich um einen bekannten Mann aus Geschäftskreisen von Las Vegas handelte. Ich wünschte, ich hätte nichts gesehen, aber ich hatte. Das könnte später von Wichtigkeit sein, und so gab ich meinem leitenden Agenten einen Bericht. Ich habe wahrscheinlich empfohlen, ›eine Akte für zukünftige Auskünfte anzulegen‹. Aber der fragliche Agent sah es an und sagte, ›das ist ein prominenter Mann, es ist besser, ich schicke es nach Washington, damit es dort ins Verzeichnis kommt‹... Ich traf solche Entscheidungen selbst, als ich Spezialagent mit besonderen Aufgaben wurde und dachte: ›Vielleicht ist es besser, das direkt an Mr. Hoover zu schicken.‹«
Lange bevor ein neues Kongreßmitglied an Bord seines Flugzeuges nach Washington ging, wurde, wie William Sullivan erzählte, nach FBI-Akten gesucht, die vielleicht Hinweise auf irgendwelche Vergehen enthielten, auf Überprüfungen, bei denen der Name auftauchte oder auf irgendwelche Erwähnungen von sexuellen oder anderen Ausrutschern. »Die Direktion des Amtes wußte genau, was er wollte«, sagte Sullivan, »die kleinste Kleinigkeit einer abschätzigen Information von jedem Kongreßabgeordneten, jedem Senator... überhaupt über jedermann in Washington. Er brauchte es gar nicht anzufordern, sie fütterten ihn damit.«
Nach Edgars Tod wurde bei einer offiziellen Überprüfung festgestellt, daß das Amt 883 Akten über Senatoren und 722 über Kongreßabgeordnete geführt hatte. Einige werden noch zurückgehalten, andere sind vernichtet

worden. Wie der frühere stellvertretende Direktor Nicholas Callahan erklärte, enthielten viele zweifellos nichts Ernstes, sondern nur »informatives Material«. Eine Anhäufung verbliebener Dokumente beweist jedoch, daß die Befürchtungen der Politiker berechtigt waren. Einige fallen unter die Akten »offiziell und vertraulich«, die in abgeschlossenen Aktenschränken in Edgars Büro-Suite aufbewahrt worden waren. Seine Sekretärin, Helen Gandy, berichtet, daß sie die Schlüssel jeden Abend mit nach Hause nahm.

Der Schmutz in Edgars Akten war oft sexueller Natur. Im Jahr 1948, als Senator Vandenberg aus Michigan, ein aus dem Nichts aufgetauchter republikanischer Präsidentschaftskandidat, im Gespräch war, halfen Mitarbeiter Edgar, Klatsch über ihn herauszusuchen. Die Akte »offiziell und vertraulich« Nr. 50 beweist, daß der Senator selbst sich als »dem FBI tief verpflichtet« bezeichnete, weil man ihm Informationen über seine Verbindung mit einer Frau, die nicht seine Ehefrau war, zugeschickt habe. Das war ein direktes Zusammentreffen von Interessen, denn Edgar stocherte in den privaten Angelegenheiten potentieller Präsidentschaftskandidaten herum, zu einer Zeit, in der er von einem Karrieresprung unter dem Mann träumte, den er sich im Weißen Haus wünschte: Thomas Dewey.

In den späten dreißiger Jahren, hatte Clydes Freundin Edna Daulyton entsetzt einem Gespräch zwischen Edgar und Clyde zugehört, in dessen Verlauf die beiden über den Kongreßabgeordneten Harold Knutson, einen Republikaner aus Minnesota, beim Dinner im ›Mayflower‹ diskutierten. »Es war mir klar«, erinnert sich Miss Daulyton, »daß sie etwas Schreckliches getan hatten, etwas was dem Abgeordneten schaden mußte. Ich verstand es nicht genau, was sie getan hatten oder warum. Ich war sehr jung und stellte keine Fragen.«

Knutson, der von 1917 bis 1948 dem Kongreß angehörte, war ein Junggeselle, der mit einem mexikanischen Freund zusammenlebte. Ein Gerücht, das niemals an die Öffentlichkeit kam, besagte, daß er in einen homosexuellen Skandal verwickelt sei, der erfolgreich totgeschwiegen wurde. »Ich hörte«, sagte George MacKinnon, ein Kollege des Abgeordneten, der heute Bundesrichter ist, »daß ihn jemand in päderastischer Umarmung überrascht hatte.« Das Gerücht in Washingtoner Polizeikreisen besagte, Edgar wäre auf irgendeine Art und Weise da mit drin. Einige flüsterten, daß er sogar in den Homosexuellen-Skandal mit verwickelt sei. Was immer auch die Wahrheit gewesen sein mag, Edna Daulyton erinnert sich, daß Edgar an jenem Abend im ›Mayflower‹ etwas gesagt hatte. Es blieb in ihrem Gedächtnis haften, sagte sie, weil es so kalt und so boshaft gewesen sei. Den Abgeordneten Knutson, bemerkte Edgar, »haben wir jetzt für immer in der Tasche...«

Die offiziellen und vertraulichen Akten zeigen, daß zwischen 1948 und 1965 Washingtoner Agenten »zur besonderen Verwendung systematisch Skandale über Politiker sammelten. Jedes politische Hickhack, das man ahnen konnte, wurde in die Berichte der Agenten, die mit anderen Nachforschungen – von einfachem Lauschen auf dem Hügel bis hin zu elektronischen Abhöreinrichtungen – beschäftigt waren, aufgenommen und persönlich an Edgar abgeliefert.

Ein abschließender Bericht des FBI vom 13. Juni 1958 enthält eine Passage mit der Überschrift »Regierungskreise« und berichtet Edgar, was Agent Conrad Trahern »in der Cafeteria des Senat-Bürogebäudes belauscht hatte«. Teile des Dokumentes, unten wiedergegeben, waren von FBI-Beamten zensiert worden, bevor sie 1989 freigegeben wurden.

Geheim
... Ehefrau ist die Sekretärin des Abgeordneten ... der Hauptgrund, warum sie den Kongreßabgeordneten geheiratet habe, war die Einstellung in ... als sie eine Affäre mit einem Neger namens ... gehabt habe. Sie hatte auch mal eine Affäre mit einem Angestellten der Hauspost namens ... gehabt und nach der Heirat mit dem Kongreßabgeordneten hätte sie diese Verbindung aufrechterhalten, während der Krankheit des Abgeordneten ... vor kurzem darauf bestanden, daß er eine männliche Pflegekraft angestellt habe, einen Mann, der, wie sie behauptet, ihr sehr empfohlen worden wäre. Sie bemühte sich, eine Affäre mit diesem Indonesier zu haben, der aber ablehnte, weil, wie er sagte, er Ausländer sei und aufgrund von inkorrektem Benehmens deportiert werden könnte. SA Trahern nahm natürlich nicht an der Unterhaltung teil, ebensowenig ließ er merken, daß er an der Unterhaltung der beiden interessiert sei.

11. Juni 1958
... Büro des Unteroffiziers der Armee U. S. ... erzählte ..., daß der Senator ... Alkoholiker ist. Er war erst kürzlich in dem Bethseda Marinehospital, wo er weggebracht wurde, weil seine Stimme bei irgendeiner wichtigen Gesetzgebung gebraucht wurde, nachher hätte er unverzüglich in das Hospital zurück müssen. Der Senator wird vielleicht in der Woche des 9. Juli 1958 aus dem Bethseda entlassen werden, laut des Berichtes des ... erschien der Senator ... bei zahllosen Gelegenheiten im Zustand der Volltrunkenheit.«

Edgar reagierte mit der Bemerkung, daß er die Information »zutiefst zu schätzen wisse«. Diesem Bericht folgten am 7. Juli die Zusammenfassung eines Interviews mit einem Fotografen für den Demokratischen Nationalen Ausschuß mit einer Darstellung, wie Politiker seinerzeit eine kompromitierende Fotografie zurückhielten. Es gab Klatsch über ein Familienmitglied der Familie Guggenheim – er hatte mit jemand anderem als mit seiner Ehefrau einen Maskenball besucht – und Informationen über einen Washingtoner Telefonbeantwortungsdienst für Homosexuelle.

Der Bericht vom 8. August endet mit Kurzinformationen über ein Senatsmitglied:

Geheim
»... wies Spezialagent Joseph I. Woods am 7. August 1958 an, daß der Se-

nator ... monatlich einen persönlichen Scheck über den Betrag von $ 500,- zahlbar an ... vorbereitet ... festgestellt, daß er gehört hat, daß ... ein ›Party-Girl‹ im ›Shoreham‹-Hotel Washington, D.C. ist.
Falls sich nicht andere Hinweise ergeben, wie das vorangegangene Material von einer vertraulichen technischen Quelle geliefert.«[1]
Im selben Monat wurde Edgar erzählt, daß ein Mitarbeiter des Kongreßabgeordneten James Morrison von Louisiana um 254 Dollar gebracht wurde, als er versuchte, einer Live-Sex-Show beizuwohnen. Er erfuhr, daß ein Kritiker der Armeesicherheitsvorschriften, der dem Kongreß angehörte – Name geschwärzt –, sich mit einer Person abgab, die »die Moral einer streunenden Katze« habe. Er wurde auch darauf hingewiesen, daß Präsident Eisenhowers Neffe, Michael Gill, demnächst einen Club für Politiker eröffnen würde, der mit »College girls mit tief ausgeschnittenen Blusen und sehr, sehr kurzen Röcken« bestückt sein sollte.
Im Oktober 1948 wurde Edgar von einer Abschiedsfeier für Senator William Jenner aus Indiana im ›Mayflower‹ berichtet. »Diese Party«, war in dem Dokument zu lesen, »wurde von einem von Jenners wohlhabenden texanischen Freunden bezahlt... Die Partykosten werden auf 2.500 Dollar geschätzt.« Das meiste des Berichtes über den früheren Kongreßabgeordneten Harold Velde und einem Mitarbeiter des Kongreßabgeordneten Leslie Arends, wurde zensiert. Ein Dokument vom November des gleichen Jahres über die bevorstehende Wahl für den Gouverneur von New York spricht von jemand, der »eine riesige Schmutzakte« über Nelson Rockefeller erwähnt.
Am 9. Juli 1959 erhielt Edgar den nachfolgenden Bericht:

Lieber Herr Hoover,
vielleicht sind Sie an dem folgenden Bericht interessiert, der von ..., einer Prostituierten am Ort, geliefert wurde ... Spezialagent Amos M. Tearsley hatte am 9. Juni 1959 erfahren, daß sie am Nachmittag des 8. Juni 1959 mit Senator ... und zwar in seinem privaten Büro im Senat. Sie hat auch gesagt, sie hätte Geschlechtsverkehr mit dem Senator während des Nachmittags »auf der Couch in des Senators Büro« gehabt.
Sie werden sich erinnern ... zuvor in Verbindung stand mit ... aber dies ist das erste Mal, daß sie in den vergangenen Monaten mit ihm zusammen war.
Hochachtungsvoll
Unterschrift

Am 10. Mai 1960, als der Kampf um die Präsidentschaft zwischen Nixon und Kennedy eskalierte, beeilten sich die Agenten, Edgar Informationen einer Washingtoner Prostituierten zu übersenden. Sie sprach von Sex mit verschiedenen Kongreßabgeordneten im ›Mayflower‹, zu Hause und einmal »in seinem Büro im Kapitol«. Edgars Leute waren in jenem Herbst sehr um Prostituierte bemüht, es war die Endphase der Wahlschlacht. Agenten waren am 2. September anwesend, als eine Hure einen Anruf von

15 Titelblatt der TIME aus dem Jahr 1949

16 Mit Präsident Truman und Howard McGrath

17 Mit Senator Joseph McCarthy (rechts) im Urlaub in Kalifornien

18 Mit seinem langjährigen Begleiter und stellvertretenden FBI-Direktor Clyde Tolson

einem Senator bekam, um ein Rendezvous für den späten Vormittag auszumachen. Später heißt es in dem Report:
»Agenten wurden davon unterricht, wann der Senator ankam und wurde bis zu seinem Weggang belauscht... ›Es war wunderbar.‹ Nachdem er die Räumlichkeiten verlassen hatte... kommentierte er, daß die sexuellen Fähigkeiten des Senators ›ziemlich toll‹ gewesen seien.«
Wenn sie solche Informationen sammelten, gingen die Agenten davon aus, daß sie an Hoover weitergeleitet werden müßten. »Kein Gedanke, daß dies ein Eindringen in jemandes Privatsphäre sein könnte«, sagte der Agent im Dienst Joseph Purvis, der einige dieser Berichte unterzeichnete. »Es gab Dinge, von denen ich glaubte, daß sie in erster Linie für Hoover von Interesse sein würden. Es ging hier darum, ihn auf Dinge hinzuweisen, von denen ich glaubte, daß sie nützlich sein könnten.«
Der frühere Agent Conrad Trahern machte sich jedoch keine Illusionen. »Hoover«, erklärte er, »behandelte die Leute schlecht. Er war ein Despot. Er tat alles, um auf Leute auf dem Kapitolshügel Druck auszuüben, die krumme Dinger drehten und so... Aber der Hauptgrund war, J. Edgar Hoover glücklich zu machen, und ich berichtete ihm alles, was ich wußte.«
Laut Norman Koch, einem FBI-Fingerabdruckspezialisten während des Zweiten Weltkriegs, war das Zusammenkratzen von Schmutz schon seit langem Routine. In den vierziger Jahren, erinnert er sich, beschwerten sich Kollegen, daß sie »ihre ganze Zeit damit zubringen müssen, gegen offizielle Beamte zu ermitteln statt gegen den öffentlichen Feind Nummer eins. Sie wühlten im Hintergrund eines jeden herum, der die leiseste Gefahr für den Direktor bedeuten konnte, und das Ziel war, alles zu finden, was von den Männern als Hebelwirkung benutzt werden könnte, die es wagten, Edgars Autorität in Frage zu stellen.«

Gordon Liddy, durch seine Rolle in der Watergate-Affäre bestens bekannt, war in den fünfziger und Anfang der sechziger Jahre FBI-Agent. In Washington, wo er in der Propaganda-Abteilung arbeitete, lernte er aus erster Hand, wie man kompromittierendes Material zu handhaben hat.
»Angenommen, da war irgendwo ein Bankraub. Ein Informant würde uns erzählt haben, daß der Mann, nach dem Ausschau gehalten wurde, sich im ›Skyline‹-Motel verkrochen habe, sechs Blocks südlich vom Kapitol in Washington. Agenten durchsuchen das Hotel und geraten dabei an Senator X im Bett mit Miss Lucy Schwartzkopf, 15 1/2 Jahre alt. Sie entschuldigen sich und ziehen sich zurück. Aber alles würde in ihrem Bericht erwähnt. Der Vorgesetzte, der den Bericht bekommt, mag sich denken, es wäre unnötig, solches Zeug zu sammeln, das sich mit den Jugendsünden des Senators X befaßt. Aber er hatte nicht das Recht, es zu vernichten. Der Report muß an das Büro des Direktors weitergeleitet werden.«
In Edgars Büro, sagte Liddy, wurde eine Zusammenfassung für Miss Gardner von der Verbrechensberichts-Abteilung vorbereitet. Diese befaßte sich auch mit Affären von Kongreßmitgliedern.

»Angenommen, der Direktor erwartete ein Zusammentreffen mit Senator X, oder wenn des Senators Name auf irgendeine Weise herausgekommen war, mußte ich ein Memorandum vorbereiten. Ich mußte die Karte überprüfen, die Miss Gardner in ihrer Kartei hatte, und wenn da irgend etwas Bemerkenswertes drin war, mußte ich eine Notiz schreiben – vielleicht ein blindes Memorandum ›nur für den Direktor!‹«

Manchmal, sagte Liddy, schickte Edgar einen Beamten zu dem kompromittierten Politiker, bald nachdem er den Report erhalten hatte. »Der Bote würde einfach sagen, Mr. Hoover entschuldigt sich für das Eindringen in des Senators Privatleben, versichert ihm jedoch, daß dies selbstverständlich nur im Zuge legitimer Nachforschungen geschehen war und läßt ihm weiterhin sagen, er brauche sich nicht zu sorgen, es wäre aus der Akte entfernt worden. Der springende Punkt war dabei, ihn (den Senator) wissen zu lassen, was Hoover wußte. Wenn Hoover vor den Haushaltsausschuß ging und sagte, er wünsche dieses oder jenes, gaben sie ihm alles, weil sie sich vor dem fürchteten, was er im Hintergrund hatte.«

Andere bestätigen Liddys Aussage. »Ich habe«, sagte der frühere CIA-Direktor Richard Helms, »eine Menge gelernt, von den Burschen, die in Hoovers Büro arbeiteten, bevor sie zu uns kamen. Ich hörte, wie bestimmte Senatoren und Kongreßabgeordnete im Freudenhaus von Virginia erwischt wurden, und wenn der Bericht darüber kam, legte ihn Hoover in sein persönliches Safe. Wenn es mit dem betreffenden Senator irgendwelche Probleme gab, würde er sagen ›Machen Sie sich keine Sorgen, ich habe diese ganzen Unterlagen direkt in meinem Safe. Sie haben nichts zu befürchten deswegen.‹ ...Er spielte ein sehr geschicktes Spiel.«

Emanuel Celler von Brooklyn, 50 Jahre lang demokratischer Kongreßabgeordneter, hat der Herausgeberin der *New York Post* Dorothy Schiff erzählt, daß er sich gefürchtet hat, öffentlich über Edgars Machtmißbrauch seine Meinung zu äußern, weil das FBI etwas über ihn hatte. In der Öffentlichkeit sprach er fortgesetzt von Edgar als einem »höchst vorbildlichen Staatsdiener«.

»Es war nichts Ungewöhnliches«, sagte der im Dienst ergraute Agent Arthur Murtagh, »daß eine politisch vernichtende Information über eine führende Figur der Politik vom Amt ausgeweitet wurde. Immer dann und zu dem Zeitpunkt, an dem es für den Betreffenden am verheerendsten war, würde diese Information im *Chiacgo Tribune* oder in einer anderen mit dem Amt befreundeten Zeitung zu lesen sein.

Walter Trohan, ein Reporter der *Chicago Tribune*, der mit Edgar sehr gut stand, erinnert sich, daß er mit einigen Opfern dieser Taktik gesprochen hat. »Einige von Hoovers überwältigenden ›Informationen‹ an den Hügel«, sagte er, »können nicht anders als politische Erpressung bezeichnet werden.«

Senator Sam Ervin, an den man sich seiner führenden Rolle während der Watergate-Hearings erinnert, handelte im Jahr 1941 ganz anders, als er als Vorsitzender des Unterausschusses für Verfassungsrechte, gegen eine Untersuchung des FBI Einspruch erhob. »Ich glaube«, sagte er über Edgar, »er hat auf einem schwierigen Posten gute Arbeit geleistet.« Laut William Sullivan, war Ervin »in unserer Tasche«. Es handelte sich um Finanzielles, etwas wie die Abe-Fortas-Affäre (siehe Kap. 19). Deswegen pries er das Amt lauthals.«[2]

Edgar schickte mit Vorliebe Schmutziges über Politiker ins Weiße Haus. »Ich weiß, er hatte ein Dossier über mich«, erinnert sich der frühere Senator George Smathers aus Florida, »weil Lyndon Johnson es mir vorlas. Johnson rief mich mitten in der Nacht an – das tat er mit Vorliebe – und sagte: ›Es gibt Gerüchte über Sie, die das FBI aufgegriffen hat...‹[3] Er las mir auch die Akte von Senator Thruston Morton vor, den früheren Vorsitzenden des republikanischen Nationalkomitees und die von Barry Goldwater. Da war auch eine Menge über Nixon drin. Viele Leute waren überaus nervös.«

»Informationen«, reflektierte Präsident Nixon nach seinem Rücktritt, »waren mit die wichtigste Basis für Hoovers Macht. Er wußte für gewöhnlich alles über jeden und das machte ihn für seine Freunde wertvoll und für seine Feinde gefährlich.«

19. KAPITEL

> *Die Behauptung, daß Mr. Hoover FBI-Unterlagen als Machtmittel oder zum Zweck der Erpressung oder für irgend etwas ähnliches benutzt habe, ist vermutlich eine der größten verzerrenden Behauptungen in der Geschichte der Menschheit.*
>
> Cartha DeLoach
> Früherer stellvertretender FBI-Direktor, 1982

Politiker waren nicht die einzigen Personen der Öffentlichkeit, über die Edgar Informationen sammelte. Über einen Zeitraum von 30 Jahren, beginnend im Jahr 1945, erfuhren die FBI-Abhörspezialisten auch alles über die private Meinung von zwölf Richtern des Obersten Bundesgerichtshofes – über die vorsitzenden Richter Warren und Frederick Vinson, die beisitzenden Richter Felix Frankfurter, Hugo Black, William Douglas, Stanley Reed, Robert Jackson, Frank Murphy, John Harlan, Potter Steward, Harold Burton und Abe Fortas. Einige der Richter wurden belauscht, während sie Telefonate mit anderen Zielpersonen, die unter der Bewachung des Amtes standen, führten. Hinweise auf Richter bei anderen Beobachtungen wurden ebenso aufgezeichnet und in einem Aktensystem registriert. Die Verfassung schützt den Obersten Gerichtshof vor solcherlei Eindringen, aber Edgar hatte die Abschriften nicht vernichtet. Er bewahrte sie auf und benutzte sie bei Gelegenheit zu seinem Vorteil.

Die Gespräche des Richters Douglas wurden während der Zeit aufgenommen, in der die Leitung des politisch Abtrünnigen, Thomas Corcoran, angezapft wurde. Das geschah im Interesse des Weißen Hauses. Truman, der die Abschrift selbst las, entschied sich im Jahr 1946, Douglas nicht als Obersten Richter zu nominieren, eine Entscheidung, die die Zusammensetzung des Obersten Gerichtshofs für viele der kommenden Jahre beeinflußte. Was er aus Edgars Lauschangriffen über Douglas erfuhr, mag sehr wohl für diese Entscheidung maßgebend gewesen sein.

Douglas' liberale Auffassungen versetzten Edgar in Wut, und er ließ das Dossier über ihn weiterführen. Der Richter war viermal verheiratet gewesen, drei seiner Ehefrauen waren viel jünger als er. Eine kurze Zusammenfassung des FBI über ihn hielt Edgar immer auf dem neuesten Stand. »Informationen waren eingegangen«, hieß es in der Einführung, »daß Douglas mehrere Male auf Parties alkoholisiert war und daß er die Angewohnheit hatte, Frauen zu betatschen...« Das Amt überprüfte auch Douglas' Freunde und bemerkte, daß einige von ihnen »eine zweifelhafte Loyalität an den Tag legten«. Der Richter selbst vermutete, daß sein Zimmer voller Wanzen steckte.

Im Jahr 1957, während der Überprüfung einer Vermutung, daß es »einen Ring linksgerichteter Justizangestellter« gäbe, sammelte das FBI Informationen über die politische Haltung der Richter selbst. Edgars Akten beweisen gleichfalls, daß er während der Rosenberg-Spionage-Affäre, das war im Jahr 1953, drei Quellen am Obersten Gerichtshof hatte. Nicht einmal eine Unterhaltung im Auto war sicher. Als der Richter Burton in einer FBI-Limousine über einen Fall diskutierte, berichtete der begleitende Agent sofort an Edgar weiter.
Während 20 000 Berichtseiten über den Obersten Gerichtshof und das Bundesgericht offengelegt sind, besteht das FBI darauf, daß andere, vor allen Dingen Abschriften von elektronischen Überwachungen, »im Interesse der nationalen Verteidigung oder Ausländerpolitik geheimgehalten« werden müßten.
Richter Laurence Silberman, der die offiziellen und vertraulichen Akten überprüfte, während er als Justizminister im Jahr 1974 im Amt war, stellte fest, daß Edgar »nicht ein Gramm Skrupel« gehabt habe, Abhöranlagen und Mikrophone zu benutzen. Heutzutage scheint es sicher zu sein, er benutzte sie auch gegen die Mitglieder des Kongresses, wie die Politiker es schon lange vermutet hatten.
Im Jahr 1956, auf dem Höhepunkt einer Wahlkampagne, kroch Senator Wayne Morse auf Händen und Knien in seinem Wohnzimmer herum, kletterte in den Kamin hinauf, suchte unter den Möbeln – auf der Jagd nach versteckten Mikrophonen. Ein Geheimdienstagent hatte ihn gewarnt, daß sowohl sein Büro als auch seine Wohnung angezapft seien und er zitierte einiges von Morses Unterhaltung, um ihm das zu beweisen.
Im Jahr 1965, als der Rechtsausschuß Experten berief, um die Korridore des Senats zu »reinigen«, berichteten diese von »deutlichen Hinweisen auf Abhörgeräte« in den Büros der Senatoren Maurice Newberger und Ralph Yarborough, dem liberalen Demokraten aus Texas. Eine Wanze wurde später in Yarboroughs Gegensprechanlage auf seinem Schreibtisch gefunden. Er glaubte, sie sei des Präsidenten Johnson wegen vom FBI dort installiert worden. Johnson brüstete sich in jener Zeit, daß er über jedes Telefonat in den Senatsbüros informiert sei, einerlei, ob sie hinausgingen oder hereinkamen.
Die aufgeschreckten Mitglieder des Kongresses, die in Sorge waren und Meetings im Büro des Regierungssprechers abhielten, fühlten sich nicht in der Lage, etwas zu tun. Das Thema wurde nicht öffentlich behandelt bis zum Jahr vor Edgars Tod, als Senator Joseph Montoya und der Mehrheitsführer im Parlament, Hale Boggs, behaupteten, daß das FBI Telefone im Kongreß angezapft habe. Boggs beschuldigte Edgar, »die Taktiken der Sowjetunion und von Hitlers Gestapo« zu benutzen. Edgar bestritt das einfach und setzte abfällige Informationen über Boggs in Umlauf, die auf das übliche neutrale Papier getippt waren. Der Krach war perfekt.[1]
Wie Boggs' Sohn Thomas jedoch aussagt, hatte der Kongreßabgeordnete Beweise für seine Behauptung – Abschriften von belauschten Gesprächen,

die ihm von FBI-Beamten, die ein schlechtes Gewissen hatten, geliefert worden waren. Ein Ermittler für die Chesapeake und Potomac Telefongesellschaft erzählte Boggs außerdem, daß seine Telefone zu Hause vom FBI angezapft worden seien.
Edgar bestritt dies und betonte, daß er schon lange angeordnet hätte, daß die Agenten eher die Operationen abzubrechen hätten als – einem Verdacht folgend – in ein Gebäude auf dem Kapitolshügel einzudringen. Zeugenaussagen vor Gericht haben später jedoch ergeben, daß ein Agent, der an einem Korruptionsfall arbeitete, eine Unterhaltung im Büro des Senators Hiram Fong belauscht und dafür verborgene Geräte benutzt hatte. In einem anderen Fall hatte man jemanden in das Büro des Kongreßabgeordneten John Dowdy geschickt mit einem ähnlichen Auftrag, und das FBI hatte verschiedene Anrufe zwischen Dowdy und diesem Informanten mit Edgars Zustimmung belauscht.[2]
Laut Bernard Spindel, einem Elektronik-Spezialisten, waren die Lauschangriffe auf dem Kapitolshügel Routine in der Mitte der sechziger Jahre. Im Jahr 1965 während der Überprüfung des Telefons eines Kongreßabgeordneten fand er eine Abhörvorrichtung, die in die Telefonzentrale des Kongresses führte. Er benutzte einen Detektor und stieß auf ein mehrfach Alpeth-Kabel, das für beide Häuser des Kongresses gedacht war und in deren Sitzungssäle führte. Das Kabel endete in dem alten Esso-Gebäude an der 261 Constitution Avenue in einem Zimmer, das vom Justizministerium angemietet worden war.
»Ich war in der Lage, die Unterhaltung zwischen Senatoren und Kongreßabgeordneten mitzuhören«, erinnert sich Spindels Partner Earl Jaycox. »Wir erfuhren dann von Angestellten der Telefongesellschaft, daß dieses Kabel auf Anweisung des FBI gelegt worden war.«[3]
Spindel sollte all dies bezeugen, vor dem Unterausschuß gegen Übergriffe auf die Privatsphäre, der unter dem Vorsitz von Senator Edgar Long, dem demokratischen Senator von Missouri stand. Dann, am Vorabend der Anhörung, wurde ihm gesagt, daß Senator Long eine »Abmachung« mit dem FBI getroffen habe, daß er nichts über FBI-Operationen im Zeugenstand aussagen solle. Als Spindel versuchte, dies doch zu tun, brachte ihn Long zum Schweigen, indem er sagte: »Wir wollen uns nicht in diesen Bereich begeben.« Der Grund dafür war, laut Longs Chefberater Bernard Fensterwald, daß sich der Senator, vom FBI erpreßt, sozusagen unterworfen habe.
In den sechziger Jahren kämpfte Long acht Jahre lang gegen das, wie er es nannte, »Schnüffelmonster«, das Eindringen in die Privatsphäre des Bürgers durch Abhörgeräte, Mikrophone und geöffnete Post. Außerdem kämpfte er für etwas, was gerade damals nur eine fromme Hoffnung war, ein Gesetz für die Freiheit der Information, das heißt, das Recht der Bürger, Zugang zu Regierungsprotokollen zu bekommen.
Im Jahr 1963 begann Long, als Vorsitzender eines Unterausschusses für Strafsachen, die Effizienz der Regierung zu untersuchen. Als er entdeckte, daß staatliche Geheimdienste jährlich 20 Millionen Dollar für Abhörausrü-

stungen ausgaben, ordnete er eine Befragung an. Die daraus resultierenden Anhörungen bedeuteten den Ruin des Senators. Als Long beschloß, Anhörungen speziell über das FBI abzuhalten, tobte Edgar. Jahre später gab Fensterwald in einer eidesstattlichen Versicherung eine Erklärung über das ab, was im Jahr 1966 folgte.
»Das FBI«, sagte Fensterwald, »wußte, daß sie die nächsten waren, die bei den Anhörungen des Ausschusses dran waren. Hoovers Mann, der stellvertretende Direktor Cartha DeLoach, traf eine Verabredung mit Long und kam zusammen mit einem anderen Agenten in dessen Büro. Sie kommen nie alleine. Long bat mich, dabei zu sein, vielleicht weil er erwartete, daß es um unsere FBI-Ermittlungen ging. Ich bezweifle, daß er gewußt hat, um was es dabei wirklich ging: ›Es geht um Kopf und Kragen, Senator Long‹. Sie hatten einen Aktenordner bei sich und DeLoach sagte irgend etwas wie ›Senator, ich finde, Sie sollten diese Akte lesen, die wir über Sie haben. Sie wissen, wir würden sie niemals benutzen, weil Sie ein Freund von uns sind. Aber man weiß ja nie, was skrupellose Leute tun. Wir fanden, Sie sollten alles das wissen, was über Sie die Runde macht und was für Sie vielleicht schädlich sein könnte.‹ Sie gaben ihm den Ordner, einen ziemlich dünnen, soweit ich mich erinnere. Long saß nur da und las einige Minuten darin. Dann schloß er die Akte. Er dankte ihnen und sie gingen. Als nächstes bekamen wir Order, die FBI-Befragung sein zu lassen und zu dem überzugehen, was zum Thema Geheimdienst als nächstes dran war. Ich glaube, da waren ein paar flüchtige Anhörungen, bei denen niemand das Gesicht verlor, aber wir kamen nie an die dicken Hunde ran – angezapfte Telefonleitungen und so.«
DeLoach, der Fensterwalds Vermutung abgestritten hat, war Edgars bevorzugter Verbindungsmann zu Senator Long. Er schreibt über einen Besuch bei Long: »Ich fragte ihn rundheraus, ob er beabsichtigte, irgendwann einmal Anhörungen über das FBI durchzuführen. Er sagte, daß er es nicht täte und ich fragte ihn, ob er bereit sei, uns eine Erklärung abzugeben, daß er das FBI in keiner Weise in Verlegenheit bringen würde. Er sagte, er stimme dem zu ... Ich erzählte Senator Long, daß wir das zusammengefaßt so verstünden, wir hätten seine Bestätigung, er wolle dem FBI nicht in die Quere kommen. Er stellte fest, das dies so stimmte und daß wir in dieser Hinsicht sein Wort hätten... Er stellte weiterhin fest, daß er beabsichtige, im Anschluß an seine Anhörungen das FBI als leuchtendes Beispiel für die anderen Geheimdienste hinzustellen.«
»Es ist wichtig«, schrieb DeLoach, »daß wir in Anbetracht der labilen Persönlichkeit des Senators Long mit ihn in Verbindung bleiben. Während wir die Bedrohung neutralisiert hatten,[4] durch den Long-Ausschuß in Verlegenheit gebracht zu werden, ist die Gefahr jedoch noch nicht völlig gebannt... Deshalb müssen wir die ganze Zeit die Situation im Griff behalten.«
Ein Jahr später war Long Thema einer Enthüllung im *Life*-Magazin. Es wurde berichtet, daß Long von Morris Shenker, dem Chefberater von Jim-

my Hoffa, Zahlungen erhalten hätte. Seine Untersuchung von Schnüffeleien des Amtes, seien, wie *Life* behauptete, von Teamsters-Freunden inspiriert worden und hätten der Regierung in ihrem Kampf gegen das organisierte Verbrechen, deutlich geschadet. Ein Senatsausschuß fand keine Hinweise, die diese Behauptungen gestützt hätten. Der *Life*-Artikel und der Aufruhr, den er verursachte, hatte jedoch Longs politische Karriere vernichtet. Er wurde 1968 nicht wieder gewählt.

Ein anderes Kongreßmitglied, ebenfalls ein prominenter Kämpfer für die Verfassungsrechte der amerikanischen Bürger, geriet gleichfalls mit dem FBI und dem *Life*-Magazin in Konflikt, unter Umständen, die den Eindruck erwecken, als habe das Amt die Redaktion von *Life* aus reiner Bosheit falsch informiert.

Mitte der sechziger Jahre galt Cornelius Gallagher als einer der besten und gescheitesten jungen Männer der demokratischen Partei. Er war ein Held des Koreakrieges und stammte aus Bayonne, New Jersey. Er war seit 1958 Mitglied des Kongresses, 1,88 m groß, silberhaarig schon als Anfangsvierziger. Bald darauf wurde er Berater des Waffenkontrollausschusses und Delegierter der Abrüstungskonferenz. Er stand freundschaftlich mit den Kennedy-Brüdern und wurde als möglicher Vizepräsident unter Lyndon Johnson im Jahr 1964 in Erwägung gezogen.

Wie bei Senator Long bestand Gallaghers hauptsächliches Interesse darin, was er als Anmaßung und Übergriff des »Großen Bruders« bezeichnete. Er sorgte sich um Tausende von Leuten, deren Privatleben dank der modernen technischen Möglichkeiten nicht länger mehr geschützt war. Er machte sich Gedanken über die Datenbanken, über wachsende Verwendung von Lügendetektoren, über genetische Manipulationen und die psychologischen Tests an Kindern. Wer hatte Zugriff zu solchen Informationen? Wer wachte über die Sicherheit der Bürger?

Das Ergebnis der Überlegungen des Kongreßabgeordneten war die Schaffung eines Unterausschusses für private Rechte im Jahr 1963, eine Art Ableger des Parlamentsausschusses über Regierungsaktivitäten. Es ging um private Geschäfte, Erziehungseinrichtungen, sogar um medizinische Institutionen. Nachdem das FBI und die Steuerfahndungsbehörde persönliche Informationen von Kreditbüros eingeholt hatten, sollte die Arbeit des Ausschusses bald eine schlechte Presse bekommen.

Es war nicht so sehr das, was Gallagher tat, sondern vielmehr das, was er zu tun ablehnte, was den ersten Zusammenstoß mit Edgar verursachte. Der Ärger begann, als er unter den unerwarteten Druck der Teamsters Gewerkschaft und Roy Cohns, dem Protegé Edgars aus der McCarthy-Zeit, geriet. Cohn, der sagte, er spräche in Edgars Interesse, erstaunte den Kongreßabgeordneten, als er ihn drängte, Anhörungen über die Evidenz der illegalen Überwachung durch FBI und IRS zu veranstalten. Der Zweck sei, so Cohn, dem früheren Justizminister Robert Kennedy Schwierigkeiten zu machen, unter dessen Amtsführung die Abhörgeräte installiert worden seien.

Als Gallagher ablehnte, Anhörungen durchzuführen, indem er darauf hinwies, daß dies außerhalb der Ausschußbefugnisse liege, reagierte Cohn mit Schmeichelei einerseits und Drohungen andererseits. »Mr. Hoover möchte Ihnen seine besondere Unterstützung zukommen lassen«, sagte er. »Wenn Sie sich als Freund erweisen, bekommen Sie alles, was Sie brauchen. Aber wenn Sie kein Freund sind und nicht kooperieren, bedeutet das, Sie sind ein Feind.«
Monate später, während er eines Abends Briefe unterschrieb, hielt Gallagher bei einem Brief inne, von dem er nichts wußte. »Bei den Briefen, die alle getippt waren und von mir nur noch unterzeichnet werden mußten, war einer, in dem ich den Justizminister bat, meinen Ausschuß mit Kopien der genehmigten Abhörung Martin Luther Kings zu versorgen. Ich wußte von diesem Lauschangriff, weil John Rooney großes Vergnügen daran fand, mir diesen ganzen Sexkram vorzuspielen. Aber ich dachte nicht daran, nach den Akten zu fragen, ich hatte diesen Brief nicht diktiert. Ich rief mein Sekretariat an und fragte, woher der Brief gekommen wäre.« Gallaghers Sekretärin, Elizabeth May, erinnerte sich des Augenblicks sehr lebhaft. »Roy Cohn«, sagte sie, »hat mir diesen Brief am Telefon diktiert, und er wies darauf hin, daß er damit einer FBI-Instruktion folge. Ich tippte den Brief und ließ ihn bei der Post für den Kongreßabgeordneten mit dem Rest seiner Post. Ich dachte, er wüßte davon. Als Mr. Gallagher mich fragte, was das sollte und ich es ihm erzählte, wurde er wirklich wild. Er rief Cohn sofort an.«
Bei einem neuerlichen Zusammentreffen mit dem Kongreßabgeordneten sagte Cohn zu Gallagher, der Brief sei eine weitere »Chance« für ihn gewesen, zu kooperieren und drängte ihn, den Brief abzusenden. Als Gallagher das ablehnte, sagte Cohn zu ihm: »Es wird Ihnen noch leid tun...«
Der Kongreßabgeordnete ignorierte die Drohung.
Ostern 1967 gab es einen mysteriösen Einbruch in Gallaghers Haus, bei dem die Einbrecher offensichtlich nur an Dokumenten interessiert zu sein schienen. Als Gallagher Kontakt mit der Polizei aufnahm, wurde ihm gesagt, das wäre ein »FBI-Job«. »Dann«, erinnert sich Gallagher, »erzählte mir ein Angestellter, den ich bei der Bell-Telefongesellschaft kannte, das FBI hätte unsere Telefonleitung angezapft.«
Der wirkliche Knall war jedoch ein Artikel, der im gleichen Herbst im *Life*-Magazin erschien. Er konzentrierte sich darauf, daß Erpressung und Bestechung dem Verbrechergesindel das zugedrückte Auge des Gesetzes oder sogar die aktive Begünstigung durch Polizei und gewählte Amtsträger sicherten. *Life* nannte insbesondere den Namen des Gangsters »Bayonne Joe« Zicarelli und behauptete, »er stehe auf bestem Fuß mit dem weithin respektierten demokratischen Repräsentanten des Hudson-Bezirks, dem Kongreßabgeordneten Cornelius E. Gallagher...« Der Politiker und der Mafioso, sagte das Magazin, hätten regelmäßige »Zusammenkünfte« zum Sonntagsfrühstück in einer Vorort-Gastwirtschaft.
Gallagher bestritt diese Verbindung, aber die Beschwerde bei der *Life*-Re-

daktion war vergebens. Als er in Erwägung zog, wegen Verleumdung gerichtliche Schritte zu unternehmen, warnten die Anwälte, daß der Fall eher eine schlechte Publicity heraufbeschwören würde und daß Beamte im öffentlichen Dienst nur selten Verleumdungsfälle gewannen. Im Juli 1968 interviewten drei *Life*-Reporter den Kongreßabgeordneten in seinem Büro. Er war sofort bereit, zweimal mit Zicarelli, der eine prominente Figur in dieser Gegend war, zusammenzutreffen, bestritt jedoch wieder jeden kompromittierenden Kontakt.

Im selben Monat bat Gallaghers Anwalt, Lawrence Weisman, ihn zu einer dringenden Besprechung zum Newark-Flughafen zu kommen. Was er zu diskutieren hätte, könnte man nicht am Telefon verhandeln. In Newark erklärte Weisman, daß er einen Teil des Tages in Roy Cohns Büro verbracht hätte. Auf Cohns Vorschlag hätte er an einem Zweitapparat ein Gespräch Cohns mit Cartha DeLoach mitgehört.

DeLoach behauptete, das Amt hätte »einwandfreie« Beweise, daß ein untergetauchter Spieler aus New Jersey, Barney O'Brian, an einer Herzattacke im Haus des Kongreßabgeordneten gestorben sei, während er »neben Gallaghers Frau gelegen habe«. Die Leiche wäre vermutlich durch Kayo Konigsberg, einem Gangster, der Verbindung zu Zicarelli habe, entfernt worden. DeLoach erklärte noch, daß er kürzlich mit dem Magazin *Life* Verbindung gehabt habe. »Wenn Sie den Burschen noch kennen«, soll DeLoach gesagt haben, »dann wäre es besser, Sie veranlassen ihn, vom Kongreß zurückzutreten. Er hat sowieso nicht mehr als eine Woche Zeit, bis die Story kommt.«

Die Story schlug am 8. August 1968 wie eine Bombe ein, und es war eine der brutalsten Attacken auf einen Mann der Öffentlichkeit in der ganzen Geschichte des Journalismus in diesem Jahrhundert. »DER KONGRESSABGEORDNETE UND DER STROLCH« lautete die schreiende Überschrift. Gallagher wurde beschrieben als »ein Mann, der eine Zeitlang und immer wieder einem Cosa Nostra-Fürsten als Werkzeug und Kollaborateur gedient habe«.

Die Geschichte erweckte den Eindruck einer neuen Sensationsmeldung, beruhte aber auf acht Jahre alten Abhörprotokollen von Mafiaboß Zicarelli. Wie *Life* klarzumachen versuchte, sei dies ein Beweis, daß der Gangsterboß sich an den Kongreßabgeordneten gewandt habe, um die Polizei loszuwerden:

Gallagher: Ich habe diese Leute (Bayonne Polizei) im Griff und es wird keine Probleme geben.
Zicarelli: Na, das hoffe ich, weil die machen mich fertig.
Gallagher: Das sollen sie verdammt lieber sein lassen.
Zicarelli: Die gehen mit mir um, wie nie vorher jemand mit mir umgesprungen ist.
Gallagher: Ich habe denen gesagt, was Sache ist.

Das *Life*-Magazin löste politische Debatten damit aus. Zur Überraschung

vieler wurde jedoch der Kongreßabgeordnete in diesem Jahr dennoch mit einer deutlichen Mehrheit wieder gewählt. Er setzte seine Kampagne für die Bürgerrechte fort und dafür, daß die Macht des IRS und des FBI ebenso wie ihr Ausgabenbudget begrenzt würden.
Es war eine Steuerfahndung im Jahr 1972, die das Ende brachte, das *Life* mit seinem Artikel nicht geschafft hatte. Gallagher wurde wegen Steuerhinterziehung verurteilt und dafür, daß er einen Beamten am Ort bei dem gleichen Vergehen geholfen hatte. Er erklärte sich für schuldig nach einer leidenschaftlichen Rede vor dem Parlament. Anschließend ging er dann für 17 Monate ins Gefängnis.[5]
Gallagher erhielt Zusicherungen der Unterstützung und Anteilnahme vom damaligen Vizepräsidenten Gerald Ford und vom früheren Staatssekretär Dean Rusk und vielen anderen. Rusk hatte Edgar »einen verschleierten Erpresser« genannt.
Der Parlamentsausschuß für Fragen der Ethik fand keinen Beweis dafür, daß der Kongreßabgeordnete jemals in das organisierte Verbrechen verstrickt gewesen sei. *Life* hatte die Geschichte über die vermutete Leiche in Gallaghers Haus gebracht, obwohl die vermutete Quelle, Kayo Konigsberg, sich zum selben Zeitpunkt in psychiatrischer Behandlung im Bundeszentrum für Häftlinge befand. Später sagte er, daß der *Life*-Artikel »aufgebauscht« gewesen sei und daß das FBI versucht hätte, ihn dazu zu bringen, den Kongreßabgeordneten »aufs Kreuz zu legen«.
Es gibt keinen Beweis für die »vernichtende« Abschrift einer Unterhaltung zwischen Gallagher und dem Mafiaboß Zicarelli. Sie existiert nicht einmal in den Akten der Strafvollzugsbehörden. Im Jahr 1968 gestanden das CIA, das Drogendezernat, der Geheimdienst, die New Yorker Stadtpolizei, der Staatsanwalt von Manhatten und das New Yorker Betrugsdezernat die »Unkenntnis des Vorfalls« ein. Was das FBI anbelangte, sagte der Justizminister Ramsey Clark, daß er darauf hingewiesen habe, daß »das FBI keine Abschriften oder Aufzeichnungen besäße oder besessen habe, die Grundlage für die Zitate im *Life*-Artikel hätten sein können. Ebensowenig, wie solche Abschriften in den vielen Tausenden von Dokumenten aufgetaucht seien, die seitdem der Öffentlichkeit zugänglich gemacht worden seien.[6]
Eine Überprüfung der FBI-Akten in Newark, New Jersey, hatte keine Beweise zutage gefördert, und die Agenten, die an dem Zicarelli-Fall in den sechziger Jahren gearbeitet hätten, sagten, daß sie von solchen Abschriften nichts wüßten.
Der *Life*-Reporter Sandy Smith, der die »Abschrift« im Jahr 1968 erhalten haben will, hatte sich als Spezialist für Fragen des organisierten Verbrechens einen Namen gemacht, während er für die *Chicago Tribune* arbeitete – eine Zeitung, die speziell vom FBI bevorzugt wurde. Im Jahr 1965, als das Magazin *Playboy* Smith wegen eines Artikels über einen früheren Agenten, der kritisch über das FBI schrieb, zu Rate zog, empfahl dieser, den Artikel nicht zu veröffentlichen und brachte ihn zum FBI. Die Doku-

mente des Amtes beschreiben Smith' Wert für das FBI als »unschätzbar«
und besagen, er wäre »bei manchen Gelegenheiten überaus nützlich« gewesen.[7]

Während Smith es ablehnte, einen Kommentar zu geben, erinnert sich der
frühere *Life*-Reporter Bill Lambert, der ebenfalls an der Gallagher-Story
arbeitete, daran, daß sein Kollege dem FBI so nahe stand, daß er »fast wie
ein Agent« gewesen sei. Es sei möglich, meint er, daß jemand vom FBI ihn
mit einer aufgebauschten Abschrift versorgt habe. Der frühere stellvertretende Direktor DeLoach andererseits hat zugegeben, daß er Smith im Jahr
1968 zwar gut kannte, aber zu der *Life*-Story keinen Kommentar geben
könnte. »Ich erinnere mich der Neil Gallagher-Angelegenheit überhaupt
nicht«, behauptete er.

Eine andere Schlüsselfigur in dieser Geschichte erinnerte sich jedoch sehr
wohl. Im Jahr 1986, als Roy Cohn wußte, daß er bald sterben würde,
wurde ihm gesagt, daß Gallaghers Frau immer noch unter der Behauptung
leide, O'Brien, der Spieler, sei in ihren Armen gestorben. Cohn unterzeichnete dann einen offiziellen, formalen Brief, in dem er feststellte, daß die
O'Brien-Behauptung von DeLoach gekommen sei. Er zitierte DeLoach,
der gesagt haben soll, daß, wenn der Kongreßabgeordnete Gallagher »nicht
mit seinen Befragungen über die Verletzung der Persönlichkeitsrechte (sic)
aufhöre, »er diese Information über ihn an die Öffentlichkeit weitergeben
würde.« Cohn hatte, wie er jetzt bekannte, die Drohung genauso weitergegeben, wie Gallagher behauptet hatte.

Im Jahr 1992 wurde Gallagher, immer noch eine bekannte Erscheinung in
New Jersey, 71 Jahre alt. Ein Maßstab seines Vertrauens in seine Unschuld
ist, daß er einwilligte, dem Autor freie Hand über jedes Dokument zu geben, das ihm vom FBI nach dem Gesetz der Informationsfreiheit überlassen werden sollte. Mehr als vier Jahre nach der Beantragung auf Herausgabe der Dokumente, ist auch nicht ein einziges Dokument der Öffentlichkeit
zugänglich gemacht worden.

Mitchell Rogovin, der in der Zeit des *Life*-Artikels stellvertretender Justizminister gewesen war, sprach davon, daß »all dieses Durchsickern zum
Life-Magazin« in diesen Tagen auf das FBI zurückging. »Es war«, sagte er,
»Teil einer Vergeltung, die immer so weiterging ... Dies war nur einer von
vielen Fällen...«

Der frühere Justizminister Ramsey Clark äußerte ernste Bedenken über
den Gallagher-Fall und den des Senators Long. Diese Weitergabe von ungeprüften Informationen an die Presse, sagte er, sei »unverzeihlich« gewesen. »Dies ist das Werk des alten Mannes in seinem Bau«, soll er auf
dem Höhepunkt der Krise gesagt haben.

Das war die dunkle Seite von Edgar, die heimtückischste Übertretung seiner Amtsbefugnisse. Die meisten Amerikaner sahen nur die andere Seite,
die hervorragende Propagandamaschinerie und das beeindruckende Korps
der Agenten.

»J. Edgar Hoover«, erklärte die *Newsweek* im Jahr 1957, »ist eine jede Parteilichkeit überragende Persönlichkeit, weithin sichtbar wie das Washington-Monument. Er ist heute bereits zu einer Institution geworden wie das Smithonian.«

20. KAPITEL

> *Das FBI ist eine eng geknüpfte Organisation von mehr als 14 000 Männern und Frauen. Ich möchte von dieser Organisation nur als von »wir« sprechen.*
>
> J. Edgar Hoover im Jahr 1956

Eines Tages im Jahr 1959, als die Lichter im Filmvorführraum des FBI-Hauptquartiers wieder aufleuchteten, wurde beobachtet, daß Edgar weinte. Er hatte eine Vorschau des Hollywood-Film *The FBI-Story* gesehen und weinte vor Glück. Er hielt diesen Film, der äußerst geschickt mit vorbildlichen Agenten ausgestattet, eine effiziente Behörde porträtierte, für »einen der größten Filme, die ich je gesehen habe«.

In seiner Ansprache vor dem Haushaltsausschuß dieses Jahres breitete Edgar eine Anzahl beeindruckender Fakten aus. Die Identifikations-Abteilung hatte nun mehr als 150 Millionen Fingerabdrücke registriert – die meisten davon waren dem FBI von der Polizei überlassen worden – und erfolgreich identifiziert. Das Laboratorium hatte 165 000 wissenschaftliche Überprüfungen durchgeführt, eine unbestreitbare Höchstleistung! Der FBI-Ermittlungsstab hatte mehr als drei Millionen Überstunden geleistet und die FBI-Akademie konnte 23 Jahre der Unterweisung und des Trainings von Vollzugsbeamten feiern. 3 500 Agenten mit 10 000 anderen Büroangestellten hatten, wie üblich, erreicht, daß die Fälle nahezu perfekt gelöst wurden und zur entsprechenden Verurteilung führten. Der Vorsitzende Rooney dankte dem »hervorragenden Direktor« und entließ ihn nach einigen flüchtigen Fragen.

Innerhalb des FBI begann eine Generation von Agenten, Fragen zu stellen. Die Struktur der Organisation hatte sich seit der Neubildung im Jahr 1924 nicht verändert, aber es gab jetzt zwei FBIs. Da war das sogenannte Feld, die Gruppe, in der praktische Arbeit von einem Korps von tüchtigen und zupackenden Agenten in vorderster Front im Kampf gegen das Verbrechen geleistet wurde und dann war da das FBI-Hauptquartier, der Sitz der Regierung, wie Edgar es gerne bezeichnete, mit seiner sich ständig ausdehnenden Bürokratie, mit einer Besetzung von Männern, die jahrelang im Büro ihre Arbeit getan hatten. Die Kommunikation innerhalb der Feldarbeit wurde allmählich steril. Viele aktive Agenten fanden, das Hauptquartier sei ein Platz für Leute mit ausgebildetem Sitzfleisch, die immer auf der Jagd nach Beförderung waren, an einem Ort des nutzlosen Papierkriegs und alberner Anordnungen.

Der britische MI-5-Offizier Peter Wright fand während eines Besuches

beim FBI, das Hauptquartier sei ein »phantastisch triumphales Museum«, das von Leuten bevölkert sei, die so aussahen, als hätten sie nichts zu tun. Bei einem Zusammentreffen mit Edgar und zwei stellvertretenden Direktoren war er entsetzt zu sehen, wie sehr die Mitarbeiter »trotz der äußeren Kühle und der Bedeutung ihrer Position... eingeschüchtert waren«.
Die Existenz beim FBI war unausweichlich mit Furcht verbunden. Edgar strafte den amtierenden stellvertretenden Direktor Howard Fletcher, der versucht hatte ein ungerechtes Lohnsystem zu ändern, indem er ihn von der Beförderung ausschloß. Bernard Brown, stellvertretender leitender Agent in New York, wurde degradiert und irgendwohin aufs flache Land versetzt, weil er ohne Erlaubnis einem Journalisten Kommentare gegeben hatte. Ein Mann, dessen Name auf dem von FBI freigegebenen Dokument geschwärzt ist, hatte einer Klasse an der FBI-Akademie einen gewagten Witz erzählt. »Ich bedaure sehr, so eine Geschichte von mir gegeben zu haben«, bekannte er in einem devoten Brief an Edgar. »Ich möchte Ihnen versichern, was ich auch schon Mr. Tolson gegenüber getan habe, daß ich im allgemeinen nicht zu denjenigen gehöre, die ständig Witze reißen... Ich habe natürlich damit meine Lektion gelernt.«
Der Mythos des unfehlbaren Direktors war mittlerweile institutionalisiert – festgemauert für alle Zeiten. »Jungs«, sagte ein Ausbilder zu einer Gruppe neueingestellter Agentengrünschnäbel, »J. Edgar Hoover ist für uns alle eine Inspiration. Es ist gesagt worden und das stimmt: ›Die Sonne seiner Gegenwart scheint über unseren Weg.‹«
Vorlesungen vor den Neueingestellten wurden im voraus von Edgar und seinen Mitarbeitern gelesen und genehmigt. Der erste Test für neue Agenten kam am Ende des Ausbildungskurses, wenn sie sich der Reihe nach aufstellten, um Edgar die Hand zu schütteln. Während sie im Vorzimmer warteten, gab es einige Männer, die verzweifelt ihre Hände an ihren Hosen abwischten. Eine feuchte Handfläche genügte schon, um die Karriere des Agenten zu beenden, bevor sie überhaupt begonnen hatte. Das gleiche galt für Dicke oder Glatzköpfe.
Als einmal eine Gruppe Neueingestellter das Büro verließ, rief Edgar den Ausbilder zurück. »Einer von denen«, schnauzte er, »ist ein besonders dämlich aussehender Kerl mit 'nem Kopf wie 'ne Stecknadel. Sehen Sie zu, daß Sie den los werden!« Aus Angst, Edgar zu fragen, welchen Mann er gemeint hatte, überprüfte der Ausbilder heimlich die Hutgrößen seiner Schüler. Da gab es drei Leute mit kleinen Köpfen, alle mit der Hutgröße 54. Um Edgar zu Willen zu sein und um die Kollegen von der Ausbildungsabteilung zu schützen, wurden alle drei gefeuert.
»In unserer Klasse«, erzählte der frühere Agent Jack Shaw, »hatten wir einen jungen Mann aus Kansas namens Leroy, der Schullehrer gewesen war. Er hatte eine dünne, hohe Stimme und das paßte nicht in die amtliche stereotype Vorstellung von einem groß gewachsenen, blonden, blauäugigen Mann mit Kommandostimme und perfektem Akzent. Das hatte man einmal gehört und so arbeiteten sie an Leroy, um seine Stimme etwas zu sen-

ken. Er kriegte es so weit, daß er etwas männlicher klang und außerdem war er gescheit und scharfsinnig in jeder anderen Hinsicht. Aber als er zu seinem abschließenden Test ging, sah ihn der stellvertretende Direktor an und sagte: ›Haben Sie immer so abstehende Ohren?‹ Leroy hatte große Schlappohren und sie sagten ihm, daß seine Ohren nicht paßten. An dem Tag ging er für immer.«

Ein Agent, der seine Tankkreditkarte verlor, bekam von Edgar einen schriftlichen Verweis. Agent Francis Flanagan telefonierte eines Tages mit dem Hut auf dem Kopf und der Zigarette im Mund und versuchte, einen wichtigen Informanten in der Leitung festzuhalten, als Edgar ins Zimmer trat. Die Strafe dafür, daß er nicht aufgesprungen war, als er Edgars ansichtig wurde, war die sofortige Versetzung an die Sioux Falls in Süd-Dakota.

Während der fünfziger Jahre erreichte eine Nachricht aus San Francisco das Hauptquartier, daß eine Bauchtänzerin bei der Pensionsfeier eines Agenten aufgetreten sei. Edgar befahl allen 200 Party-Teilnehmern, einen Report darüber zu schreiben, aber keiner gab zu, die Tänzerin gesehen zu haben. Jeder behauptete, er wäre während ihres Auftritts gerade auf der Herrentoilette gewesen. Es war das einzige Mal, daß durch die bloße Zahl Edgars Zorn zunichte gemacht wurde.

In den sechziger Jahren wurde ein Angestellter namens Thomas Carter zu einer Befragung gerufen, weil in einem anonymen Brief behauptet worden war, er habe mit einer jungen Frau geschlafen. Carter gab zu, daß er die Nacht mit der Frau, die seine Braut war, verbracht habe, aber er bestand darauf, er sei die ganze Nacht »mit Bermudas und einem Sporthemd bekleidet« gewesen. Dann wurden die Zimmergenossen von ihm befragt, ob sie das Bett hätten quietschen hören. Keiner hatte etwas gehört, aber Edgar feuerte Carter trotzdem. Carter ging vor Gericht, klagte wegen ungerechtfertigter Entlassung und der Gerichtshof entschied zu seinen Gunsten.

Erwachsene Männer nahmen solchen Unfug in Kauf, weil die Arbeit eines Agenten große Vorteile hatte. Sie war gut bezahlt, manchmal sogar aufregend, und es bestand die Aussicht sowohl auf eine anständige Pension nach 20 Jahren als auch auf eine zweite Karriere, die sich vor dem FBI-Hintergrund aufbauen ließ.

Es gab außerdem zahlreiche Absicherungen. Der war ein unglücklicher Mann, den die volle Wucht von Edgars Zorn traf oder der unter seinen »Centurionen« zu leiden hatte. In den Büros, weit weg von Edgar, fanden die Agenten Mittel und Wege, sich, soweit das System es erlaubte, frei zu bewegen – das konnte manchmal sehr gut laufen. Wie in der Armee kamen die Männer mit den albernsten Regeln zurecht, hielten sich aus allem raus und machten ihre Arbeit.

Doch die Regeln schienen zunehmend absurder zu werden. Die Agenten vor Ort mußten einige Stunden außerhalb des Büros zubringen, auch wenn da draußen nichts zu tun war. Das war obligatorisch, speziell wenn manchmal eine Inspektion aus dem Hauptquartier erwartet wurde. »Bleibt vom Büro weg«, sagte einer der Vorgesetzten zu seinen Männern. »Wenn ihr bereits jeden Film gesehen habt, dann geht in die Bibliothek oder sonst wohin... Hauptsache, ihr seid nicht im Büro.«

»Seitdem das Kaffeetrinken im Büro nicht mehr erlaubt war, es sei denn vor 8.15 Uhr morgens«, erinnert sich der frühere Agent Jack Shaw, »pflegten die Agenten in die 67. Straße zu ›Casey's Kitchen‹ zu gehen. John Malone, der stellvertretende Direktor in Chicago, setzte sich dann in den Vorraum des Büros, um festzustellen, wann sie zurückkamen...«
Manchmal bekamen die Agenten in ›Casey's Kitchen‹ Wind davon, daß »Zementkopf« Malone, einer von Edgars engen Mitarbeitern, auf dem Weg war, um sie zu überraschen. »17 oder 18 Burschen ließen ihr Frühstück stehen, verzogen sich über die Feuertreppe und rannten hastig durcheinander auf den Bürgersteig, selbst wenn sie dabei einige Passanten umstießen.«
Für Agenten und ihre Familie, die aus irgendeinem albernen Grund bis ans Ende der Welt versetzt wurden, gab es nichts zu lachen. »Das Schlimmste ist«, sagte ein früherer leitender Agent, der eine solche Strafe erdulden mußte, »wie man in den Augen der Familie dasteht. ›Du mußt etwas vollkommen verkehrt gemacht haben, sonst würde Mr. Hoover dich nicht degradiert haben‹, sagt sie. Man kann Erklärungen abgeben soviel man will, selbst in der eigenen Familie wird das schwierig und man verliert sein Selbstvertrauen. Alles was wahr zu sein schien, ist nun nicht mehr wahr. Ich glaube nicht, daß Mr. Hoover wirklich sieht, was er mit seinen Disziplinierungen anrichtet, weil er niemals eine Familie hatte – ich meine, Frau und Kinder.«
Die umfangreiche Akte über den Agenten Nelson Gibbons, der von 1954 bis 1962 im Dienst war, ist ein Katalog kalkulierter Grausamkeiten. Gibbons kam nach seinem Kriegsdienst in der Marine und einer Polizistentätigkeit zum FBI. Er erwies sich als außergewöhnlicher Agent, zog nur Lob auf sich, hatte sechs Jahre lang keinerlei Beanstandung zu verzeichnen – er befand sich also in einem Zustand des Ansehens wie selten einer. Er war mutig während der Aktionen gegen bewaffnete Kriminelle und bekam von Edgar eine Belobigung, weil er einen Sowjetspion entlarvt hatte. Gibbons wurde »Resident-Agent« und führte ein kleines, eigenes FBI-Büro. Damals war er 33 Jahre alt.
Die Schwierigkeiten für ihn begannen 1958, als Edgar – im Alter von 63 Jahren – anfing, sich in extremer Art und Weise um seine Gesundheit Sorgen zu machen. Da war nichts Ernstliches oder Schlimmes, aber nicht zuletzt durch die Vielzahl der Ärzte, die er aufsuchte, war er mittlerweile zum Hypochonder geworden. In jenem Jahr las Edgar einen Versicherungsprospekt, der auf das Idealgewicht im Verhältnis zur Körpergröße einging. Daraus erfuhr er, daß er Übergewicht hatte, und laut FBI-Pressebüro unterwarf er sich einer Diät, die sein Gewicht von 203 auf 170 Pfund reduzierte.
Was der Direktor für seine Gesundheit tat, mußten auch die Agenten tun. Leitende Agenten wurden beauftragt, das Gewicht jedes einzelnen Mannes

im Büro zu überprüfen. Als Gesundheitsvorsorge hatte die Idee ihre Vorzüge. Als eiserne Regel, die rigide und unter Androhung von Strafe angeordnet wurde, wurde sie zum Desaster.
Das war es bestimmt für den Agent Gibbons, einem etwas gewichtigen Mann, der über 1,80 m groß war und gewöhnlich mehr als 190 Pfund auf die Waage brachte. Er wog etwa 192 Pfund, als Edgars Überprüfungen anfingen und der Untersuchende empfahl ihm, sieben Pfund abzunehmen. Gibbons versuchte dies mit allen Anstrengungen, um der Vorschrift zu entsprechen, obwohl sein eigener Doktor meinte, daß sein Gewicht im Verhältnis zu seiner Größe vernünftig sei. Im Jahr 1960, nachdem er wegen seines Gewichts nicht befördert worden war, sagte Gibbons, er fühle sich mit 190 Pfund wohl und wollte Edgar sprechen – ein Recht, das praktisch jeder Agent hatte.
Edgar lehnte ab, ihn zu empfangen und ordnete an, daß Gibbons nach Detroit versetzt wurde und jeden Monat einmal zu wiegen sei.
Gibbons befand sich nun auf dem »Büro-Fahrrad«. Er wurde erneut versetzt nach Mobile in Alabama, zwei Monate später nach Oklahoma City. Dort wurde er zweimal getadelt und ohne Bezahlung vom Dienst suspendiert. Trotz dieser Maßregelungen sagte er, er wolle »für die beste Organisation der Welt« weiterhin arbeiten.
Unbeeindruckt davon verdammte Edgar Gibbons, er sei kein »Team-Arbeiter« und versetzte ihn wieder, diesmal nach Butte, Montana, dann wieder nach Anchorage in Alaska, wo die kleinen Bestrafungen fortgesetzt wurden. Zum Schluß, als er einer boshaften Befragung unterzogen wurde, ob er nicht während seiner Zeit als Marinesoldat Trinker gewesen sei, lange bevor er zum FBI kam, gab Gibbons auf. Er kündigte und teilte Edgar mit, daß er sich dem Job »psychisch nicht mehr gewachsen« fühlte.
Obgleich Gibbons vor oder während der Tortur niemals an psychischen Störungen litt, fand das FBI einen Psychiater, der ihn als »paranoid« begutachtete. Er wurde mit einer unzureichenden Pension in den Ruhestand geschickt, ein Vorgang, den Edgar als eine Art Sieg verzeichnete. »Gut, den sind wir los«, krakelte er auf den Rand des Memos, »er taugte sowieso nichts.«
Nelson Gibbons hatte noch Glück gehabt. In New York passierte es, daß ein Agent, George Blue, während einer Gewaltdiät nach Edgars Gewichtsvorschriften zusammenbrach und an seinem Schreibtisch starb.
Die Erfahrung Jack Shaws und seiner Frau May, zehn Jahre später, waren ein weiterer Orwellscher Alptraum. Agent Shaw hatte ein Jurastudium absolviert, war früher Kapitän bei der Marine gewesen und hatte mit Auszeichnungen seit 1963 gedient. Er war 37 Jahre alt, Vater von vier Kindern unter zehn Jahren und hatte sich vor Ablegung des »Master Degree« in der New Yorker John Jay-Hochschule für Kriminaljustiz eingeschrieben, es handelte sich dabei um einen Kurs mit reinem Prestigewert für Polizeikräfte. Sobald er sich qualifiziert haben würde, hoffte Shaw, Ausbilder an der FBI-Akademie werden zu können.

Als sein Soziologieprofessor einige herbe, kritische Bemerkungen über das FBI machte, war Shaw sofort bereit, diese Einrichtung zu verteidigen. Später jedoch entschied er sich dafür, eine detaillierte Kritik über die Organisation vorzubereiten. Ein negativer Gesichtspunkt, schrieb er, sei, daß das Amt verknöchert sei. »Wir sind nicht einfach in Traditionen verwurzelt«, schrieb er, »wir stecken bis über die Haarspitzen darin und alles dreht sich um eine Schlüsselfigur, das Leben und die Heldentaten von J. Edgar Hoover.«
Obwohl dies kaum als Revolte betrachtet werden konnte, war Shaw doch besorgt. »Ich bin ganz sicher«, schrieb er seinem Professor, »daß alles, was ich geschrieben habe, von Ihnen vertraulich behandelt wird. In den Augen des FBI jedoch, stellen sie ein Musterbeispiel von G o t t e s l ä s t e r u n g dar. Ich würde es vorziehen, in diesem Kalenderjahr nicht unter die Märtyrer gerechnet zu werden.«
Dennoch wurde er seiner Offenheit wegen zum Märtyrer. Shaw machte den Fehler, den Entwurf einer Sekretärin zum Tippen zu geben, die das Vertrauen des FBI besaß. Diese wiederum gab den Brief einem Kollegen und bald darauf wurde der Agent vom stellvertretenden Direktor Malone verhört.
»Mir war von Anfang an klar, daß mein Kopf bereits unter dem Fallbeil lag«, erinnert sich Shaw. »Die Befragung hörte und hörte nicht auf. Sie dauerte von vier Uhr nachmittags bis neun Uhr abends. Ich versuchte, Malone klarzumachen, daß es sich nicht um eine Geheimoperation handle. Es war kein Schaden angerichtet worden, ich hatte meine Kritik noch nicht einmal an den Professor abgeschickt.«
Vernunft jedoch spielte in der Verbindung von Shaw und dem FBI keine Rolle mehr. Er wurde suspendiert »wegen Subordination und Kritik am Amt«. Er mußte seine Dienstmarke abgeben und nach Hause gehen. Dort erfuhr er seine Strafe: einen Monat Entfernung aus dem Dienst und keine Bezahlung, sechs Monate Bewährung und eine Versetzung nach Butte, Montana, dafür, daß er die kritischen Bemerkungen des Professors nicht sofort an das FBI weitergegeben hatte.
Ein FBI-Beamter rief den Präsidenten des John Jay Colleges, Dr. Donald Riddle, an und sagte ihm, daß kein weiterer FBI-Student die Hochschule besuchen werde, solange Shaws Professor an der Fakultät bliebe. Der Professor blieb, die FBI-Leute gingen, so wie einige andere – und studierten an einer anderen Universität in Washington D. C. weiter.
Jack Shaw saß inzwischen zu Hause, machte sich Sorgen um seine Zukunft und um seine Frau, die krank war. Bei ihrer gesundheitlichen Verfassung war ein Umzug nach Montana völlig unmöglich. So trat Shaw zurück. Edgar akzeptierte diesen Rücktritt mit dem Vermerk: »In Unehren entlassen«, ein dunkler Fleck in seiner Personalakte, der es ihm praktisch unmöglich machte, jemals noch eine Arbeit in einer anderen Bundesstelle oder in einer wichtigen Industriegesellschaft zu bekommen.
Wenige Monate nach Shaws Rücktritt wurde die Krankheit seiner Frau als

Krebs im Endstadium diagnostiziert. Erst als sie todkrank im Krankenhaus lag, halfen die FBI-Kollegen ihres Mannes. Zwei Agenten boten sich zu einer Bluttransfusion an, zogen sich aber dann schamvoll zurück, weil ihnen verboten war, Kontakt mit Shaw zu haben, weil dieser »in Verbindung mit Feinden des Amtes stehe«.
Das FBI ging noch weiter, um Shaw, der im Krankenhaus am Bett seiner sterbenden Frau saß, zu bespitzeln. Die Frau eines anderen Agenten, eine Krankenschwester, suchte ihn in der Tracht einer Krankenschwester in zwei verschiedenen Krankenhäusern auf und plauderte mit Shaw, als empfände sie echte Anteilnahme. Später, als Shaw seine FBI-Akte sah, fand er detaillierte Wiedergaben aus diesen Unterhaltungen. Die Krankenschwester war durch den Vorgesetzten ihres Mannes dazu verdonnert worden, »in Shaw inneren, privaten Kreis einzudringen«.
Nach dem Tod seiner Frau trug Shaw seinen Fall der American Civil Liberties Union, einer Bürgerrechtsorganisation, vor. Ältere Senatoren brachten den Fall im Kongreß zur Sprache und der frühere Agent wurde zum »cause célebré«. Das FBI brachte die Angelegenheit mit einer Entschädigungszahlung und mit der Entfernung des Vermerks »in Unehren entlassen« aus der Personalakte »in Ordnung«. Shaw ist heute stellvertretender Leiter der amerikanischen Einwanderungsbehörde.
Edgar hatte ihn mit seinem verdammenden »in Unehren entlassen« praktisch zur Arbeitslosigkeit verurteilt – in voller Kenntnis der tödlichen Krankheit von Shaws Frau. Er bezeichnete Shaw und andere, die sich je beschwert hatten, als »Jammerlappen«. Edgar gab niemals zu, daß er etwas falsch gemacht hatte.

Der Personenkult, der beim FBI herrschte, hatte in anderen amerikanischen Regierungsstellen – außer im Weißen Haus – keine Parallele. Wenn Edgar und Clyde auf Reisen waren, arbeiteten die FBI-Leute fieberhaft daran, ihnen überall die Wege zu ebnen. Toiletten von Tankstellen wurden im voraus inspiziert für den Fall, daß der Direktor vorbeikäme und sie benutzen könnte. Ein fehlerhafter Generator in einer von Edgars Limousinen löste bundesweite Bemühungen aus. Agenten bekamen Hilfe von Cadillac-Management, es wurde der Abflug einer Linienmaschine verzögert und mit heulenden Sirenen zum Flugplatz gerauscht.
Im ganzen Land wurden Agenten belehrt, daß es weise sei, regelmäßig dem Boß zu seinem Geburtstag und zum Jahrestag seiner Ernennung zu gratulieren oder ihm einfach zu erklären, wie wundervoll man ihn fände. »Er liebte es, solche Briefe zu bekommen,« sagte William Sullivan. Man konnte nicht überschwenglich genug sein, wenn man ihm sagte, was er Großes für das Land leiste. Tolson hatte einen Standardsatz bereit, den er immerzu benutzte: »Der Direktor wird als der größte Mann in die Geschichte eingehen.«
Im Jahr 1958 schickte der Agent Arthur Murtagh Edgar einen höflichen Brief, in dem er Anmerkungen über die Personalpolitik des Amtes machte

und gab den Brief, der Amtsroutine folgend, erst Roy Moore, seinem vorgesetzten Agenten zum Lesen. Moore, ein Mann von milder Gesinnung und großer Erfahrung verblüffte ihn durch seine Reaktion.
»Art«, sagte Moore, »den Brief kann ich nicht weiterschicken... du mußt begreifen, daß du für einen völlig Wahnsinnigen arbeitest und daß es unsere Pflicht ist, herauszufinden, was er möchte und dann für ihn eine Welt zu schaffen, an die er glaubt, und ihm zu beweisen, daß die Dinge so sind, wie er sie haben möchte.«
Dieser Kommentar wurde 20 Jahre später vor einem Kongreßausschuß in einer beschworenen Zeugenaussage zitiert. Aber schon in den späten fünfziger Jahren glaubten viele Männer, daß Edgar seine geistige Balance verloren hätte, doch nur wenige wagten es, dies auch auszusprechen.
Vier Jahre nach Edgars Tod, während der Befragung des Justizministeriums über den Mißbrauch des FBI-Fonds, kam heraus, daß Edgar korrupt gewesen war. Es begann mit kleinen Dingen. Ein Geschenk zur rechten Zeit, hatten seine Beamten gelernt, konnte die Gunst des Meisters gewinnen. Es konnte ein Geburtstagskuchen sein, den ein Agent auf der Fahrt von Miami nach Washington auf den Knien balancierte, oder auch die im Hauptquartier übliche Versorgung mit Blumen. »Hübsche Blumen liebt er über alles«, sagte Cartha DeLoach. »Es war immer gut, Blumen zu schenken. Ich persönlich oder meine Gruppe schenkten ihm immer Azaleen, das war seine Lieblingsblume.«
Je höher das Amt des einzelnen, desto kostspieliger wurde sein Geschenk. »Hoover forderte eigentlich immer von uns Geschenke«, sagte William Sullivan, »und dann mußten wir ungewöhnlich teure kaufen. Sie machten es sehr geschickt. Es kam immer aus Tolsons Büro zu uns... Zum Beispiel wurde mir gesagt, daß er sich ein Müll-Zerkleinerungsgerät wünsche. Wir Beamten zahlten dafür aus eigener Tasche.« Es war klug, großzügig zu sein. Es wird berichtet, daß Edgar eine Liste führte über diejenigen, die ihren Tribut zahlten und diejenigen, die es nicht taten. Andererseits waren seine eigenen Geschenke an Kollegen für gewöhnlich aus Regierungsgeldern bezahlt.
Edgar lebte praktisch unentgeltlich auf Kosten des Steuerzahlers. Die FBI-Ausstellungsabteilung, die für spezielle Ausstellungen arbeitete, war Edgars persönlicher Vertragspartner, was sein Gebäude anbelangte. Sein Haus im Rock Creek Park wurde, wie das Justizministerium in einem Bericht festhielt
»innen und außen gepflegt und komplett gestrichen während der Zeit seines Urlaubs in Kalifornien. Die Ausstellungsabteilung entwarf, konstruierte und baute einen Portiko vor der Hausfront und einen beleuchteten Fischteich komplett mit Pumpe. Regale, Telefonablagen und andere Möbel wurden hergestellt und eingebaut. Eine orientalische Fruchtschale wurde hergestellt... Hausgerätschaften wie Air-conditioner, Stereo-Ausrüstung, Tonbandgeräte, Fernsehgeräte und elektrische Leitungen wurden geliefert und repariert durch Angestellte der Radio Engineering Section ... Angestellte

waren Tag und Nacht einsatzbereit, um Reparaturen und die Pflege des gesamten Hauses und des Grundstücks durchzuführen.«

FBI-Leute bedienten Edgars Rasenmäher und die Schneefräse, pflegten seinen Hof, füllten zweimal im Jahr neue Erde auf, schütteten Torf auf, wo immer er gebraucht wurde, pflanzten Büsche, konstruierten eine Art Terrasse an der Rückseite des Hauses, bauten einen Redwood-Zaun, legten Platten auf dem Hof und auf den Gehwegen. Als sich Edgar einmal über den Geruch von gebratenem Speck beschwerte, installierte das FBI einen mächtigen Ventilator. Als er zeterte, weil sein Fernsehgerät zu lange brauchte, bis es warm war, arbeiteten FBI-Techniker daran, das Problem zu lösen. Selbst wenn eine elektrische Birne kaputtging, setzte das FBI eine neue ein.

Tolson, der sich gerne als Erfinder sah, wurde hochgelobt, weil er sich zwei Spielereien ausgedacht hatte. Einen Öffner für Flaschenverschlüsse und ein System, um Fenster automatisch zu öffnen und zu schließen. Der Flaschenöffner wurde ein Flop, da er nicht funktionierte. Ein FBI-Mann erinnert sich, daß »entweder Tolson oder Hoover die Idee hatten, diese Dinger zu vergolden und sie ›Freunden des Amtes‹ zu schenken.« Edgars Millionärsfreunde, wie beispielsweise Murchison, waren unter den Beschenkten.

Das Fenstersystem wurde dann später, begleitet von Propaganda-Fanfaren, in Präsident Johnsons Schlafzimmer im Weißen Haus installiert. Die spätere Befragung durch das Justizministerium ergab jedoch, daß diese Kinkerlitzchen nicht von Tolson entwickelt worden waren, sondern mit öffentlichen Geldern durch das FBI-Laboratorium.

Der geschäftsführende Justizminister Harold Tyler, der die Durchführung der Überprüfung leitete, stellte fest, daß Edgar gelebt habe »wie ein orientalischer Potentat«. Edgar bestand zum Beispiel darauf, Eiscreme nur aus runden Packungen zu essen. So wurden diese Eispackungen eingeflogen und in einem Tiefkühlschrank im Keller des Justizministeriums aufbewahrt. Er wünschte sich Rindfleisch nur aus Colorado – auch das wurde kostenlos für ihn eingeflogen.

»Es gab die verrücktesten Dinge«, erinnert sich John Dowd, der Staatsanwalt, der die Ermittlungen leitete. »Hoover besaß einen beheizbaren Toilettensitz, vom FBI-Laboratorium erfunden. Als er fand, daß er entweder einen Zentimeter zu hoch oder zu niedrig sei, mußte das sofort in Ordnung gebracht werden. Dann gab es da noch die Sache mit der Waschbärenscheiße. Eines Tages öffnete Hoover die Tür zur Terrasse und da war ein Häufchen Exkremente. Er ließ sofort jemanden vom Labor kommen, der es entfernte, um es zu analysieren. Ganz einerlei was für Aufgaben es gab, das war für diesen Morgen das Vordringlichste. Und was auch für verdammte Arbeiten im Labor anstanden, es hieß: »Sie haben diese Fäkalien zu analysieren und darüber zu berichten.« Tolson drehte durch und drohte, Leute zu feuern und fragte immer wieder, ›was ist es denn nun, was ist es

denn nun?‹ Einer der Laborangestellten sagte: ›Hey, es muß von einem wild lebenden Tier stammen. Ich habe einen Freund im Smithonian.‹ So brachten sie also die Scheiße zum Smithonian und das Smithonian identifizierte sie. Es waren die Schalen von Beerenfrüchten darin, wie Waschbären sie fressen. Es wurde eine Falle gebaut und an der Terrasse installiert. Am folgenden Morgen war die Nachbarkatze von oben bis unten über die Hauswand gesprenkelt.«
»Was sie da sahen«, sagte Dowd, »war durchaus nicht komisch. Dies war der Direktor des FBIs, der immer auf alles freien Zugriff hatte, und der seine Macht benutzte, um sich zu verschaffen, was er haben wollte. Er hatte die Ausgaben nie selbst bestritten...«
Die Ermittler stießen auch auf die »sicheren« Öl-Investments im Wert von hunderttausenden von Dollar, die für Edgar von den Millionärsfreunden arrangiert worden waren, auf die freie Unterkunft im La Jolla und auf die Urlaubsreisen, die aus dem FBI-Fonds finanziert worden waren. Die Laborarbeit, die von FBI-Angestellten getan wurde, um Edgars Haus in Ordnung zu halten, betrug Tausende von Arbeitsstunden, die nicht berechnet wurden. Es war auch klar, daß viele der Kosten aus einem FBI-»Spezialfonds« bezahlt worden waren.
Das Mißtrauen der Ermittler richtete sich jetzt auf den FBI-Erholungs-Fonds, der angeblich zu dem Zweck eingerichtet war, dem durchschnittlichen Agenten die Möglichkeit zu geben, sich sportlich zu betätigen, und außerdem auf den angegliederten Bibliotheks-Fonds. Kein Mensch konnte erklären, warum dieser Fonds diesen Namen trug, denn er hatte mit Büchern so gut wie nichts zu tun. Edgars Mitarbeiter hatten die Unterlagen darüber gleich nach seinem Tod vernichtet. Die Fonds-Gelder waren für Edgars persönliche Public Relation ausgegeben worden und der Ausstellungs-Chef John Dunphy gab zu, daß er geringe Barsummen entommen haben, um »nicht-offizielle Projekte und Geschenke für den Direktor« zu bezahlen.
Nur wenige der Missetäter wurden bestraft. Die früheren stellvertretenden Direktoren John Mohr und Nicholas Callahan, beide der Gesetzesverletzung beschuldigt, entgingen der Strafverfolgung dank der Verjährung. Callahan war noch im Amt, als die Überprüfung begann. Er wurde gezwungen, zurückzutreten wie auch John Dunphy, der sich schuldig bekannte, FBI-Gelder für den eigenen Gebrauch verwendet zu haben.
Hätten Edgar und Clyde zu diesem Zeitpunkt noch gelebt, wären sie weder der Strafverfolgung noch der Entlassung entgangen. Die Anklagevertreter Dowd und Michael Shaheen vom Justizministerium stellten fest, daß das Paar verschiedener Verletzungen der Bundesgesetze schuldig gewesen sei, einschließlich des privaten Gebrauchs von Regierungseigentum und der Annahme von Geschenken durch schlechter bezahlte Angestellte. Edgars Amtsmißbrauch und seine Übergriffe hätten ihm eine zehnjährige Gefängnisstrafe und automatisch die Entlassung eingebracht.
Dowd, der frühere Chef des Sonderdezernats im Kampf gegen das organi-

sierte Verbrechen, erinnert sich insbesondere der Atmosphäre der Furcht, welcher er im FBI begegnete. »Da saß ich also«, sagte er, »und befragte Angestellte, die genauso verängstigt waren wie Geldhaie, Buchmacher und all die anderen Leute, mit denen ich zu tun hatte, wenn es um die Verfolgung von Mafia-Häuptlingen ging. Da saßen Leute in meinem Büro, die am ganzen Leib zitterten, weil ihnen ihre schändliche Aufführung 20 oder 30 Jahre einbringen konnte. Sie waren immer noch voller Angst vor Hoover, selbst nachdem er schon tot war...«

Es scheint jedoch, daß sich Edgar einer noch größeren Pflichtversäumnis im Amt schuldig gemacht hat. Aus geheimen Gründen, die seiner Sicherheit dienten, verweigerte er die Konfrontation mit der Mafia.

21. KAPITEL

*Die Kunst der Polizei besteht darin, nicht zu sehen,
was zu sehen ist.*

Napoleon Bonaparte

Einer der letzten Mafiabosse der alten Tradition, Carmine »Der Doktor« Lombardozzi, wurde 1990 über das Verhalten der Mafia gegenüber J. Edgar Hoover befragt. Lombardozzi, der als der italienische »Meyer Lansky« bekannt ist, leitete bis zu seinem kürzlichen Tod die finanziellen Angelegenheiten der Familie Gambini. »J. Edgar Hoover«, erwiderte er, »hatten wir in der Hand. Er war nie einer, vor dem wir uns fürchten mußten.«[1]
Das Ansteigen des Mafiaeinflusses traf zufällig mit dem Beginn von Edgars Karriere zusammen. Ihre Saat war gesät, als Edgar noch ein kleiner Junge war, damals, als italienische und sizilianische Emigranten sich in die Vereinigten Staaten ergossen und den Bazillus »Cosa nostra« mitbrachten, »Unsere Sache«. Sie gründeten »Ghetto-Gangs«, welche die Behörden und auch einander bekämpften und begannen, ihre Spezialität zu praktizieren, die Erpressung unter Anwendung von Gewalt.
Zu der Zeit, als Edgar FBI-Direktor wurde, im Frühjahr 1924, hatte die Prohibition 300000 Mondscheinkneipen (versteckte kleine Gaststätten, in denen verbotenerweise Alkohol ausgeschenkt wurde) geöffnet. Die Schmuggler waren durch die enorme Nachfrage im Geschäft und nur wenige kümmerten sich darum, daß Schmuggeln ein krummes Geschäft war. Dies war die Zeit, in der die Mafia ein Imperium aufbaute auf der Grundlage von Alkohol, Prostitution und üblen Geldverleihgeschäften durch sogenannte »Haie«.
Diejenigen, die damit ein Vermögen machten – Luciano, Costello, Capone, Siegel, Torrio, Dutch Schultz, Longy Zwillman – gingen eine Verbindung ein mit den Kapitänen des Prohibitions-Geschäftes und Alkoholgroßhändlern wie Lewis Rosenstiel, die sie zu Multi-Millionären machte, als das Alkoholverbot wieder aufgehoben wurde. Zu dieser Zeit waren es zumindest zwei dieser ehrenwerten Leute, die mit Edgar Verbindung aufnahmen. Etwa 1930, nach ihrer ersten »Gipfel«-Konferenz teilten sich die führenden Kriminellen der Nation in einer formellen Allianz die Vereinigten Staaten in Einflußsphären und Aktionsgebiete untereinander auf.
Edgars Leben und sein Aufstieg zur Macht liefen parallel zu den für die Mafia signifikanten Zeitabschnitten. Sein erster Auftritt gelang recht gut. Das Büro reagierte in den frühen zwanziger Jahren richtig, als es gezwungen war, die Prohibition in Ohio zu bekämpfen. Es waren Edgars Agenten,

die – wegen Nichtachtung des Gerichts – als erste Al Capone im Jahr 1929 verhafteten.
In den dreißiger Jahren konzentrierte sich Edgar vor allem auf Entführer und Banditen wie Dillinger und setzte sich ernsthaft mit der Mafia auseinander. Er richtete eine Art Gaunerüberwachung ein, die alle Stellen des Amtes verpflichtete, Informationen über Verbrecherbosse zu sammeln, und er stellte einen nationalen Kampf gegen schmutzige Geschäftemacherei und gegen »organisierte Wirtschaftsverbrechen« in Aussicht.
Im Jahr 1935 – seinerzeit war Thomas Dewey Staatsanwalt in New York – erklärte Edgar Dutch Schultz zum »öffentlichen Feind Nr. 1«. Bald klang Edgar wie einer, der den Kreuzzug gegen das organisierte Verbrechen ausgerufen hatte. »Schmutzige Geschäfte«, sagte er, »stellen ein Problem dar, das, wenn es nicht gelöst wird, irgendwann einmal die Sicherheit der amerikanischen Industrie untergraben wird und das Vertrauen unseres Volkes in die amerikanische Institutionen.«
Im Jahr 1937, als die Gesellschaft von Baltimore auf dem Preakness-Ball die Nacht durchtanzte, führte Edgar persönlich Dutzende von Agenten bei Razzien gegen die Bordelle der Stadt an. Clyde an seiner Seite bekam bei dieser Gelegenheit den Spitznamen »Slugger«, weil er einen Mann, der sich der Verhaftung widersetzte, mit einem harten Schlag zu Boden gehen ließ. Nach einer Notiz, die der Agent, der das Unternehmen leitete, auch behalten hatte, war Edgar an den führenden Gangstern und der Flut schmutzigen Geldes interessiert, das von diesen Häusern in die Taschen der Bosse floß und von ihnen gefiltert, wieder an die örtliche Polizei, die Hinterbänkler im Parlament und schließlich sogar in die Geldsäcke staatlicher, politischer Einrichtungen weitergereicht wurde.
Und Edgar machte Druck. Im August, nach Überraschungsrazzien in drei Staaten, erzählte Edgar, daß einer von drei Leuten, die wegen Betreibung von Prostitution verhaftet worden waren, für Charles »Lucky« Luciano arbeitete.
Edgar war ins Zentrum vorgedrungen. Luciano, das sagen auch Fachleute, war der Vater des organisierten Verbrechens in Amerika, zusammen mit Meyer Lansky, dem Gründer des nationalen Syndikats, eine Schlüsselfigur beim Mafia-Treffen in Atlantic City im Jahr 1929 und der Sieger in dem Bandenkrieg, der darauf folgte. Er war seit 1936 im Gefängnis, nachdem er von Dewey wegen eines Sittlichkeitsvergehens angeklagt worden war, aber er übte von dort aus große Macht aus. Außerhalb der Gefängnismauern führten Meyer Lansky, Frank Costello und Joe Adonis weiterhin das Verbrecher-Imperium. Da er Lucianos feingesponnenes Netz im Auge hatte, war Edgar zu einer Bedrohung für das Herzstück der Mafia geworden.
Dann änderte sich Edgars Verhalten abrupt. Von den späten dreißiger Jahren an wurde der Krieg, den das FBI gegen das organisierte Verbrechen führte, zu einer rein formalen, laschen Angelegenheit, von Angriffslust keine Spur mehr. Das amerikanische Verbrechen, darauf beharrte Edgar etwa um 1938, stamme »nicht aus dem Ausland, sondern aus amerikanischen

Verbrecherkreisen, die sich patriotisch gebärdeten«. Große Worte für Gangsterbosse mit Namen wie Costello, Luciano, Genovese und Adonis, Lansky und Siegel.
Der Zweite Weltkrieg war eine wunderschöne Zeit für das organisierte Verbrechen, es »boomte durch neue dunkle Geschäfte und den schwarzen Markt. Die Führer der New Yorker Banden bekamen sogar offizielle Anerkennung dadurch, daß sie mithalfen, den Küstenstrich beziehungsweise das Hafengebiet gegen Nazi-Saboteure abzuschirmen. Dies wiederum machte den Weg für Lucianos Entlassung und Abschiebung frei. Nach dem Krieg gerieten Costello, Lansky und das gesamte blühende Verbrecherimperium völlig außer Kontrolle und Edgar tat nichts dagegen.
Manchmal schien es, als ob er absichtlich den Fortschritt in der Verbrechensbekämpfung behinderte – wie in dem Fall von James Ragen, dem Besitzer eines telefonischen Wettberatungsbüros, das den Bedarf für das halbe Land abdeckte. Wer immer diesen Telefondienst kontrollierte, gewann eine enorme Macht über Wettspiele, und die Mafia versuchte im Jahr 1946, sich da hineinzudrängen. Ragen wehrte sich und fing an, dem FBI alles zu erzählen, was er in diesem Zusammenhang wußte. Doch Edgar lehnte es ab, ihm Schutz zu gewähren – und die Mafia brachte Ragen um.
»Die Ragen-Affäre«, sagte William Roemer, später der FBI-Experte in Sachen Chicago-Banden, »ist sehr, sehr bezeichnend für die ganze Untersuchung des Verhältnisses zwischen J. Edgar Hoover und dem organisierten Verbrechen. Als Ragen anfing zu reden, eröffnete das FBI einen richtigen Kampf gegen das organisierte Verbrechen in der Stadt – eigentlich zum ersten Mal. Aber sobald Ragen getötet worden war, ließ Hoover die Ermittlungen einstellen. Noch elf Jahre nach diesem Vorfall geschah nichts, und das war das Ende.«
Laut dem damaligen Justizminister führten Ragens Enthüllungen in »sehr hohe Etagen«, eingeschlossen Henry Crown, dem Chicagoer Finanzier und zur Annenberg-Familie, der ursprünglich dieser telefonische Wettdienst einmal gehört hatte. Edgar jedoch behauptete, »die Leute, auf die Ragen hingewiesen hat, haben sich inzwischen gebessert«.
Pete Pitchess, der langjährige Sheriff von Los Angeles Land, war in den vierziger Jahren ein FBI-Agent. »Organisiertes Verbrechen«, erinnert er sich, »lag nicht im Interesse des Amtes. Wir wußten, es existierte, aber es gab kaum irgendwelche Verfolgungen und mir war klar: das war FBI-Politik. Ich selber hatte mit Bugsy Siegel (einem besonders wichtigen Mitarbeiter von Meyer Lansky, der die Westküste für Syndikatsunternehmen erschloß) zu tun. Als Siegel von sich aus mit mir reden wollte, hatte ich meine Bedenken, das dem Amt mitzuteilen. Ich sagte es dem leitenden Agenten nicht als ich ging, um Siegel zu treffen. Wir standen an einer Straßenecke auf dem Sunset Boulevard vor dem alten Restaurant ›La Rue‹ und Siegel gab mir Informationen über seine Feinde. Aber wir legten dies in einem geheimen Ordner ab. Wir wagten nicht, ›Mafia‹ daraufzuschreiben. Die, so war uns gesagt worden, existiere nicht. So ließen wir es ein-

fach in einer Akte verschwinden oder wir gaben es stillschweigend an die Polizei weiter.«[2]

Neil Welch, ein ausgezeichneter früherer SAC, der sich irgendwann einmal auf das organisierte Verbrechen spezialisierte, wurde in den frühen fünfziger Jahren Agent. »Als ich in Boston war«, erinnert er sich, »pflegte ich über Diebstahl von Schiffsladungen – ganze Wagenladungen an Fracht – zu ermitteln, ein Geschäft, das total von der Mafia und der Teamsters Gewerkschaft beherrscht wurde. Es war frustrierend; wir versuchten, den Diebstahl einer einzelnen Schiffsladung von Schuhen oder Hähnchen zu klären, auch wenn es uns allen klar war, daß wir da überhaupt nichts erreichten. Die ganze Sache wurde vom organisierten Verbrechen kontrolliert, aber dieses wiederum war nie Gegenstand unserer Ermittlungen. Es war eine unverzeihliche Blindheit. Ich verstehe nicht, wie jemand wie Hoover oder das FBI, die die Verantwortung tragen, einfach alle praktischen Erwägungen ignorierten.«

Im Jahr 1951 sahen Millionen von Amerikanern im Fernsehen eine Prozession von Gangstern, die vor dem Sonderausschuß des Senats zur Aufklärung zwischenstaatlicher Wirtschaftsvergehen aufzog. Heute spricht man nur noch vom Kefauver-Ausschuß. Nachdem 800 Zeugen angehört wurden, kam man zu dem Schluß, daß es in der Tat »ein bundesweites, kriminelles Syndikat, das als Mafia bekannt war«, gäbe, gleichfalls »Anzeichen einer zentralen Lenkung und Überwachung« durch Frank Costello und Meyer Lansky.

Edgar war vor dem Ausschuß erschienen, um den Ausschußmitgliedern zu gratulieren, daß sie »die unheilige Allianz zwischen den kriminellen Elementen und den Behörden« aufgedeckt hatten und – um den Senatoren um den Bart zu gehen. Hinter der Szene sah die Geschichte ganz anders aus. Senator Kefauver enthüllte dem damals noch jungen Reporter Jack Anderson, daß Edgar zuerst versucht hatte, die Gründung des Ausschusses zu verhindern. »Er sagte mir, daß das FBI versuchen würde, das Unternehmen zu blockieren.« Anderson erinnert sich: »Hoover wußte, daß, wenn die Öffentlichkeit wegen des organisierten Verbrechens alarmiert sein würde, der Auftrag an das FBI ginge. Und den Job wollte er nicht übernehmen.«

Kefauvers Berater, Joseph Nellis, wurde noch 1990 ärgerlich, wenn er sich daran erinnerte, in welcher Art Edgar den Ausschuß behandelte. »Wir hatten eine lange Reihe von Besprechungen mit ihm, über die nicht Bericht erstattet wurde, bei welchen er uns aber sagte: ›Wir wissen nichts über die Mafia oder die Familien in New York. Wir haben das nicht verfolgt.‹ Er erzählte uns, daß das, was wir über die Mafia erfahren hatten, nicht den Tatsachen entspräche, aber wir glaubten ihm nicht. Es war schlimm. Wir versuchten in jeder größeren Stadt, FBI-Hilfe zu bekommen, aber wir bekamen keine. Hoover war höflich zu den Senatoren – das mußte er, weil sie über seine Ausgaben entschieden. Aber von ihm kam keine Hilfe.«

Gründlich zensierte und geschwärzte Dokumente in Kefauvers FBI-Akte weisen deutlich darauf hin, daß Edgar Schmutzmaterial über den Senator

gesammelt hatte. Er verbot seinen Agenten, andere Angehörige des Strafvollzugs bei einem Zusammentreffen mit Kefauver zu kontaktieren und lehnte es ab, Zeugen des Ausschusses durch das FBI schützen zu lassen – selbst noch, als zwei von ihnen ermordet wurden.
Edgar sagte dem Ausschuß, organisiertes Verbrechen sollte nicht die Angelegenheit des FBI sein, sondern die der lokalen Polizeikräfte. Nachdem die Möglichkeit erörtert worden war, ein neues Gesetz herauszugeben, das dem FBI größere Handlungsvollmachten einräumen sollte, sagte er, die bestehenden Gesetze seien gut genug. Als der Ausschuß die Schaffung einer nationalen Verbrechenskommission empfahl, sorgte Edgar dafür, daß derartiges nicht geschah.
Im Jahr 1953, ein Jahr nachdem der Kefauver-Report herausgegeben worden war, schrieb der stellvertretende FBI-Direktor Alan Belmont eine Notiz an den stellvertretenden Direktor D. M. Ladd. »Mafia (sic)«, schrieb er, »ist eine angebliche Organisation... Die Existenz dieser Organisation in den Vereinigten Staaten ist zweifelhaft.« Dies war nach Edgar die Wahrheit, die bei der Spitze des FBI unter Leugnung aller Fakten beibehalten wurde. Die Agenten, die auf der Straße zum Einsatz kamen und wirkliche Begegnungen mit dem organisierten Verbrechen hatten, hatten sich zu benehmen, als ob schwarz weiß sei.
»Während der frühen fünfziger Jahre«, erzählte der altgediente Agent Anthony Villano, »fingen zwei Agenten einen Burschen auf frischer Tat... Er gab sich locker und fing an, ihnen Kriegsgeschichten zu erzählen – Geschichten aus dem Mafiakrieg. Sie waren erstaunt, daß er ihnen von der Organisation und von kriminellen Zirkeln berichtete. Sie brachten alles zu Papier und nahmen es in New York zu den Akten. Keiner der Vorgesetzten war bereit, ihnen auch nur ein Wort zu glauben. Schließlich hatte der Direktor bekanntgegeben, daß organisiertes Verbrechen nicht existiere! So wurden also die Berichte zu den Akten gelegt und vergessen.«
»Im Hauptquartier«, sagte der frühere Agent William Turner, »gab es nicht einmal eine Abteilung, die sich mit dem organisierten Verbrechen befaßte. Wenn wir bei der Feldarbeit an Gangster gerieten, wurde dies in den Hauptermittlungs-Geheimakt genommen – um dann doch der Vergessenheit anheimzufallen.«
Während dieses Buch geschrieben wurde, wurden drei frühere Justizminister, ein Staatsanwalt und der frühere Polizeichef einer Hauptstadt, ein Kongreßberater für organisiertes Verbrechen, verschiedene frühere Justizministerialbeamte, ein Jura-Professor und 19 frühere FBI-Angestellte, einschließlich einiger stellvertretender Direktoren befragt, warum Edgar es unterlassen hatte, gegen das organisierte Verbrechen vorzugehen. Keiner hatte eine befriedigende Erklärung. Einige glaubten, das sei geschehen, weil die Fälle zu schwierig zu behandeln gewesen wären. Edgar befürchtete, seine jährlichen Statistiken könnten darunter leiden – das FBI könnte in den Verdacht geraten, schlechte Arbeit zu leisten. Andere nahmen an, er fürchtete, der Kontakt mit Spielern und irgendwelchen Ganoven könnte

seine Agenten korrumpieren, wieder andere erwähnten Edgars vermutete Abneigung gegen Harry Anslinger, den Leiter der Drogenstelle. Weil Anslinger die Mafia überall in der Drogenszene vermutete – so lautete diese Theorie – lehnte Edgar automatisch jede derartige Vorstellung ab.[3]
Einige wiesen auf die Entschuldigung hin, die Edgar selbst in den sechziger Jahren dafür hatte, nachdem er zum Wandel in seinen Ansichten gezwungen wurde. »Die Wahrheit in dieser Sache«, behauptete er, »besteht darin, daß das FBI bis zum Dezember 1961 nur geringe Befugnisse in bezug auf das organisierte Verbrechen hatte.« Das war nicht wahr. Das FBI hatte seit 1934 jeweils am Ort eines Gewaltverbrechens lokale Handlungsbefugnis. In jedem Fall, wenn Edgar eine Änderung der Gesetze wollte, ließ der Kongreß ihm im allgemeinen den Willen. Wegen des organisierten Verbrechens hat er nie einen derartigen Wunsch geäußert.
Edgars Behauptung, daß er dafür nicht zuständig gewesen sei, war, wie der Historiker Arthur Schlesinger jun. sagte, »eine durchsichtige Lüge«. »Wenn sie es tun wollen«, sagte der Gefängnisdirektor James Bennett, »ist es innerhalb der Zuständigkeit des FBIs. Wenn sie es nicht wollen, sagen sie dir, es ist außerhalb der Zuständigkeit des FBIs.«
Der frühere FBI-Beamte Neil Welch konnte nur den Schluß ziehen, daß Edgars Verhalten mysteriös sei. »Keine der üblichen Entschuldigungen«, sagte er, »klingt überzeugend. Hoover und seine Top-Leute wußten von der Existenz der Mafia. Die wußten über die Agentenberichte Bescheid, die routinemäßig darauf hinwiesen... Hoovers Einstellung stand so im Gegensatz zur Realität, daß man darüber überhaupt gar nicht erst spekulieren konnte. Es ist ein Rätsel...«

Die Hinweise, die Edgars Verhalten erklären konnten, führen bis in die Mitte der dreißiger Jahre zurück. Es war zu dem Zeitpunkt, als die Mafia sich etablierte und Edgar bundesweit gefeiert wurde. Durch seine Bekanntschaft mit dem Kolumnisten Walter Winchell begann er, regelmäßig über das Wochenende nach New York zu fahren und lernte dort eine Welt in der gefährlichen Nähe des organisierten Verbrechens kennen.
Die Gefahr fing mit Winchell selbst an. Jeder ernsthafte Kriminalreporter macht es sich zur Aufgabe, Kriminelle auf einer persönlichen Ebene kennenzulernen, aber Winchell wußte nicht, wo die Grenze war. Der Journalist stand freundschaftlich mit Owney »dem Killer« Madden, einem engen Freund von Meyer Lansky. Er intervenierte bei der *Herald Tribune*, als diese wiederholt auf Maddens mörderische Vergangenheit hinwies und nahm dann einen neuen Wagen als Belohnung von den Gangstern in Empfang.
Winchell duzte sich sogar mit Lansky und ging in New York und Florida oft mit ihm zum Essen. Wie die Witwe des Gangsters preisgab, bat der Kolumnist Lansky sogar um Erlaubnis, wenn er eine Geschichte über die Mafia schrieb. Frank Costello – Winchell nannte ihn »Francisco« – kannte er noch besser. Sie hatten beide Appartements in 115 Central Park West und

trafen sich regelmäßig. In den fünfziger Jahren, als Costello vom Kefauver-Ausschuß aufs Korn genommen wurde, beeilte sich Winchell, einen Artikel zu schreiben, in dem er betonte, daß er ein guter und mißverstandener Bursche sei.
Der ›Stork Club‹, wo Edgar und Clyde regelmäßig mit Winchell zusammentrafen, war von der Mafia durchsetzt. Der nominelle Besitzer, Sherman Billingsley, war ein früherer Schmuggler mit verschiedenen Vorstrafen. Doch Edgar gab ihm eine persönliche Empfehlung für eine Waffenbesitzkarte und sprach von ihm als einem »sehr guten Freund«.
Das gleiche spielte sich in Florida ab, wo Edgar regelmäßig seine Ferien verbrachte. Sein Lieblingsaufenthalt in Miami war von den späten dreißiger Jahren an, Joe Stones ›Crabs Restaurant‹, das auch von Capone, Costello und Lansky regelmäßig besucht wurde. Lansky kam hin, um dort einen rosa Gin zu trinken. Der Restaurantbesitzer Jesse Weiss gab 1988 zu, daß er eine enge persönliche Freundschaft mit den Gangstern unterhielt, während er gleichzeitig »sehr, sehr eng« mit Edgar befreundet sei.
»Jesse hatte Freunde, die das Amt interessierten«, erinnert sich Mrs. Weiss, »Edgar saß dort, und dennoch konnten etliche von diesen Kerlen auf der anderen Seite des Speisesaals sitzen.« Manchmal rätselte Mrs. Weiss über die Art, wie Edgar die bekannten Verbrechen eines Mannes ignorierte. »Ich hätte ihn fragen sollen, ›Du hättest ihn für 20 Jahre hinter Gitter bringen können. Um Himmelswillen. Warum tust du nichts?‹«
Edgar trat auf höchster Ebene als Beschützer auf, z. B. bei dem Millionär und Kasinobesitzer Del Webb, der in der Öffentlichkeit als Besitzer des New Yorker Xankee Baseball-Teams bekannt war. »Die Las Vegas Kasinos«, versicherte Edgar eines Tages Präsident Johnson, »repräsentieren die schlimmsten Elemente der ›Cosa nostra‹ – natürlich ausgenommen Del Webb.«
»Hoover spielte Webb alles zu. Er war sein Kumpel«, sagte der Staatsanwalt William Hundley, der an diesem Tag im Weißen Haus anwesend war. »Wo Webb wohnte, gab es keine Wanzen.« FBI-Quellen und das Sicherheitspersonal der Mafia bestätigen, daß Einrichtungen, die Webb gehörten, ungeschoren blieben.
Webb steckte 30 Jahre lang tief im organisierten Verbrechen. Durch Stellvertreter war er mit Lansky, Bugsy Siegel und mit einer Gruppe anderer Krimineller im Geschäft. Webb und Edgar waren, wie der frühere leitende Agent, der für Las Vegas verantwortlich war, beobachtete, sehr enge Freunde. Wenn Edgar die Stadt besuchte, stieg er immer wieder in Webbs Hotel ab, kostenfrei, wie berichtet wurde. Wie Edgar war auch Webb ein regelmäßiger Gast im ›Del Charro‹, Clint Murchisons Hotel in Kalifornien.
Das ›Del Charro‹ war ein kleines Hotel, und in seiner relativ intimen Abgeschlossenheit saß Edgar Seite an Seite mit einem Schwarm von Kriminellen, die nach außen hin eine weiße Weste zu haben schienen. Zu denjenigen, die in diesem Hotel in den fünfziger Jahren willkommen waren, gehörten auch Ed Levinson, John Drew und Ray Ryan, alles notorisch be-

kannte Namen bei den Verbrechensermittlern. Als Drew einmal abfuhr, ließ er eine wertvolle alte mit Whisky gefüllte Flasche aus der Prohibitionszeit als Geschenk für Edgar zurück.
Weit entfernt davon, diesen Männern aus dem Weg zu gehen, setzte sich Edgar mit ihnen zusammen. Der Hoteldirektor, Allan Witwer, sah ihn 1959 mit Art Samish, Kaliforniens oberstem Dealer und führendem Mann der Mafia, Seite an Seite, kurz nachdem Samish von einem langen Gefängnisaufenthalt frei kam. »Die beiden saßen, ins Gespräch vertieft, zusammen«, sagte Witwer, »und ohne das geringste Zeichen von Verlegenheit über die Gegenwart des anderen.«
Fünf Jahre zuvor war es ein anderer gewesen, der zu einem längeren Aufenthalt kam und Morgen für Morgen mit Edgar plaudernd am Swimmingpool saß: Dub McClannahan, Ölmagnat und Spieler. Der Manager dachte, daß McClannahan ein weiterer Freund von Clint Murchison war – bis ein FBI-Mann ihm reinen Wein einschenkte. »Ich konnte von meinem Büro aus den Swimmingpool beobachten«, sagte Witwer, »und eines Abends war ein Agent bei mir im Raum. Er schaute aus dem Fenster – wir hatten damals Fackeln am Pool –, sah McClannahan und sagte: ›Allan, was macht denn der da? Weißt du nicht, wer das ist?‹ und ich sagte: ›Sicher‹. Und er darauf: ›Ich wette, du weißt es nicht. Er ist der Partner des Mafiachefs von New Orleans, Carlos Marcello.‹ Und ich sagte: ›Gut, aber sag das Hoover. Er frühstückt jeden Morgen mit ihm.‹ Ich war schockiert, daß er ihm überhaupt erlaubte, sich ihm zu nähern.« McClanahan blieb bis 1959 Edgars regelmäßiger Gefährte am Pool im ›Del Charro‹. Dann kam er wegen Steuerhinterziehung vor Gericht.[4]
Ein weiterer Genosse war Johnny Roselli, der Spießgeselle des Mafiabosses von Chicago, Sam Giancana. »Ich kannte Hoover«, erzählte Roselli Jahre später vergnügt, »ich lud ihn zu Drinks ein und wir unterhielten uns. Es war ein Spaß, so mit dem Direktor des FBI umgehen zu können.«
In den frühen fünfziger Jahren waren einem Senatsausschuß zufolge 20 Prozent der Murchison-Ölförderungsgesellschaft in den Händen der Verbrecherfamilie Vito Genovese. Handrigde-Oil, eine Murchison-eigene Tochterfirma, war Gegenstand eines Deals mit Spielern aus Las Vegas, die mit massivem Wertpapier-Schwindel zu tun hatten. Es gab auch Abmachungen mit Jimmy Hoffa, dem Chef der Teamsters Gewerkschaft, dem gleichfalls nicht über den Weg zu trauen war und Clint jun., der die finanzielle Verbindung mit dem Mafiaboß geknüpft hatte.
Es war Edgar, der Murchison vorschlug, Thomas Webb, einen seiner eigenen früheren Verwaltungsmitarbeiter einzustellen. Webb, ein FBI-Veteran, war an den Murchison-Fleischgeschäften interessiert, die Bestandteil des Bobby Baker-Skandals während der Johnson-Präsidentschaft waren. Laut Baker waren er und Webb früher einmal zusammen auf Reisen gewesen, um politische »Spenden an den Mann zu bringen«, Bargeld in einem weißen Umschlag. Fragen wurden nicht gestellt. »Webb«, sagte Baker, »war der Macher für Murchison in Washington, sozusagen sein Hand-

lungsreisender.« Außerdem sagten Baker und andere, daß er Edgar »verehre«.
Ein Murchison-Mitarbeiter stellte Edgar dem Lobbyisten Irving Davidson vor. Davidson hatte Verbindungen zu den Transportarbeitern und dem organisierten Verbrechen. Er steckte in den Murchisonschen Fleischgeschäften drin und war später der Verbindungsmann zwischen Clint Murchison jun. und Carlos Marcello während einer großen Betrugs-Affäre, die den Mafiaboß 1983 ins Gefängnis brachte.
»Ich bin ein glühender Bewunderer Mr. Hoovers, und ich hatte bei ihm immer ein offenes Ohr«, sagte Davidson. »Vor den Redskin-Spielen hatten wir für gewöhnlich Parties in Tom Webbs oder meinem Haus und Hoover kam immer dazu. Ich wohnte ganz in seiner Nähe, und wir gingen hinüber, um ihn und Clyde Tolson zu begrüßen. Wenn Mr. Tolson krank war, brachte ich ihm eine Cowboy-Spezialität oder polnisches Kielbasa.«[5]
In den späten fünfziger Jahren, während sie Murray »Das Kamel« Humphries in Chicago belauschten, hörten überraschte Agenten, daß der Name ihres Chefs erwähnt wurde. Humphries war der Anführer der Connection Guys, einer kriminellen Bande, die sich auf die Korruption von Leuten in öffentlichen Ämtern spezialisiert hatte. Er sprach offensichtlich mit Kenntnis und Interesse über Edgars Freundschaft mit Clint Murchison.
»Murchison besaß einen Persönlichkeitsanteil von Hoover«, meinte Bobby Baker im Jahr 1990 nachdenklich. »Reiche Leute versuchen immer, ihr Geld in den Sheriff zu stecken, weil sie des Schutzes bedürfen. Hoover war die Personifizierung von Gesetz und Ordnung und offiziell gegen Gangster und Kriminalität. So war es ein Vorteil für einen reichen Mann, sich mit ihm identifizieren zu können. Deswegen haben Murchison und andere es sich zur Aufgabe gemacht, jedermann wissen zu lassen, daß Hoover ihr Freund war. Du kannst eine Menge illegaler Dinge treiben, wenn der führende Gesetzesvertreter dein Kumpel ist.«

Wo sie gingen und standen, schwelgten Edgar und Clyde in ihrer Vorliebe für Pferderennen. In Hialeah in Florida und Del Mar in Kalifornien, in Bowie und Pimlico in Maryland, Charles Town in West Virginia und in Belmont, New York war Edgars Gesicht 40 Jahre lang bekannt. Edgar und Clyde hatten eigene Tische und für gewöhnlich kostenfreie Zuschauerlogen auf jeder Rennbahn. Es gab ein Pferd, das ›Direktor J. E.‹ hieß in Maryland, einen ›J. Edgar‹ in Texas und ›J. Edgar Ruler‹ in Kalifornien. In Laurel in Maryland gibt es immer noch ein ›J. Edgar Hoover-Handicap‹-Rennen.
Rennen und die damit einhergehenden Wetten wurden für Edgar zur Sucht. Ein FBI-Hauswitz besagte, daß derjenige, der von den Kollegen am schnellsten ergraut sei, genau derjenige sei, der den Direktor in der Hauptverkehrszeit zur Rennbahn fahren mußte. Leute aus dem Hauptquartier wurden auf die Kongreßbibliothek verteilt, um Informationen über Rennen auszugraben. Edgar gab ein für alle mal Order, daß er am Samstag nicht

gestört werden wolle und laut DeLoach ignorierte er einmal einen Befehl Präsident Johnsons, zu einer Konferenz mit den Kabinettsmitgliedern zurückzukehren. Rennen brachten Edgar in einen Zustand höchster Erregung. Nachdem er eines Nachmittags Glück mit der Rennwette gehabt hatte, erzählte der frühere Sprecher Tip O'Neill, nahm er aus Versehen den Wagen eines anderen und fuhr damit den ganzen Weg nach Washington zurück, ohne es zu bemerken.

1954 ermutigte Edgar seine Ölmillionärsfreunde, die mit dem Besitzer eines Hotels in der Nähe von Del Mar nicht zufrieden waren, doch gleich die ganze Rennbahn zu kaufen. Das Unternehmen wurde geleitet von einem Spirituosengroßhändler mit Verbindung zur Chicagoer Unterwelt – ein weiterer zweifelhafter Mensch, mit dem Edgar ständig zusammen war.

»Zuerst«, sagte der ›Del Charro‹-Manager Witwer, »wurden Murchison und Richardson nicht nur von Hart und seinen Direktoren abgewiesen, sie wurden praktisch aus dem Büro geschmissen. Murchison sagte, ›wenn die Burschen nicht mit mir verhandeln wollen, dann werden wir den alten Edgar auf sie hetzen‹, und Hoover schickte zwei FBI-Agenten, um mit Hart zu reden. Ich hörte das von den Agenten selber. Und Hart verkaufte.«

Der ganze Profit der Rennbahnen, behauptete Murchison, sollte an die Boys Inc. gehen, einen Fonds, der von den Texanern eingerichtet wurde, um »unterprivilegierten Jungs auf die Beine zu helfen«. Um nach außen hin ein respektables Bild zu geben, suchte man einen bekannten Kriegshelden, den General Holland Smith, als Präsidenten dieses Fonds' zu gewinnen. »Ich glaube, 200 Dollar monatlich für General Smith«, schrieb er, »bedeutet gute Propaganda.«

Aber Murchison irrte sich. Der General legte dieses Amt nach ein paar Monaten nieder, als er bemerkte, daß bei einem Treffen eine Summe von 640.000 Dollar ausgewiesen worden war und daß »nicht ein einziger Cent an die Boys gegangen ist. Ich weiß nicht, wo das Geld geblieben ist. Es ist meine Überzeugung, daß mindestens seit fünf Jahren kein Geld an die Boys Inc. überwiesen wurde, wenn überhaupt jemals. Ich hoffe, ich habe Ihnen eine klare Vorstellung von dem gegeben, was ich von Mr. Murchison und Mr. Richardson halte...«

Skeptiker, die kalifornischen Steuerbehörden eingeschlossen, fanden, das Del Mar-Programm sei nur eine weitere Gelegenheit für die Millionäre gewesen, Geld zu machen. Da man annahm, daß der Profit sozialen Zwecken zugeführt wurde, konnte er nicht besteuert werden – aber der Staat wollte seine Steuern. Murchison schlug mit allem zurück, was ihm zur Verfügung stand, Edgars Person miteingeschlossen.

»Ich kenne Clint Murchison«, erzählte Edgar der Fachpresse, »und ich bin der Ansicht, er wäre der letzte im Lande, der solche Steuer- oder Geschäftstricks benutzen würde... Dieses Werk trägt direkt dazu bei, das Land zu stabilisieren, denn kommunistische Penetration wird in der Hauptsache von Arbeiter- und Jugendorganisationen gelenkt.«

Im Lauf der Jahre ging einiges von dem Del Mar-Profit an soziale Einrich-

tungen, aber scharfe Kritiker teilten Edgars Zuversicht nicht. »Diese Tricks«, sagte der frühere Präsident Herbert Hoover, Vorsitzender des Boys-Clubs of America und normalerweise einer von Edgars Verbündeten, »sind steinalt. Sie geben einfach nicht den ganzen Profit für soziale Zwecke aus.« Georges Allen, Renn-Enthusiast und auf freundschaftlichem Fuß mit Murchison und Edgar, gab Jahre später zu: »Es war eine krumme Sache, wenn Sie es genau wissen wollen... ein Steuerschwindel.«
Edgar benahm sich auf dem Rennplatz, als ob er nicht wüßte, was jeder innerhalb der polizeilichen und gesetzgebenden Körperschaften wußte, daß Rennwetten die wichtigste Einnahmequelle für das organisierte Verbrechen waren. Geheimdienste in Kalifornien hörten, daß er regelmäßig Buchmacher aufsuchte, die Verbindung zur Mafia hatten.
In Florida fragte Phil »Der Stock« Kovolick, ein schwerer Junge in Meyer Lanskys Umgebung, nach den Gewinn-Nummern. Auf einer Tribüne erfuhr der Kriminalreporter Hank Messick, daß »die Gangster anfingen, Hoovers Ignoranz zu nutzen, indem sie sich selbst in seine Tribünenloge einluden und mit ihm für Fotos posierten. Es wurde etwas wie ein Spiel daraus...«
Edgar war keinesfalls unwissend. Er brüstete sich einmal einer Schattenwette wegen Robert Mardian gegenüber dem stellvertretenden Justizminister unter Nixon. »Er erzählte mir«, erinnert sich Mardian, »daß er einmal bei einem illegalen Rennen in Florida gewesen sei, wo man ein Dinner haben konnte und Platzwetten und so weiter. Die Polizei von Miami veranstaltete plötzlich eine Razzia. Er lachte und sagte ›Naja, was für einen Schock die bekamen, als sie mich dort vorfanden. Die waren schneller weg, als Sie sich vorstellen können.«[6]
FBI-Propagandisten, die offenbar das Risiko besser einschätzten als ihr Chef, ließen regelmäßig wissen, daß Edgar nur kleine Wetten einging. »Mäßigung und Bescheidenheit ist alles«, soll er immer wieder gesagt haben und er wurde pflichtschuldigst an dem Schalter fotografiert, wo der Hinweis »2 Dollar« stand. Die Wahrheit sah anders aus.
»Wir alle lachten uns über so etwas schief«, sagte ›Del Charro‹-Manager Allan Witwer. »In Del Mar, wenn er getippt hatte, setzte Hoover 200 Dollar« (tausend Dollar nach heutigem Geldwert). Um nicht dabei beobachtet zu werden, daß er große Wetten einging, erinnert sich ein Insider, sandte er irgendwelche Bekannte – oft auch FBI-Agenten – um die Wette für ihn zu setzen.
Edgar nahm den Hinweis, daß die Unterwelt ihre Hände bei Pferderennen mit im Spiel hatte, auf die leichte Schulter. »Das FBI«, soll er gesagt haben, »hat Wichtigeres zu tun, als an jeder Ecke Leute festzunehmen, die wetten oder spielen.« Und während längerer Zeit pflegte er eine freundschaftliche Verbindung mit einem der notorischsten Spiel- und Wettbosse im Lande, dem Gangsterchef, der als »Premierminister der Unterwelt« bekannt war.

22. KAPITEL

Intelligente Gangster von Al Capone bis Mio Dalitz und Meyer Lansky waren immer grimmige, wortreiche Verteidiger kapitalistischer Anschauungen und in dieser Hinsicht waren und sind sie Hoovers ideologische Verwandte.

Albert Fried
Historiker

Edgar pflegte eine Verbindung zu dem Unterweltkönig Frank Costello, die Jahre dauerte und die niemals zufriedenstellend erklärt werden konnte. Es begann offensichtlich mit einer scheinbar harmlosen Begegnung auf einer New Yorker Straße.

Edgar erinnerte sich selbst des Vorfalls in einer privaten Unterhaltung mit der altgedienten Journalistin Norma Abrams, eine Unterhaltung, die sie vertraulich behandelte und erst kurz vor ihrem Tod im Jahr 1989 preisgab. »Hoover war ein eingefleischter Schaufensterkäufer«, sagte Mrs. Abrams. »In den dreißiger Jahren ging er einmal früh am Morgen, wie er mir erzählte, auf der Fifth Avenue spazieren und jemand kam hinter ihm her und sagte ›Guten Morgen, Mr. Hoover‹. Er drehte sich um, um zu sehen, wer es war, und es war Frank Costello. Costello sagte: ›Ich möchte Sie nicht in Verlegenheit setzen‹, und Hoover sagte: ›Sie setzen mich keineswegs in Verlegenheit. Wir halten nicht nach Ihnen Ausschau, da tut sich nichts.‹ Sie sprachen den ganzen Weg die 57. Straße entlang miteinander. Aber Gott schützte sie, es war kein Fotograf oder sonst jemand unterwegs...«

Der Kontakt wurde erneuert, wie Edgar Eduardo Disano, dem Besitzer eines Florida-Restaurant, erklärte, der Costello auch kannte. »Hoover sagte mir, daß er und Costello beide Appartements im ›Waldorf‹ gemietet hätten.« Disano erinnert sich. »Er sagte, Costello habe ihn gebeten, doch heraufzukommen und ihn in seinem Appartement zu besuchen. Hoover sagte ihm, er würde ihn auf jeden Fall aufsuchen, aber nicht in seinem Zimmer, sondern unten... Ich weiß nicht, über was sie sich unterhielten. Hoover war ein sehr verschlossener Mensch, was den Beruf anbelangte.«

Als Costello versuchte, die Beziehung zu Edgar zu kultivieren, gelang ihm dies auch. Einmal nahmen sie sogar das Risiko auf sich, im ›Stork Club‹ zusammenzusitzen. Costello sprach bald von Edgar als »John«, eine Anrede, die er von Winchell aufgegriffen hatte. Der Gangster seinerseits erinnerte sich kichernd, daß eines Tages Edgar die Initiative übernahm und ihn zum Kaffee einlud. »Ich muß meiner Genossen wegen vorsichtig sein«, sagte Costello zu Edgar. Sie werden mich beschuldigen, daß ich mit fragwürdigen Charakteren zusammenglucke...«

Im Jahr 1939, als Edgar mit der Gefangennahme des Verbrechers Louis »Lepke« Buchalter sich verdient machte, war es Costello, der hinter den Kulissen die Fäden zog, damit das passieren konnte. Es war die Zeit, an die sich die Unterwelt als die »heiße Zeit« erinnert, als Thomas Dewey, der damalige Staatsanwalt einen bisher noch nicht dagewesenen Druck auf die Unterwelt ausübte, und Lepke, der Mann, den man den Kopf der Murder Inc. (Mörder-Vereinigung) nannte, gefangengenommen wurde.
Am 24. August, kurz vor Mitternacht, berief Edgar die Presse ein, um eine sensationelle Mitteilung zu machen. Er hatte persönlich gerade eben Lepkes Überwältigung auf einer New Yorker Straße beigewohnt. Das ist eine tolle Geschichte – Edgar mit dunkler Brille in einer geparkten Limousine auf eine Begegnung mit einem der gefährlichsten Kriminellen in Amerika wartend. Edgar sagte, das FBI hätte »die Festnahme ganz allein bewältigt«, aber es kam heraus, daß sein Freund Winchell die Rolle eines Vermittlers gespielt hatte. Edgar kam wieder einmal zu Ruhm, sehr zum Ärger von Dewey und den zuständigen New Yorker Behörden, die sagten, daß dies hinter ihrem Rücken bewerkstelligt worden sei.
Er hatte dies in der Tat dank einer hübschen Manipulation der Gangster fertiggebracht. Lucky Luciano, der seine Befehle an Costello und Lansky vom Gefängnis aus gab, entschied, daß Lepke überredet werden müßte aufzugeben, damit der Druck der Gesetzeshüter auf die Mafia-Aktivitäten nachlasse. Dem Gangster wurde versprochen, er würde, falls er sich Edgar ergäbe, nachsichtig behandelt werden. (Edgar hatte, wie sich später herausstellen sollte, ein falsches Versprechen gegeben, denn der Gefangene endete auf dem elektrischen Stuhl.) Inzwischen traf sich Costello heimlich mit Edgar, um das Arrangement zu treffen.
Das Schönste von allem war, wie Luciano sich erinnerte, daß sie zwei Fliegen mit einer Klappe schlugen. Der Druck der gesetzgebenden Behörden ließ nach und Edgar und Dewey – selbst der Egomane Walter Winchell – bekamen ein jeder »sein Stück von dem Kuchen«. Für alle Beteiligten an diesem Handel ergab sich, daß die Opferung Lepkes eine großartige Idee war.
William Hundley, ein höherer Beamter des Justizministeriums, hat einen Blick auf die Methode geworfen, mit der Costello mit Edgar umging. Es geschah zufällig im Jahr 1961, als Hundley sich im Appartement seines Freundes Edward Bennett Williams aufhielt, der gleichzeitig der Anwalt des Gangster war. »Um acht Uhr am Morgen«, erinnert sich Hundley, »klopfte es an der Tür. Draußen stand ein Bursche mit einem großen Hut auf dem Kopf und mit dieser heiseren Stimme, es war Frank Costello. Er kam herein und wir saßen in der Runde und frühstückten miteinander... Plötzlich kam das Thema Hoover zur Sprache und Hoovers Vorliebe für Wetten bei Pferderennen. Costello erwähnte, daß er ihn kenne und daß er Hoover zum Lunch treffen würde. Dann grinste er heimtückisch und hörte auf zu reden... Er grinste schief und ich nehme an, daß er bewußt nichts weiter sagen wollte.«

In Costello hatte Edgar einen der tüchtigsten Ratgeber in der Geschichte des Wettens erwischt. Eine seiner vorrangigsten Funktionen innerhalb der Mafia war, die Wetten zu kontrollieren und Rennen festzulegen. Diejenigen, die nicht kooperativ waren, ging es schlecht. Edgars Verbindung zu ihm wurde durch Informanten aus der Unterwelt und außerhalb der Mafia bekräftigt. »Costello gab Hoover Tips«, sagte Walter Winchells Kollege Klurfeld. »Er bekam sie von Frank Erickson und gab sie an Winchell weiter... Manchmal trafen sich Costello und Hoover direkt. Hin und wieder, wenn Hoover im Friseurladen des ›Waldorf‹ war, war auch Frank Costello dort.«

Dem Mafiaboß von Chicago, Sam Giancana, zufolge, hatte er nachweislich einen direkten Draht. Sein Halbbruder Chuck hat behauptet, daß Costello »alles ausarbeitete. Er wußte, Hoover war wie jeder andere Politiker und Bulle, nur noch gemeiner und schlauer als die meisten anderen. Hoover wollte nicht jeden Monat einen Umschlag ... so gaben wir ihm niemals direktes Bargeld; wir gaben ihm was Besseres: Tips über festgelegte Pferderennen. Er konnte getrost 10.000 Dollar auf ein Pferd setzen, das 20 : 1 auch daneben liegen konnte. Und das tat er dann auch.«[1]

Im Jahr 1990, mittlerweile 80 Jahre alt, sagte der Unterweltboß von New York, Carmine Lombardozzi, daß Costello und Edgar »viele Gelegenheiten für Kontakte miteinander hatten und das für lange Zeit. Hoover war sehr freundlich zu den Familien. Die Familien nahmen sich sehr seiner an, speziell bei den Rennen... Die Familien sorgten dafür, daß man sich kümmerte, wenn er die Rennbahn in Kalifornien oder andere an der Ostküste besuchte. Sie hatten eine Abmachung: Er würde sich um die Familien nicht kümmern, das bedeutete, er bestritt, daß wir überhaupt existierten. Wenn man etwas für ihn tun könnte, werde man Informationen besorgen, die keines der Familiengeschäfte behinderte.«[2]

George Allen, 40 Jahre lang Edgars Begleiter bei den Rennen und ein prominenter Mann der Öffentlichkeit, der keine Verbindung zur Unterwelt hatte, erinnert sich einer Unterhaltung zwischen Edgar und Costello. »Ich hörte, wie Hoover eines Abends im ›Stork‹ zu Costello sagte, solange er sich aus Hoovers Amtsgebiet heraushalte, werde er auch nicht seine Kreise stören.«

Nachdem Costellos Hauptaufgabe das Glücksspiel war und da Spielen beziehungsweise Wetten keine Verletzung von Bundesgesetzen darstellte, kann man sagen, daß Edgars Bemerkung ausschließlich die legale Situation betraf. Es gibt aber andere Hinweise, die deutlich machen, daß diese Laissez-faire-Attitüde tiefer ging. In den frühen fünfziger Jahren, als man sich bemühte, Costello nach Italien abzuschieben, gab es keinen Druck vom FBI. Wie der Freund von Walter Winchell, Curly Harris, behauptet, der sowohl Edgar als auch den Mafiaboß kannte, sprang Edgar sogar einmal über seinen eigenen Schatten, um Costello vor seinen eigenen Agenten zu schützen.

»Der Portier in Franks Appartementhaus«, erinnert sich Harris, »sagte ihm, daß da ein paar FBI-Leute herumhingen. So versuchte Frank, Hoover ans Telefon zu kriegen und sagte ihm das. ›Was wollen die Burschen dort? Wenn du mich sehen willst, kannst du mich mit einem Telefonanruf haben.‹ Hoover schaltete sich ein und fand heraus, welche seiner Leute das waren und warum sie das taten. Er sagte, sie ständen nicht unter Befehl, sie hätten sich das selbst ausgedacht. Er war deswegen ziemlich sauer und versetzte am nächsten Tag die Agenten nach Alaska oder sonstwohin... Er und Costello hatten gemeinsame Freunde.«[3]

Die Fähigkeit Costellos und seines Kompagnons Meyer Lansky, Beamte und Richter zu bestechen, war eine fundamentale Notwendigkeit für die Mafiageschäfte. Es war Lanskys Erfahrung in der Handhabung von Korruption, die ihn mehr als jeden anderen zum nationalen »Gottvater« des organisierten Verbrechens machte.

Ein anderer Mafiaboß, Joseph Bonanno, kleidete die Prinzipien des Spiels in Worte. Es war eine strikte Unterweltregel, sagte er, niemals mit Gewalt gegen einen Gesetzeshüter vorzugehen. »Es mußten andere Wege gefunden werden«, schrieb er in seinen Memoiren, »damit er sich nicht in unsere Angelegenheiten einmischte und wir uns nicht in die seinen.« Der Weg, den die Mafia fand, um mit Edgar »klarzukommen«, war, einigen Gangsterquellen zufolge, seine Homosexualität.

Die Gangsterbosse hatten, um Edgars kompromittierendes Geheimnis herauszufinden, Glück – zur rechten Zeit und am richtigen Platz. Es war an einem Silvesterabend 1936, als Edgar nach dem Dinner im ›Stork Club‹ von zwei von Walter Winchells Gästen mit seinem Liebhaber Clyde[4] händchenhaltend gesehen wurde. Im ›Stork Club‹, wo er regelmäßiger Gast war, war Edgar vor Beobachtung der Gangster im höchsten Grade ungeschützt. Der Schwergewichtsmeister Jim Braddock, der ebenfalls mit Edgar und Clyde an diesem Abend speiste, wurde durch Costellos »Kollegen« Owney Madden beobachtet. Winchell, das Klatschmaul, warb beständig um Costello. Sherman Billingsley, der frühere Schmuggler, dem das ›Stork‹ gehörte, installierte, wie berichtet wird, Zwei-Wege-Spiegel in den Toiletten und verborgene Mikrophone unter den Tischen. Billingsley war eine Schachfigur von Costello und von Costello wurde behauptet, daß er der eigentliche Besitzer des Clubs sei. Er hatte keine Gewissensbisse, hinter Edgar her zu sein, und er verachtete Homosexuelle...

Seymour Pollock, ein enger Freund von Meyer Lansky, sagte im Jahr 1990, daß Edgars Homosexualität allgemein bekannt gewesen sei und daß er selbst Beweise dafür habe. »Ich pflegte ihn gelegentlich immer wieder einmal auf der Rennbahn zu sehen, zusammen mit seinem Lover-Boy Clyde. Es war in den späten vierziger und fünfziger Jahren. Ich war in der benachbarten Loge. Und wenn du siehst, wie zwei Knaben Händchen halten, also! ... Sie taten es zwar sehr verstohlen, aber es gab keinen Zweifel.«

Jimmy »Das Wiesel« Fratianno, der hochrangigste Gangster, der jemals »umgedreht« wurde und gegen seine früheren Genossen aussagte, war im

Jahr 1948 auf der Rennbahn, als Frank Bompensiero, ein berüchtigter Westküsten-Mafioso, Edgar direkt ins Gesicht verhöhnte. »Ich zeigte auf den Burschen, der vorne in der Loge saß«, erinnert sich Frantianno, »und sagte: ›Hey Bomp, schau mal, das ist J. Edgar Hoover.‹ Und Bomp sagte so laut, daß jeder es hören konnte: ›Ah, das ist Edgars Jüngelchen, er ist ein beschissener degenerierter Schwuler.‹«
Später als Bompensiero in der Herrentoilette auf Edgar traf, war der FBI-Direktor erstaunlich sanft. »Frank«, sagte er zu dem Gangster, »das ist keine nette Art, über mich zu reden, besonders wenn ich Leute bei mir habe.« Fratianno war klar, daß Bompensiero Edgar schon früher kennengelernt hatte und daß er absolut keine Angst vor ihm hatte.
Fratianno kannte zahllose andere Top-Gangster einschließlich Jack und Louis Dragna aus Los Angeles und Johnny Roselli, den Chef der Westküste von der Chicago-Bande. Alle sprachen von »Beweisen«, daß Edgar homosexuell sei. Roselli sprach speziell von einem Ereignis in den späten zwanziger Jahren, als Edgar wegen Homosexualität in New Orleans verhaftet worden war.[5] Edgar konnte sich kaum eine schlimmere Stadt ausgesucht haben, um sich zu kompromittieren. Die Polizei und die Kriminalbeamten von New Orleans waren notorisch korrupt, Hampelmänner eines organisierten Verbrechensnetzes, das der Mafiaboß Carlos Marcello fest in der Hand hatte, und völlig unter dem Einfluß von Meyer Lansky stand. Als diese Verhaftung wegen Homosexualität erfolgte, ist es sehr wahrscheinlich, daß die Gangster am Ort das schnell erfuhren.
Andere Informationen gehen dahin, daß Meyer Lansky besonders deutliche Beweise für Edgars Homosexualität gehabt und sie dazu benutzt habe, das FBI als Bedrohung für seine Organisation auszuschalten. Der erste Hinweis kam von Irving »Ash« Resnick, dem Nevada-Vertreter der Patriarca-Familie aus Neu-England, der ursprüngliche Besitzer und Erbauer des ›Caesar Palace‹ in Las Vegas. Als Unterweltkurier auf höchster Ebene reiste er viel herum. In Miami Beach, seinem Weihnachtsreiseziel in den fünfziger Jahren, wohnte er im ›Gulfstream‹-Hotel in einem Bungalow neben dem von Edgar und Clyde. »Ich saß jeden Tag mit ihm am Strand«, erinnert sich Resnick, »wir gingen freundlich miteinander um.«
Im Jahr 1971 sprachen Resnick und einer seiner Kollegen mit dem Schriftsteller Pete Hamill in der Galeria-Bar in ›Caesars Palace‹. Sie sprachen von Meyer Lansky als einem Genie, als dem Mann, der »alles fertigbrachte«... und der außerdem »Edgar Hoover festgenagelt hatte«. »Als ich fragte, was das hieß«, erinnerte sich Hamill, »sagten sie mir, Lansky hätte ein paar Bilder – Bilder von Hoover in schwuler Situation mit Clyde Tolson. Lansky war es, der die Fotos prüfte. Er hatte mit Hoover eine Abmachung getroffen – aufzugeben. Das war der Grund, sagten sie, daß sie so lange Zeit vom FBI nichts zu befürchten hatten.«[6]
Seymour Pollock, der Gauner, der Edgar und Clyde händchenhaltend beim Pferderennen gesehen hatte, kannte beide, Resnick und Lansky, gut. Er und Lansky erinnerten sich der alten Tage im vorrevolutionären Kuba, als Ha-

vanna noch so wichtig für das Syndikat war wie Las Vegas.»Meyer«, sagte Pollock im Jahr 1990,»war sehr verschlossen. Ich glaube, daß er nicht einmal mit seinem Bruder irgendwelche Details der Hoover-Angelegenheit besprochen hat. Aber Ash hatte absolut recht, Lansky hatte mehr als nur Informationen über Hoover. Er hatte sozusagen das Tüpfelchen auf dem »i«. Eines Abends, als wir in seinem Appartement im ›Rosita de Hoornedo‹ saßen, sprachen wir über Hoover und Meyer Lansky lachte und sagte: ›Diesen Hurensohn habe ich festgenagelt, nicht wahr?‹« Zu diesem Festnageln gehörte, laut Pollock, auch Bestechung – nicht Bestechung Edgars, sondern der Leute, die ihm nahestanden.

Lansky und Edgar besuchten gelegentlich die gleichen Restaurants in Florida. Das Personal im ›Gattis‹-Restaurant in Miami Beach erinnert sich, daß der Gangster manchmal in dem Restaurant an einem anderen Tisch, zur selben Zeit wie Edgar und Clyde saß. Eines Abends in den späten sechziger Jahren saßen sie an Tischen nebeneinander.»Aber sie sahen sich nur an«, erzählte Edidio Crolla, der Geschäftsführer des ›Gatti‹.»Sie sprachen nicht miteinander, jedenfalls nicht hier.«

Wenn Edgars Augen die von Lansky trafen, da war da trotzdem ein flüchtiges Flackern von Angst.»Die Homosexualität«, sagte Pollock,»war Hoovers Achillesferse. Meyer hatte sie herausgefunden und es war, als führe er Hoover wie eine Marionette an den Fäden. Hoover trat niemals einem von Meyers Leuten zu nahe. Lassen Sie mich in die Zeit zurückgehen, in die Zeit, in der ›Nevada‹ aufmachte, und in der Bugsy Siegel auch das ›Flamingo‹ eröffnete. Soviel ich weiß, hat Hoover geholfen, die Genehmigung für ihn zu bekommen. Meyer Lansky war einer der Geschäftspartner. Hoover wußte, wo die Burschen saßen, die Bugsy Siegel auf den Leib rücken wollten, aber es geschah nichts.« (Siegel wurde, wie berichtet wird, auf Befehl Lanskys im Jahr 1947 umgebracht.)

Laut Pollock arbeiteten Hoover und Lansky Mitte der fünfziger Jahre zusammen, als der Betreiber des ›Las Vegas-Kasinos‹, Wilbur Clark, nach Kuba ging.»Meyer brachte Clark nach Havanna«, sagte Pollock,»ich war dagegen, aber ich hörte, daß Hoover Meyer gebeten hatte, Clark dahinzubringen. Er schuldete Clark etwas, ich weiß nicht was... Es gab keinen ernsten Druck auf Meyer bis die Kennedys ans Ruder kamen. Und selbst dann tat Hoover Meyers Leuten nichts, und das lange Zeit.«

Wie Frank Costello schien Lansky unangreifbar zu sein – ein Phänomen, das sogar beim FBI Verdacht erweckte.»Im Jahr 1966«, bemerkt Hank Messick, einer von Lanskys Biographen,»nahm ein junger G-Man die Aufgabe, Meyer Lansky zu beobachten, sehr ernst und geriet an gute Informanten. Er wurde ganz plötzlich in eine ländliche Gegend in Georgia versetzt. Sein Nachfolger für diesen Lansky-Auftrag war ein älterer Mann, der in jeder Hinsicht Bescheid wußte. Als er ein paar Jahre später pensioniert wurde, bekam er einen Job in einem Spielkasino auf den Bahamas, das ursprünglich von Lansky gegründet worden war.«

In den sechziger Jahren nahm ein Abhörgerät eine Unterhaltung zwischen

zwei Gangstern auf, in welcher seltsamerweise Lansky als »Klatschmaul für das FBI« bezeichnet wurde. Die Kanadische Königliche Berittene Polizei, die ein Gespräch zwischen einem Gangster in Kanada und Lansky in den Vereinigten Staaten abgehört hatte, war verblüfft, den Gangsterboß einen FBI-Report, der am vorherigen Tag erst geschrieben worden war, vorlesen zu hören.[7]
Bis 1970, zwei Jahre vor Edgars Tod, gab es keine ernstliche Anstrengung der Bundesbehörden, Lansky unter Anklage zu stellen. Dann war es mehr die Steuerfahndung als das FBI, das die Ermittlungen führte. Aber selbst die Anklage wegen Steuerhinterziehung brach zusammen und Lansky lebte bis zu seinem natürlichen Tod im Jahr 1983 in vollkommener Freiheit.

Es gibt auch neuere Informationen, die darauf hindeuten, daß Lansky nicht der einzige war, der kompromittierende Fotos von Edgar besaß. John Weitz, ein früherer Beamter in der OSS (früherer militärischer Geheimdienst), der Vorläufer des zentralen Geheimdienstes, erinnert sich an eine merkwürdige Episode bei einer Dinnerparty in den fünfziger Jahren. »Nach einer Unterhaltung über Hoover«, sagte er, »ging unser Gastgeber in einen anderen Raum und kam mit einer Fotografie zurück. Es war kein gutes Bild und es war offensichtlich aus großer Distanz aufgenommen worden, aber es zeigte zwei Männer, die offensichtlich homosexuell aktiv waren. Der Gastgeber sagte, dieser Mann sei Hoover mit Tolson...«
Weitz wollte nicht sagen, wer der Gastgeber an jenem Abend gewesen sei, als er das Bild sah. Er deutete jedoch an, daß der Gastgeber gleichfalls Geheimdienstverbindungen hatte. Es gab auch eine Quelle, die zum CIA führte. Der Elektronik-Spezialist Gordon Novel behauptete, ihm wären ähnliche Bilder durch einen anderen OSS-Veteranen, den CIA-Abwehrchef James Angleton, gezeigt worden.
»Was ich sah, war ein Bild von ihm, wie er Clyde Tolson ›einen blies‹«, sagte Novel. »Da gab es mehr als eine Aufnahme, aber die überraschendste war eine von Hoovers Kopf. Er war völlig zu erkennen. Aber man konnte nicht das Gesicht des Mannes erkennen, der bei ihm war. Angleton jedoch sagte, es sei Tolson. Ich fragte ihn, ob das Fälschungen wären, aber er behauptete, die Fotos seien echt und seien mit einer Fischaugenlinse aufgenommen worden. Auf mich wirkten sie authentisch...«
Laut Novel zeigte der CIA-Abwehrchef ihm die Bilder im Jahr 1967, als Novel mit in die Ermittlungen des Attentats auf Kennedy durch den Staatsanwalt von New Orleans, Jim Garrison, verwickelt war. »Ich habe eine Anklage gegen Garrison erhoben. Hoover wünschte, daß ich sie fallenließ, aber meine Leute in der Johnson-Verwaltung und das CIA wollten, daß ich sie aufrechterhalte. Mir wurde erzählt, daß ich Hoovers Zorn auf mich ziehen würde, wenn ich weitermachte, aber Angleton bewies mir, daß Hoover nicht unverwundbar sei, daß die Agentur genügend Fotos besaß, um ihn auf den Boden zu holen. Ich hatte den Eindruck, daß dies nicht das erste Mal war, daß Sexbilder benutzt worden waren. Angleton meinte, ich solle

zu Hoover gehen und ihm sagen, daß ich Sexfotos von ihm gesehen hätte. Später ging ich also zum ›Mayflower‹-Hotel und sprach mit Hoover. Er war mit Tolson zusammen im Grillroom. Als ich erwähnte, daß ich die Sexfotos gesehen habe und daß Angleton mich schickte, erbrach Tolson sich fast über seinem Essen. Hoover sagte so etwas, wie ›Ach gehen Sie doch zum Teufel‹, und ich ging...«

Nachdem Angleton tot ist, gibt es keine Möglichkeit, diesen bizarren Behauptungen nachzugehen. Nachdem Novel eine kontroverse Figur ist, muß die Behauptung, daß er kompromittierende Fotos gesehen habe, auch aus der Perspektive anderer Hinweise betrachtet werden – nicht zuletzt aufgrund derer des früheren OSS-Offiziers John Weitz. Novel hatte eine andere Einzelheit hinzugefügt – nämlich, daß Angleton ihm erzählt habe, die Fotos seien etwa 1946 aufgenommen worden, zu der Zeit, als sie sich wegen der Leitung des Ausländergeheimdienstes stritten, dessen Leitung Hoover gern gehabt hätte, aber niemals bekam.

Während seiner Fehde mit dem OSS-Chef William Donovan, die bis ins Jahr 1941 zurückging, hatte Edgar nach kompromittierenden Informationen gesucht, sexuelle Fehltritte eingeschlossen, die er gegen seinen Rivalen hätte benutzen können. Seine Anstrengungen waren umsonst, Donovan, der »Edgar für einen moralischen Bastard« hielt, holte zum Gegenschlag aus, indem er eine geheime Nachforschung über Edgar und dessen Verbindung zu Clyde anordnete. Die Sexfotos in den Händen des OSS mögen ein Ergebnis dieser Nachforschungen sein.

Es könnte bezeichnend sein, daß behauptet wird, kompromittierende Bilder seien in den Händen von beiden gewesen, sowohl des OSS als auch Meyer Lanskys. Die OSS und Marinegeheimdienste hatten während des Zweiten Weltkriegs ausgedehnte Verbindungen zur Mafia. Das bedeutete u. a. Hilfe Krimineller für Projekte inclusive Einbrüche und Attentate, Drogenexperimente und Schutz amerikanischer Häfen vor den Nazi-Agenten und die Invasion auf Sizilien.[8] Lansky half persönlich bei den letzteren beiden Operationen. Er traf sich mit Murray Gurfein, einem New Yorker Staatsanwalt, der später einer von Donovans vertrautesten OSS-Offizieren wurde.[9]

Zumindest einmal arbeitete Lansky zusammen mit den US-Geheimdienstoffizieren. Er wurde mit der Aufgabe betraut, belastendes Material über bestimmte prominente Männer der Öffentlichkeit herbeizuschaffen. Im Jahr 1942 arrangierte er die Überwachung eines homosexuellen Puffs in Brooklyn, von dem angenommen wurde, daß es ein Angriffsziel für deutsche Agenten sei. »Kunden kamen von New York und Washington«, erinnerte sich Lansky, »und unter ihnen gab es einige wichtige Leute aus der Regierung... Wenn man die Namen der Leute herausbekam, konnte man sie ›bis zum geht nicht mehr‹ erpressen... schieß ein paar Bilder durch ein Loch in der Wand oder durch einen Trickspiegel und quetsch das Opfer nach Geld oder Informationen aus.[10]

Heute weiß man nicht, ob das OSS über Lansky die Sexfotos von Edgar erhielt oder umgekehrt, oder ob der Gangster durch eigene Initiative in ihren

Besitz gekommen war. Ein Szenario, in welchem Lansky dank der OSS-Verbindung zu solchen Bildern kam, wäre eine Ironie, da Edgar versucht hatte, belastendes Material über General Donovan zu bekommen – was ihm nicht gelang – während Donovan seinerseits solches Material über ihn bekam und dieses Material an einen Mafiaboß geriet, Material das für den Rest von Edgars Leben gegen ihn benutzt wurde.

23. KAPITEL

> *Wie die Frau von Cäsar mußte der FBI-Direktor nicht nur über jeden Verdacht erhaben, sondern auch in der Öffentlichkeit ohne jeden Makel sein.*
>
> Smith Hempstone
> Journalist, 1971

Durch den Eifer eines Ortspolizisten wurde im November 1957 offenbar, was die dafür verantwortlichen Vollstreckungsorgane lange stillschweigend hingenommen hatten: Es gab in diesem Lande tatsächlich eine Mafia, eine riesige nationale Organisation, geleitet von bekannten Paten des Verbrechens.

Im Lauf einer Routineuntersuchung wegen eines falschen Schecks stolperte der Polizeisergeant Edgar Croswell von Apalachin, New York, über eine außergewöhnliche Zusammenkunft. In dem palastartigen Wohnhaus des sizilianischen Killers Joe Barbara waren 63 Topgangster aus 15 Staaten anwesend. Es war nichts anderes als eine Versammlung der Mafia.

Trotz aller ausweichenden Erklärungen Edgars war sich jeder Zeitungsleser durch die Ereignisse der letzten Monate über die Existenz des organisierten Verbrechen im klaren. Seit Monaten sorgte der Bandenkrieg in New York für Schlagzeilen: Frank Costello, angeschossen und verletzt in der Lobby seines Appartementhauses am Central Park; Frank Scalise, ein Gefolgsmann von Albert Anastasia, getötet in der Bronx, sein Bruder Joseph vermißt, angeblich erschossen, der Körper vermutlich zerstückelt und irgendwo deponiert; und schließlich einer der bedeutendsten Vertreter der Mafia dieses Jahrhunderts, Anastasia, Costellos wichtigster Beschützer, jener Mann, der als Hauptvollstrecker der Murder Incorporation galt, wurde durchlöchert von Kugeln im Friseursalon des ›Park Sheraton‹-Hotels aufgefunden.

Die Eisenhower-Regierung erkannte, daß etwas getan werden mußte. Doch Edgar mußte nach den Angaben des früheren Justizministers William Rogers »mit Gebrüll« zum Handeln angetrieben werden. Er widersetzte sich insbesondere der Taskforce, die bekannte Spezialgruppe gegen das organisierte Verbrechen, die von Rogers als Reaktion auf die Geschehnisse in Apalachin gebildet worden war.

Das Büro der Gruppe in Chicago wurde von Richard Ogilvie, einem der späteren republikanischen Gouverneure von Illinois, geleitet. Er wurde von jenen Beamten im FBI bewundert, die bemüht waren, gegen das organisierte Verbrechen vorzugehen. Ogilvie erinnerte sich, daß Edgar »anordnete, daß uns jene FBI-Akten, welche die relevanten Informationen enthielten, die wir über das organisierte Verbrechen benötigten, vorenthalten werden sollten. Zudem untersagte er jedem Agenten, auch nur mit den Mitgliedern der Spezialgruppe zu sprechen ...«

Edgar weigerte sich, den Gruppenchef Milton Wessel zu empfangen, tat ihn als »Rattenfänger« ab und schrieb über ihn, er sei »eine richtige Ratte«. FBI-Agenten überprüften Wessel und haben vermutlich auch das Telefon in seinem Hause abgehört. Als die Gruppe zu der Schlußfolgerung gelangte, daß das landesweit organisierte Verbrechen »ohne jeden Zweifel« existierte, verspottete Edgar ihre Mitglieder als Leute, die »›den Herrn Bezirksstaatsanwalt‹ zu oft im Fernsehen sehen«.

Aber Edgar mußte den Eindruck erwecken, als würde er sich ernsthaft um das organisierte Verbrechen kümmern, und so griff er plötzlich zu einer alten Gesetzesbestimmung, der Hobbs-Verordnung, mit deren Hilfe das FBI gegen die Gangster ermitteln konnte. Zwei Wochen nach der Versammlung in Apalachin erhielten die aufgescheuchten Spezialagenten die Anweisung, ein neues Projekt in Gang zu bringen. Es erhielt die Bezeichnung Topgangster-Programm.

Die Agenten nannten das Unternehmen THP (Top Hoodlum Program). Eine Aufgabe bestand darin, daß jede regionale Vertretung eine Liste von exakt zehn vermutlichen Mitgliedern der Unterwelt anlegen sollte. Dies war natürlich lächerlich, denn während manche Stadt Schwierigkeiten haben konnte, mehr als ein Dutzend Gangster aufzuspüren, konnten andere, wie zum Beispiel Chicago, Dutzende nennen. Trotz alledem gingen die Agenten mit großem Eifer an die Arbeit. In Washington willigte Edgar ein, daß William Sullivan – der spätere Leiter der Forschungs- und Analyseabteilung – über das organisierte Verbrechen berichten solle. Zuletzt hatte es den Anschein, als ob sich Edgar wirklich für diese Herausforderung interessierte.

In den folgenden zwei Jahren sammelte das FBI Informationen über das organisierte Verbrechen in einer Fülle wie niemals zuvor. Aber gerade zu dem Zeitpunkt, als seine Agenten dabei waren, entscheidende Fortschritte zu machen, ließ Edgar die Dinge im Sande verlaufen. Der Feldzug gegen die Gangster verlor zunächst seinen Schwung und kam dann ohne jeden erkennbaren Grund praktisch zum Stillstand. Eine mögliche Erklärung ist darin zu sehen, daß Edgar das Ziel einer neuen Erpressung durch einen Bundesgenossen von Frank Costello, Lewis Solon Rosenstiel, geworden war.

Im Jahr 1957 war Rosenstiel 66 Jahre alt. Er war von grobschlächtiger Gestalt und trug mit Vorliebe bernsteinfarbene Brillengläser, die er nur selten abnahm, und rauchte große Zigarren, um seinen Status als einer

der wohlhabendsten Männer jener Zeit zu unterstreichen. Als junger Mann war er dank eines Onkels, dem eine Schnapsbrennerei gehörte, in den Handel mit Spirituosen eingestiegen. In den Jahren danach, in der Zeit der Prohibition, hatte er riesige Whiskyvorräte für den Tag, an dem Amerika wieder legal würde trinken dürfen, angelegt. Am Ende des Zweiten Weltkrieges war seine Gesellschaft Schenley zum führenden Alkoholproduzenten in den USA mit Gewinnen von 49 Millionen Dollar pro Jahr geworden. In den späten fünfziger Jahren besaß er ein luxuriöses Haus in der 8. Straße East in Manhattan, einen Besitz von 2 000 Morgen in Connecticut, ein herrschaftliches Wohnhaus und eine Yacht in Florida sowie eine private DC-9.
In der Öffentlichkeit gab sich Rosenstiel als Geschäftstycoon und Philanthroph. Im Lauf der Jahre spendete er 100 Millionen Dollar an die Brandeis-Universität, die Universität von Notre Dame sowie an Krankenhäuser in New York und Florida. Insgeheim aber stand er in Verbindung mit den Topgangstern der Nation und pflegte eine zweifelhafte Beziehung zu Edgar. Nach neuen Informationen nahm er mit Edgar an bizarren Sexorgien teil und dies zu der gleichen Zeit, als das FBI unter Druck stand, endlich das organisierte Verbrechen wirksam zu bekämpfen.
Rosenstiels lebenslange Verbindung zur Mafia kam erst 1970 ans Tageslicht, als das New York State Legislative Comitee on Crime zweifelsfrei feststellte, daß er und andere Gangster während der Prohibition ein Syndikat für den Alkoholschmuggel gebildet hatten. Das Komitee ermittelte, daß Rosenstiel nach dem Ende der Prohibitionszeit bei einer Geschäftsbesprechung mit Frank Costello aufgetaucht war. Ein Zeuge sagte aus, daß »Frank Costello anwesend war, um sie davon in Kenntnis zu setzen, daß Rosenstiel einer von ihnen war. Sie können sicher sein, daß wenn irgendwelche Probleme entstehen sollten, sie sich darum kümmern werden. Hier können Sie ein Beispiel für die Konstellation sehen, wie sich der Jude mit dem Verstand mit dem Italiener mit den Muskeln verbündet.«
Rosenstiel hatte zudem langjährige Kontakte zu Meyer Lansky. Mit dem Gangster »gab es gemeinsame Interessen« in kriminellen Geschäften, wozu auch ein Spielcasino in Las Vegas gehörte. Während der Untersuchungen durch das Komitee wurde der Millionär beobachtet, wie er Angelo Bruno, den Mafiaboß aus Philadelphia, als Gast empfing.
Viele der Informationen des Komitees kamen von Rosenstiels vierter Frau Susan. Sie war jetzt 52 Jahre alt und seit zehn Jahren von Rosenstiel geschieden. Während dieser Zeit hatte er eine halbe Million Dollar ausgegeben, um zu versuchen, die Tatsachen zu verschleiern. Obgleich sie verbittert war, hatte der Vorsitzende des Ausschusses, John Hughes, keine Zweifel an der Glaubwürdigkeit ihrer Aussagen.

Sein wichtigster Rechtsberater, Edward McLaughlin, der heute Richter in New York ist, erinnert sich an sie als eine ausgezeichnete Zeugin: »Ich hielt sie für absolut glaubwürdig. Das Erinnerungsvermögen der Frau war phänomenal. Alles was sie sagte, wurde geprüft und noch einmal geprüft und alles, was man überprüfen konnte, stellte sich als zutreffend heraus.«[1]

Der größte Teil der Zeugenaussage von Mrs. Rosenstiel vor dem Komitee erfolgte unter Ausschluß der Öffentlichkeit, in Geheimsitzungen, und die Akten blieben unter Verschluß. Noch zwei Jahrzehnte danach während eines Interviews in ihrem Haus in Frankreich verfügte sie über das ausgeprägte Erinnerungsvermögen, das die New Yorker Ermittlungsbeamten so beeindruckt hatte. Nach ihrem Bericht war das Leben mit Rosenstiel ein Leben mit der Kommandostruktur des organisierten Verbrechens.

Bei ihrer ersten Verabredung mit dem Millionär im Jahr 1955, anläßlich eines Dinners im ›Waldorf‹, war Lanskys Partner Joe Linsey anwesend. Auch während der Kreuzfahrt in ihren Flitterwochen war er dabei, zusammen mit Robert Gould, einem Vertriebsrepräsentanten von Schenley, der im Zweiten Weltkrieg wegen Schwarzhandels eingesperrt worden war. Später traf Mrs. Rosenstiel Sam Giancana, den Mafiaboß aus Chicago, und Santos Trafficante, den Verbrecherboß aus Florida. Zudem wurde sie den zwielichtigen Gestalten im Alkoholgeschäft, Al Hart und Art Samish, vorgestellt, die Edgar im ›Del Charro‹-Hotel in Kalifornien getroffen hatten. Auf den Geburtstagsparties von Rosenstiel tranken berühmte Gangster Seite an Seite mit Richtern und lokalen Regierungsbeamten. Unter den regelmäßigen Gästen war auch Kardinal Spellman, ein weiterer Freund von Edgar.

Während des Jahres 1957 – das Jahr der Versammlung von Apalachin und der Auseinandersetzungen in New York – blieb Rosenstiel in ständigem Kontakt mit Frank Costello. Er besuchte ihn während eines kurzen Gefängnisaufenthaltes und empfing ihn dann als Gast in seinem Haus in der 8. Straße East. Etwas früher in jenem Jahr hatte der Millionär während einer Reise nach Kuba seine Frau Meyer Lansky vorgestellt und dieses Erlebnis beschrieb sie anschaulich dem New Yorker Crime Committee.

»Wir trafen in Havanna ein«, sagte Susan aus, »und dann fuhren wir in das ›National Hotel‹ ... Wir hatten eine riesige Suite und sie war voller Blumen ... Ich schaute auf die Karte und auf ihr war zu lesen: ›Willkommen, Oberbefehlshaber in Havanna, Meyer und Jake‹. Daher fragte ich meinen Ehemann, wer Meyer und Jake seien und er antwortete mir: ›Es sind Meyer und Jake Lansky, sehr gute Freunde ...‹«

An diesem Abend dinierten die Rosenstiels mit Lansky. Er beglich all ihre Rechnungen in Havanna und sorgte für einen unbegrenzten Kredit für das Glücksspiel. Der Millionär erwiderte seinerseits die Gastfreundschaft, wenn der Gangster in New York oder Florida war. Für Lansky wurde eine der größeren Dinnerparties zu einer richtigen Prüfung.

»Ich hatte zwei Butler«, erinnerte sich Mrs. Rosenstiel, »und wir tranken Mouton-Rothschild. Die Butler waren angehalten, stets die weißen Tücher um die Flaschen so zu tragen, daß mein Mann nicht sehen konnte, daß es sich nicht um einen seiner Champagner handelte. Und dann gab es dieses wunderbare Dinner. Ich benutzte mein kostbares Dinnerservice aus Gold, das der Königin Maria von Rumänien gehört hatte. Sie aßen das Dessert und dann brachten die Butler die kleinen Fingerschalen mit kleinen Blüten darin. Und einige von ihnen dachten zunächst, daß dies ein Extradessert sei. Meyer Lansky wollte es probieren und verletzte seine Zähne an dem Gefäß. Danach begaben wir uns nach oben in den Salon und Lansky bat: ›Könnte ich nicht eine richtige Tasse Kaffee bekommen?‹ Sie müssen wissen, daß er nur eine kleine Mokkatasse erhalten hatte. Mein Mann hielt sich selbst für einen begabten Pianisten und sagte zu ihnen: ›Gut, meine Freunde, was soll ich für Euch spielen?‹ Sie entgegneten: ›Spiel irgendwas‹. Das tat er dann auch und nachdem er geendet hatte, sagte er zu Lansky: ›Nun, Meyer, was glaubst du, was ich gespielt habe, um welche Komposition hat es sich dabei gehandelt?‹ Ich nehme an, daß Lansky höchstens etwas von Beethoven gehört hatte, und so nannte er Beethoven. Daraufhin lachte Rosenstiel und antwortete: ›Du, verdammter Hurensohn, das habe ich selbst komponiert.‹ Und sie mußten alle applaudieren.«

Susan Rosenstiel wußte, daß ihr Ehemann Geschäftsverbindungen zu Lansky pflegte. »Er machte ständig illegale Transaktionen und für diese wollte er nicht die Banken benutzen. Nur cash. Und Lansky war gewohnt, mit großen Summen zu operieren. Einmal überreichten sie meinem Mann einen hohen Geldbetrag im ›Sands Casino‹ in Las Vegas. Es waren Tausende und Abertausende, Tausende von gebündelten Dollars in bar.«

Im Gegensatz zu den Aussagen der beiden Mitarbeiter Edgars, Lou Nichols und Cartha DeLoach, stand Rosenstiel auch in engem Kontakt zu Edgar. »Sie kannten einander sehr gut«, erklärte Sidney Stricker, der Sohn von Rosenstiels langjährigem Anwalt, der selbst für Schenley arbeitete. Der Besitzer von ›Joe's Stone‹-Krabbenrestaurant in Miami Beach, Jesse Weiss, bestätigte diese Beziehung. »Rosenstiel und Edgar pflegten gesellschaftlichen Umgang. Sie kamen zu mir, wenn sie in Miami waren.« Manchmal flog Edgar mit Rosenstiel in dessen Privatflugzeug mit.

Durch Akten, die erst nach Drucklegung der Originalausgabe freigegeben worden sind, wird belegt, daß Hoover Rosenstiel bereits seit 1933 kannte. Seit dieser Zeit war er ihm zu Diensten. Im Jahr 1939

benutzte Meyer Lansky Rosenstiel als Vermittler, als er die Auslieferung des Gangsters Louis »Lepke« Buchalter an Edgar Hoover plante. 1946 waren er und Clyde Ehrengäste bei einem Barbecue der führenden Alkoholfirmen, zu der auch jene von Rosenstiel gehörten. Nach den Unterlagen des FBI begann die Freundschaft des Millionärs mit dem Direktor anläßlich eines Treffens im FBI-Hauptquartiers im Jahr 1956.
In den fünfziger Jahren waren einige von Edgars Vertrauten in der Umgebung von Rosenstiel anzutreffen. Darunter befand sich George Sokolsky, der Kolumnist der Verlagsgruppe Hearst, der mit rechtslastiger Propaganda von sich reden machte. Vieles davon konnte er dank seiner täglichen Kontakte zum FBI zusammentragen. Sokolsky hatte seit langem als eine Art Sprachrohr für Edgar fungiert. Nun plapperte er als Ausgleich für regelmäßige Zuwendungen auch Rosenstiels Ansichten nach.
Am nähesten von allen stand ihm Roy Cohn, der heute ein angesehener New Yorker Anwalt ist. Er stand mit seinen Diensten Lewis Rosenstiel zur Verfügung, obgleich er keinerlei echte Sympathie für ihn empfand. 20 Jahre später sollte er u. a. deswegen aus dem Anwaltsstand ausgeschlossen werden, weil er Rosenstiel dabei »half« ein Dokument zu unterzeichnen, das Cohn zu seinem Treuhänder und Testamentsvollstrecker bestimmte – zu einem Zeitpunkt, als der Millionär schon senil war und bereits im Koma lag.
Rosenstiel vertraute Cohn »wie einem Sohn« und Cohn genoß seine exzentrischen Neigungen. Einmal wurden sie zusammen auf einer Yacht beobachtet, wie sie die Militärakademie von West Point passierten und über den Lautsprecher konnte man die Abschiedsrede von General MacArthur hören. Die Clique um Rosenstiel gefiel sich darin, sich untereinander anzureden, als seien sie Mitglieder einer geheimen Armee. Wie Lansky bezeichnete Cohn Rosenstiel als »Oberbefehlshaber«. Der Millionär nannte Cohn »Truppenbefehlshaber«, einen anderen guten Freund »Sergeant-at-Arms« und so weiter.
Gewissenhaft pflegte Rosenstiel seine Freundschaft mit Edgar. Insgeheim kaufte er 25 000 Exemplare des Buches *Masters of Deceit* auf, um sie an den Schulen im ganzen Lande zu verteilen. In den sechziger Jahren sollte er mehr als eine Million Dollar der J.-Edgar-Hoover-Stiftung zur Verfügung stellen, als Fonds, um »das Erbe und die Freiheit der Vereinigten Staaten von Amerika zu bewahren ... um die Ideen und Ziele, denen der ehrenwerte J. Edgar Hoover sein Leben gewidmet hatte, lebendig zu halten ... und den Kommunismus zu bekämpfen.« Die Stiftung existiert noch heute unter der Schirmherrschaft von Cartha DeLoach. Sie vergibt Zuschüsse an Stipendiaten der Exekutive, der Scripps-Klinik in Kalifornien, an der sich Edgar regelmäßig medizinisch untersuchen ließ, dem Boy's Club in Amerika und der Freedoms

Foundation, einer rechtsextremen Organisation, deren Zielsetzung darin besteht, »das unverwechselbare amerikanische System der Freiheit zu bewahren und zu verbessern«.
Die Beziehungen von Edgar zu Rosenstiel waren keineswegs harmlos. »Ich erfuhr«, erklärte seine Frau, »wie sehr Hoover Pferderennen gefielen und daß er ein großer Spieler war. Mein Mann war befreundet mit einigen von Lanskys Buchmachern wie Red Ritter, Max Courtney und Charlie ›The Brud‹ Brudner, und er rief sie dann im ›Eden Roc‹ an, um ihnen Hoovers Wetten durchzugeben. Und Hoover mußte sie nicht begleichen. Wenn er gewann, dann gewann er. Mein Mann schickte dann das Geld über Cohn. Wenn Hoover nicht gewann, dann mußte er auch nicht bezahlen.«
Susan sagte aus, daß Rosenstiel ihm auf diese Weise gefällig war, um Edgars Unterstützung zu erhalten bei der Freilassung inhaftierter Freunde, um ihm »mit den Richtern zu helfen«, wenn er in Rechtsstreitigkeiten verwickelt war, und sogar, um »seinen Einfluß bei den Steuerbehörden geltend zu machen«.
Susan Rosenstiel traf Edgar im Herbst 1957, als er in das Stadthaus an der 8. Straße East kam. »Es war etwas mysteriös«, sagte sie. »Niemand sollte wissen, daß er kam. Er kam nicht mit Clyde Tolson; er kam allein.«

»Ich erinnere mich, wie ich daran dachte, daß er nicht wie der Kopf des FBI aussah. Er war ziemlich klein und er wirkte reserviert, arrogant. Man merkte, daß er große Stücke auf sich hielt und alle paßten sich dem an. Allem, was er sagte, stimmten sie zu. Sie sprachen über Lou Nichols' Ausscheiden aus dem FBI, um für meinen Mann zu arbeiten. Nach etwa einer halben Stunde bedeutete man mir, sie allein zu lassen und ich ging nach oben in mein Zimmer.«

Bald darauf verließ Nichols, nachdem er 23 Jahre der engste Mitarbeiter von Edgar gewesen war, das FBI, um die gleiche Funktion für Lewis Rosenstiel auszuüben.
Nach den Aussagen von Susan Rosenstiel war Edgar auch in eine Angelegenheit verwickelt, die als ein unerhörtes Beispiel für Korruption in den Kreisen des Kongresses in Erinnerung bleibt. Hierbei handelt es sich um eine Passage des Forand-Gesetzentwurfes von 1958, der für die allgemeine Öffentlichkeit unverständlich war, der aber entscheidend für Rosenstiels Schicksal war. Schenley Liquor sah sich aufgrund einer acht Jahre zuvor getroffenen falschen Einschätzung mit ernsten Schwierigkeiten konfrontiert. Zu Beginn des Koreakrieges hatte der Millionär damit gerechnet, daß sich die Feindseligkeiten über einen längeren Zeitraum erstrecken würden. Daher sorgte er für einen Engpaß bei einigen der für die Whiskyherstellung nötigen Zutaten. Aufgrund dieser Einschätzung hatte Schenley Millionen von Hektoli-

tern Alkohol hergestellt und eingelagert, weit mehr als üblich. Als sich die Verknappungen bemerkbar machten, hoffte Rosenstiel, daß die Preise in die Höhe schießen würden und daß er so einen enormen Profit einstreichen könnte.
Aber dazu kam es niemals. Der Krieg endete 1953 und es gab keinen Alkoholmangel. Rosenstiel hatte keinen Markt für seinen Whiskyvorrat. Im Jahr 1958 sollte der Alkohol einer erdrückenden Bundessteuer unterworfen werden – 10,50 Dollar pro Gallone. Die einzige Lösung bestand in einer Änderung des Steuergesetzes und dies bedeutete Druck auf den Kongreß auszuüben.
Zu diesem Zeitpunkt begann Nichols, Edgars einflußreicher Assistent auf dem Kapitol, für Rosenstiel tätig zu werden. Unverzüglich fing er an, Politiker mit Telefongesprächen und Anfragen zu bombardieren und seine Lobbyistentätigkeit war schließlich erfolgreich. Der Kongreß verabschiedete den nach einem ihrer Mitglieder benannten Gesetzesentwurf und befreite die Alkoholfirmen für einen Zeitraum von 12 Jahren von Strafsteuern für gelagerten Whiksy. Genügend Zeit, um ihre Vorräte loszuwerden! Für Rosenstiel war dies die Rettung und bedeutete zugleich eine Goldgrube. Dieses Gesetz ersparte der Gesellschaft Verluste zwischen 40 und 50 Millionen Dollar und der Wert der Schenley Aktien schnellte an einem einzigen Tag auf 33 Millionen Dollar hoch.
Wenige Monate bevor der Gesetzentwurf angenommen wurde, nahm Susan Rosenstiel mit ihrem Mann an einer Besprechung in New York teil, bei der auch Edgar, Nichols, Cohn und Sokolsky anwesend waren. »Hoover«, sagte sie, »unterrichtete sie, daß das Gesetz durchgehen würde. Er meinte, daß es viel Geld kosten werde, aber daß sich dieser Aufwand lohnen werde. Seine Mitwirkung bestand darin, mit verschiedenen Kongreßabgeordneten und Senatoren zu sprechen.« Nichols, erklärte die Frau des Millionärs, war »der Bote. Er übergab den Politikern das Geld. Das Flugzeug der Schenley-Gesellschaft war wie eine Fähre, das Barzahlungen nach Washington brachte.«
Gemäß den Aussagen von Mrs. Rosenstiel akzeptierten selbst prominente Politiker das Geld von Rosenstiel. Der spätere Mehrheitsführer im Senat, Lyndon Johnson, erhielt angeblich eine halbe Million Dollar. Sie war selber auf dem Landsitz ihres Mannes in Connecticut anwesend, als Rosenstiel persönlich eine große Summe Geld Emanuel Celler, dem Vorsitzenden des Rechtsausschusses im Repräsentantenhaus, übergab. Und die ganze Bestechungsaffäre, so Mrs. Rosenstiel, wurde mit Edgars Wissen und Billigung durchgeführt.
FBI-Unterlagen, die 1991 freigegeben wurden, belegen, daß Rosenstiel im Jahr 1958 zweimal Edgar in dessen Büro aufgesucht hatte, zu jenem Zeitpunkt, als sich der Forand-Gesetzentwurf in seinem kritischsten Stadium befand.

Susan Rosenstiels abschließende und höchst sensationelle Enthüllungen belegen, daß ihr Ehemann und Roy Cohn Edgar Hoover in Sexorgien hineinzogen – die ihn weitaus anfälliger machten als jeder Druck von Seiten der Unterwelt.
Ihre vorherige Ehe war daran gescheitert, daß ihr erster Ehemann eine homosexuelle Neigung hatte. Nun, so glaubte sie, hatte sie wieder den gleichen Fehler begangen. Es schien, daß ihr Mann nur wenig Interesse am Geschlechtsverkehr mit ihr hatte, aber er schien großes Gefallen daran zu finden, sie in Kleidern zu sehen, in denen sie wie ein kleines Mädchen aussah. Mittlerweile entdeckte sie, daß er den Sex mit Männern genoß.

»Eines Tages«, erinnerte sich Susan, »betrat ich den Schlafraum meines Mannes und fand ihn im Bett mit Roy Cohn. Es war etwa 9 Uhr morgens. Ich war schockiert, wirklich schockiert. Er machte eine Art Witz darüber, daß er nur auf diese Weise allein mit seinem Anwalt sprechen könne. Und ich sagte: ›Ich habe niemals Gouverneur Dewey mit Dir zusammen im Bett gesehen‹, denn auch Dewey gehörte zu seinen Anwälten. Dann ging ich hinaus.«

Roy Cohn stellte vor Susan seine homosexuelle Veranlagung offen zur Schau. Vor ihren Augen küßte er einen jungen Mann, einen ehemaligen Kongreßkollegen. Es schien ihm Vergnügen zu bereiten, ihr von den sexuellen Neigungen der Freunde ihres Mannes zu erzählen und dazu gehörte insbesondere auch die Homosexualität des Kardinal Spellmans.
Im Lauf des Jahres 1958, vermutlich im Frühling, fragte Rosenstiel seine Frau, ob sie jemals, als sie in Paris mit ihrem früheren Mann gelebt hatte, Zeuge einer Orgie gewesen sei. »Einige Wochen danach, als Cohn anwesend war, bemerkte er, daß ich eine ›normale Frau‹ sei und das Leben kenne, daß mein erster Ehemann homosexuell gewesen sei und daß ich es akzeptiert haben müsse, denn ich hätte neun Jahre mit ihm zusammengelebt. Und sie fragten mich, ob ich Lust hätte, zu einer Party ins ›Plaza‹-Hotel zu gehen. Aber sollte es jemals herauskommen, könnte es furchtbare Folgen haben. Ich sagte ihnen: ›Wenn ihr gehen wollt, dann komme ich mit.‹ Cohn entgegnete: ›Du wirst eine große Überraschung erleben ...‹«
Wenige Tage später fuhr Rosenstiel mit seiner Frau ins ›Plaza‹, jenes ehrwürdige Hotel mit Aussicht auf den Central Park von New York. Sie betraten es durch einen Seiteneingang und nahmen den Fahrstuhl zu einer Suite auf der zweiten oder dritten Etage. Sie hatte den Eindruck, daß ihr Mann schon vorher hier gewesen war. »Er klopfte«, sagte Susan aus, »und Roy Cohn öffnete die Tür. Es war eine schöne Suite, eine der größten des Hotels, und alles war in hellblau gehalten. Hoover war bereits anwesend und ich konnte kaum glauben, was ich

sah.« Nach den Aussagen von Mrs. Rosenstiel war Edgar wie eine Frau bekleidet, in voller Aufmachung.

»Er trug ein flauschiges schwarzes Kleid, sehr flauschig, mit einem Besatz aus Volant, Spitzenstrümpfe, hohe Absätze und eine schwarze Lockenperücke. Er war geschminkt und trug falsche Augenwimpern. Es handelte sich um einen sehr kurzen Rock und er saß dort im Salon der Suite mit übereinandergeschlagenen Beinen. Roy stellte ihn mir als ›Mary‹ vor und er erwiderte brüsk: ›Guten Abend‹, so wie er es auch getan hatte, als ich ihn das erstemal getroffen hatte. Es war offensichtlich, daß er keine Frau war; man konnte sehen, wo er sich rasiert hatte. Es war Hoover. Ich habe niemals etwas Ähnliches gesehen. Ich konnte es einfach nicht glauben, daß ich den Chef des FBI als Frau gekleidet vor mir sah.
In dem Raum gab es eine Bar mit vorbereiteten Drinks und wir tranken etwas. Nur ein wenig. Ich denke, daß es zu diesem Zeitpunkt war, als Roy mir zuflüsterte, daß Hoover nicht wisse, daß ich ihn erkennen würde, und daß ich denken würde, er sei jemand ganz anderes. Natürlich sprach ich ihn nicht an wie sonst als Mr. Hoover. Dies alles erschreckte mich ungeheuer.
Dann betraten zwei Männer, junge blonde Burschen, die Suite. Ich würde sagen, sie waren etwa im Alter von 18 oder 19 Jahren. Und dann gab Roy ein Zeichen, daß wir in das Schlafzimmer gehen sollten. Es war ein riesiges Schlafzimmer mit einem Bett wie zu Zeiten Cäsars, mit einer Damastdecke, blau, glaube ich, wie die ganze Suite. Und sie gingen in das Schlafzimmer und Hoover zog sein Spitzenkleid und das Höschen aus. Darunter trug er einen kleinen Strumpfhalter. Er lag auf dem Doppelbett und die beiden Jungen bearbeiteten ihn mit ihren Händen. Einer von ihnen trug Gummihandschuhe.«

Nach einer Weile, so erklärte Susan Rosenstiel weiter, kehrte die Gruppe in den Wohnraum zurück. »Cohn hatte etwas zu essen besorgt. Kalte Speisen, um nicht den Zimmerservice in Anspruch nehmen zu müssen.

Dann widmete sich Rosenstiel den beiden Jungen. Ich dachte bei mir: ›Du widerlicher alter Mann ...‹ Hoover und Cohn sahen zu und genossen es. Dann wollte sich Cohn mit den beiden jungen Männer befriedigen. Diese armen Jungen. Er konnte nicht genug bekommen. Denn, Sie müssen wissen, daß Hoover nur mit ihnen gespielt hatte. Ich habe nicht gesehen, daß er auf irgendeine Weise den Analverkehr ausgeübt hat. Rosenstiel wollte, daß ich mich auch beteilige, aber ich weigerte mich.«

Später fuhren die Rosenstiels in ihrer Limousine nach Hause und ließen Cohn und Edgar mit den beiden Jungen in der Suite zurück. Rosenstiel wollte nicht über Edgars Rolle bei den Ereignissen des Abends sprechen, aber Cohn amüsierte sich später darüber.

»Er meinte: ›Das war doch etwas wirklich Besonderes, nicht wahr, das mit Mary Hoover?‹ Er berichtete mir, als ob es gerade erst passiert wäre: ›Ich traf als erster im ›Plaza‹ ein und hatte seine Kleider in einem Koffer‹. Cohn erklärte, daß Hoover durch den Seiteneingang an der 58. Straße gekommen sei, so daß er nicht durch die Empfangshalle gehen mußte. Ich nehme an, daß er Vorkehrungen traf, nicht verfolgt zu werden ...«

Wie Susan weiter aussagte, bat Rosenstiel sie ein Jahr darauf, ihn erneut in das ›Plaza‹ zu begleiten. Sie willigte ein als Gegenleistung für ein teures Paar Ohrringe von Harry Winstons und der Ablauf war genauso wie beim ersten Mal. Cohn führte sie in eine Suite, in der sie auf Edgar trafen, der erneut Frauenkleider angezogen hatte. Seine Bekleidung war dieses Mal sogar noch fremdartiger. »Er trug ein rotes Kleid«, erinnerte sich Susan,

»und eine schwarze Federboa um seinen Nacken. Er war angezogen wie ein alter Backfisch, wie man sie auf alten Fotografien sehen kann. Nach etwa einer halben Stunde kamen einige junge Männer, wie beim letztenmal. Diesmal waren sie in Leder gekleidet. Und Hoover hatte eine Bibel. Er wollte, daß einer der Jungen aus der Bibel vorläse. Und der las, ich habe vergessen um welche Passage es sich handelte, während der andere Junge an ihm herumspielte, wobei er Gummihandschuhe trug. Und dann ergriff Hoover die Bibel, warf sie auf den Boden und forderte den zweiten Jungen auf, sich an den sexuellen Aktivitäten zu beteiligen.«

Als die Rosenstiels in dieser Nacht nach Hause fuhren, stritten sie sich. Lewis wies die Fragen seiner Frau schroff zurück und forderte sie niemals wieder auf, mit ihm in die Suite im ›Plaza‹ zu gehen. Sie sah Edgar nur noch einmal und das war 1961, als er gemeinsam mit Kardinal Spellman einen Besuch auf dem Landsitz in Connecticut machte.

Susan Rosenstiel hat ausdrücklich erklärt, daß sie sich keineswegs geirrt haben könnte, daß Edgar ganz eindeutig der Mann gewesen war, den sie in Frauenkleidern im ›Plaza‹ gesehen hatte. Ihr Bericht war überzeugend und sie unterzeichnete eine eidesstattliche Erklärung, daß er der Wahrheit entsprach.

Sie vermutete, daß man ihr gestattet hatte, Edgar und die anderen in einer derartigen Situation zu beobachten, »weil sie wollten, daß eine Frau anwesend war. Ich schätze, daß dies für sie ein zusätzlicher Nervenkitzel war. Und hätte ich etwas gesagt, dann hätten sie erklärt, daß ich verrückt sei, daß Hoover nicht dort gewesen sei. Mein Wort hätte gegen das von ihnen gestanden und niemand hätte mir geglaubt.«

Bekannte von Rosenstiel erklären, daß er bisexuell war. Roy Cohn war in der Tat homosexuell und verkehrte regelmäßig mit jungen männlichen Prostituierten. Und die Tatsachen über Edgars Leben passen mittlerweile sehr gut mit dem Szenario im ›Plaza‹ zusammen. Er reiste häufig nach New York City und dies ohne Clyde. Der ehemalige Agent John Dixson, der zu dieser Zeit in New York eingesetzt war, hatte oft den Auftrag, Edgar an der Penn Station in Empfang zu nehmen, wenn dieser allein aus Washington kam. In diesem Fall wurde er mit dem Wagen ins Hotel ›Waldorf‹, üblicherweise sein Hotel, gebracht.

Es ist auch keineswegs ungewöhnlich, daß Clyde Tolson nicht im ›Plaza‹ anwesend war. Seit dem Beginn seiner Affäre mit Edgar waren 30 Jahre verstrichen und er war nicht mehr der stattliche junge Mann, der Edgar im Jahr 1928 angezogen hatte. Inzwischen war er 58 Jahre alt und im Gegensatz zu Edgar hatte sich sein Gesundheitszustand rapide verschlechtert. In den fünfziger Jahren wurde er wiederholt stationär wegen eines ernsthaften Augenleidens und wegen Beschwerden mit Geschwüren im Zwölffingerdarm behandelt. Es war der Beginn eines körperlichen Verfalls, der später zur Herzoperation und zu mehreren Schlaganfällen führen sollte.

Edgar und Clyde blieben enge Freunde. Als Clydes Mutter starb, reiste Edgar nach Iowa, um ihm beizustehen. Als Edgar trauernd am Sarg seiner Schwester Lillian stand, war Clyde bei ihm. In der Arbeit konnte sich jeder völlig auf den anderen verlassen und dies war es vermutlich, was sie wirklich verband. Die physische Liebe zwischen ihnen hatte wahrscheinlich im Lauf der Jahre ihre Faszination verloren.

Es gibt einen weiteren Bericht über Edgars Neigung, Frauenkleider zu tragen. Er bezieht sich auf eine Episode in Washington aus dem Jahre 1948, zehn Jahre vor den Orgien im ›Plaza‹ und stammt von zwei heterosexuellen Männern, erfolgreichen Geschäftsleuten, die um Anonymität gebeten haben. Sie erklärten, daß sie in jenem Jahr während einiger Monate häufiger in Washington ein Lokal aufgesucht hatten. Es trug den Namen ›Maystat‹ und wurde besonders, wenn auch nicht ausschließlich, von Homosexuellen frequentiert. Im ›Maystat‹ nahm sich ihrer der 50jährige, in Fort Meyers stationierte, Armeesergeant Joe Bobak an. Einer der Zeugen erinnerte sich, daß »Joe Bobak ganz eindeutig schwul war, ein bißchen weibisch. Er kannte ältere Offiziere im Pentagon, sogar Senatoren und Kongreßabgeordnete, die ebenfalls homosexuell waren. Für uns war es ein fremdes Milieu und wir waren fasziniert.«

Eines Abends im Jahr 1948 saßen die beiden jungen Männer in einem Wagen vor dem ›Maystat‹ gemeinsam mit einem der üblichen Gefährten Bobaks, einem jungen Mann von Mitte zwanzig. Dieser junge Mann präsentierte ihnen mit verschwörerischer Miene fünf oder sechs Fotografien. »Das Bild, das er uns als erstes zeigte«, erklärte einer der

Zeugen, »zeigte einen Mann, der wie eine Frau gekleidet war – vollständig mit Perücke, Abendkleid und allem anderen. Er war mühelos als J. Edgar Hoover zu identifizieren.

Er lag in diesem Abendkleid quer auf einem Bett. Ich glaube, daß die Perücke eine helle Farbe hatte, vielleicht blond. Aber das Gesicht war eindeutig zu erkennen. Hoover sah aus wie eine häßliche Frau. Es waren keine sexuellen Aktivitäten zu sehen, zumindest nicht auf den Bildern, die uns gezeigt wurden. Auf diesem ersten Foto war niemand sonst zu sehen. Es hatte den Anschein, als ob er sich gerade dort hingelegt hatte. Ich glaube mich zu erinnern, daß man auch einen Nachttisch auf der Aufnahme erkennen konnte. Zunächst meinten wir, daß man Hoovers Kopf vielleicht auf einen anderen Körper montiert hätte, eine Art Trickaufnahme, eine Fälschung. Aber durch die anderen vier oder fünf Fotos wurde uns klar, daß sie authentisch waren: Sie waren aus verschiedenen Blickwinkeln und mit anderen Personen aufgenommen worden und Hoover war auf all diesen Aufnahmen. Es handelte sich um eine Partyszene.

Die Art und Weise, wie man uns die Bilder zeigte, war ziemlich banal. Die Leute in diesem Kreis wußten, daß er schwul war oder taten so, als ob sie es wüßten. Durch Sergeant Bobak trafen wir auch zwei andere Männer, die uns sagten, daß sie auf Parties gewesen waren, auf denen auch Hoover anwesend gewesen sei. Bobak erklärte, daß er auch in Hoovers Haus gewesen sei. Der Junge, der mit ihm zusammen war, war irgendwie zu den Aufnahmen gekommen, vielleicht hatte er sie gestohlen oder von jemanden Abzüge erhalten.

Es kam uns gar nicht in den Sinn, daß jemand in der Gruppe der Homosexuellen die Absicht haben könnte, die Bilder für eine Erpressung zu nutzen. Es war eher so, als ob es sich um eine Kuriosität handele, über die man sich in der Gruppe amüsierte. Es klingt vermutlich heute seltsam, aber ich glaube nicht, daß uns in diesem Alter – wir waren damals um die zwanzig – völlig bewußt war, was dieser Schandfleck in Verbindung mit einer derart wichtigen Persönlichkeit der Öffentlichkeit für Auswirkungen haben könnte. Es wirkte komisch auf uns, etwas zum Lachen. Wir sahen uns die Aufnahmen nur an, gaben sie zurück und sprachen danach ein- oder zweimal darüber. Und das war alles. Bald darauf wandten wir uns von diesem Kreis ab.«

Eine vorherige Absprache zwischen diesen beiden Zeugen und Susan Rosenstiel ist völlig auszuschließen. Zudem wußten die Männer, denen diese Fotografien gezeigt wurden, nichts von Edgars Verbindung zu Rosenstiel. Es scheint ohne weiteres möglich, daß sie die Aufnahmen sahen und den grotesken Mann in Frauenkleidern als Edgar Hoover identifizierten.

Für Edgar waren diese sexuellen Abenteuer geradezu töricht und insbesondere in der Begleitung eines Mannes wie Rosenstiel. Von verschiedenen Seiten wurde dem New York Crime Committee mitgeteilt,

daß Rosenstiel sein Haus in Manhattan vom Dach bis zum Keller mit versteckten Mikrophonen versehen hatte, so daß er Besucher und Personal bespitzeln konnte. Der Sicherheitsexperte Fred Otash, der das System installiert hatte, machte die Aussage, daß es so eingerichtet war, Gespräche stundenlang abhören zu können. Die Unterhaltungen in der Bibliothek, in der sich Edgar mit Rosenstiel und dessen Bekannten traf, wurden normalerweise immer aufgezeichnet. Der Millionär war durchaus in der Lage, die Sexorgien im ›Plaza‹ aufzunehmen oder es zu arrangieren, daß Edgar in seiner Kostümierung als Frau fotografiert wurde.
Der enge Vertraute Rosenstiels, Meyer Lansky, behauptete, daß Edgar keinerlei Gefahr darstelle, daß er »ausgeschaltet« worden sei. Mrs. Rosenstiel zitiert ihren Ehemann mit den Worten, daß »wir durch Lansky und diesen Leuten Hoover jederzeit dazu bringen können, uns zu helfen«. Nach den Angaben von Bekannten beruhte die Lebensversicherung des Gangsters auf den fotografischen Beweisen für Edgars homosexuelle Aktivitäten. Die vorliegenden Beweise lassen den Schluß zu, daß die Ereignisse im ›Plaza‹ in den späten fünfziger Jahren, einer für die Gangster schwierigen Zeit, diese Garantie erneuert haben könnten.
Im Juli 1958, kurz nach den Vorfällen im ›Plaza‹ und als Reaktion auf den Aufruhr über das Gangstertreffen in Apalachin, beauftragte Edgar die Domestic Intelligence Division des FBI eine Studie über das organisierte Verbrechen anzufertigen. Der vollständige zweibändige Bericht ist noch heute als geheim eingestuft, doch in seiner abschließenden Bewertung heißt es:

»Central Research hat eine Abhandlung über die Mafia zur Einsichtnahme durch den Direktor vorbereitet. Diese Abhandlung beinhaltet die folgenden Erkenntnisse im Hinblick auf die Mafia: Die Mafia existiert in den USA. Sie existiert als eine spezielle kriminelle Vereinigung oder Clique und befaßt sich mit den Aktivitäten des organisierten Verbrechens. Die Mafia besteht hauptsächlich aus Personen sizilianisch/italienischer Abstammung und Herkunft ...«

Diese Einschätzungen standen natürlich im Gegensatz zu Edgars öffentlich erklärten Auffassungen und seine Reaktion darauf war eigensinnig. Insgeheim schien er widerwillig zu akzeptieren, daß die Mafia eine Realität war. Dennoch explodierte er, als er davon erfuhr, daß der Bericht an andere hochrangige Regierungsbeamte, darunter auch an den Justizminister Rogers, verschickt worden war.
Edgar ordnete an, daß alle sich im Umlauf befindlichen Exemplare binnen weniger Stunden nach ihrer Auslieferung sofort wieder einzuziehen seien. Niemand außerhalb des FBI las jemals diesen Bericht, den Edgar später als »Quatsch« bezeichnete.[2]

Doch im Jahr 1959 hielt Edgar öffentliche Reden, in denen er seine Hoffnung zum Ausdruck brachte, »einen derartigen Druck auf Gangster und Verbrecher aufrechtzuerhalten, daß sie nirgends unbehelligt ihren dunklen Machenschaften nachgehen können«. Im September sorgte ein Überwachungsmikrophon des FBI in Chicago für einen Haupttreffer. Sam Giancana wurde abgehört, wie er wiederholt von »dem Großen Rat« sprach, dem Geheimbund, der das organisierte Verbrechen in der ganzen Nation lenkte. Er nannte sogar die Namen ihrer Mitglieder und hakte einen nach dem anderen ab.

Die Beamten betrachteten dies als einen entscheidenden Durchbruch, aber es konnte Edgar nicht dazu veranlassen, seine Haltung zu ändern. Noch drei Jahre später beharrte er auf seiner Auffassung, daß »kein einziges Individuum oder keine Vereinigung von Gangstern das organisierte Verbrechen in diesem Lande beherrscht«.

Gegen Ende des Jahres 1958 erkannten die Beamten, die mit der Durchführung der Maßnahmen des neuen Topgangster-Programms betraut waren, daß irgend etwas schieflief. Der Agent William Turner kam während einer Inspektionsreise in der FBI-Dienststelle von Los Angeles zu dem Schluß, daß das Programm »mausetot« sei. In Chicago wurde das Team der Spezialgruppe von zehn auf fünf Beamte reduziert. »Mr. Hoover schien das Interesse daran zu verlieren«, erinnerte sich Bill Roemer in Chicago. »Das organisierte Verbrechen war nicht mehr sein Hauptanliegen.«

In New York wurde dem Beamten Anthony Villano von seinem Vorgesetzen mitgeteilt, daß die jüngsten Schritte gegen die Mafia wahrscheinlich »nur eine vorübergehende Operation seien, um der Kritik den Wind aus dem Segel zu nehmen und daß sie eingestellt werden würden, wenn sich die Dinge beruhigt hätten«. In New York, wo in jenem Jahr 400 Agenten mit der Bekämpfung des Kommunismus beauftragt waren, befaßten sich lediglich vier mit dem organisierten Verbrechen.

Edgars so laut verkündeter Kampf gegen das Gangstertum hatte sich als Schwindel erwiesen. Aber dies sollte sich bald ändern, nur zwei Jahre später, denn in dem Justizminister Robert Kennedy würden die Gangsterchefs – und Edgar – endlich auf wirklichen Widerstand stoßen.

24. KAPITEL

> *Hoover informierte den Präsidenten, dem er diente, über den Klatsch, der über ihn im Umlauf war und diese Praxis könnte den Präsidenten beunruhigen. Was wußte Hoover von ihm? Im Grunde machte dies Hoover zu einem heimlichen Erpresser.*
>
> Dean Rusk
> Ehemaliger Außenminister

Im Oktober 1955 war Joseph Kennedy von einem Auslandsurlaub in ein Amerika zurückgekehrt, das sich im Aufruhr befand. Präsident Eisenhower hatte gerade einen beinahe tödlichen Herzanfall überlebt und viele fragten sich, ob er den Belastungen des Jahres 1956 gewachsen sein werde. Würden die Demokraten Adlai Stevenson nominieren? Wenn dies der Fall wäre, könnte dann Kennedys 38jähriger Sohn John Vizepräsident werden?

Die politische Maschinerie der Kennedys begann sich in Bewegung zu setzen. Der Preis, der dem Vater nicht vergönnt gewesen war, zeigte sich nun am Horizont für seinen Sohn. Doch an diesem Herbsttag begeisterte sich Joseph Kennedy für eine ganz andere Möglichkeit: daß Amerika innerhalb von 12 Monaten J. Edgar Hoover als Präsidenten wählen könnte. In seinem Haus in Hyannis Port, dem Sitz der Familie in Massachusetts, diktierte er diesen Brief:

»Lieber Edgar,
ich denke, daß ich in meinem hohen Alter zu zynisch geworden bin, aber die einzigen beiden Männer, die ich heute im öffentlichen Leben kenne und für deren Meinung ich alles geben würde, heißen zufälligerweise beide Hoover – einer John Edgar und einer Herbert – und es erfüllt mich mit Stolz, daß sie mich beide schätzen ... Ich hörte, wie Walter Winchell von Dir als Präsidentschaftskandidaten sprach. Wenn dies Wirklichkeit werden könnte, wäre es die wunderbarste Sache für die Vereinigten Staaten, und ob Du dich nun für die Republikaner oder für die Demokraten aufstellen lassen würdest, ich würde Dir die größte Unterstützung garantieren, die Du jemals von jemandem erhalten könntest und die tatkräftigste Mitarbeit, ob nun Demokrat oder Republikaner. Ich meine, daß die Vereinigten Staaten Dich verdient haben
Mit meinen besten Wünschen für Dich
Dein sehr ergebener
Joe«

Die Ansicht, daß Edgar sich um das Weiße Haus bewerben sollte, war lediglich eine schmeichelhafte Geste seines alten Kongreßkollegen. Dennoch bewahrte Edgar den Brief von Joseph Kennedy für den Rest seines Lebens in seinem Büro auf. Er war Teil einer umfangreichen Korrespondenz, die auf gegenseitiger Wertschätzung beruhte.
Die FBI-Akte über den alten Kennedy läßt auf einen Mann schließen, der sich politisch absicherte. Im Alter von 67 Jahren war er eine Persönlichkeit mit enormem Einfluß, aber er wies auch eine zwielichtige Lebensgeschichte auf. Die Biografen sind übereinstimmend der Meinung, daß wie im Falle von Lewis Rosenstiel, ein großer Teil seines Vermögens aus dem Alkoholschmuggel während der Prohibitionszeit und Geschäften mit dem organisierten Verbrechen stammte. Frank Costello machte häufig die Bemerkung, daß er »geholfen habe, Joe Kennedy zu einem reichen Mann zu machen«, daß sie Partner gewesen seien.
Kennedys Jahre als Botschafter in London zu Beginn des Zweiten Weltkrieges hatten sein persönliches politisches Schicksal bestimmt. Er war der Auffassung, daß die Deutschen die richtigen Führer in Europa wären, widersetzte sich Amerikas Kriegseintritt und glaubte, daß Hitler bluffe. Er erklärte, daß er freudigen Herzens »Polen verkaufen« würde und daß einflußreiche amerikanische Juden den Weltfrieden bedrohten. Als Präsident Roosevelt erfuhr, daß Kennedy gegen ihn politische Intrigen schmiedete, schickte er ihn nach Hause, versicherte sich seiner Unterstützung für die Wahlen von 1940 und feuerte ihn dann.
Roosevelt bezeichnete Kennedy als einen »Dieb«, »einen der übelsten, widerwärtigsten Männer, die ich jemals kennengelernt habe«. Henry Truman sagte über ihn, daß er »einer der größten Gauner in diesem Lande« sei. Doch Kennedy und Hoover pflegten eine langwährende Freundschaft.
Es heißt, daß sie sich bereits in den zwanziger Jahren kennengelernt hatten, als Kennedy Filme in Hollywood finanzierte. Er führte Edgar in einen Kreis von Filmstars ein – attraktiven Frauen, die an seiner Seite vorteilhaft zur Geltung kamen und die Gerüchte über seine Homosexualität Lügen straften. Ein Vierteljahrhundert danach waren Edgar und Clyde zu gelegentlichen Gästen im Wintersitz der Kennedyfamilie in Florida geworden. Als die ersten Überlegungen der Einrichtung der J.-Edgar-Hoover-Stiftung angestellt wurden, versprach Kennedy eine großzügige Unterstützung. Einmal bot er Edgar ein fürstliches Gehalt an, wenn er sich dem Kennedyclan als »Sicherheitschef« anschließen würde.
Seit 1943 war Kennedy ein besonderer Verbindungsmann des FBI, mit Büro und laufenden Tätigkeiten, bereit, seinen Einfluß in der Industrie und in der diplomatischen Welt »zum Vorteil des FBI« geltend zu ma-

chen. Jahre später, als er Edgars Eifersucht auf den CIA kannte, gab er Informationen, die er als Mitglied von Eisenhowers Ausschuß für den Auslandsgeheimdienst erhielt, an Edgar weiter.

Seit 1951 unterhielt das FBI eine mit vier Agenten besetzte ständige Vertretung in Hyannis Port. Da sie keine andere erkennbare Aufgabe hatte, meinten bösartige Beobachter, daß sie nur aus dem Grunde existiere »um die Kennedys zu beruhigen und ihnen zu Diensten zu sein«. Die FBI-Agenten umschmeichelten »den Botschafter«, gewährten der Familie Gefälligkeiten – und hielten Edgar über die Tätigkeiten ihrer einzelnen Mitglieder auf dem laufenden.

Am Ende der fünfziger Jahre schien Edgars Karriere gesichert zu sein. Er war reichlich mit Ehrungen überschüttet worden und Präsident Eisenhower bedachte ihn mit einer weiteren, der President's Award for Distinguished Civilian Service. In Indiana wurde 1959 ein J.-Edgar-Hoover-Tag ausgerufen und ein weiterer war in Illinois geplant.

Edgar achtete stets darauf, dicht an den Schalthebeln der Macht und in der Nähe des Mannes zu bleiben, von dem er hoffte, daß er der nächste Präsident würde. Als die Politiker sich auf die Wahlkampagne des Jahres 1960 vorbereiteten, tat sich Edgar mit seinem Protegé aus der McCarthy-Zeit, Vizepräsident Richard Nixon, zusammen. Es lag aber eher im Interesse von Nixon, zusammen mit Edgar gesehen zu werden. Sie gingen gemeinsam zum Pferderennen, und als Edgar sein 35. Jahr als FBI-Direktor feierte, besuchte ihn Nixon in seinem Büro, um ihm seine Ehrerbietung zu erweisen.

Nixon war der klare Favorit der Republikaner, aber die Popularität der Partei war auf ihrem tiefsten Stand seit 20 Jahren angelangt. Wie viele andere hielt Edgar seine Karten verdeckt. Er wies seine Beamten an, Nixon Archivmaterial für seine Reden zu liefern und hielt ein wachsames Auge auf die Demokraten.

Bei den Demokraten gab es mehrere aussichtsreiche Kandidaten: Joseph Kennedys Sohn John, den 42jährigen Senator aus Massachusetts, den erfahrenen Wahlkämpfer Adlai Stevenson, Senator Hubert Humphrey und Lyndon Johnson. John Kennedy war nicht der Kandidat, den Edgar bevorzugte. Sollte ein Demokrat ins Weiße Haus einziehen, dann sollte es nach der Meinung Edgars Johnson sein.

Edgar kannte Johnson seit den dreißiger Jahren, als er das erste Mal nach Washington gekommen war, und seit den vierzigern waren sie Nachbarn. Manchmal besuchte Edgar die Johnsons zum Abendessen oder zum Brunch am Sonntag und er machte den Babysitter für deren Tochter, wie er Bekannten erzählte. Sie empfanden ihn als eine Art Onkel und halfen ihm, seine Hunde zu suchen, wenn sie in der Gegend herumstreunten. Das Haus der Johnsons, meinte Edgar »war der Ort, wo man das beste Chili con carne und den besten Pfefferminzwhisky in Washington bekommen konnte«.

Lyndon Johnson verstand es sehr geschickt, Menschen für sich zu gewinnen. Er hatte früh verstanden, wie wichtig es war, Edgar zu seinem Freund zu machen oder – was noch bedeutsamer war – dafür Sorge zu tragen, ihm niemals einen Grund zu geben, zu seinem Feind zu werden. Johnson hatte einige Leichen im Keller. Es gab korrupte Geschäftsabschlüsse, Frauengeschichten und vor allem die Vorwürfe der Wahlfälschung, als Johnson im Jahr 1948 die Wahl in den Senat mit nur 87 Stimmen für sich entschied.[1]

Während des öffentlichen Aufschreis, der dieser Wahl folgte, hatte Edgar einen persönlichen Besuch in Austin, der Hauptstadt des Bundesstaates Texas, gemacht. Er führte geheime Besprechungen mit Clint Murchison und Sid Richardson, die Johnson unterstützt hatten. Die Untersuchung des FBI über den Wahlbetrug wurde mit »einem bemerkenswerten Mangel an dem für die Untersuchung und strafrechtliche Würdigung erforderlichen Nachdruck durchgeführt«, wie sich Beobachter erinnern. Dementsprechend war sie bald »spurlos in der Versenkung verschwunden«.

Insgeheim bezeichnete Johnson Edgar als »jenen sonderbaren Bastard«. Dennoch hofierte er ihn mit einem beständigen Strom schmeichelhafter Schreiben. »Ich glaube, daß Sie und alle Ihre Männer zu den Besten gehören«, schrieb er einmal. »Ich treffe sie unter den verschiedensten Umständen und jedesmal bin ich stolz darauf, daß ich ein Diener des Staates bin.« In den letzten Wochen der Eisenhower-Regierung setzte sich Clyde Tolson voller Eifer für ein Sondergesetz ein, um sicherzustellen, daß Edgar nach seiner Pensionierung weiterhin sein volles Gehalt erhalten solle. Dieses Ziel wurde erreicht und nicht zuletzt aufgrund des Druckes des Mehrheitsführers Johnson.

Edgar zeigte sich erkenntlich. Er wurde beobachtet, wie er den Raum S208, jenes Büro im Senat, das als Johnsons »Ranch im Osten« bekannt war, aufsuchte, um seinen Rat anzubieten. Im November 1959 flog er sogar nach Texas, um Reden zu entwerfen, die Johnsons Fähigkeiten in den Himmel hoben. Während einer kurzen Wahlkampftour, zu der auch ein Besuch auf der Johnson-Ranch gehörte, umarmte der Senator Edgar ungestüm für die Kameras. Edgar kehrte dann nach Washington zurück. Zuvor traf er sich mit dem Ölmillionär Billy Byars, einer der regelmäßigen Urlaubsgefährten in Kalifornien, und – wie Murchison – eine der Personen, die Johnson finanziell unterstützten. Im Widerspruch zu allen üblichen Regularien war der FBI-Direktor beim Wahlkampf zugunsten eines Präsidentschaftskandidaten aufgetreten.

Der Königsmacher Clint Murchison, der eine Schlüsselrolle bei der Wahl Eisenhowers gespielt hatte, setzte auf alle politischen Kandidaten zugleich. Das große Geld ging an Nixon, wie es auch in der Vergangenheit gewesen war und in der Zukunft bleiben sollte. Aber er hatte auch einen Assistenten zu den Kennedys geschickt, um 25.000 Dollar in bar zu übergeben. »Nur Wettgewinne«, wie Bobby Baker es bezeichnete. In Wirklichkeit machte Edgars Freund Murchison Stimmung für Lyndon Johnson, jenen Kandidaten, von dem er sicher sein konnte, daß er die Interessen der großen Ölgesellschaften vertreten würde.

Murchison sorgte sich um die Macht, nicht um die Parteien und ein Mann – Edgar – blieb eine feste Größe in seinen politischen Plänen. Zwei Jahre vor der Wahl, als sich noch der rechte Senator William Knowland Hoffnungen als Präsidentschaftskandidat machte, gab der Millionär in einem Brief Johnson den folgenden Rat: »Wenn Sie Knowland, Nixon und Hoover zusammenbringen können«, schrieb er seinem Landsmann aus Texas, »können Sie die Vereinigten Staaten kontrollieren.«

Im Jahr 1960 war diese Formel weiterhin gültig, lediglich Johnsons Name war durch den von Knowland ersetzt worden. Und als die Wahlkampagne in Fahrt kam, begann Edgar über die Stärken – und Schwächen – eines junges Mannes eingehend nachzudenken, der sich nur an seine eigenen politischen Pläne hielt: John Kennedy.

»Als John Kennedy nachdrücklich seinen Anspruch auf die Präsidentschaft anmeldete«, erinnerte sich Cartha DeLoach, »erteilte Mr. Hoover Clyde Tolson, wie ich von ihm erfuhr, den Auftrag, eine gründliche Durchsicht der Akten vorzunehmen. Sie wußten alle von Kennedys sexuellem Appetit und, daß er mit fast jeder Person schlafen würde, wenn sie nur einen Rock trug. ›Joe Kennedy erzählte mir‹, äußerte Mr. Hoover, ›daß er Jack als kleinen Jungen hätte kastrieren sollen‹.

Die üble FBI-Akte über John Kennedy war zu Beginn des Zweiten Weltkrieges angelegt worden und basierte auf britischen MI-5-Berichten über sein Privatleben, als er seinen Vater, den damaligen Botschafter in Großbritannien, besuchte. Er war gerade 20 Jahre alt und die Informationen bestanden nur aus wahllosen Mitteilungen, die vom Geheimdienst eines befreundeten Staates zusammengetragen worden waren. Im Jahr 1940 erhielt Edgar Berichte über eine 28jährige Schönheit namens Inga Arvad, die zu jener Zeit in Washington lebte.

Arvad war eine in Dänemark geborene Journalistin und Dame der Gesellschaft. Aber sie hatte Verbindungen in das von den Nationalsozialisten regierte Deutschland. Sie hatte Hermann Göring und Adolf Hitler interviewt und nach einem Bericht soll sie auch ein Verhältnis mit letzterem gehabt haben. Sie beschrieb Hitler ausführlich als »sehr freundlich, charmant ... keineswegs so böse, wie er dargestellt wird ... einen Idealisten«.

Zunächst schrillten die Alarmglocken beim FBI noch nicht. Ironischerweise schrieb sie als Reporterin des *Washington Times Herald* über die wichtigsten Personen des FBI. Schmeichelhaft notierte sie über Edgars Sekretärin Helen Gandy, sie vereine »männliche Intelligenz und weibliche Intuition«, und über Clyde mit seinen »klugen Augen« und einem Lächeln »wie ein braver Junge, der auf den versprochenen Kandisriegel wartet«. Clyde stellte sie sogar auf einer Party Edgar vor.

Doch Ende 1941 wurden Arvads Interviews plötzlich als »unbefriedigend« bezeichnet. Edgar hatte eigenhändig eine Untersuchung angeordnet, die zu dem Ergebnis führte, daß »ein junger Leutnant zur See der US-Navy, bekannt als Jack ... anscheinend die Nacht mit Miss Arvad in ihrem Appartement verbracht hat«.

Kennedy war damals dem Marinegeheimdienst unterstellt und hatte Arvad durch seine Schwester Kathleen kennengelernt. Im Januar 1942 bestätigten Überwachungsberichte des FBI, daß sie eine leidenschaftliche Affäre hatten. Kennedy nannte sie »Inga-Binga« und sie bezeichnete ihn als »Honeysuckle« und »Honey Child Wilder«. Sie sprachen von Heirat, eine Vorstellung, der sich sein Vater mit aller Entschiedenheit widersetzte, wie sich Freunde erinnerten.

Um die Liebenden voneinander zu trennen, versetzte die Marine Kennedy von Washington weg, doch diese Maßnahme verstärkte nur ihre Leidenschaft. Edgars Agenten lauschten mit verborgenen Mikrophonen, als sich das Paar »bei zahllosen Gelegenheiten« im Zimmer 132 des ›Fort Sumter‹-Hotels in Charleston, South Carolina, liebte. Die Überwachung wurde eine Zeitlang eingestellt, als Arvad den Verdacht hatte, daß man sie abhörte, und dann im Sommer 1942 wieder aufgenommen. Zu jener Zeit hatte Kennedys lästiger Vater dafür gesorgt, daß sein Sohn in den Pazifik versetzt wurde, wo sein heldenhaftes Verhalten nach der Versenkung des Torpedobootes PT-109 zu dauerhaftem Ruhm führen sollte.

Wie Millionen anderer Kriegsromanzen dauerte die Affäre mit Arvad nur einige Monate. Die Überwachung durch das FBI war ein rechtmäßiger Weg, um einem potentiellen Sicherheitsrisiko zu begegnen und die Liebenden hatten nichts Unrechtes getan. Aber es war der Beginn der dauerhaften Mißstimmung zwischen Kennedy und Edgar.

Als Inga Arvad im März 1942 erkannte, daß man sie überwachte, hörte man, wie sie zu Kennedy sagte, daß sie die Absicht hätte, direkt bei Edgar zu protestieren. Sie wollte ihm mitteilen: »Hören Sie zu, Edgar, ich mag es nicht, wenn irgend jemand mein Telefon abhört ...« Aber tatsächlich war es so, wie Inga Arvad Ronald McCoy, ihrem Sohn aus einer späteren Ehe, berichtete, daß Kennedy mit ihr gemeinsam Edgar zur Rede stellte. McCoy erinnerte sich, daß »Jack wütend war. Durch seinen Vater oder durch Arthur Krock kannte er alle einflußreichen Leute in Washington. So gingen er und meine Mutter zu J. Edgar Hoover. Dieser teilte ihnen mit, daß seine Untersuchung ergeben hätte, daß

sie weder eine Spionin der Deutschen sei noch etwas für diese getan habe. Daraufhin fragte Jack Hoover, ob er schriftlich bestätigen könne, daß sie keine deutsche Agentin sei. Hoover entgegnete, dies könne er nicht tun, denn wenn er ihr einen solchen Brief geben würde und sie würde hingehen und am nächsten Tag damit beginnen, für sie zu arbeiten, müßte er dafür den Kopf hinhalten.«
Dieses erste Aufeinandertreffen war der Keim späterer Differenzen. Kennedy spürte die Gefahr, lange bevor Edgar zu einer Bedrohung seiner Präsidentschaft geworden war. Die Enthüllung der Affäre mit Arvad – einer angeblichen Spionin der Nationalsozialisten – könnte verheerend sein. Im Jahr 1946, als Kennedy Berufspolitiker wurde, begann er sich über Edgars Dossier Sorgen zu machen.
»Als Jack in den Kongreß gewählt wurde«, erinnerte sich sein Freund Langdon Marvin, »gehörte das Inga-Binga-Band in den FBI-Akten – das Band, auf dem er zu hören war – zu den Dingen, die ihn am meisten beschäftigten. Er wollte das Band vom FBI. Ich riet ihm, nicht danach zu fragen ... Zehn Jahre danach, nachdem er Henry Cabot Lodge in Massachusetts bei den Wahlen für den Senat geschlagen hatte, wurde Jack noch unruhiger. ›Dieser Bastard. Ich werde Hoover zwingen, mir diese Akten auszuhändigen‹, sagte er zu mir. Ich erwiderte: ›Jack, du wirst gar nichts tun. Du kannst sicher sein, daß es ein Dutzend Kopien geben wird, bevor er sie dir übergibt, so daß du nichts gewinnen wirst. Und wenn er erfährt, wie scharf du darauf bist, wird er erkennen, daß er dich im Würgegriff hat.‹«
Vielleicht verriet Kennedy seine Besorgnis. Wie die Aufzeichnungen belegen, bat er unmittelbar nach seiner Wahl in den Senat um »die Gelegenheit, Edgar zu sehen«. Von diesem Zeitpunkt an bis in das Jahr 1960 tat Kennedy alles, um dem Mann zu schmeicheln, den er insgeheim als »Bastard« bezeichnete. Sogar am Tage seiner Hochzeit fand er Zeit, dem FBI-Agenten in Hyannis mitzuteilen, daß er jederzeit bereit sei »Mr. Hoover zu unterstützen«. Wenige Wochen danach übertrieb er seine Schmeicheleien, indem er erklärte, daß das FBI die einzige Behörde sei, die »ihr Geld wert ist«. Über seinen Bruder Robert heißt es, daß er seinerseits »nie zuvor eine derartige Bewunderung für J. Edgar Hoover empfunden habe«.
Edgar schrieb höfliche Antworten, heftete die Briefe ab und trug weiter Verleumdungsmaterial zusammen. Er sollte bald erfahren, daß ein Ehepaar namens Leonard und Florence Kater eines Nachts im Jahr 1958 durch das Geräusch von Kieselsteinen geweckt worden war, die an ein Fenster über ihnen geworfen wurden. Das Fenster gehörte zum Zimmer ihrer 20jährigen Untermieterin Pamela Turnure, die als Sekretärin in Kennedys Büro im Senat tätig war. Den Mann, den Pamela Turnure in jener Nacht in ihr Zimmer ließ, war Kennedy, und er sollte zu einem regelmäßigen nächtlichen Besucher werden.

Die Katers waren strenge Katholiken und allmählich wurde für sie der Mann, den sie den »Schürzenjäger« nannten, zu einer Obsession. Sie installierten ein Tonbandgerät, um die Geräusche der Liebenden aufzunehmen, und machten einen Schnappschuß von Kennedy, als er sich mitten in der Nacht davonschlich. Monatelang spionierten sie ihm nach, selbst dann noch, als Pamela Turnure aus ihrem Haus ausgezogen war.

Während dieser Nachstellungen geschah etwas Merkwürdiges. Kennedy erzählte einem Mitarbeiter, daß er den Eindruck habe, daß das Telefon in seinem Haus oder jenes seiner Sekretärin abgehört würde. Dieser Mitarbeiter handelte auf eigene Initiative und bat das FBI, dies zu überprüfen. Aber dann, wahrscheinlich nachdem er noch einmal mit Kennedy gesprochen hatte, rief er wieder zurück, um das FBI zu bitten, »die ganze Angelegenheit zu vergessen«. Es ist zu vermuten, daß Kennedy entsetzt von dem Gedanken war, Edgar um einen derartigen Gefallen zu bitten – nicht zuletzt, wenn, was er vielleicht befürchtet haben mag, das FBI selbst in die Abhöraktion verwickelt war.

Dennoch erfuhr Edgar dank der Katers noch früh genug von Kennedys Affäre mit Pamela Turnure. Im Frühjahr 1959 kurz vor der Wahlkampagne schickten sie per Post Einzelheiten über den »Ehebrecher« an die Zeitungen. Die Presse schreckte vor diesem heißen Eisen zurück, aber eine Verlagsgruppe – Stearn Publications – sandte den Brief der Katers an Edgar. Bald darauf, nach den Aussagen eines Informanten, erhielt er insgeheim eine Kopie der kompromittierenden Tonbänder und bot sie Lyndon Johnson als Munition für dessen Wahlkampagne an.

»Hoover und Johnson hatten gemeinsame Interessen«, erklärte Robert Baker, der langjährige Vertraute des Texaners. »Johnson mußte sicher sein, daß Hoover nicht gegen ihn war. Und Hoover wollte sicherlich lieber Lyndon Johnson im Amt des Präsidenten sehen als Jack Kennedy. Hoover war eine ergiebige Quelle und er informierte Johnson stets über Kennedys sexuelle Abenteuer. Johnson erzählte mir, daß ihm Hoover ein Tonband vorspielte, das von jener Frau stammte, die ein Appartment für eine der Freundinnen von John Kennedy gemietet hatte. Und sie übergab das Tonband dem FBI ...«

Der erfahrene Beamte William Sullivan erklärte offen, daß Edgar versuchte, »Jack Kennedys Wahlkampagne zu sabotieren«. Erhaltene Aufzeichnungen legen den Schluß nahe, daß Spezialagenten ständige Anweisung hatten, alles zu berichten, was sie über ihn in Erfahrung bringen konnten. Im März 1960 zitierte das Büro in New Orleans einen Informanten, der

»Gelegenheit hatte, eine Unterhaltung mitzuhören, die andeutete, daß Senator Kennedy sich mit einer Frau in Las Vegas, Nevada, kompromittiert habe ... Er erklärte, daß während des Aufenthaltes von Senator Kennedy in Miami, Florida, eine Stewardeß namens (Name geschwärzt) zu Senator Kennedy geschickt wurde.«

Binnen weniger Stunden verfügte Edgar über Namen und Adresse der Frau. Ein anderer Bericht, der wenige Tage später in Los Angeles angelegt wurde, ist noch heute unter Verschluß. Er ist lediglich bezeichnet als »Memo, John F. Kennedy, U.S. Senator, betrifft Information, Central Research Matter«.
Im April, als Kennedys erste Siege das Lager um Johnson zu beunruhigen begannen, berichtete DeLoach über eine Quelle, die

»eine Fotografie auf Kennedys Schreibtisch bemerkte, die dort aufgestellt ist. Auf diesem Foto sind Senator Kennedy und andere Männer sowie einige Mädchen nackt abgebildet. Es wurde an Bord einer Jacht oder einer Art Kreuzfahrtschiff aufgenommen ... Was ihn am meisten beunruhigte, war die Tatsache, daß der Senator so wenig Gespür zeigte und das Foto so offen zur Schau stellte ... Die Angehörigen der Wache und des Reinigungsdienstes wußten von der Fotografie und in den Büros des Senats machte man häufig Witze über die ›außerplanmäßigen Aktivitäten‹ Kennedys.«

Am Tag der Nominierung, dem 13. Juli, erhielt DeLoach eine Zusammenfassung der »Highlights« aus der FBI-Akte über John Kennedy. Sie enthielt Informationen über die Affäre mit Inga Arvad während des Zweiten Weltkrieges und »eidesstattliche Erklärungen von zwei Mulattinnen, die als Prostituierte in New York arbeiteten«. Zudem kam jetzt auch ein Gesichtspunkt zur Sprache, der weitaus verhängnisvoller als seine zahlreichen Affären und dennoch untrennbar mit ihnen verbunden war – »die Verbindungen des Senators Kennedy zu Gangstern«.
Es hatte den Anschein, daß auch John Kennedy, wie bereits sein Vater vor ihm, Kontakte zu Angehörigen des organisierten Verbrechens aufgenommen hatte. Dadurch war er – nicht nur durch seine sexuellen Abenteuer – schon vor Beginn seiner Präsidentschaft in dem Netz der Intrigen gefangen, die vielleicht in letzter Konsequenz zu seiner Ermordung geführt haben.
Allmählich erkannte Edgar, der selber aufgrund seiner homosexuellen Veranlagung durch die Gangster »neutralisiert« worden war, das Ausmaß der Torheit dieses jungen Mannes.

Die Verbindung Joseph Kennedys mit der Mafia hatte nicht mit dem Ende der Prohibitionszeit aufgehört. Er hatte weiterhin persönliche und geschäftliche Kontakte zur Unterwelt. In den vierziger Jahren war sein Mitarbeiter in Chicago ein Gangster aus Miami, der schließlich

nach einem Geschäft mit dem Syndikat erschossen wurde. Seit den dreißiger Jahren hatte Joseph Kennedy gelegentlich mit dem Gangster Johnny Roselli aus Chicago an der Westküste Golf gespielt.
John Kennedy begab sich auf die gleiche gefährliche Bahn. Nach den Angaben der Witwe von Meyer Lansky traf Kennedy ihren Mann bei seinem Besuch auf Kuba im Jahr 1957 – und er bekam von ihm Hinweise, wo man freizügige Frauen kennenlernen könnte. Kurz danach ging er in Arizona mit dem »lächelnden Gus« Battaglia, einem engen Freund des Mafiabosses Joe Bonanno, zum Gottesdienst. Später traf er sogar Bonanno selbst.
Im Jahr 1960, als sich die Kennedys um die Präsidentschaft bewarben, traf sich Joe Kennedy mit zahlreichen Gangstern in Kalifornien. Er versöhnte sich mit dem Führer der Teamsters Jimmy Hoffa, den sein Sohn Robert – im scharfen Gegensatz zum Vater und zum älteren Bruder – seit langem verfolgt hatte.
In der heißen Phase des Wahlkampfes hat sich, wie berichtet wird, der alte Kennedy mit einigen Bossen des organisierten Verbrechens in ›Felix Youngs‹-Restaurant in New York getroffen. »Ich nahm die Reservierungen an«, sagte Edna Daulyton, die damals als Empfangsdame im Youngs beschäftigt war, »und es hatte den Anschein, als ob alle Gangsterbosse der Vereinigten Staaten da wären. Ich kann mich heute nicht mehr an alle Namen erinnern, aber unter den Anwesenden waren John Roselli, Carlos Marcello aus New Orleans, die beiden Brüder aus Dallas, die Topleute aus Buffalo, Kalifornien und Colorado. Es waren alles Topleute, kein Fußvolk. Ich war erstaunt, daß Joe Kennedy dieses Wagnis einging.«
Aufgrund zahlreicher Quellen, zu denen auch Abhörprotokolle des FBI und Aussagen von Gangstern gehören, kann heute eindeutig festgestellt werden, daß die Kennedys die Verbindung zu den Gangstern als Sprungbrett zur Macht benutzten. Sie baten Carlos Marcello, seinen Einfluß geltend zu machen, um Louisianas Unterstützung für Kennedy beim Parteikonvent zu erzielen. Er lehnte ab – denn er hatte seine Zusage bereits Lyndon Johnson gegeben –, aber der Mafiaboß Giancana aus Chicago erwies sich als hilfreich.
Später konnte man auf einem Abhörband des FBI hören, wie Giancana und Roselli, Joe Kennedys Golfpartner, über die »Schenkungen« sprachen, die sie während der entscheidenden Vorwahlen in West Virginia gewährt hatten. Judith Campbell, die im Frühjahr 1960 die Geliebte des Präsidentschaftskandidaten wurde, erklärte, daß John Kennedy selbst unerhörte Risiken auf sich nahm, um die Unterstützung Giancanas zu gewinnen. Insgeheim traf er sich mindestens zweimal mit dem Mafiaboß und schickte sogar Judith Campbell als Kurier mit einer großen Geldsumme in bar zu ihm.
»Ich spürte, daß mich Jack mit etwas betraute, das ihm sehr am Her-

zen lag«, erinnerte sich Judith Campbell. »Ich wußte nicht, wohin das Geld gehen sollte, wenn es Sam verließ, aber ich wußte, daß es etwas mit der Wahlkampagne zu tun hatte ... Jemand wurde ausgezahlt, etwas wurde mit diesem Geld erkauft.«

Eine Fülle von Informationen belegen, daß genau dies der Fall war. Die Millionen der Kennedys wurden zusammen mit den Beiträgen der Gangster dazu verwendet, um während der Vorwahlen und bei der knappen Entscheidung in Chicago Stimmen zu kaufen, die Kennedy letztendlich ins Weiße Haus brachten.

Von Beginn an wußte Edgar einiges darüber. Bereits im März 1960 – dem gleichen Monat, als Kennedy mit Judith Campbell zum erstenmal über Giancana sprach – traf im Hauptquartier des FBI die Mitteilung ein, daß

»Angehörige der Unterwelt ... Joe Fischetti (ein Partner Giancanas) und andere unidentifizierte Gangster ihn finanziell unterstützen und sich aktiv bemühen, um die Nominierung des Senators John F. Kennedy als Präsidentschaftskandidaten der Demokraten sicherzustellen ... um Senator Kennedys Wahlkampagne zu unterstützen, wodurch ... die Gangster einen Zugang (sic) bei Senator Kennedy erhalten werden ...«

Im Juli, am Vorabend des Parteikonvents in Los Angeles, wurde Robert Kennedy darüber unterrichtet, daß Edgars Agenten versucht hatten, Informationen über die Vorwahlen in West Virginia zu erhalten. Angeblich sollte ein ausführlicher Bericht mit »einer Fülle nachteiliger Informationen« über seinen Bruder dem Justizministerium übergeben werden.

Wenn John Kennedy über derartige Berichte beunruhigt war, so zeigte er dies nicht. Seine Affären mit verschiedenen Frauen während des Konvents führten fast zur Panik unter den Delegierten der Demokraten. Man weiß heute, daß er Affären mit Judith Campbell, Marilyn Monroe, die er schon seit Jahren kannte, und verschiedenen Callgirls hatte. Die zuständigen Behörden in Los Angeles registrierten seine Kontakte mit Prostituierten eines von Gangstern kontrollierten Syndikats. Auch dies wurde schließlich Edgar berichtet.

Kennedy tat immer wieder alle Warnungen, daß seine Affären ihn eines Tages ruinieren könnten, mit einem Achselzucken ab. »Solange ich lebe, können sie mir nichts anhaben«, sprach er zu einem Vertrauten, »und wenn ich tot bin, wen soll das dann noch stören.« Senator George Smathers äußerte über John F. Kennedy, daß »er der Meinung war, er könne auf dem Wasser gehen, solange es um Frauen ging«. Die ungehemmten sexuellen Ausschweifungen waren ein Makel in seinem Charakter, der alles gefährdete, wonach er strebte, und Edgar gehörte zu den ersten, die diesen Fehler entdeckten.

Ein aufschlußreicher Bericht beschreibt, wie Edgar sein Insiderwissen benutzte, um die Wahl des Kandidaten für den Posten des Vizepräsidenten beim Konvent der Demokraten in Los Angeles im Jahr 1960 zu beeinflussen.

Der von Edgar favorisierte Präsidentschaftskandidat Lyndon Johnson war nicht nur zum Konvent der Partei nach Los Angeles gefahren, um die Nominierung für sich zu entscheiden, sondern auch um Kennedy geschlagen zu sehen. »LBJ (Lyndon B. Johnson)«, meinten politische Witzbolde, stand für »Let's Block Jack (Haltet Jack auf)«. Es war eine schmutzige Auseinandersetzung. Johnsons Mitarbeiter verbreiteten das Gerücht, daß Kennedy an der Addisonschen Krankheit (Bronzekrankheit) leide – was zutreffend war und daß sein Vater pronationalsozialistisch eingestellt gewesen sei – was nicht ungerechtfertigt war. Beide Seiten beschuldigten einander, Delegiertenstimmen gekauft zu haben. Als Kennedys Geld und seine ausgezeichnete Organisation zur Niederlage Johnsons bei der ersten Abstimmung führte, war dieser außer sich vor Wut.

»Er schnauzte seine Mitarbeiter an, fluchte, und warf den Telefonhörer auf die Gabel«, berichtete Johnsons Assistent Bobby Baker. »Er weigerte sich, vor seine erschöpften Mitarbeiter zu treten und ihnen für ihre Unterstützung während der Kampagne zu danken. Ich wußte es zu diesem Zeitpunkt noch nicht, aber LBJ hatte erfahren, daß die *Knight*-Zeitungen an der Westküste mit einer Mitternachtsausgabe erscheinen und die Nachricht bekanntgeben würden, daß John F. Kennedy drei potentielle Kandidaten für den Posten des Vizepräsidenten hätte – und daß LBJ nicht zu ihnen zählte.«

Aber in weniger als 24 Stunden hatte sich alles völlig verändert. Nach einem Tag voller wilder Spekulationen trat Johnson vor die Kameras, um bekanntzugeben, daß er als Kandidat für die Vizepräsidentschaft Seite an Seite mit Kennedy kandidieren werde. »Jack Kennedy hat mich gefragt, ob ich bereit sei«, erklärte er besänftigt. »Ich nehme an.«

Kaum jemand hatte mit dieser Entwicklung gerechnet. Und in den seitdem vergangenen Jahren haben Historiker wiederholt versucht, die spannungsgeladenen Verhandlungen zwischen dem Lager Kennedys und Johnsons zu analysieren, die dazu führten, daß Johnson den Posten als Vizepräsident akzeptierte.[2] Kennedy selbst erzählte seinem Mitarbeiter Pierre Salinger geheimnisvoll, daß »die ganze Geschichte niemals ans Tageslicht gelangen wird. Und es ist gut, wenn dies nicht geschieht.« »Die einzigen an den Gesprächen beteiligten Personen waren Jack und ich selber«, äußerte Robert Kennedy. »Wir haben einander versprochen, daß wir niemals berichten werden, was sich ereignet hat.«

Nach einer neuen Zeugenaussage handelt es sich bei den Geschehnissen um Erpressung. Für John Kennedy war ein ausschlaggebender Gesichtspunkt, Johnson die Vizepräsidentschaft zu übertragen, die Drohung mit verheerenden Enthüllungen über seine sexuellen Abenteuer. Enthüllungen, die das landesweit so sorgsam aufgebaute Image des »amerikanischen Familienvaters« zerstört hätten und die ihm die Präsidentschaft noch hätten entreißen können. Dieser Aussage zufolge handelte es sich bei den Erpressern um Johnson selbst – und um Edgar.

Die neuen Informationen stammen von Evelyn Lincoln. Sie war zwölf Jahre lang John Kennedys persönliche Sekretärin, vor und während seiner Präsidentschaft, und selbst ein Teil der Kennedy-Legende. Sie verkörperte und verkündete die Kennedy-Legende, nahm die intimen Telefongespräche für ihren Chef entgegen, kannte seine geheimste Korrespondenz, und beobachtete ihn, wenn er verzweifelt um kritische Entscheidungen rang. Auch in Los Angeles war sie an seiner Seite.

Aus Gründen der Loyalität gegenüber dem ermordeten Präsidenten, ist Mrs. Lincoln nicht bereit, mehr über sein Intimleben zu verraten, als notwendig ist, um die Episode in Los Angeles zu belegen. Dennoch bestätigt sie heute, daß ihr Boß ein »Frauentyp« gewesen sei. »Kennedy ist niemals den Frauen hinterhergelaufen«, lachte sie. »Die Frauen liefen Kennedy nach. Ich habe niemals etwas Ähnliches erlebt ...«[3]

Mrs. Lincoln erklärte, daß Kennedy während der Wahlkampagne des Jahres 1960 realisierte, wie verwundbar ihn seine Affären machten. Nach ihrer Aussage war die Erpressung mit den sexuellen Abenteuern von Politikern lange wesentlicher Bestandteil der Vorgehensweise von Lyndon Johnson – angeregt von Edgar. »J. Edgar Hoover«, meinte Evelyn Lincoln, »gab Johnson die diesbezüglichen Informationen über verschiedene Kongreßmitglieder und Senatoren, so daß Johnson zu dem jeweiligen Senator gehen und ihn fragen konnte: ›Was ist mit dieser kleinen Angelegenheit, die Sie mit dieser Frau haben?‹ und so weiter. Auf diese Weise hielt er sie bei der Stange. Er benutzte seine »Schuldscheine« und hoffte auf diese Weise, Präsident der Vereinigten Staaten zu werden. Er konnte zu diesen Banalitäten greifen, denn er hatte Hoover auf seiner Seite. Und er glaubte, daß ihn die Mitglieder des Kongresses beim Konvent der Partei über die Hürden hinweghelfen würden. Aber dann besiegte ihn Kennedy während des Konvents. Doch danach waren Hoover, Johnson und ihre Gruppe in der Lage, Kennedy Johnson aufzudrängen.

»LBJ«, sagte Lincoln, »hatte alle Informationen verwandt, die Hoover über Kennedy in Erfahrung bringen konnte – während der Wahlkampagne, selbst noch unmittelbar vor dem Konvent. Und Hoover konnte während des Parteikonvents Druck auf Kennedy ausüben.«

Welches Material Edgar zu diesem Zeitpunkt auch immer über Kennedy zusammengetragen hatte, es war anscheinend ausreichend. Die Berichte seiner Agenten hatten ihn über einige der jüngsten Affären in Kenntnis gesetzt und zudem gab es den schlimmen Hinweis auf die Verbindung zur Mafia. Außerdem war da noch das Dossier, das Kennedy selber lange Zeit Sorgen bereitet hatte: die umfangreiche Akte nebst den Abhörprotokollen über die Affäre des Kandidaten mit Inga Arvad während des Krieges.

Im Jahr 1960 war der Krieg erst seit 15 Jahren vorbei. Hätten die Wähler erfahren, daß Kennedy eine ernsthafte Affäre mit einer Frau gehabt hatte, von der er wußte, daß sie in enger Verbindung zu Hitler und Göring stand, hätten sich viele von ihnen – nicht zuletzt die so wichtigen jüdischen Wähler – gegen ihn wenden können. Manche vermuten, daß die angeblichen Sympathien seines Vaters für die Nationalsozialisten sich auf jeden Fall nachteilig für ihn auswirkten.

Während des Tages der Entscheidung über den möglichen Vizepräsidenten waren die Brüder allein in ihrem Schlafraum, ohne ihre Mitarbeiter. John marschierte auf und ab und Robert ließ sich auf ein Bett fallen, während Evelyn Lincoln immer wieder mit neuen Nachrichten den Raum betrat. Sie hörte genug, wie sie sagt, um mitzubekommen, daß Edgars belastendes Material über Kennedy Mittelpunkt ihres Dilemmas war. »Es ging um die Informationen, die J. Edgar Hoover an Johnson weitergegeben hatte – über Frauengeschichten, einige Punkte in Joe Kennedys Leben und alles andere, das er hatte ausgraben können. Johnson benutzte dies wie einen Schlag beim Baseball. Kennedy war wütend, weil sie ihn in eine Ecke getrieben hatten. Er war völlig eingekeilt. Er und Bobby überlegten alle nur denkbaren Möglichkeiten, die ihnen in den Sinn kamen, alles, um Johnson aus dem Weg zu räumen. Aber in dieser Konstellation war es unmöglich.«

Nachdem er sich schließlich für Johnson entschieden hatte, versuchte es John Kennedy herunterzuspielen. »Ich bin 43 Jahre alt«, sagte er seinem Mitarbeiter Kenneth O'Donnell. »Ich werde nicht im Amt sterben. Daher ist die Vizepräsidentschaft ohne Bedeutung ...«

Lyndon Johnson sah dies ganz anders. »Ich habe es nachgeprüft«, erzählte er später Clare Boothe Luce. »Jeder vierte Präsident ist während seiner Amtszeit gestorben. Ich bin ein Spieler, meine Liebe, und dies ist die einzige Chance, die sich mir geboten hat.«

Sollte Evelyn Lincolns Bericht zutreffend sein, wäre er Beleg dafür, daß Edgars Einfluß im politischen Entscheidungsprozeß Amerikas noch hinterlistiger war als bisher befürchtet. Tatsächlich hat es den Anschein, daß er das demokratische System genauso hemmungslos untergraben hat wie der Chef einer Geheimpolizei eines totalitären Staates.

Schon bald bekam Edgar die Gelegenheit, seine Macht zu prüfen. Am Tag nach dem Konvent der Demokraten prophezeite ein Pressebericht, daß Kennedy – sollte er gewählt werden – Edgar entlassen werde. »Clyde Tolson rief mich an«, erinnerte sich Cartha DeLoach, »und sagte mir: ›Wir sollten auf seine Absichten im Hinblick auf den Posten des FBI-Direktors achten. Warum nutzen wir nicht einen Ihrer Freunde unter der Presse, um auf einer Pressekonferenz diese Frage aufzuwerfen?‹ Ich rief einen Vizepräsidenten von UPI, einen guten Freund, an und bat ihn, Kennedy zu fragen, ob er Hoover weiterhin in seiner Stellung belassen würde. Er stellte diese Frage und John Kennedy antwortete sofort ohne zu zögern: ›Dies gehört zu den ersten Personalentscheidungen, die ich treffen werde.‹«

Doch in weniger als drei Wochen nach seiner Nomininierung als Präsidentschaftskandidat hatte sich Kennedy selber festgelegt, Edgar als FBI-Direktor zu bestätigen. Drei Monate danach, in der Nacht nach der Präsidentschaftswahl, nach einem Dinner mit Freunden in Hyannis Port kam man wieder auf Edgar zu sprechen.

»Es war ein vergnügter, alberner, amüsanter Abend«, beschrieb es Ben Bradlee, der spätere Washingtoner Bürochef von *Newsweek*.

»Jackie Kennedy und meine Frau, Tony, waren beide hochschwanger und ich erinnere mich, wie der Präsident sagte: ›Gut, Mädchen, die Wahl ist gelaufen, jetzt könnt ihr die Kissen herausnehmen!‹ Wir unterhielten uns darüber, wie wir ihn nun, nachdem die Wahl vorbei war, anreden sollten und er meinte: ›Na, Präs klingt ganz gut.‹ Dann sagte er im Scherz zu Bill Walton und mir: ›Ich werde jedem von euch eine Aufgabe, einen Posten geben. Was wollt ihr?‹ Und einer von uns entgegnete: ›Nun, einen Burschen, den du nicht in seinem Amt bestätigen kannst, ist Allen Dulles‹, der damals CIA-Chef war. Und ein anderer äußerte: ›Es ist mir völlig egal, was du tust, solange du nicht J. Edgar Hoover wiederernennst.‹ Und er lachte nur ...«

Bradlee war anwesend, als der neue Präsident am nächsten Morgen mit Edgar telefonierte. »Er sagte ihm, wie sehr er ihn brauche, und daß er von ihm erwarte, zu bleiben ... Trug ein wenig dick auf, dachte ich bei mir.«

Innerhalb weniger Stunden verkündeten die Zeitungen auf ihren ersten Seiten die Entscheidung Kennedys, Edgar als FBI-Direktor zu bestätigen. »Er hat es niemals mit jemanden von uns besprochen«, erklärte Kenneth O'Donnell. »Ich glaube, daß er sich dafür entschieden hatte: ›Wir werden das Boot nicht in diesem Augenblick zum Kentern bringen.‹ Er wollte nicht mit mir darüber diskutieren.«

Als Präsident tat Kennedy das Problem Edgar als geringfügig ab. Er bezeichnete Edgar als einen »Meister der Öffentlichkeitsarbeit«. »Die drei am meisten überschätzten Dinge in der Welt«, sagte er gerne, »sind der Bundesstaat Texas, das FBI« und das, was immer ihn gerade am meisten ärgerte. Insgeheim aber war er nervös und aufgebracht.

Kennedy teilte dem Kolumnisten Igor Cassini, einem Freund der Familie, mit, daß er »wisse«, daß Edgar homosexuell sei. »Ich sprach mit ihm darüber«, sagte der Schriftsteller Gore Vidal, »und er schaute mich bedeutungsvoll an. Er verabscheute Hoover. Damals wußte ich noch nicht, daß Hoover ihn erpreßte. Und ich erkannte auch nicht, wie ohnmächtig die Kennedys waren, etwas gegen ihn zu unternehmen.«
In Wirklichkeit herrschte Angst. »Alle Kennedys fürchteten sich vor Hoover«, meinte Ben Bradlee. »John F. Kennedy traute sich nicht, ihn nicht in seinem Amt zu bestätigen«, sagte der Kolumnist Jack Anderson. »Ich weiß dies, denn ich habe mit dem Präsidenten darüber gesprochen. Er gab zu, daß er Hoover bestätigt habe, weil es politisch selbstmörderisch gewesen wäre, es nicht zu tun.«[4]
An dem Tag, als Kennedy zum Präsidenten gewählt wurde, schrieb ihm Edgar einen überschwenglichen Brief. »Mein lieber Senator, erlauben Sie mir, mich den zahllosen wohlwollenden Freunden anzuschließen, die Ihnen zur Wahl zum Präsidenten der Vereinigten Staaten gratulieren ... Amerika kann sich glücklich schätzen, einen Mann von Ihrem Kaliber in diesen gefährlichen Zeiten am Ruder zu wissen ... Sie wissen natürlich, daß das FBI bereit ist, Ihnen in jeder möglichen Form beizustehen ...«
Wenige Stunden, nachdem er diesen Brief geschrieben hatte, forderte Edgar Philip Hochstein, den Redaktionschef der *Newhouse*-Zeitungsgruppe auf, nach Washington zu kommen. »Als ich sein Büro betrat«, erinnerte sich Hochstein, »drückte ich ihm meinen Glückwunsch zur Bekanntgabe seiner Wiederernennung durch den gewählten Präsidenten aus. Er reagierte mürrisch und entgegnete: ›Kennedy ist nicht der gewählte Präsident.‹ Er behauptete, daß die Wahl in einer Reihe von Staaten mit unzulässigen Mitteln entschieden worden sei, darunter waren New Jersey, wo sich mein Büro befand, und Missouri, wo *Newhouse* vor kurzem eine Zeitung erworben hatte ...

Es war fast eine Strafpredigt und ich glaube, daß Hoover von mir erwartete, daß ich mich dem Kreuzzug anschlösse, um die Wahl zu annullieren. Aber ich tat es nicht und ich sprach auch mit niemandem darüber. Doch später fand ich genau das, was Hoover mir berichtet hatte, in einem Buch, dessen Autor mit Hoover gut bekannt war. Hoover wollte es veröffentlichen, wie auch immer ... Ich erinnere mich auch, daß er während unserer Unterredung einen Mitarbeiter hereinrief – ich glaube, daß es DeLoach war. Er forderte mich auf, mich danach mit DeLoach zu unterhalten, da DeLoach mir einige interessante Dinge mitteilen könne. Und in dem Gespräch mit DeLoach ging es dann um Jack Kennedys Frauengeschichten ...«

»Ich glaube, daß er gefährlich ist«, sagte Robert Kennedy später nach dem Tode seines Bruders. »Aber es handelte sich um eine Gefahr, die

wir kontrollieren konnten, der wir überlegen waren, mit der wir leben konnten. Es gab nichts, was er dagegen tun konnte.«
Robert wußte, daß dies keineswegs der Wahrheit entsprach, und daß Edgar ein ständiger Unruheherd für die Präsidentschaft Kennedys gewesen war. Und zu der Zeit, als John Kennedy nach Dallas flog, war der Umgang mit dem FBI-Direktor zu einem regelrechten Alptraum geworden.

25. KAPITEL

*Ein Mann kann nicht sorgfältig genug bei der
Auswahl seiner Feinde sein.*
Oscar Wilde

Kurz nach der Amtseinführung des neuen Präsidenten erhielten die Angestellten im Justizministerium seltsame Anweisungen. Sie sollten eine Statue aus dem Lager holen, abstauben und sie gut sichtbar in der Halle des Ministeriums aufstellen. Doch dann folgten Anordnungen, sie wieder zu entfernen – und kurz darauf die erneute Anweisung, die Statue aufzustellen. Und so ging es mehrmals hin und her.
Die Statue stellte Stanley Finch dar, den völlig in Vergessenheit geratenen allerersten Chef des FBI, einer der drei, die vor Edgar Amtsinhaber gewesen waren. Die meisten Menschen hatten bis jetzt geglaubt, daß Edgar der Direktor sei, der einzige, den es jemals gegeben hätte. Die Wiederaufstellung der Büste von Finch war ein Hinweis darauf, daß das FBI bereits vor Edgar existiert hatte und deutete zugleich darauf hin, daß es auch nach Edgar weiterbestehen würde. Es wurde gemunkelt, daß die Anweisung, die Statue zu entfernen, von Edgar stammte. Die Anweisung, sie wiederaufzustellen, kam vom Justizminister Robert Kennedy.
Der Bruder des Präsidenten hatte sich zunächst dagegen gesträubt, das Amt des Justizministers auszuüben – zurecht erwartete er Proteste wegen Vetternwirtschaft, mangelnder Erfahrung und wegen seiner Jugend. Er war gerade 35 Jahre alt und verfügte über keinerlei praktische Erfahrungen im Rechtswesen. Seine einzig definitive Qualifikation in Zeiten, die sich als stürmisch erweisen sollten, war seine Loyalität gegenüber John Kennedy.
»Ich brauche dich«, hatte der neue Präsident einen Monat nach der Wahl beim Frühstück zu Robert gesagt. Im Grunde konnte man es auf diesen einfachen Nenner bringen.
Bevor sich Robert dem Willen seines Bruders fügte, hatte er neben anderen auch Edgar konsultiert. Und dieser hatte ihm auf eine undurchsichtige Art geraten, die Aufgabe anzunehmen. Als er sich dazu entschlossen hatte, schrieb ihm Edgar einen unterwürfigen Brief, um ihm mitzuteilen, daß er »sehr glücklich« sei, und er lobte ihn vor der Presse. Doch jeder wußte, daß dies reine Heuchelei war. »Ich wollte es ihm nicht sagen«, murmelte Edgar in einem Gespräch mit William Sulli-

van, »aber was sollte ich sonst tun?« Cartha DeLoach erzählte, daß »er es als den verdammt schlechtesten Rat betrachtete, den er jemals in seinem Leben erteilt hatte«.

John Kennedys wichtigster Berater, Kenneth O'Donnell, erinnerte sich an ein Gespräch mit Robert, nachdem er Edgar aufgesucht hatte. »Ich sagte: ›Bobby, erzähl mir genau, was er gesagt hat‹, und er informierte mich, daß ihm Hoover geraten habe, zu akzeptieren. Aber wenn man sich die Worte genau vor Augen hielt, hoffte er (Edgar), daß er nicht annehmen würde ... Ich wußte, daß ihn Hoover nicht wollte. Er will nicht, daß der Justizminister wichtiger als er selbst ist ... Er konnte nicht wollen, daß Bobby zum Justizminister ernannt würde, er konnte das einfach nicht wollen.«

Das offizielle Porträt von Robert Kennedy, das heute in der Kriminalabteilung des Justizministerium hängt, zeigt einen jungen, schlanken Mann mit zerzaustem Haar, Lederjacke und T-Shirt. Die Bilder von 63 seiner Vorgänger zeigen im Gegensatz dazu konventionell gekleidete Zeitgenossen mit dem gewohnten ernsten Gesicht. Da sich Edgar den gleichen Konventionen unterworfen hatte, trug er den gleichen unauffälligen Anzug. Weitaus bedeutsamer war, daß die vorherigen Justizminister nur der Form nach seine Vorgesetzten gewesen waren. Seit beinahe 30 Jahren, seit den Tagen Roosevelts, hatte er sich nur gegenüber dem Präsidenten rechtfertigen müssen. Mit der Ernennung von Robert Kennedy änderte sich alles völlig.

Kennedy übernahm das Justizministerium mit der Entschlossenheit, Veränderungen vorzunehmen. Da ihm das Büro, das üblicherweise vom Justizminister benutzt wurde, nicht gefiel, übernahm er einen großen holzgetäfelten Raum, der normalerweise für Konferenzen verwendet wurde. Auch die Einrichtung gefiel ihm nicht, so ersetzte er sie mit breiten Sofas, einem Wasservogel über dem Kaminsims und einem ausgestopften Tiger neben dem offenen Feuer. An der Wand brachte er mit durchsichtigen Klebestreifen Zeichnungen seiner sieben Kinder an und zuweilen waren die Kinder sogar in seinem Büro. Oft lag sein Hund Brumus, ein griesgrämiger Labrador, knurrend auf dem Läufer.

Wenn Robert Kennedy eine Krawatte trug, dann war es eine Ivy League und oft hing sie schief. Sein blaues Hemd klaffte offen am Hals und die Beine des Justizministers lagen den halben Tag auf statt unter dem riesigen Schreibtisch.

Ein Justizminister in Hemdsärmeln, meinte Edgar zu einem Bekannten, wirke »lächerlich«. Er und Clyde waren verwirrt, als der junge Mann während eines Besuches in seinem Büro einfach dasaß und Pfeile auf eine Scheibe an der Wand warf. Ihr Erstaunen verwandelte sich in Empörung als einige der Pfeile, die ihr Ziel verfehlt hatten, die Täfelung trafen, die »Eigentum der Regierung« war.

Schon bald berichteten Mitarbeiter von Bierdosen auf dem Gelände vor dem Gebäude, die angeblich aus dem Fenster des Justizministers geworfen worden waren. Edgar erzählte Freunden, daß Kennedy eines Tages im Winter Wasser auf den Hof des Ministeriums pumpen ließ, damit seine Kinder dort Eislaufen konnten.
Jahre später nach der Ermordung von Robert sprach Edgar spöttisch von ihm als dem »Messias der Babygeneration«. Beinahe 40 Jahre hatte Edgar damit verbracht, seinen Männern Konformität einzuimpfen, und er selbst wurde nur selten ohne Krawatte gesehen, selbst im Urlaub. Der Stil der Kennedys beleidigte ihn zutiefst.
Manchmal wurden die Kränkungen sogar persönlich. Agenten erinnern sich, daß sich Edgar wenig erfreut zeigte, als ihn Kennedy zu einem Lunch in einen gewöhnlichen Drugstore mitnahm. Selbst der Labrador leistete seinen Beitrag zu Edgars Mißbehagen – auf dem Flur vor seinem Büro. Kennedy neigte dazu, ohne vorherige Benachrichtigung im Büro des FBI-Direktors zu erscheinen, etwas, was sich bisher niemals ein Mitglied der Regierung herausgenommen hatte. Eines Nachmittags drängte er sich an der entsetzten Miss Gandy vorbei und fand den Direktor bei einem Schläfchen.
Kennedy bestand auf dem ständigen Informationsaustausch mit Edgar und ließ als erstes einen Summer installieren, mit dem er den Direktor nach Belieben zu sich rufen konnte. Edgar ließ ihn entfernen, nur um wenig später auf Telefontechniker zu stoßen, die eine direkte Telefonverbindung einrichteten. Das erste Mal, als Kennedy sie benutzte, erinnerte sich der ehemalige stellvertretende Direktor Mark Felt, »antwortete Hoovers Sekretärin: ›Ich muß das Gespräch erst rüberlegen‹, Kennedy entgegnete ungeduldig: ›Es gibt nur eine Person, mit der ich sprechen will. Schalten Sie das Gespräch sofort zum Schreibtisch des Direktors hinüber.‹«
Edgar hatte so seine Mühe mit diesen Telefongesprächen. Manchmal nahm er das Telefon ab und hörte nur eines von Kennedys Kindern am anderen Ende kichern. Der ehemalige Justizminister William Hundley erinnerte sich, wie Kennedy sagte: »Soll ich Hoover herzitieren? Und dann drückte er auf den verdammten Knopf und der ›Alte Mann‹ traf wenig später mit gerötetem Gesicht ein. Die Auseinandersetzung fand direkt vor meinen Augen statt. Kein anderer Justizminister war jemals so mit Hoover umgesprungen. Ich konnte es kaum glauben.«
Mit einem Schlag hatte Kennedy die Organisationsform zerschlagen, die Edgar über Jahrzehnte aufgebaut hatte. Er machte die Autorität des Justizministers geltend, die Edgar untergraben hatte und er zerschnitt Edgars wertvollste Verbindung, seinen direkten Draht zum Präsidenten. John Kennedys Sekretärin, Evelyn Lincoln, kann sich nicht an ein einziges Telefongespräch zwischen dem Präsidenten und Edgar während Johns ganzer Amtszeit erinnern.

Kenneth O'Donnell bestätigte, daß dies vom Weißen Haus so beabsichtigt war. Wenn Edgar versuchte, mit dem Präsidenten zu sprechen, wurde er entweder von Evelyn Lincoln oder von O'Donnell selbst abgeblockt. »Der entscheidende Punkt ist: Bobby ist der Boß und zum erstenmal in Hoovers Leben kann er sich nicht über den Boß hinwegsetzen.«

Im Alter von 66 Jahren überhaupt einen Boß zu haben, war schon kaum für Edgar zu ertragen, aber einen Boß wie Robert Kennedy war unvorstellbar. Es war nicht nur dieser Kennedy-Stil, der das Gegenteil von allem verkörperte, wofür Edgar einstand. Kennedy hatte eine zielbewußte Art, eine entschiedene Beharrlichkeit, sich auf die ihm eigene Weise durchzusetzen, die – wenn sie nicht Sympathie und Loyalität hervorrief – bittere Feindschaft auslöste. Zweifellos führte sie zu Edgars Feindschaft.

Im Kreise »seiner« Leute nahm Edgar kein Blatt vor den Mund. Er erzählte Roy Cohn, der jüngere Kennedy sei ein »arroganter Gernegroß«. Einige Monate nach der Amtseinführung des neuen Präsidenten bezeichnete er ihn in einem Gespräch mit Richard Nixon als »hinterlistigen kleinen Hurensohn«. Während des Urlaubs äußerte er sich freimütig in Gesprächen mit der Weiss-Familie in Florida und seinen Freunden im ›Del Charro‹. Billy Byars, jun., der Sohn des Ölmagnaten, berichtet, wie er »über Robert Kennedy schimpfte und furchtbare Dinge über ihn sagte. Er verachtete ihn und verbarg dies nicht.«

Doch wenn es ihm nutzte, griff er auch zu Lügen. »Der Justizminister und ich«, schrieb Edgar an Kardinal Cushing, einen Freund der Kennedy-Familie, »haben sehr vertrauensvoll zusammengearbeitet ... Es gibt keine einzige Meinungsverschiedenheit zwischen uns.«

Auf Kennedys Mitarbeiter machte Edgar oft einen sehr seltsamen Eindruck. Der schlanke junge Anwalt Joe Dolan wurde 45 Minuten über Gewichtsprobleme belehrt – und dann barsch entlassen. John Seigenthaler, Kennedys Verwaltungsassistent, mußte sich zunächst eine Tirade anhören, auf welche Weise wichtige Zeitungen angeblich von Kommunisten unterwandert worden wären, und wurde dann über Adlai Stevensons angebliche Homosexualität in Kenntnis gesetzt. Edgar mutete zuerst Robert und dann dem Präsidenten selbst einen ausführlichen Worterguß über die vermeintliche Homosexualität Joseph Alsops, eines angesehenen Journalisten, zu.

Dies alles wirkte auf die Kennedys sehr befremdlich. Wahrscheinlich zum erstenmal wagten führende Regierungsvertreter die Meinung zu äußern, daß Edgar nicht völlig zurechnungsfähig sei. »Er war nicht bei Sinnen, nicht wahr?« murmelte Robert zu Seigenthaler, als er von Edgars Vortrag über Kommunisten und Päderasten zurückkam. Die Mitarbeiter von Kennedy begannen von Edgars »guten« und »schlechten« Tagen zu sprechen.

»Er handelt in einer derart fremden, seltsamen Weise«, äußerte Robert Kennedy im Jahr 1964 in einem Interview, das für spätere Historiker sehr aufschlußreich war. »Er ist schon beinahe ein Psychopath. Ich glaube, daß es eine sehr gefährliche Organisation ist. Ich glaube, er wird allmählich senil und ... beginnt einem Angst zu machen.«

Schon bald begann Edgar, die größte Charakterschwäche des Präsidenten, seine Frauengeschichten für seine Zwecke zu nutzen, wobei er manchmal Robert einsetzte und manchmal Memoranden an das Weiße Haus schickte. Zehn Tage nach der Amtseinführung hatte ein italienisches Magazin Äußerungen von Alicia Purdom, der Frau des britischen Autors Edmund Purdom, veröffentlicht. Sie behauptete, daß sie im Jahr 1951 mit Kennedy, als sie beide noch unverheiratet gewesen waren, eine Affäre gehabt hätte. Wäre Joseph Kennedy nicht eingeschritten, um sie zu beenden, dann hätten sie geheiratet.
Diese Geschichte wurde von der amerikanischen Presse nicht aufgegriffen. Aber Edgar, der durch seinen Repräsentanten in Rom darüber unterrichtet wurde, informierte sofort den Bruder des Präsidenten. Die noch verfügbaren Unterlagen und eine weitgehend zensierte Akte legen die Vermutung nahe, daß diese Angelegenheit vor den Wahlen für Unruhe gesorgt und daß die Familie eine beträchtliche Summe gezahlt hatte, um diese Angelegenheit zu vertuschen. Bald darauf trafen bei Edgar wilde Gerüchte ein, daß diese Affäre mit Alicia Purdom zu einer Schwangerschaft geführt habe. Als er immer mehr Informationen erhielt, sorgte er allmählich dafür, daß die Kennedys erfuhren, wie gut er Bescheid wußte.
Mittlerweile war Pamela Turnure, die den Präsidenten bereits seit seiner Zeit als Senator kannte, ironischerweise Pressesekretärin von John Kennedys Frau geworden. Ihre ehemalige Vermieterin Florence Kater, die noch immer von der damaligen Affäre besessen war, versuchte erneut, für Wirbel zu sorgen. Das Büro von Robert Kennedy erkundigte sich beim FBI, ob es etwas über diese Angelegenheit wisse und erhielt die unzutreffende Antwort, daß keinerlei Erkenntnisse vorlägen. Edgar spielte mit den Brüdern und sie mußten damit leben – eingedenk der Tatsache, wie Edgar seine Informationen über die sexuellen Abenteuer Kennedys benutzt hatte, um Lyndon Johnson den Posten des Vizepräsidenten zuzuschanzen.
Von Beginn an mußten sie sich auch mit den Versuchen Edgars auseinandersetzen, jene Nominierungen des Weißen Hauses zu torpedieren, die nicht seine Zustimmung fanden. Pierre Salinger, der zum Pressesekretär ernannt worden war, war nicht wenig erstaunt, als er einen Anruf der *Time* bekam, die eine Recherche über die Behauptung durchführten, er habe in seiner Kindheit eine kommunistische Ausbildung erhalten. Salinger klärte den Sachverhalt auf – seine »kommuni-

stische Ausbildung« bestand aus einem Urlaubsaufenthalt, den er in einem von der Gewerkschaft der Hafenarbeiter betriebenen Sommercamp verbracht hatte. Die *Time* informierte ihn, daß der Hinweis aus Edgars Büro gekommen sei. Kurz danach wies Edgar Robert Kennedy warnend daraufhin, daß Salinger einmal im Gefängnis gewesen sei. Dies war zutreffend. Als junger Reporter des *San Francisco Chronicle* hatte er sich als Gefangener ausgegeben, um eine Artikelserie über die Haftbedingungen zu verfassen. Salingers Ernennung wurde bestätigt.

Als John Kennedy FBI-Berichte über potentielle Kandidaten las, war er verblüfft über die Art, in der sie geschrieben waren – die reinsten Schlüssellochgeschichten –,über die Besessenheit, mit der versteckte Andeutungen über das sexuelle Verhalten der betreffenden Personen gemacht wurden. Einer dieser Berichte erzählt, wie ein amerikanischer Botschafter, der in flagranti mit einer verheirateten Frau erwischt wurde, ohne Hosen durch das Fenster des Schlafzimmers entwischt war. Als ihn das FBI fragte, was er davon halte, teilte Kennedy schließlich mit, er »wünschte, daß seine Diplomaten schneller laufen könnten«. Als er über die sexuelle Freizügigkeit einer Sekretärin im Weißen Haus unterrichtet wurde, lachte er nur leise. »Großartig«, sagte er, »ich wußte das gar nicht von ihr.«

Doch der Spaß hörte auf, als John Kennedy allmählich das Ausmaß von Edgars Schnüffelei klarwurde. »Er war schockiert, wie man sich an den Skandalen weidete«, erfuhr Hugh Sidey, der damals wie heute Korrespondent der *Time* in Washington ist. »Er schnappte nach Luft und informierte seine Mitarbeiter, daß er niemals wieder ein derartiges Dossier lesen werde.« »Ich will nichts von diesem Kram sehen«, sagte der Präsident zu Kenneth O'Donnell. »Ich will nichts davon hören. Ich würde gern den Bericht sehen, den sie über mich angelegt haben ...«

Diese Akten über Kennedy sah der Agent Gordon Liddy im FBI-Hauptquartier. Im Rahmen eines Auftrages, zu der auch Nachforschungen über Politiker gehörte, bearbeitete er seit Mitte 1961 Karteikarten, auf denen zahlreiche Hinweise auf die Vergangenheit des Präsidenten und über aktuelle Vorgänge vermerkt waren. »Es gab viele davon«, erinnerte er sich. »Während ich da war, wurden sie immer umfangreicher.«

Edgars Wissen von den Frauengeschichten des Präsidenten, deren Enthüllung ihn sicherlich hätte das Amt kosten können, hing wie ein Damoklesschwert über ihm. Angesichts der knappen Mehrheit an Wählerstimmen und der keineswegs sicheren Aussicht auf die Wiederwahl im Jahr 1964, konnten es sich die Kennedys nicht leisten, die Masse der Wähler vor den Kopf zu stoßen, für die Edgar die Ordnung, das öffentliche Gemeinwohl und die amerikanischen Ideale verkörperte. Man kann es auf den einfachen Nenner bringen: Sie mußten in jedem Fall mit ihm rechnen.

Als Robert Kennedy US-Marshalls nach Alabama zum Schutz der Freedom Riders, Aktivisten der Bürgerrechtsbewegung, die das Recht auf die Benutzung öffentlicher Transportmittel verlangten, schickte, stieß er auf neue Probleme mit dem FBI. Als es in dem Bundesstaat zu Übergriffen von blindwütigen Eiferern gegenüber Farbigen kam, registrierten Edgars Agenten zwar die Vorfälle, aber unternahmen nichts dagegen, wie Kennedy mitgeteilt wurde. Das FBI-Hauptquartier unterließ es auch, das Justizministerium zu informieren, als es eindeutige Warnungen über Zusammenstöße zwischen dem Ku-Klux-Klan und der lokalen Polizei erhielt. Edgar tat nur ungern etwas, was die wichtige Wählerschaft der Konservativen aus den südlichen Bundesstaaten, die ihn auch im Kongreß unterstützten, abspenstig machen könnte. Und dieses Verhalten brachte ihn auf die Seite der Rassisten.

Die Auseinandersetzung mit Edgar in der Frage des Rassismus wurde durch Robert Kennedys Drängen, Agenten mit schwarzer Hautfarbe einzustellen, ausgelöst. Zunächst reagierte er überhaupt nicht. Später nachdem Kennedy darauf beharrte, wurden einige Schwarze eingestellt.[1] Doch für Robert Kennedy nahmen die Bürgerrechte nur den zweiten Platz hinter einer Aufgabe ein, die Edgar noch mehr wurmte – der Bekämpfung des organisierten Verbrechens.

Am 4. Februar 1961, nicht einmal zwei Wochen nach dem Beginn der Präsidentschaft Kennedys, informierte Drew Pearson in seiner regelmäßigen Radiosendung über die erste wichtige Schlacht in der Konfrontation des jüngeren Kennedy mit Edgar. »Der neue Justizminister«, teilte er seinen Zuhörern mit, »will alles tun, um die Unterwelt zu bekämpfen. Für diese Aufgabe empfiehlt Bobby Kennedy eine erstklassige Gruppe von Spezialisten, welche die dunklen Machenschaften aufklären sollen, doch Edgar Hoover erhebt Einwände. Hoover behauptet, daß eine derartige Behörde für den Kampf gegen die Gangster ein schlechtes Licht auf das FBI wirft, und er widersetzt sich seinem neuen Boß.«

Beiden Kennedy-Brüder hatten im Senatsausschuß zur Bekämpfung des organisierten Verbrechens gesessen: John als Senator und Robert als Chefberater. Doch John räumte ein, daß er es nur getan hatte, weil ihn sein Bruder darum gebeten hatte. Seine Prioritäten waren die eines Politikers, Robert hatte eher etwas von einem Fanatiker.

Es war Robert gewesen, der im Lauf seiner ersten Untersuchung im Senat enthüllt hatte, in welchem Ausmaß die Gewerkschaften mit dem organisierten Verbrechen verflochten waren. Er hatte den Chef der Teamsters, Dave Beck, gestürzt und ihn ins Gefängnis gebracht. Dann im Rahmen der zweiten Untersuchung hatte er versucht, Becks korrupten Nachfolger, Jimmy Hoffa, zur Strecke zu bringen, eine heftige persönliche Fehde, die zu erbitterten Auseinandersetzungen mit Hoffa

und Mafiosi wie Giancana geführt hatte, die sogar landesweit im Fernsehen übertragen wurden.
Joseph Kennedy, mit seinen langjährigen Verbindungen zum organisierten Verbrechen, hielt dies für Wahnsinn. Vor der heißen Phase der Wahlen von 1960, versuchte er, die Dinge zu beruhigen, aber Robert war nicht zu überzeugen. Als Justizminister war sein Kampf gegen das organisierte Verbrechen mehr als nur ein Anliegen, beinahe schon eine fixe Idee.
Voller Elan hatte Robert das Justizministerium übernommen und er war entschlossen, zum erstenmal mit wirksamen Mitteln gegen die Gangster vorzugehen. Edgar begrüßte ihn, noch bevor er offiziell sein Büro bezogen hatte, mit einer Mahnung, den Kommunismus in den USA zu bekämpfen. »Die Kommunistische Partei der Vereinigten Staaten«, war in seinem Memorandum zu lesen, »stellt eine größere Gefahr für die innere Sicherheit unserer Nation dar als jemals zuvor.« Kennedy war völlig anderer Auffassung. »Es ist völliger Unsinn«, erklärte er in jenem Jahr, »Zeit darauf zu verschwenden, die kommunistische Partei strafrechtlich zu verfolgen. Sie könnte kaum unbedeutender sein und ist alles andere als eine Bedrohung und, nebenbei bemerkt, besteht ihre Mitgliedschaft zum größten Teil aus FBI-Agenten.«
Robert wußte bereits, daß Edgar das organisierte Verbrechen nur zögerlich bekämpfte. In seiner Zeit im Senat hatte er darum ersucht, Einblick in die Akten der in Apalachin verhafteten Gangster zu bekommen. »Das FBI«, erinnerte er sich, »tat nichts, wirklich nichts gegen diese Personen, welche die größten Gangster in den Vereinigten Staaten waren. Das war ein ziemlicher Schock für mich ... Ich schickte die gleiche Anfrage an das Bureau of Narcotics und sie hatten über jeden von ihnen belastendes Material.«
Während Robert im Auftrag des Senats eine Untersuchung gegen das organisierte Verbrechen durchführte, hatten die Agenten in den weitentfernten Außenstellen des FBI spezielle Anweisungen erhalten, ihn in keiner Weise zu unterstützen. Diese Befehle kamen unmittelbar von Edgar.
Vor seiner Amtsübernahme hatte Robert die Bildung einer National Crime Commission vorgeschlagen, um die Arbeit der verschiedenen Dienststellen zu koordinieren. In aller Öffentlichkeit hatte Edgar diese Idee entschieden abgelehnt, indem er behauptete, eine derartige Bundesbehörde wäre »gefährlich für unsere demokratischen Ideale«. Jene Personen, die sich dafür einsetzten, tat er als Schädlinge ab, weil sie einen Kampf gegen das landesweit operierende Verbrechersyndikat verlangten, eine Bedrohung, von der Edgar behauptete, daß sie überhaupt nicht existiere.
Die Konfrontation war unvermeidbar. Einige Tage nach der Amtsein-

führung suchte Luther Huston, ein Mitarbeiter des scheidenden Justizministers, Edgar auf. »Ich mußte warten«, berichtete er später, »denn der neue Justizminister war bei ihm. Er hatte nicht vorher angerufen oder einen Termin vereinbart. Er war einfach hereingeplatzt. So geht man nicht mit Mr. Hoover um. Dann wurde ich hereingebeten und ich sage Ihnen – der wütendste Mensch, mit dem ich jemals gesprochen habe, war J. Edgar Hoover. Er kochte vor Wut. Wenn ich seine Worte hätte veröffentlichen lassen, dann hätte ich einen richtigen Knüller landen können. Anscheinend wollte Kennedy eine Art zusätzlicher oder überlappender Organisation aufbauen, um einige der Ermittlungstätigkeiten zu übernehmen, die bisher Aufgabe des FBI gewesen waren. Ich vermute, daß Mr. Hoover daraufhin zu Bobby gesagt hat: ›Wenn Sie das tun, trete ich morgen zurück. Meine Pension wartet auf mich.‹«

Die Nachrichten über ihr Zerwürfnis sickerten rasch an die Presse durch. In Florida bemühte sich Joseph Kennedy nach einer Golfrunde mit Tony Curtis die Situation wieder zu bereinigen. »Ich weiß nicht, wo diese lächerlichen Gerüchte entstanden sind«, erzählte er einem Reporter. »Nichts könnte weniger wahr sein. Sowohl Jack als auch Bob bewundern Hoover. Sie wissen, daß sie sich glücklich schätzen können, daß er der Chef des FBI ist. Hoover ist ein wunderbarer Mann mit großen Verdiensten – und ich glaube nicht, daß Jack und Bob nicht der gleichen Meinung sind.«

Doch insgeheim bat der Vater seine beiden Söhne, Edgar seinen Willen zu lassen. Ein Treffen im Weißen Haus im Februar 1961, eine der insgesamt sechs Gelegenheiten während seiner gesamten Amtszeit, bei denen John Kennedy bereit war, Edgar zu empfangen, sollte wahrscheinlich zu einem Waffenstillstand führen. Aber Robert war in seiner Entschlossenheit, das organisierte Verbrechen zu bekämpfen, nicht aufzuhalten. Er umging Edgars Ablehnung einer Crime Commission, indem er Personal und Budget der Justice's Organized Crime Section (Abteilung für das organisierte Verbrechen im Justizministerium) vervierfachte und setzte den Ausbau durch, ob er dabei die Zustimmung Edgars fand oder nicht.

In den wichtigsten Schlüsselgebieten, New York und Chicago, fand das FBI wieder zu dem Elan zurück, den Edgar hatte schleifen lassen, sobald sich die Aufregung über den Vorfall in Apalachin allmählich gelegt hatte. Im New Yorker Büro, in dem weniger als zwölf Agenten tätig waren, als Robert sein Amt übernahm, arbeiteten schließlich 115 Personen an dieser Aufgabe. In Chicago wurde das Team von sechs auf etwa 80 Agenten erweitert.

Da sich Edgar stets mit dem Argument, es liege »keine Zuständigkeit« vor, für sein zögerliches Verhalten gerechtfertigt hatte, peitschte Robert neue Gesetzesvorlagen durch. Im Jahr 1960 waren nur 19 Mit-

glieder des organisierten Verbrechens vor Gericht angeklagt worden. Im ersten Jahr der Präsidentschaft Kennedys wurden 121 Personen angeklagt und 96 überführt.
Die zur Bekämpfung des organisierten Verbrechens eingesetzten FBI-Agenten erhielten jetzt die ihnen zustehende Bedeutung. Sie mochten Robert Kennedy und respektierten die Art, wie er sie persönlich in den Außenstellen aufsuchte, um sich mit ihnen zu beraten. »Bobby hat den Kampf wieder aufgenommen«, erinnerte sich Bill Roemer in Chicago. »Er war ein großartiger und sehr fähiger Bursche.«
»Kennedy und seine Mitarbeiter gingen mit großen Eifer an die Sache«, meinte Neil Welch. »Sie waren samstags im Büro und verschickten überallhin Nachrichten. Kennedy war noch so jung und begeisterungsfähig. Wir fanden es herrlich. Er ging einfach rücksichtslos über den Apparat hinweg, der all die anderen Justizminister in Schach gehalten hatte. Es trieb Hoover regelrecht zur Weißglut. Er konnte nichts dagegen machen.«
»Es ist eine Schande«, sagte Edgar zu dem Agenten Kenneth Whittaker. »Kennedy ist unreif, ungestüm. In fünf Minuten zerschlägt er das Ansehen, welches das FBI in vielen Jahren aufgebaut hat.« »Als Kennedy hinter Hoffa her war«, erinnerte sich Whittaker, »und die Außenstellen besuchte und den Spezialagenten sagte, was zu tun sei, waren Gerüchte im Umlauf, er mag ja der Justizminister sein, aber wir werden nichts tun ohne die Freigabe durch das Hauptquartier.«
Trotz aller Behinderungen durch Edgar wurden Roberts »Zielscheiben« sehr schnell wütend. Carlos Marcello und Sam Giancana standen ganz oben auf seiner Liste und sie wurden gnadenlos vom FBI verfolgt, das sie so lange in Ruhe gelassen hatte.
Die unterschiedlichen Auffassungen in der Kennedy-Familie im Hinblick auf das organisierte Verbrechen zeigten sich in extremster und möglicherweise gefährlichster Form, als es um Giancana ging. Als der Mann, von dem es heißt, daß er geholfen hatte, John mit gekauften Stimmen die Wahl gewinnen zu lassen, hatte Giancana auf eine gute Behandlung durch das von Robert Kennedy geführte Justizministerium gehofft. Was folgte, war eine ständige Jagd auf ihn, und der Gangster fühlte sich »reingelegt«, wie es sein Halbbruder Chuck im Jahr 1992 bezeichnete. »Erst habe ich der Regierung geholfen«, hörte man Giancanas Gefolgsmann Roselli in einem abgehörten Gespräch sagen, »und dieser kleine Hurensohn bricht mir jetzt den Hals.«
Am Abend des 12. Juli 1961 spazierte Giancana in Begleitung seiner Geliebten Phyllis McGuire während eines Zwischenaufenthaltes auf dem Flug nach New York in einen Warteraum des Flughafens O'Hare in Chicago. Dort wartete auf ihn eine Phalanx von FBI-Agenten, zu denen auch Bill Roemer, einer der hartnäckigsten Jäger der Gangster, gehörte. Giancana verlor seine Beherrschung.

Er wisse, teilte er den Agenten mit, daß alles, was er sage, an J. Edgar Hoover weitergegeben werden würde. Dann fing er an zu toben: »Zum Teufel mit J. Edgar Hoover! Zum Teufel mit eurem Superboß, und eurem super Superboß! Ihr wißt, wenn ich meine; ich meine die Kennedys!« Giancana überschüttete die beiden Brüder mit Beschimpfungen, dann schnauzte er: »Hören Sie zu, Roemer, ich weiß alles über die Kennedys und Phyllis weiß noch mehr über die Kennedys und eines schönen Tages werden wir alles erzählen. Zum Teufel mit euch! Eines schönen Tages wird es herauskommen ...«
Roemer wußte damals nicht, was Giancana damit meinte. Heute ist es weniger mysteriös, was er mit der Formulierung »alles« sagen wollte. Da waren zum einen die gekauften Stimmen, das Komplott gegen Castro – und natürlich seine zahlreichen Affären. Der Gangster stand in regelmäßigem Kontakt zu Judith Campbell, der Geliebten des Präsidenten, die als Vermittlerin eingesetzt wurde. Er hatte auch engen Kontakt zu Kennedys Schwager Peter Lawford und eines Tages wurde er belauscht, wie er sich mit ihm über »die Mädchen, die sie den Kennedys zu besorgen pflegten« unterhielt. Dies führt zu der Schlußfolgerung, daß auch Robert Kennedy nicht frei von Affären war.
Nach den Angaben des ehemaligen leitenden Beamten des FBI William Kane berichtete Anfang September 1961 ein Informant dem FBI, daß Robert Kennedy vor kurzem »in der Wüste in der Nähe von Las Vegas nicht mit einem, sondern mit zwei Mädchen auf einer Decke gesehen worden sei. Ein Angehöriger des Verbrechersyndikats hatte mit einem Teleobjektiv Aufnahmen gemacht ... und von unseren Informanten bekamen wir die Mitteilung, daß sie diese verwenden wollten, um den Justizminister zu erpressen. Dies wurde mehrfach von verschiedenen Quellen bestätigt.«
Kane erklärte, daß Edgar diese Informationen zunächst verarbeitete und dann seinen Verbindungsmann zum Justizministerium, Courtney Evans, entsandte, um Robert Kennedy zu warnen. Dieser hörte schweigend zu. Dann fragte er, was Evans an dem freien Tag tun wolle – es war der Tag der Arbeit (der 1. Montag im September in den USA) – und beendete das Gespräch.
Obwohl der ehemalige stellvertretende FBI-Direktor Evans für seine Verschwiegenheit bekannt war, bestätigte er, daß das Gespräch »wahrscheinlich so abgelaufen ist, wie es beschrieben worden ist. Es geschah häufig, daß ich mit derartigen Informationen zu ihm gehen mußte. Mr. Hoover erteilte die Instruktionen und ich führte sie aus. Soweit ich weiß, gab es Versuche der Gangstersyndikate, Druck auf den Präsidenten auszuüben.«

Es ist wenig wahrscheinlich, daß Edgar trotz all der ihm zur Verfügung stehenden Informationsquellen schon zu diesem Zeitpunkt die

Komplexität der Verbindungen Kennedys mit dem organisierten Verbrechen voll erkannt hat. Er tat nur das, was er am besten konnte – er sammelte Verleumdungsmaterial, ließ die Brüder wissen, daß es in seinem Besitz war und widersetzte sich Robert Kennedy dergestalt, daß es schon an Insubordination grenzte.

Ein Beamter des Justizministeriums, der in das FBI-Büro nach Chicago entsandt worden war, um die Koordinierung zu verbessern, mußte bei seinem Eintreffen feststellen, daß der zuständige Agent die Stadt verlassen hatte. Da Edgar wußte, daß Kennedys Mann unterwegs war, hatte er ihn bewußt nach Des Moines in Iowa beordert. Im Hauptquartier zeigte er Kennedy sogar in aller Deutlichkeit die kalte Schulter.

»Während der gesamten Amtszeit von Bob als Justizminister«, erklärte Joe Dolan, »fanden jeweils Dienstags und Donnerstags gemeinsame Essen in seinem Büro mit seinen Staatssekretären statt, zu denen ich und andere, darunter auch Hoover, eingeladen wurden. Im ersten Monat kam Hoover zu einer Reihe von Mittagessen, aber danach nicht mehr.«

Wenn Robert eine Außenstelle des FBI besuchte, war Edgar nicht dabei. War er selber auf Dienstreise, dann mußte er einen dezenten Hinweis zur Kenntnis nehmen, der ihm deutlich vor Augen hielt, daß sich die Dinge verändert hatten: Zuvor hing an der Wand jedes FBI-Büros ein Bild von Edgar. Nun hing ein Porträt von Präsident Kennedy daneben, das auf Anweisung seines Bruders im ganzen Land verteilt worden war.

Es war ein regelrechter Zermürbungskrieg. Trotzdem führten sich Edgar und die Brüder Kennedy nach der Formulierung eines Schriftstellers weiterhin »wie in einem von förmlichen Respekt geprägten orientalischen Schauspiel auf«. Zwischen Edgar und ihrem Vater hatte es jahrelang einen Austausch leerer Höflichkeiten gegeben und vielleicht hegten die Kennedys die vage Hoffnung, daß sie mit Edgar auskommen könnten, wenn sie seiner Eitelkeit schmeichelten, seiner Dienstjubiläen gedachten und ihn öffentlich für seine wertvollen Dienste lobten. Sie würden dem alten Mann seinen Willen lassen, auch wenn sie ihn für halbverrückt hielten. Edgar mit all seiner Erfahrung in diesem Spiel, sandte am 9. Juni 1961 diesen handschriftlichen Brief an Robert:

»Lieber Bob,
... Ihr Vertrauen und Ihre Unterstützung bedeuten mir sehr viel und ich hoffe aufrichtig, daß ich mich ihrer stets würdig erweisen werde.
Ihr sehr ergebener
Edgar«

Ein Schreiben des Präsidenten vom 5. Dezember 1961, als Edgar seine jüngste Auszeichnung erhielt, lautet folgendermaßen:

»Lieber Mr. Hoover,
The Mutual of Omaha Criss Award ist ein weiterer Beweis für die hohe Wertschätzung, die Ihnen ganz Amerika aufgrund Ihrer unermüdlichen Anstrengungen auf dem Gebiet der bundesstaatlichen Gesetzesvollstreckung entgegenbringt ... Es erfüllt mich mit Stolz, mich mit meinen Glückwünschen an Sie dem anzuschließen und erneut meine Dankbarkeit für Ihre hervorragenden Verdienste um die Nation ausdrücklich zu betonen.
Ihr sehr ergebener
John F. Kennedy«

Edgar antwortete, daß er »gerührt« sei, doch er hatte gerade den Hinweis erhalten, daß der Präsident plane, ihn zu feuern. Daraufhin wurden zahlreiche Agenten in einer umfangreichen Untersuchung eingesetzt, die genauso beharrlich und sorgfältig wie jene gegen das organisierte Verbrechen durchgeführt wurde. »Edgar« bedankte sich einige Tage später bei »Bob« für die Einladung zu seiner Weihnachtsfeier, und entschuldigte sich, daß er leider nicht an ihr teilnehmen könne.
Die Kennedys verbrachten 1961 ein wenig schönes Weihnachtsfest. Am 19. Dezember erlitt der Vater des Präsidenten auf dem Golfplatz von Palm Beach einen schweren Schlaganfall. Seine rechte Seite und das Gesicht waren fortan gelähmt und, obgleich er noch acht Jahre lang lebte, sollte er nie wieder verständlich sprechen können. Einige Monate zuvor, als die Presse über Meinungsverschiedenheiten zwischen den Brüdern Kennedy und Edgar berichtete, war Joseph noch zur Stelle gewesen, um die Dinge zu bereinigen. Obwohl ihn Edgar während seiner Genesung besuchte, war seine Rolle als Friedensstifter von nun an beendet.
Joseph konnte sich künftig auch nicht mehr in die verworrenen Beziehungen seiner Söhne mit der Mafia einschalten. Von nun an waren die Jungens ganz auf sich allein gestellt.

26. KAPITEL

> *Abgesehen von dem moralischen Aspekt mußte den Justizminister der Umfang möglicher Erpressungen, die auch ihn selbst betrafen, erschrecken ... Wie konnten das CIA und John Kennedy so dumm gewesen sein? ... Die Ansatzpunkte für Erpressungen gingen weit über Giancana hinaus. J. Edgar Hoover würde in der Lage sein, mit diesen Geschichten John und Robert Kennedy, solange sie lebten, unter Druck zu setzen.*
>
> Harris Wofford
> Ehemaliger Mitarbeiter Kennedys, 1980

Am 6. Januar 1962 machte der Kolumnist Drew Pearson eine gewagte Vorhersage: »J. Edgar Hoover gefällt es nicht, auf den Rücksitz verwiesen zu werden, wie er es bezeichnet, und dies von einem jungen Burschen wie Bobby ... und er wird alles tun, um dies zu ändern.«

Dies war nur ein kurzer Kommentar in einer Radiosendung, aber die Äußerungen Pearsons schlugen Wellen in Washington. Drei Tage danach bat Robert Kennedy den Präsidenten in einem Brief, in seiner Rede an die Nation eine vorteilhafte Bemerkung über das FBI zu machen. »Es ist nur ein einziger Satz«, schrieb er John, »aber er würde uns viel bringen. Ich hoffe, daß Du ihn unverändert läßt.«

Am 11. Januar sprach John Kennedy vor den versammelten Senatoren und Kongreßmitgliedern über Vietnam, Bürgerrechte und Steuern. Nur wenige werden bemerkt oder darauf geachtet haben, als er eine Zeile herunterrasselte, mit der das FBI für seine »koordinierten und durchschlagenden Anstrengungen« belobigt wurde. Dies war als Bonbon für Edgar gedacht, aber die Zeit wohlwollender Gesten war vorbei.

Einen Monat zuvor hatten Edgars Informanten ihn darauf hingewiesen, daß die Kennedys nicht nur seinen Rausschmiß planten, sondern daß ein bestimmter Kandidat, der Sicherheitschef des State Department William Boswell, für seinen Posten vorgesehen war. Kurz darauf »wünschte« John Kennedy, der es im ganzen vergangenen Jahr nicht einmal für nötig gehalten hatte, Edgar zu empfangen, »mit Mr. Hoover zu sprechen«.

Am 22. März entstieg Edgar um 13.00 Uhr seiner Limousine am Nordwesttor des Weißen Hauses. Er wurde in das Oval Office geführt und dann nahm er mit dem Präsidenten den Fahrstuhl in das Speise-

zimmer im Executive Mansion, der Amtswohnung des Präsidenten im Weißen Haus. Außer Edgar und John Kennedy war nur noch Kenneth O'Donnell bei dieser Unterredung anwesend.
Es war eine sehr lange Besprechung. Vier Stunden später, als Edgar den Präsidenten verließ, betraten Kennedys Mitarbeiter Theodore Sorensen und Arthur Schlesinger den Raum. Er erklärte ihnen, daß er »Mr. Hoover nicht zu sehr aufregen wollte.«
Vermutlich wird man nie klären können, ob Kennedy versucht hatte, Edgar an jenem Tag zu feuern. Die Kennedy-Bibliothek teilt mit, daß sie keinerlei Aufzeichnungen über dieses Gespräch beim Lunch hat. Das gleiche trifft auf das FBI zu, obwohl Edgar nach jedem Besuch im Weißen Haus normalerweise ein Memorandum verfaßte. Es ist bekannt, daß das Gespräch einen schlechten Verlauf nahm. Als Kenneth O'Donnell Jahre später dazu befragt wurde, räumte er lediglich ein, daß der Präsident schließlich seine Geduld verloren habe. »Befrei mich von diesem Bastard«, zischte er seinem Mitarbeiter zu. »Er ist ein ungeheurer Langweiler.«
Seit Mitte der siebziger Jahre, als sich eine Untersuchung des Senats mit den verborgenen Geheimnissen der Geheimdienste befaßte, hat diese Begegnung eine besondere Bedeutung erhalten. Edgar verfügte über weitaus brisanteres Verleumdungsmaterial, als selbst er es gewohnt war – wobei er vieles ironischerweise erst dank der Jagd von Robert Kennedy auf den Mafiaboß Sam Giancana erhalten hatte.
Noch vor dem Abgang Eisenhowers hatte Edgar erfahren, daß es einen Plan für die Ermordung von Fidel Castro gab und daß Giancana irgendwie darin verwickelt war. Zu Beginn der Präsidentschaft Kennedys entdeckte er, daß Giancana mit dem CIA zusammenarbeitete, und im März 1962 erhielt er Informationen, daß die mit Giancana und Johnny Roselli in Verbindung stehende Judith Campbell zu den Geliebten des Präsidenten gehörte. Obwohl er davon durch seine Agenten Kenntnis erhielt, könnte Edgar einiges darüber sogar direkt von Roselli erfahren haben, denn es heißt, daß er mit ihm in La Jolla gesellschaftlich verkehrte.
Edgar wußte auch von Giancanas Drohung, »alles« über die Kennedys zu erzählen, und durch ein anderes abgehörtes Gespräch war ihm bekannt, daß Giancana und Roselli darüber gesprochen hatten, wie man einen »wirklich kleinen« Empfänger besorgen könne, um Gespräche abzuhören. Auch daß sie über »Bobby« geredet hatten und zu welchem Zeitpunkt er wieder in Washington sein würde.
Kurz darauf erhielt der Direktor des FBI Beweise für die Tatsache, daß der Präsident der Vereinigten Staaten intime Beziehungen zu einer jungen Frau unterhielt, die enge Kontakte zu einem Mafiaboß hatte. Der wiederum war in ein Komplott mit dem CIA verwickelt, einen ausländischen Staatschef zu ermorden – ein Komplott, von dem Edgar

annehmen mußte, daß der Präsident ihm zugestimmt habe. Dies geschah zu der Zeit, als das FBI den gleichen Mafiaboß auf Anweisung des jüngeren Bruders des Präsidenten erbarmungslos verfolgte.
Es wäre die Pflicht jedes FBI-Direktors gewesen, den Präsidenten auf einen derartigen Vorgang hinzuweisen. Angesichts seines gespannten Verhältnisses zu den Brüdern und der Drohung seiner Entlassung, die wie ein Damoklesschwert über ihm hing, mußte dies Edgar geradezu ein Vergnügen bereiten.
Judith Campbell, die heute durch ihre Heirat Exner heißt, hat enthüllt, daß Edgar in der Tat an jenem Tag ihren Namen zur Sprache gebracht hat. »Jack rief mich an diesem Nachmittag an«, erzählte sie.
»Er sagte mir, ich solle zu dem Haus meiner Mutter fahren und ihn von dort aus anrufen. Als ich dies getan hatte, teilte er mir mit, daß das Telefon in meinem Appartement nicht abhörsicher sei. Er war wütend. Man konnte seine Verärgerung regelrecht spüren. Er sagte mir, daß Hoover bei ihrem Gespräch mehr oder weniger versucht hätte, ihn mit den Informationen, die er über ihn hatte, einzuschüchtern. Er hatte deutlich zum Ausdruck gebracht, daß er von meiner Beziehung zu Jack wisse, und sogar, daß ich im Weißen Haus gewesen sei, eine Freundin von Sam und Johnny Roselli sei, und daß auch Kennedy Sam kenne. Jack wußte genau, was Hoover vorhatte.«

Da Edgar wußte, daß Jack ihn aus seinem Amt entlassen wollte, tat er alles, um seine Stellung zu sichern – indem er ihn wissen ließ, daß er dieses Druckmittel gegen ihn anwenden könnte.
Nach den Angaben von Judith Campbell gab es noch etwas anderes, noch schwerwiegenderes zu verbergen. Zu Anfang seiner Präsidentschaft hatte sich Kennedy erneut mit Giancana getroffen. Judith Campbell sagte aus, daß der Präsident ihr erzählt habe, die neuen Kontakte »hätten mit der Eliminierung von Fidel Castro zu tun«. Zudem setzte Kennedy Judith Campbell auch bei etwa 20 Gelegenheiten als Kurier ein, um Giancana versiegelte Umschläge zu überbringen.
Über diese Darstellung von Judith Campbell kann man nicht einfach hinweggehen. Sie ist präzise in den Daten und Details und wird gestützt durch Reisedokumente, ihrem mit Anmerkungen versehenen Terminkalender und offiziellen Aufzeichnungen über drei ihrer Besuche im Weißen Haus. Auch Giancanas Bruder Chuck hat über Kontakte zwischen dem Mafiaboß und Kennedy im Lauf seiner Amtszeit und über die Kurierdienste von Judith Campbell gesprochen.
Die meisten Historiker sind heute der Auffassung, daß die Kennedy-Brüder in die Pläne gegen Castro verwickelt waren. Es ist bekannt, daß sie nach dem Debakel in der Schweinebucht dem CIA nicht mehr vertrauten. Daher ist es durchaus vorstellbar, daß Kennedy in Anbetracht seiner bestehenden Kontakte zu Giancana sich entschieden ha-

ben könnte, hinsichtlich eines geplanten Attentates auf Castro direkt mit dem Gangster in Verbindung zu treten. Eine derartige Vorgehensweise wäre tollkühn gewesen, aber sie würde durchaus zu Kennedys Neigung zu Intrigen passen.

Judith Campbell erklärte weiterhin, daß ihr der Präsident erzählt habe, die von ihm an Giancana gesandten Umschläge enthielten »nachrichtendienstliche Informationen«, die mit den Plänen gegen Castro zu tun hatten. Doch die Umschläge waren versiegelt und sie sah nie mit eigenen Augen ihren Inhalt.[1] Was auch immer sie enthielten, es bleibt festzuhalten, daß sich John Kennedy auf ein verdammt gefährliches Spiel eingelassen hatte. Giancana hatte darauf gehofft, daß seine Hilfe – zum einen seine Unterstützung während der Präsidentschaftswahlen, zum anderen seine Mitwirkung bei der gegen Castro gerichteten Operation – mit Milde der Strafverfolgungsorgane entgolten werden würde. Doch bei Robert Kennedys Maßnahmen gegen das organisierte Verbrechen zählte Giancana nicht nur zu den Zielpersonen, er wurde sogar einer besonders intensiven »Behandlung« unterworfen.

Sein Halbbruder Chuck erklärte, der Gangster habe das Gefühl gehabt, daß der Präsident eine getroffene Abmachung nicht eingehalten habe. Für einen Mafiosi ist der Bruch einer Abmachung eine Sünde, die normalerweise mit dem Tode bestraft wird und Giancana war ein Berufskiller. Seinem Halbbruder zufolge sollte er später eine Schlüsselrolle spielen, als Kennedys Ermordung in Dallas geplant wurde.

Es ist nicht eindeutig festzustellen, inwieweit Edgar im März 1962 über die Kontakte mit Giancana informiert war. Sicher ist, daß er eine Menge wußte und dies auch dem Präsidenten mitteilte. »Ich hatte den Eindruck von Jack«, erklärte Judith Campbell, »daß Hoover ihm einen Schrecken versetzt hatte und daß er wußte, daß ich Informationen von Jack an Sam weitergegeben hatte.« Cartha DeLoach erzählte, daß Edgar nach seiner Rückkehr von jenem Treffen im Weißen Haus erklärt hatte, er habe den Präsidenten darüber in Kenntnis gesetzt, daß er »eine ganze Menge« von den Vorgängen wisse.

Die Aufzeichnungen lassen darauf schließen, daß sich die Brüder dadurch noch abhängiger von Edgar gemacht haben. Wenn ihm nicht sein Bruder das Komplott gegen Castro verschwiegen hatte, was sehr unwahrscheinlich ist, dann wußte auch Robert seit langem von Giancanas Verwicklung. Für Robert, genau wie für seinen Bruder, den Präsidenten, war es von existentieller Bedeutung, nicht mit diesen Plänen in Verbindung gebracht zu werden. Aus diesem Grunde wurde ein schriftlicher Bericht – zu dem auch ein Memorandum von Edgar gehörte – fabriziert, in welchem behauptet wurde, daß er und Robert von den Kontakten des CIA mit Giancana mit »großem Erstaunen« erfahren hätten. Allein durch das Verfassen dieses Memorandums war der Justizminister Edgar verpflichtet.

Entgegen bisheriger Vermutungen löste der Präsident nach dem Gespräch mit Edgar im März seine Beziehung zu Judith Campbell nicht. Die Aufzeichnungen über die Telefongespräche des Weißen Hauses belegen, daß sich die Kontakte zwischen ihm und ihr zumindest bis in den Spätsommer des Jahres 1962 fortsetzten. Nach den Aussagen Campbells benutzten sie und der Präsident einfach andere Telefonanschlüsse, um den Lauschern des FBI zu entgehen. Kennedy verdächtigte Edgar, daß er sogar Wanzen im Weißen Haus angebracht hätte, wie sich seine Sekretärin Evelyn Lincoln erinnerte. Judith Campbell erklärte weiter, daß sie und der Präsident dennoch ihre Beziehung fortsetzten und sich in den kommenden Monaten weiterhin sahen, genauso wie sie sich auch weiterhin mit Giancana traf.

Da sie jedoch in wachsendem Maße vom FBI belästigt wurde, bat Judith Campbell den Präsidenten, ihr zu helfen. »Ich habe ihn fast angefleht«, erklärte sie später, »und zu ihm gesagt: ›Jack, tu irgend etwas, ich ertrage es nicht mehr‹ – denn ich wurde auf Schritt und Tritt verfolgt. Und er antwortete stets: ›Mach Dir darüber keine Sorgen. Alles ist in Ordnung, Du hast nichts Unrechtes getan. Du weißt, daß Sam für uns arbeitet.‹«

Trotzdem war der Präsident wütend. »Jack sprach mit großer Erregung über Hoover«, wie sich Judith Campbell erinnerte. »Damit meinte er: ›Ich wünschte, ich könnte ihn endlich loswerden‹. Es war völlig eindeutig, daß er Hoover in die Wüste schicken wollte.«

Doch der Präsident konnte es nicht riskieren, seinen FBI-Direktor in die Wüste zu schicken. Abgesehen von der üblen Angelegenheit mit Giancana wußte Edgar jetzt auch von einer Reihe anderer Torheiten Kennedys. Noch vor der Konfrontation im März hatte Edgar den Präsidenten wissen lassen, daß er über seine Kontakte zu Prostituierten während des Parteikonvents im Jahr 1960 informiert sei. Er hatte zudem Kenntnis von einer alten Beziehung, die sich in politischer Hinsicht genauso schädlich wie die gegenwärtigen erweisen könnte.

Anfang März brachte *The Realist*, ein kleines New Yorker Magazin, eine Geschichte, die mit der Überschrift »DIE GESCHICHTE ÜBER DIE GERÜCHTE VON KENNEDYS ERSTER EHE« versehen war. Das Gerücht lautete, daß Kennedy im Jahr 1947 kurze Zeit mit einer Dame der Gesellschaft namens Durie Malcolm in Florida verheiratet gewesen sein soll. In der privat gedruckten Geschichte ihrer Familie hatte sie behauptet, daß zu ihren verschiedenen Ehemännern auch »John F. Kennedy, Sohn von Joseph P. Kennedy, ehemaliger Botschafter in Großbritannien«, gehörte.

Sollte dies wahr sein, dann handelte es sich um pures Dynamit. Es würde bedeuten, daß der erste katholische Präsident der Vereinigten Staaten geschieden war, was im Gegensatz zu seiner praktizierten Re-

ligion stand, und daß er die Nation betrogen hätte, da er diese Tatsache verschwiegen hatte. Die bis zum heutigen Tage durchgeführten Nachforschungen haben lediglich ergeben, daß sich Kennedy und Malcolm in den vierziger Jahren gekannt haben, was schon ausreichte, um für Spekulationen in einer Klatschkolumne in Florida zu sorgen.[2]
Ein Vermerk in den FBI-Akten belegt, daß im November 1961, als die ersten Gerüchte über diese Angelegenheit das FBI erreichten, ein Agent sich unverzüglich an die Aufgabe machte, die Familiengeschichte der Malcolms in der Public Library von New York zu überprüfen. Sein Bericht und ähnliche aus New Jersey und Massachusetts gingen direkt an Edgar, der daraufhin diese Angelegenheit Robert Kennedy vortrug.
Dennoch enthält die Akte nicht die ganze Geschichte. Nach Edgars Tod wies seine Sekretärin in einem ihrer seltenen Interviews darauf hin, daß ihr Chef bereits 1960 auf die Geschichte dieser »anderen Ehe« gestoßen sei und daß er mit Richard Nixon darüber gesprochen habe, sie als Munition während den Präsidentschaftswahlen zu verwenden.
Schon bald nach Edgars Lunch mit dem Präsidenten im Jahr 1962 interessierte sich die Presse für diese Geschichte. Zunächst erschien der *Thunderbolt*, die rassistische Zeitung der National States Rights Party auf der ersten Seite mit der Schlagzeile: »KENNEDYS SCHEIDUNG ENTHÜLLT! IST DIE JETZIGE EHE UNGÜLTIG?« Rechtsgerichtete Organisationen verteilten im ganzen Land Hunderttausende von Kopien der Familiengeschichte Malcolms. Die großen Verlage und Nachrichtenagenturen begannen daraufhin mit eigenen Recherchen. Eine Kolumne der *United Feature* von Henry Taylor wurde erst im letzten Moment zurückgezogen. Dann stellte Walter Winchell die Frage: »Warum hat das Weiße Haus nicht dementiert?« Als die Geschichte endlich in *Newsweek* klargestellt wurde, war sie schon zu einer peinlichen Angelegenheit geworden. Ben Bradlee, der Washingtoner Bürochef des Magazins hat berichtet, wie diese Geschichte zustandegekommen ist.
»Ich sprach mit dem Präsidenten über die Absicht, eine Geschichte zu verfassen, die vorwiegend auf dem Bericht des *Thunderbolt* und den Pamphleten basierte. Das FBI hatte eine Untersuchung vorgenommen und einige der Dokumente des FBI waren durch den Pressesekretär Kennedys zur Einsicht freigegeben worden. Die Bedingung war, daß wir sie nur eine Nacht bekamen ... Salinger war der Vermittler zwischen uns und dem FBI. Chuck Roberts und ich verbrachten die ganze Nacht mit dem Lesen dieser Dokumente und schrieben die Geschichte in irgendeinem Motel ... Mir ist nicht bekannt, unter welchen Bedingungen Kennedy dieses Material vom FBI erhalten hat ...«
Edgar war dann zur Rettung herbeigeeilt, einer Rettung, die gar nicht

erforderlich gewesen wäre, wenn nicht diese Geschichten von Winchell, Henry Taylor und dem *Thunderbolt* geschrieben worden wären. Winchell wurde seit langer Zeit vom FBI manipuliert und die umfangreiche FBI-Akte über Taylor belegt, daß er und Edgar seit Jahren gute Freunde waren. Edgar hatte ihn stets mit Informationen versorgt und er hatte gehorsam Artikel geschrieben, die Edgars Kritiker beschimpften. Taylors Kolumne über die »zweite Ehe« wurde erst kurz vor Mitternacht ersatzlos gestrichen, als sich Edgar auf Bitten des Weißen Hauses einschaltete.

Der *Thunderbolt* grub auch die alte Geschichte über Kennedys Affäre mit seiner Sekretärin im Senat, Pamela Turnure, aus. Die Schlagzeile lautete: »JFK DES EHEBRUCHS BESCHULDIGT« und der Artikel erschien, nachdem Turnures ehemalige Vermieterin, welche die Geräusche des sich liebenden Paares aufgenommen hatte, Briefe an mehrere einflußreiche Persönlichkeiten geschrieben hatte. Zu den Empfängern gehörte auch Edgar, und nach der Aussage Bobby Bakers, eines ehemaligen Mitarbeiters von Lyndon Johnson, war die Veröffentlichung im *Thunderbolt* kein Zufall. »Johnson erzählte mir«, erinnerte er sich, »daß Hoover ihm die Tonbänder über diese Affäre mit dieser Frau während des Wahlkampfes im Jahr 1960 übergeben hätte. Später, während der Präsidentschaft Kennedys, sorgte er dafür, daß die Informationen an Personen gingen, von denen man annahm, daß sie diese verwenden würden. Nicht die seriöse Presse, aber ordinäre Schmierenblätter ...«

Wie der *Thunderbolt*.

Es deutet alles darauf hin, daß Edgar insgeheim das durch die Turnure-Affäre und die »andere Ehe« entstandene Feuer zu seinem eigenen Vorteil schürte. Als die Geschichte mit Malcolm für genug Schaden gesorgt hatte, sorgte er dafür, daß Kennedy in seiner Schuld stand, indem er das Material für das Dementi von *Newsweek* bereitstellte.

Als ob dies noch nicht genug wäre, gab es noch die Verbindung nach Hollywood – die angebliche Liaison des Präsidenten mit der Schauspielerin Angie Dickinson und Marilyn Monroes Affäre mit beiden Brüdern.

Angie Dickinson soll einige Zeit vor seiner Amtseinführung eine der Geliebten John Kennedys geworden sein. »Bevor Kennedy sein Amt übernahm, verschwanden Angie und JFK für zwei oder drei Tage in Palm Springs«, erinnerte sich der Fotograf Slim Aarons, ein Freund von ihm. »Sie verbrachten die Zeit in einem Ferienhaus und tauchten nicht mehr auf. Jeder wußte davon.«

Mit »jeder« waren im Grunde nur der nähere Kreis um Kennedy gemeint, aber die sie begleitenden Journalisten bekamen Wind von der Sache. Der *Newsweek*-Reporter Dick Schumacher berichtete, wie er in

Palm Springs eine Tür öffnete, Angie Dickinson auf einem Bett liegen sah und sofort »vergaß«, was er gesehen hatte. Die vorwiegend männlichen Vertreter der Presse zu dieser Zeit mochten Kennedy und beneideten ihn auch irgendwie um seinen Erfolg bei den Frauen. Sie waren der Auffassung, daß das Privatleben eines Politikers seine eigene Angelegenheit sei, über das man keine Nachforschungen anstellen oder Artikel schreiben solle. Die Agenten des Secret Service vertraten die gleiche Ansicht und beschützten ihn so gut sie konnten vor derartigen Nachstellungen. Doch die FBI-Agenten taten, wozu sie ausgebildet worden waren und informierten Edgar.
Von einem ehemaligen Agenten, dessen Gruppe mit dem Secret Service in Verbindung stand, stammt ein Bericht, wie Edgar über die Affäre mit Angie Dickinson informiert wurde.

»Es geschah, als Kennedy in einer politischen Angelegenheit an der Westküste weilte. Vom Flughafen in Burbank flog er mit Angie Dickinson in einer gecharterten Maschine nach Palm Springs, wobei sie einen Umweg über Arizona machten. Als sie in Palm Springs eintrafen, stieg Kennedy alleine aus; ich vermute, damit die Presse Angie Dickinson nicht sah.
Die Probleme kamen später. Das Flugzeug auf diesem Trip war ein besonders ausgestattetes Flugzeug mit einem Schlafraum. Der bei Lockheed beschäftigte Copilot hatte eine Wanze in den Schlafraum eingebaut und ihre Unterhaltung aufgenommen. Und danach versuchte er, anonym mit dem Tonband den Präsidenten um eine große Geldsumme zu erpressen. Sein Brief wurde vom Secret Service abgefangen und sie schalteten das FBI ein. Unser Ziel bestand darin, das Tonband in unseren Besitz zu bringen. Finden und zurückbringen. Ohne Aufsehen zu erregen. Wir überprüften die Flugzeugbesatzung und der Copilot machte einen verdächtigen Eindruck. Daher bestachen wir den Manager seines Appartements, uns hereinzulassen, als der Copilot unterwegs auf einem Flug war.
Wir fanden das Tonband in der Nähe einer Steckdose in der Wand versteckt. Es war ein großes Tonband, eines von der alten Sorte. Wir steckten cs ein und brachten das verdammte Ding wieder in seinen ursprünglichen Zustand, so daß der Bursche nicht sofort merken würde, daß es weg war. Nachdem wir das Band gefunden hatten, erhielten wir sehr genaue Anweisungen vom FBI-Hauptquartier. Sie wollten nicht, daß wir es mit der Post schickten. Sie verlangten, daß es mit einem persönlichen Kurier zum Direktor gebracht werden sollte. Dann sprachen wir mit den Verantwortlichen bei Lockheed und sie feuerten den Typen. Es wurde keine strafrechtliche Verfolgung eingeleitet, um die Angelegenheit nicht publik zu machen. Und das war alles. Aber Hoover hatte jetzt das Band.«

Cartha DeLoach bestätigt, daß Informationen über die Dickinson-Affäre beim FBI eingingen. Ein weiterer ehemaliger Agent, Homer

Young, erinnerte sich, wie das FBI eingesetzt wurde, um auszuhelfen, als sich die Leidenschaft des Präsidenten abgekühlt hatte.
»Der Secret Service«, erklärte Young, »rief daraufhin das FBI in Washington an, das sich mit seiner Außenstelle in Los Angeles in Verbindung setzte. Von dort wurde der in Palm Springs ständig eingesetzte FBI-Agent benachrichtigt, denn der Secret Service verfügte dort über keinen Vertreter. Unser Mann hatte den Auftrag, Angie Dickinson mitzuteilen, die Beziehung zu beenden, jeden Kontakt mit dem Präsidenten zu unterlassen und nicht mehr im Weißen Haus anzurufen ...«
Gerade als Edgar seine Informationen über Angie Dickinson erhielt, widmete er sich auch aufmerksam einer anderen Affäre – jene mit der berühmtesten aller Hollywood-Schönheiten.

Es ist schon ziemlich kurios, daß Marilyn Monroe als Pin-up-Girl im Leben von Edgar und von Präsident Kennedy auftauchte. Das Kalenderbild, das sie nackt zeigte, hing zusammen mit anderen Bildern von unbekleideten Frauen an der Wand der Kellerbar in Edgars Haus in Washington. Einige vermuten, daß sie deshalb dort angebracht worden waren, um von den Gerüchten über die Homosexualität des Direktors abzulenken.
Kennedy hatte im Jahr 1954 ein Poster von Marilyn Monroe an der Wand seines Zimmers im Krankenhauses angebracht, als er sich dort einer Rückenoperation unterziehen mußte. Diese Aufnahme zeigte sie in Shorts, mit gespreizten Beinen und der Patient hatte es umgekehrt aufgehängt, so daß ihre Füße oben waren.
Nach vorliegenden Informationen hatten die Monroe und Kennedy zu Beginn der fünfziger Jahre so etwas wie eine Affäre. Sicherlich pflegten sie eine enge Beziehung und schliefen während der Wahlkampagne des Jahres 1960 gelegentlich miteinander. Der Schwager des Präsidenten Peter Lawford, der kurz vor seinem Tode von dieser Beziehung erzählte, erinnerte sich, wie er Aufnahmen von Marilyn Monroe und John Kennedy machte, wie sie gemeinsam in der Badewanne saßen.
Diese Treffen setzten sich im ersten und zweiten Jahr der Präsidentschaft von John Kennedy fort. Verkleidet mit schwarzer Perücke und Sonnenbrille wurde die berühmteste Blondine der Welt in Kennedys Suite im New Yorker ›Carlyle‹-Hotel und sogar an Bord der Air Force One geschmuggelt. Solche Eskapaden waren gefährlich, besonders bei Marilyn Monroes Gemütszustand.
Abgesehen von Monroes Psychiatern und ihren engsten Freunden wußten nur wenige, in was für einer verzweifelten Situation sie sich befand. Ihre Ehe mit dem Dramatiker Arthur Miller war gescheitert und – durch den langjährigen Konsum von Schlafmitteln – befand sie sich ständig in einer Art Dämmerzustand. Es kam zu einem kurzen,

quälenden Aufenthalt in einer psychiatrischen Klinik, dann folgten weitere Ärzte, weitere Drogen und Episoden mit reichlichem Alkoholgenuß. Marilyn Monroe litt an plötzlichen Stimmungsschwankungen, von euphorischen Phasen bis hin zur tiefsten Depression.

Ein Mann, der in der Öffentlichkeit stand und auf ein gewisses Image zu achten hatte, sollte sich nicht in ihrer Nähe aufhalten. Dennoch setzte John Kennedy seine Treffen mit Marilyn Monroe fort, wobei sie von FBI-Agenten beobachtet wurden. Gordon Liddy, der damals als Agent in der Crime Records (Abteilung für Verbrechensstatistik) eingesetzt war, wußte von der ständigen Überwachung. »Das Material über die Brüder und Monroe«, erklärte er später, »wurde sehr, sehr sorgfältig unter Verschluß gehalten.«

Seit einiger Zeit ist bekannt, daß Marilyn Monroe während der Präsidentschaft Kennedys elektronisch überwacht wurde. Interviews mit Privatdetektiven und Technikern lassen keinen Zweifel daran. Aber bis heute ist nicht völlig geklärt, wer den Auftrag für die Abhöraktionen erteilte und wer »den Ertrag«[3] entgegennahm.

Mit ziemlicher Sicherheit erhielt der Teamsters-Führer Jimmy Hoffa, ein bevorzugtes Ziel von Kennedys Justizministerium, einiges von dem kompromittierenden Material. Als er später im Gefängnis saß, teilte er dies seinen Mithäftlingen mit. Das bestätigte auch sein Anwalt William Buffalino in einem 1990 geführten Gespräch. Bei einigen der Abhöraktionen könnte indes auch der Gangster Sam Giancana den Auftrag für ihre Durchführung erteilt haben.

Im Jahr 1962 hatte Giancana die Geduld mit den Kennedys verloren, wie sein Bruder erklärte. Da er noch immer unter konstantem Druck durch das Justizministerium stand, beauftragte er Überwachungsexperten, alle abträglichen Informationen über die Kennedys zusammenzutragen. Sollte sich die Zusammenarbeit mit ihnen als unmöglich erweisen, beabsichtigte der Gangster, es mit Erpressung zu versuchen, einer Methode, in der die Mafia unschlagbar war.

Peter Lawford stand seit langem unter der Überwachung einer anderen Person – Edgar. Der Akustikexperte, der die Wanzen installierte, ist noch heute tätig und hat im Jahr 1991 seine Rolle nur unter der Bedingung enthüllt, daß sein Name nicht erwähnt wird.

»Der Auftrag im Lawford-Haus wurde für das FBI erledigt, über einen Mittelsmann. Ich brachte die Geräte auf Anweisung des FBI an. Sie befanden sich im Wohnzimmer, den Schlafräumen und in einem der Badezimmer. Ein Mittelsmann von Hoover kam – ich glaube im Spätsommer 1961 – zu mir, um mir genaue Anweisungen für die Installation zu geben. Mir wurde mitgeteilt, der Anlaß für die Überwachungsaktion liege darin, daß Hoover Informationen über die Mitglieder des organisierten Verbrechens erhalten wolle, die in dem Haus von Lawford ein- und ausgingen. Einige Male war Sam Giancana anwesend.

Aber auch die Kennedys, sowohl John als auch Robert, kamen in dieses Haus. Hoovers Mittelsmann informierte mich, daß Robert Kennedy in seiner Funktion als Justizminister strikte Anweisungen erteilt hätte, daß dieses Haus nicht überwacht werden sollte. Aber es wurde dennoch angezapft, auf die ausdrückliche Weisung Hoovers hin. Jimmy Hoffa erhielt eines der Bänder, auf denen Kennedy und Marilyn Monroe zu hören waren, aber nur deshalb, weil es ihm von einem der Techniker überlassen worden war. Diese Person wollte ein Geschäft damit machen und Hoffas Leute zahlten 100.000 Dollar – eine Menge Geld damals. Aber der Auftrag für die Überwachung kam vom FBI und fast alle Bänder gingen an das FBI. Seit beinahe einem Jahr wußte J. Edgar Hoover über jede gottverdammte Angelegenheit Bescheid, die in dem Strandhaus vor sich ging, und dazu gehörten auch alle Geschehnisse, als die Kennedys anwesend waren. Ziehen Sie daraus Ihre eigenen Schlüsse.«

Einer der Männer, welche die Abhöraktion im Haus von Lawford durchführten, war der Privatdetektiv John Danoff. Er berichtete, wie er im November 1961 ein Rendezvous zwischen Kennedy und Monroe belauschte. »Zu meinem Erstaunen«, erinnerte sich Danoff, »erkannte ich die Stimmen, den deutlichen Bostoner Akzent des Präsidenten und die Stimme von Marilyn Monroe ... Dann konnte man hören, wie sie miteinander sprachen, danach entkleideten sie sich und liebten sich auf dem Bett ...«
Für Edgar waren die aufgenommenen Bänder mit Szenen wie dieser kaum mit Geld zu bezahlen. Am 1. Februar 1962 traf Marilyn Monroe anläßlich einer Dinnerparty im Haus von Lawford zum ersten Mal Robert Kennedy. Im weiteren Verlauf dieser Nacht, so erzählte es die Schauspielerin später einem Freund, unterhielten sie sich beide allein im Arbeitszimmer. In der für sie typischen Art stellte sie Fragen von aktuellem Interesse und erkundigte sich, ob es zutreffend sei, daß J. Edgar Hoover bald gefeuert werde. Robert entgegnete, daß »er und der Präsident sich nicht stark dafür fühlen, obwohl sie es im Grunde wollten«.
Nach den Angaben des Mannes, der die Wanzen installiert hatte, wurde dieses Gespräch von den versteckten Mikrophonen aufgenommen. Für Edgar, der die Abschrift in Washington las, müssen diese Worte von Kennedy eine Genugtuung gewesen sein. Nun wußte er sicher, aus dem Munde eines der Brüder, daß die Kennedys sich nicht trauen, ihn zu entlassen – zumindest vorläufig. Ein Grund mehr, mit den Überwachungsaktionen fortzufahren, weiter kompromittierende Informationen zusammenzutragen.
Rechtzeitig vor dem Lunch im Weißen Haus im März 1962 muß Edgar von Roberts Bemerkungen über seine Zukunft und von der Affäre mit

Marilyn Monroe im Haus von Lawford gewußt haben. Doch ob er nun über Marilyn Monroe sprach oder nicht – nach den Erklärungen von Judith Campbell ließ sich John Kennedy davon nicht beeindrucken und traf die Schauspielerin innerhalb von 48 Stunden während einer Reise nach Kalifornien erneut. »Es war offensichtlich«, erklärte Philip Watson, ein Bezirksbeamter von Los Angeles, der sie zusammen sah, »daß sie ein intimes Verhältnis miteinander hatten, daß sie die Nacht zusammen verbringen würden«.
In Washington setzte sich in den folgenden Wochen das gespannte Verhältnis zwischen Edgar und den Kennedys weiter fort. Nur noch selten zogen Robert Kennedy und Edgar in irgendeiner Frage an einem Strang. Die formalen Höflichkeiten wurden zwar eingehalten, so als der Präsident Edgar telefonisch zu seinem 38. Dienstjubiläum als FBI-Direktor gratulierte. Edgar schickte ein freundliches Dankschreiben. Am gleichen Tag lehnte er es aber ab, sich bei einer von Robert organisierten Feier blicken zu lassen, bei der er eine mit 38 Kerzen geschmückte Torte anschneiden sollte.
Unterdessen nahm die Affäre mit Marilyn Monroe eine seltsame Wendung. John Kennedy sah die Schauspielerin nur noch einmal, am 19. Mai in New York, aber dann anscheinend nie wieder. Peter Lawford meinte dazu, Edgar habe ihn warnend darauf hingewiesen, daß das Strandhaus von Lawford »sehr wahrscheinlich von der Mafia überwacht worden ist«. Aber er sagte ihm nicht, dessen kann man sicher sein, daß es auf seine eigene Anweisung hin überwacht wurde.
Zum Leidwesen der Kennedys wollte Marilyn Monroe nicht hinnehmen, daß die Affäre vorbei war. Als sie wieder an der Westküste war, verfiel sie in eine tiefe Depression und suchte sich mit Drogen und Schlafmitteln zu betäuben. Lawford erinnerte sich, daß »Marilyn damit begann, diese bemitleidenswerten Briefe an Jack zu schreiben und ihn weiter anrief. Sie drohte damit, alles der Presse zu erzählen. Schließlich schickte er Bobby nach Kalifornien, um sie zur Räson zu bringen.«
Doch als er versuchte, Marilyn Monroe zu beruhigen, landete auch Robert wie sein Bruder in ihren Armen. »Es war nicht Bobbys Absicht«, erzählte Lawford, »aber sie liebten sich und verbrachten die Nacht in unserem Gästeschlafzimmer. Die Affäre wurde sehr schnell sehr leidenschaftlich ...« Bald darauf sagte die Monroe nach dem Bericht Lawfords, »daß sie Bobby liebe und daß er versprochen habe, sie zu heiraten. Es hatte den Anschein, daß sie nicht mehr zwischen Bobby und Jack unterscheiden konnte.«
Eine Reihe von Zeugen und die erhaltengebliebenen Aufzeichnungen der Telefongespräche stützen Lawfords Darstellung. Sie stützen auch seine Erklärung, daß Robert seinerseits bald darauf versuchte, sich von der Monroe zu trennen. Er tat dies jedoch zu spät, um zu verhin-

dern, daß er in ihren Nervenzusammenbruch verwickelt wurde. Und es war auch zu spät, um zu verhindern, in eine doppelte Falle zu tappen – die von den Kriminellen Giancana und Hoffa angeordnete Überwachung und das von Edgar gewobene Spinnennetz.

Edgar wußte schon früh Bescheid. Nach den Angaben von Eunice Murray, der Haushälterin von Marilyn Monroe, traf Robert Kennedy am 27. Juni allein »am Steuer eines Cadillac-Cabrio« vor dem Haus der Schauspielerin ein. Binnen weniger Tage lag ein Bericht des in Los Angeles eingesetzten Agenten, William Simon, auf Edgars Schreibtisch. »Ich erinnere mich, daß ich schockiert war, als ich ihn las«, berichtete Cartha DeLoach. »Simon teilte mit, daß Bobby sich sein Cadillac-Cabrio auslieh, um zu Marilyn Monroe zu fahren.« Von diesem Zeitpunkt an standen nach den Informationen der Agenten die Aufenthalte des Justizministers in Kalifornien unter der sorgfältigen Überwachung durch das FBI.

FBI-Dokumente, die in großem Umfang zensiert worden sind, weisen darauf hin, daß Marilyn Monroe während des Besuches im Juni mit dem Justizminister in Peter Lawfords Haus zu Mittag gegessen hatte. Im Lauf ihres Gesprächs hatten sie auch über die »Moral der Atombombenversuche« diskutiert. In jener kritischen Phase des kalten Krieges konnte alles, was Robert Kennedy über derartige Angelegenheiten sagte, von großem Interesse für die Nachrichtendienste der kommunistischen Länder sein. Für Edgar, der von Marilyn Monroes zahlreichen linken Freunden wußte, bedeutete diese Information, daß seine aus eigenem Antrieb eingeleitete Schnüffelei nun auf einmal als begründete Sorge um die Sicherheitsbelange der Vereinigten Staaten gerechtfertigt sein könnte.

Am Samstag, dem 4. August, wurde Marilyn Monroe tot aufgefunden. Der Autopsiebericht nannte als Todesursache eine »akute Barbituratvergiftung aufgrund der Einnahme einer Überdosis« und der amtliche Leichenbeschauer kam zu dem Ergebnis, daß es »allem Anschein nach« Selbstmord gewesen sei. Doch andere haben die Theorie entwickelt, daß die Überdosis nicht durch den Mund eingenommen, sondern von einer anderen Person – vielleicht mit einer Injektion, vielleicht rektal – verabreicht wurde.

Im Jahr 1992 behauptete Sam Giancanas Halbbruder Chuck, daß der Chicagoer Gangster Marilyn Monroe genau auf diese Weise ermordet hatte. »Durch ihren gewaltsamen Tod«, erklärte er, »sollte Bobby Kennedys Affäre mit dem Hollywoodstar enthüllt werden ... So wäre es vielleicht möglich geworden, die Herrscher von Camelot zu entthronen.«

Ob Giancana nun bei dem gewaltsamen Tod von Marilyn Monroe seine Hand im Spiel hatte oder nicht, die vorliegenden Informationen lassen zumindest darauf schließen, daß der öffentlich verlautbarte Bericht

falsch war. Es gibt eine Reihe ungelöster Fragen, vor allem jene nach Robert Kennedys Verhalten an diesem Wochenende.
Der Justizminister befand sich zu jener Zeit in Kalifornien, um eine Rede vor der American Bar Association zu halten und einen Urlaub mit seiner Familie zu verbringen. Zahlreiche Zeugenaussagen, die in den achtziger Jahren durch Peter Lawfords Äußerungen bestätigt wurden, weisen darauf hin, daß Robert Kennedy am 4. August nach Los Angeles zu einer entscheidenden Auseinandersetzung mit Marilyn Monroe flog. Lawford sagte weiter aus, daß er seinen Schwager zu Monroes Haus begleitete, wo es zu einem häßlichen Streit gekommen sei. »Marilyn«, erklärte er, »sagte, daß sie als erstes am Montag eine Pressekonferenz einberufen und der ganzen Welt von der Behandlung, die ihr durch die Kennedy-Brüder widerfahren sei, erzählen wolle. Bobby wurde fuchsteufelswild. Mit eindeutigen Worten teilte er ihr mit, daß sie Jack und ihn in Ruhe lasssen solle – keine weiteren Telefongespräche, keine Briefe, nichts.«
Lawford berichtete weiter, daß der Streit mit einem hysterischen Anfall von Marilyn endete. Dann wurde ihr Psychiater Dr. Ralph Greenson telefonisch benachrichtigt, sofort zu ihr zu kommen. Dr. Greenson traf ein und ging dann später zum Abendessen, als er glaubte, Marilyn Monroe ruhiggestellt zu haben.
Nach dem offiziellen Untersuchungsbericht war er es, der am frühen Morgen des nächsten Tages von der Haushälterin benachrichtigt wurde und Marilyn Monroe tot in ihrem Bett auffand. Doch die Erklärungen der Polizeibeamten, der Besatzung des Krankenwagens, der Haushälterin, der Ärzte und anderer lassen eher auf das folgende Szenario schließen: Nachdem Marilyn Monroe voller Verzweiflung mehrfach im Strandhaus von Lawford angerufen hatte, fuhren Kennedy und sein Schwager wieder zu ihrem Haus. Dort fanden sie die Schauspielerin entweder tot oder sterbend vor und riefen einen Krankenwagen. Einer von ihnen oder vielleicht auch beide sind in die Ambulanz eingestiegen, um sie noch in ein Krankenhaus zu bringen. Als zweifelsfrei feststand, daß Marilyn Monroe tot war, veranlaßten sie, daß der Krankenwagen wieder zu ihrem Haus zurückfuhr. Ihr Körper wurde dann wieder ins Bett gelegt und der Bruder des Präsidenten verließ in aller Eile die Stadt auf die gleiche Weise, wie er gekommen war, mit Hubschrauber und Flugzeug. Dr. Greenson bestätigte Jahre später in einem vertraulichen Gespräch, daß Robert Kennedy in dieser Nacht anwesend gewesen und daß ein Krankenwagen gerufen worden war.
Für Robert Kennedy, der nach seiner Rückkehr in Nordkalifornien wieder seine geplanten Termine wahrnahm, war die Krise damit keineswegs überstanden. Am Morgen des Todestages von Marilyn Monroe wurde der Leiter der Kriminalpolizei von Los Angeles, Thad Brown, in das Polizeipräsidium gerufen, denn es sei ein »Problem«

aufgetaucht. In der Bettwäsche von Marilyn Monroe war ein zerknülltes Stück Papier gefunden worden, auf dem eine Telefonnummer des Weißen Hauses stand.
Eine bemerkenswerte Vertuschungsaktion setzte daraufhin ein. Das Problem dieses Papierfetzens und vieler anderer Unstimmigkeiten löste sich spurlos auf. Der Lochstreifen in der Telefonzentrale, auf dem Marilyn Monroes Ferngespräche registriert waren, verschwand. An dieser Aktion war auch der langjährige Freund des Justizministers, Police Captain James Hamilton von der Police Intelligence, beteiligt. Doch es war nicht die Polizei, welche die Aufzeichnungen über die letzten Telefongespräche von Marilyn Monroe wieder aufstöberte. Wie ein Reporter feststellte, wurden sie am Vormittag des Tages nach dem Tode von Marilyn Monroe aus der Zentrale der Telefongesellschaft General Telephone weggeschafft. Und nach den Worten des Bezirksmanagers der Telefongesellschaft, Robert Tiarks, hatte das FBI sie in Besitz genommen.
Ein ehemaliger FBI-Beamter, der zu jener Zeit in einer Stadt an der Westküste eingesetzt war, bestätigt dies. »Ich war auf einer Inspektionsreise in Kalifornien, als Marilyn Monroe starb, und anwesend waren dort einige Personen, FBI-Mitarbeiter, die normalerweise nicht dort gewesen wären – Agenten von außerhalb. Sie waren unmittelbar nach ihrem Tod anwesend, bevor überhaupt jemand begriffen hatte, was geschehen war. Nachher erfuhr ich, daß FBI-Agenten die Aufzeichnungen an sich genommen hätten. Es mußte auf Anweisung von jemand höherem, höher als selbst Hoover, erfolgt sein.«
Die offizielle Version lautete damals, daß die Instruktionen »entweder vom Justizminister oder vom Präsidenten« kamen. »Ich erinnere mich, als die Nachrichten von der Außenstelle in Los Angeles eintrafen«, erzählte Cartha DeLoach. »Eine Telefonnummer der Kennedys lag auf dem Nachttisch neben Monroes Bett«. Es hatte den Anschein, als ob der Tod von Marilyn Monroe dem Präsidenten endlich das Ausmaß der Risiken, die mit seinem Verhalten verbunden waren, deutlich vor Augen führte. Das Verzeichnis der Telefongespräche des Weißen Hauses belegt, daß er um 6.04 Uhr am gleichen Morgen, als Marilyn Monroe tot aufgefunden wurde, einen Anruf von Peter Lawford entgegennahm. Eine Stunde zuvor hatte Lawford Sicherheitsexperten angeheuert, um jeden Beweis für die Affäre der Kennedy-Brüder mit Marilyn Monroe zu vernichten. Eine andere Geliebte von John Kennedy, Judith Campbell, rief am nächsten Tag zweimal im Weißen Haus an – einmal am Nachmittag und dann wieder im Lauf des Abends. Ein Eintrag im Verzeichnis der geführten Gespräche belegt, daß Kennedy in einer Konferenz war, und daneben findet sich die gekritzelte Eintragung »Nein«. Es scheint, daß etwa zu diesem Zeitpunkt die gefährliche Liaison mit Judith Campbell schließlich ihr Ende fand.[4]

Die Pläne der Gangster, die gehofft hatten, die Verbindung zu Marilyn Monroe zu benutzen, um Robert Kennedy auszuschalten, wurden durch das erfolgreiche Vertuschen vereitelt. Doch diese Verheimlichung der wahren Umstände war nur durch die tatkräftige Mitwirkung Edgars zu realisieren. Indem er für die Kennedys die Aufzeichnungen der Telefongesellschaft in seinen Besitz brachte, standen die Kennedys mehr in seiner Schuld als jemals zuvor.

Am 7. August, gerade 48 Stunden nach dieser Hilfeleistung, tat Robert Kennedy etwas recht Bemerkenswertes. Einige Stunden zuvor hatte W. H. Ferry, der Vizepräsident des Fund for the Republic, der von der Ford-Stiftung zur Förderung der Bürgerrechte eingerichtet worden war, Edgars Schreckgespenst der Bedrohung durch den Kommunismus als »völligen Schwachsinn« bezeichnet. Es ist bekannt, daß Robert Kennedy der gleichen Ansicht war. Dennoch schwang er sich jetzt zu Edgars Verteidigung auf und lobte überschwenglich seine Haltung im Hinblick auf die Bedrohung durch den Kommunismus. »Ich hoffe«, erklärte er ergeben, »daß Hoover noch viele, viele Jahre unserem Land dienen wird.«

In den Archiven der Fotoagenturen findet sich keine einzige gemeinsame Aufnahme von Marilyn Monroe und einem der Kennedy-Brüder, nicht einmal anläßlich ihres in aller Öffentlichkeit stattfindenden Treffens mit dem Präsidenten, nachdem sie ihm im Madison Square Garden mit dem Lied »Happy Birthday, dear Mr. President« gratuliert hatte. Doch Globe Pictures verfügte einmal über zwei derartige Fotografien. »Auf dem einen«, sagte ein ehemaliger leitender Angestellter, »schaute er zu ihr empor. Man konnte die Bewunderung in seinen Augen erkennen. Es war ein großartiges Bild.«[5]

Vierzehn Tage nach dem Tode von Marilyn Monroe betraten zwei Männer die Büroräume von Globe Pictures. »Sie erklärten, daß sie Material für die Präsidentenbibliothek zusammenstellten«, sagte der frühere Mitarbeiter. »Sie wollten alles sehen, was wir über Marilyn Monroe hatten. Ein Mädchen aus dem Archiv kümmerte sich um sie, und dann – später – entdeckten wir, daß alles weg war, sogar die Negative.«

Die Angestellten von Globe Pictures erinnern sich im Hinblick auf die beiden Männer, welche die Fotografien mitnahmen, nur an ein Detail. Sie stellten sich selbst als FBI-Agenten vor und verfügten über Dienstmarken, um sich auszuweisen.

Obwohl der ganze Fall im Grunde eine reine Angelegenheit der Polizei war, befragten FBI-Agenten noch Monate nach Monroes Tod alle Personen, die möglicherweise Auskunft in dieser Angelegenheit geben könnten. Später verfaßte Edgars bewährtes journalistisches Sprachrohr, Walter Winchell, einen Artikel, indem er Robert Kennedy praktisch der Ermordung Marilyn Monroes beschuldigte. In den sechziger Jahren, als Edgar während seines Urlaubs in Kalifornien laut über die Kennedys schimpfte, unterließ er es nur selten, den Namen von Marilyn Monroe zu erwähnen. Und Jahre später beantwortete er in seinem Haus in Washington die Fragen seines jungen Nachbarn Anthony Calomaris folgendermaßen: »Er sagte, daß sie ermordet wurde«, erinnerte sich Calomaris, »daß es kein Selbstmord war und daß die Kennedys darin verwickelt waren.«

Im Herbst 1962 konnte man das Verhältnis zwischen Edgar und Robert Kennedy nur noch als eisig bezeichnen. »Es war zu einem totalen Bruch gekommen«, meinte der ehemalige stellvertretende FBI-Direktor Courtney Evans. »Sie telefonierten nicht einmal mehr miteinander. Das eigens installierte Telefon stand unbenutzt auf dem Schreibtisch.«

Der Präsident seinerseits sollte Edgar nur noch zweimal in dem Jahr, das ihm noch blieb, sehen. Die Brüder distanzierten sich soweit wie nur möglich von Edgar und warteten auf eine passende Gelegenheit. Dann endlich konnten sie am Horizont eine Möglichkeit ausmachen, ihn endlich loszuwerden.

27. KAPITEL

> *Mr. Hoover ließ sich durch seinen persönlichen Groll zu unverantwortlichen Handlungen treiben, die in krassem Widerspruch zu den Interessen der Präsidenten Kennedy und Johnson, der verfassungsmäßigen Regierung und der Nation standen.*
>
> Nicholas Katzenbach
> Ehemaliger Justizminister, 1976

Anstatt sich wie sonst in seinem Urlaub am Strand von Miami zu sonnen, was er gewöhnlich in seinem Urlaub tat, verkroch sich Edgar im Jahr 1963 in einem New Yorker Hotel, wo er sich von einer Prostataoperation erholte. Er war einsam, spürte sein Alter und auf einmal spielte sein Alter eine Rolle.

In zwei Jahren würde er 70 Jahre alt werden, dem obligatorischen Pensionierungsalter für Regierungsbeamte. Nur eine vom Präsidenten unterzeichnete Ausnahmeregelung könnte seine Herrschaft über das FBI verlängern. Es war zu vermuten, daß sich John Kennedy dann in seiner zweiten Amtszeit befände. Wenn nicht etwas Unerwartetes geschah, würden Edgars politische Garantien ablaufen.

Im Februar gab Edgar ein merkwürdiges Interview »Mein Verhältnis zu Robert Kennedy«, erklärte er feierlich, »ist stets freundschaftlich und vertrauensvoll gewesen, genauso wie meine Begegnungen mit dem Präsidenten.« Ob er die Gerüchte bestätigen könne, daß er in den Ruhestand treten werde? »Daran ist nichts Wahres«, sagte Edgar. »Ich gehe davon aus, hier noch eine ganze Weile tätig zu sein ... Der Präsident hat die Möglichkeit, meine Amtszeit zu verlängern.«

Doch Präsident Kennedy hatte keinerlei Ambitionen dies zu tun. Die Brüder hatten genug von ihm und die Regelung über die Pensionierung mit 70 Jahren schien ein Weg zu sein, sich ihres lästigen Widersachers zu entledigen, ohne ihn feuern zu müssen. Es ging nun nur noch darum, durchzuhalten und sich bis zu den Wahlen des Jahres 1964 Edgars zu erwehren. Zwei Wochen danach wäre er 70 Jahre alt, dann würde er abgelöst werden.

Die Entlassung sollte in würdevoller Form vor sich gehen. »Robert Kennedy teilte mir mit«, sagte der Staatssekretär im Justizministerium Nicholas Katzenbach, »daß sie die Absicht hatten, Hoover mit einer prächtigen Zeremonie zu verabschieden.« »Ich erinnere mich, wie ich mir überlegte, was sie tun könnten«, äußerte Courtney Evans, Edgars

Verbindungsmann zu den Kennedys.«Vielleicht könnten sie ihn zum Botschafter in der Schweiz ernennen – das Land, aus dem seine Familie stammte.«

Die Namen potentieller Kandidaten für den Posten des FBI-Direktors machten nun die Runde – Courtney Evans gehörte zu ihnen. Robert Kennedy hatte sich seit langem für den damaligen Gouverneur von Texas, John Connally, ausgesprochen. Dieser erinnerte sich: »Ich sagte zu ihm: ›Bobby, du wirst es nicht schaffen, J. Edgar Hoover loszuwerden.‹ Aber er versicherte mir, die Zeit würde kommen und dann werde es ihm gelingen.«

Die Spekulationen über den möglichen Nachfolger Edgars wurden fast wie eine Art Sport betrieben. »Einige meiner zu Scherzen aufgelegten Freunde«, berichtete Joe Dolan, »saßen zusammen und versuchten, den unwahrscheinlichsten Nachfolger für J. Edgar Hoover zu bestimmen. Und einer von ihnen sagte: ›Adam Yarmolinsky!‹ Er war ein brillanter Anwalt, Mitarbeiter von McNamara, dort im Pentagon. Aber er sah wie eine Art Teufel aus, ein bißchen wie ein Gnom, ein Intrigant und abgesehen davon war er überhaupt nicht der Typ, den man zum Leiter des FBI ernennen könnte. Es war nur ein Scherz gewesen, aber Hoover erfuhr davon innerhalb weniger Stunden. Ich vermute, daß er nicht begriff, daß man ihn auf den Arm nahm.«[1]

Die Informationen über die Absichten der Kennedys zirkulierten im FBI, vom höchsten Mitarbeiter bis zum kleinsten Anfänger unter den Agenten. »Nach den Gerüchten aus dem Justizministerium war allgemein bekannt«, erinnerte sich Norman Ollestad, »daß der Direktor im Jahr 1964 auf jeden Fall abgelöst werden würde.«

»Ich erfuhr es auf die Weise«, erzählte William Hundley, ein Mitarbeiter im Justizministerium, »daß der Präsident zu Bobby gesagt haben soll: ›Ich kann es nicht jetzt machen. Aber wenn ich wiedergewählt worden bin, werde ich ihn loswerden, und mache ihn zum Bevollmächtigten für den Boxsport oder etwas ähnlichem.‹ Und als ich gegenüber Bobby über Hoover meckerte, sagte er: ›Warten Sie, warten Sie nur ab.‹ Hoover wird von diesen Bemerkungen erfahren und so war es auch ...«

»Von diesen Zeitpunkt an«, sagte Courtney Evans, »wollte der Direktor nichts mehr mit den Kennedys zu tun haben – abgesehen von den formalen Anlässen. Er war erzürnt und verärgert.«

Während des Sommers und Herbstes 1963 setzte Edgar weiter auf die alte Karte – Kennedys Frauenaffären. Am 29. Mai schrieb er an Kenneth O'Donnell und brachte die alte Liaison mit Pamela Turnure, der Pressesekretärin von Jacqueline Kennedy, zur Sprache. Eine Woche darauf folgte eine weitere Breitseite über die Beziehung des Präsidenten mit Alicia Purdom aus dem Jahr 1951 und er ließ die Kennedys wissen, daß ihm die angebliche Zahlung eines Schweigegelds in Höhe

von einer halben Million Dollar bekannt war. Edgar sorgte für einen beständigen Fluß von Informationen über diese Angelegenheit und ein späteres Memorandum würzte er mit der Andeutung einer angeblichen Schwangerschaft.
Etwa zu diesem Zeitpunkt, im Jahr 1963, begannen die Kennedys, Edgars Methode gegen ihn selbst zu richten. Als Abba Schwartz vom Sicherheitsbüro des State Department über einige neue Beispiele von Hoovers Sticheleien berichtete, antwortete der Präsident mit den Worten: »Informieren Sie Kenny (O'Donnell) davon. Er führt eine Liste über diese Dinge.« Die Kennedys taten das gleiche, was Edgar mit anderen machte, sie führten ein Dossier über ihn.
Unglücklicherweise für den Präsidenten war ihm Edgar darin jedoch weit voraus. Im Juni 1963 tauchten neue Frauengeschichten auf und sie waren von der Art, die man nicht einfach mit einem Achselzucken abtun konnte. Als die Kennedys gerade mit der entstehenden Krise in der Frage der Bürgerrechte beschäftigt waren, legte Edgar insgeheim eine neue Akte an, die den Codenamen »Bowtie« erhielt. Sie sollte schließlich auf mehr als 1 000 Seiten anwachsen und sie behandelte einen Vorfall, der auf den ersten Blick das Problem einer anderen Nation zu sein schien.
Der Verteidigungsminister Großbritanniens, John Profumo, hatte zugegeben, mit einer Frau geschlafen zu haben, die zur gleichen Zeit ein Verhältnis mit dem sowjetischen Marineattaché in London, Jewgenj Iwanow unterhalten hatte. Er trat zurück, aber die politische Krise war damit noch nicht überwunden. Die Regierung von Premierminister Macmillan, die Profumo bis zuletzt gehalten hatte, wurde bis in ihre Grundfesten erschüttert. Unterdessen heizte die Presse die Kontroverse mit täglich neuen Enthüllungen über die Orgien und Seitensprünge des britischen Establishments immer mehr an.
In Washington zeigte Präsident Kennedy mehr als nur gewöhnliche Aufmerksamkeit. »Jedes Wort, das über die Profumo-Affäre geschrieben wurde, hat er regelrecht verschlungen«, notierte Ben Bradlee. »Er ordnete an, daß ihm alle weiteren Telegramme über diesen Fall unverzüglich vorgelegt werden sollten.« Bradlee vermutete, daß der Präsident nur von den sexuellen exotischen Aspekten der Geschichte fasziniert sei. Aber es war mehr als dies. Hartnäckigen Gerüchten zufolge hatte er sich selbst mit einer der beiden Frauen, die in den Skandal verwickelt waren, eingelassen.
Als Kennedy die Berichte aus London durchsah, wird er vermutlich besonders besorgt über die Hinweise auf eine 22jährige Prostituierte namens Mariella Nowotny gewesen sein. Anfang 1961 hatte sie sich in New York aufgehalten, und sie erklärte später, daß Peter Lawford sie an den neuen Präsidenten verkuppelt habe. Es sei zu sechs intimen Treffen gekommen, einmal sogar gemeinsam mit einer Gruppe von

anderen Prostituierten. Auch hier gab es, wie beim Profumo-Skandal, einen möglichen Sicherheitsaspekt. Der Name Nowotny stand in Verbindung mit einem angeblichen sowjetischen Prostituiertenring bei den Vereinten Nationen.[2]
Ende Juni 1963 brachte John Kennedy die Profumo-Affäre in einer Unterredung mit Martin Luther King zur Sprache. Nach zwei stürmischen Jahren sah sich der Führer der Bürgerrechtsbewegung mit einer neuen Krise konfrontiert, die er dem FBI zu verdanken hatte. Edgar hatte Martin Luther King schon seit langem als »no good« abgeschrieben, und er hatte Kennedy darauf hingewiesen, daß der schwarze Führer unter kommunistischem Einfluß stehe. Insbesondere war es ihm gelungen, Robert Kennedy davon zu überzeugen, eine Abhöraktion gegen einen der Berater von Martin Luther King zu genehmigen, von dem er behauptet hatte, daß er ein aktiver sowjetischer Spion sei. Dies war eine weitere der fixen Ideen Edgars, aber die Kennedys mußten befürchten, daß die Enthüllung derartiger Verbindungen verhängnisvolle Folgen haben könnte, die sich nicht nur für King, sondern auch für die Regierung, die ihn unterstützte, katastrophal auswirken könnte.
So geschah es am 22. Juni, daß Präsident Kennedy vor seiner Ansprache an eine Gruppe von Repräsentanten der Bürgerrechtsbewegung Martin Luther King beiseite nahm und mit ihm im Rosengarten spazieren ging. Er bat ihn, sich von zwei Mitarbeitern zu trennen, von denen Edgar behauptete, daß sie Kommunisten seien und fragte ihn dann, ob er von dem Profumo-Skandal in der Zeitung gelesen habe. »Dies ist ein Beispiel dafür, was passieren kann«, sagte er zu King, »wenn Freundschaft und Loyalität zu weit gehen. Die Regierung von Macmillan wird wahrscheinlich stürzen, weil er loyal zu einem Freund gestanden hat. Sie müssen sich davor hüten, nicht Ihre Sache aus dem gleichen Grunde aufs Spiel zu setzen.«
Kennedy ging noch weiter in diesem Gespräch. »Ich vermute, daß Ihnen bekannt ist«, sagte er, »daß Sie unter sehr sorgfältiger Beobachtung stehen.« Er warnte King, sehr vorsichtig zu sein, wenn er telefoniere, denn wenn Hoover beweisen könne, daß er Kontakte zu den Kommunisten unterhalte, dann würde er dies zum Anlaß nehmen, um die geplante Gesetzgebung über die Bürgerrechte zu Fall zu bringen.
Am Ende des Treffens mit dem Präsidenten fragte sich Martin Luther King verwundert, warum Kennedy die Vorsichtsmaßnahme ergriffen hatte, mit ihm im Garten zu sprechen. Später erzählte er einem Mitarbeiter: »Der Präsident fürchtet sich selber vor Hoover, denn er wollte nicht einmal in seinem Büro mit mir reden. Ich vermute, daß Hoover auch ihn abhören läßt.«
Am 23. Juni verließ der Präsident Washington und machte seine Reise nach Europa. An diesen Besuch erinnert man sich heute vor allem

durch die Rede »Ich bin ein Berliner« und die Pilgerfahrt nach Irland. Er war auch in London, um mit Premierminister Macmillan zu sprechen. An dem Abend, als er in London eintraf und mit dem britischen Regierungschef dinierte, merkte Kennedy, daß der Profumo-Skandal im Begriff war, auch seine Präsidentschaft in Mitleidenschaft zu ziehen. Die Mittagsausgabe des New Yorker *Journal-American* war an diesem Tag mit der Schlagzeile erschienen: »WICHTIGER MITARBEITER DER US-REGIERUNG IN CALLGIRL-SKANDAL VERWICKELT«. Die erste Zeile des Artikels lautete: »Einer der wichtigsten Männer der amerikanischen Politik – ein Mann, der in ein ›sehr hohes‹ Amt gewählt worden war – steht in Verbindung zu dem Skandal in Großbritannien mit seinen sicherheitsrelevanten und moralischen Aspekten ...« Der Bericht vermied es gerade noch, den Namen des Präsidenten zu nennen, aber die Anspielung war eindeutig.
Der Artikel blieb nur für diese eine Ausgabe im *Journal-American* und wurde dann ohne Erklärung fallengelassen. Robert Kennedy hatte schnell reagiert. FBI-Akten belegen, daß er ein Telefongespräch mit seinem Bruder in London führte, noch während dieser mit dem britischen Premierminister zu Abend aß. Der Präsident zeigte seine »Besorgnis«. Der FBI-Vertreter in London, Charles Bates, wurde angewiesen, Kennedy am nächsten Morgen, bevor er weiter nach Italien reiste, ausführlich zu unterrichten. »Wenn sich irgend etwas entwickelt«, teilte der Präsident Bates mit, »was auch immer es sein mag, wünsche ich informiert zu werden. Geben Sie es nach Rom durch.«
In Washington saßen die Autoren des Artikels 48 Stunden nach der Veröffentlichung des Berichtes im *Journal-American* im Büro des Justizministers. Der Herausgeber der Zeitung, Pulitzer-Preisträger James Horan und Dom Frasca, der von einem Kollegen als »der beste Reporter des Enthüllungsjournalismus« bezeichnet wurde, waren aus ihren Häusern in New York abgeholt und im Privatjet der Kennedys in die Hauptstadt gebracht worden.
Die beiden Journalisten sind vor kurzem verstorben, aber ihre Konfrontation mit Robert Kennedy wird durch FBI-Protokolle belegt. Gemäß der Akte forderte der Bruder des Präsidenten die beiden Zeitungsmänner auf, den Namen des »hohen US-Mitarbeiters« zu nennen, der nach den Informationen des Artikels in Verbindung mit dem Profumo-Skandal stand. Horan entgegnete, daß damit in der Tat der Präsident selbst gemeint sei und daß, nach den Quellen der Zeitung, eine Frau darin verwickelt sei, die er kurz vor seiner Wahl zum Präsidenten kennengelernt habe.
»Es wurde registriert«, berichtete Edgars Verbindungsmann im Justizministerium Courtney Evans, »daß der Justizminister die Vertreter der Zeitung sehr kühl behandelte ... Es herrschte eine feindselige Stimmung ...« Als die Journalisten sich weigerten, ihre Quellen zu offenba-

ren, reagierte Kennedy knallhart. Nach den Angaben Mark Monskys, dem Patensohn von Randolph Hearst, dem Eigentümer des Magazins, drohte der Bruder des Präsidenten offen mit einem Antitrust-Verfahren gegen die Zeitung. Daraufhin ließen die Verleger von Hearst die Geschichte fallen.

Nach dieser Auseinandersetzung mit den Reportern versuchte Robert Kennedy, Courtney Evans davon zu überzeugen, »kein Memorandum« über die Unterredung für Edgar zu schreiben. Laut Charles Bates beschäftigte sich Edgar seit einiger Zeit mit dieser Angelegenheit. »Es herrschte ein großes Durcheinander«, erinnerte sich Bates, »Das FBI-Hauptquartier schickte Telegramme des Inhalts ›Ist es wahr? Was können Sie feststellen?‹«

Am Abend des 29. Juni, als der Präsident mit Macmillan dinierte, hatte Bates das verschlüsselte, als SEHR EILIG gekennzeichnete, Telegramm 861 an Edgar gesandt. Von den 20 Zeilen des Inhalts sind 17 durch den Zensor geschwärzt worden. Der Rest lautet wie folgt: »... (Name geschwärzt) sprach von Präsident Kennedy und wiederholte ein Gerücht, das in New York die Runde machte ...« Ein zweites Dokument ist weitaus aufschlußreicher. Ein Bericht adressiert an William Sullivan, den damaligen für die Spionageabwehr verantwortlichen stellvertretenden FBI-Direktor, berichtet – zwischen den geschwärzten Zeilen:

»Einer der Kunden von (Name geschwärzt) war John Kennedy, der damalige Präsidentschaftskandidat. (Name) erklärte, daß die britische Prostituierte Marie Nowotny nach New York ging, um den Platz von (Name) einzunehmen, da diese Kennedy während der Vorwahlen begleitete.«

Bevor das New Yorker *Journal-American* gezwungen worden war, den Artikel fallenzulassen, hatte es noch eine zweite geheimnisvolle Frau ins Gespräch gebracht, »ein wunderschönes amerikanisches Mädchen chinesischer Abstammung, das zur Zeit in London lebt«. Die zuständigen Behörden, erklärte die Zeitung, »identifizierten sie als eine Person mit dem Namen Suzy Chang ...«

Suzy Chang war eine aufstrebende Schauspielerin und Model. Es gibt keinen Hinweis, daß sie eine Prostituierte gewesen sei, aber sie bewegte sich in den wohlhabenden Londoner Kreisen, die in Verbindung mit dem Profumo-Skandal standen. Als sie im Jahr 1987 ausfindig gemacht wurde, gab sie zu, Kennedy gekannt zu haben. »Wir trafen uns im ›Club 21‹«, berichtete sie nervös. »Alle sahen mich mit ihm essen. Ich meine, er war ein sehr netter Bursche, sehr charmant.« Dann lachte sie. »Was soll ich noch sagen?«

Umfangreiche Dokumente des FBI und der Einwanderungsbehörden belegen, daß Chang im Jahr 1960 nach New York kam, in jenem Jahr,

Vor dem Unterausschuß des nats für innere Sicherheit

Mit Generalstaatsanwalt Howard McGrath

21 Mafiaboß Frank Castello

22 Mafiaboß Meyer Lansky

23 Bei der Verleihung der National Security Medal durch Präsident Eisenhower

in dem sie angeblich mit John Kennedy zusammengewesen sein soll. Sie war auch 1961 und über die Weihnachtszeit Ende 1962 dort. Die aufschlußreichen Unterlagen zeigen, daß Ende 1963 »Chang in den Vereinigten Staaten in New York eintraf, mit dem Flug 701 .. Sie war die (geschwärzt im Bericht) ... Sie wurde über die ›Profumo-Affäre‹ befragt.«
Der Fall Profumo wurde in Washington mit großem Ernst behandelt. An einer Reihe von Besprechungen nahmen Verteidigungsminister McNamara, CIA-Direktor John McCone, der Chef der DIA (Defense Intelligence Agency), General Joseph Carroll, und immer einer von Edgars wichtigeren Mitarbeitern teil. Beim FBI wurde der Vorgang von zwei stellvertretenden Direktoren bearbeitet. Die weiteren Berichte, die fast alle nie freigegeben worden sind, gingen an das Büro von Präsident Kennedy, an seinen Bruder – und an Edgar. »Über die Möglichkeit, daß der Präsident möglicherweise mit einer Person aus dem britischen Profumo-Skandal zu tun hatte«, so Courtney Evans, als er sich an den Ernst der Situation in jenen Tagen erinnerte, »grinste niemand ...«
Niemand, außer vielleicht Edgar. Zu der Zeit, als der Präsident von seiner Reise nach Europa zurückkehrte, verfügte er über viele Informationen über Suzy Chang und vermutlich auch über Mariella Nowotny. Dokumente, deren Inhalt zum großen Teil geschwärzt worden ist, belegen, daß Edgar genau 24 Stunden, bevor der Artikel des *Journal-American* wie eine Bombe in New York einschlug, sich bei dem dortigen FBI-Büro über Suzy Chang erkundigte.
Seit langer Zeit hatte er das *Journal-American* wie andere Zeitungen der Hearst-Verlagsgruppe benutzt, um die Ängste vor der Roten Bedrohung zu schüren. Unter den Mitarbeitern der Zeitung waren sogar ehemalige Angehörige des FBI. Die Aufzeichnungen über seine Telefongespräche beweisen, daß er regelmäßig mit dem Vorsitzenden des Hearst-Konzerns, Richard Berlin, telefonierte. Dieser verfolgte eine Verlagspolitik, die in entschiedener Opposition zu der Politik der Kennedy-Administration stand.
Zudem hatten er und Edgar enge Verbindungen zu Roy Cohn, der als Anwalt für einen Amerikaner tätig war, der in den Profumo-Skandal verwickelt war und über den eine zentrale Figur des Profumo-Skandals sagte, er habe »Sexparties für JFK in London arrangiert«. Eine aufschlußreiche handschriftliche Notiz auf einem der Dokumente des FBI über die Profumo-Affäre lautet: »Roy Cohn verfügt über diese Information.«
Präsident Kennedy hatte sich mit seinen Affären mit Judith Campbell, Marilyn Monroe – und jetzt Mariella Nowotny und Suzy Chang kompromittiert, jedesmal unter Umständen, welche die nationale Sicherheit gefährdeten, und alle waren von Edgar enthüllt worden. Dennoch

hielten die Brüder und ihr FBI-Direktor den Anschein des freundschaftlichen Umgangs aufrecht.
Edgar schrieb dem »Lieben Bob«, um ihm zur Geburt seines achten Kindes, einem Jungen namens Christopher, zu gratulieren. Er bekundete sein Mitgefühl, als der gerade geborene Sohn des Präsidenten kurz danach starb. Und die Brüder antworteten mit höflichen Dankschreiben.
Unterdessen war Edgar weiterhin mit seinen Intrigen beschäftigt: Er nutzte seine Kontakte zur Presse, um die Tatsachen über das organisierte Verbrechen zu verdrehen, seinen Einfluß einzusetzen, um Martin Luther King als einen Kommunisten zu brandmarken, und Robert Kennedy davon zu überzeugen, Abhöraktionen zu genehmigen, die sich nicht nur gegen dessen engste Mitarbeiter, sondern auch gegen King selbst richten sollten. Gerade als er im August dem Präsidenten sein Beileid bekundete, untersuchten seine Agenten mit allem Nachdruck einen Hinweis auf eine andere Frau, ein weiteres potentielles Sicherheitsrisiko.

Ellen Rometsch war ein junger reizender Flüchtling aus Ostdeutschland. Im Jahr 1961 war sie mit ihrem Ehemann, einem westdeutschen Feldwebel der Bundeswehr, der in der militärischen Vertretung seines Landes in Washington eingesetzt war, nach New York gekommen. Sie sah aus wie Elizabeth Taylor und wurde bald als »Partygirl« bekannt. Einem der Männer, denen Ellen Rometsch in dem wilden Treiben der Gesellschaft begegnete, war Bobby Baker, Sekretär des Mehrheitsführers im Senat und ein enger Mitarbeiter von Lyndon Johnson. Bald darauf tauchte sie in einem knappen Kleid in dem exklusiven ›Quorum Club‹ in der Nähe des Kapitols auf, der von Baker mitgegründet worden war.
Einer der Stammgäste des Clubs war im Spätsommer 1961 Bill Thompson. Er war ein Eisenbahn-Lobbyist und ein intimer Freund des Präsidenten. Der wohlhabende Junggeselle wußte viel über das Liebesleben von John Kennedy und war bei einer der ersten Begegnungen mit Judith Campbell dabeigewesen.
»Wir nahmen Cocktails im ›Quorum‹«, erinnerte sich Baker, »und Bill Thompson kam zu mir rüber. Er deutete auf Ellen und sagte: ›Junge, dieses Weibsbild ist wirklich außergewöhnlich! Glaubst du, daß sie rüberkommen und mit mir und dem Präsidenten zu Abend essen wird?‹ Auf diese Weise lernte sie Thompson kennen und sie ging mit und traf den Präsidenten. Und er teilte mir später mit, daß es das aufregendste Erlebnis in seinem Leben gewesen sei. Es handelte sich nicht nur um dieses eine Mal. Sie sah ihn auch bei anderen Gelegenheiten. Es ging eine Zeitlang so weiter.«
Aber Ellen Rometsch war ziemlich geschwätzig und begann, über ihre

Beziehungen zu Männern in Washington zu reden. Jemand gab dem FBI einen Hinweis über sie und im Juli 1963 wurde sie von Agenten befragt. Als Flüchtling aus dem Osten und ehemaliges Mitglied kommunistischer Jugendorganisationen könnte Ellen Rometsch ein kommunistischer Maulwurf sein. Kurz darauf wurden sie und ihr Mann in Zusammenarbeit mit den deutschen Behörden in aller Stille nach Deutschland zurückgeschickt.

Die Angelegenheit hätte an dieser Stelle beendet sein können, wenn nicht drei Wochen nach Ellen Rometschs Abreise die Affäre ans Tageslicht gekommen wäre, ausgelöst von Bobby Baker, dem Mann, der sie vielen Politikern in Washington vorgestellt hatte. Im Mittelpunkt des Falles Baker stand die finanzielle Bestechlichkeit, nicht der sexuelle Aspekt, aber hinter den Kulissen sorgte die Verbindung zum ›Quorum Club‹ für eine äußerst brisante Beschuldigung. In einem FBI-Memorandum vom 26. Oktober heißt es:

»Es liegen Informationen vor, die auf möglicherweise fragwürdige Aktivitäten hoher Regierungsbeamter hindeuten. Es wurde außerdem behauptet, daß der Präsident und der Justizminister die Dienste von »Playgirls« in Anspruch genommen hätten.«

Der übrige Text dieses Memorandums ist nach der Freigabe durch das FBI geschwärzt worden und seine Quelle ist nicht angegeben.

An diesem gleichen Samstag erschien zum ersten Mal eine Titelgeschichte über die Ausweisung von Ellen Rometsch in Iowa in *The Des Moines Register*. Die Zeitung schrieb, die FBI-Untersuchung »hätte ergeben, daß die bezaubernde Brünette an Parties mit führenden Politikern des Kongresses und einigen prominenten ›New Frontiersmen‹ aus den exklusiven Kreisen der Regierung teilgenommen hatte ... Die Möglichkeit, daß ihre Aktivitäten im Zusammenhang mit Spionage stehen könnten, bereitete gewisse Sorgen – in Anbetracht der hohen Stellung ihrer männlichen Begleiter.«

Clark Mollenhoff, der die Geschichte für den *Register* schrieb, war einer von Edgars »freundlich gesinnten« Reportern.[3] In seinem Artikel berichtete er zudem darüber, daß der republikanische Senator aus Delaware, John Williams, »einen Bericht über die Aktivitäten von Ellen Rometsch erhalten habe«. Später wurde bekannt, daß der Senator in den Besitz von FBI-Dokumenten gelangt war und nur Edgar konnte ihre Weitergabe gebilligt haben. Der *Register* berichtete, daß sich unter diesen Informationen eine Liste von Ellen Rometschs »Freunden in der Regierung« befand. Senator John Williams beabsichtigte, diese Aufstellung am kommenden Dienstag dem Rechtsausschuß des Senats vorzulegen. Dies war das Gremium, das sich mit den Vorgängen um Bobby Baker befaßte.

Zu diesem Zeitpunkt taten die Kennedys alles, um den entstandenen

Schaden so gering wie möglich zu halten. Mit einer Reihe von hektischen Anrufen in Edgars Büro bat ein Mitarbeiter des Weißen Hauses das FBI, den Nachdruck der Geschichte des *Register* in anderen Zeitungen zu verhindern. Der Präsident selbst, erklärte er, sei »persönlich daran interessiert, daß diese Geschichte unterdrückt würde«. Das FBI weigerte sich, diesem Wunsch zu entsprechen.
Am Wochenende rief der Justizminister La Vern Duffy, einen Freund Kennedys, zu sich und schickte ihn mit dem nächsten Flugzeug nach Westdeutschland. Sein Auftrag lautete, Ellen Rometsch zum Schweigen zu bringen, bevor die Presse sie aufspürte. Einige Tage danach wurde berichtet, daß »am Sonntag Männer mit US-Sicherheitsdienstmarken Mrs. Rometsch aufsuchten und sie dazu brachten, eine Erklärung zu unterzeichnen, in der sie formell alle intimen Kontakte mit wichtigen Persönlichkeiten bestritt.« Ellen Rometsch schrieb später an Duffy, dankte ihm für die Übersendung von Geld und versicherte ihm: »Natürlich werde ich schweigen ...«
Von zu Hause telefonierte Robert Kennedy am Montagmorgen in aller Frühe, genau 24 Stunden vor Senator Williams beabsichtigter Rede vor dem Rechtsausschuß des Senats, mit Edgar. Als die Person, die alle Fakten kannte, schien Edgar der einzige zu sein, der in der Lage sein könnte, den Senator davon zu überzeugen, daß das Hearing den nationalen Interessen widerspräche und – da wahrscheinlich auch Mitglieder des Kongresses in diese Affäre hineingezogen werden würden – auch im Gegensatz zu den Interessen des Kongresses stände.
Edgars Notizen über den Anruf Kennedys und über ein späteres Treffen im Justizministerium lassen keinen Zweifel daran, wie demütigend diese Bitte für den Justizminister gewesen sein muß. Der Bruder des Präsidenten war in der Rolle eines Bittstellers, als er Edgar darum bat, den Senator zurückzupfeifen.
An jenem Nachmittag, als sich die Gerüchte über den bevorstehenden Skandal in der Hauptstadt verbreiteten, unterrichtete Edgar Mike Mansfield, den Führer der Demokraten im Senat, und Everett Dirksen, seinen Widerpart bei den Republikanern, über die Vorgänge. Um völlige Diskretion zu gewährleisten, trafen sie sich im Hause von Mansfield. Die Aussagen Edgars bei dieser Unterredung sind in den FBI-Aufzeichnungen geschwärzt worden, aber sie führten offenbar zum Erfolg. Noch an diesem Nachmittag wurden die Pläne, im Senat über den Fall Rometsch zu sprechen, beerdigt.
Die Krise war überstanden. Beinahe wäre die Rometsch-Affäre wie der Profumo-Skandal mit seinen sexuellen und sicherheitsrelevanten Aspekten zu einer Katastrophe geworden, die den Präsidenten zum Rücktritt hätte zwingen können. Die Vertuschung war nur unter großen Mühen möglich gewesen und die Kennedys standen noch mehr als jemals zuvor in Edgars Schuld. Der Machtkampf mit ihm dauerte

nun schon beinahe drei Jahre und sie verloren immer mehr an Boden. Drei Monate zuvor hatte Robert Kennedy dem Drängen des FBI widerstanden und die Bitte um die Genehmigung für die elektronische Überwachung von Martin Luther King auf der Grundlage des unbegründeten Verdachtes, er stände unter kommunistischem Einfluß, abgelehnt. Anschließend war es in der Woche, als Ellen Rometsch zurück nach Deutschland geflogen war, zu dem großen Marsch der Bürgerrechtler in Washington gekommen. Eine Viertelmillion Menschen waren in die Hauptstadt geströmt, um Kings Rede über seinen Traum von Freiheit zu hören und um gemeinsam »We Shall Overcome« zu singen. Für Millionen war es ein Augenblick der Begeisterung, der Hoffnung auf Fortschritt. Für den Südstaatler Edgar, der noch im 19. Jahrhundert geboren worden war, verstärkte er lediglich seine Furcht vor Martin Luther King.

Kurz darauf hatte Edgar den Justizminister erneut gedrängt, um die Abhöraktion gegen King zu genehmigen. Wiederum zögerte Robert Kennedy, denn er wußte, daß das Bekanntwerden einer derartigen Überwachung fatale politische Folgen haben konnte. Dann beugte er sich dem Druck und genehmigte lediglich das Anzapfen einer einzigen Telefonleitung. Im Oktober, als Edgar während des Höhepunktes der Rometsch-Affäre Wanzen an vier weiteren Telefonen Kings verlangte, gab der Justizminister klein bei. Das Abhören der Telefonleitungen und die Überwachung mit versteckten Mikrophonen sollte bis 1966 fortgesetzt werden.

An dem Morgen des 26. Oktober, als er mit Edgar über Ellen Rometsch sprach, befand sich der Justizminister in einer aussichtslosen Situation. Auf der einen Seite bat er um Unterstützung in der Angelegenheit Ellen Rometsch, andererseits versuchte er bei Edgar wegen der Verbreitung eines empörend irreführenden Berichtes, daß Martin Luther King »wissentlich, bereitwillig und regelmäßig den Rat von Kommunisten befolge«, zu protestieren. Edgar blieb unbelehrbar. Die Kennedys hatten die Kontrolle über J. Edgar Hoover verloren.

Jede Grundlage für die »Zusammenarbeit mit dem FBI« wäre verlorengegangen, sagte Kennedy zu einem Mitarbeiter, wenn er nicht den gegen Martin Luther King gerichteten Abhöraktionen zugestimmt hätte. Aber jetzt steckten die Kennedys noch tiefer in der Bredouille. »Es war eine Falle«, notierte Taylor Branch, der Biograph von Martin Luther King. »Hoover besaß einen Trumpf ... Wie konnte Kennedy darauf hoffen, Hoover im Zaume zu halten, nachdem er der Überwachung von King zugestimmt hatte? ...«

Am 29. Oktober, einen Tag nachdem Edgar den Präsidenten vor den möglichen Folgen des Rometsch-Skandals gerettet hatte, sprach er mit Robert Kennedy über seine berufliche Zukunft. Er erkundigte sich, was an den Gerüchten dran sei, die sich auf dem Hügel des Kapitols

verbreiteten, daß man ihn entlassen wolle? Kennedy versicherte ihm, wie Edgar mit Befriedigung registrierte, daß derartige Gerüchte jeder Grundlage entbehrten. Zwei Tage später fuhr er zum Abendessen mit dem Präsidenten ins Weiße Haus. Es muß eine ungewöhnliche Begegnung gewesen sein – und für den Präsidenten äußerst demütigend. Am Höhepunkt der Rometsch-Krise hatte er sich genötigt gesehen, mit seiner eigenen Regel zu brechen und ein direktes Telefongespräch mit Edgar zu führen. Nun saßen sie sich sogar unmittelbar gegenüber. Die Kennedy-Archive bezeichnen dieses Treffen als »inoffiziell«, aber ein wenig ist durch den Freund des Präsidenten, Ben Bradlee, durchgesickert.
»Er berichtete mir, daß Hoover mit ihm über diese deutsche Frau gesprochen habe«, erinnerte sich Bradlee, »daß sie sich gemeinsam Bilder von ihr angesehen hätten und Hoover ihn über ihre Aktivitäten mit verschiedenen Politikern informiert hätte.« Gegenüber Bradlee ließ der Präsident nichts von den abträglichen Berichten verlauten, die Edgar über ihn und seinen Bruder zusammengetragen hatte.
Mittlerweile hat der Mitarbeiter des Präsidenten, David Powers, angedeutet, daß während dieser Unterredung auch über Edgars Zukunft gesprochen wurde. Und nach Angaben Bradlees war Kennedy zu dem Schluß gekommen, daß er noch weiter mit Edgar auskommen müsse.
»Er meinte, dies sei vernünftig – angesichts der bestehenden Gerüchte und der Andeutungen einer neuen schmutzigen Kampagne.«
Seit 1961 hatten sich Edgar und John Kennedy nur sechsmal getroffen und zu einem weiteren Zusammentreffen sollte es nicht mehr kommen. 22 Tage nach ihrer letzten vertraulichen Besprechung im Weißen Haus flog der Präsident nach Dallas.

28. KAPITEL

> *Hoover widmete seine Aufmerksamkeit der Untersuchungskommission, Oswald, Ruby, ihren Freunden, den Kugeln, der Waffe ...*
>
> Kongreßmitglied Hale Boggs
> Mehrheitsführer im Repräsentantenhaus und ehemaliges
> Mitglied der Warren-Kommission

Edgar erfuhr von der Ermordung Kennedys auf die gleiche Art wie die Journalisten in der ganzen Welt: durch den UPI-Fernschreiber in seinem Büro. Die erste Blitzmeldung traf um 13.34 Uhr Washingtoner Zeit ein, vier Minuten nach den Schüssen, als die Limousine des Präsidenten in das Krankenhaus von Dallas raste.

Neun Minuten danach, als Kennedy nach den Berichten von UPI »wahrscheinlich tödlich verwundet« war, telefonierte Edgar auf der direkten Leitung, die seit Monaten weder von ihm noch von dem Justizminister benutzt worden war. Robert Kennedy war zu Hause beim Essen und das Gespräch wurde zu ihm durchgestellt. »Ich dachte, irgend etwas müsse passiert sein«, erinnerte sich der Bruder des Präsidenten später, »sonst hätte Hoover mich nicht hier angerufen.«

Edgar vermerkte lediglich in einer fünfzeiligen Notiz, daß er die Neuigkeiten weitergegeben hatte. Nach dem Eindruck des Justizministers war Edgars Stimme »nicht aufgeregter, als berichte er von der Tatsache, daß er einen Kommunisten in der Fakultät der Howard-Universität entdeckt hätte. Sein Gespräch mit mir am 22. November stand in keinem Verhältnis zu der ernsten Situation.«

Niemals sollte man von Edgar ein Wort des Beileids hören – er schickte nur eines seiner bekannten knappen Schreiben. In den neun Monaten, die Robert Kennedy noch in seinem Amt verbleiben sollte, würden die beiden Männer nur selten miteinander sprechen. Als das Telefon auf der direkten Leitung erneut klingelte, wartete Edgar einfach ab, bis es aufhörte zu läuten und dann befahl er: »Stellen Sie das verdammte Ding zurück auf den Schreibtisch von Miss Gandy, wo es hingehört.«

Als Edgar 40 Minuten nach dem Attentat erneut mit Kennedy telefonierte, sprach er nur von »kritischen« Verletzungen. Der Justizminister, der über bessere Informationen verfügte, setzte ihn ins Bild. »Es mag Sie vielleicht interessieren«, schnauzte er, »daß mein Bruder tot ist.«

An diesem Abend ging Edgar nach Hause und schaute fern. Am nächsten Tag ging er zum Pferderennen. »Das Feld lief am Samstag, dem Tag nach Kennedys Tod«, erklärte Bill Koras, ein Vertreter von Pimlico, »und Mr. Hoover war anwesend. Er benutzte unser kleines Privatbüro und war dort beinahe den ganzen Tag, um seine Aufgaben nach dem Attentat wahrzunehmen. Bei ihm war Mr. Tolson und er ging hinunter, um seine Wetten zu machen.«
Binnen weniger Stunden nach Kennedys Ermordung, noch vor dem Verlassen seines Büros, hatte Edgar einen unterwürfigen Brief an Lyndon Johnson geschrieben, jenen Mann, der richtigerweise darauf gesetzt hatte, daß eine schicksalhafte Fügung ihm zur Präsidentschaft verhelfen könnte.

»Mein lieber Herr Präsident,
ich war wirklich zutiefst schockiert über die brutale Ermordung von Präsident Kennedy am heutigen Tage und ich möchte Ihnen mein zutiefst empfundenes Mitgefühl über den für die Nation so tragischen Verlust Ihres persönlichen Freundes ausdrücken.
Meine Mitarbeiter und ich möchten Sie unseres ernsten Wunsches versichern, Ihnen in jeder möglichen Weise behilflich zu sein.«

Dies war pure Heuchelei. Edgar wußte genau, daß Johnson und die Kennedys einander bestenfalls tolerierten. Im Widerspruch dazu hatten er und Johnson seit langem Briefe der gegenseitigen Wertschätzung ausgetauscht. In einem von ihnen, nur wenige Monate zuvor, hatte der Vizepräsident seine »vollständige und völlige Ergebenheit« Edgar gegenüber zum Ausdruck gebracht.
Johnsons erste Telefongespräche als Präsident galten zwei ehemaligen Präsidenten – Truman und Eisenhower – und Edgar. Nach wenigen Tagen im Weißen Haus äußerte er seine Sorge, daß auch er ermordet werden könnte. Edgar bot ihm eines seiner eigenen kugelsicheren Fahrzeuge an, woraufhin Johnson ihm bewegt dankte. Er glaubte, notierte Edgar, »daß ich mehr als der Kopf des FBI bin – Ich war sein Bruder und persönlicher Freund«, und »daß er mehr Vertrauen in mich setzte als in irgend jemanden sonst in der Stadt ...«
In einem seiner Schreiben als Vizepräsident hatte Johnson davon gesprochen, auch »in den vor uns liegenden Jahren« Edgar weiterhin vertrauen zu wollen. Jetzt bot seine Amtsübernahme Edgar die Möglichkeit, daß seine Pensionierung hinausgeschoben werden könnte, die unter Kennedy schon bald eintreten hätte können. Aber zunächst mußte ein äußert heikles Thema bewältigt werden – die »Aufräumarbeiten« nach den Schüssen von Dallas.

Noch heute sind Millionen Amerikaner aufgrund der beiden sich widersprechenden offiziellen Schlußberichte über den Anschlag von

Dallas verunsichert. Die erste Untersuchung der Kommission, welche unter dem Vorsitz des Obersten Bundesrichters Earl Warren stand, kam zu dem Schluß, daß der Präsident von dem 24jährigen Lee Harvey Oswald ermordet worden sei, der auf eigene Faust gehandelt hatte. Doch heute ist bekannt, daß vier der bedeutenden Mitglieder der Kommission Zweifel an dieser abschließenden Beurteilung hatten. Und im Jahr 1978 gelangte der Untersuchungsausschuß des Kongresses zu der Schlußfolgerung, daß es sich »wahrscheinlich« um eine Verschwörung gehandelt habe.

Dieser Ausschuß vertrat die Auffassung, daß Oswald nur einer von zwei Schützen war und daß der Mordanschlag aller Wahrscheinlichkeit nach von der Mafia geplant worden war. Andere wiesen auf Anhaltspunkte hin, nach denen Oswald Verbindungen zum US-Geheimdienst unterhalten habe und äußerten ihre Zweifel, ob es so einfach gewesen sein konnte. Selbst der frühere Chef der Abteilung für die westliche Hemisphäre in der CIA, David Phillips, der selber als Zeuge vor dem Ausschuß auftrat, erklärte 1988, daß er an eine Verschwörung glaube, in die »unredlich handelnde Angehörige der amerikanischen Nachrichtendienste« verwickelt gewesen seien.

Vielleicht wäre es niemals zu einer derartigen Verwirrung gekommen, wenn die Kommission nicht bei den meisten ihrer Informationen auf das FBI angewiesen gewesen wäre. Edgars Hauptanliegen bestand von Anfang an darin, sich und das FBI gegenüber allen Vorhaltungen zu schützen und nachdrücklich darauf zu beharren, daß Oswald der einzige Attentäter gewesen sei. Der Staatssekretär im Justizministerium, Norbert Schlei, war sehr erstaunt, als er binnen weniger Stunden nach den Schüssen von Dallas erfuhr, daß der FBI-Direktor erklärt habe, »völlig davon überzeugt zu sein, daß sie den Richtigen erwischt hatten«. Doch als er am nächsten Tag von dem neuen ersten Mann im Staat angerufen wurde, zeigte sich Edgar weniger überzeugt. Präsident Johnson schrieb in einer kurzen Notiz, daß ihm Edgar mitgeteilt hatte:

»Beweise nicht zwingend ... nicht zwingend genug, um überzeugend zu sein ...«

Doch am nächsten Tag war keine Rede mehr von den schwachen Beweisen, als Oswald von Jack Ruby erschossen worden war und als man wußte, daß es zu keinem Prozeß kommen würde. »Ich halte es für besonders wichtig«, teilte Edgar zwei Stunden nach Oswalds Ermordung dem Weißen Haus mit, »etwas verlautbaren zu lassen, um die Öffentlichkeit davon zu überzeugen, daß Oswald tatsächlich der Attentäter war.« Schon bald äußerte der Präsident, daß er hoffe, mit einem eilig zusammengestellten FBI-Bericht »durchkommen« zu können.[1]

Zwei der wenigen erfahrenen FBI-Veteranen, welche das Attentat gegen Kennedy untersuchen sollten, ein älterer Beamter und ein Spezialagent, berichten von übereilten Bewertungen und verzerrten Informationen. »Hoovers Drängen auf schnellste Erledigung«, meinte der stellvertretende FBI-Direktor Courtney Evans, »führte zu unmöglichen Bedingungen bei den Agenten draußen. Ich kann mich des Eindrucks nicht erwehren, daß, wenn er die Agenten im Außendienst ihre Arbeit hätte tun lassen, wenn er die Dinge ihren normalen Lauf hätte nehmen lassen, vielleicht etwas anderes als die einfache Einzeltätertheorie entdeckt worden wäre. Aber Hoover verlangte ›Erledigt es schnell!‹ Dies war nicht unbedingt eine Methode, um die volle Wahrheit herauszubekommen.«

Der Agent Harry Whidbee hatte den Auftrag, mit den Leuten zu sprechen, die Oswald in Kalifornien gekannt hatten, als er dort während seiner Zeit bei den Marines stationiert war. »Ich erinnere mich genau«, erklärte er im Jahr 1988. »Es war ein eiligst zu erledigender Auftrag. Innerhalb von drei Wochen trafen Briefe mit klaren Instruktionen bei den Außenstellen ein. Uns wurde ausdrücklich gesagt, daß ›sie nur beweisen sollen, daß er der Bursche war, der es getan hat. Es gebe keine Mitverschwörer, und es gebe keine internationalen Verschwörer ...‹ Im Rahmen meiner Ermittlungen habe ich eine Reihe von Gesprächen geführt. Die Protokolle darüber wurden zurückgeschickt und entsprechend den Anweisungen aus Washington umgeschrieben.«

Es gibt zahlreiche Berichte über unaufhörlich belästigte Zeugen und manipulierte Beweise. Die beiden langjährigen Mitarbeiter von Präsident Kennedy, Kenneth O'Donnell und David Powers, glaubten, daß die Schüsse hinter dem Zaun vor der Autokolonne abgegeben wurden – und nicht von dem Gebäude hinter ihr, wo Oswald angeblich im Hinterhalt gelegen haben soll. »Ich teilte dem FBI mit, was ich mitbekommen hatte«, erinnerte sich O'Donnell, »aber sie erklärten, es könne nicht so gewesen sein ... Deshalb erklärte ich als Zeuge das, was sie von mir hören wollten.«

Normalerweise hätte Robert Kennedy als der amtierende Justizminister eine Schlüsselrolle in der Untersuchung gespielt. Doch er befand sich in einem traumatischen Zustand und blieb nach der Ermordung seines Bruders wochenlang seinem Büro fern. Nach den Angaben eines höheren FBI-Beamten wies Edgar seine Mitarbeiter an, den Bericht des FBI über den Anschlag von Dallas zum Abschluß zu bringen, »bevor Bobby zurückkehrt«.

Edgar widersetzte sich vehement allen Plänen, daß die Untersuchung von einer anderen Behörde als dem FBI durchgeführt werden sollte. Als Johnson dann entschieden hatte, eine Kommission einzusetzen, um allen Forderungen nach einer unabhängigen Untersuchung Genüge zu tun, wollte Edgar selbst den Vorsitz in diesem Gremium übernehmen. Nachdem diese Aufgabe dann dem Obersten Bundesrichter Warren übertragen wurde, mischte sich Edgar von Beginn an in die Untersuchung ein. Er widersetzte sich der Entscheidung des Obersten Bundesrichters für Warren Olney, einen ehemaligen Leiter der Criminal Divison im Justizministerium und Experten für das organisierte Verbrechen, als Obersten Rechtsberater der Kommission. Lee Rankin, der an seiner Stelle ernannt wurde, äußerte später die Auffassung, daß »man dem FBI nicht trauen könne«.

Edgar setzte Cartha DeLoach ein, um sich insgeheim mit zwei Mitgliedern der Kommission zu verbünden: Senator Richard Russell und den Kongreßabgeordneten Gerald Ford, den späteren Präsidenten. DeLoach erhielt von Ford Einzelheiten über die geheimen Beratungen der Kommission und besorgte ihm eine Sicherheits-Aktenmappe, um die Dokumente in den Winterurlaub mitzunehmen. Ford, sagte William Sullivan, sei ein Mitglied des »FBI-Stalls im Kongreß ... ›unser Mann‹ in der Warren-Kommission. Es war seine Aufgabe, darauf zu achten, daß unsere Interessen gewahrt würden und uns über jede Entwicklung auf dem laufenden zu halten, die uns nicht gefallen konnte ... und er tat es.«

Der frühere Mitarbeiter von Lyndon Johnson, Bobby Baker, hat eine Erklärung für Fords Bereitschaft zur Zusammenarbeit mit dem FBI. Im Jahr vor der Ermordung Kennedys hatten er und Ford eine gewisse Zeitlang Zugang zu einer sogenannten »Suite der Gastfreundschaft« im Washingtoner ›Sheraton-Carlton‹-Hotel, die von einem gemeinsamen Freund, dem Lobbyisten Fred Black, gemietet worden war. Baker erklärte, »Jerry Ford hatte genau wie ich einen Schlüssel für die Suite. Und manchmal teilte mir Black mit, daß ich den Raum nicht benutzen könne, da Ford sich mit jemandem dort traf.«

Wie sich später während eines Gerichtsverfahrens gegen Black wegen Steuerhinterziehung herausstellte, wurde die betreffende Hotelsuite im Jahr 1963 zwei Monate lang vom FBI mit Abhöreinrichtungen versehen. Baker vermutet, daß bei der gegen Black gerichteten Überwachung kompromittierende Informationen über Ford aufgenommen und an Edgar weitergegeben wurden, der sie dann dazu benutzte, um Ford während seiner Tätigkeit in der Warren-Kommission zur Kooperation zu zwingen.

Lange Zeit war Edgar dem Obersten Bundesrichter Warren zu Diensten gewesen. Dies ging so weit, daß das FBI sogar die Freunde seiner Tochter überprüfte. Doch jetzt sah er in ihm ein Ärgernis. »Wenn Warren seinen großen Mund gehalten hätte«, kritzelte Edgar in einer Notiz, »wäre es nicht zu diesen Vermutungen gekommen.« Seinen Agenten erteilte er den Auftrag, abträgliche Informationen über die Mitglieder der Warren-Kommission zu sammeln.

Zumindest eines der Kommissionsmitglieder fühlte sich genötigt, der

offiziellen Haltung des FBI im Hinblick auf das Attentat zu folgen. Nach den Angaben seines Sohnes Thomas war der Führer der Mehrheit im Repräsentantenhaus, Hale Boggs, »durch die Besuche des FBI persönlich eingeschüchtert worden. Es geschah in dieser Form: ›Wir wissen dies und jenes von Ihnen und viele Dinge könnten über Sie in die Öffentlichkeit gelangen ...‹ Mein Vater versuchte, sich in seinem Urteil nicht davon beeinflussen zu lassen.«[2]
Der ehemalige Staatssekretär im Justizministerium Katzenbach, der nach dem Attentat für Robert Kennedy die Amtsgeschäfte als Justizminister führte, erinnerte sich später mit Bedauern, daß Edgar und das FBI im Grunde genommen ein Monopol über die entscheidenden Informationen ausübten. »Ich wußte nicht, was da vor sich ging«, sagte er. »Niemand in der Regierung wußte es.« Hätten sie es gewußt, weder Katzenbach noch die Warren-Kommission hätten Vertrauen in Edgar gesetzt. Das FBI verbarg Beweise vor der Kommission und in einem sehr schwerwiegenden Fall vernichtete es sogar Beweise.
Schon früh waren die Mitglieder der Warren-Kommission wegen eines Widerspruches zwischen dem Original des Adreßbuches von Oswald und dem vom FBI erstellten Verzeichnis seines Inhaltes mißtrauisch geworden. In der FBI-Version war eine Seite neu getippt worden, wobei einige Informationen des Originals ausgelassen worden waren. Zu den fehlenden Angaben gehörten der Name, die Adresse und die Führerscheinnummer eines FBI-Agenten namens James Hosty.[3]
Nach den Angaben des FBI war Hosty der Agent in Dallas, der den Routineauftrag erhalten hatte, Oswalds Vergangenheit als ehemaliger Überläufer zu überprüfen. Er sagte aus, daß er niemals mit Oswald persönlich zusammengetroffen sei und lediglich kurz vor dem Attentat bei Oswalds Frau eine Nachricht mit der Bitte um Rückruf hinterlassen habe. Wenn dies alles gewesen war, warum versuchte das FBI dann, die Verbindung zu Hosty vor der Kommission zu verheimlichen?
Das FBI bestritt eine derartige Absicht und rechtfertigte den fehlenden Eintrag mit bürokratischen Fehlern. Die Mitglieder der Kommission blieben skeptisch. »Wir haben diesen Vorfall nie vergessen«, erklärte Rechtsberater Burt Griffin. »In unseren Köpfen setzte sich die Auffassung fest, daß wir uns über das FBI Sorgen machen mußten.«
Dies führt zu einer unerhörten Entdeckung, zu etwas, was die Kommission niemals herausgefunden hat. Oswald hatte Ruth Paine, einer engen Freundin seiner Frau, erzählt, daß er nach dem Besuch von Hosty eine Nachricht im FBI-Büro von Dallas hinterlassen habe. Als Mrs. Paine nach dem Anschlag von einem Agenten eingeredet wurde, daß es so nicht gewesen war, erklärte sie, daß es nur eine erfundene Geschichte gewesen sei. Doch im Jahr 1975 erfuhr ein Kongreßausschuß, daß der angebliche Attentäter tatsächlich zwei Wochen vor den

Schüssen von Dallas eine Nachricht in dem FBI-Büro hinterlassen hatte – adressiert an den Agenten Hosty. Eine Frau in der FBI-Außenstelle, welche die Nachricht entgegengenommen hatte, sagte aus, daß Oswald damit drohte, er würde das FBI-Büro in die Luft jagen, wenn sie nicht »damit aufhören, meine Frau zu belästigen«. Doch Hosty sagte aus, daß in der Nachricht nichts über Androhung von Gewalt gestanden hätte – nur eine Warnung, daß Oswald »zu den geeigneten Mitteln greifen und dies den zuständigen Behörden melden« könnte.

Diese Nachricht gehört nicht zu den offiziellen Beweismitteln, denn Hosty erklärte, daß der leitende Spezialagent in Dallas, Gordon Shanklin, ihm befahl, sie zu vernichten. Die Nachricht befand sich nach dem Attentat im Besitz von Shanklin. Zwei Tage, nachdem Oswald erschossen worden war, holte Shanklin den Brief aus einer Schublade hervor und sagte zu Hosty: »Oswald ist jetzt tot. Es wird keinen Prozeß geben. Hier – beseitigen Sie das.« Daraufhin zerriß Hosty in Anwesenheit von Shanklin die Nachricht, nahm die Schnipsel mit in die Toilette und »spülte sie hinunter«.

Es wird vermutlich niemals herauskommen, wer letztlich den Befehl erteilt hat, Oswalds Nachricht zu vernichten, und aus welchem Grund es geschah. Shanklin ist inzwischen verstorben und der ehemalige Agent Hosty weigert sich, weitere Angaben dazu zu machen. Der Agent Cyril Payne, der in Dallas während der Untersuchung, die nach Hostys Enthüllungen durchgeführt wurde, eingesetzt war, hält es für »unvorstellbar«, daß die Nachricht ohne Genehmigung aus Washington vernichtet werden konnte. »Im FBI verbreitete sich das Gerücht«, fügte er hinzu, »daß J. Edgar Hoover persönlich die Vernichtung der Notiz angeordnet hatte.« Nach den Aussagen der beiden stellvertretenden Direktoren, William Sullivan und Mark Felt, wußten die Beamten im Hauptquartier zu jener Zeit von der Existenz der Nachricht. Es war Edgar, sagte Sullivan, der die Anweisung gab, daß schon ihre Existenz vor der Warren-Kommission geheimgehalten werden sollte.

»Wir glaubten damals nicht«, hat der ehemalige Oberste Rechtsberater der Kommission, Rankin, später reumütig erklärt, »daß er vorsätzlich lügen würde ... Aus der Nachricht und ihrer Vernichtung ergibt sich die Schlußfolgerung, daß mehr dahinter gesteckt haben könnte ...« Rankin dachte hierbei an die Information, die wie eine Bombe einschlug und eine Zeitlang den ganzen Verlauf der Warren-Untersuchung zu verändern drohte, als der Justizminister des Bundesstaates Texas, Waggoner Carr, »von einer Behauptung, derzufolge Lee Harvey Oswald ein Undercover-Agent des FBI gewesen sei«, berichtete.

Vor der Kommission leugnete Edgar rundweg, daß Oswald oder Ruby jemals Informanten des FBI gewesen seien. Doch später wurde bekannt, daß es nicht weniger als neun Kontakte zwischen dem FBI und

Jack Ruby lange vor dem Attentat gegeben hatte. In den FBI-Akten wurde er sogar als P. C. I., Potential Criminal Informant, geführt. Wenn Edgar die Kommission im Falle von Ruby täuschte, was war dann mit Oswald?

Marina, die Witwe des vermeintlichen Attentäters, hat erklärt, sie glaubte, daß er »für die amerikanische Regierung arbeitete«. Der frühere Sicherheitschef im State Department, Otto Otepka, erinnerte sich Monate vor dem Attentat in Dallas an seine Zweifel, ob der zurückgekehrte Überläufer aus der UdSSR »einer von unseren oder von den FBI-Leuten« war.

Zwei Zeugen aus New Orleans, wo Oswald vor dem Mordanschlag lebte, äußerten, daß sie Oswald dort in Begleitung von FBI-Agenten gesehen hätten. Ein Deputy-Sheriff aus Dallas, Allen Sweatt, wird mit den Worten zitiert, daß das FBI zur Zeit des Attentats 200 Dollar pro Monat an Oswald gezahlt und ihm eine Informantennummer als »Confidential Agent« gegeben habe.[4]

Die Kommission führte jedoch niemals eine sorgfältige Untersuchung im Hinblick auf derartige Behauptungen durch.[5] Ihre Beratungen endeten letztlich damit, daß sie, wie die Mitglieder des Untersuchungsausschusses von 1979 folgerten, »das taten, was die Mitglieder eigentlich nicht tun wollten: sich vorwiegend auf die negativen Untersuchungsergebnisse des FBI im Hinblick auf die Behauptungen zu verlassen«.

Der Oberste Rechtsberater der Kommission, Rankin, war von Beginn an verwundert über die Haltung des FBI im Hinblick auf das Attentat. Normalerweise wurde Edgar nie müde, zu erklären, daß es die Aufgabe des FBI sei, Fakten, nicht Schlußfolgerungen vorzulegen. Dieses Mal war alles anders. »Sie haben nicht alle Hinweise untersucht«, sagte Rankin den Mitgliedern der Kommission, »aber sie kommen zu dem Schluß, daß Oswald der Attentäter war ... daß es keine Verschwörung gegeben haben kann. Nun, das ist nicht normal ... Warum sind sie so begierig, zu diesen Schlußfolgerungen zu gelangen?«

Einige vertreten die Meinung, daß es Edgars fixe Idee, sein Ansehen zu wahren, war, die ihn dazu veranlaßte, alle anderen Möglichkeiten von vornherein auszuschließen. Eiligst verschickte er geheime Schreiben der Mißbilligung an 17 Agenten und Beamten – alles Personen, die mit dem Fall Oswald vor dem Attentat in Verbindung standen. Edgar behauptete, daß Oswalds Name auf der Liste der »gefährlichen Personen« gestanden hätte, wenn sie ordnungsgemäß gearbeitet hätten. Später als das FBI durch den Abschlußbericht der Warren-Kommission sanft getadelt wurde, weil es nicht wachsam genug gewesen sei, ließ er seine Wut noch einmal an einigen dieser Personen aus. »Das FBI«, sagte er, »wird dies niemals vergessen.« Doch von Oswald war nicht bekannt, daß er Drohungen geäußert oder etwas Gewalttätiges getan hatte, nichts was eine Warnung an die für den Schutz des Präsidenten zuständige Dienststelle, den Secret Service, gerechtfertigt hätte. Edgars Strafaktion gegenüber seinen eigenen Agenten war nur ein Mittel, um sich selbst aus der Schußlinie zu bringen.

Im Jahr 1979 erklärte der Ausschuß, daß die Untersuchung des FBI über die Ermordung Kennedys »ernsthafte Mängel aufweise« und ihrem Charakter nach »ungenügend gewesen sei, um eine Verschwörung aufzudecken«. Der Untersuchung der Kommission war es inzwischen gelungen, Personen zu identifizieren, die erklärt hatten, daß der Präsident ermordet werden sollte, sowie andere Personen, die sich vor und nach dem Attentat in hohem Maße verdächtig verhielten. Es hat zudem den Anschein, daß das FBI im Jahr 1963 bereits alle oder zumindest die meisten Hinweise kannte, denen der Untersuchungsausschuß 16 Jahre später nachging.

Edgar widmete sich persönlich allen Aspekten des Attentats, wie seine ehemaligen Mitarbeiter bestätigen. »Er bekam alles, wußte alles«, erinnerte sich Cartha DeLoach. »Wir wagten es nicht, irgend etwas zurückzuhalten.« Dennoch ignorierte Edgar zahlreiche auf eine Verschwörung hindeutende Hinweise, auf die der Untersuchungsausschuß erst Jahre später stieß.

Mehr als drei Jahre vor dem Mordanschlag, als Oswald ein obskurer Überläufer war, der in der Sowjetunion gelebt hatte, gelangte ein Memorandum über ihn in Umlauf. »Es besteht die Möglichkeit«, lautete Edgars Mitteilung vom 3. Juni 1960 an das State Department, »daß ein Betrüger Oswalds Geburtsurkunde benutzt.«

Nach den Angaben des ehemaligen Obersten des militärischen Nachrichtendienstes, Philip Corso, erklärten hochrangige US-Beamte in den Wochen nach dem Attentat, daß vor den tödlichen Schüssen von Dallas zwei Geburtsurkunden Oswalds mit dem Namen Oswald und zwei auf den Namen Oswald ausgestellte Pässe im Umlauf gewesen und von zwei verschiedenen Personen benutzt worden waren. Bei seiner Befragung im Jahr 1992 zitierte Corso zwei Quellen für diese Behauptung: den Leiter des Paßamtes, Frances Knight, und den damaligen Leiter der Domestic Intelligence Division des FBI, William Sullivan. Corso sagte aus, daß es vorwiegend seine Aussagen gewesen waren, die Senator Richard Russell, einer der Mitglieder der Warren-Kommission, dazu veranlaßt hatten, die Einzeltäter-Theorie in Frage zu stellen.

Es gibt einige Anhaltspunkte dafür, daß wenige Monate nachdem Edgar seine Notiz über den »Betrüger« niedergeschrieben hatte, jemand als Oswald auftrat. Im Januar 1961 verhandelten ein Amerikaner und ein Exilkubaner mit einem Händler in New Orleans über den Ankauf von zehn Ford-Kleinlastwagen. Der Verkäufer erinnerte sich nach dem

Attentat an den Vorfall, suchte die alte Rechnung hervor und stellte fest, daß er sich nicht getäuscht hatte. Einer der Käufer der Lastwagen hatte sich selbst als Oswald vorgestellt und behauptet, Vertreter einer Organisation mit dem Namen »Freunde des demokratischen Kuba« zu sein. Die Verkaufsrechnung wurde vom FBI bis 1979 zurückgehalten, obwohl der Hinweis von großer Wichtigkeit war.

Die »Freunde des demokratischen Kuba« waren eine Anti-Castro-Gruppe, und der Versuch, Lastwagen zu erwerben, erfolgte während der Vorbereitungszeit für die Invasion in der Schweinebucht. Innerhalb von zwei Wochen überprüften FBI-Agenten die Geschäftsabschlüsse Lee Oswalds und kurz danach teilte das Paßamt mit, daß es möglicherweise einen Betrüger mit diesem Namen geben könnte. Es hat den Anschein, daß jemand mit einer völlig entgegengesetzten politischen Überzeugung seinen Namen in den Vereinigten Staaten benutzt haben könnte, während der echte, prokommunistisch eingestellte Oswald sich weit weg in der Sowjetunion befand.

Im Laufe der Zeit kamen immer neue merkwürdige Zufälle zum Vorschein. Gerard Tujague, ein langjähriges Mitglied dieser Anti-Castro-Gruppe, hatte einmal den echten Oswald als Boten eingesetzt. Zudem gehörte zu den führenden Mitgliedern dieser Gruppe im Jahr 1961 Guy Banister, ein geheimnisvoller Mann, nicht zuletzt wegen seiner engen Verbindungen zum FBI.

Guy Banister hatte 20 Jahre für das FBI gearbeitet, 17 Jahre davon als Spezialagent im Einsatz, und er gehörte zu der Handvoll altgedienter Mitarbeiter, die schon bei der Wiederergreifung entflohener Sträflinge im Jahr 1942 tätig gewesen waren. Seine Karriere im FBI endete 1955 nach einer schweren Operation und seine Frau wurde darauf hingewiesen, daß »er aufgrund von Hirnverletzungen im zunehmenden Maße ein unvorsehbares, unberechenbares Verhalten zeigen werde.«

Banister, der in seinen Heimatstaat Louisiana zurückkehrte, war ein zerstörter Mann. Seine Gemütsverfassung wechselte zwischen reizbar, jähzornig und gewalttätig. Der Alkohol tat sein übriges und die von den Ärzten verschriebenen Medikamente brachten nur wenig Besserung.

Doch nichts hielt Banister von seiner selbsternannten Rolle als Superpatriot und Kreuzritter gegen den Kommunismus ab. Er war Mitglied der John Birch Society und der paramilitärischen Minutemen, Ermittler für den Ausschuß in Louisiana, der sich mit un-amerikanischen Aktivitäten befaßte und Herausgeber eines rassistischen Pamphlets mit dem Namen *Louisiana Intelligence Digest*. Er vertrat die Überzeugung, daß die Pläne der Rassenintegration Teil einer kommunistischen Verschwörung gegen die Vereinigten Staaten seien und er arbeitete eifrig in einer von der CIA unterstützten Kampagne zum Sturz von Fidel Castro mit. Während einer Reise nach Europa soll er zudem mit

4 Freund Clint Murchison   25 Freund Lewis Rosenstiel

26 Mit Präsident J. F. Kennedy und Justizminister R. Kennedy bei einem Besuch im Weißen Haus

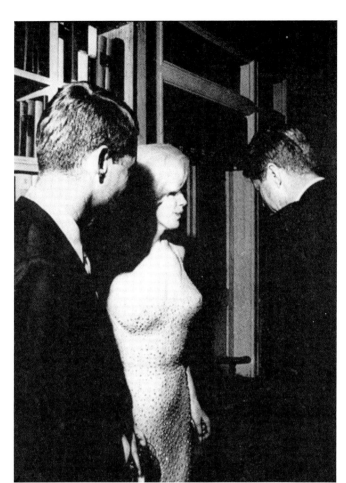

27 Die Brüder Kennedy mit Marilyn Monroe im Jahr 1958

28 Kennedys Nachfolger im Präsidentenamt, L. B. Johnson (links Edgar Hoover)

französischen Terroristen zusammengetroffen sein, die einen Mordanschlag auf Präsident de Gaulle planten. Wie zahlreiche ehemalige FBI-Agenten war Banister nun als Privatdetektiv tätig und hielt weiterhin seine Kontakte mit den höchsten Stellen des FBI aufrecht. »Noch lange nach seinem Ausscheiden stand Guy in Verbindung mit J. Edgar Hoover«, erklärte der Leiter der Kriminalpolizei von New Orleans, Aaron Kohn, und das FBI-Büro in New Orleans lag ganz in der Nähe von Banisters Detektivagentur. Seine Sekretärin sagte aus, daß »Mr. Banister noch immer für sie arbeitete. Ich weiß, daß er mit dem FBI Informationen austauschte.« Unterlagen des FBI bestätigen dies und in einem CIA-Dokument wird Banister als einer der »regelmäßigen Kontaktmänner des FBI« zu einem kubanischen Exilführer bezeichnet.

In den alten Tagen von Chicago gehörte Banisters antikommunistische Gruppe zu den erfolgreichsten Teams im ganzen Land. Im Jahr 1963 führte er in Louisiana Unterwanderungsoperationen gegen die Linken durch und heuerte junge Männer als Informanten über Pro-Castro- und Bürgerrechtsorganisationen an – genau jene Operationen, die das FBI zu dieser Zeit praktizierte.

In diesem Sommer war auch Oswald in New Orleans und trat in der Öffentlichkeit als Pro-Castro-Aktivist auf – jene Art von Kommunisten, die für Banister bedauernswerte Geschöpfe waren. Doch vorliegende Hinweise deuten darauf hin, daß sie insgeheim zusammenarbeiteten. Wie seine Sekretärin berichtet, besorgte Banister sogar Büroräume für Oswald. »Machen Sie sich keine Sorgen über ihn«, zitiert Delphine Roberts ihren Chef, »Er ist auf unserer Seite, er steht in Verbindung mit dem FBI ...«

Auch einer von Banisters Partnern, der frühere Pilot der Eastern Airlines, David Ferrie, kannte Oswald. Allem Anschein nach hatten sie sich zum erstenmal in den fünfziger Jahren getroffen, als Oswald ein junger Kadett und Ferrie Instrukteur bei der Civil Air Patrol gewesen war. Zu Beginn der sechziger Jahre waren Ferrie und Banister immer mehr mit Anti-Castro-Plänen und rechtsgerichteter Politik beschäftigt.

Zahlreiche Zeugen erinnerten sich später, Oswald weniger als drei Monate vor dem Attentat in der Begleitung eines Mannes gesehen zu haben, der mit ziemlicher Sicherheit Ferrie gewesen ist, und an eine zweite Person, die Banister gewesen sein könnte. Sie trafen gemeinsam in einem schwarzen Cadillac ein und verhielten sich bei einer Kampagne für die Registrierung von schwarzen Wählern in der nördlich von New Orleans gelegenen Stadt Clinton recht merkwürdig. Die örtlichen Aktivisten der Bürgerrechtsbewegung verdächtigten sie sogar, Undercover-Agenten des FBI zu sein.

Unmittelbar nach dem Mordanschlag von Dallas verpfiff einer der Detektive von Banister, Jack Martin, seinen Chef und Ferrie. Er behauptete, was er später wieder zurücknahm, daß Ferrie mit Oswald unter einer Decke gesteckt habe und daß sie gemeinsam das Attentat geplant hätten. Währenddessen mühte sich Ferrie seinerseits in der Umgebung von New Orleans, Oswalds ehemalige Vermieterin und seine Nachbarn über einen Büchereiausweis zu befragen. Nach anderen Informationen soll Oswald bei seiner Festnahme im Besitz eines Büchereiausweises gewesen sein, der auf Ferries Namen ausgestellt war.

Banister verbrachte die Stunden nach dem Attentat, indem er mit dem Detektiv Martin große Mengen Alkohol zu sich nahm. Die »Sitzung« endete mit Banisters Vorwürfen, Martin habe seine vertraulichen Akten durchwühlt, dann schlug er ihm mit einem 357er Magnum Revolver auf den Kopf. Nach den Angaben von Martin begannen die Handgreiflichkeiten, als er Banister fragte: »Was wollen Sie mit mir machen, wollen Sie mich töten, wie Sie es mit Kennedy gemacht haben?« Alle diese Fakten sollten ausgereicht haben, um sie einer ernsthaften Untersuchung zu unterziehen, doch das FBI ließ diese Hinweise nach oberflächlichen Überprüfungen fallen. Guy Banister wurde vernommen, aber ihm wurden überhaupt keine Fragen zu Oswald gestellt. Weder sein Name noch der von Ferrie erscheinen in dem Bericht der Warren-Kommission. Bevor die Kommission ihre Untersuchung beendet hatte, wurde Banister tot neben einer Waffe aufgefunden. Angeblich war er einem Herzanfall erlegen. Ferrie starb 1967 – möglicherweise war es Selbstmord – als der Bezirksstaatsanwalt von New Orleans, Jim Garrison, den Fall wieder aufrollte und ihn vor einem Geschworenengericht befragen wollte.

Der Hinweis auf die Verbindung zu Banister war dem FBI auf einem goldenen Tablett serviert worden, aber er wurde nicht an die Warren-Kommission weitergeleitet. Einige der Pro-Castro-Broschüren Oswalds waren mit der Adresse 544 Camp Street versehen. Dabei handelte es sich um das Gebäude, in dem die Detektivagentur von Banister untergebracht war. Doch der FBI-Bericht über die Broschüren verheimlichte diese Tatsache, die vielleicht die Warren-Kommission alarmiert hätte. Das FBI nannte als Banisters Adresse 531 Lafayette Street, was auf den zweiten Eingang des Gebäudes an der 544 Camp Street hinwies, da es sich an einer Straßenecke befand. Die Rechtsberater der Kommission, welche die Berichte in Washington sorgfältig studierten, hatten keine Möglichkeit, diese Tatsache festzustellen. Das FBI wußte es sehr genau, aber es hielt die Kommission im Ungewissen.

Hätte Edgar der Kommission alle Informationen über Banister und Ferrie zur Verfügung gestellt, dann hätte diese ihre Aufmerksamkeit sicherlich auf etwas sehr Bedenkliches gerichtet, der Möglichkeit, daß die Mafia an dem Attentat beteiligt war. Der Untersuchungsausschuß äußerte Jahre später seinen Verdacht, daß zwei bestimmte Mafiabosse – Santos Trafficante aus Florida und Carlos Marcello aus New Orleans – darin verwickelt sein könnten.

Marcello gehörte wie Trafficante und Sam Giancana auf Anordnung von Robert Kennedy zu den besonders ausgesuchten Zielpersonen der Untersuchungen des Justizministeriums. Außerdem hatte er noch eine besondere Wut auf die Kennedys, da der Bruder des Präsidenten wenige Wochen nach seiner Amtsübernahme im Jahr 1961 für seine sofortige Ausweisung nach Guatemala gesorgt hatte, weil er ein unerwünschter Ausländer sei. Als der Gangster wieder in die Vereinigten Staaten zurückkehrte, unternahm Kennedy alle Anstrengungen, um ihn ein für allemal außer Landes zu schaffen. David Ferrie hatte seit Beginn 1962 neben seiner Tätigkeit für Guy Banister auch für Marcellos Anwalt, Wray Gill, gearbeitet. Ferrie und Banister hatten bei Marcellos Verteidigung mitgeholfen, als ihm vorgeworfen wurde, er habe eine gefälschte Geburtsurkunde benutzt, um der Ausweisung zu entgehen.

Wäre der Hinweis auf Marcello sorgfältig verfolgt worden, wäre vermutlich manches zutage getreten. Oswalds Onkel und Ersatzvater Dutz Murret, bei dem sich der angebliche Attentäter im Jahr 1963 aufhielt, soll Buchmacher in Marcellos Glücksspielsyndikat gewesen sein. Jack Ruby verfügte über zahlreiche Verbindungen zu den Gangstern und hatte drei Wochen vor dem Mordanschlag Kontakt zu Nofio Pecora, einem engen Mitarbeiter von Marcello. Pecora seinerseits stand Oswalds Onkel nahe. Nach dem Attentat behaupteten Zeugen, daß ein Gefolgsmann Marcellos Oswald Bargeld übergeben habe und daß ein anderer über die Eignung eines ausländischen Gewehres um »den Präsidenten zu erwischen« gesprochen habe.

Die FBI ignorierte derartige Hinweise. Marcellos Name taucht weder im Bericht der Warren-Kommission noch in einem der 26 Bände der Beweismittel auf. Das gleiche trifft auf Santos Trafficante und Sam Giancana zu.

Die CIA versäumte es, die Kommission davon in Kenntnis zu setzen, daß sie bei ihren Plänen, Castro zu ermorden, Verbindung zur Mafia aufgenommen hatte. Diese Kontakte hatten bis Anfang 1963 bestanden. Auch Edgar, der darüber seit langer Zeit informiert war, schwieg. Den Ermittlungsbeamten des Obersten Bundesrichters Warren wurde so die Möglichkeit genommen, sich auf drei potentielle Täterkreise zu konzentrieren: US-Geheimdienst, Mafia und die Exilkubaner.

»Da wir nichts von derartigen Kontakten wußten«, erklärte der Rechtsberater der Kommission und heutige Richter Burt Griffin, »gab es keine Anhaltspunkte, um die Unterwelt mit Kuba in Verbindung zu bringen und auch nichts, sie mit Oswald in Verbindung zu bringen,

nichts, um sie mit der Ermordung des Präsidenten in Verbindung zu bringen.« Die CIA und Edgar mit seinen Hinweisen aus New Orleans wußten von den Kontakten. Sie hielten den Schlüssel für das Rätsel in ihren Händen und verbargen ihn vor der Warren-Kommission.
Es gibt Informationen aus zahlreichen Quellen, die darauf hinweisen, daß die wichtigsten Mafiabosse in den Fall verwickelt waren. Die Sekretärin von Guy Banister, dem ehemaligen FBI-Agenten, der Oswald manipuliert haben soll, berichtet, daß Banister kurz vor dem Attentat von Giancanas Gefolgsmann Johnny Roselli aufgesucht wurde. Giancanas Halbbruder hat behauptet, daß der Mafiaboß aus Chicago den Mordanschlag gemeinsam mit Marcello, Trafficante und CIA-Agenten geplant habe.
Frank Costello, der alte Pate der Mafia, hatte geholfen, als Marcello sein kriminelles Reich aufbaute. Kurz vor seinem Tode erklärte er, daß Oswald »nur der Einfaltspinsel« bei der Ermordung des Präsidenten gewesen sei. Der ehemalige Anwalt des Teamsters-Führer Jimmy Hoffa, Frank Ragano, sagte aus, daß er Anfang 1963 den Auftrag erhielt, mit Trafficante und Marcello die Ermordung des Präsidenten zu erörtern. Er hatte den Eindruck, »daß sie bereits eine derartige Möglichkeit ins Auge gefaßt hatten ...«
Am aufschlußreichsten sind vielleicht die Ermittlungsergebnisse, die eine neue Generation von FBI-Agenten bei der Überwachung von Trafficante und Marcello im Jahr 1975 machten. FBI-Mikrophone nahmen auf, wie Trafficante erklärte: »Jetzt leben nur noch zwei Personen, die wissen, wer Kennedy getötet hat.« Trafficante starb im Jahr 1987 eines natürlichen Todes, aber Marcello lebt noch. Vor einigen Jahren gab er nach den Angaben von Joseph Hauser, einem FBI-Spitzel, zu, daß Oswald im Jahr 1963 als Bote eingesetzt worden war.
Die schwerwiegenden Hinweise für eine Beteiligung von Trafficante und Marcello legen die Vermutung nahe, daß das FBI vor dem Attentat grob fahrlässig gehandelt hat. Jose Aleman, ein wohlhabender Exilkubaner, erklärte, daß Trafficante bereits im September 1962 bei einer geschäftlichen Besprechung unheilvolle Bemerkungen im Hinblick auf den Präsidenten gemacht habe. Die Kennedys, sagte der Gangster, seien »nicht ehrlich. Sie nehmen Bestechungsgelder und halten die Abmachung dann nicht ein ... Denken Sie an meine Worte, dieser Bursche Kennedy befindet sich in ernsten Schwierigkeiten, und er wird das bekommen, was er verdient hat.« Als Aleman einwandte, daß er glaube, der Präsident würde wiedergewählt werden, sagte Trafficante leise: »Sie verstehen mich nicht. Kennedy wird es nicht bis zu den Wahlen machen. Er wird erschossen werden.«
Im gleichen Monat trafen sich Marcello und zwei Vertraute in Louisiana mit Ed Becker, einem Unternehmer aus Kalifornien, um über ein Ölprojekt zu sprechen. Nachdem sie reichlich Whisky zu sich ge-

nommen hatten, erzählte der Gangster verärgert davon, wie sehr ihm Robert Kennedy zusetzte. Schließlich ließ er einen sizilianischen Fluch los und erklärte, daß der Justizminister »aufpassen müsse ...« Nach den Aussagen Beckers bezeichnete Marcello Präsident Kennedy als einen Hund und seinen Bruder Robert als den Schwanz des Hundes. »Der Hund«, sagte er, »wird dich weiter beißen, wenn du nur seinen Schwanz abschneidest.« Schneide man aber den Kopf ab, höre das Beißen auf.

Je mehr Marcello über die Kennedys schimpfte, um so ernster schien es ihm zu sein. Becker sagte, daß »er eindeutig davon sprach, daß er im Begriff sei, die Ermordung des Präsidenten Kennedy vorzubereiten ...« Zur »Absicherung« des Attentats sprach er davon, »einen Verrückten zu suchen, dem man die Schuld in die Schuhe schieben könne«.

Über die Drohungen von Marcello wurden zum erstenmal in einem 1969 veröffentlichten Buch des Pulitzer-Preisträgers Ed Reid berichtet, die Bemerkungen von Trafficante erschienen im Jahr 1976 in *The Washington Post*. Doch der Untersuchungsausschuß des Kongresses unterließ es, die in beiden Fällen aufgestellte Behauptung angemessen zu untersuchen, daß das FBI damals davon gewußt habe.

Aleman, der von großem Wert für das FBI war, betonte später nachdrücklich, daß er die FBI-Agenten 1962 sofort über Trafficantes Bemerkungen informiert habe. Unmittelbar nach dem Attentat, so sagte er aus, seien zwei Agenten bei ihm erschienen. Sie brachten ihn dazu, seine Geschichte noch einmal zu überdenken und baten ihn dann, dieses Gespräch als vertraulich zu betrachten.

Die verfügbaren FBI-Akten enthalten jedoch keine Berichte, die belegen könnten, daß Trafficantes Äußerungen oder Marcellos Drohung weitergegeben wurden, wie es behauptet wurde. Paul Scranton, einer der beiden ehemaligen Agenten, denen Aleman die Bemerkungen Trafficantes vor dem Attentat berichtet haben will, hat sich geweigert, dies zu dementieren oder zu bestätigen. »Ich werde nichts sagen, was geeignet ist, das FBI in eine peinliche Situation zu bringen«, äußerte er im Jahr 1976 gegenüber *The Washington Post*.[6]

Von Beginn an erklärte auch Ed Becker, daß er seinerseits sofort das FBI darüber unterrichtet habe. »Als ich von Louisiana nach Hause zurückkehrte«, sagte er aus, »erfuhr ich, daß mich die Agenten des FBI sprechen wollten. Offenbar wußten sie, daß ich mit Marcello zusammengetroffen war und sie fragten mich, aus welchem Grund dies geschehen sei. Ich unterrichtete sie von dem geplanten Ölgeschäft und von den Bemerkungen Marcellos über die Ermordung Kennedys. Aber sie kamen niemals auf mich zurück. Obwohl ich in den siebziger Jahren im Rahmen der Untersuchung des Kongresses ausgesagt habe, hat mich das FBI bis zum heutigen Tag nie wieder befragt.«[7]

Als Ed Becker im Jahr 1962 Marcello traf, war er zeitweise bei dem ehemaligen FBI-Agenten Julian Blodgett beschäftigt, der nun Privatdetektiv war. Blodgett, der auch einmal Chefermittler für den Bezirksstaatsanwalt von Los Angeles gewesen war, enthüllte 1992, daß Becker ihm innerhalb von zwei Tagen über die Drohung des Gangsters informiert habe. Als Angehöriger der Vollstreckungsorgane reagierte er unverzüglich und unterrichtete das FBI.

»Ich nahm es sehr ernst«, berichtete Blodgett. »Becker beschrieb die Situation sehr genau und ich hielt ihn für vertrauenswürdig, was ich noch heute tue. Sofort benachrichtigte ich einen meiner Verbindungsleute zum FBI, einen leitenden Beamten in Los Angeles. Er war ein sehr engagierter Mann und ich bin sicher, daß er diese Information weitergeleitet hat. Eine derart brisante Mitteilung wie diese mußte registriert und nach Washington weitergemeldet werden.«

Blodgett ist ein Agent der alten Schule, voller Respekt für J. Edgar Hoover. Er versteht nicht, warum die FBI-Akten angeblich keinen Vermerk über seinen Bericht oder einen über Beckers Informationen enthalten. Doch einzelne Memoranden in den Akten belegen, daß im Jahr 1967, als der Autor Ed Reid Beckers Bericht veröffentlichen wollte, Edgar und einige wichtige Mitarbeiter eine Operation in Gang setzten, um Beckers Glaubwürdigkeit zu erschüttern. Der FBI-Agent George Bland suchte Reid auf und versuchte ihn davon zu überzeugen, daß Becker »ein Lügner und Betrüger« sei. Daraufhin wurde Beckers Erklärung, daß er die Drohung Marcellos an das FBI weitergeleitet habe, aus dem Buch entfernt.

Edgar hatte der Warren-Kommission versichert, daß das FBI die Ermordung Kennedys »für alle Zeiten als ungelösten Fall« ansehen und daß »jeder Bericht, aus welcher Quelle auch immer, gründlich untersucht werden würde«. Doch anstatt diesen Hinweis zu überprüfen, unternahm er alle Anstrengungen, um Beckers Geschichte im Jahr 1967 zu unterdrücken. Dies war, erklärte der Untersuchungsausschuß »ein Bruch des Versprechens des FBI-Direktors«. Unter Berücksichtigung der Erklärung des früheren Agenten Blodgett, daß über die Drohung bereits mehr als ein Jahr vor dem Attentat berichtet wurde, ist Edgars Verhalten noch schwerwiegender.

Dem Gesetz nach war Edgar verpflichtet, den Secret Service über alle Drohungen gegen Personen des öffentlichen Lebens zu unterrichten. Es gehörte zu seinen Routineaufgaben, daß er tatsächlich all jene Morddrohungen weitermeldete, die täglich von Betrunkenen und Verrückten im ganzen Lande geäußert wurden. Aber es gibt kein Anzeichen, daß das FBI den Secret Service über die vielen hitzigen Bemerkungen über die Kennedy-Brüder informierte, die bei Abhöraktionen gegen Topgangster aufgenommen wurden.[8] Es liegt auch kein Hinweis vor, daß das FBI Marcellos und Trafficantes Gespräche über die Attentatspläne weitergemeldet hätte.

Am Vorabend der Ermordung des Präsidenten speiste Jack Ruby in einem Restaurant in Dallas, das Joseph Campisi, einem Vertrauten von Carlos Marcello und dessen Brüdern gehörte. Damals unterhielt sich Campisi mit Ruby und besuchte ihn auch später im Gefängnis. Ein weiterer regelmäßiger Gast in diesem Restaurant war Joseph Civello, der Leiter der von Marcello kontrollierten Mafiaorganisation in Dallas. Civello verkehrte mit Sergeant Patrick Dean, jenem Polizisten aus Dallas, der für die Sicherheit Oswalds verantwortlich gewesen war, als ihn Ruby niederschoß.

Ein Zeuge berichtete dem FBI, daß Ruby enge Verbindungen zu Civello unterhielt und Edgar leitete diese Information auch an die Warren-Kommission weiter. Aber er spielte diesen Hinweis herunter und »vergaß« zu erwähnen, daß Civello zu den wichtigsten Mitgliedern der Mafia in der von Carlos Marcello geleiteten Organisation gehörte. Auch einen anderen Gesichtspunkt brachte er nicht zur Sprache, daß Civello ein enger Freund von Clint Murchison, jun., war, dem Sohn eines seiner besten Freunde.

Der Washingtoner Lobbyist Irving Davidson, der sich selbst für einen Freund Edgars und der Murchisons hielt, kannte Marcello seit dem Beginn der fünfziger Jahre. Von sich selber sprach er als »dem Türöffner und Arrangeur« des Gangsters und als es den Kennedys gelungen war, Marcello für eine Zeitlang außer Landes zu verweisen, soll er der einzige in Washington gewesen sein, der über die Telefonnummer des Gangsters im Ausland verfügte. Während der Operation, die Marcello schließlich im Jahr 1983 ins Gefängnis brachte, stellte Davidson die Verbindung zwischen Marcello und Clint Murchison, jun., dar.

Murchison, sen., hatte, wie fast alle Ölmagnaten bei den Präsidentschaftswahlen des Jahres 1960, Lyndon Johnson unterstützt und seine Befürchtungen im Hinblick auf die Politik der Kennedys erwiesen sich als begründet. Der junge Präsident machte kein Geheimnis aus seinem Mißbehagen über die ungewöhnlichen Steuerprivilegien der Ölmagnaten und änderte diese sehr rasch. Wie sich später herausstellte waren Murchison und seine Geschäftspartner durch eine Serie von verwirrenden Zufällen in die Geschichte des Attentats verwickelt.

Der Ölgeologe George de Mohrenschildt, der Murchison kannte und in einer seiner Firmen gearbeitet hatte, stand in enger Verbindung zu dem vermeintlichen Attentäter Oswald. Im Jahr 1977 wurde er erschossen aufgefunden, allem Anschein nach Selbstmord – genau an dem Tag, als ihn ein Ermittler des Untersuchungsausschusses anrief, um mit ihm einen Gesprächstermin zu vereinbaren.[9]

Innerhalb von vier Tagen nach dem Mordanschlag erhielt das FBI den Hinweis, daß Clint Murchison und Tom Webb – der ehemalige FBI-Beamte, den der Millionär auf Edgars Empfehlung eingestellt hatte –

Jack Ruby kannten. Sie leugneten es zwar, doch Ruby hatte einen der besten Freunde Murchisons getroffen, den Millionär Billy Byars von Humble Oil.

Byars war ein guter Bekannter von Edgar. Jeden Sommer bewohnten sie benachbarte Bungalows in Murchisons Hotel in Kalifornien. Die Aufstellung der Telefongespräche des Büros des FBI-Direktors belegt, daß Edgar neben seinen Telefonaten mit Robert Kennedy und dem Leiter des Secret Service nur eine Person an dem Nachmittag, als der Präsident erschossen wurde, anrief: Billy Byars.

Byars, sen., ist verstorben. Sein Sohn Billy war in den sechziger Jahren Student. Im Sommer 1964 traf er Edgar im ›Del Charro‹. »Ich war dort für ein oder zwei Wochen«, erinnerte sich Byars 1988. »Sie aßen zusammen, mein Vater, Murchison und Hoover und die anderen. Hoover schien in einer sehr merkwürdigen Gemütsverfassung zu sein. Allem Anschein nach hatte er eine bessere Beziehung zu Johnson als zu Präsident Kennedy – und dies seit langer Zeit. Sein Verhältnis zu Bobby Kennedy schien ihn regelrecht auf die Palme zu bringen. Er pflegte ständig darüber zu reden und einmal hatte ich Gelegenheit, ihn direkt zu dem Attentat zu befragen.

Ich erkundigte mich bei ihm: ›Glauben Sie, daß Lee Harvey Oswald es getan hat?‹ Und er stockte und schaute mich ziemlich lange an. Dann erwiderte er: ›Wenn ich dir erzählen würde, was ich wirklich weiß, wäre es sehr gefährlich für dieses Land. Unser ganzes politisches System könnte zusammenbrechen.‹ Das ist alles, was er sagte und ich merkte, daß er nicht mehr dazu sagen wollte.«

Präsident Johnson, der eigentlich die besten Informationen über das Attentat gehabt haben müßte, glaubte an eine Verschwörung.

»Nur einige Wochen danach«, erinnerte sich Madeleine Brown, jene Frau, die nach eigenem Bekunden seine Geliebte gewesen ist, »erwähnte ich ihm gegenüber, daß die Leute in Dallas meinten, daß er selber etwas damit zu tun habe. Daraufhin wurde er richtig wütend, richtig unangenehm und sagte, daß der amerikanische Geheimdienst und die Ölmagnaten dafür verantwortlich seien. Dann verließ er den Raum und knallte die Tür zu. Es erschreckte mich.«[10]

Johnson scheint hin- und hergeschwankt zu haben. Er war sicher, daß eine Verschwörung dahinter gesteckt hatte, aber unsicher, wem er die Schuld dafür geben sollte. Seine Verdächtigen reichten von vietnamesischen Gruppen über Fidel Castro bis zum US-Geheimdienst. Im Jahr 1967 sagte er zu seinem Mitarbeiter Marvin Watson, er glaube, daß »die CIA etwas mit diesem Komplott zu tun habe«. Zum Zeitpunkt seines Todes 1973 fragte er sich noch immer, ob sich die Attentatspläne von CIA und Mafia gegen Castro, über die er kurz nach seiner

Amtsübernahme informiert worden war, jetzt gegen die Urheber gerichtet hatten.

Monate nach dem Attentat teilte Edgar in der Abgeschiedenheit seines Büros einem Besucher mit, daß der Fall »ein einziges Durcheinander mit vielen ungelösten Fragen« sei. Es erhebt sich die Frage, warum er dann, wenn dies so war, die Warren-Kommisson derart beharrlich auf die Einzeltäter-Theorie festlegen wollte, wenn es andererseits Hinweise gab, welche die Überprüfung von Angehörigen des US-Geheimdienstes, der Mafia und sogar seiner eigenen schwerreichen Freunde in der Ölbranche nahelegten? Befolgte er lediglich die Anweisungen von Präsident Johnson, Informationen zu vertuschen, welche die Krise weiter verschärft hätten? Oder war auch er einem gewissen Druck ausgesetzt?

»Ich setzte meine eigenen Pläne durch«, sagte Carlos Marcello einmal während einer Wahl in Louisiana. »Egal wer gewählt wird, Sie wissen, daß ich irgendeinen verdammten Weg finden werde, um an sie ranzukommen. Mir ist völlig egal, wer es ist.« Neben den anderen Faktoren, mit denen sich Edgar gegenüber der Mafia kompromittiert haben könnte, gibt es noch einen Bericht über ein lange zurückliegendes Ereignis, als er wegen eines homosexuellen Vergehens in New Orleans verhaftet worden war.[11] Genauso wie er keine andere Alternative gehabt haben könnte, die Mafia jahrelang vor dem Attentat nur halbherzig zu bekämpfen, so könnte er auch keine andere Alternative gehabt haben, als alle auf die Mafia hinweisenden Anhaltspunkte im November 1963 zu unterdrücken.

In diesem Zusammenhang ist der weitere Verlauf von Robert Kennedys Kreuzzug gegen das organisierte Verbrechen sehr aufschlußreich. Vor dem Mordanschlag war es dem Bruder des Präsidenten gelungen, Edgar dazu zu zwingen, energisch gegen die Gangster vorzugehen. Ob es Edgar nun gefiel oder nicht, das FBI war zu etwas geworden, was es niemals zuvor war: zu einer Macht, welche die Mafia fürchten mußte.

15 Wochen vor den tödlichen Schüssen von Dallas hatte das FBI in Florida eine Unterhaltung zwischen zwei Männern, die Edgar kannten, abgehört. Bei dem einen handelte es sich um Alvin Malnik, einem Anwalt, der später »als Bekannter von Meyer Lansky« identifiziert wurde und den Edgar bei einem Besuch in Miami Beach kennengelernt hatte. Der andere war der dort lebende Lokalbesitzer Jesse Weiss, Gastgeber von zahlreichen Gangstern und – jedes Jahr zu Weihnachten – Gastgeber von Edgar.

Das Abhörprotokoll belegt, daß die Männer über die drastischen Maßnahmen gegen das organisierte Verbrechen sprachen sowie über Edgars schwindenden Einfluß, jetzt wo Robert Kennedy den Ton angab:

Weiss: »Sie haben ihn entmachtet.«
Malnik: »Hoover ist eine aussichtslose ...«
Weiss: »Sache«.
Malnik: »Eine aussichtslose Sache, das ist es ...«
Weiss: »Sie fotografieren jeden – sammeln Autozulassungen und alles ...«
Malnik: »Nun, das ist nicht so schlimm, aber wenn sie in die Privatsphäre eindringen, um Beweise zu finden, das ist die Grenze ... das letzte.«
Weiss: »Und zudem ist es lächerlich. Du weißt ja, früher ging man zum FBI ... setzte sie unter Druck ...«

Die schlechte Empfangsqualität verzerrte anscheinend die übrigen Bemerkungen von Weiss, aber dann heißt es weiter in dem Protokoll:

Malnik: »Gewiß! Es bedeutet nichts mehr ... es bedeutet gar nichts mehr ... Begreift Hoover eigentlich diese große Veränderung, die seiner eigenen Organisation widerfährt?«
Weiss: »Ich sprach mit ihm. Vor zwei Wochen war ich in Washington, bevor er nach Kalifornien reiste – er fährt jedes Jahr nach Kalifornien ... Es ist, als ob ... Er sagte mir das gleiche: ›Was zum Teufel, kann ich tun? ... Der Justizminister ist der Boß des FBI. Er führt es ... wer wagt es, sich ihm zu widersetzen?‹«
Malnik: »Das ist richtig ...«

Nur wenige Wochen nach diesem Gespräch beklagte sich Robert Kennedy bei seinem Bruder, daß es dem FBI nicht gelänge, Druck auf den Mafiaboß Carlos Marcello auszuüben. Dies war eine Kernfrage, deren Tragweite erst nach der Ermordung des Präsidenten erkennbar wurde. »In dem Augenblick, als die Kugel den Kopf von Jack Kennedy traf«, meinte der Mitarbeiter im Justizministerium William Hundley, »war alles vorbei. Genau zu diesem Zeitpunkt. Das Programm gegen das organisierte Verbrechen stockte und Hoover übernahm wieder die Kontrolle. 14 Tage danach sagte Robert Kennedy verbittert über das FBI: »Diese Leute arbeiten nicht mehr für uns.« In den folgenden Monaten war er wie gelähmt durch seinen Kummer und ließ seinen gewohnten Elan vermissen, die Gangster wirkungsvoll zu bekämpfen. Edgar nutzte dies für sich aus.
»Die Verfolgung der Mitglieder des organisierten Verbrechens wurde fortgesetzt«, erinnerte sich der langjährige Agent Bill Roemer aus Chicago, »aber nicht mit der gleichen Intensität.« Die Agenten im Außendienst stellten bald fest, daß ihnen weniger Geldmittel zur Verfügung gestellt wurden und daß sie weniger Genehmigungen für das Anzapfen der Telefonleitungen von Angehörigen des organisierten Verbrechens erhielten. »Die ganzen Anstrengungen gegen die Mafia«, erklärte William Sullivan, »kamen erneut zum Erliegen.«

Die Zahlen bestätigen dies. Am Ende der Kennedy-Administration arbeiteten die Angehörigen der Abteilung für das organisierte Verbrechen im Justizministeriums pro Jahr 6699 Stunden im Außendienst. Drei Jahre später hatte sich diese Zahl um die Hälfte reduziert. Die Anzahl der Tage, an denen die Gangster vor Geschworenengerichten angeklagt wurden, sank um 72 Prozent, die Anzahl der Gerichtstermine um 56 Prozent, die Zahl der Schriftsätze für die Gerichte um 82 Prozent.

Der Präsident war tot, sein Bruder »eine lahme Ente« als Justizminister und – Edgar war wieder obenauf. Am 7. Mai 1964, während er insgeheim die Arbeit der Warren-Kommission nach Kräften behinderte, honorierte der Kongreß sein 40. Jahr im FBI mit der Resolution Nr. 706. In ihr wurde »eine der bemerkenswertesten Leistungen des Dienstes für Gott und das Land in der Geschichte unserer Nation« gelobt und es war die Rede von Edgars »ausgeprägter moralischer Entschlossenheit« und seinem »unermüdlichen Kampf« gegen Amerikas kriminelle Unterwelt.

Am nächsten Tag gab Präsident Johnson während einer Feier im Rosengarten des Weißen Hauses die Sonderanweisung 10682 bekannt. Edgar stand neben ihm, als er verkündete, daß er in seinem Falle auf die obligatorische Bestimmung über die Pensionierung von Regierungsbeamten verzichten werde, die sieben Monate später, wenn Edgar 70 Jahre alt werden würde, wirksam geworden wäre. Er lobte Edgar als »zurückhaltend, bescheiden ... ein Fluch für alle bösen Menschen« und versprach, er könnte »für einen unbegrenzten Zeitraum« weiterhin in seinem Amt bleiben.

»Der Senat im alten Rom«, kommentierte Loudon Wainwright in *Life*, »verlieh einigen Kaisern den Status eines Gottes, während sie noch in Amt und Würden waren, und mehr oder weniger das gleiche ist gerade mit J. Edgar Hoover geschehen. Obwohl er schon seit langem zumindest so etwas wie ein Halbgott gewesen ist ...«

29. KAPITEL

Man feuert keinen Gott.
Charles Brennan
Ehemaliger stellvertretender FBI-Direktor

Am 4. Juni 1964 betrat der Historiker William Manchester das Büro von Edgar in der fünften Etage des Justizministeriums. Im Vorzimmer machten ihn die Mitarbeiter auf eine neue lebensgroße Büste des Direktors aus Bronze aufmerksam. Als er wie alle Besucher auf einem Stuhl saß, der ihn zwang, sie von unten zu betrachten, starrte er sie fasziniert an.

»Im Vordergrund«, erinnerte sich Manchester, »stand eine Miniatur der Büste, die ich draußen gesehen hatte. Ich schaute auf Hoover und Hoover schaute auf die Büste. Und zwischen mir und ihm hing eine amerikanische Flagge aus zartem Gazematerial. Ich schaute durch die Gaze auf Hoover und seine Gesichtsfarbe war rot, weiß und blau.«

Manchester, der gerade Nachforschungen für sein episches Werk *Der Tod des Präsidenten* betrieb, war zu Hoover gekommen, um mit ihm über den Tag der Ermordung von Präsident Kennedy zu sprechen. Einige Wochen zuvor hatte der Professor im Weißen Haus ein anderes seltsames Erlebnis gehabt. Präsident Johnson wollte nicht interviewt werden, hatte aber darauf bestanden, von einem anderen Raum aus zuzuhören, als Manchester mit einem Mitarbeiter, der den Präsidenten spielte, ein »einstudiertes« Frage-und-Antwort-Spiel inszenierte. Präsident Johnson war nie zu einem Interview bereit. Nun, während der Unterredung mit Edgar, erkannte Manchester, daß der FBI-Direktor nicht über das Attentat von Dallas sprechen wollte. Er wollte über sich selbst sprechen.

»Er versuchte in die dreißiger Jahre abzuschweifen«, erklärte Manchester, »und sich an die Jagd auf Dillinger und Pretty Boy Floyd und all das zu erinnern. Ich konnte ihn nicht auf den Grund meines Kommens festnageln, nach meinem Eindruck war er schon ziemlich senil.«

Johnsons Staatssekretär im State Department, George Ball, hatte einmal mit Edgar über die Sicherheit des State Department gesprochen. »Seine Ratschläge waren völlig albern«, sagte Ball. »Er hielt einen derartig weitschweifenden und endlosen Monolog ... Ich empfand es als unerträglich, dazusitzen und mir einen solchen Unsinn anhören zu müssen. Daher entschuldigte ich mich schließlich, um ein angebliches

Telefongespräch in meinem Konferenzraum entgegenzunehmen, und verschwand. Ich hatte meine Zweifel an seiner Kompetenz.«
»Ich ging lieber in sein Büro, als ihn zu bitten, in meines zu kommen«, erläuterte Nicholas Katzenbach, »zum Teil aus Gründen der Höflichkeit, aber auch deshalb, weil ich sein Büro wieder verlassen konnte. Ich konnte ihn nie dazu bringen, mein Büro wieder zu verlassen. Er wollte überhaupt nicht zuhören, er schweifte stets ab. Er war seniler, als alle glaubten ... Doch nach dem Präsidenten war er der mächtigste Mann im Lande.«
Kurz nach dem Attentat wurde ein neues Foto von Lyndon Johnson in Edgars Büro aufgehängt. »Für J. Edgar Hoover«, lautete die Widmung. »Für einen bedeutenden Mann – von seinem Freund seit dreißig Jahren.« Die Witwe des Präsidenten, Lady Bird, die zu seinen Lebzeiten überschwenglich von ihm gesprochen hatte, zeigte sich 1988 weitaus reservierter. »Ich würde nicht sagen, daß er ein Freund von uns war«, sagte sie. Andere sind weitaus direkter. »Johnson mochte ihn nicht«, meinte der Washingtoner Korrespondent der *Time*, Hugh Sidey. »Er nahm Rücksicht auf Hoover, aber er war voller Mißtrauen ihm gegenüber. Wenn Johnson mit mir über ihn sprach, äußerte er sich ziemlich verächtlich.«
»Johnson telefonierte mit mir«, teilte Katzenbach mit, »und er sagte: ›Verdammt nochmal, können Sie etwas für mich tun? Es geht um Hoover. Seine Telefongespräche! Der Bastard redet stundenlang ...‹«
Auch Edgar empfand keine echte Sympathie für den neuen Präsidenten. »Johnson könnte sehr autoritär werden«, sagte er zu Beginn der Präsidentschaft Johnsons warnend zu einigen älteren Mitarbeitern, »Wir müssen unsere Augen offenhalten.«
Es war so, daß Johnson Edgar benutzte, wenn Edgar dazu bereit war, aber er konnte nicht damit rechnen, ihm sein Verhalten diktieren zu können. Sein früherer Pressesekretär George Reedy räumt ein, daß »der Präsident erkannt hatte, daß Hoover sehr mächtig war. Er wußte soviel von jedem ...«
Johnson zeigte seine Furcht. »Von Zeit zu Zeit«, sagte William Sullivan, »rief er Hoover an und sagte: ›Jetzt will ich dich noch einmal danach fragen. Sag mir jetzt, hast du einen Abhörbericht über meine Zeit als Senator?‹ Johnson hatte ein gehöriges Schuldbewußtsein. Ich nehme an, er glaubte, daß er in ernsthaften Schwierigkeiten gewesen wäre, wenn wir über seine Zeit als Senator einen Abhörbericht gehabt hätten.«
Edgar wußte seit langer Zeit zuviel über Johnson, um nicht eine Bedrohung darzustellen. Er wußte von den Wahlmanipulationen des Jahres 1948, die ihn in den Senat gebracht hatten, und er verfügte über einen genauen Einblick in die korrupten Geschäfte, die den Präsidenten zu einem reichen Mann gemacht hatten. Zwei Jahre zuvor hatte das

FBI auf das Hilfeersuchen Johnsons reagiert und seinen Einfluß geltend gemacht, um das Interesse der Presse an dem Billie Sol Estes-Betrugsskandal im Keime zu ersticken.

Die FBI-Unterlagen über Johnsons Beziehung zu Estes sind bis zum heutigen Tag nicht freigegeben worden, so wie es auch bei zahlreichen Dokumenten über seinen korrupten Mitarbeiter Bobby Baker und über die Affäre um Ellen Rometsch der Fall ist.

Wenn auch nicht im gleichen Ausmaß wie sein Vorgänger, hatte auch Johnson seine außerehelichen Abenteuer. Und so wie bei Kennedy behauptet auch in seinem Fall eine Geliebte, daß Edgar von ihrem Verhältnis gewußt habe und dieses Wissen benutzte, um seine eigene Stellung zu sichern.

Die Mittsechzigerin Madeleine Brown aus Texas hat erklärt, daß sie über zwei Jahrzehnte lang eine Liaison mit Johnson gehabt hätte. Nach ihren Angaben lernte sie ihn im Jahr 1948 bei einem Empfang in Dallas kennen. Er war damals Kongreßabgeordneter, sie war 24 Jahre alt und arbeitete als Assistentin in einer Werbefirma. Johnson war wie ein Vater zu ihrem Sohn Steven, der drei Jahre danach geboren wurde und dem ehemaligen Präsidenten ähnelte.

Während der Präsidentschaft Kennedys, als er Vizepräsident und ihr Sohn bereits zehn Jahre alt war, erzählte Johnson seiner Geliebten, daß Edgar zu einer Gefahr geworden sei. Bei einem ihrer Rendezvous im ›Driskill‹-Hotel von Austin vertraute er ihr an, daß er »ein großes Problem« habe. »Hoover«, so berichtete er ihr, »verlangt von mir, daß ich mich bei Kennedy für seine Weiterverwendung als FBI-Direktor einsetze. Er weiß von dir und von Steven und könnte von diesem Wissen Gebrauch machen.«

Madeleine Brown erklärte weiter, daß Johnsons Lösung darin bestanden habe, sie in eine »Scheinehe« zu drängen, die in aller Eile von Jesse Kellam arrangiert wurde. Kellam war jener Vertrauter, der sie vor Jahren miteinander bekanntgemacht hatte. »Es geschah aus dem Grunde, um den Gerüchten ein Ende zu bereiten. Die Aktion war erfolgreich und dies zeigte sich insbesondere später, als er ins Weiße Haus einzog.«

»Lyndon teilte mir mit«, sagte Madeleine Brown, »daß er sich vor Hoover fürchte, daß Hoover von ihm erwarte, daß er sich einschalte, damit ihn die Kennedys nicht entließen. ›Ich möchte, daß du in diese Heirat einwilligst‹, sagte er zu mir, ›um mir zu helfen, mit heiler Haut davonzukommen.‹«

Unter Berücksichtigung der verschiedenen Aspekte, die ihn kompromittierten, bleibt festzuhalten, daß Johnson, nachdem er Präsident geworden war, rasch alles in die Wege leitete, um Edgars Amtszeit zu verlängern. »Die Nation kann es sich nicht leisten, auf deine Dienste zu verzichten«, sagte er zu Edgar, als er seine Entscheidung bekannt-

gab. Vielleicht war es eher so, daß es sich Johnson nicht leisten konnte, Edgars Zorn herauszufordern.
Es könnte auch sein, daß Johnson und Edgar zu einem gewissen Übereinkommen gelangten. Edgars offizielle und vertrauliche Akten, sowie die wichtigsten Unterlagen des FBI über den Präsidenten enthalten nur sehr wenig kompromittierendes Material. Nichts über Madeleine Brown und nur spärliche Informationen über die Korruptionsskandale in Johnsons Leben.
The Washington Post war der Auffassung, daß »früher einmal Abhörberichte und Memoranden über Johnsons heimliche Aktivitäten existiert haben. Einiges von diesem belastenden Material wurde aus den Akten entfernt und ihm ins Weiße Haus geschickt.« Angeblich soll Clyde Tolson unmittelbar nach Edgars Tod weitere belastende Unterlagen beiseite geschafft haben.
Die Washingtoner Insider verfügen über einen großen Vorrat an Aussprüchen Johnsons und einer der bekanntesten bezieht sich auf Edgar. Als er von einem jungen Mitarbeiter aufgefordert wurde, ihn abzulösen, soll der Präsident geantwortet haben: »Nein, mein Sohn, wenn sich ein Stinktier in deiner Nähe herumtreibt, dann ist es besser, es im Zelt zu haben und nach draußen pissen zu lassen, als daß es draußen ist und in das Zelt pißt.«
Zu diesem Zeitpunkt verfügte Edgar über einen besseren Zugang ins Weiße Haus als jemals zuvor während seiner vier Jahrzehnte als FBI-Direktor. Es folgte ein vierjähriger Zeitraum der Einflußnahme, den Richard Goodwin, der sowohl unter Kennedy wie unter Johnson tätig war, mit dem Einfluß verglich, den der Leiter der sowjetischen Geheimpolizei, Berija, bei Stalin hatte.
Edgar erteilte die Anweisung, spezielle Einrichtungen für Johnson in Austin, Texas, zu errichten. Dort befand sich die der Ranch von LBJ nächstgelegene FBI-Dienststelle. Ein nagelneues FBI-Büro wurde in Fredericksburg, noch näher bei Johnsons Haus, errichtet. Bald darauf reiste ein FBI-Agent regelmäßig an Bord der Air Force One mit, obwohl für die Sicherheit des Präsidenten eigentlich der Secret Service verantwortlich war. Der Leiter des Secret Service war selber ein ehemaliger FBI-Agent und sehr erfreut über die Zusammenarbeit der Behörden.
Cartha DeLoach wurde nun Edgars direkter Verbindungsmann zum Präsidenten. Seit mehr als einem Jahrzehnt war er der Favorit Edgars: ein Mann, der die Disziplin innerhalb des FBI (wozu auch Edgars scheinheiliger Ehrenkodex im Hinblick auf die Sexualität gehörte) rücksichtslos durchsetzte, ein Manipulator der Presse und ein Dompteur des Kongresses. Es war DeLoach gewesen, der vor Beginn der Kennedy-Administration Johnson und den Kongreßabgeordneten John Rooney dazu gebracht hatte, ein Gesetz durchzupeitschen, das Edgar

ein großzügiges Ruhegeld sicherte, sollte er von den Kennedys hinausgedrängt werden.

Innerhalb weniger Stunden nach der Ermordung Kennedys wurde DeLoach zum Verbindungsmann zum Weißen Haus ernannt. Er ersetzte Courtney Evans, von dem es hieß, daß er ein zu gutes Verhältnis zu den Kennedys hatte. Es war DeLoach gewesen, der die Erklärung entwarf, derzufolge Edgar auch nach seinem 70. Geburtstag weiterhin den Posten des FBI-Direktors versehen sollte. Nicht ein Mitarbeiter des Weißen Hauses, sondern er war es gewesen, der den Text für die Bekanntmachung dieser Entscheidung geschrieben hatte.

Fünf Jahre lang pendelte DeLoach zwischen dem FBI und dem Weißen Haus hin und her und wurde in einer für einen schlichten Beamten einer Bundesbehörde beispiellosen Weise vertraut mit der ersten Familie im Staate. Es kam zu Essen im Weißen Haus, Dominospielen mit dem Präsidenten und einem gemeinsam verbrachten Wochenende zu Ostern in Camp David. »Recht bald«, erinnerte er sich, »fragte der Präsident mich häufig um Rat, insbesondere bei der Besetzung von Regierungsposten.«

Da Johnson Schwierigkeiten damit hatte, DeLoach in seinem Haus telefonisch zu erreichen – die Tochter im Teenageralter blockierte ständig das Telefon – schickte er Techniker, um eine direkte Telefonleitung zu installieren. »Sie hatten Anweisung, sie in das Schlafzimmer zu legen«, berichtet Edgars Mitarbeiter. »Der Präsident rief zu allen Zeiten an, Tag und Nacht.«

»Sehr verehrter Mr. Präsident«, schrieb DeLoach in einem überschwenglichen Brief zu Beginn der Amtszeit von Lyndon Johnson:

»Ich danke Ihnen, daß sie Barbara und mir gestern nachmittag gestattet haben, einen ›Augenblick der Erhabenheit‹ mit der ersten Familie der Welt zu verbringen. Ihre Ungezwungenheit und doch zurückhaltende Würde erfüllt mich noch jetzt mit Freude ... Die Fernsehübertragung war ausgezeichnet ... In der letzten Nacht erhielt ich um 21 Uhr einen Anruf von meiner alten Mutter (sic) ... die mir sagte, daß ›Mr. Johnson das Beste ist, das dieser Nation jemals widerfahren ist ...‹
Ihr sehr ergebener
Deke«

Der Präsident äußerte häufig, daß er Männer um sich haben wolle, die »so loyal seien, meinen Hintern zu küssen und zu behaupten, daß er wie eine Rose dufte«. DeLoach war der perfekte Kandidat, ein ehrgeiziger Mitarbeiter, der alle Anstrengungen unternahm, um sicherzustellen, daß nicht nur Johnsons Vorstellungen in die Tat umgesetzt wurden, sondern daß sie auch mit Edgars Plänen übereinstimmten.

Auch Edgar schmeichelte Lyndon Johnson. Einer der Auftritte des Präsidenten in der Öffentlichkeit, so sagte er zu ihm, »machte Ihre Bescheidenheit deutlich ...«»Ich wünschte mir nur«, schwärmte er nach einer Pressekonferenz, »daß unser Washingtoner Baseballteam einen Außenfeldspieler hätte, der genauso fähig wie Sie wäre, mit den schwierigen Aufgaben fertigzuwerden. Sie waren sicherlich schwierig zu parieren, aber Sie sind damit fertiggeworden, wie es nur Micky Mantle geschafft hätte.«

Die beiden Männer waren durch Angst miteinander verbunden. Edgar verkörperte für Johnson die ständige Angst eines plötzlichen Endes seiner Präsidentschaft. Johnsons verborgene Alpträume sind erst jetzt bekannt geworden. Die beiden langjährigen Mitarbeiter, Richard Goodwin und Bill Moyers, waren über den Gemütszustand des Präsidenten dermaßen beunruhigt, daß sie sich beide insgeheim und ohne voneinander zu wissen an verschiedene Psychiater um Rat wandten. »Die Diagnose war identisch«, enthüllte Goodwin im Jahr 1988. »Wir hatten einen beispielhaften Fall des paranoiden Zerfalls vor uns, den Ausbruch lang unterdrückter vernunftwidriger Handlungen ... Der Zerfall könnte fortschreiten, konstant bleiben oder zurückgehen, was allein von Johnsons Widerstandskraft abhing.«

Andere, wie der frühere Pressesekretär George Reedy, meinen, daß der Präsident »manisch depressiv veranlagt« war. Johnson machte sich ständig Sorgen über die Gefahr eines Attentates auf ihn und war von der Zwangsvorstellung besessen, daß die übriggebliebenen Mitglieder der Kennedy-Administration seinen Sturz planten. Zudem entwickelte er die Überzeugung, daß die Presse ihn vernichten wollte und daß die Presse in Washington und die Regierung von Kommunisten unterwandert worden sei.

Edgar hatte sein ganzes Leben lang gegen wirkliche oder eingebildete Gegner gewettert und seine Funktion als Polizeibeamter war schon seit langem vor seinen politischen Ambitionen in den Hintergrund getreten. Während der Amtszeit von Präsident Johnson wurde diese Kombination von Psychosen zu einer gefährlichen Mischung. Die Elemente der Kontrolle und die Gegenkräfte, welche die Trennung von Legislative und Exekutive sicherstellen sollten, verschwanden einfach.

Für beide Männer war Robert Kennedy, der noch bis September 1964 als Justizminister amtieren sollte, ihr wichtigster und offenkundigster Gegner. Johnson sprach von ihm als »diesem lächerlichen Knilch«, und Kennedy hielt Johnson für »gemein, bösartig, und in vielerlei Hinsicht für ein Tier«. Trotzdem glaubte Kennedy, daß Johnson ihn brauchen würde, um die kommende Wahl zu gewinnen und er betrachtete sich selbst als Johnsons Kandidaten als Vizepräsident. Doch er täuschte sich. Von Anfang an zeigte Johnson seine Verachtung für Kennedy und dessen Mitarbeiter.

Edgar und Kennedy führten eine ähnliche Scharade auf. Im Januar

1964, während einer Party im Justizministerium, übergab Kennedy Edgar ein verspätetes Weihnachtsgeschenk, ein Paar goldener Manschettenknöpfe mit dem Siegel des Ministeriums sowie den Initialen des Justizministers und seinen eigenen.
Nachdem andere Personen das gleiche Geschenk erhalten hatten, hatte Kennedy großen Wert darauf gelegt, auch den Direktor zu bedenken. Vielleicht war es ein letzter verzweifelter Versuch, die zwischen ihnen bestehende Spannung zu lockern. Edgar reagierte mit einem Schreiben an den »Lieben Bob« und erklärte, die Manschettenknöpfe seien »eine ständige Erinnerung an eine Freundschaft, die ich stets in Ehren halten werde«.
Noch während er diesen Brief schrieb, gingen zahlreiche FBI-Informationen über die Kennedytreuen Mitarbeiter, die noch im Weißen Haus tätig waren, an Präsident Johnson. Obwohl manches davon auf Anfrage von Johnson zusammengestellt worden war, ließ der Stil der FBI-Unterlagen keinen Zweifel an Edgars Komplizenschaft.
Bei jeder sich ihm bietenden Gelegenheit sorgte Edgar für Unruhe. Im Februar berichtete ein von ihm beauftragter Spezialagent aus Minneapolis über ein Abendessen, bei dem Mitglieder der »Kennedy-Bande« angeblich über Pläne für ein Komplott gesprochen hatten, um »eine Situation herbeizuführen, wodurch der Präsident gezwungen worden wäre, den Justizminister Robert Kennedy als Partner bei seiner Kandidatur zu akzeptieren«. Edgar wies DeLoach an, die Geschichte, ungeprüft und unbestätigt, an Präsident Johnson weiterzugeben.
Johnson liebte Anrüchiges und Edgar stillte seinen Appetit, insbesondere, wenn es sich um die Kennedys handelte. Einer der stellvertretenden Direktoren Edgars, der um Anonymität gebeten hat, berichtet über den folgenden Vorfall:

»Wir stellten Johnson einen ausführlichen Untersuchungsbericht einer Außenstelle über eine junge Frau zur Verfügung, die als Hostess im Flugzeug der Kennedys gearbeitet hatte und John Kennedy sexuell zu Diensten gewesen war. Kennedy hatte sie als stellvertretende Pressesekretärin ins Weiße Haus gebracht – aus naheliegenden Gründen. Als Johnson das Amt des Präsidenten übernahm, stöberten wir einige Nacktaufnahmen von ihr auf, die aus der Zeit stammten, als sie noch zur Schule gegangen war. Sie gingen an Johnson und er nahm sie aus der Mappe und verstaute sie in seinem Schreibtisch. Als dieses Mädchen dann hereinkam, um ihm die Fernschreiben vorzulegen, holte der Präsident diese Fotos hervor, so daß sie die Bilder sehen mußte. In den Washingtoner Kreisen amüsierte man sich oft über diese Geschichte ...«

Im ersten Jahr der Präsidentschaft von Lyndon Johnson wäre es beinahe so weit gekommen, daß auch Edgar bloßgestellt worden wäre. William Lambert, ein Reporter des Magazins *Life*, führte im Laufe seiner

Recherchen über die Herkunft des Vermögens von Johnson ein Interview mit Allan Witwer, dem ehemaligen Manager des Hotels von Clint Murchison, der mit Johnson und Hoover befreundet war. Witwer berichtete ihm, daß Edgar umsonst in dem Hotel gewohnt hätte. Um seine Aussagen zu belegen, zeigte er ihm die Rechnungen und zudem offenbarte er, daß Edgar in dem Hotel Kontakt zu Angehörigen der Gangstersyndikate gehabt habe.

Obwohl Lambert die Erklärungen Witwers für glaubwürdig hielt, scheuten die Verantwortlichen von *Life* und ihre Rechtsberater vor einer Veröffentlichung zurück. Da sie bereits wegen ihrer Serie über Johnson dem Druck des Weißen Hauses ausgesetzt waren, hielten sie es für töricht, sich auch noch mit J. Edgar Hoover anzulegen. Lambert übergab seine Informationen Robert Kennedy. Dieser veranlaßte alte Freunde im Justizministerium, die Angelegenheit zu untersuchen. Aber es war kaum möglich zu beweisen, daß Edgar gegen das Gesetz verstossen hatte und so blieb seine korrupte Beziehung zu Murchison auch weiterhin ein Geheimnis.

Als Robert Kennedy sein Amt als Justizminister aufgab und sich für einen Sitz im Senat bewarb, ließ Edgar Verleumdungsmaterial über ihn an die Presse durchsickern. Als das Abhören von Telefonleitungen zu einer umstrittenen Streitfrage geworden war, gab er Kennedy die Schuld für die Anordnung von Überwachungsaktionen während seiner Amtszeit als Justizminister. Die Boshaftigkeit und Arglist wird deutlich durch einen Bericht, der von Cartha DeLoach aufbewahrt wurde. Präsident Johnson wollte, so hatte DeLoach berichtet

»dem Direktor nahelegen, daß der Direktor den Wunsch äußern möge, ›die Tatsachen‹ im Hinblick auf Kennedys Genehmigung von Abhöraktionen zum Gegenstand einer Untersuchung eines Ausschusses des Kongresses zu machen ... (Johnsons Mitarbeiter) Watson erklärte, daß der Präsident sehr daran interessiert sei, daß der Direktor nicht mit dieser Angelegenheit in Verbindung gebracht würde. Er will, daß die Verantwortung statt dessen auf Kennedy abgewälzt wird. Der Präsident will allem Anschein nach, daß diese Tatsachen bekanntwerden, um dadurch dem Ansehen Kennedys ernsthaft zu schaden, vor allem beim linken Flügel der Partei. Außerdem weiß der Direktor besser als ich, daß es weitaus geeignetere Wege gibt, um diese Tatsachen zu veröffentlichen als mittels eines derartigen Untersuchungsausschusses des Kongresses.
Hochachtungsvoll
C. DeLoach«

Doch Jahre später, 1975, spielte DeLoach bei einer Befragung durch den Geheimdienstausschuß des Senats den Unwissenden. »Ich war ein Ermittler, kein Politiker ... Ich wußte nicht, ob es politisch bedeutsam war oder nicht. Wir wußten nicht, was in den Köpfen der Mitarbeiter

im Weißen Haus oder des Präsidenten vor sich ging ...« Vor kurzem war er weitaus aufrichtiger und erklärte: »Präsident Johnson wußte, wie man jemandem unter Druck setzen konnte. Er wußte, wie man mit Menschen umgehen mußte. Und bei diesem Spiel erkannte er sehr früh, daß es hilfreich wäre, das FBI auf seiner Seite zu wissen und es als Werkzeug zu benutzen.«
Doch nichts von alledem hatte auch nur entfernt mit den gesetzmäßig vorgeschriebenen Aufgaben des FBI – Vollstreckung der Gesetze und Schutz der nationalen Sicherheit – zu tun. Dennoch gab DeLoach seine Rolle ohne den geringsten Anschein des Bewußtseins seines ethischen Fehlverhaltens zu. Er hatte nur Anweisungen befolgt, so formulierte er es. »Ich hielt den Direktor jederzeit auf dem laufenden. Ich tat nichts, zu keiner Zeit, über das Mr. Hoover nicht informiert war.«

Die ehemaligen Mitarbeiter im Weißen Haus während der Präsidentschaft von Lyndon Johnson erschaudern noch heute, wenn sie an die Auswirkungen von Edgars unheilvollem Wirken denken. Im Jahr 1965 berichtete der FBI-Repräsentant in London, Charles Bates, über Anschuldigungen, denen zufolge der britische Premierminister Harold Wilson ein intimes Verhältnis mit seiner Mitarbeiterin Marcia Williams unterhalte. Er gab dies an Edgar weiter – zusammen mit der Behauptung, daß Wilson ein Werkzeug der Sowjets sei – kurz vor dem Besuch Wilsons in Washington.
»Als ich das nächste Mal mit Hoover zusammentraf«, sagte Bates, »erzählte er mir, daß die Informationen über Wilson ›schrecklich‹ seien. Er hatte sie sofort an den Präsidenten weitergeleitet. Als er mir dies mitteilte, dachte ich: ›Mein Gott!‹ Es waren lediglich unbestätigte Hinweise gewesen und ich hatte eigentlich gehofft, daß sie niemals davon Gebrauch machen würden.«
»Johnson mochte Wilson nicht«, erklärte der Staatssekretär im State Department George Ball,

»denn Wilson unterstützte ihn nicht im Vietnamkrieg. Hoover wußte dies und er wußte, welches Vergnügen Johnson daran hatte, über jeden, den er nicht mochte, pornografische oder obszöne Informationen zu erhalten. Der Präsident berichtete mit großer Schadenfreude von den Gerüchten über Wilson. Als Wilson dann mit Marcia Williams bei dem ersten Gespräch erschien, ergriff Johnson meinen Arm und sagte zu mir: ›Lassen Sie diese Frau nicht herein‹. Ich mußte viele Verrenkungen machen, um Wilson mitzuteilen, daß an dieser Unterredung nur die direkt betroffenen Vertreter der Regierung teilnehmen sollten. Es war sehr peinlich.«

Kenner der Szene sind heute übereinstimmend der Meinung, daß Edgars »schreckliche« Informationen über den britischen Premiermini-

ster Teil einer Verleumdungskampagne waren, die sich Wilsons politische Gegner ausgedacht hatten.»Hoover hatte einen sehr schädlichen Einfluß«, erläuterte Ball,»Ich verabscheute diese aus der Luft gegriffenen Zeitungsenten ... Sie beeinflußten die Einstellung des Präsidenten, und dies ging soweit, daß die politische Linie verzerrt wurde.«
Schon bald kam es zu einer Auseinandersetzung zwischen Edgar und dem Verteidigungsminister, Robert McNamara. Der Grund dafür lag zum Teil darin, daß dieser darauf bestand, mit dem FBI über den vorgesehenen Dienstweg, das Büro des scheidenden Justizministers Robert Kennedy, zu verkehren. Um ihn davon abzubringen, schickte Edgar abträgliche Informationen über Kennedy an den Präsidenten, der sie McNamara laut vorlas. Edgar teilte Johnson auch mit, daß der Verteidigungsminister Teil einer Verschwörung der Kennedys sei, um ihn aus dem FBI zu drängen. McNamara, der den Verdacht hatte, daß Edgar wichtige Persönlichkeiten des öffentlichen Lebens abhören ließ, sagte zu dem Präsidenten, daß Edgar »eine Gefahr« sei und gefeuert werden sollte.
Doch Johnson schien sich Edgar mehr verpflichtet zu fühlen als seinen eigenen Kabinettsmitgliedern. Sollten sie zurücktreten und ihn verlassen, so hätte er immer noch zwei Männer, die »ihm mit ihrem Hintern bis ans Ende der Welt folgen würden«: J. Edgar Hoover und der Leiter des obersten Finanzbehörde.
Der Richter und ehemalige stellvertretende Justizminister Laurence Silberman, der im Jahr 1974 Edgars offizielle und vertrauliche Akten überprüfte, gelangte zu der Schlußfolgerung, daß Johnson das FBI als »seine private politische Polizeitruppe« benutzt habe. Es gibt eine Schätzung, wonach ihn Edgar mit 1200 Dossiers über einzelne US-Bürger versorgte.
Die Mitglieder der Presse waren davon besonders betroffen.»Ich wußte, daß das FBI Partygeschwätz registrierte«, sagte Richard Goodwin. »Alles fand Eingang in den Akten. Ich erinnere mich daran, wie Johnson von einigen Kolumnisten sprach, deren Autos vor der Residenz des sowjetischen Botschafters geparkt waren und dies muß er durch das FBI erfahren haben. Als wir tiefer in die Angelegenheit in Vietnam verwickelt wurden, war Johnson geradezu besessen von der Vorstellung, daß die Opposition gegen den Krieg von einigen subversiven kommunistischen Kreisen herrühre.«
»Sie müssen wissen, Dick«, sagte der Präsident 1965 zu Goodwin, »daß die Kommunisten im Begriff sind, das Land zu übernehmen. Schauen Sie hier ...« Dann zeigte er Goodwin eine Mappe aus festem Papier:»Dies ist die FBI-Akte über Teddy White. Er ist ein Sympathisant der Kommunisten.« Dies wurde allen Personen mitgeteilt, die Theodore White kannten, den Ghostwriter der Bücher des Präsidenten. Edgar schickte Johnson Material über zahlreiche Journalisten, zu de-

nen David Brinkley von NBC, der Kolumnist Joseph Kraft und der langjährige Mitarbeiter der *New York Times*, Harrison Salisbury, gehörten. Er übergab ihm auch ein Dossier über den Reporter der Associated Press, Peter Arnett, der erst vor kurzem für seine engagierte Berichterstattung über den Golfkrieg für CNN (Cable News Network) ausgezeichnet wurde.

Im Jahr 1965 war der Präsident erbost über zahlreiche Informationen, die an die Presse durchgesickert waren und verlangte Auskünfte über den Washingtoner Bürochef der *Chicago Daily News*, Peter Lisagor. Edgar beauftragte DeLoach, schnellstens die Quelle für eine Geschichte von Lisagor über die Anwesenheit sowjetischer Bomber in Hanoi festzustellen. Der Abschlußbericht beantwortete die Frage nach der Herkunft dieser Informationen und enthielt manch gehässigen Klatsch. DeLoach erklärte, die Quelle wäre

»Marguerite Higgins, die früher bei der *New York Herald Tribune* beschäftigt gewesen war. Miss Higgins ist in Washington allgemein bekannt. Ihr Ruf ist sehr umstritten. Die Journalisten bezeichnen sie als »Matratzen-Maggie«. Im Augenblick ist sie mit dem pensionierten Generalleutnant William E. Hall verheiratet. Miss Higgins steht Peter Lisagor sehr nahe ... Mein Informant glaubt, daß Miss Higgins diese Information von ihrem Ehemann erhalten hat ...«

Jene Bürger, die in Telegrammen ihre Kritik an der Politik des Präsidenten äußerten, wären zutiefst erschrocken gewesen, wenn sie gewußt hätten, daß sie vom FBI überprüft wurden. Das gleiche trifft auf die Mitglieder des Senats zu, wenn sie geahnt hätten, daß Johnson im Weißen Haus die FBI-Berichte las und sich über ihre sexuellen Abenteuer amüsierte. Vergnügt schlug er sich auf die Schenkel, als er von dem Besuch eines Senators in einem Bordell las.

Ein Memorandum von 1968 berichtet darüber, daß der Präsident Informationen über die Senatoren Stephen Young und William Fulbright, dem Vorsitzenden des Auswärtigen Ausschusses, erbat. Dieses Dokument macht die konspirative Atmosphäre jener Zeit deutlich:

»Marvin Watson (Mitarbeiter des Präsidenten) rief gestern abend um 19 Uhr an. Watson erklärte, daß er und der Präsident das FBI in aller Deutlichkeit darauf hinweisen wollten, daß im Falle einer Anfrage durch den Präsidenten, Watson, oder Mrs. Stegall (Sekretärin im Weißen Haus), die Angelegenheiten der höchsten Geheimhaltungsstufe betreffen, das FBI nicht mit den üblichen Memoranden antworten solle. Watson erklärte, daß der Präsident ein getarntes Memorandum erwarte, ohne Wasserzeichen oder Briefkopf der Regierung, die auf die Herkunft des Memorandums hinweisen könnten ...«

Edgar bestätigte dies mit dem Wort: »OK«. Dies war eine Methode, die er bereits seit Jahrzehnten angewendet hatte. Der Präsident prahlte bald damit, daß er innerhalb von wenigen Minuten wußte, was zum Beispiel der Senator Fulbright bei einem Essen in der sowjetischen Botschaft gesagt hatte.

Nie war die Geheimhaltung bedeutsamer für Johnson und die Willfährigkeit des FBI unmoralischer als im August 1964 während des Parteikonvents der Demokraten in Atlantic City. Als die Delegierten in die Stadt strömten, hatte das FBI bereits die Telefonleitungen angezapft und Wanzen in den wichtigsten Räumen installiert. DeLoach leitete eine Streitmacht von nicht weniger als 27 Agenten, einem Radiotechniker und zwei Stenographen. Abhörsichere Telefonleitungen verbanden ein Kontrollzentrum in dem alten Postgebäude mit den Kommandozentralen im Weißen Haus und im FBI-Hauptquartier in Washington. Nach Absprache mit dem Weißen Haus hatte Edgar eine massive Überwachungsoperation in Gang gesetzt.

Johnsons Nominierung als Präsidentschaftskandidat war eine abgemachte Sache, aber er dachte noch mit Schaudern an seine Niederlage gegen die Brüder Kennedy im Jahr 1960. »Er hatte Angst«, erläuterte Clark Clifford, »denn es war eine Huldigung an John F. Kennedy geplant und Bobby sollte diese Rede halten. Er könnte ohne weiteres einen Meinungsumschwung des Parteikonvents herbeiführen und am Ende stände er geschlagen als Kandidat für die Vizepräsidentschaft da.« Johnson wartete den Verlauf des Parteikonvents in Washington ab und jonglierte mit dem Zeitplan, um sicherzustellen, daß die Stimmabgabe abgeschlossen war, bevor Robert Kennedy auf der Bühne erschien, um eine Lobrede auf seinen toten Bruder zu halten. Erst danach reiste der Präsident nach Atlantic City, um sich als Sieger feiern zu lassen.

Einige wunderten sich, wie es Johnson gelungen war, den Parteikonvent so geschickt in seinem Sinne zu beeinflussen. »Die interessante Frage«, schrieb Walter Lippmann, »lautet, warum er alles so perfekt kontrollieren konnte ...« Die FBI-Akten liefern die Antwort. »Wir waren in der Lage, das Weiße Haus ständig auf dem laufenden zu halten«, war in einem Bericht von DeLoach zu lesen, »mit den Mitteln der Informantenberichte ... durch die Infiltrierung von wichtigen Gruppen mit Undercover-Agenten und durch den Einsatz von Agenten als getarnte Reporter.« In Zusammenarbeit mit der Geschäftsleitung der NBC-News«, stand in einem anderen Memorandum, »wurden unsere Agenten mit Presseausweisen ausgestattet«.

Die Verantwortlichen von NBC haben jede diesbezügliche Unterstützung bestritten und darauf hingewiesen, daß die falschen Presseausweise durch die Vertreter des Nationalkomitees der Demokraten zur Verfügung gestellt wurden. DeLoach erklärte, daß der Trick sich als sehr erfolgreich erwiesen habe. Man kann nur vermuten, wie oft das FBI zu dieser List gegriffen hat. Später, während der Amtszeit Nixons, wurde einmal ein Agent erwischt, als er in einer Pressekonferenz Fragen stellte.

Obwohl DeLoach behauptet hat, daß die Hauptaufgabe des FBI während des Parteikonvents die Verhinderung von Gewalttätigkeiten gewesen sei, erzählte der frühere Spezialagent Leo Clark eine ganz andere Geschichte. Wie er einem Senatsausschuß mitteilte, wurde er bereits im Vorfeld darüber unterrichtet, daß sein Auftrag selbst gegenüber dem Secret Service geheimgehalten werden müßte. Die Verhinderung von Gewalt war nur der Vorwand.

Clark enthüllte, daß die Hauptaufgabe des FBI darin bestanden habe, Senatoren und Kongreßabgeordnete, wichtige Delegierte des Parteikonvents, Aktivisten der Bürgerrechtsbewegung – und Robert Kennedy zu bespitzeln. Er war anwesend, als DeLoach den Präsidenten und Edgar telefonisch informierte. Dies ist von gewisser Ironie, denn nach dem Gesetz war nur Kennedy – als amtierender Justizminister – berechtigt, eine elektronische Überwachung anzuordnen.

Der Präsident sagte später zu Edgar, daß der »Job« in Atlantic City einer der besten gewesen sei, die er jemals miterlebt habe. »DeLoach«, kritzelte Edgar auf einen Bericht, »sollte eine angemessene Belohnung erhalten.«

Es hatte den Anschein, als ob nach dem Konvent der Demokraten alles reibungslos weitergehen sollte – für Johnson und für Edgar. Robert Kennedy gab sein Amt auf, um für den Senat zu kandidieren. Der Abschlußbericht der Warren-Kommission wurde veröffentlicht und damit schien auch die Tür hinter der Kennedy-Ära zugefallen zu sein. Doch dann am 14. Oktober 1964, nur wenige Wochen vor den Wahlen, platzte aus heiterem Himmel ein Skandal um Sex und Sicherheit.

In den Nachrichten wurde bekanntgegeben, daß Walter Jenkins, der engste Mitarbeiter von Präsident Johnson, zwei Blocks entfernt vom Weißen Haus in einer Toilette der YMCA (Young Men's Christian Association) verhaftet worden war, weil er dort sexuell mit einem pensionierten Soldaten verkehrt habe. Jenkins gab das Vergehen zu, trat zurück und suchte Zuflucht in einem Krankenhaus, da er an »Erschöpfung« leide. Eine eiligst durchgeführte FBI-Untersuchung kam zu dem Schluß, daß er der nationalen Sicherheit keinen Schaden zugefügt hatte.

Dennoch blieben bohrende Fragen offen: Warum und wie konnte die Verhaftung eine Woche geheimgehalten werden? Genauso ungeklärt war, warum das FBI, das angeblich so sorgfältig bei seinen Sicherheitsüberprüfungen war, es unterlassen hatte, das Weiße Haus davon in Kenntnis zu setzen, daß Jenkins für ein ähnliches Vergehen in genau derselben Toilette vor beinahe sechs Jahren schon einmal festgenommen worden war. Außerdem fehlte in Edgars öffentlicher Erklärung der Hinweis, daß Jenkins, der Oberst der Reserve in der US-Air Force war, versucht hatte, seinen Einfluß geltend zu machen, um einen Offizierskameraden, der wegen sexueller Vergehen entlassen worden war, wieder einzustellen.

Edgars Haltung gegenüber der Homosexualität war normalerweise zumindest verdammend, häufig grausam. Doch in diesem Fall besuchte er sogar Jenkins im Krankenhaus und schickte ihm Blumen. Jenkins' Bruder William war ein ehemaliger FBI-Agent und seine Sekretärin, Mildred Stegall, wurde zeitweise vom FBI bezahlt. Jenkins und seine Familie verkehrten gesellschaftlich mit DeLoach und dessen Frau.

Nach den Angaben von William Sullivan war es Edgars Idee, zu versuchen, einen Arzt zu der Erklärung zu veranlassen, daß Jenkins »eine Hirnverletzung habe und daß er eindeutig kein Homosexueller sei. Die Hirnverletzung sei der auslösende Faktor für sein eigentümliches, ungewöhnliches Verhalten an diesem speziellen Abend« gewesen. Der Freund des Präsidenten, Abe Fortas, bemühte sich, den Psychiater Dr. Leon Yochelson zu beschwatzen, eine derartige Geschichte zu bestätigen, aber dieser weigerte sich.[1]

Mit Edgars stillschweigendem Einverständnis und vermutlich auf seine Anregung hin, versuchte Johnson den Fall Jenkins umzudrehen und ihn gegen den republikanischen Präsidentschaftskandidaten, Senator Barry Goldwater, zu verwenden.

DeLoach erklärte Jahre später, als er gefragt wurde, ob das FBI im Jahr 1964 Goldwater überwacht habe, daß er

»seine ernsten Zweifel habe, ob so etwas jemals geschehen sei ... Mir wurde vorgeschlagen, die Mitarbeiter von Senator Goldwater einer sogenannten Namensüberprüfung zu unterziehen. Als ich Mr. Hoover dies vortrug, sagte er: ›Was raten Sie?‹ Und ich sagte ihm, daß ich empfehlen würde, nichts zu unternehmen, woraufhin er erwiderte: ›Ich schließe mich Ihrer Auffassung an.‹ Und das ist genau das, was wir taten: nichts.«

Doch seit damals sind neue Berichte zum Vorschein gekommen. Als der Fall Jenkins bekannt wurde, stürmte Johnson in das Büro seines Mitarbeiters Bill Moyers. »Hoover war gerade hier«, schnauzte er,

»und er meint, einige von Goldwaters Leuten könnten Walter in eine Falle gelockt haben. Ich sagte zu Hoover: ›Finde die – (der Fluch wurde in Moyers Bericht geschwärzt) ... Ich sagte ihm, daß ich über jeden einzelnen von Goldwaters Leuten, der dafür verantwortlich sein könnte, Bescheid wissen will ... Rufen Sie DeLoach an und sagen Sie ihm, wenn er sein schönes Haus in Virginia und diesen angenehmen Job hier behalten will, dann sollten seine Jungs diese Bastarde aufspüren.«

Zum Zeitpunkt des Vorfalls war Senator Goldwater Kommandeur des 999. Reserve-Geschwaders der Air Force, der gleichen Einheit, in der auch Jenkins gedient hatte. Die beiden Männer waren gemeinsam in Flugzeugen der Luftstreitkräfte gereist. Aufgrund dessen suchten zwei FBI Agenten drei Tage nach dem Rücktritt von Jenkins den Senator auf. Er war vollauf mit dem Wahlkampf beschäftigt und die Befragung verärgerte ihn.

»Ich kannte DeLoach recht gut«, berichtete Robert Mardian, der spätere stellvertretende Justizminister unter Präsident Nixon, »und ich war der für den Westen zuständige Wahlkampfmanager für Goldwater gewesen. Lange danach teilte mir DeLoach mit, daß sie von Hoover angewiesen worden waren, eine Wanze in das Flugzeug von Goldwater einzubauen ...«

Ein FBI-Bericht an DeLoach, der neun Tage nach dem Beginn der Untersuchung über Jenkins verfaßt wurde, belegt, daß auch gegen 16 Mitglieder aus Goldwaters Stab ermittelt wurde. Von einem hieß es, daß er »sich häufig mit Prostituierten traf ... in seinem Büro«. Dieser Bericht wurde »aufgrund von Anweisungen des Direktors« erstellt.

Präsident Johnson erhielt ein FBI-Dossier über seinen Gegner bei den Präsidentschaftswahlen. Auszüge daraus las er sogar dem demokratischen Senator George Smathers laut vor, während er mit ihm telefonierte. Auch Edgar hatte vermutlich seine eigenen Beweggründe, um Goldwater abzuschießen. Der Senator hatte den Fehler begangen, in einem privaten Gespräch zu äußern, daß er Edgar nach seiner Wahl zum Präsidenten entlassen wolle. Er hatte nicht bemerkt, daß ein ehemaliger FBI-Agent bei dieser Unterredung anwesend gewesen war.

Nach den Aufregungen um den Fall Jenkins hatte Edgar auch auf die Anfrage Johnsons reagiert, »alles herbeizuschaffen, was wir über Humphrey haben«. Damit war Senator Hubert Humphrey gemeint, der Kandidat des Präsidenten für den Posten des Vizepräsidenten. Binnen weniger Tage wurden FBI-Berichte über das Team um Humphrey, zu denen auch eine (noch immer zensierte) »Beschuldigung« des Senators selbst gehörte, an das Weiße Haus übergeben.

Der Wahlsieg im Jahr 1964 brachte Lyndon Johnson nur eine vorübergehende Erleichterung. Eines Tages im darauffolgenden Jahr saß Johnson neben seinem Swimmingpool in Texas und sprach trübsinnig über den schlechten Verlauf des Vietnamkrieges.

»Ich werde als der Präsident in die Geschichte eingehen, der Südostasien verloren hat. Ich werde als der Präsident in die Geschichte eingehen, der diese Regierungsform verloren hat. Die Kommunisten kontrollieren bereits die drei wichtigsten Sendernetze und 40 wichtige Presseorgane. Walter Lippmann ist ein Kommunist und das gleiche trifft auf Teddy White zu. Und sie sind nicht die einzigen. Sie wären schockiert, wenn Sie wüßten, was alles in den FBI-Berichten steht.«

»Lyndon«, sagte seine Frau, Lady Bird, »Du solltest sie nicht so oft lesen ... Sie sind voller ungeprüfter Informationen, Beschuldigungen und Gerüchten, die nicht bewiesen sind.« »Mach dir darüber keine Sorgen«, knurrte der Präsident, »du wärest überrascht, wieviel sie über die Leute wissen ... Ich will nicht wie ein McCarthy sein. Aber dieses Land befindet sich in einer größeren Gefahr, als wir denken. Und jemand muß diese Informationen zusammentragen.«

Edgar befriedigte Johnsons Neurosen bis zum Ende seiner Präsidentschaft. Und die ganze Zeit hatte er sich auf den gemeinsten Rufmord seiner Karriere eingestimmt, der einem Mann galt, der heute als Held verehrt wird: Martin Luther King.

30. KAPITEL

Die Art, in der Martin Luther King gejagt und gequält wurde, ist eine Schande für jeden Amerikaner.

Walter Mondale
Senator und späterer Vizepräsident, 1975

Als das *Time*-Magazin Ende 1963 Martin Luther King zu seinem »Mann des Jahres« kürte, war Edgar wütend. »Sie mußten tief im Müll suchen«, kritzelte er auf die Kopie des Telegrammes der Bekanntmachung, »um gerade ihn zu finden«.

Edgars Einstellung zur Rassenfrage – sein Zögern, farbige Agenten einzustellen und sein Widerstand gegen die Bürgerrechtsbewegung – wird mit seiner Herkunft begründet. Er war zu einer Zeit geboren worden, als im Süden noch wirkliche Apartheid herrschte, als man in den Farbigen nur die Sklaven und Diener sah und erwartete, daß sie dafür noch dankbar waren. In seiner Kindheit hatte eine schwarze Hausangestellte in Edgars Familie gearbeitet, und er hatte eine Schule nur für Weiße besucht. Als die Schule später auch farbige Schüler aufnahm, rissen ehemalige Schüler empört die Insignien einer Institution herunter, die sie als Bastion der weißen Ehrbarkeit empfanden.

Doch Edgars Vorurteile hatten tiefersitzende persönliche Gründe. Während seiner Jugend und in den darauffolgenden Jahren hatte sich hartnäckig ein Gerücht in Washington gehalten – ein Gerücht, von dem er sicherlich wußte –, daß Edgar selbst schwarzes Blut in seinen Adern hätte.

Im Jahr 1958 versicherte sich der Reporter William Dufty, während seiner Recherchen für einige Artikel über Edgar in der *New York Post* der Mitarbeit eines farbigen Agenten im Bureau of Narcotics, um ein heimliches Interview mit Edgars farbigem Hausangestellten, Sam Noisette, führen zu können. Als sich die drei Männer miteinander unterhielten, bemerkte Dufty, daß die beiden Schwarzen wiederholt von Edgar als »eine Art Geist« und sogar einem »schwarzen Bruder« sprachen. Dufty hatte zahlreiche Freunde unter den Farbigen – er war Mitautor der Billie Holiday-Biographie *Lady Sings the Blues* – und erinnerte sich, daß er derartige Äußerungen auch von anderer Seite gehört hatte. Später erkannte er, daß in den farbigen Gemeinden des Ostens, die auch Clark Gable und Rudolph Valentino zu den ihren zählten, allgemein geglaubt wurde, daß Edgar schwarzer Herkunft sei.

Der Schriftsteller Gore Vidal, der in den dreißiger Jahren in Washington aufwuchs, berichtet ähnliches. »Hoover wurde berühmt und es wurde stets über ihn gesagt – in meiner Familie und in der Stadt –, daß er ein Mulatte sei. Die Leute meinten, daß er aus einer Familie stamme, die jetzt für weiß gehalten wurde.« Damit meinte man Personen schwarzen Ursprungs, die nach Generationen der rassischen Vermischung genug weißes Blut hatten, so daß sie selbst für Weiße gehalten wurden. Das gleiche wurde immer von Hoover erzählt. »Unter den Schwarzen gab es eine Art verstohlener Bewunderung für jene, denen es gelungen war, für einen Weißen gehalten zu werden«, erklärte Dufty. »Es war leicht, die Weißen zu täuschen, aber beinahe unmöglich, die Schwarzen zu täuschen.«

Auf frühen Aufnahmen wirkt Edgar negroid. Sein Haar war auffällig gekräuselt und in einem Artikel von 1939 wird von seiner »dunklen Haut, die durch die Sonnenbräune fast braun war, berichtet. Seine Gesichtsfarbe ... stand in krassem Kontrast zu dem steifen, weißen Leinenanzug.« War wirklich etwas dran an diesen Gerüchten?

Wie es in jenen Zeiten oft der Fall war, existierte auch von Edgars Geburt im Jahr 1895 keine Geburtsurkunde. Das Dokument wurde erst sehr viel später, im Jahr 1938, ausgestellt. Darin wurde lediglich erklärt, daß sein Vater und seine Mutter »Weiße« waren. Über die Herkunft seiner Mutter gibt es zahlreiche Angaben: Sie war bürgerlicher Herkunft und ihre schweizerische Abstammung war nachweisbar. Doch die Geschichte über die Familie seines Vaters weist viele widersprüchliche Berichte über seine Abstammung auf, in denen Einwanderer aus Deutschland, der Schweiz und Großbritannien erwähnt werden, die sich 200 Jahre vor Edgars Geburt als Siedler in Amerika niederließen. Eine rassische Vermischung wäre in dieser langen Zeit ohne weiteres möglich gewesen. Nach Edgars Tod erwähnte Helen Gandy »die alte Geschichte«, daß Edgar schwarzes Blut in seinen Adern hätte. Sie sprach von diesem Gerücht im Laufe eines Interviews.

»Hoover muß genau gewußt haben, was die Leute über ihn sagten«, meinte Gore Vidal. »Es gab zwei Dinge, die man in meiner Jugend als selbstverständlich annahm – daß er ein Schwuler und daß er ein Farbiger sei. Washington war und ist noch heute eine sehr rassistische Stadt, und ich kann Ihnen versichern, daß in jenen Tagen der Vorwurf einer schwarzen Abstammung mit das Schlimmste war, was man jemandem vorwerfen konnte. Es gab Menschen, die Selbstmord verübten, wenn entdeckt wurde, daß sie eigentlich Schwarze waren. Unter Weißen war es eine ungeheuerliche Beleidigung, für einen Farbigen gehalten zu werden. Und das dachten viele Menschen von Hoover und dies muß ihn zutiefst gekränkt haben ....«

Ob das Gerücht nun zutreffend war oder nicht, es muß für Edgar ein ständiger Anlaß zu großer Sorge gewesen sein. So wie er seine verborgene Homosexualität damit zu kompensieren suchte, daß er gegen andere Homosexuelle vorging, so könnte auch Edgars Sorge um seine rassische Identität sein Verhalten gegenüber den Farbigen geprägt haben. Gegenüber jenen, die ihren Platz in der Gesellschaft kannten – Dienern wie Noisette, James Crawford und den anderen – spielte er den anständigen, patriarchalischen Chef. Doch jene, die versuchten, sich über ihre Stellung in der Gesellschaft zu erheben, zu denen er vielleicht auch sich selbst zählte, fanden nur seine Verachtung.

Geboren zu einer Zeit, in der schwarze Männer für Vergewaltigung normalerweise gelyncht wurden – sofern das Opfer weiß war – zog es Edgar vor, das Elend der schwarzen Amerikaner mit einem Achselzucken abzutun. Wie im Falle des organisierten Verbrechens begnügte er sich damit, die bei der Durchführung der Gesetze auftauchenden Probleme nicht weiter zu beachten oder sich auf die »fehlende Zuständigkeit« zu berufen.

Der Anwalt Joseph Rauh vergaß nie die unlogische Bemerkung in der Antwort Edgars, als er ihn in den vierziger Jahren darum bat, den versuchten Mord an einem weißen Arbeiterführer zu untersuchen. »Edgar sagt: Nein«, wurde Rauh von Justizminister Tom Clark beschieden. »Er will nicht jedes Mal das FBI losschicken, wenn irgendeine Niggerfrau behauptet, sie sei vergewaltigt worden.«[1]

Obwohl Edgar einige wirksame Operationen gegen den Ku-Klux-Klan in Gang setzte, zeigte er seine wahre Einstellung, als die Farbigen begannen, nach ihren Rechten zu verlangen. »Als ich in den fünfziger Jahren im Süden arbeitete«, sagte Arthur Murtagh, »war es noch völlig anders. Das FBI ermittelte nur dann gegen den Klan, wenn ein Mord verübt worden war und die Presse es dazu zwang. Weitaus mehr Zeit und Mühe verwendete man für die Ermittlungen gegen militante Schwarze ...«

Während der Präsidentschaft von John Kennedy wurde Edgar, ob er wollte oder nicht, in die Rassenfrage hineingezogen. Der Kampf um die Bürgerrechte und die Gewalt, mit der die Weißen im Süden darauf reagierten, waren das beherrschende innenpolitische Thema. Edgar war gezwungen, seine Hinhaltetaktik, als er um Unterstützung von seiten des Justizministeriums gebeten wurde, aufzugeben und sich angesichts der nationalen Rassenprobleme auf die Seite der Bundesregierung zu schlagen.

Plötzlich hatten die FBI-Agenten den Auftrag, Polizeiübergriffe zu untersuchen und den Mißbrauch von Rechten der schwarzen Wähler zu verhindern. Das FBI war zur Übernahme dieser Aufgaben gezwungen worden. Edgar ärgerte sich darüber.

Martin Luther King, der pazifistische Priestersohn aus Atlanta, war ein Farbiger, der seinen Platz in der Gesellschaft nicht kannte, und er war jemand, der etwas gewonnen hatte, was Edgar längst verloren hatte: Gehör beim Präsidenten und beim Justizminister der Vereinigten Staaten.

Obwohl King seit etwa fünf Jahren im Blickpunkt der Öffentlichkeit stand, hatte ihn Edgar auf eine Stufe mit den Befürwortern des gewaltsamen Kampfes, wie Malcolm X, gestellt. »Wir hätten keine Probleme«, äußerte er einmal beim Essen dem damaligen Senator Johnson gegenüber, »wenn wir diese beiden Burschen dazu bringen könnten, gegeneinander zu kämpfen, wenn wir sie dazu bringen könnten, daß sie sich gegenseitig töten ...«

Aber zu dieser Zeit konnte man King nicht mehr mit einem Scherz abtun. Im Mai 1961 war Edgar durch einen oberflächlichen FBI-Bericht auf die Idee gekommen, daß der schwarze Führer Verbindungen zur kommunistischen Partei haben könnte. In dem Bericht war zudem darauf hingewiesen worden, daß das FBI ihn bisher noch nicht angemessen überprüft habe. Edgar kritzelte auf den Rand »Warum nicht?« – zwei Worte, die den Beginn einer siebenjährigen Hetzkampagne markierten.

40 Jahre zuvor war es schon einmal zu einer ähnlichen Situation gekommen. Im Jahr 1919 hatte Edgar als junger FBI-Beamter eine führende Rolle bei der Jagd auf einen Schwarzenführer einer früheren Generation gespielt. Es handelte sich hierbei um den in Jamaika geborenen Marcus Garvey. Er bot den Schwarzen in Amerika den verheißungsvollen Traum eines Massenexodus nach Afrika, wo er ein schwarzes Reich errichten wollte. Edgar bemühte sich, Garvey ins Gefängnis zu bringen oder außer Landes schaffen zu lassen – und er schaffte beides.

Eine andere Person, die er unerbittlich verfolgte, war der Sänger und Schauspieler Paul Robeson, ein politischer Aktivist, der für die armen und rassisch Unterdrückten seine Stimme erhob. Mehr als drei Jahrzehnte überwachten FBI-Agenten Robeson, hörten seine Telefongespräche ab und verbreiteten das falsche Gerücht, daß er ein Mitglied der kommunistischen Partei sei. Die Verfolgung nahm derartige Formen an, daß Robesons Sohn schließlich glaubte, das FBI habe seinen Vater in den fünfziger Jahren mit der Verabreichung von halluzinogenen Drogen »neutralisiert«. Diese Beschuldigung läßt sich bis heute nicht beweisen, denn die FBI-Akten über Robeson liegen noch immer aus Gründen der »nationalen Sicherheit« unter Verschluß!

Edgars Verfolgung von Garvey und Robeson war beinahe so etwas wie eine Richtschnur. Die Versuche, sie als Kommunisten zu brandmarken, der Einsatz von schwarzen Polizeispitzeln zur Infiltration und die elektronische Überwachung, um in ihrem Privatleben herumzuschnüffeln: all dies sollte Edgar auch gegen King einsetzen.

»King ist ›no good‹«, hatte Edgar zu Beginn der Präsidentschaft Kennedys geschrieben. Später war er vor der Vorstellung besessen, Washington davon überzeugen zu müssen, daß die Bürgerrechtsbewegung von Kommunisten kontrolliert würde. Im Oktober 1963 hatte er entgegen dem Rat seiner eigenen Agenten eine massive Überwachungsoperation gegen King in Gang gesetzt. Dazu gehörte das Anzapfen der Telefonleitungen – die Genehmigung dafür hatte er von Robert Kennedy nur nach massivem Drängen erhalten[2] – und die Installation versteckter Mikrophone, die niemals von irgend jemandem genehmigt worden waren.

Bis Ende 1963 hatten die Abhörberichte zwar keine Ergebnisse erbracht, um den Schwarzenführer als Kommunisten zu brandmarken, aber sie hatten eine ganze Menge Informationen geliefert, um seine private Moral in Frage zu stellen. Der Reverend King genoß den Sex und er ließ sich darin auch nicht durch die Tatsache, daß er ein Diener der Kirche und ein verheirateter Mann war, aufhalten. »Jeden Monat bin ich 25 bis 27 Tage von zu Hause weg«, erzählte er einem Freund. »Vögeln ist eine Form der Entspannung.« Bei seinen Reisen durch das Land suchte King diese Entspannung in den Armen dreier fester Geliebten und bei Gelegenheit auch mit Prostituierten. Viele seiner Mitarbeiter, darunter auch sein enger Freund Reverend Ralph Abernathy, verhielten sich genauso.

Die zahlreichen Affären hätten Kings privates Vergnügen sein können, das von seinen Anhängern toleriert wurde. Doch das FBI sah dies ganz anders. Der sexuelle Verkehr mit Frauen war noch nicht zu einem Verstoß gegen Bundesgesetze geworden, aber Edgar und seine Mitarbeiter gelangten durch dieses Wissen in den Besitz einer wirkungsvollen Waffe gegen King. Nach einer Marathonsitzung von neun Stunden im FBI-Hauptquartier im Dezember 1963, veränderte sich der Schwerpunkt der gegen King gerichteten Ermittlungen. Die Frage nach möglichen Verbindungen zu den Kommunisten sollte von nun an nur der vorgeschobene Grund für die Überwachung sein und nur der Tarnung eines völlig anderen Motivs dienen.

Edgars Mitarbeiter setzten sich nun zum Ziel, »King als wirkungsvollen Negerführer zu neutralisieren«. Dies könnte erreicht werden, so hofften sie, indem man ihn als einen »klerikalen Betrüger« und »unmoralischen Opportunisten« demaskierte. Es wurden »Abwehrmaßnahmen« geplant, um King in Mißkredit zu bringen, mit Hilfe von Geistlichen, »verstimmten Bekannten«, »übereifrigen Journalisten«, »farbigen« Agenten, sogar von Dr. Kings Frau und seinem Hausverwalter, und durch »das Einschleusen eines attraktiven weiblichen Spitzels in Kings Büro«. Dem Justizminister wurde von diesem Plan nichts gesagt.

14 Tage später, als man erfahren hatte, daß King im ›Willard‹-Hotel in

Washington eintreffen würde, kletterten FBI-Agenten im Hause herum, um Mikrophone und Tonbandgeräte zu installieren. Insgesamt wurden während des zweitägigen Aufenthaltes 15 Tonbandspulen aufgenommen und das FBI bekam das, was es wollte – Geräusche einer Party mit reichlichem Alkoholkonsum, an der King, seine Mitarbeiter und zwei Frauen von der Werft der US-Navy in Philadelphia teilgenommen hatten.

Am Tag darauf, während die FBI-Stenographen noch an der Abschrift der Tonbandaufzeichnungen saßen, diktierte der stellvertretende FBI-Direktor Sullivan ein neues Memorandum. Es lautete:

»King muß ... vor den Menschen dieses Landes und seinen Anhängern unter den Negern als der dargestellt werden, der er tatsächlich ist – ein Betrüger, Demagoge und moralischer Schurke. Wenn die wahren Tatsachen über seine Aktivitäten präsentiert werden, sollten sie bei angemessenem Gebrauch ausreichen, um ihn von seinem Sockel zu stürzen ... Wenn dies erreicht ist ... werden die Neger ohne einen nationalen Führer dastehen, der sie durch seine überzeugende Persönlichkeit in die richtige Richtung lenken kann. Dies könnte geschehen, aber es muß nicht geschehen, wenn zu diesem Zeitpunkt der richtige nationale Negerführer allmählich so aufgebaut werden kann, um Dr. King in den Schatten zu stellen, um die Führungsrolle in der Negerbevölkerung zu dem Zeitpunkt zu übernehmen, wenn King völlig diskreditiert worden ist.«

Sullivan empfahl King durch Samuel Pierce zu ersetzen, einen republikanischen Anwalt, der eines Tages unter Präsident Reagan Wohnungsbauminister werden sollte. Edgar kritzelte »OK« unter den Vorschlag und fügte hinzu, daß er »erfreut sei, daß endlich, obgleich entsetzlich verspätet, der Domestic Intelligence Division ein ›Licht‹ aufgegangen sei«.

Die »Highlights« der Aufzeichnungen im ›Willard‹-Hotel wurden Edgar wie Jagdtrophäen übergeben. »Sie werden den Burschen vernichten«, triumphierte er aufgeregt. Edgar telefonierte persönlich mit Präsident Johnsons Mitarbeiter Walter Jenkins, um ihm von diesem Material zu berichten, und schickte dann Cartha DeLoach mit einer Abschrift ins Weiße Haus.

DeLoach, der sich eines dieser Tonbänder über King anhörte, behauptete, daß sie King präsentieren »wie er mit Hundertdollar-Nutten Geschlechtsverkehr ausübt, vor acht, neun, zehn, elf nackten Männern, die um das Bett versammelt sind und Black Russians trinken ...« Es ist nicht ersichtlich, wie DeLoach lediglich durch das Abhören eines Tonbandes darauf schließen konnte, wie viele Männer anwesend waren und ob sie nackt waren!

Edgar hielt King für »einen Kater mit zwangshaft abartigen Trieben« und bestand auf der Überwachung, die in einem FBI-Bericht als »das

Entertainment« bezeichnet wurde. Als King nach Honolulu reiste, wurde ein Einbrecherteam des FBI, ausgestattet mit dem nötigen Werkzeug, vom Festland hinübergeflogen. Bei Kings Party waren zwei weibliche Begleiterinnen anwesend, aber die Geräusche des Fernsehers und der Klimaanlage übertönten alle anderen Geräusche, wie die Schnüffler enttäuscht feststellen mußten.

In Washington hatten Edgars Spione mehr Glück. King wurde belauscht, als er seinen Gefährten im Scherz obszöne Ehrentitel verlieh und schlüpfrige Geschichten über Sex und Religion zum besten gab. Darunter war auch ein schmutziger Witz über den ermordeten Präsidenten Kennedy und seine Witwe Jacqueline. Früher hatte Edgar die Ergebnisse der Überwachungsaktion vor Robert Kennedy verschwiegen, denn er befürchtete, daß der Justizminister King warnen würde. Doch jetzt sorgte er dafür, daß die Abschrift von Kings »Beleidigung« des toten Präsidenten seinem Bruder vorgelegt wurde. Robert war zutiefst empört.

Präsident Johnson hörte sich einige der Originalaufnahmen an und verbrachte einmal einen Nachmittag damit, mit Edgar darüber zu sprechen. Doch nichts was Edgar über King sagte oder gegen ihn unternahm, konnte Johnson von seinem wachsenden Engagement für die Bürgerrechte abbringen. Ungeachtet seiner Versäumnisse auf anderen Gebieten war er es, der einen großen Teil der neuen Rassengesetze durchsetzte und es waren die radikalsten Veränderungen seit dem Bürgerkrieg.

Nach der Rede des Präsidenten über das Wahlrecht der Schwarzen vor dem Kongreß im Jahr 1965 war Martin Luther King überwältigt von seinen Gefühlen, die er auch bei seinem Telefongespräch mit Johnson nicht verbarg. Edgar saß stoisch auf der Galerie des Kongresses, als Johnson beschwörend jene Worte aus dem Baptistenlied sprach, die zugleich die Hymne von Kings Bewegung waren: »We Shall Overcome«. Doch als sich King später gegen den Vietnamkrieg aussprach, verriet die Verärgerung des Präsidenten, was er über ihn wußte. »Verdammt nochmal!« sagte er zu einem Mitarbeiter. »Wenn Sie nur hören könnten, was dieser scheinheilige Priester sexuell alles anstellt ...«

Edgar benutzte King, um sich die bekannten Ängste des Präsidenten zunutze zu machen. Richard Goodwin sagte aus, daß der FBI-Direktor vorgeschlagen hatte, »Bobby Kennedy solle King anheuern oder bestechen, um Unruhe im Hinblick auf den Vietnamkrieg zu schüren. Das war völliger Unsinn ... Bobby unternahm nichts, um King in der gewünschten Richtung zu beeinflussen. King war schon lange vor Bobby gegen den Krieg gewesen.«

Im Frühjahr 1964 befand sich Edgar mit seinen Anstrengungen, King zu vernichten, auf dem Höhepunkt. Als er davon hörte, daß die Marquette-Universität in Milwaukee einen Ehrendoktorhut an King verleihen wollte, schickte er in aller Eile einen Agenten, um die offiziellen Vertreter der Universität zu überreden, ihre Verleihung rückgängig zu machen. Für Edgar war dies eine um so »schockierendere« Nachricht, hatte doch diese Universität Edgar im Jahr 1950 auf die gleiche Weise geehrt. Der Agent war erfolgreich und wurde für seine Intervention bar bezahlt.

Der nationale Rat der christlichen Kirchen wurde von William Sullivan über Kings »persönliches Verhalten« unterrichtet und versprach, King niemals wieder »einen einzigen Dollar« zukommen zu lassen. Auf Anordnung von Edgar ging das gleiche Verleumdungsmaterial auch an die Weltvereinigung der Baptisten. Agenten wurden angewiesen, die Veröffentlichungen von King, auch eines Buches, zu verhindern.

Edgars Hetzkampagne gegen Martin Luther King fiel in eine Zeit ständiger Rassenspannungen und Unruhen. Im Jahr 1964 hatte das Verschwinden von drei Bürgerrechtlern in Mississippi und ihre vermutliche Ermordung durch den Ku-Klux-Klan für großes Aufsehen gesorgt. Die erste Reaktion des FBI war lahm – ein Agent bemerkte sogar, daß »ihn ein freudiges Erschaudern erfaßt habe«, als er von der Neuigkeit erfuhr. Dies war die typische Reaktion des FBI, doch dann wurde es dazu gezwungen, seine Einstellung zu ändern.

Es war Präsident Johnson, der Edgar zum Handeln zwang. »Drei Staatsgewalten sind in diesem Fall betroffen«, sagte er zu einem Mitarbeiter. »Zum einen die Vereinigten Staaten, der Bundesstaat Mississippi und J. Edgar Hoover«. In diesem Fall setzten sich die Vereinigten Staaten durch. Trotz Edgars Proteste erhielten Agenten den Auftrag, eine große neue Dienststelle in Jackson, Mississippi, aufzubauen und Johnson entsandte Edgar zur Eröffnung mit dem Präsidentenflugzeug in den südlichen Bundesstaat. Durch den Einsatz geheimdienstlicher Methoden, großzügigen Bestechungsgeldern und einem rücksichtslosen Vorgehen gelang es einem Team bester Agenten des FBI schließlich, die Mörder ausfindig zu machen und den Bundesgesetzen im Staate Mississippi Geltung zu verschaffen.

In Washington setzte Edgar seine Anstrengungen fort, King zu verleumden. Dem demokratischen Senator James Eastland aus Mississippi zeigte er einen Film, der während einer Überwachungsaktion gedreht worden war und King zeigte, wie er mit einem weißen Mädchen in ein Hotel ging. Unterdessen informierte einer seiner Mitarbeiter Berl Bernhard, den Leiter der Kommission für Bürgerrechte, daß King ein sexueller »Beidhänder« (Begriff für einen Baseball-Spieler, der den Schlag mit beiden Händen ausführt), ein Bisexueller sei.

In einem Gespräch mit Carl Rowan, dem damaligen Leiter der USIA (United States Information Agency) berichtete der Kongreßabgeordnete Rooney, daß er ein FBI-Band gehört habe, auf dem man hören

konnte, wie der Schwarzenführer seinen Mitarbeiter Ralph Abernathy zu gemeinsamen sexuellen Aktivitäten aufgefordert habe. Rowan, der selber schwarz war, versuchte Rooney zu erklären, daß diese Art der von ihm zitierten sexuellen Gespräche typische, harmlose Scherze zwischen schwarzen Männern seien. Doch Rooney verbreitete bei jeder sich ihm bietenden Gelegenheit Klatschgeschichten über King.
Durch den Einsatz eines Polizeispitzels und von Infrarot-Kameras gelang es dem FBI auch, Aufnahmen von King zu machen, wie er nackt in der Badewanne saß und auf dem Bett lag, während sein Mitarbeiter Bayard Rustin, ein bekannter Homosexueller, neben ihm saß. Als Rustin zwei dieser Aufnahmen sah, die das FBI vermutlich in Umlauf gebracht hatte, um Druck auf die Führung der Schwarzen auszuüben, war er entsetzt. »In beiden Situationen«, sagte er, »habe ich nur mit Martin gesprochen ... Nichts, absolut nichts, ist geschehen.«
Dieser Aspekt von Edgars Verleumdungsoperation gegen Martin Luther King blieb ohne jegliche Wirkung – mit Ausnahme auf seine engsten Verbündeten im Kongreß. Es sollte zudem an dieser Stelle ausdrücklich betont werden, daß kein Biograph jemals über eine homosexuelle Beziehung zwischen King und Abernathy, Rustin oder jemand anderem berichtet hat.[3]
Im September 1964, als King den Vatikan besuchen wollte, wurde Edgars Freund Kardinal Spellman vom FBI gebeten, Papst Paul VI. dazu zu überreden, King keine Audienz zu gewähren. Zu Edgars Erstaunen ignorierte der Papst diesen Rat. Dann ging die Meldung um die Welt, daß dem Bürgerrechtsführer der Friedensnobelpreis zuerkannt worden war. King, der sich gerade in einem Krankenhaus erholte, da er völlig erschöpft war, betrachtete dies als die »höchste aller irdischen Ehrungen, nicht für seine Person, sondern für die Bewegung«. Edgar war außer sich vor Wut.
»Die Sitten dieses Landes sind (sic) zweifellos auf einen neuen Tiefstand gesunken«, notierte er, wobei er übersah, daß der Nobelpreis von Ausländern verliehen wurde. »Er war der Allerletzte auf der Welt, der ihn jemals hätte bekommen sollen«, sagte er. »Ich verachtete ihn zutiefst ...« Nach Edgars Auffassung verdiente King nur den »Preis für den ›schlimmsten herumstreunenden Kater‹«.
Zu seiner Verbitterung kam noch der Neid, denn Edgar hatte lange selbst auf einen Nobelpreis gehofft. Der langjährige Polizeichef von Atlanta, Herbert Jenkins, sprach mit ihm zu dieser Zeit.
»Seit vielen Jahren«, erklärte Jenkins später, »hatte Hoover vergeblich versucht, den Preis zu bekommen. Viele prominente Amerikaner waren von Hoover gebeten worden, ihn beim Nobelkomitee vorzuschlagen ... aber jedes Jahr wurde Hoover übergangen ... Und dann kam ein Neger aus den Südstaaten und erhielt den Preis. Das war mehr als Hoover ertragen konnte. Der Ärger darüber fraß ihn regelrecht auf.«

Edgar schickte Verleumdungsmaterial über King an jeden, der irgendwie mit dem Nobelpreis zu tun haben konnte. In London erhielt der FBI-Repräsentant Charles Bates den Auftrag, nach Skandinavien zu fliegen, »um unsere Botschafter dort zu informieren, was er für ein Bursche war. Meine Anweisungen kamen unmittelbar von Hoover.« Techniker des FBI bereiteten sich auf ihren Flug nach Oslo vor, um King abzuhören, sobald er zu den Verleihungsfeierlichkeiten eintraf. Dies war ein eklatanter Bruch gesetzlicher Bestimmungen, nach denen das FBI nur Operationen im eigenen Lande durchführen durfte.

In Washington griff Edgar zu einer ungewöhnlichen Maßnahme. Nachdem er ihre Bitte um ein Interview monatelang abgelehnt hatte, willigte er plötzlich ein, eine Gruppe von 18 weiblichen Journalisten zu empfangen. Während eines dreistündigen Monologs berichtete er ihnen, wie ungerecht die Warren-Kommission mit dem FBI umgegangen sei, erzählte ihnen von »windelweichen Richtern« und wie Fidel Castro »versuche, die Menschen in Puerto Rico einer Gehirnwäsche zu unterziehen. Dann sagte er zu ihnen, eher beiläufig, daß Martin Luther King »der notorischste Lügner in diesem Lande sei«.

Bei diesem Gespräch befand sich Cartha DeLoach an der Seite seines Herrn. Er reichte Hoover eilends eine Notiz hinüber, in der er ihn darauf hinwies, er solle festhalten, daß seine letzte Bemerkung inoffiziell gewesen sei. »Mr. Hoover warf die Notiz weg«, erinnerte sich DeLoach. »Er sagte den Frauen, er wolle es in dem Bericht haben ... und sie eilten daraufhin sofort an die Telefone.«

King als Lügner zu bezeichnen war eine fette Schlagzeile für die Titelseiten der Zeitungen. Edgar erklärte, die »Lüge« hätte in Kings Behauptung bestanden, daß die Agenten in den Unruhegebieten Südstaatler und wahrscheinlich selber Rassisten seien. Doch dieser Streit war vor zwei Jahren gewesen. Jetzt zielte Edgar auf etwas ganz anderes. Martin Luther King, so fügte er hinzu, sei »einer der schäbigsten Charaktere in diesem Lande ... Dabei habe ich noch nicht einmal begonnen, all das zu sagen, was ich dazu sagen könnte.«

Einige FBI-Beamten meinten, daß der »Boß übergeschnappt sei«, wie es einer von ihnen formulierte. Die gleiche Auffassung vertrat King. Einem Reporter sagte er: »Mr. Hoover ist allem Anschein nach unter der enormen Last, den Schwierigkeiten und Verantwortlichkeiten seines Amtes zusammengebrochen.« Heimliche Lauscher des FBI registrierten, wie er Vertrauten mitteilte, Edgar sei »alt und kaputt ... senil ... man sollte ihm von allen Seiten zusetzen«, bis Präsident Johnson ihn zur Räson bringen würde.

Edgar wäre gerne noch deutlicher geworden, insbesondere als King darum bat, mit ihm über die Versäumnisse des FBI zu sprechen. »Ich kann nicht verstehen, warum wir nicht in der Lage sind, die wahren Tatsachen öffentlich bekanntzugeben«, schrieb er an William Sullivan.

»Es gelingt uns nicht einmal, unsere Erfolge in der Öffentlichkeit entsprechend herauszustellen. Wir ergreifen nie die Initiative (sic) ...«
Die Männer um Edgar reagierten umgehend. Eine Woche nach der Pressekonferenz, als die Verleihung des Friedensnobelpreises immer näherrückte, unterrichtete der Bürochef von *Newsweek*, Ben Bradlee, den Justizminister über eine neue Entwicklung. DeLoach, erklärte er, habe *Newsweek* von »einigen interessanten Tonbändern, die Dr. King betreffen«, unterrichtet.
Der höchst beunruhigte Katzenbach flog sofort mit dem Leiter der Abteilung für die Bürgerrechte, Burke Marshall, nach Texas, um den Präsidenten davon in Kenntnis zu setzen. Obwohl sich Johnson besorgt zeigte, warnte er lediglich das FBI, daß seine Operation nach hinten losgegangen sei.
DeLoach hat diese Darstellung von Bradlee wiederholt dementiert. Im Jahr 1975 erklärte er bei seiner Aussage vor dem Senat, daß er sich »nicht daran erinnern« könne, mit Reportern über die King-Bänder gesprochen zu haben. Noch vor kurzem sagte er: »Nach bestem Wissen und Gewissen kann ich sagen, daß niemals ein entsprechendes Angebot gemacht wurde, weder von mir, Hoover, Tolson oder irgend jemand anderem im FBI – und ich würde dies mit einem ganzen Stapel von Bibeln beschwören.«
Bradlee, der später Herausgeber der *The Washington Post* wurde, blieb bei seiner Darstellung. »DeLoach fragte mich, ob ich daran interessiert sei, einen Blick in die Abschriften der Abhörprotokolle zu werfen. Er machte mir das Angebot, sie in Augenschein zu nehmen ... Ich teilte ihm mit, daß ich kein Interesse daran hätte.«
Viele andere bedeutende Journalisten machten zu jener Zeit ähnliche Erfahrungen. John Herbers von *The New York Times* erinnert sich an »einen Spezialagenten ... einen der Leute, die für DeLoach arbeiteten ..., der mir von diesen Dingen erzählte, die sie über King wußten. Er hielt mir die Bänder hin, für den Fall, daß ich sie hören wollte. Doch ich hielt sie für irrelevant.«
David Kraslow von der *Los Angeles Times* hörte »angewidert« zu, als ihm ein FBI-Beamter einen »pikanten Auszug« von einem der King-Bänder am Telefon vorlesen wollte. Abschriften wurden dem Kolumnisten Jack Anderson »zur Verfügung gestellt«, der eine Veröffentlichung ablehnte. Nach dem Bericht von Mike Royko von der *Chicago Daily News* erwähnte ein früherer Agent diese Angelegenheit bei einer Golfpartie. »Ganz beiläufig sprach er von King und erkundigte sich, ob ich daran interessiert sei, einige Berichte zu lesen, in denen es um unerlaubte sexuelle Aktivitäten ging ... Ich dachte mir: ›Wie dumm sie sind!‹ Denn ich war voller Sympathie für King und seine Bewegung.«[4]
In Kings Heimatort griffen die Agenten zu einer anderen Methode.

Eugene Patterson, dem Herausgeber der in Atlanta erscheinenden *Constitution*, wurde der Zeitpunkt mitgeteilt, zu dem Martin Luther King auf einem Flughafen in Florida auf seinem Weg zu einem geheimen Treffen mit einer Frau eintreffen würde. Der Agent gab ihm den Rat: »Warum sollte man nicht mit einem Reporter und Fotografen dort auf ihn warten? Demaskieren Sie ihn vor den Menschen im Süden und vor der ganzen Welt.«
Patterson, der den Pulitzerpreis für seine Leitartikel gewann, in denen er nachdrücklich für die Gleichheit der Rassen warb, wies das FBI brüsk ab. »Der Agent, dem es nicht gelungen war, mich zu überreden«, erklärte Patterson, »mußte dafür büßen, indem er unter dem Vorwand, daß er 41 Pfund Übergewicht hätte, nach New Orleans versetzt wurde. Ich war voller Sympathie für ihn, denn ... er tat es nur, weil er von Hoover in Angst und Schrecken versetzt worden war – wie es bei ihnen allen der Fall war.«
Edgar wurde auch selbst tätig. Dem Vertreter der Verlagsgruppe Hearst, Mark Monsky, zeigte er Fotografien, die King mit den Kommunisten in Verbindung bringen sollten. Er erwähnte die Sex-Tonbänder bei einem Essen mit dem Verleger der *Washington Star*, Newbold Noyes, einem Mann, von dem DeLoach glaubte, daß man »ihn an der Nase herumführen könne« und spielte sie angeblich auch Eugene Lyons von *Reader's Digest* zu.
Keine einzige Zeitung tat Edgar den Gefallen und veröffentlichte die Geschichte über Kings sexuelle Ausschweifungen, doch auch kein Verleger hatte den Schneid, ihn für sein Verhalten an den Pranger zu stellen. Unterdessen wurde King bald selbst auf die schmutzigen Tricks des FBI aufmerksam.
Er war entsetzt über den möglichen Schaden für sich und seine Bewegung und so nutzte er jetzt seine Kontakte zu den Regierungsstellen, um das von ihm seit langem gewünschte Treffen mit Edgar zu arrangieren. Am 1. Dezember 1964, nur wenige Tage vor der Reise nach Oslo, saßen Edgar, King und ihre Mitarbeiter zusammen im Büro des FBI-Direktors.
»Mr. Hoover war sehr, sehr distanziert«, erinnerte sich Ralph Abernathy, »und Dr. King versuchte sehr, sehr herzlich zu sein. Mr. Hoover saß dort in seinem blauen Anzug und lächelte nicht einmal. Er nannte uns ›Burschen‹ ...« Die schwarzen Männer waren verblüfft, als Edgar zu einem 50minütigen Monolog über die Tätigkeit des FBI in den südlichen Bundesstaaten und über seine Bemühungen bei der Anwerbung von schwarzen Agenten ansetzte. Bei einer späteren Überwachungsaktion sollte King sagen: »Der alte Mann redet verdammt nochmal zu viel.«
»Mr. Hoover erteilte Martin eine Lektion«, berichtete Ralph Abernathy weiter, »und erinnerte ihn daran, daß er ein Mann der Kirche sei ...

Er sagte: ›Ihr Burschen, wenn ihr nichts Unrechtes anstellt, braucht ihr euch keine Sorgen zu machen. Aber wenn ihr etwas Unrechtes anstellt, werden wir es bald wissen ...‹«

Dies war vermutlich der deutlichste Hinweis, daß Hoover im Besitz von schmutzigen Informationen über King war. Für King, der schon von den vielsagenden Bildern gewußt haben mag, die das FBI von ihm und Rustin hatte, brachte dies nur wenig Trost. »Martin reagierte auf diese Bemerkungen, indem er immer nervöser wurde und an seinen Fingernägeln kaute«, sagte Abernathy. »Er war beunruhigt ...«

Den gleichen Eindruck machte King, als er nach diesem Gespräch der Presse mitteilte, daß er und Edgar »eine Reihe von Mißverständnissen aus dem Weg geräumt« hätten. Habe er etwas von dem, was er über Edgar gesagt hatte, zurückzunehmen? »Nein«, erklärte er und verschwand in einem Fahrstuhl. Noch während seiner Unterredung mit Edgar, hatte ein FBI-Agent versucht, hier auf dem Korridor das Interesse eines Journalisten für Aufnahmen von King mit einer Frau zu wecken.

Die Furcht vor dem FBI verschlimmerten Kings Erschöpfungszustände, die ihn erst vor kurzem zu einem Krankenhausaufenthalt gezwungen hatten. Auf dem langen Flug nach Europa regte er sich darüber lautstark auf. Seine Frau Coretta, die ihn nach Oslo begleitete, erinnert sich an seine tiefe Niedergeschlagenheit. »Es war eine Zeit, in der er eigentlich glücklich hätte sein müssen ... Aber er war besorgt, daß die Gerüchte der Bewegung schaden könnten und er war besorgt darüber, was die schwarze Bevölkerung denken würde ... Irgendwie brachte er all die offiziellen Feierlichkeiten hinter sich ...«

Ein stürmischer Empfang erwartete Martin Luther King bei seiner Rückkehr in die Vereinigten Staaten, und ein Privatjet, der ihm von dem New Yorker Gouverneur Nelson Rockefeller zur Verfügung gestellt wurde, brachte ihn zurück. Zur gleichen Zeit schickte Edgar eilends einen Brief über Kings »persönliches Verhalten« an den gewählten Vizepräsidenten Hubert Humphrey, denn dieser hatte King bei einem Empfang im ›Waldorf-Astoria‹ persönlich begrüßt.

Anfang Januar 1965 öffnete Coretta King in ihrem Haus in Atlanta ein kleines Päckchen, das ihr von Kings Hauptquartier zugeschickt worden war. Es enthielt eine Tonbandspule, von der seine Mitarbeiter annahmen, daß es eine Rede ihres Mannes war. Die Stimme ihres Mannes war tatsächlich auf dem Tonband zu hören, aber es handelte sich nicht um eine Rede. Die Schachtel enthielt zudem einen getippten, nicht unterzeichneten Brief, der unter anderem folgenden Wortlaut hatte:

»KING,

in Anbetracht deines niedrigen Ranges (vom FBI zensiert) werde ich

Deinen Namen weder mit einem Mr. noch einem Reverend oder Dr. würdigen, und dein Familienname erinnert mich nur an Könige wie Henry VIII. (zensierte Wörter). King, sei ehrlich Dir selbst gegenüber. Du weißt, daß Du ein totaler Betrüger bist und eine große Belastung für uns Neger ... Du bist kein Mann der Kirche und Du weißt das. Du bist ein gewaltiger Betrüger und ein besonders übler, bösartiger ... King, wie bei allen Betrügern nähert sich auch Dein Ende. Du hättest unser größter Führer sein können ... Deine ›ehrenvollen‹ akademischen Auszeichnungen, Dein Nobelpreis – was für eine schreckliche Farce – und Deine anderen Auszeichnungen werden Dich nicht retten. King, ich wiederhole, Du bist erledigt ...
King, es bleibt Dir nur noch eines zu tun. Du weißt, um was es sich handelt. Du hast nur noch 34 Tage (diese genaue Zahl ist aus einem ganz spezifischen Grund gewählt worden, sie hat eine ganz bestimmte Bedeutung), in denen Du es tun kannst (sic). Du bist erledigt. Es gibt nur noch einen Ausweg für Dich. Du solltest ihn besser einschlagen, bevor Dein schmutziges, betrügerisches (sic) Verhalten der Nation offenbart wird.«

Kurz darauf hörte sich King mit seinem Freund Abernathy das Tonband an, das dem Schreiben beigelegen hatte. »Man hörte gedämpfte Stimmen«, erinnerte sich Abernathy, »die aus einem entfernten Raum zu kommen schienen ... Ich erkannte Martins Stimme und dann meine eigene ... Dann waren da noch andere Geräusche ... Eindeutig, was wir hörten, war Geflüster und Stöhnen aus einem Schlafzimmer.«
Die beiden Männer saßen schweigend da, als King das Tonband abschaltete. Dann sagte Abernathy nur: »J. Edgar Hoover«. Er hatte recht mit dieser Vermutung, wie ein Ausschuß des Senats ein Jahrzehnt danach feststellte. Das Tonband war eine Montage aus mehreren Überwachungsbändern und im FBI-Labor zusammengestellt worden. Edgars Mitarbeiter William Sullivan hatte einem zuverlässigen Agenten, Lish Whitsun, den Auftrag erteilt, mit dem Päckchen nach Florida zu fliegen und es von einem Postamt in der Nähe des Flughafens von Miami aus an Coretta King zu schicken.
Edgar hatte die Genugtuung, innerhalb von 24 Stunden über die Reaktion seines Opfers informiert zu sein. »Sie sind entschlossen, mich zu vernichten«, hörte man King bei einer Telefonüberwachung sagen, »entschlossen, mich zu treffen, zu quälen, meine Widerstandsfähigkeit zu brechen«. Nach den Angaben seiner Verwandten und engen Freunde fiel er in eine tiefe Depression und litt unter Schlaflosigkeit.
Der Grund, das Tonband an Kings Frau aufzugeben, hatte darin bestanden, »King davon abzuhalten«, seinen Nobelpreis abzuholen – jene Ehrung, die Edgar selbst so sehr begehrte. Doch das Päckchen traf nicht rechtzeitig ein, denn die Zustellung verzögerte sich. Jahre später erklärte Sullivan, daß er gemeinsam mit Edgar und Clyde auf diese Idee gekommen sei, und die Aufzeichnungen belegen, daß das Ton-

band einen Tag, nachdem Edgar nach einer energischen Aktion verlangt hatte, aufgegeben worden war.[5]
Die ständigen Belästigungen setzten sich weiter fort und eine Zeitlang wurde King immer depressiver. Doch dann erholte er sich wieder. Nach einem ausführlichen Gespräch mit Abernathy beschloß er, dem Druck in keiner Weise nachzugeben. »Wir wollten es nicht zulassen, daß Hoover und das FBI uns von unseren Zielen abbringt«, erinnerte sich Abernathy im Jahre 1989, »denn wir kämpften für eine gerechte Sache.«

Martin Luther King wurde am 4. April 1968 im Alter von 39 Jahren ermordet. Am Tag zuvor hatte er noch eine Rede gehalten, in der er davon sprach, daß er mit seinem Tod rechne. Als er auf dem Balkon eines Motels in Memphis, Tennessee, stand, wurde er von einer einzigen Gewehrkugel niedergestreckt und starb innerhalb weniger Minuten. Im ganzen Land wurde die schwarze Bevölkerung von Kummer und Wut ergriffen. Die wichtigsten Repräsentanten der Nation bekundeten Kings Witwe ihr Mitgefühl auf einer Beerdigung, zu der 150 000 Menschen kamen.

Edgar gehörte nicht zu den Trauernden. Obwohl in der Öffentlichkeit der Eindruck erweckt wurde, er würde persönlich die Untersuchung des Mordes leiten, verbrachte er den folgenden Morgen damit, aus PR-Gründen einige Aufnahmen von sich machen zu lassen. Am nächsten Tag tat er das, was er auch nach der Ermordung von Präsident Kennedy getan hatte – er ging zum Pferderennen. In den folgenden Wochen unterließ er es, zu Besprechungen mit dem Justizminister zu erscheinen, um über den Fortgang der Ermittlungen Bericht zu erstatten.

Zwei Monate später, nach einer regelrechten Menschenjagd wurde ein unbedeutender Gauner namens James Earl Ray in London festgenommen und an die Vereinigten Staaten ausgeliefert. Er bekannte sich der Ermordung von Martin Luther King für schuldig und wurde zu einer Zuchthausstrafe von 99 Jahren verurteilt.

Doch dies war nicht das Ende der Geschichte. Rays Schuldeingeständnis beruhte auf einer Abmachung zwischen seinem Anwalt und der Anklagebehörde. Unverzüglich widerrief er sein Geständnis und verlangte nach einer Wiederaufnahme des Verfahrens. Dann verstarb der zuständige Richter und – trotz wiederholter juristischer Bemühungen – wurden die Beweise gegen Ray nie vor einem Gericht geprüft. Heute ist er 65 Jahre alt und sitzt noch immer im Gefängnis.

Nur wenige glauben, daß Ray allein gehandelt hat. Erhebliche Zweifel an dieser Vermutung hat auch William Sullivan, der 1968 an einer diesbezüglichen Untersuchung beteiligt war. Und zehn Jahre danach gelangte der Untersuchungsausschuß nach neuen umfangreichen Untersuchungen zu der Schlußfolgerung, daß in der Tat eine Ver-

schwörung vorgelegen haben muß. Man meinte, daß Ray angeheuert worden war, um King zu erschießen und daß auch seine beiden Brüder darin verwickelt gewesen waren.
Als Edgar nach Rays Verhaftung gefragt wurde, ob es irgendwelche Beweise für ein Komplott geben würde, entgegnete er: »Nicht die geringsten«. Am Tag nach Rays Geständnis genehmigte er den folgenden Vorschlag von DeLoach:

»Ich möchte darauf hinweisen, daß man der Überlegung Beachtung schenken sollte, eine uns gewogene Zeitung auf einer strikt vertraulichen Basis darüber zu informieren, daß Coretta King und Reverend Abernathy beabsichtigen, Kings Ermordung weiterhin als offene Frage zu behandeln, indem man die Behauptung aufrechterhält, daß Kings Ermordung eindeutig auf eine Verschwörung zurückzuführen sei und nicht von einem einzigen Mann verübt worden ist. Dies ist natürlich ein schäbiger Trick, um Mrs. King und Abernathy zu weiteren Geldeinnahmen zu verhelfen. Wir können dies ohne jeden Bezug auf das FBI tun und ohne jemanden wissen zu lassen, daß die Information im Rahmen einer Überwachungsaktion gewonnen wurde.«

Zu dieser Zeit hatte Ralph Abernathy zwei Hauptverdächtige. Sein erster Gedanke war, daß der Ku-Klux-Klan dahinterstecke. Sein zweiter war, wie er sich später erinnerte, daß King getötet worden war »durch jemanden, der vom FBI ausgebildet und angeworben und auf direkte Anweisung von J. Edgar Hoover tätig geworden war«.
Im Jahr 1988 erklärte Ray bei einem Fernsehinterview im Gefängnis, daß sein ursprüngliches Geständnis nur durch den Druck des FBI zustandegekommen sei. Er behauptete, daß die Agenten damit gedroht hätten, seinen Vater und einen seiner Brüder ins Gefängnis zu stecken, wenn er es nicht tue. Er sei zu Unrecht beschuldigt worden, erklärte Ray weiter, um ein Komplott des FBI, King zu töten, zu vertuschen.[6]
Der Untersuchungsausschuß glaubte nicht, daß das FBI in die Ermordung Kings verwickelt gewesen war. Aber er meinte, daß die Ermittlungen unbefriedigend geführt worden seien. Niemand hatte eine vernünftige Begründung dafür abgeben können, warum es zwei Wochen gedauert hatte, bis das FBI Ray, den geflohenen Häftling, zur Fahndung ausschrieb, obwohl seine Fingerabdrücke auf persönlichen Gegenständen in der Nähe des Tatorts gefunden worden waren. Zu den Habseligkeiten gehörte sogar ein Radio mit Rays Identifizierungsnummer im Gefängnis: 00416.
Der ehemalige Agent in Atlanta, Donald Wilson, wundert sich bis zum heutigen Tag über das Verhalten seiner Vorgesetzten während der Jagd auf Ray, und er entsinnt sich der merkwürdigen Reaktion, als er gemeinsam mit einem Kollegen einen Mann entdeckte, von dem sie annahmen, es handele sich um den Gesuchten.

»Wir sahen den Burschen, als wir in der Nähe eines angeblich von Ray benutzten Appartements waren ... Er war Ray wie aus dem Gesicht geschnitten und wir dachten, müssen Sie wissen: ›Das ist es, das ist unsere Chance!‹ Über Funk benachrichtigen wir die Einsatzzentrale und teilten ihnen mit, daß wir den Mann zur Personenüberprüfung festnehmen wollten. Aber über Funk wurde uns gesagt, daß wir nichts unternehmen, zur Dienststelle zurückkehren und uns zurückmelden sollten. Wir schauten uns ungläubig an, aber wir taten, was man uns befohlen hatte.
Ich behaupte nicht, daß es Ray war«, sagte Wilson. »Der entscheidende Punkt ist, daß er es hätte sein können. Er wurde erst sehr viel später festgenommen, durch die Polizei in London. Warum hatte man uns gestoppt? Die Topleute hatten das Sagen, darunter war auch jemand, den sie von Washington geschickt hatten. Ich war damals wirklich mißtrauisch. Ich glaubte, daß etwas Merkwürdiges vor sich ging ...«

Auch Arthur Murtagh, der zur gleichen Zeit in Atlanta eingesetzt war, hatte seine Zweifel. »Mir wurde mitgeteilt, daß wir nicht von einer Verschwörung sprechen sollten. Ich denke, es war eine politische Entscheidung.«
Murtagh erinnerte sich an den abgrundtiefen Haß, der durch Edgars langwierige Hetzkampagne entstanden worden war. »Als im Radio Kings Tod bekanntgegeben wurde«, sagte er, »sprang mein Kollege buchstäblich in die Luft und erklärte: ›Endlich haben wir den Hurensohn erwischt!‹ Ich weiß nicht, was er mit der Formulierung meinte ›Wir haben ihn erwischt‹, aber genau das sagte er ...«
Auch wenn Edgar und das FBI nicht unmittelbar an dem Verbrechen beteiligt waren, so tragen sie sicherlich eine gewisse Mitverantwortung. »In Anbetracht der verschiedenen scheinbar legalen Gruppen, mit denen sie gemeinsame Aktionen durchführten«, meinte Kings Mitarbeiter Andrew Young, »ist es durchaus denkbar, daß es eine dieser Gruppierungen auf sich nahm, Martin Luther Kings Ermordung zu planen und durchzuführen – wobei sie sicher sein konnten, daß das FBI darüber erfreut sein und ihnen nicht allzuviel Ärger bereiten würde ... Sie schufen die Atmosphäre, die Martins Ermordung erst möglich machte.«
Der Rufmord gegen Martin Luther King setzte sich nach seiner Ermordung weiter fort. »Durch einen seiner Kontaktmänner informierte uns Hoover«, sagte John Anderson,

»daß sie ein mögliches Motiv entdeckt hätten. Sie teilten uns mit, daß King eine Affäre mit der Frau eines Zahnarztes in Los Angeles gehabt habe und sie nahmen an, daß der Zahnarzt King aus Eifersucht getötet haben könnte. Dieser Hinweis konnte nicht ignoriert werden, daher suchte ich sie auf – sie war eine sehr schöne Frau. Nach einigem Zögern gab sie zu, daß sie die Geliebte von King gewesen war.

Die Informationen des FBI schienen zusammenzupassen, aber dann sprach ich mit ihrem Mann. Es war offenkundig, daß er weder die Absicht noch über die Fähigkeit verfügte, King getötet zu haben, und daß die Version des FBI völlig aus der Luft gegriffen war. Ich gelangte zu der Überzeugung, daß Hoover hoffte, ich würde anbeißen und die Geschichte veröffentlichen – denn es hätte dazu geführt, daß Kings Ansehen in den Schmutz gezogen worden wäre. Hoover wollte eigentlich nur, daß Artikel erschienen, in denen über King berichtet wurde, daß er Affären mit den Frauen anderer Männer hatte.«

Später bemühte sich Edgar zu verhindern, daß Kings Geburtstag zum nationalen Feiertag erklärt würde. Aus diesem Grunde stimmte er einer Intrige zu, um Kongreßabgeordnete davon zu überzeugen, daß King ein »Schurke« gewesen sei. Derartige Unterrichtungen, betonte er ausdrücklich, sollten »sehr behutsam« durchgeführt werden. Die Politiker wurden unterrichtet und Kings Geburtstag sollte erst 1983 zum Feiertag erklärt werden.

Im Jahr 1975 gab Präsident Ford bekannt, daß die Verantwortlichen des FBI für die Verleumdungsoperation gegen King vor Gericht gestellt werden sollten. Der FBI-Direktor Clarence Kelley, der Nachfolger von J. Edgar Hoover, stimmte darin mit ihm überein. Aber zu diesem Zeitpunkt war Edgar tot, genau wie Clyde. Andere FBI-Beamte, die darin verwickelt waren, leben noch heute, aber kein einziger wurde jemals angeklagt.

Es gab keinerlei Bedauern in Edgars Büro, als Robert Kennedy zwei Monate nach Kings Ermordung in Los Angeles erschossen wurde. William Sullivan hatte 1963 mitbekommen, wie Clyde Tolson nach dem Tode von Präsident Kennedy ausgerufen hatte: »Die verdammten Kennedys!« Jetzt erklärte er: »Erst war es Jack, jetzt ist es Bobby, und dann Teddy. Wir werden sie bis ins Jahr 2000 auf dem Halse haben.« Im Sommer 1968, als es den Anschein gehabt hatte, Robert könne der nächste Präsident der Vereinigten Staaten werden, setzte Clyde die Mitarbeiter bei einer dienstlichen Besprechung in Erstaunen. »Ich hoffe«, sagte er, »daß jemand auf ihn schießt und diesen Hurensohn tötet.«

Jetzt hatte es tatsächlich jemand getan. Edgar wurde aus dem Schlaf geholt und Präsident Johnson unterrichtete ihn, daß er sich wie 1963 erneut auf das FBI bei der Untersuchung des Verbrechens verlassen würde. Doch noch heute ist die Ermordung Robert Kennedys, genau wie das Attentat von Dallas, ein Rätsel mit vielen ungelösten Fragen. Die Vermutung, daß Sirhan allein gehandelt hatte, ist immer mehr in Zweifel gezogen worden. In dem ursprünglichen FBI-Bericht über das Verbrechen, der aber erst nach Edgars Tod veröffentlicht wurde, wurde darauf hingewiesen, daß zwölf oder noch mehr Schüsse abgegeben worden waren. Doch aus Sirhans Waffe konnten nur acht Schüsse abgefeuert werden. Zudem legten eine Fülle anderer Beweise den Schluß nahe, daß zwei Schützen beteiligt waren.

Die ersten Autopsiebilder von Robert Kennedy wurden Edgar eilends persönlich übergeben. Bald darauf wurden weitere schaurige Farbaufnahmen und medizinische Berichte in seinen offiziellen und vertraulichen Akten abgeheftet. Von all den berühmten Todesfällen während der langen Karriere des FBI-Direktors sind dies die einzigen erhalten gebliebenen Todesbilder.

Auch Edward Kennedy war ein Opfer von Edgars Groll. Als er sich 1962 zum erstenmal um einen Sitz im Senat bewarb, wurde der jüngste der Kennedy-Brüder durch die Enthüllung, daß er von der Harvard-Universität ausgeschlossen worden war, weil er einen Freund dazu gebracht hatte, an seiner Stelle ein Examen zu absolvieren, in eine peinliche Lage gebracht. Nach den FBI-Unterlagen war es Edgar gewesen, der dafür gesorgt hatte, daß diese Geschichte an die Presse durchsickerte.

Im Jahr 1967 hatte Edgar Kennedy als »verantwortungslos« bezeichnet. Diese Einschätzung sollte sich zwei Jahre danach als durchaus gerechtfertigt erweisen, als der Senator eine weibliche Mitarbeiterin im Wrack seines versunkenen Wagens in Chappaquiddick zurückließ. Der Vorfall lag in der Zuständigkeit der örtlichen Polizei, doch Edgar war sofort zur Unterstützung bereit, als ihn Präsident Nixon aufforderte, Agenten loszuschicken, um nach zusätzlichem belastenden Material Ausschau zu halten. Er gefiel sich darin, über diese Tragödie zu klatschen und dies stundenlang.

Im Sommer 1968, nach dem Tode von Robert Kennedy, schien J. Edgar Hoover keinen ernsthaften Gegner mehr zu haben. Das war jedoch eine Illusion.

31. KAPITEL

> *Mr. Hoover diente ehrenvoll, aber er diente zu lange ... Diejenigen, die in der letzten Zeit mit ihm Kontakt hatten, wußten, daß sein hohes Alter in wachsendem Maße Auswirkungen auf seine Urteilsfähigkeit hatte. Wir alle – der Präsident, der Kongreß, die Justizminister, die Presse – wußten dies und dennoch kämpfte er weiter gegen jede Veränderung und gegen die Zukunft.*
>
> Nicholas Katzenbach
> Ehemaliger Justizminister, 1975

Der größte Feind ist die Zeit«, hatte Edgar einmal gesagt, aber er verhielt sich so, als könne er die Uhr aufhalten. Als er im Jahr 1968 73 Jahre alt wurde, schien sich das vertraute bulldoggenähnliche Profil nur wenig verändert zu haben. Edgars Ärzte erklärten ihn für fit und seine Mitarbeiter gaben die beruhigende Nachricht an die Presse weiter.

So wenig wie nur möglich wurde jedoch über Clyde Tolson gesprochen. Obwohl er fünf Jahre jünger als Edgar war, hatte sich Clyde einer Operation am offenen Herzen unterziehen müssen und den ersten von mehreren Schlaganfällen erlitten. Sein Augenlicht war dermaßen schwach, daß er schon bald Hilfe brauchte, um seine Post zu lesen. Manchmal schaffte er es nicht einmal mehr ins Büro. Edgar konnte es nicht ertragen, mit ansehen zu müssen, wie sein Freund in aller Öffentlichkeit seine Schwäche zeigte. Als Clyde einmal auf der Rennbahn in Kalifornien stolperte und zu Boden stürzte, untersagte Edgar einem Agenten, der sie begleitete, ihm zu helfen. »Überlassen Sie ihn sich selbst«, schnauzte er. »Das dumme Arschloch soll wieder von selbst auf die Beine kommen.«

Clyde »zog sich zurück«, als er das vorgesehene Pensionierungsalter von 70 Jahren erreichte, aber nur für einen Tag. Mit Hilfe eines bürokratischen Tricks stellte ihn Edgar wieder unverzüglich ein. Clyde erhielt auch weiterhin »hervorragende« Leistungsbeurteilungen und trotz seiner nachlassenden Sehkraft erhielt er den neuen Dienstrevolver. Die FBI-Propaganda behauptete weiter, daß der Direktor und seine rechte Hand gesund und munter und nicht unterzukriegen seien.

Doch die Personen, die es beurteilen konnten, waren davon nicht überzeugt. Eine Gruppe von FBI-Beamten in Los Angeles beklagte sich in einem Schreiben an den Justizminister über die »rapide fortschreitende Senilität und den zunehmenden Größenwahn« des Direktors. Zwei ehemalige Agenten wagten es, kritische Bücher über ihn zu verfassen und Edgar mußte feststellen, daß die alten Unterdrückungstechniken nicht mehr funktionierten. Selbst die konservative Presse war jetzt bereit, spöttische Artikel über ihn zu veröffentlichen und stellte die Frage, wie lange er noch Direktor des FBI bleiben könne.

Die Zeit ging über Edgar hinweg. In der Vergangenheit hatte er stets gewußt, wie man vorgehen mußte, wie man auf neue Zeitströmungen reagieren mußte, um das FBI in altem Glanz dastehen zu lassen. Doch jetzt erkannte er nicht, daß sich der amerikanische Mittelstand, seine ihn traditionell unterstützende Bevölkerungsgruppe, verändert hatte. Die öffentliche Meinung votierte für die Bürgerrechte. Diesen Faktor hätte das FBI für sich nutzen können, um der Durchführung der Gesetze Geltung zu verschaffen, doch statt dessen drosch Edgar seine altbekannten Phrasen gegen den angeblichen kommunistischen Einfluß auf die schwarze Bewegung und über die »Lügen« von Martin Luther King. Millionen von Amerikanern wandten sich gegen den Vietnamkrieg, und Edgar verschärfte die Situation noch, indem seine Agenten die Protestgruppen unterwanderten und Agents provocateurs entsandt wurden, um die Demonstrationen zu zerschlagen. Der Manipulator der öffentlichen Meinung hatte sein Fingerspitzengefühl verloren.

Dann, als Edgars Niedergang und Sturz unvermeidlich zu sein schienen, betrat Richard Nixon die Szene.

Es hatte den Anschein, als ob ein historischer Magnet sie gegenseitig angezogen hätte. Es waren 21 Jahre verstrichen, seitdem Edgar zum erstenmal einen prüfenden Blick auf Nixon geworfen hatte. Gemeinsam mit seinen wohlhabenden Freunden, den Ölmagnaten aus Texas, hatte er Nixon bei seinem Vorhaben, im Jahr 1952 Vizepräsident zu werden, unterstützt. Wiederholt war Nixon an der Seite Edgars gesehen worden, bei Fahrten zu den Pferderennen und bei Baseballspielen, bevor die Ereignisse des Jahres 1960 Nixon in die politische Wüste verbannt hatten.

Doch selbst in dieser Zeit war Edgar immer wieder ein verständnisvoller Gast in Nixons Haus in Kalifornien. Als Edgar gestorben war und er selber nach dem Watergate-Skandal mit Schimpf und Schande aus dem Amt gejagt wurde, erklärte Nixon reumütig: »Hoover war ein guter Freund.«

Als sich Richard Nixon im Jahr 1968 um die Präsidentschaft bewarb, legte er sich auf die Weiterbeschäftigung Edgars fest, sobald seine Wahlkampagne auf Touren gekommen war. Edgar versorgte ihn mit Informationen, um der demokratischen Opposition zu schaden. Als ihm das Angebot gemacht wurde, neben dem Konservativen George Wallace selber als Vizepräsident zu kandidieren, tat er diese Idee mit

einem Lächeln ab. Die Träume, selber im Weißen Haus zu sitzen, waren längst Vergangenheit.
Die ganze Clique war wieder versammelt, all die Millionäre und Mittelsmänner. In diesem Sommer flossen Gelder von Clint Murchison in Texas und Lewis Rosenstiel in New York in die Privatschatulle Nixons. Louis Nichols, der früher Edgars politischer Organisator gewesen und jetzt für Rosenstiel tätig war, wurde einer von Nixons politischen Beratern.
Edgar ließ sich nicht in seine Karten schauen. Er wußte, daß der aussichtsreichste demokratische Kandidat Vizepräsident Hubert Humphrey noch immer gute Chancen für den Wahlsieg hatte. Daher hatte er auch nichts dagegen, als ihn die Mitarbeiter Humphreys um den »gleichen Dienst« bei dem Parteikonvent baten, den das FBI vier Jahre zuvor Johnson geleistet hatte. Aber dieses Mal sollte es keine elektronische Überwachung geben, denn als Edgar den Justizminister Ramsey Clark um die erforderliche Zustimmung bat, wurde er brüsk abgewiesen.[1]
Edgar machte sich Sorgen über seine eigene Zukunft, sollte Humphrey der nächste Präsident der Vereinigten Staaten werden. Im Weißen Haus machte sich auch der resignierende Präsident Lyndon Johnson Sorgen – um seine persönliche Sicherheit. »Teilen Sie Edgar Hoover mit«, sagte er zu einem Mitarbeiter, »daß ich mich seit dem Beginn meiner Amtszeit um ihn gekümmert habe, und nun, wo ich das Weiße Haus verlasse, erwarte ich von ihm, daß er sich um mich kümmert ... Es gibt viele Verrückte, die versuchen werden, mich nach dem 20. Januar 1969 zu erwischen.«
Als sich im November Nixons Sieg abzeichnete, schrieb Edgar einen letzten unterwürfigen Brief an Johnson:

»Sehr verehrter Herr Präsident,
seit vielen Jahren haben Sie mir viele angenehme Augenblicke gewährt. Als persönlicher Freund, Nachbar und Untergebener habe ich Ihre Gesellschaft genossen ... Clyde Tolson und Deke DeLoach schließen sich meiner Dankbarkeit für ihre Güte an. Auch sie sind sehr dankbar für die Zeit, die sie mit Ihnen verbringen durften.
Ihr sehr ergebener
Edgar«

Zwei Tage nachdem er diesen Abschiedsbrief geschrieben hatte, führte Edgar im New Yorker ›Pierre‹-Hotel eine geheime Besprechung mit Nixon und informierte ihn über Johnsons verbotenen Einsatz des FBI während der Wahlkampagne.
»Hoover berichtete mir, daß in den letzten beiden Wochen eine Wanze in der Kabine in meinem Flugzeug eingebaut worden war«, erinnerte sich Nixon später. »Hoover informierte (den künftigen Justizminister)

Mitchell und mich getrennt voneinander ... und daß Johnson es angeordnet hatte.«

Die FBI-Akten enthalten keinen Hinweis auf eine gegen Nixon gerichtete Abhöraktion. Es wird lediglich darüber berichtet, daß die Aufstellung der Telefongespräche seines Kandidaten für den Posten des Vizepräsidenten, Spiro Agnew, überprüft wurde, denn Johnson hatte den Verdacht, daß die Republikaner die Pariser Friedensgespräche über Vietnam sabotieren wollten. Doch Nixons Mitarbeiter H.R. Haldeman bestätigt, daß Edgar nicht nur behauptete, daß die Abhöraktion durchgeführt worden war, sondern auch auf andere Weise Nixons Befürchtungen für seine Ziele nutzte.

»Wenn Sie in das Weiße Haus einziehen«, warnte ihn der FBI-Direktor, »führen Sie keine Gespräche über die Telefonzentrale ... Kleine Männer, die sie nicht kennen, werden zuhören.« Edgar glaubte, daß die Verbindungen des Präsidenten, für die das US-Army Signal Corps (die Fernmeldetruppe der US-Army) verantwortlich war, unsicher seien – daß »der Präsident wissen sollte, daß man ihn möglicherweise abhörte, wenn er auf diesen Leitungen sprechen würde«.

»Wir sollten bald feststellen, daß Hoover stets mit einigen netten Überraschungen vorbeikam«, erinnerte sich Haldeman, »Häppchen von Informationen, die er verteilte, warnenden Hinweisen und weitschweifigen Erklärungen, über die man sich nur amüsieren konnte. Er richtete seine Augen himmelwärts, ohne eine klare Entscheidung anzubieten – alles nur, um den Eindruck zu erwecken, wie nützlich das FBI für den Präsidenten sein könnte.«

Vermutlich hatte Edgar auf eine Zeit ohne Schwierigkeiten gehofft, einer Rückkehr zu der Macht und den Privilegien, die er während der letzten Präsidentschaft der Republikaner, als Nixon Vizepräsident gewesen war, gehabt hatte. Haldeman, der ihn und Nixon im ›Pierre‹ beobachtete, merkte, daß sie sich »wie alte Freunde« begrüßten. »Edgar«, sagte Nixon, »du bist einer der wenigen, die jederzeit mit mir sprechen können.«

Doch der ebenfalls anwesende Berater Nixons, John Ehrlichman, meinte, daß sein Chef dies lediglich »demonstrativ, um Eindruck zu machen«, geäußert habe. Haldeman glaubte, daß Nixon Zweifel an Edgars Fähigkeiten hatte und insgeheim mit dem Gedanken spielte, ihn zu entlassen. Just zu der Zeit, als er Edgar Versprechungen machte, wandte sich Nixon an andere, um den Posten des FBI-Direktors zu übernehmen.

Bei einem Treffen in Palm Springs stellte Nixon Pete Pitchess, dem Sheriff des Bezirks Los Angeles, einem Konservativen, Anhänger von Goldwater und ehemaligem FBI-Agenten, den Posten als FBI-Direktor in Aussicht. Pitchess war sehr vorsichtig mit seiner Antwort. »Hoo-

ver«, bemerkte er, »hat bisher nicht erklärt, daß er in den Ruhestand treten wolle.« »Nein«, sagte Nixon, »aber er hat mir erzählt, daß er es tun wolle, an seinem Geburtstag.« Pitchess entgegnete: »Aber an welchem Geburtstag?« Daraufhin wechselte Nixon das Thema.
Warum gelang es Nixon nicht, sich durchzusetzen? »Er hatte Angst«, erklärte Pitchess. »Jeder verdammte Präsident hatte Angst vor Hoover – Johnson, sogar Kennedy. Sie alle hatten Angst. Ich stand Nixon sehr nahe, aber er sagte nichts Näheres darüber. Er sagte nur: ›Ich muß Hoover mit Samthandschuhen anfassen.‹«
John Connally, der unter Nixon den Posten des Finanzministers versah, vertrat die gleiche Auffassung. »Nixon hätte Hoover gern dazu gezwungen, zurückzutreten, aber er war nicht in der Lage, es durchzusetzen. Er traute ihm nicht. Er war voller Furcht ...«
Noch nach dem Tode Edgars, sprach Nixon voller Ehrfurcht von seiner Macht, als ob Edgar noch leben würde. »Er hatte Akten über jeden, verdammt nochmal!« erklärte Nixon 1973 und er wünschte sich, Edgar wäre da, um ihn aus dem Watergate-Skandal herauszuholen.
Präsident Johnson hatte einem Freund erzählt, daß es eine umfangreiche FBI-Akte über Nixon geben würde. Man hätte erwarten können, daß sie voller Berichte über zwielichtige Geschäfte war. Doch der einzige Punkt, der bekannt geworden ist, ist überraschend. Er bringt Richard Nixon mit einer Frau in Verbindung, einer besonders exotischen.

Die Geschichte begann 1958, als der damalige Vizepräsident Nixon, der zu jenem Zeitpunkt 44 Jahre alt und verheiratet war, Marianna Liu, eine Fremdenführerin aus Hongkong kennenlernte. Sie war Mitte 20, als es zu diesem zufälligen Treffen kam. Die beiden sahen sich wieder in der Zeit, als sich Nixon im politischen Abseits befand und aus geschäftlichen Gründen nach Hongkong reiste. Liu erinnert sich, daß sie sich jedes Jahr zwischen 1964 und 1966 sahen, als sie als Hosteß im ›Den‹, der Cocktailbar des dortigen ›Hilton‹ arbeitete. Die beiden wurden auch zusammen fotografiert.
Nach ihrem Bericht besuchten Liu und eine mit ihr befreundete Kellnerin Nixon und seinen Reisegefährten, den umstrittenen Geschäftsmann Bebe Rebozo, in einer Suite im ›Mandarin‹-Hotel. Sie stritt jeden sexuellen Kontakt ab – dies tat auch Nixon später, nachdem er zunächst mit einem »Kein Kommentar« auf jede diesbezügliche Frage geantwortet hatte. Liu erklärte, daß sie bei Nixons nächstem Aufenthalt in Hongkong gerade im Krankenhaus lag und er ihr Blumen und einen Flakon ihres Lieblingsparfüms geschickt habe.
Doch der ehemalige FBI-Repräsentant in Hongkong erinnert sich daran, daß die Beziehung zwischen Nixon und Liu zu einer erheblichen Beunruhigung wegen der damit verbundenen Sicherheitsaspekte ge-

führt habe.« »Einer meiner Verbindungsmänner in einer anderen US-Behörde«, sagte der heute als Sicherheitsberater tätige Dan Grove, »suchte mich eines Morgens auf und teilte mir mit, daß eine seiner Informantinnen, Marianna Liu, mit Nixon zusammengetroffen sei. Er denke, daß ich dies wissen sollte, denn es liege ein Verdacht vor, daß sie eine Agentin der Chinesen sei und daß sie Kontakt zu Offizieren der US-Navy suche. Er sagte, er sei darüber unterrichtet, daß Nixon eine Top Secret-Besprechung mit Vertretern der Volksrepublik China geführt habe und dies mache seinen Kontakt zu Marianna Liu zu einem Risiko.

Mittags ging Grove ins ›Hilton‹, um mit Marianna Liu zu sprechen. »Mein Kollege«, erinnerte er sich, »sagte einfach zu ihr: ›Du warst in der letzten Nacht mit einem bekannten Mann zusammen, nicht wahr?‹ Sie sagte: ›Ja, woher wissen Sie das?‹ Er fragte sie: ›Wer war bei Ihnen?‹ Und sie antwortete: ›Sein Freund, Bebe Rebozo.‹ Marianna und eine Freundin von ihr hatten den Tag und den Abend mit ihnen verbracht.

Es lag nicht in der Zuständigkeit des FBI, aber ich entschied mich, Meldung zu machen, wenn ich entdecken sollte, daß sie einen Antrag auf eine Einreisegenehmigung in die Vereinigten Staaten gestellt hatte. Wie die Überprüfungen ergaben, hatte sie zwei Anträge gestellt und ihre darin gemachten Angaben paßten nicht ganz zusammen – ein klassischer Hinweis auf einen möglichen geheimdienstlichen Hintergrund. Ich überprüfte es bei der British Special Branch und erhielt von ihnen die Information: ›Sie ist bei uns registriert.‹ Sie war ihnen als eine mögliche Agentin des chinesischen Geheimdienstes aufgefallen, doch sie verfolgten die Angelegenheit nicht weiter, denn alle ihre Aktivitäten schienen sich auf Amerikaner und nicht auf britische Staatsangehörige zu konzentrieren ... Ich berichtete dies an das FBI-Hauptquartier, an den stellvertretenden Direktor Sullivan und ich bekam eine Antwort, die ungefähr wie folgt lautete: ›Mr. Nixons Privatleben ist für das FBI nicht von Interesse ... Führen Sie Ihre Überprüfung durch und schließen Sie den Vorgang ab.‹«

Doch nach den Angaben des Anwalts von Marianna Liu bestätigen die FBI-Unterlagen, daß ihr Kontakt zu Richard Nixon für große Unruhe gesorgt hatte und daß Nixon selbst in Hongkong überwacht wurde – was soweit ging, daß er mit Infrarotkameras durch sein Schlafzimmerfenster fotografiert wurde. Grove vermutet, daß die Überwachungsaktion von den Briten durchgeführt wurde, auf Bitten der CIA.

Ein FBI-Memorandum von 1976 belegt, daß Groves Angaben zutreffend sind:

»Von: DIREKTOR DES FBI 18. August 1976
Betrifft: MARIANNA LIU – ISCH (Internal Security Desk China)

Die FBI-Akte über die obenstehende Angelegenheit wurde nach einem Brief des Rechtsattachés in Hongkong vom 10.12.67 angelegt, in dem der Verdacht auf eine mögliche Verbindung der betreffenden Zielperson zum chinesischen Geheimdienst geäußert wird, der aber nicht durch die Spezialabteilung der Polizei in HK (Hongkong) bestätigt wird ... und ein Vertreter der US- (Name der Behörde geschwärzt) wies darauf hin, daß er davon gehört habe ... daß die betreffende Zielperson VP (Vizepräsident) Nixon bei seinem Besuch in HK wiederholt traf ...«

Als Nixon zum Präsidenten gewählt worden war«, erinnerte sich Dan Grove,

»saß ich am Sonntagmorgen im Büro und sah ein Bild von Marianna Liu und Richard Nixon in der Zeitung – wenn mich mein Gedächtnis nicht im Stich läßt, müßte es der Ball der Amtseinführung gewesen sein. Ich dachte: ›Wie ist sie dort reingekommen?‹ Ich hatte darum gebeten, daß die Visa-Anträge kontrolliert werden sollten und hatte angenommen, daß man mich davon unterrichten würde, wenn sie versuchen sollte, in die USA einzureisen ... Da dies nicht geschehen war, schickte ich einen offiziellen Brief mit dem Vermerk ›Zu Händen von Mr. Hoover persönlich‹. Unsere Instruktionen lauteten, daß alle eventuellen Hinweise auf feindliche Aktivitäten gegen höhere Beamte der US-Regierung direkt an den Direktor zu melden waren ... Aber er antwortete nicht auf meinen Brief.«

Es gibt keinerlei Beweise, daß Richard Nixon und Marianna Liu ein intimes Verhältnis gehabt hatten und – ungeachtet der Aktivitäten der anderen Behörden – ermittelte das FBI in Hongkong auch niemals in diesem Zusammenhang. Doch die ungeprüften sexuellen Andeutungen waren stets Wasser auf Edgars Mühlen gewesen. William Sullivan berichtet, daß Edgar die Informationen über Marianna Liu »amüsiert« gelesen habe und eigenhändig Nixon den Bericht zeigte, bevor er als Präsident vereidigt wurde.

Nixons Gefährte in Hongkong, der sein Vermögen in Florida mit Immobilien gemacht hatte, war sein engster Vertrauter. Seitdem wurde er mit einer Reihe zwielichtiger Geschäfte in Verbindung gebracht, zu der auch das angebliche Umleiten von Wahlkampfgeldern in Nixons Privatschatulle gehört. Edgar beauftragte Kenneth Whittaker, den in Miami eingesetzten Spezialagenten, ein besonders »wachsames Auge« auf Rebozo zu werfen – und ihn sorgfältig zu überwachen.

Es ist nicht bekannt, zu welchen Konsequenzen das Wissen Edgars über die Reisen nach Hongkong oder Marianna Liu in seinem Verhältnis zu Nixon führte. Aber Nixon wußte eines mit Gewißheit: Wie harmlos seine Beziehung zu Marianna Liu auch immer gewesen sein mag, die Enthüllung, daß er mit seinem Verhalten die Sicherheitsbelange der Vereinigten Staaten gefährdet hatte – während der Wahlkampagne oder im Laufe seiner Präsidentschaft – hätte ihm ernstlich schaden und sogar verhängnisvolle Folgen haben können. Und es war Edgar, der im Besitz dieses Wissens war.

Kurz vor Weihnachten 1968, Wochen nach ihrem Treffen im ›Pierre‹, gab Nixon Edgars Bestätigung als FBI-Direktor bekannt. Zudem erhöhte er sein Gehalt auf 42.500 Dollar pro Jahr, ein Vermögen zu dieser Zeit.

Nixons feierliche Amtseinführung fand unter nie dagewesenen Sicherheitsvorkehrungen statt. Edgars Agenten griffen zu schmutzigen Tricks, um Demonstrationen gegen den Vietnamkrieg zu vereiteln: gefälschte Beherbergungsformulare, um die Unterbringung auswärtiger Demonstrationsteilnehmer zu sabotieren und falsche Radiomeldungen, um die Organisatoren in Verwirrung zu bringen.

Die Bürofenster an der Pennsylvania Avenue waren auf Anordnung des Secret Service alle geschlossen worden, mit einer Ausnahme. Wie sie es schon so oft zuvor getan hatten, schauten Edgar und Clyde von dem Balkon des FBI-Hauptquartiers hinunter und beobachten die Geburt einer neuen Administration.

Nixon erzählte seinen engsten Mitarbeitern Haldeman und Ehrlichman nie etwas über die Angelegenheit Marianna Liu. Er erwähnte auch nie irgendeinen anderen Grund, der für ihn Anlaß war, sich vor Edgar zu fürchten. Er wies Ehrlichman lediglich an, als »sein Freund und Vertrauter im Weißen Haus« für Edgar zu fungieren.

Ehrlichmans erster Auftrag bestand darin, Edgar zu versichern, daß er die volle Unterstützung für ein Projekt erhalten werde, das ihm besonders am Herzen lag: den Bau eines neuen großen Hauptquartiers für das FBI. Vor acht Jahren hatte der Kongreß beschlossen, daß das FBI ein neues Gebäude erhalten sollte. Geplant war ein elfstöckiges Betongebäude an der Pennsylvania Avenue zwischen der 9. und der 10. Straße. Und Edgar stritt sich bereits mit den Architekten herum. Er machte sich Sorgen, daß offene Arkaden an dem neuen Gebäude »Alkoholikern, Schwulen und Huren Unterschlupf gewähren« würden. Säulen, meinte er andererseits, würden lauernden Attentätern Deckung bieten. Er sorgte dafür, daß in der Öffentlichkeit der Eindruck entstand, er wolle nicht, daß das Gebäude nach ihm benannt werde. Doch insgeheim gab er zu, daß er sich genau dies wünschte. Sein Freund Walter Trohan sagte: »Dies lag ihm am meisten am Herzen.«

Ehrlichman versicherte Edgar, daß der Bau des Gebäudes beschleunigt werden würde. Dann lehnte er sich zurück und hörte sich einen der Monologe des Direktors an. »Er verhielt sich wie jemand, der mir etwas verkaufen wollte«, erinnerte sich Ehrlichman, »und erzählte mir, worauf wir achtgeben sollten. Kommunismus, die Kennedys, die

Black Panthers ... über all die schwarzen Bewegungen sprach er mit Wut und Haß.«

»Ich bin kaum zu Wort gekommen«, beklagte sich Ehrlichman hinterher bei Nixon. »Das weiß ich«, erwiderte der Präsident, »aber es ist notwendig, John. Es ist wirklich notwendig.« Nixon blieb weiterhin seiner Methode treu, Edgar seinen Willen zu lassen. Er fuhr zur FBI-Akademie, wo er zum Ehrenagenten des FBI ernannt wurde – drei Jahrzehnte nachdem er versucht hatte, auf normalen Weg ein FBI-Agent zu werden. Am Wochenende nahm er Edgar mit nach Camp David, den kränkelnden Clyde im Schlepptau.

Edgar spielte weiter das Spiel, das er so virtuos beherrschte, gewährte Gefälligkeiten und erweckte den Eindruck, unersetzlich zu sein. Als Nixon sich für John Mitchell, einen wohlhabenden Rechtsanwalt ohne herausragende Qualitäten als künftigen Justizminister entschied, soll er angeblich darum gebeten haben, daß in diesem Falle auf die normalerweise strenge Sicherheitsüberprüfung des FBI verzichtet werden sollte. Edgar hatte keine Probleme mit Mitchell, den er als »aufrichtig, freundlich und menschlich« beschrieb, und er sagte weiter: »Es hat nie einen Justizminister gegeben, für den ich mehr Achtung gehabt hätte.« Mitchell sollte einige Zeit später wegen Verschwörung, Behinderung der Justiz und Meineids während der Watergate-Affäre 19 Monate im Gefängnis verbringen.

In der ersten Zeit der Präsidentschaft von Richard Nixon kam Edgar fast jeden Monat einmal ins Weiße Haus. »Er traf zur Frühstückszeit ein«, erinnerte sich Nixon. »Er überbrachte uns Informationen. Es gab Zeiten, in denen ich glaubte, die einzige Person in dieser verdammten Regierung, die zu mir stand, sei Edgar Hoover ... Er gab mir das Material, das er hatte ... Belanglosigkeiten.«

Während der Amtszeit Nixons stellte das FBI dem Weißen Haus regelmäßig Verleumdungsmaterial über mißliebige Personen unter dem Decknamen »Inlet« zur Verfügung. Edgar wies die Außenstellen an, nach sechs verschiedenen Kategorien von Informationen Ausschau zu halten, wozu auch »Vorgänge mit einer ungewöhnlichen Tendenz oder Hinweise über prominente Persönlichkeiten, die für den Präsidenten von besonderem Interesse sein konnten« zählten.

Die Spitzenvertreter der Regierung zeigten sich nur wenig beeindruckt. Henry Kissinger und Alexander Haig amüsierten sich offen über weitschweifige Berichte über den verstorbenen Martin Luther King. »Die Ermittlungsberichte des FBI, die mir vorgelegt wurden, waren von mäßiger Qualität«, sagte John Ehrlichman, »Gerüchte, Klatsch und Vermutungen ... häufig nur vom Hörensagen, um zwei oder drei Ecken. Wenn die Berichte des FBI besonders unbefriedigend waren, schickte ich sie an Hoover zurück, aber die Überarbeitung war nur selten eine Verbesserung.«

Im Weißen Haus studierte Haldeman die Informationen über amerikanische Politiker, die durch die Überwachung von Ausländern zustande gekommen waren. Er meinte, daß Edgar nur »als Lobbyist tätig war ... und versuchte, die Neugier des Präsidenten zu wecken«. Haldeman fühlte sich zudem unbehaglich angesichts Edgars Zugang zum Oval Office mit Hilfe von Rose Mary Woods, jener Sekretärin des Präsidenten, die später wegen ihres »versehentlichen« Löschens eines der Watergate-Bänder bekannt werden sollte. Seit den frühen fünfziger Jahren war sie für Nixon tätig und Edgar duzte sie.[2] Nachdem ihn Haldeman dazu gedrängt hatte, willigte der Präsident ein, zu versuchen »den Kontakt mit Hoover auf ein Mindestmaß herabzusetzen«. Es war ein Wendepunkt in seiner Beziehung zu Edgar.

»FBI-Direktor Hoover«, berichtete die *Newsweek* im Mai 1969, »hat nicht mehr direkten Zugang zum Weißen Haus ...« Als Edgar erkannte, daß Nixons Berater für die veränderte Situation verantwortlich waren, schlug er auf für ihn typische Weise zurück. In jenem Monat nutzte er seinen Kontakt zu Rose Mary Woods, um die unglaubliche Unterstellung zu lancieren, daß Haldeman, Ehrlichman und ein dritter Mitarbeiter, Dwight Chapin, ein homosexuelles Verhältnis miteinander hätten.

»Eines Nachts fanden wir es heraus«, berichtete Haldeman, »als Mitchell, Ehrlichman und ich mit dem Präsidenten zu einem Dinner auf der ›Sequoia‹, der Präsidentenjacht, gewesen waren. Als wir zurückkehrten, setzte Mitchell Ehrlichman und mich ab. Mitchell verließ die Limousine, ging mit uns ein paar Schritte beiseite, so daß der Fahrer uns nicht hören konnte und erzählte uns, daß Hoover mit dieser homosexuellen Geschichte herausgekommen sei. Sie stammte von einem Barkeeper, der das FBI mit derartigen Informationen versorgte. Wir wurden verdächtigt, Homosexuellen-Parties in dem Watergate-Komplex besucht zu haben. Es gab Daten, Orte, alles. Nun gut, jede von ihm aufgestellte Tatsachenbehauptung war völlig falsch und mühelos zu widerlegen. Mitchell riet uns, gegenüber dem FBI eidesstattliche Erklärungen abzugeben, denn es wäre hilfreich, wenn derartiges in unseren Akten stände. Wir taten, was er vorgeschlagen hatte.

Mitchell gelangte zu dem Schluß«, sagte Haldeman, »daß dies ein Versuch von Hoover sei, uns mit dieser Drohung einzuschüchtern, um uns bei der Stange zu halten und uns seine Macht vor Augen zu führen.«

»Ich war der Überzeugung«, berichtete Ehrlichman, »daß Hoover dies tat, um uns seine Klauen zu zeigen, oder um sich selbst bei Nixon einzuschmeicheln – wahrscheinlich beides.«

Doch dies war nur der Beginn des Spiels. Nach weiteren merkwürdigen Äußerungen Edgars über Robert Kennedy und Martin Luther King verlangten im Sommer der ehemalige Justizminister Ramsey

Clark und *The Washington Post* in einem Leitartikel seine Entlassung. Es hieß, daß der Präsident nach einer Möglichkeit Ausschau hielt, wie er ihn loswerden konnte.

Doch Nixon bestritt alle Gerüchte. Zum Erstaunen seiner Mitarbeiter verließ er im Oktober das Weiße Haus, um mit Edgar in dessen Haus zu Abend zu essen – eine Geste, die er nicht einmal den Mitgliedern seines Kabinetts erwiesen hatte. Er sorgte dafür, daß Fotografen anwesend waren, um Aufnahmen zu machen, als er Edgar auf der Türschwelle leutselig »gute Nacht« wünschte. »Dennoch fühlte sich der Präsident an diesem Abend unbehaglich«, meinte Ehrlichman. »Er ging so früh, wie es die Etikette zuließ.«

Nach den ersten Diskussionen um seinen Rücktritt, hatte Edgar – vermutlich im Juli – insgeheim Nixon aufgesucht, um mit ihm über einen neuen Bericht eines seiner Agenten zu sprechen. Marianna Liu, die chinesische Freundin des Präsidenten, sollte in Kürze die ständige Aufenthaltsgenehmigung für die Vereinigten Staaten erhalten. Einer der aufgeführten Bürgen war der Geschäftsmann William Allman, mit dem Nixon in Hongkong gewesen war. Ein anderer war Raymond Warren, ein damaliger Beamter der Einwanderungsbehörde, der in Whittier, Kalifornien, Nixons Heimatstadt wohnte.

Nixon hat seitdem immer wieder bestritten, daß er seinen Einfluß geltend gemacht habe, um Marianna Liu zu einem ständigen Aufenthaltsrecht zu verhelfen. Doch nach den Angaben von William Sullivan verfügte das FBI über Informationen, daß dem Antrag der Frau »höchste Priorität« eingeräumt worden war. Marianna Liu erhielt die Aufenthaltsgenehmigung für die Vereinigten Staaten, lebte fortan in Whittier und soll Nixon nach ihrer Ankunft wiedergetroffen haben.

Als ihr Jahre später Berichte vorgehalten wurden, denen zufolge sie auch im Weißen Haus gewesen sei, reagierte sie aufgebracht: »Ich werde nichts über mich und Mr. Nixon sagen«, schrie sie. »Wollen Sie versuchen, mich kaputtzumachen?«

Am Neujahrstag des Jahres 1970, als Edgar 75 Jahre alt wurde, rief ihn Nixon an, um ihm zu seinem Geburtstag zu gratulieren. Erneut traf er Vorkehrungen, daß die Presse davon erfuhr und erneut versicherte er, daß es keinerlei Absichten gebe, Edgar in den Ruhestand zu schicken. Als Edgar einige Monate später einen Bericht in der Presse las, daß er beabsichtige, abzutreten, kritzelte er verärgert eine Notiz darauf: »Ich werde nicht«.

In Washington machte ein neuer Gag die Runde. Man munkelte, daß es Pläne gäbe, Edgar automatisch bis zum Jahr 2000 immer wieder neu zu bestätigen.

Die Mitarbeiter des Präsidenten, die durch Edgars homosexuelle Beschuldigungen in Angst und Schrecken versetzt worden waren, wären

sicherlich an einem Bericht, über das, was er selbst im Jahr 1969 trieb, interessiert gewesen. Erst viel später wurde die Polizei darüber informiert, daß er während seines Urlaubs in Kalifornien gemeinsam mit Clyde heftigstes sexuelles Interesse an jungen Männern bekundete.
Die Geschichte ist kürzlich von Charles Krebs berichtet worden, der zu einer Gruppe Homosexueller in Los Angeles gehörte, die in den späten sechziger Jahren miteinander befreundet waren. Zu den Freunden von Krebs gehörte Billy Byars, jun., der reiche Sohn des Ölmagnaten, der den Bungalow neben dem von Edgar im ›Del Charro‹-Hotel in La Jolla bewohnt hatte. Krebs erklärte, daß Edgar aufgrund seiner Bekanntschaft mit Byars die nötigen Schritte einleitete, um junge Männer zu sich nach La Jolla zu bringen.
Im Jahr 1969 war Byars 32 Jahre alt und arbeitete zeitweise als Filmregisseur. Später produzierte er *The Genesis Children*, einen nicht jugendfreien Film mit nackten männlichen Jugendlichen. Im Rahmen einer polizeilichen Untersuchung über andere Sexfilme mit jungen Männern wurde er im Jahr 1973, kurz nach Edgars Tod, zusammen mit 14 anderen Männern angeklagt. Byars befand sich zu dieser Zeit nicht in den Vereinigten Staaten, angeblich war er in Marokko und blieb viele Jahre im Ausland.
Nach den Aussagen von Krebs und anderen war Byars Haus in Los Angeles, auf dem Gipfel des Laurel Canyons, eine Zeitlang ein Zufluchtsort für erwachsene Homosexuelle und männliche Teenager. Das Personal im ›Del Charro‹-Hotel und Byars selber bestätigen, daß einige seiner Freunde darüber informiert waren, daß ihr Gastgeber Edgar kannte und sich manchmal mit ihm in La Jolla traf. Sie bemerkten, daß einmal zu Weihnachten eine Karte von Edgar eintraf und wie ein 15jähriger Junge offen drüber sprach, daß er Edgar im ›Del Charro‹ getroffen habe.»Hoover brüllte mich an«, beklagte er sich, »weil ich lange Haare hatte, aber ich sagte dem alten Schwulen, wo es langging. Auf keinen Fall würde ich mir die Haare schneiden lassen.«
»Durch Byars wußte ich«, erinnerte sich Krebs, »daß Hoover und Tolson ein sexuelles Verhältnis miteinander gehabt hatten, als sie noch jünger waren, aber jetzt nicht mehr. Sie waren nur noch zwei alte Tunten, die zusammen alt geworden waren, aber sie waren Schwule. Ich weiß von drei, vielleicht vier Gelegenheiten, als junge Männer auf die Bitte von Hoover nach La Jolla gebracht wurden. Ich glaube, daß die Verabredungen von einem der Freunde Byars, einem alten Mann, getroffen wurden.
»Ich fuhr des öfteren mit der Gruppe nach La Jolla, und wir verbrachten viel Zeit in einer Bar namens ›Rudi's Hearthside‹, wo das Treffen mit Hoover stattfand. Einmal fuhren wir mit den Jungen, dem 15jährigen und einem anderen Jugendlichen, ins ›Hearthside‹. Hoover und Tolson kamen in einer Limousine, immer nachts. Oft sah ich sie und

ihre Leibwächter: Burschen in Anzügen und mit spitzzulaufenden Schuhen. Sie sahen aus wie Ganoven. Ich blieb dort und sie fuhren in zwei Wagen weg, mit dem von Hoover und dem anderen mit den Jungens. Ich hörte, daß sie zu einer Talsperre in den Bergen fuhren. Die beiden Wagen parkten nebeneinander und ein zusätzlicher Wagen sicherte die Begegnung weiter unten ab. Die beiden Jugendlichen stiegen in die Limousine von Hoover und dort kam es dann zu sexuellen Aktivitäten.«[3]

Der Detektiv Don Smith vom Sittendezernat in Los Angeles befragte im Jahr 1973 im Laufe der Ermittlungen des Falles mit den Sexfilmen die jugendlichen Augenzeugen.

»Es war eine Gruppe von Homosexuellen«, erinnerte er sich, »einige von ihnen waren Päderasten. Unter ihnen war eine Reihe von Leuten aus Hollywood, auch Ärzte, Anwälte, Lehrer, der Vorsitzende einer Aktiengesellschaft. Es handelte sich bei ihnen um angesehene Persönlichkeiten der Gesellschaft in leitenden Positionen, aber dies war ihre verborgene Leidenschaft ... Die Kinder kannten sie als ›Onkel Mike‹ und ›Mutter John‹, nicht mit ihren richtigen Namen. Sie beschrieben die Fahrzeuge, mit denen die Burschen vorfuhren und die Fahrer, die ausstiegen und die Verabredungen trafen. Die Kinder erwähnten einige bekannte Namen, darunter den von Hoover und seinem Kompagnon.«

Charles Krebs erinnert sich erbost an die Ausflüge nach La Jolla. »Auf der einen Seite war J. Edgar Hoover selber ein Homosexueller. Jedes Gesetz, das jemals eingebracht worden war, um das Los der Homosexuellen zu verbessern, hatte er zu Fall gebracht. Jeden, der für homosexuell gehalten wurde und versuchte, einen Job zu bekommen, hatte er abgeschossen. Er legte Dossiers über sie an und ließ sie von Agenten überwachen. Er haßte jeden, der ein Schwuler war. Doch er war selber einer!«

32. KAPITEL

Recht und Ordnung haben nur wenig mit Gerechtigkeit zu tun.

J. Edgar Hoover, 1968

Im April 1969 rief der besorgte Präsident Nixon Edgar zu sich, um mit ihm über die Unruhe zu sprechen, welche die Nation infolge des Krieges in Vietnam erfaßt hatte. Nixon war beunruhigt über Studentenunruhen, Wehrdienstverweigerer und die Möglichkeit einer Meuterei der Truppen in Vietnam. Dies seien Dinge, so meinte er, die »Regierungen stürzen können«. In seiner Antwort verglich Edgar die Situation mit der russischen Revolution von 1917. Weitschweifig sprach er von »windelweichen Gemütern« und er sagte zu Nixon, daß die Rebellion an den Universitäten zerschlagen werden könnte, wenn »die Rektoren der Universitäten mehr Mumm zeigen und die betreffenden Personen hinauswerfen würden ...«

Als später Angehörige der Nationalgarde in Ohio in eine protestierende Menge bei der Kent State-Universität feuerten und dabei vier junge Menschen töteten und acht verletzten, zeigte Edgar keinerlei Bedauern. »Die Soldaten der Nationalgarde hielten sich zurück, so lange sie konnten«, informierte Edgar Egil Krogh, den Mitarbeiter des Präsidenten. »Die Studenten haben sie provoziert und haben das bekommen, was sie verdient haben.«

Tatsächlich wurden die Studenten, wie eine offizielle Untersuchung erwies, erschossen, als sie einige hundert Meter von der Nationalgarde entfernt waren, viel zu weit weg, um eine Bedrohung darzustellen. Keiner der Getöteten gehörte zu den militanten Demonstranten. Eine Aufzeichnung des Zwischenfalls beweist, daß der tödlichen Salve ein einzelner Gewehrschuß vorausging. Der Historiker William Manchester schrieb dazu: »Dieser könnte entweder als Signal oder aus Furcht von Terence F. Norman, einem angeblichen ›freiberuflichen Fotografen‹, abgegeben worden sein, der in Wirklichkeit ein bezahlter Informant des FBI war ...«

Alle Protestgruppen gegen den Krieg in Vietnam, so friedlich sie auch immer auftraten, wurden von FBI-Agenten infiltriert. Auf Edgars Anordnung wurden Informanten dafür bezahlt, über die Pläne – und das Privatleben – von Friedensaktivisten zu berichten. Einige der Opfer waren sehr bekannt. Über Jane Fonda, die schon lange vor ihrem um-

strittenen Besuch in Nordvietnam vom FBI beschattet wurde, wird berichtet, wie sie »zerzaust und dreckig« auf einem Flughafen eintraf. Ihr Adreßbuch mit »Namen, Anschriften und Telefonnummern vieler Revolutionäre und linksgerichteter Gruppen« wurde beschlagnahmt und für die FBI-Akten fotokopiert. Die Post der Schauspielerin wurde geöffnet, ihre Telefone angezapft, ihre Bankkonten überprüft. Im FBI erhielt ihre Akte die Bezeichnung: »Jane Fonda: Anarchistin«.
Die berühmten Persönlichkeiten genossen zumindest einen gewissen Schutz durch ihren Bekanntheitsgrad. Doch es gab keinen derartigen Schutz für den unbedeutenden Scott Camil, einem Veteranen der US-Marine, der mit Verwundungen, neun Auszeichnungen und erheblichen Zweifeln über den Sinn des Krieges aus Vietnam zurückkehrte. Nachdem er mitgeholfen hatte, die Organisation »Vietnam-Veteranen gegen den Krieg« zu gründen und seine Auszeichnungen vor dem Kapitol weggeworfen hatte, ordnete Edgar eine »energische großangelegte Untersuchung« an. Der ehemalige US-Marinesoldat wurde aus dem Verkehr gezogen. Zunächst wurde der Vorwurf des Kidnappings erhoben, dann wurde er wegen des Besitzes von Marihuana angeklagt. Später haben Agenten bestätigt, daß sie angewiesen worden waren, irgendeinen Weg zu finden, um Camil zu »neutralisieren«.
Das Instrument für die schwerwiegendsten Verstöße gegen die bestehenden Gesetze jener Zeit war das FBI-Projekt COINTELPRO, das ursprünglich 13 Jahre zuvor ins Leben gerufen worden war, um die kommunistische Partei zu unterwandern. Dabei griff man zu schmutzigen Tricks: gefälschten Dokumenten, falschen Telefonanrufen und erfundenen Nachrichten.[1] Im Jahr 1968 dachten sich die FBI-Beamten mit Edgars Billigung einen fiktiven Brief an das *Life*-Magazin aus, der von einer Person namens Howard Rasmussen aus Brooklyn unterschrieben war. Rasmussen existierte nicht und der Zweck des Briefes bestand darin, einen Führer der Youth International Party – besser bekannt als Yippies – zu diskreditieren. Morris Starsky, ein Assistent an der Arizona State-Universität, der zufällig auch zu den Antikriegsaktivisten gehörte, verlor seine Stellung, nachdem ein anonymer Brief an seine Vorgesetzen geschickt worden war. Auch diesen Brief hatte man sich im FBI einfallen lassen.
Das FBI bemühte sich nach Kräften, die kritischen Kräfte zu spalten und zu zerschlagen, eine radikale Gruppe gegen eine andere auszuspielen. Die Experten im FBI produzierten massenweise gefälschte Flugblätter, mit denen der »Scheiß«-Einfluß der »New Mobilization Committee Against the War in Vietnam« kritisiert wurde. Edgar erhielt eine Kopie dieses Vorgangs. Man entschuldigte sich für die Verwendung einer derart obszönen Sprache, die aber notwendig sei, um in der Neuen Linken verstanden zu werden.
Das FBI, das eingerichtet worden war, um Verbrechen zu verhüten,

provozierte sie jetzt. Robert Hardy, ein ehemaliger FBI-Informant in New Jersey, sagte aus, daß FBI-Agenten ihn bedrängten, die Antikriegsaktivisten dazu zu überreden, in die Büroräume der lokalen Einberufungsbehörde einzubrechen.

»Sie sagten mir«, erklärte er,

»alles was sie wollten, war ein Beweis für eine Verschwörung ... Während des folgenden Monats wurde ich in meiner Führungsrolle innerhalb der Organisation aufgrund der Anweisungen der FBI-Agenten fast zu einer lächerlichen Figur. Ich sollte die Gruppe nicht nur dazu ermuntern, einen Einbruch in die Einberufungsbehörde in Camden durchzuführen, ich wurde auch in alle diesbezüglichen Pläne eingeweiht. Ich versorgte sie mit dem nötigen Werkzeug: Leitern, Seile, Bohrer, Schlüssel, Hämmer ... Auf ihre Anweisung hin versuchte ich auch einmal, ihnen Schußwaffen auszuhändigen, aber sie lehnten ab ... All dies wurde vom FBI bezahlt.«

Man erhielt nicht die geringsten Beweise für eine Verschwörung, sagte Hardy, doch der ihn führende Agent teilte ihm mit, daß der Einbruch durchgeführt werden sollte. So geschah es, und die Protestgruppe wurde auf frischer Tat ertappt. Hardys Kontaktmann im FBI informierte ihn darüber, daß die Anweisungen

»direkt aus dem kleinen Weißen Haus in Kalifornien gekommen seien ... Das FBI hatte wieder einmal sein Ziel erreicht. Den Menschen des Landes wurde eindeutig vor Augen geführt, daß die Regierung zu Recht das Land vor der Bedrohung durch die Linken gewarnt hatte ... Ich werde niemals vergessen, welche Rolle ich bei dieser Mißachtung der amerikanischen Justiz gespielt habe.«

Die Tatsache, daß das FBI Hardys Geschichte dementierte, ist kein Grund an ihrer Richtigkeit zu zweifeln. Die Bundespolizei verfolgte die schwarze Bewegung und insbesondere die militanten Black Panthers rücksichtslos. Im Gegensatz zu der dominierenden Bürgerrechtsbewegung, riefen die Black Panthers zur Revolution auf. Viele waren bewaffnet und gefährlich, andere dagegen nicht. Edgar warf sie alle zusammen in einen Topf und bezeichnete sie als »die größte Gefahr für die innere Sicherheit des Landes«.

Personen, an die sich die Black Panthers mit der Bitte um finanzielle Unterstützung wandten, wie beispielsweise kirchliche Gruppen und Frauenverbände, waren schockiert, als sie Kopien des *Panthers' Coloring Book for Children* erhielten, in denen dargestellt wurde, wie schwarze Kinder weiße Polizisten töteten. Die Führung der Black Panthers hatte das Buch zwar mißbilligt und angeordnet, daß alle Exemplare vernichtet werden sollten, doch das FBI verfügte über Kopien und brachte sie in Umlauf, um potentielle Spender abzuschrecken. Der Spezialagent in Newark schlug die Absendung eines Telegramms vor, das angeblich von der Organisation der Black Panthers stammte und in dem davor gewarnt wurde, daß weiße »Anhänger« vergiftete Lebensmittelgeschenksendungen an die Wohltätigkeitsorganisationen der Black Panthers schicken würden. Um dies zu »beweisen«, schlug er vor, daß das FBI-Labor »mit Hilfe einer Injektionsnadel Früchte wie beispielsweise Orangen mit einem leicht abführähnlichen Mittel oder einer anderen geeigneten Methode behandeln und die Schiffsladung als Geschenk einer fiktiven Person deklarieren könnte ...« Es ist unglaublich, aber Edgars Büro meinte, daß der Plan »seine Vorzüge habe« und verwarf ihn nur »aufgrund der fehlenden Kontrolle über die behandelten Früchte während des Transports«.

Eine besonders gemeine Kampagne wurde gegen die durch ihre Rolle als Jeanne d'Arc bekanntgewordene Filmschauspielerin Jean Seberg eingeleitet. Da die Schauspielerin zu den prominenten weißen Fürsprechern der Black Panthers zählte, wurde Edgar die folgende Maßnahme von dem Agenten Richard Held, einem COINTELPRO-Spezialisten aus Los Angeles, vorgeschlagen:

»Es wird um die Genehmigung des Hauptquartier gebeten, die Schwangerschaft von Jean Seberg, der sehr bekannten weißen Filmschauspielerin, durch Raymond Hewitt von der Black Panther Party zu publizieren ... indem Klatschkolumnisten in Hollywood und im Gebiet von Los Angeles über die Situation informiert werden. Man meint, daß die frühestmögliche Bekanntmachung der »schwierigen Lage« von Jean Seberg sie in eine peinliche Situation bringen und dazu führen könnte, ihr Image in der breiten Öffentlichkeit zu beeinträchtigen. Es wird empfohlen, den nachstehenden Brief einer fiktiven Person an die lokalen Kolumnisten zu schicken:
›Ich habe gerade an Dich gedacht und erinnerte mich, daß ich Dir noch einen Gefallen schuldig bin. Also: Ich war in der letzten Woche in Paris und habe zufällig die schwangere Jean Seberg getroffen. Ich nahm an, daß sie und Romaine (sic) wieder zusammen sind, aber sie vertraute mir an, daß der Vater ihres Kindes Raymond Hewitt von den Black Panthers sei. Das Mädchen kommt ganz schön herum! Egal, ich denke, Du könntest damit einen Knüller vor den anderen landen. Alles Gute, und bis bald.
In Liebe
Sol‹«

Das FBI hatte durch das Abhören einer Telefonleitung von Jean Sebergs Schwangerschaft erfahren. Um dies zu verbergen, empfahl Edgar, daß die Absendung von »Sols« verleumderischen Brief verzögert werden sollte, »bis Jean Sebergs Schwangerschaft für jedermann offenkundig sei«. Doch zwei Wochen danach brachte die Kolumnistin Joyce Haber eine Geschichte über eine Schauspielerin, deren Name zwar nicht genannt wurde, die aber dennoch unschwer als Jean Seberg zu identifizieren war. »Der Vater«, hieß es, »soll angeblich ein ziemlich bekannter Black Panther sein.« Die Geschichte wurde vom *Hollywood-Reporter* aufgegriffen und – drei Monate später – von *Newsweek*, die den Namen von Jean Seberg brachten.

Das FBI wußte genau, daß sich Jean Seberg bereits in einem schwierigen Gemütszustand und in psychiatrischer Behandlung befand. Kurz nach der Veröffentlichung der Meldung über ihre Schwangerschaft nahm sie eine Überdosis Schlaftabletten. Das Kind kam als Frühgeburt wenige Tage nach der Geschichte in *Newsweek* zur Welt, lebte aber nur zwei Tage. Der Vater des Kindes war mit an Sicherheit grenzender Wahrscheinlichkeit weder ein Mitglied der Black Panthers noch Jean Sebergs getrennt von ihr lebender Ehemann, der französische Romancier Romain Gary, sondern ein Mexikaner, den sie bei Dreharbeiten kennengelernt hatte.

Die Schauspielerin litt sehr unter dem Verlust ihres Babys und – als sie Jahre später davon erfuhr – unter der unheilvollen Rolle des FBI. Im Jahr 1979 wählte sie den Freitod, fast auf den Tag genau neun Jahre nach dem Tod des Kindes. »Jean Seberg«, erklärte der trauernde Romain Gary, »wurde durch das FBI zerstört.«

Dies wurde erst nach dem Tod von Edgar bekannt, aber – trotz der Beweise in den Akten – hat das FBI niemals zugegeben, daß es die Verleumdung über Jean Seberg der Presse zugespielt hatte. Der damalige Lokalredakteur der *Los Angeles Times*, Bill Thomas, erklärt, daß er sich nur noch daran erinnern könne, daß die Information von »einer Strafverfolgungsbehörde« stammte. Richard Held, jener Agent, der den ursprünglichen Vorschlag dem Hauptquartier unterbreitete, ist heute Leiter der FBI-Dienststelle in San Francisco. Er erklärt dazu heute lediglich, es habe sich um »eine bürokratische Maßnahme als Reaktion auf das Drängen einer Person in Washington« gehandelt.

Edgar schickte am gleichen Tag, als die erste Klatschgeschichte in der *Los Angeles Times* erschien, einen Bericht über Jean Seberg an das Weiße Haus, worin er über sie als »sexuell Perverse ..., die gegenwärtig durch Raymond Hewitt von den Black Panthers schwanger ist«, schrieb. Eine Kopie dieses Berichts sandte er an den Justizminister.

Der frühere stellvertretende FBI-Direktor Charles Bates hat die Akte über Jean Seberg geprüft und keinerlei Zweifel an ihrem Ursprung. »Sie hatten das Okay aus Washington erhalten. Vermutlich wurde die Information mündlich an die Presse weitergeleitet, um die Entdeckung zu erschweren. Aber der Direktor kannte den Vorgang – er hat die Unterlagen abgezeichnet. Er wußte davon. Es gibt keine Entschuldigung hierfür und das FBI sollte es zugeben.«

Der schwarze Komiker Dick Gregory wurde mit beinahe tödlicher Bosheit verfolgt – auf Edgars Anweisung. Er hatte drei Fehler: Er war schwarz, er war ein entschiedener Befürworter der Bürgerrechtsbewegung und er hatte in aller Öffentlichkeit Edgar als »einen der gefährlichsten Menschen in diesem Lande« bezeichnet. Daher sandte Edgar Anordnungen an das FBI-Büro in Chicago, wo Gregory lebte, um »Abwehrmaßnahmen zu entwickeln, um ihn zu neutralisieren ... Dies sollte nicht in der Form einer Bloßstellung erfolgen, denn er hat bereits viel zuviel Publizität. Statt dessen sollten raffinierte, völlig verdeckte Maßnahmen zur Neutralisierung Gregorys ergriffen werden.«

In Geheimdienstkreisen soll »neutralisieren« angeblich gleichbedeutend mit »liquidieren« sein. Dies bedeutete es zwar nicht für das FBI, aber Edgars nächste Anweisung hätte ohne weiteres zu Gregorys Tod führen können. Er wies darauf hin, daß Gregory sich vor kurzem nachdrücklich gegen das organisierte Verbrechen ausgesprochen hatte, als er ihre Mitglieder als »die widerlichsten Geschöpfe, die auf diesem Planeten existieren« bezeichnet hatte. Und er wies Marlin Johnson, den Spezialagenten in Chicago, an: »Überlegungen anzustellen, diese Erklärung zu benutzen, um eine Abwehroperation zu starten, welche La Cosa Nostra über Gregorys Attacke in Kenntnis setzt ...«
Edgars Anordnung kann nur als Aufforderung verstanden werden, daß Gregory von den Gangstern zusammengeschlagen oder vielleicht sogar getötet werden sollte. Der heute im Ruhestand lebende Johnson hat sich geweigert, Angaben dazu zu machen, ob er diese Anweisung ausgeführt hat oder nicht. Gregory überlebte.
Der Geheimdienstausschuß des Senats deckte später auf, daß die schmutzigen Tricks des FBI zu »Schießereien, Prügeleien und einem hohen Maß an Unruhe« in der Black Panther-Bewegung geführt hatten. Zwei Angehörigen der Black Panthers brachten die FBI-Methoden den plötzlichen Tod. Fred Hampton und Mark Clark starben in einem Kugelhagel, drei andere wurden verwundet, als die Polizei am 3. Dezember 1969 um 4 Uhr morgens ihr Appartement stürmte. Es wurde später festgestellt, daß die Polizei 98 Schüsse abgegeben hatte, die Black Panthers vielleicht einen einzigen.
Die Hinterbliebenen erhielten 1982 nach langwierigen Rechtsstreitigkeiten eine Entschädigung in Höhe von 1,85 Millionen Dollar. In diesem Fall stellte sich heraus, daß das FBI für den Tod verantwortlich war. Die Bundespolizei hatte die lokale Polizei mit genauen Informationen über Hamptons Organisation sowie mit einem Grundriß seiner Wohnung versorgt. Der ehemalige Agent Wesley Swearingen zitiert einen Kollegen aus Chicago, der ihm folgendes mitteilte: »Wir erzählten den Cops, was das für schlimme Burschen waren, daß die Cops sich vorsehen sollten oder ihre Frauen wären bald Witwen ... Wir wiesen die Polizei an, reinzugehen und die ganze Gruppe zu töten.«[2]
Elmer »Geronimo« Pratt, ein ehemaliger Führer der Black Panthers in Kalifornien, sitzt noch heute wegen der angeblichen Ermordung einer

Frau während eines Raubüberfalls im Gefängnis. Doch in der CBS-Sendung *60 Minutes* wurde enthüllt, daß das FBI die Tatsache verheimlicht hatte, daß die Hauptaussage in seinem Prozeß von einem FBI-Informanten abgegeben wurde. Pratt steht heute auf der Liste von Amnesty International, in der jene Personen aufgeführt sind, die aus politischen Gründen keinen fairen Prozeß erhielten.

Heute ist bekannt, daß Edgar persönlich angeordnet hatte, daß ein Weg gefunden werden sollte, um Pratt »aus dem Verkehr zu ziehen«. Er war vollständig informiert über alle FBI-Operationen gegen die Black Panthers und sorgte dafür, daß sie zu den am besten gehüteten Geheimnissen in der Geschichte des FBI gehörten.

Vom Blickwinkel des Weißen Hauses aus gesehen tat Edgar jedoch nicht genug, um die radikalen Bewegungen zu bekämpfen. 1969 und zu Beginn des Jahres 1970 kam es alle 80 Tage zu Bombenanschlägen oder Bombendrohungen. An einem einzigen Tag gab es allein in New York City vierhundertmal Bombenalarm. Druckwellen fegten durch die Büros von IBM, General Telephone und Mobil Oil in Manhattan, wobei 43 Menschen getötet wurden und Sachschaden im Werte von 21 Millionen Dollar entstand. Präsident Nixon erinnerte sich an diese Phase, die er als »Zeit des rücksichtslosen Terrors« bezeichnete. Nur wenige Bombenleger wurden gefaßt und von den 40 000 blieben bei 64 Prozent der Fälle die Identität und Motive der Bombenleger unbekannt.

Von Beginn an hatten sich die Männer um Nixon über die geringe Unterstützung des FBI im Hinblick auf die wirklich entscheidenden Dinge beklagt, das sich statt dessen mit dem Schmutz im Privatleben der Menschen beschäftigte. Aber es gab noch andere Faktoren, die mit der gegenwärtigen Situation unvereinbar zu sein schienen. Die Beziehungen zwischen dem FBI und den anderen Geheimdienstorganisationen befanden sich auf einem nie dagewesenen Tiefstand. Edgar stand dem CIA seit den vierziger Jahren feindlich und unkooperativ gegenüber, als seine Pläne durchkreuzt worden waren, die Aufgaben des CIA selbst zu übernehmen. Doch während er sich selbst nur selten zu Treffen mit den Direktoren des CIA herabließ, arbeiteten seine Beamten schon seit geraumer Zeit eng mit dem Geheimdienst zusammen. Im Frühjahr 1970 ordnete Edgar in einem Anfall von Groll über eine unbedeutende Formalität an, jede Verbindung zum CIA einzustellen. Edgars langjähriger Verbindungsmann zum CIA, Sam Papich, war dermaßen entsetzt, daß er seinen Rücktritt anbot. »Ich hoffe, daß sie meine Bestürzung verstehen«, schrieb er an Edgar. »Ich bin zutiefst davon überzeugt, daß die Geheimdienstorganisationen von Großbritannien, Frankreich, Westdeutschland und anderen Nationen bereits von den Sowjets unterwandert sind ... Der Bruch in den Beziehungen zwischen

dem FBI und dem CIA wird weiteren Unstimmigkeiten Vorschub leisten ... Ich appelliere an Sie, die Tür nicht zuzuschlagen.«
Edgar hörte nicht auf ihn. In der nächsten Zeit sollte er die Verbindung des FBI zu der NSA (National Security Agency), der DIA (Defense Intelligence Agency), den Streitkräften und dem Secret Service kappen – praktisch zu jedermann, mit Ausnahme des Weißen Hauses.
So wie alte Männer sich selbst isolieren, versuchte Edgar auch, das FBI zu isolieren. Nixons Mitarbeiter hielten dies für den Gipfel der Torheit, insbesondere in einer Zeit der Krise.

Im April 1970 suchte H.R. Haldeman den Präsidenten zu einem Gespräch auf, in welchem er sich über Edgar beklagte und Vorschläge für dessen Nachfolge unterbreitete. Nixon hörte ihn an und wies die Chefs der nationalen Geheimdienstorganisationen an, in kürzester Zeit eine Überprüfung der Sicherheitslage vorzunehmen – ein Vorgang, der zu einer Farce werden sollte.
Da Nixon Edgars Geringschätzung der anderen Geheimdienstorganisationen kannte, schmeichelte er seiner Eitelkeit, indem er ihn zum Vorsitzenden der Überprüfungskommission ernannte. Seine Entscheidung, seinen Mitarbeiter Tom Huston als Koordinator zu berufen, erwies sich als weniger glücklich. Obgleich Huston dem äußersten rechten Parteiflügel angehörte, verärgerte er Edgar von Beginn an. Er war jung – 29 Jahre alt – hochintelligent und sehr gebildet und erschien mit ziemlich langen Haaren und Koteletten. Edgar tat ihn als »intellektuellen Hippie« ab.
Schon seit langer Zeit, wenn auch nur unter gewissen Vorbehalten, hatte Edgar einen Mitarbeiter zu den Treffen der wichtigsten Geheimdienstorganisation, dem US-Intelligence Board, entsandt. Seine Haltung zu diesem Gremium wird sehr treffend durch einen Zwischenfall während der Nixon-Ära dokumentiert: Jede Organisation war gebeten worden, eine kleine Plakette mit ihrem Siegel für die Wand des Konferenzraums zur Verfügung zu stellen. Edgar hatte eine geschickt, die einen Durchmesser von einem Meter aufwies und damit dreimal so groß war wie irgendeine andere. Nun als Vorsitzender der von Nixon eingesetzten Überprüfungskommission verhielt er sich ähnlich.
Bei der ersten Besprechung erstaunte Edgar die Anwesenden mit seinen einführenden Bemerkungen, als er erklärte, daß der Präsident lediglich um eine Schilderung der gegenwärtigen Unruhen gebeten habe. Als ihn die Kollegen korrigierten und darauf hinwiesen, daß Nixon über die Versäumnisse der Geheimdienste im Hinblick auf die radikalen Bewegungen unterrichtet werden wolle, lief Edgar puterrot an. Dann beendete er abrupt die Zusammenkunft.
Zwei Wochen danach verärgerte Edgar die anderen Teilnehmer der Kommission, als er seine eigenen Fußnoten einem Text hinzufügte,

der bereits von allen anderen Organisationen gebilligt worden war. Bei der Unterzeichnung des Dokuments überraschte er alle, als er den gesamten 43seitigen Text laut vorlas. Nach jeder Seite bat er die Anwesenden um ihre Bemerkungen hierzu, wobei er jedesmal Hustons Namen falsch aussprach. Einmal nannte er ihn »Mr. Hoffman«, ein anderes Mal »Mr. Hutchinson«, alles was mit einem »H« begann, aber nie sprach er ihn mit seinem richtigen Namen an. So endete auch diese Besprechung in gespannter Atmosphäre.

Hustons Empfehlungen, die vom Präsidenten gebilligt wurden, forderten eine bessere Überwachung der »Bedrohungen der inneren Sicherheit«, die Kontrolle der von den amerikanischen Bürgern benutzten Kommunikationsverbindungen, geringere Einschränkungen bei der Briefpostüberwachung, mehr Informanten an den Universitäten, eine großangelegte Wiederaufnahme der illegalen Operationen und die Bildung einer Abschirmgruppe aller Geheimdienstorganisationen, um die innere Sicherheit zu steuern.

Der Geheimdienstausschuß des Senats erklärte später, daß es »sehr besorgniserregend« sei, daß ein Präsident jemals einem solchem Maßnahmenkatalog zustimmen konnte. Auch Edgar erhob lautstark seine Einwände, aber nicht aus prinzipiellen Erwägungen.

»Hoover war für den Huston-Plan«, sagte Nixon 1988, »aber nur, wenn die Federführung bei ihm lag. Er traute der CIA nicht, er traute niemand anderem. Er war beinahe paranoid, im Hinblick auf alles, was zu einem schlechten Image bei den Massenmedien führen konnte ...«

Tom Huston lieferte ein heftiges Nachhutgefecht. Er schickte eine Nachricht, »Top Secret – nur zur Einsichtnahme«, an Haldeman, in der er darauf hinwies, daß Edgar der einzige offizielle Vertreter gewesen sei, der Einspruch erhoben hatte:

»Irgendwann muß jemand Hoover sagen, wer eigentlich der Präsident dieses Landes ist. Er ist völlig unberechenbar geworden ... Der FBI-Direktor muß auch bereit sein, Risiken in Kauf zu nehmen, wenn die Sicherheit des Landes auf dem Spiel steht ... Wenn er sich durchsetzen sollte, wird es so aussehen, als sei er mächtiger als der Präsident ...«

Doch nichts geschah. Richard Nixon gehörte nie zu jenen Menschen, die Konfrontationen suchten. Edgar machte Urlaub und fuhr nach La Jolla. Tom Huston wurde mit anderen Aufgaben betraut und trat schließlich zurück. Doch ohne daß man es zu jener Zeit schon erkannt hatte, hatte sich die Situation verändert. Edgar hatte sich jenen Personen entfremdet, deren Handlungen seine eigenen letzten Tage, die Zukunft des FBI und die Geschichte der Nation prägen sollten.

William Sullivan, der lange Zeit einer von Edgars engsten Vertrauten gewesen war, war besonders erbittert über die Auseinandersetzung mit

Huston. Wie viele seiner Mitarbeiter in der Domestic Intelligence Division und wie Sam Papich, der Verbindungsmann zum CIA, war Sullivan seit langem unzufrieden mit den Einschränkungen bei der Bekämpfung des inländischen Terrorismus. Zudem hatte er begonnen, ein doppeltes Spiel zu treiben, indem er Huston unterstützte, während er zugleich Edgar in dem Glauben ließ, daß er die Vorgehensweise des FBI verteidigen würde.

Die Männer um Edgar machten sich schon seit geraumer Zeit ihre Gedanken über die Nachfolge Edgars und es ging für sie um mehr als um die Sicherung ihrer eigenen Stellung. Wenn Edgars Nachfolger aus den Reihen des FBI kommen sollte, waren Sullivan und DeLoach die aussichtsreichsten Kandidaten. DeLoach sagte, daß

»Sullivan so weit ging, daß er an Hoover einen achtseitigen Brief schrieb, indem er ihm praktisch mitteilte: ›Sie sind zu alt für Ihr Amt geworden. Sie verdienen es, mit Konrad Adenauer und Charles de Gaulle auf eine Stufe gestellt zu werden. Sie sind die größten Führerpersönlichkeiten der Welt und Sie sind wie sie.‹ Hoover rief mich zu sich und las mir diese verdammten Zeilen vor und ich hätte beinahe gekotzt.«

Während der Aufregungen um die Empfehlungen von Huston gelangte DeLoach zu der Auffassung, daß man nicht mehr darauf warten könne, bis Edgar endlich zurücktreten werde. Er beschloß, ein seit langem bestehendes Angebot zu akzeptieren und für einen der engsten Freunde des Präsidenten, Donald Kendall, als Vizepräsident von Pepsico, zu arbeiten. DeLoach erinnerte sich an das Gespräch mit Hoover, als er ihn über seinen Abschied vom FBI unterrichtete: »Ich ging in sein Büro, um mit dem alten Mann zu reden. Wir sprachen zwei Stunden und 47 Minuten miteinander, wobei er 98 Prozent der Unterhaltung bestritt. Als ich aufstand, um zu gehen, sagte er:

›Wenn Sie sich dazu entschließen, aus dem FBI auszuscheiden, kommen Sie zurück und lassen Sie es mich wissen.‹ Ich entgegnete: ›Deshalb bin ich zu Ihnen gekommen‹, und er sagte: ›Nun, ich habe geglaubt, daß Sie einer von denen wären, die mich niemals verlassen würden.‹«

In den folgenden zwei Wochen weigerte sich Edgar, noch einmal mit DeLoach zu sprechen und schnitt ihn von den wichtigsten Informationen ab. Dann tat er etwas, was nicht nur DeLoach, sondern auch Clyde und Miss Gandy verärgerte. Edgar ernannte William Sullivan als Nachfolger von DeLoach zum stellvertretenden Direktor, zum dritten Mann des FBI, direkt hinter dem kränkelnden Clyde. Aber dies hatte für Edgar keine besondere Bedeutung. »Ich werde niemals«, sagte er zu DeLoach, »den Posten des FBI-Direktors aufgeben.«

»Was Sie auch immer sagen«, äußerte Edgar an diesem Tag beharrlich, »ich glaube, daß Sullivan loyal zu mir steht.« Sullivan war in den vergangenen 30 Jahren loyal gewesen. Doch jetzt mit seinen neu gefundenen Freunden in der Nixon-Administration, angesichts seiner eigenen Ambitionen auf den Direktorposten und seiner großen Meinungsverschiedenheiten mit Edgar, war er überhaupt nicht mehr vertrauenswürdig. Sullivan wurde zu einem Judas, der auf den richtigen Moment für den Verrat wartete.

Im Weißen Haus wurde Huston durch einen jungen Mann namens John Dean ersetzt. Dieser machte sich sehr bald die Auffassung zu eigen, die nun von vielen in der Umgebung von Nixon geteilt wurde. »Hoover«, erinnerte er sich später, »hat seinen Schneid verloren.« Insgeheim bemühte sich Dean im Hintergrund, die geheimdienstlichen Pläne für die Bekämpfung radikaler Bewegungen voranzubringen, die Edgar zunichte gemacht hatte. Die ungestümen jungen Männer im Weißen Haus waren enttäuscht von Edgars Unnachgiebigkeit und begannen jetzt, ihn zu umgehen.

Es war der Beginn einer Entwicklung, die alle Beteiligten auf den Pfad des Treubruchs führen sollte.

33. KAPITEL

Ich weiß, daß sich Nixon vor ihm fürchtete ... Wissen ist Macht und er verfügte über Wissen der gefährlichsten Art.
William Sullivan
Ehemaliger stellvertretender FBI-Direktor, 1975

Während Edgar an manchen winterlichen Morgen des Jahres 1970 in seinem Haus in Washington noch schlief, machte sich ein junger Mann mit einem großen Schnurrbart à la Pancho Villa in der Gasse neben dem Haus an Edgars Abfall zu schaffen. Doch dies war nicht ein Müllmann. Es handelte sich um Charles Elliott, einen Nachwuchsjournalisten, der für den Kolumnisten der *Washington Post*, Jack Anderson, arbeitete.

Elliott beobachtete weiter, wenn Edgar etwa eine Stunde später in seine Limousine stieg, um zum Dienst zu fahren. Während des Tages, wenn er sicher sein konnte, daß sein Opfer nicht da war, stand er auf der mit den Initialen J.E.H. verzierten Türmatte, neben dem Briefkasten, auf dem ein sitzender Adler angebracht war. Durch die Scheibe an der Vordertür konnte er die bronzene lebensgroße Büste Edgars erkennen, die das mit Andenken vollgestopfte Foyer beherrschte. Dann befragte er die Nachbarn.

Die *Washington Post* veröffentlichte die Ergebnisse der Schnüffeleien am Neujahrstag des Jahres 1971, als Edgar das letzte volle Jahr seines Lebens begann. »Wir entschlossen uns«, schrieb Anderson, »den Spieß umzudrehen und eine FBI-ähnliche Untersuchung über sein Privatleben durchzuführen.« Doch der Abfall brachte nur wenig Aufschlußreiches. Zum Vorschein kamen einige handgeschriebene Menükarten auf Briefpapier »Aus dem Büro des Direktors«. Auf einer von ihnen wurde ein Menü aufgeführt, das aus Krabbensuppe, Spaghetti und Fleischbällchen mit Spargel, Pfefferminzeis und Erdbeeren bestand. Es gab Belege, aus denen hervorging, daß der berühmte Mann Black Label Whiskey und Irish Mist, Coca-Cola und Club Soda trank, Gclusil bei Verdauungsstörungen einnahm und seine Zähne mit Ultra brite putzte.

Der aufgebrachte Edgar bezeichnete Anderson – und dies in diesem Fall völlig zurecht – als »den größten Aasgeier unter den Kolumnisten«. Elliott, der in der Tat den Abfall Edgars an sich genommen hatte, fand eines Abends bei seiner Rückkehr zwei »FBI-Typen« vor sei-

nem Haus vor. Sie machten Aufnahmen von ihm und dann eilten sie zu ihrem Wagen. Elliotts Zimmergenosse, der zufällig der Sohn eines FBI-Agenten war, machte ihm später unmißverständlich klar, daß er nicht länger mit ihm zusammen in dem Appartement wohnen wolle.
Die späteren Kolumnen in der *Washington Post* enthielten weitaus schwerwiegendere Enthüllungen. Anderson informierte die Öffentlichkeit darüber, daß Edgars reiche Freunde seit langer Zeit seine Rechnungen für seine Urlaubsaufenthalte in Kalifornien beglichen. Er schrieb, daß Edgar mehr als eine Viertelmillion Dollar an Tantiemen für *Meister der Täuschung* und zwei andere Bücher über den Kommunismus erhalten habe, die er gar nicht selber verfaßt hatte. »Dies ist eine Straftat«, bemerkte Anderson, »und wenn sie von einem anderen Regierungsbeamten begangen worden wäre, wäre das FBI zu Ermittlungen herangezogen worden.«
Wenn diese Artikel Edgar zusetzten, dann muß ihn ein dritter geradezu bis ins Mark erschüttert haben. »Sachkundige Quellen«, schrieb Anderson, »haben uns darüber informiert, daß Hoover Dr. Marshall de G. Ruffin, den »Seelendoktor« der gehobenen Kreise, konsultiert hatte, um mit ihm über seine Alpträume zu sprechen.« Anderson war gefährlich nahe an einem der größten Geheimnisse Edgars, denn es war Ruffin gewesen, an den sich Edgar Jahre zuvor wegen seiner Homosexualität gewandt hatte.[1]
Edgar war aufgebracht. Er sprach mit Justizminister Mitchell über Anderson und nach dem Artikel über den Psychiater mit Mitchells Staatssekretär, Richard Kleindienst. »Diese Hyänen«, sagte er, »werde ich nicht so einfach davonkommen lassen ... Bisher habe ich mich noch nicht entschieden, ob ich sie wegen Verleumdung verklagen soll.«
»Wenn sie nur Ihren Namen richtig schreiben«, riet Kleindienst, »lassen Sie es auf sich beruhen.«
Anderson hatte auch darüber berichtet, daß Clyde Tolson inzwischen zu »schwach« sei, um seinen Aufgaben nachzukommen. Dies war zutreffend. Clyde erlitt in diesem Jahr einen weiteren Schlaganfall. Danach konnte er nicht einmal mehr seinen eigenen Neffen erkennen, als ihn dieser im Krankenhaus besuchte, und kaum noch einem Gespräch folgen. Um seinen körperlichen Zustand zu verbergen, wurde Clyde von da an durch die Hintertür seines Appartements geschmuggelt, wenn er zum Dienst fuhr. Die diskrete Ankunft im Hauptquartier war ohne weiteres zu bewerkstelligen – dank der Tiefgarage und einem Fahrstuhl, der in der Nähe von seinem Büro hielt. Dennoch gewährte Edgar in jenem Jahr seinem Freund eine besondere Gratifikation für hervorragende Dienste. »Mr. Tolson«, schrieb er, »erledigt seine Aufgaben rasch und mit außergewöhnlicher Genauigkeit ... Seine Dienste sind unvergleichlich.«
Edgars eigenes Arbeitspensum, das nie so aufreibend gewesen war,

wie es der Öffentlichkeit suggeriert wurde, war inzwischen ziemlich einfach zu absolvieren.

»Zu der Zeit als ich 1970 aus dem FBI ausschied«, berichtete Cartha DeLoach, »kam er um Punkt 9.00 Uhr, blieb bis 11.45 Uhr, ging dann zum Lunch ins ›Mayflower‹ und kehrte um 13.00 Uhr zurück. Dann war seine Tür bis 15.00 Uhr verschlossen. Anschließend ging er direkt nach Hause. Ich schaffte es nie, ihn in dieser Zeit zu erwischen. So sah sein täglicher Arbeitstag aus.«

Für die Beamten in den Außenstellen war Edgar im Grunde unerreichbar. »Monate vergingen«, erklärte Neil Welch,

»und er sprach mit niemandem. Früher hatte er so zuverlässig wie ein Uhrwerk einmal im Jahr alle Spezialagenten aufgesucht. Aber in den letzten anderthalb Jahren stellte er die Verbindungen zu allen ein. Wir erhielten nicht einmal die kleinste Information – nur völliges Stillschweigen. Niemand hatte ihn gesehen, niemand konnte ihn sehen. Etwas über ihn in Erfahrung zu bringen war genauso, als hätte man sich nach dem Zaren in Rußland erkundigen wollen ...«

Für die Öffentlichkeit war er nur noch ein mürrischer alter Mann, der Kübel von Schmähungen über seine Feinde ausschüttete – nicht zuletzt über jene, die nicht mehr auf seine Angriffe reagieren konnten, wie Robert Kennedy und Martin Luther King. Als ihn der ehemalige Justizminister Ramsey Clark in einem Buch wegen seiner »egozentrischen Sorge um seinen eigenen Ruf« kritisierte, bewies Edgar sehr bald, wie recht Clark damit hatte. Während eines dreieinhalbstündigen Gesprächs mit einem Reporter disqualifizierte er Clark als »Qualle und Trottel«.

Im Weißen Haus und in der Umgebung von Präsident Nixon wuchs das Unbehagen über Hoover immer mehr. Ein Grund, an Edgar festzuhalten hatte darin bestanden, daß man sich nicht traute, eine nationale Institution über Bord zu werfen, einen Mann, von dem man annahm, daß er ein großes Ansehen in der Öffentlichkeit hatte. Diese Einschätzung galt nicht mehr. Bei einer Meinungsumfrage meinten 51 Prozent der Befragten, daß Edgar zurücktreten solle. Ein Washingtoner Kolumnist äußerte die Auffassung: »J. Edgar Hoover war viel zu lange ein Halbgott.« Lawrence Brooks, ein 90jähriger früherer Richter, der Edgar seit 1919 beobachtet hatte, fühlte sich bewogen, Abraham Lincoln zu zitieren. »Wir müssen«, sagte er, »uns aus der Sklaverei befreien.«

Im Februar 1971 äußerte Nixons Ghostwriter, der spätere Präsidentschaftskandidat Patrick Buchanan, gegenüber dem Präsidenten, daß Edgar jetzt zu einer politischen Bürde geworden sei und so schnell wie möglich abgelöst werden sollte:

»Er hat nirgendwo mehr hinzugehen, sondern endlich zu verschwinden. Es geht ständig mit ihm bergab ... Mit jeder weiteren unnützen Schlacht, in die er sich verwickelt, wird sein Amt immer weiter befleckt ... Ich empfehle nachdrücklich, Hoover jetzt abzulösen mit all dem Ruhm und Ansehen, die er erworben und sich verdient hat, und nicht – um seinetwillen und auch in unserem Interesse – zuzulassen, daß seine Karriere damit endet, daß er wie ein alter Löwe von den Hyänen der Linken zerfleischt wird.«

Das Memorandum erreichte einen Präsidenten, der mit anderen Dingen beschäftigt war. In seinem Land wurde Nixon von den höchsten Arbeitslosenzahlen seit einem Jahrzehnt heimgesucht. Im Ausland war er in die – von den Amerikanern unterstützte – Invasion der Südvietnamesen in Laos verwickelt, eine Katastrophe der Öffentlichkeitsarbeit, der kurz danach die häßliche Enthüllung über das Massaker von My Lai folgen sollte. Vietnam war für Nixon zu einem Albatros geworden, wie es dies auch schon für Johnson gewesen war. Während er sich mit diesen schwerwiegenden Problemen zu beschäftigen hatte, stolperte Edgar von einem Fettnäpfchen ins nächste.

In einer Zeit des aufkommenden Feminismus grübelte Edgar noch immer über die Frage, ob seinen Sekretärinnen erlaubt werden sollte, Hosen zu tragen oder nicht. »Es ist von entscheidender Bedeutung«, hatte er noch vor einem Jahr geschrieben, »daß wir ausreichende Ermittlungen führen, um die subversiven Verzweigungen der Women's Liberation Movement eindeutig nachzuweisen.« Nun wies er in einem aufsehenerregenden Anfall brüsk zwei weibliche Bewerberinnen für den Posten eines Spezialagenten ab, die daraufhin klagten. Dann feuerte er zwei weibliche Angestellte, weil sie in ihrer Freizeit für die Friedensbewegung gearbeitet hatten.

Im März 1971 drangen Einbrecher in die FBI-Dienststelle von Media, Pennsylvania, ein und entkamen mit beinahe tausend Dokumenten. Darunter befanden sich auch einige, mit denen zum erstenmal die FBI-Überwachung von Studenten, Radikalen und Schwarzen enthüllt wurde. Zumindest eines trug die verräterischen Buchstaben COINTELPRO, den Decknamen für die geheimsten und schmutzigsten FBI-Operationen. Die Diebe, die sich selbst als Bürgerkommission zur Untersuchung des FBI bezeichneten, schickten Kopien der Dokumente an Journalisten und Politiker. Sie wurden niemals gefaßt und Edgar mußte COINTELPRO einstellen.

Im Kongreß hörte man zornige Stimmen. Senator McGovern, der sich auf den Kampf mit Nixon um die Präsidentschaft im Jahr 1972 vorbereitete, protestierte in aller Öffentlichkeit gegen Edgars grobe Behandlung des Agenten Jack Shaw, der zum Rücktritt gezwungen worden war, weil er in einem privaten Brief kritische Worte über das FBI geäußert hatte.[2]

»Ich kann nicht glauben«, erklärte McGovern, »daß wir es zulassen wollen, daß unsere große Nation zu einem Land wird, in welchem unser Privatleben und unsere persönliche Freiheit durch den Machtmißbrauch eines Polizeibeamten aufs Spiel gesetzt werden, der zu glauben scheint, daß er über dem Gesetz steht.«

Im Hintergrund griff Edgar zu den altbewährten Methoden. Agenten überprüften die Unterlagen über McGovern, um etwas, irgend etwas zu finden, was den Senator in Verruf bringen könnte – ohne Ergebnis. Edgar kritzelte eine zornige Notiz über den »psychopathischen Lügner McGovern«. Clyde veranlaßte 21 FBI-Beamte, Briefe zu schreiben, um Edgar zu unterstützen, und schickte auch selber einen ab. Die Akte trug einen gehässigen Vermerk: »Die Adresse dieses Briefes ist absichtlich so formuliert worden, um zu vermeiden, McGovern als ›Ehrenwerten‹ bezeichnen zu müssen.«

Unterdessen hatte der Senator Edmund Muskie festgestellt, daß das FBI vor kurzem eine Reihe von landesweiten Versammlungen der Umweltschützer – zu denen auch er gehörte – überwacht hatte. Der Kongreßabgeordnete Henry Reuss erfuhr – durch eines der in Pennsylvania gestohlenen Dokumente –, daß Agenten seine Tochter, eine Studentin am Swarthmore College, überprüft hatten. »Das FBI«, sagte Reuss, »hat eine wichtige Verantwortung, Ermittlungen bei Verbrechen durchzuführen ..., es hat nicht die Aufgabe, Millionen von Dossiers über amerikanische Staatsbürger, denen keinerlei Vergehen vorgeworfen werden, anzulegen, ob es sich dabei um die Tochter eines Kongreßabgeordneten handelt oder nicht.«

Doch diese Proteste verblaßten neben dem Ausbruch des Mehrheitsführers im Repräsentantenhaus, Hale Boggs, der im April das FBI beschuldigte, Kongreßabgeordnete abzuhören und die Universitäten zu unterwandern.[3]

»Wenn sich das FBI die Taktik der Sowjetunion und von Hitlers Gestapo zu eigen macht, dann ist es an der Zeit – ist es höchste Zeit, Mr. Speaker –, daß der gegenwärtige Direktor nicht länger Direktor ist ... Es ist an der Zeit, daß der Justizminister der Vereinigten Staaten den Rücktritt von Mr. Hoover verlangt.«

Durch den Fernschreiber des Kongresses erfuhr Edgar innerhalb von Minuten von Boggs Angriff. Zuvor hatte er bereits ein Vorabexemplar der jüngsten Ausgabe des *Life*-Magazins gesehen. Auf dem Titelbild war er als Cartoon abgebildet, das Bildnis eines übelgelaunten alten Mannes, das wie eine Statue aus den Zeiten des alten Roms wirkte. Die Schlagzeile lautete: »DIE 47JÄHRIGE HERRSCHAFT DES J. EDGAR HOOVER, HERRSCHER ÜBER DAS FBI« und in dem Artikel wurde die Auffassung vertreten, daß diese Herrschaft nun enden sollte. Edgar wußte, daß auch die vielgelesene *Newsweek* eine Titelge-

schichte mit der Schlagzeile »HOOVERS FBI: ZEIT FÜR EINEN WECHSEL?« plante.
Nach dem Wortlaut eines von ihm verfaßten Memorandums bot Edgar an diesem Nachmittag seinen Rücktritt an. Er telefonierte mit Justizminister Mitchell, der sich gerade in Key Biscayne sonnte, um ihm über die Rede von Boggs zu informieren.

»Ich wollte ihn und den Präsidenten wissen lassen«, schrieb Edgar danach, »daß, wenn meine Anwesenheit irgendwann die Administration in eine peinliche Lage bringt – wenn der Eindruck entsteht, daß ich eine Bürde oder ein Hindernis für die Wiederwahl sein könnte – ich jederzeit bereit wäre, abzutreten.«

Ob Edgar tatsächlich seinen Rücktritt anbot oder nicht, ist nicht mehr definitiv zu klären, denn weder Mitchell noch ein anderes Mitglied der Regierung Nixon erinnern sich an dieses folgenschwere Ereignis.[4] Für alle jene, welche die Hoffnung hegten, Edgar endlich loszuwerden, mußte die Reaktion Mitchells und des Präsidenten geradezu merkwürdig erscheinen. Nixon sagte, er glaube, daß Edgar »einen schweren Schlag eingesteckt« habe und Mitchell verlangte, daß Boggs »unverzüglich seine Äußerungen zurücknehmen und sich bei einem bedeutenden und beispielhaften Amerikaner entschuldigen« solle. Einige Wochen später setzte er sich nachdrücklich für Edgar ein, als ein Reporter Hoover fragte, ob er beabsichtige, zurückzutreten.

»Sie liegen so dermaßen falsch«, schnauzte Mitchell, »daß ich Sie mal aufklären werde ... Warum? Nun, er ist die hervorragendste Persönlichkeit, die jemals mit der Vollstreckung von Gesetzen beauftragt war.«

Nixon und die Beamten seiner Regierung hatten keine andere Wahl als vor Edgar zu Kreuze kriechen. Denn jetzt verfügte er über Informationen, die seine Macht über den Präsidenten immens verstärkten – eine Macht die, selbst angesichts des lautstarken Geschreis nach seinem Rücktritt, seine Entlassung zu einem äußerst unkalkulierbaren Risiko machte.

Zwei Jahre zuvor, im Frühjahr 1969, waren Richard Nixon und Henry Kissinger über eine Reihe von Veröffentlichungen aufgebracht gewesen, die nach ihrer Auffassung die nationale Sicherheit, insbesondere im Hinblick auf Vietnam, gefährdeten. Sie glaubten, daß die Informationen von vermeintlich vertrauenswürdigen Beamten an die Presse weitergegeben worden waren und erkundigten sich bei Edgar und dem Justizminister, wie man die Schuldigen am besten entlarven könnte. Dies führte dazu, daß das FBI eine Abhöroperation einleitete, zu deren Zielpersonen sechs Mitarbeiter von Kissinger, acht weitere Beamte

und vier prominente Journalisten gehörten. Diese Überwachungsaktion dauerte bis 1971.
Das Vorgehen Edgars brachte die Administration auf einen gefährlichen Weg, während – wie es Kissinger formulierte – es gleichzeitig »seine Flanken schützte«. Er achtete streng darauf, daß die einzelnen Abhöraktionen schriftlich vom Justizminister Mitchell genehmigt wurden.
Der Umstand, daß zu den Zielpersonen auch bedeutende Korrespondenten – William Beecher und Hedrick Smith von *The New York Times*, Marvin Kalb von CBS und der Kolumnist Joseph Kraft – gehörten, machte die ganze Operation zu einer besonders heiklen Angelegenheit. Die getroffenen Maßnahmen erbrachten nicht den geringsten Hinweis auf die Identität des Informanten, aber sie wurden zu einer Zeitbombe für den Präsidenten.
Die Tatsache, daß Nixon die Überwachung gebilligt hatte, bedeutete, daß die Verantwortung letzten Endes bei ihm lag, wenn sie eines Tages aufgedeckt würde. Eine derartige Enthüllung könnte seine Chancen auf die Wiederwahl im Jahr 1972 zunichte machen. Edgar wußte von diesen Befürchtungen des Präsidenten, denn Nixon ordnete an, daß die Zusammenfassungen der abgehörten Gespräche nur an H. R. Haldeman persönlich, in versiegelten Umschlägen, geschickt werden sollten. Für die Überwachungsoperation war William Sullivan verantwortlich, der höchste Beamte im FBI nach Edgar und Clyde. Auch er wußte, daß strengste Geheimhaltung von entscheidender Bedeutung war. Auf Edgars Anweisung wurde die Anzahl der Umschläge auf ein Minimum beschränkt, einer für das Weiße Haus und einer für Edgar. »Dies ist eine Operation des Weißen Hauses«, sagte Edgar zu Sullivan. »Es ist keine FBI-Operation und wir werden sie nicht in die FBI-Akten aufnehmen ...« Edgars Ausfertigungen wurden sorgsam verwahrt, zunächst in Edgars Büro, dann in dem von Sullivan.
Die Ausfertigungen für Edgar waren eine potentielle Waffe, die man gegen Nixon einsetzen konnte. Nach den Angaben dreier, voneinander unabhängiger Quellen, setzte er sie auch tatsächlich ein und zwar im April 1971, nur wenige Tage, nachdem der Kongreßabgeordnete Boggs behauptet hatte, daß das FBI Politiker abgehört habe. Er benutzte sie auch, als sich der Staatssekretär im Justizministerium Richard Kleindienst für eine Untersuchung des Kongresses über die Beschuldigungen von Boggs ausgesprochen hatte.
Edgar hatte nicht vor, als Alleinschuldiger dazustehen, wenn man ihn für die illegalen Überwachungsoperationen an den Pranger stellen sollte. Wütend rief er Kleindienst an und führte eines seiner weitschweifigen Gespräche. Der Staatssekretär im Justizministerium war diese Telefonate längst leid geworden und hielt den Hörer weit von sich, wobei er seinen Unterstaatssekretär im Justizministerium Robert

Mardian zuhören ließ. Dieser bekam mit wie Edgar sagte: »Sie werden verstehen, wenn ich vorgeladen werde, um vor dem Kongreß auszusagen, werde ich alles, was ich über diese Angelegenheit weiß, erzählen müssen.«

Diese Drohung blieb ohne Wirkung auf Kleindienst, der nichts von den von Nixon angeordneten Überwachungsoperationen wußte. Der darüber informierte Mardian war der Meinung, daß Edgar »den Präsidenten der Vereinigten Staaten erpreßt« hatte. Er berichtete über diese Unterredung im Weißen Haus – und zwei Jahre danach vor den Watergate-Ermittlern.

Edgar ging noch weiter, worauf eine Notiz von William Sullivan hindeutet, die sich unter Mardians privaten Unterlagen fand. Am 10. April war er noch immer wütend darüber, daß Kleindienst eine Untersuchung befürwortet hatte und so rief er den Präsidenten selbst in Camp David an. Sollte er von dem Kongreß über die Abhöraktionen vernommen werden, erklärte Edgar im Laufe dieses Telefongespräches, »müßte er die Wahrheit über die heiklen FBI-Operationen offenbaren und dies wäre wenig wünschenswert und äußerst schädlich«.

Es gab keine Untersuchung der Beschuldigungen von Hale Boggs. Als Edgar im Mai sein 47. Dienstjubiläum feierte, erklärte er, daß er keinen Gedanken an seinen Rücktritt verschwende. »Ich beabsichtige, solange Direktor des FBI zu bleiben, wie ich meinem Land von Nutzen sein kann.« Am 12. Juni erschien er auf der Hochzeit von Nixons Tochter Tricia, lächelte und winkte für die Fotografen, als ob zwischen ihm und dem Präsidenten alles zum besten stehen würde.

Aber es stand keineswegs alles zum besten und die Ereignisse des nächsten Tages verschlimmerten die Dinge noch erheblich. An diesem Sonntagmorgen informierte die *New York Times* die Leser im ganzen Land sieben Seiten lang über Enthüllungen über die Eskalation des Vietnamkrieges. Hierbei handelte es sich um die sogenannten Pentagon-Papiere, geheime Dokumente, die der *Times* durch den ehemaligen Regierungsberater Daniel Ellsberg zur Verfügung gestellt worden waren, wie das FBI schnell ermittelte. Trotz aller hektischen juristischen Anstrengungen der Regierung veröffentlichte die *Times* weitere Informationen. Es war die schwerwiegendste aller undichten Stellen und führte Nixon einen weiteren Schritt näher zu den törichten Aktionen des Watergate-Skandals. Für Edgar führten diese Ereignisse zu schicksalsschweren Auseinandersetzungen mit Richard Nixon und William Sullivan.

Diese Entwicklung wurde durch eine einzige Kette von Mißverständnissen in Gang gesetzt, in die Louis Marx, der ergraute Millionär verwickelt war, der sowohl Ellsbergs Schwiegervater als auch ein langjähriger Freund von Edgar war. Nixon war davon überzeugt, daß

Ellsberg Teil einer kommunistischen Verschwörung war und wollte jede noch so kleine Information über ihn haben. Er war wütend, als er erfahren mußte, daß Edgar die Agenten angewiesen hatte, seinen Freund Marx nicht zu befragen.
Edgar hatte eine derartige Anweisung erteilt und genau aus diesem Grunde unterrichtete er Nixon, daß er »im Falle Louis nicht zu Diensten stehen könne«. Doch ironischerweise wurde diese Anordnung nicht befolgt. Charles Brennan, der Leiter der Domestic Intelligence im FBI soll angeblich Edgars gekritzelte Notiz »Nein H« als »Okay H« mißverstanden haben. Als er seinen Irrtum bemerkte, war Marx bereits vernommen worden. Edgar bekam einen Wutanfall und befahl, daß Brennan degradiert und nach Ohio versetzt werden sollte.
Diese Maßnahme verärgerte seinerseits William Sullivan, Brennans Vorgesetzten und langjährigen Freund. Sullivan hatte genug. Als Verantwortlicher für das COINTELPRO-Programm hatte er sich wie kein anderer mit Edgars Methoden abgefunden. Nun war er enttäuscht von Edgars Hinhaltetaktik im Bereich der Domestic Intelligence und über die Beendigung von COINTELPRO. Zudem war er erbost über die von Edgar angeregte Gründung neuer FBI-Vertretungen im Ausland. Dazu gehörte ein nagelneues Büro in Bern, das anscheinend nur aus dem Grunde existierte, um Edgars Freunden auf ihren Reisen als Quartier zu dienen, sowie ein völlig überflüssiges Büro in La Paz, Bolivien. Edgar schien zu glauben, daß, nachdem der kubanische Kommunist Che Guevara in Bolivien getötet worden war, dies auch ein angemessener Ort für das FBI sei.
Im Gegensatz zu den unterwürfig auftretenden anderen Mitarbeitern hatte Sullivan offen mit Edgar über diese Fragen gestritten. Er hatte sogar die Kühnheit besessen, in aller Öffentlichkeit zu erklären, daß man nicht der kommunistischen Partei die Schuld für Rassenunruhen und Studentenproteste geben könne. Edgar hatte darauf voller Wut reagiert.
Nachdem Edgar Charles Brennan, den hervorragenden FBI-Mann, so ungerecht behandelt hatte, verlor Sullivan die Geduld und begann heimlich Kontakte zu Nixons Regierungsbeamten aufzunehmen, die seine Ansichten teilten. Einen besonderen Stellenwert hatte dabei der Unterstaatssekretär im Justizministerium, Mardian, der darüber unterrichtet war, daß der FBI-Direktor ihn als »einen verfluchten libanesischen Juden« bezeichnet hatte. Er hielt Edgar für »schwatzhaft, voller Blähungen. Bösartig, wie ein bösartiger alter Hund«. Darüber hinaus versorgte Sullivan Mardian mit zahlreichen Unterlagen über Edgars interne Korrespondenz. Mardian sandte einen Teil davon an John Mitchell und heftete den Rest nervös in einem Aktenordner ab, der das Etikett »Jones« erhielt.
Am Höhepunkt der Auseinandersetzungen um die Pentagon-Papiere

hatte sich auch Sullivan die Meinung von Mardian zu eigen gemacht, daß Edgar »nicht ganz zurechnungsfähig« sei. »Er berichtete mir«, erinnerte sich Mardian, »daß er Dokumente in seinem Besitz hätte, die ›nicht Teil des Dienstweges‹ seien – Informationen aus Abhöraktionen. Er erklärte, daß Hoover derartige Informationen gegen frühere Präsidenten verwendet hatte und ohne weiteres bereit sei, diese Dokumente einzusetzen, um Nixon zu erpressen. Solange er diese Unterlagen besaß, könnte ihn Nixon nicht entlassen.«
Sullivan bezog sich hierbei auf die FBI-Kopien der Überwachungsoperationen gegen Regierungsbeamte und Journalisten, die nun sorgsam in seinem Büro verwahrt wurden. Mardian informierte den Präsidenten über die mögliche Erpressung und Nixon, der sich zu jener Zeit in Kalifornien aufhielt, nahm sie sehr ernst. Mardian wurde angewiesen, sofort mit einem Flugzeug der US-Air Force zu Konsultationen nach Kalifornien zu kommen. John Ehrlichmans handschriftliche Notizen über das Gespräch spiegeln die gespannte Atmosphäre jener Zeit wider. »Okay ... alle Aufzeichnungen in Besitz bringen und vernichten ... Weisen Sie Hoover an, alles zu vernichten ... Haig bittet das FBI (Sullivan), alle diesbezüglichen Unterlagen zu vernichten.«
In Washington übergab Sullivan zwei ramponierte Mappen mit den Zusammenfassungen der Abhöraktionen. Mardian verwahrte sie in einem Tresor und wartete auf weitere Instruktionen aus dem Weißen Haus.
Im FBI kam es zu heftigen Auseinandersetzungen zwischen Edgar und Sullivan. Nachdem er mit 22 Mitarbeitern darüber gesprochen hatte, schickte Sullivan einen ausführlichen Brief an Edgar, um die zwischen ihnen bestehenden Meinungsverschiedenheiten darzulegen: »Ich möchte Sie davon überzeugen«, schrieb er, »daß diejenigen von uns, die nicht mit Ihnen übereinstimmen, nur versuchen, Ihnen zu helfen und Ihnen keineswegs schaden wollen ... Dieser Brief wird Sie wahrscheinlich verärgern. Sie verfügen über die Macht, mich zu entlassen ... oder können auf andere Weise Ihr Mißfallen über mich zum Ausdruck bringen. So sei es ...«
Das darauffolgende Treffen mit Sullivan leitete Edgar mit einer Strafpredigt ein. Er erklärte, daß er der Angelegenheit »viel von einer inständigen Bitte« gegeben habe. Dann begann er zu stottern und stammeln. Als ihm Sullivan zum Rücktritt riet, sagte er, dies werde er nicht tun. Im Gegenteil. Es war Sullivan, der gehen mußte. Ihm wurde mitgeteilt, daß er wegen seines gespannten Verhältnisses zu Edgar seinen Abschied nehmen und um Versetzung in den Ruhestand bitten solle.
Edgar, der nicht wußte, daß die Abhörprotokolle der von Nixon angeordneten Überwachungsoperation Mardian übergeben worden waren, wies einige Mitarbeiter an, sie in Sullivans Büro zu suchen, während sich dieser in seinem Haus in New Hampshire aufhielt. Die FBI-Be-

9 Martin Luther King nach seinem Besuch bei Hoover

10 Mit Präsident Nixon in der FBI-Akademie

32 Einer von Nixons Besuchen in Hoovers Haus

31 Richard Nixon mit der Stewardess Marianna Liu

amten durchsuchten jeden Aktenschrank, jede Schublade, aber ihre Suche war vergeblich. Als Sullivan zurückkehrte, weigerte er sich, Auskunft darüber zu geben, was mit den Abschriften geschehen sei. »Wenn Sie mehr wissen wollen«, entgegnete er knapp, »müssen Sie mit dem Justizminister sprechen.«

Am 1. Oktober verließ Sullivan für immer das FBI. Ostentativ ließ er das Foto des FBI-Direktors mit dessen Widmung auf seinem Schreibtisch zurück. Mark Felt, der ihn als wichtigster Mitarbeiter Edgars ersetzte, unterrichtete den FBI-Direktor über die ergebnislose Suche nach den Aufzeichnungen der Abhöraktionen. Edgar war sprachlos, was völlig untypisch für ihn war. Dann schüttelte er seinen Kopf. »Den größten Fehler, den ich jemals gemacht habe«, murmelte er, »war es, Sullivan zu befördern.« Gedankenverloren stand er da, als Felt leise aus dem Raum ging.

Monate später, als Edgar tot war und die volle Bedeutung der Abhörprotokolle – neben vielen anderen Geheimnissen der Nixon-Ära – erkannt wurde, wunderte sich Felt über das Verhalten des FBI-Direktors. »Es ist sehr merkwürdig«, grübelte er, »daß mir Hoover nicht die Situation genau erklärte ... Er kannte doch die ganze Geschichte.«

34. KAPITEL

Jeden, der sich uns entgegenstellt und jeden, der uns nicht unterstützt, werden wir vernichten.

Egil Krogh
Mitarbeiter von Präsident Nixon, 1971

Am 3. Oktober 1971, einem Sonntag, bat der Unterstaatssekretär im Justizministerium, Mardian, den Präsidentenberater John Ehrlichman, ihn in seinem Hause aufzusuchen. Der Mann, der die Obhut über die Abschriften der Abhörprotokolle ausübte, wurde von Panik erfaßt. »Mardian war voller Angst«, erinnerte sich Ehrlichman,

»nicht nur wegen der Akten, sondern auch seiner persönlichen Sicherheit wegen. Er spürte, daß er von Hoovers Agenten überwacht wurde und daß es nur eine Frage der Zeit wäre, bevor Hoover die Agenten des FBI damit beauftragen würde, den Safe in seinem Büro aufzubrechen und die Aufzeichnungen herauszuholen ...«

Bei einem Gespräch im Oval Office baten Ehrlichman und Justizminister Mitchell in dieser Woche den Präsidenten um eine Entscheidung, was mit den Abschriften geschehen solle. Erst im Jahr 1991 wurde durch eine vor kurzem freigegebene Tonbandaufzeichnung bekannt, was sie bei dieser Unterredung besprochen haben:

Mitchell: »Hoover tobt drüben wie ein Verrückter und versucht, sie zu bekommen. Die Frage ist, sollten wir sie aus Mardians Büro herausschaffen, bevor Hoover den Safe aufsprengt ... und sie hierher bringen?«

Ehrlichman: »Aus dem Gespräch mit Mardian habe ich den Eindruck gewonnen, daß sich Hoover ohne seine eigenen Kopien von diesen Dingen sehr unbehaglich fühlt. Denn dies gibt ihm natürlich Macht über Mitchell und über Sie.«

Nixon: »Yeah«.

Ehrlichman: »Weil sie illegal sind. Im Augenblick hat er keine Kopien und er hat seine Agenten in der ganzen Stadt herumgejagt, um Leute zu befragen und zu versuchen, herauszufinden, wo sie sich befinden. Er läßt Mardians Haus überwachen.«

Nixon: »Warum zum Teufel hatte er nicht auch eine Kopie?«

Ehrlichman: »Wenn er eine hat, wird er sie Ihnen um die Ohren schlagen.«

Nixon: »Oh ... wir müssen sie hier rausschaffen.«

Mitchell: »Hoover will nicht kommen und mit mir darüber reden. Er hat nur seine Gestapo überallhin geschickt.«
Nixon: »Yeah ... sagen Sie (Mardian) einfach, daß wir sie sehen wollen. Tun Sie sie in einen besonderen Safe.«

Die Anweisungen Nixons wurden befolgt. Die verräterischen Beweise über die Abhöraktion wurden aus Mardians Büro in ein sicheres Tresorfach des Weißen Hauses gebracht. Zudem informierte Sullivan vor seinem Ausscheiden aus dem FBI die Mitarbeiter des Präsidenten, daß er die Washingtoner FBI-Dienststelle angewiesen hatte, ihre Akte über die kompromittierende Überwachungsoperation zu vernichten.
Zu diesem Zeitpunkt hielt Edgar eine Rede über »journalistische Prostituierte« und ordnete an, daß kein Angehöriger des FBI jemals wieder mit Vertretern der *Washington Post*, *The New York Times*, *The Los Angeles Times*, CBS oder NBC sprechen sollte. Doch diese Ausfälle führten lediglich dazu, die Berater des Weißen Hauses davon zu überzeugen, daß der FBI-Direktor zu einer unangenehmen Bürde geworden war.
Bereits im Januar hatte auch der Präsident selbst erklärt, daß Edgar »eine offene Frage« sei. Der Staatssekretär im Justizministerium, Kleindienst, hatte es sich zur Angewohnheit gemacht, daß er jedesmal wenn Edgar anrief, den Hörer weit ab von seinem Ohr hielt, breit grinste und kreisförmige Bewegungen machte. »Seit drei Jahren ist dieser Mann nicht mehr bei klarem Verstand«, sagte er zu Sullivan nach einem dieser Telefongespräche. »Wie lange müssen wir es noch mit ihm aushalten?«
Obwohl der Justizminister Mitchell in der Öffentlichkeit hinter Edgar stand, versicherte er seinen Mitarbeitern in privaten Gesprächen, daß »wir uns bald von ihm befreien werden«. Henry Kissinger berichtete, daß auch Nixon »entschlossen war, Hoover bei der ersten sich bietenden Gelegenheit loszuwerden«.
Eines Morgens kurz nach Sullivans heftiger Auseinandersetzung mit Edgar hatte Mardian einige höhere FBI-Beamte, darunter auch Sullivan, in sein Büro im Justizministerium rufen lassen. Es herrschte eine verschwörerische Atmosphäre. Um viertel vor zehn deutete Mardian auf die Uhr. »Um zehn Uhr«, sagte er, »wird unser Problem mit Hoover gelöst sein. Alles wird vorbei sein. Der Präsident hat Hoover zu einem Gespräch um 10.00 Uhr ins Weiße Haus gebeten und dabei wird er Hoover zum Rücktritt auffordern.«
Doch sie warteten vergeblich auf einen Anruf aus dem Weißen Haus. Deprimiert gingen die Männer auseinander. Bald darauf erfuhren sie, daß Edgar triumphierend Memoranden diktierte, als er nach seiner Unterredung mit Nixon wieder in seinem Büro saß. Anstatt ihn zu entlassen, hatte der Präsident der Eröffnung einer Reihe neuer FBI-Büros

in der ganzen Welt zugestimmt, obwohl sich der Justizminister, der Außenminister und einige seiner eigenen Berater einer derartigen Ausdehnung des FBI widersetzten.

In der Abgeschiedenheit seines Büros telefonierte Mardian mit dem Weißen Haus, um herauszufinden, was geschehen war. »Nichts ist passiert«, berichtete ihm Ehrlichman aufgebracht. »Nichts. Nixon konnte sich nicht durchsetzen ... Er hat kalte Füße bekommen.«

»Ich bin bereit, gegen ihn anzutreten, aber ich tue es nicht«, sagte der Präsident zögerlich am 8. Oktober 1971 bei der Besprechung im Oval Office. »Wir müssen verhindern, daß eine Situation entsteht, in der er mit einem großen Getöse geht ... Ich habe es mit ihm eingehend besprochen ... Es gibt einige Probleme. Wenn ich Hoover feuere, könnte es jetzt zu Aufruhr und Tumult kommen ... Wenn er geht, muß er aus eigenem Entschluß gehen ...«

Zwei Wochen danach übergab Ehrlichman dem Präsidenten einen Spezialbericht über das FBI und Edgar. Darin wurde davor gewarnt, daß eine weitere Verzögerung verhängnisvoll sein könnte:

»Die Sorge um sein Image, der Kult um seine Person, hat schließlich seinen Tribut gefordert. Jede echte Veränderung, jeder neue Ansatz wird praktisch erstickt ... Die Moral der FBI-Spezialagenten hat sich erheblich verschlechtert ... Alle heimlichen Aktivitäten sind eingestellt worden. Die Verbindung mit den anderen Geheimdiensten ist unterbrochen und wichtige Beamte sind herausgedrängt worden ... Hoover soll den Präsidenten unter Druck gesetzt haben ... Jahre intensiver Lobhudeleien haben dazu geführt, daß Hoover keinerlei Selbstkritik kennt. Dennoch bleibt er Realist und am 30. Juni erklärte sein engster Vertrauter, Clyde Tolson, gegenüber einer vertrauenswürdigen Quelle: ›Hoover weiß, daß er geliefert ist, wer auch immer 1972 gewinnt.‹ Sullivan hat seit einiger Zeit über Hoover ›Buch geführt‹. Er ist ein routinierter Autor. Sein Buch könnte verheerende Folgen haben, wenn er sich dazu entschließen sollte, einige Dinge zu enthüllen: der Beauftragte, der mit Hoovers Aktienbesitz und seinen Steuerangelegenheiten befaßt ist; das Anstreichen von Hoovers Haus durch die Exhibits Section des FBI; das Verfassen der Bücher Hoovers durch Angestellte des FBI; das Umschreiben der FBI-Geschichte und die ›Schenkungen‹ von ›bewundernden‹ Besitzern von Anleihen und unverkauften Aktien, deren Übernahme häufig von Angestellten garantiert wurden ... Die Situation wird wahrscheinlich am besten durch Alfred Tennyson in *The Idylls of the King* beschrieben:

Die alte Ordnung verändert sich und schafft neuen Raum;
Und Gottes Prophezeiungen erfüllen sich in vielerlei Form,
Aus Furcht davor, daß ein wertvoller Brauch die Welt verderbe«

Der Bericht empfahl Edgars Rücktritt vor Jahresende 1971 und Nixon stimmte aus vollem Herzen zu. »Hoover«, sagte er zu Mitarbeitern,

»muß begreifen, daß er nicht ewig bleiben kann ... er ist zu alt. Ich vermute, ich vermute ... ich denke, daß ich ihn zum Rücktritt veranlassen kann, wenn ich ihm ganz unverblümt sage, daß er politisch beschädigt wird, wenn er es nicht tut ... Aber ich möchte dies vertraulich behandelt wissen – es muß nur endlich etwas geschehen.«

Dieses Mal wurde die Operation sorgfältig geplant. Sie begann mit einem Telefongespräch John Mitchells mit Edgars ehemaligem Mitarbeiter Cartha DeLoach. »Ich betrat das Büro des Justizministers«, erinnerte sich DeLoach,

»und er sagte mir, ich solle die Tür schließen. Dann erklärte er mir aus heiterem Himmel: ›Wir müssen Hoover loswerden, aber wir wollen nicht, daß er unkontrolliert reagiert. Können Sie uns raten, wie wir es anstellen könnten, ohne daß er etwas dagegen sagt oder unternimmt?‹ Ich antwortete: ›Nun, wenn Sie es tun wollen, müssen Sie ihm erlauben, sein Gesicht zu wahren. Lassen Sie ihm seinen kugelsicheren Wagen und seinen Chauffeur. Dies ist ein Zeichen seines Prestiges und er legt großen Wert darauf. Helen Gandy sollte auch künftig seine Sekretärin bleiben, denn sie bestellt seine Lebensmittel und bezahlt die Rechnungen, all die Dinge, die er niemals selber tun mußte. Machen Sie ihn zum Ehrendirektor oder zum Sonderbeauftragten für die Innere Sicherheit. Und der Präsident sollte ihn ab und an zu sich rufen und ihn um Rat und Unterstützung bitten ...‹«

Im Weißen Haus erarbeitete der besorgte Präsident einen raffinierten Kompromiß. Anstatt ihn sofort zu feuern, wollte er Edgar mitteilen, daß er bis zu den Wahlen des Jahres 1972 auf seinem Posten bleiben könnte. Auf diese Weise würde das FBI nicht zu einer politischen Streitfrage während der Wahlkampagne werden. Um den Kritikern jedoch den Wind aus den Segeln zu nehmen, sollte die Entscheidung über seine geplante Ablösung sofort bekanntgegeben werden. Und um Edgars Ehre zu wahren, sollte ihm gestattet werden, es selbst bekanntzugeben.

Während sich Ehrlichman Notizen machte, probte Nixon die kleine, erhalten gebliebene, Rede die er zu diesem Zweck halten wollte. Sie lautete wie folgt:

»Edgar, wie Sie sich vorstellen können, habe ich lange über Ihre Situation nachgedacht. Ich bin sehr erfreut darüber, daß Sie die Angriffe auf Ihre Person und das FBI so gut überstanden haben ... Im Falle meiner Wiederwahl sollte Ihr Nachfolger natürlich jemand sein, der die Arbeit in Ihrem Sinne weiterführen kann ... Ich meine aufrichtig, daß dies in unserem gegenseitigen Interesse liegt ..«

Vermutlich unternahm Nixon Ende Dezember bei einem Besuch von Edgar im Haus des Präsidenten in Key Biscayne einen Versuch, diese Taktik in die Praxis umzusetzen. Aber es kam wohl nicht dazu, denn

Edgar blieb auch zum Dinner danach, das aus Krabben und einem Grand Marnier Soufflé bestand und mit einem guten Rotwein heruntergespült wurde.

Wenn Nixon an diesem Abend einer Auseinandersetzung aus dem Weg ging, so mag er sich gedacht haben, daß er es erneut am Neujahrstag versuchen könne, als er Edgar aufforderte, mit ihm an Bord der Präsidentenmaschine zurück nach Washington zu fliegen. »Der Präsident«, berichtete Edgar einem Mitarbeiter vor dem Abflug, »will mit mir über etwas sprechen.«

Doch allem Anschein nach gelang es Nixon wieder nicht, seine Rede anzubringen. Das Weiße Haus gab bekannt, daß der Flug eine freundschaftliche Geste des Präsidenten sei, um Edgars 77. Geburtstag zu feiern. Nixon überreichte ihm bei dieser Gelegenheit einen Kuchen.

Statt von seiner Entlassung berichtete die Presse jetzt, daß Nixon »will, daß Hoover auf seinem Posten bleibt«. In seinem letzten großen Interview seines Lebens, das er kurz vor der Reise nach Florida gab, zeigte sich Edgar entschlossen, seine Arbeit fortzusetzen. »Viele unserer bedeutenden Künstler und Komponisten«, sagte er,

»vollbrachten ihre besten Arbeiten in ihren Achtzigern. Sie wurden nach ihrer Leistung, nicht nach ihrem Alter beurteilt ... Nehmen Sie zum Beispiel Bernard Baruch; er war geradezu brillant in seinen Neunzigern – und Herbert Hoover sowie Douglas MacArthur in ihren Achtzigern. Dies ist meine Richtschnur ...«

Der Justizminister Mitchell, der insgeheim seit Monaten Edgars Pensionierung vorgeschlagen hatte, stimmte ihm zu. Das Gerede um Edgars Ablösung sei »reine Spekulation«, sagte er.

Der Präsident der Vereinigten Staaten hatte bei mindestens zwei Besprechungen seinen Mitarbeitern versichert, daß er im Begriff sei, Edgar »seinen Marschbefehl zu geben«. Doch Edgar blieb weiter auf seinem Posten und Nixons Berater wußten nicht, warum es dem Präsidenten nicht gelungen war, sein Vorhaben in die Praxis umzusetzen.

Beim ersten Mal, im Herbst, hatte John Ehrlichman einige Stunden auf eine derartige Entscheidung gewartet und sich dann bei Haldeman erkundigt, was geschehen sei. Der Präsident, erklärte Haldeman, lehne es ab, über diese Angelegenheit zu diskutieren. 24 Stunden danach fragte Ehrlichman erneut. »Fragen Sie nicht«, entgegnete der Stabschef des Weißen Hauses. »Er will nicht darüber sprechen.« Danach riet Haldeman Ehrlichman, zu vergessen, daß die Besprechung jemals stattgefunden hatte.

Viele Monate später, nach Edgars Tod, gab Nixon Ehrlichman einige nähere Informationen dazu. »Das Treffen war ein völliger Fehlschlag«, berichtete er ihm. »Er sagte mir, daß ich ihn aus dem Amt herausprügeln müsse.« »Ich gelangte zu dem Schluß«, schrieb der

Präsident später in seinen Memoiren, »daß Hoovers Rücktritt vor den Wahlen mehr Probleme hervorufen als lösen würde.«
Trotzdem hat Nixon bis zum heutigen Tag bestritten, daß Edgar Macht über ihn hatte. »Hoover«, erklärte er 1988, »hat niemals eine Andeutung von Erpressung mir gegenüber gemacht.« Nixon leugnete insbesondere, daß Edgar gedroht habe, seine gegen Journalisten gerichteten Abhöraktionen zu enthüllen. Damals war er in dieser Frage gegenüber seinem Mitarbeiter Henry Kissinger weniger zurückhaltend. »Nixon glaubte«, erinnerte sich Kissinger, »daß Hoover durchaus dazu fähig war, sein erworbenes Wissen bei dem Versuch, den Präsidenten unter Druck zu setzen, zu verwenden.«
Entgegen den Vorstellungen Nixons war die Drohung nicht gegenstandslos geworden, nachdem Sullivan die FBI-Kopien der Abhörprotokolle dem Unterstaatssekretär im Justizministerium, Mardian, übergeben hatte. Als Mardian die beigefügte Liste überprüfte, stellte er fest, daß einige der Abschriften fehlten. Edgar hatte sie die ganze Zeit über zurückgehalten.
Am Neujahrstag 1972 hatte der Präsident noch immer allen Grund, sich vor Edgar zu fürchten. Als er sich auf seinen bahnbrechenden Besuch in China vorbereitete, gab es immer noch die peinliche Angelegenheit mit seiner Freundin aus Hongkong. Und es gab jetzt noch etwas anderes – etwas, das unter allen Umständen geheimgehalten werden mußte.
»Wir müssen achtgeben«, sagte Nixon zu Ehrlichman, »daß nicht jemand den Tempel und damit mich zum Einsturz bringt ...«

Sechs Monate vorher hatte Nixon seine Beherrschung verloren – und sich in eine neue Falle begeben. Trotz intensiver juristischer Anstrengungen war es ihm nicht gelungen, die *New York Times* davon abzuhalten, weiterhin über die Pentagon-Papiere zu berichten. Er befürchtete, daß weitere Artikel ein schlechtes Licht auf ihn werfen würden und war der Auffassung, daß Daniel Ellsberg, der Mann, der die Unterlagen an die Presse gegeben hatte, Teil einer finsteren, radikalen Verschwörung sei. Der Präsident war wütend über Berichte, daß Edgar bei der Untersuchung des Falles Ellsberg »sich Zeit gelassen hatte«, wie es Nixon in seinen Memoiren formulierte. »Sollte das FBI den Fall nicht verfolgen wollen«, beschloß er, »dann würden wir es eben selbst tun.«
Nixon hatte Ende Juni 1971 über diese Angelegenheit im Oval Office geschimpft. Anwesend war sein Mitarbeiter Charles Colson.
»Mir ist es völlig gleichgültig, wie es gemacht wird«, erinnerte sich Colson an die Worte des Präsidenten, »tun Sie, was immer getan werden muß, um diese undichten Stellen zu stopfen und weitere unautorisierte Enthüllungen zu verhindern; ich will nicht hören, warum es

nicht getan werden kann ... ich will wissen, wer dahinter steckt ... ich will Ergebnisse. Ich will, daß es getan wird, was es auch immer kosten mag.«

Sie taten es und der Preis, als alles zwei Jahre später bekannt wurde, sollte ungeheuerlich sein. Nixons Enttäuschung über Edgars Versagen oder was der Präsident als Versagen ansah, war der erste Schritt auf dem Weg, der schließlich zum Verlust des Präsidentenamtes führte.
Zwei junge Männer, Egil Krogh und David Young, wurden in dem Labyrinth der unterirdischen Büros im Gebäude des Executive Office in unmittelbarer Nähe des Weißen Hauses untergebracht. Sie verfügten über einen Konferenzraum, ein spezielles Alarmsystem, einen dreifach gesicherten Safe und »sterile« Telefonleitungen. Und da ihre Aufgabe darin bestand, undichte Stellen zu verstopfen, leistete sich Young einen wunderlichen Einfall. An die Tür brachte er ein Schild mit der Aufschrift an: »Mr. Young – Klempner«. Als »Klempner« wird man sich auch stets an sie erinnern.
Die an diesem Fall beteiligten Personen sind heute bekannt. Die Befehlskette ging von Nixon über Ehrlichman zu Krogh und Young, Colson und dem Präsidentenberater John Dean. Vor Ort wurden Howard Hunt und Gordon Liddy eingesetzt, um die schmutzige Arbeit für das Weiße Haus zu tun.
Hunt war ein 52jähriger CIA-Beamter, der formell aus dem Geheimdienst ausgeschieden und freiberuflich tätig war. Liddy hatte als stellvertretender Bezirksstaatsanwalt in New York und danach als Assistent zur besonderen Verwendung im Finanzministerium der Nixon-Administration gearbeitet, nachdem er 1962 das FBI verlassen hatte.
Liddy war nach eigenem Bekunden von Waffen, Gewalt und der elementaren Kraft des menschlichen Willens fasziniert. Er sprach gern über ungewöhnliche Tötungsmethoden, und es wird von ihm berichtet, daß er behauptet habe, während seiner Zeit im FBI einen Mann getötet zu haben. Ein ehemaliger FBI-Beamter beschrieb Liddy als einen »wilden Mann«, und er schien im Jahr 1971 für diese Arbeit im Weißen Haus sehr geeignet zu sein. Krogh stellte ihn ein und gab ihm ein Gehalt von 26.000 Dollar jährlich, um die Aktivitäten der »Klempner« des Präsidenten zu koordinieren. Liddy hatte eine konspirative Welt betreten.
Sein Vorgänger, John Caulfield, war an solchen Projekten wie dem Installieren von Abhöreinrichtungen in dem Appartement einer Frau, die eventuell Informationen über die dunklen Seiten von Edward Kennedy liefern konnte, beteiligt. Charles Colson hatte Caulfield kurz vorher veranlaßt, Feuer in der Brookings-Institution zu legen, um den Diebstahl von Unterlagen, die in Verbindung zu dem Ellsberg-Fall standen, zu vertuschen.

In der Nacht zum 4. September 1971 brachen unter der Leitung von Liddy und Hunt drei Exilkubaner in die Praxis des Psychiaters von Daniel Ellsberg ein. Die »Klempner« hofften, daß seine Unterlagen einen Nachweis für eine Verschwörung in dem Fall um die Pentagon-Papiere liefern sowie intime Informationen enthalten würden, mit denen man Ellsberg verleumden konnte. Ehrlichman sagte aus, daß der Präsident im voraus über den geplanten Einbruch unterrichtet war, genauso wie er über den Plan, Feuer in der Brookings-Institution zu legen, informiert gewesen war.

Die gegen Ellsberg gerichtete Aktion mißlang. Die angeheuerten Exilkubaner durchwühlten die Unterlagen des Psychiaters, um dann dennoch mit leeren Händen dazustehen. Ihre Straftat sollte später ein wichtiger Bestandteil des Watergate-Skandals sein und zu Gefängnisstrafen für beinahe alle daran Beteiligten führen. Doch im Herbst 1971 war es noch ein sorgsam verborgenes Geheimnis. Jeder Außenstehende, der davon erfuhr, konnte mit seinem Wissen außerordentliche Macht über den Präsidenten erlangen. Und Edgar kannte das Geheimnis.

Er wußte davon, denn Nixon hatte Edgar in seiner Verärgerung über sein »sich Zeit lassen« im Ellsberg-Fall darüber unterrichtet. »Es war eindeutig«, berichtete Ehrlichman später dem Watergate-Untersuchungsausschuß des Senats,

»daß der Präsident auf Anraten von Mr. Krogh den Direktor wachrüttelte ... er sagte dem Direktor, daß er in diesem Falle auf zwei Leute aus dem Weißen Haus hätte zurückgreifen müssen, um diesen Auftrag auszuführen ...«

Abgesehen von den Informationen, die ihm Nixon aus freien Stücken gab, könnte Edgar auch mit Hilfe der elektronischen Überwachung von den Geheimnissen des Präsidenten erfahren haben. Der Reporter Tad Szulc, ein Experte in Sachen Geheimdienst, berichtete, daß der Secret Service im August 1970 eine winzige Wanze in der Wand des Oval Office entdeckt hatte. Sie war dort während Malerarbeiten eines Innendekorators, der von der General Services Administration angestellt worden war, eingebaut worden. »Meine Informanten glauben, daß es eine Operation Hoovers war«, sagte Szulc vor kurzem. »Und wenn Sie diese Information berücksichtigen, wissen Sie, was im Kopf des Präsidenten vor sich geht.«

Vermutlich hatte es Edgar überhaupt nicht nötig, zu derartigen Schritten zu greifen, um Näheres von den geheimsten Unterredungen des Präsidenten zu erfahren, einschließlich solchen, in denen es um seine Person ging. Es heißt, daß er Zugang zu den Tonbändern hatte, die Nixon selber für die Nachwelt anlegen ließ, jene Aufnahmen, die heute unter dem Namen Watergate-Bänder bekannt geworden sind. Ob-

wohl das Aufnahmesystem vom Secret Service installiert worden war, heißt es, daß von dem Moment der Inbetriebnahme Anfang 1971 an nicht die nötigen Sicherheitsvorkehrungen beachtet wurden.
Im Jahr 1977, kurz vor seinem Tode, sprach William Sullivan mit dem Filmproduzenten Larry Cohen, der zu jener Zeit einen Film über Edgars Leben in Angriff nahm. »Er berichtete mir«, erklärte Cohen,

»daß Hoover davon wußte, daß Nixon seine eigenen Gespräche aufnehmen ließ. Er wußte es, weil einige der daran beteiligten Beamten des Secret Service ehemalige FBI-Agenten waren. Die FBI-Beamten kannten den Aufbewahrungsort der Bänder: den Raum 175 1/2 des Executive Office Building. Zu diesem Ort hatten auch andere Personen Zugang. Hoovers Leute konnten bei mehr als einer Gelegenheit den Raum betreten und sich Tonbänder ausleihen, die sie sogar auf Parties abspielten – insbesondere Bänder, auf denen Nixon peinliche Taktlosigkeiten von sich gab. Sie spielten sie ab und die Leute lachten. Später brachten sie die Tonbänder dann wieder zurück. Die Angelegenheit wurde sehr nachlässig gehandhabt, denn die Bänder wurden nicht in einem Safe oder an einem ähnlich sicheren Ort verwahrt. Wir konnten einfach nicht verstehen, warum Nixon dies zuließ. Ich nehme an, er hielt sich für unangreifbar.«

Doch in Wirklichkeit wurde Nixon mit jedem weiteren Monat immer verwundbarer. Wenn er, wie Ehrlichman aussagte, Edgar über den Einbruch bei dem Psychiater von Ellsberg informierte, dann tat er dies wahrscheinlich, weil er davon ausging, daß Edgar niemals darüber sprechen würde. Aber im Oktober 1971 tat der Präsident etwas, was auf jeden Fall Edgars Zorn hervorrufen mußte, sollte er davon erfahren.
Wie bereits zuvor berichtet, geschah es zu diesem Zeitpunkt, daß Nixon den internen Bericht des Weißen Hauses über Edgars Inkompetenz billigte, in dem man zu dem Schluß gelangt war, sich so bald wie nur möglich von Edgar zu trennen. Der Verfasser dieses Berichtes war Gordon Liddy, der noch immer in ständigem Kontakt zu seinen ehemaligen Kollegen im FBI stand. Innerhalb weniger Wochen wurde Liddy außerdem zum Generalbevollmächtigten für das CREEP (das Komitee für die Wiederwahl des Präsidenten) ernannt und arbeitete dort zusammen mit einem weiteren früheren FBI- und CIA- Agenten, James McCord. Dieser hielt Edgar im Gegensatz zu den meisten der anderen Mitarbeiter Nixons »für den besten Exekutivbeamten, den es jemals auf der Welt gegeben hat«.
Zu den anderen Personen, die sich im CREEP zusammentaten, gehörte auch Fred LaRue, ein politischer Beamter des Weißen Hauses. Er war der Sohn des Ölmagnaten Ike LaRue, der mit Clint Murchison befreundet war, der seinerseits im ›Del Charro‹ einen herzlichen Umgang mit Edgar gepflegt hatte. Ein weiteres Mitglied war John Caul-

field, der bis zum Hals in die schmutzigen Affären des Weißen Hauses verwickelt war und in enger Verbindung zu Joseph Woods, einem ehemaligen FBI-Agenten und dem Bruder von Rose Mary, der Sekretärin des Präsidenten, stand. Woods war sehr loyal gegenüber Edgar.

In Anbetracht dieser möglichen Informanten und seiner anderen geheimdienstlichen Verbindungen ins Weiße Haus liegt es auf der Hand, daß Edgar eine Menge von den gegen ihn gerichteten Plänen wußte. Am Neujahrstag 1972 war Edgars Verhältnis zu Nixon trotz aller öffentlich abgegebenen Vertrauenserklärungen, trotz des Fluges mit dem Präsidenten in der Air Force One, des Geburtstagskuchens und allem Lächeln schon längst nicht mehr ungetrübt.

Während der Verzögerung vor dem Flug an jenem Tag verbrachte Edgar 45 Minuten im Fond einer Limousine und sprach in deprimierter Stimmung mit dem in Miami eingesetzten Spezialagenten Kenneth Whittaker. »Er war verärgert«, erinnerte sich Whittaker.

»Er berichtete mir von seinen Problemen mit Sullivan und er redete über Nixon. Er hatte keine hohe Meinung von Nixon. ›Lassen Sie es mich so formulieren, Whittaker‹, sagte er, ›Pat Nixon würde einen besseren Präsidenten abgeben als er.‹ Es war das letzte Mal, daß ich Mr. Hoover lebend sah.«

Nach seiner Rückkehr nach Washington ergriff Edgar eine bemerkenswerte Maßnahme. Er bat den Journalisten Andrew Tully, dem er vertraute, zu einem Lunch in sein privates Speisezimmer. »Ich habe Ihnen einiges zu sagen«, sagte er Tully, »aber ich möchte, daß Sie es erst nach meinem Tode veröffentlichen.« Tully erklärte sich damit einverstanden, stellte eine Frage und lehnte sich dann zurück, um Edgars Antwort abzuwarten. Die Frage lautete: »Drängt Sie der Präsident, daß Sie Ihr Amt aufgeben?«

»Jetzt nicht mehr«, entgegnete Edgar. »Ich werde den Burschen, die mich loswerden wollen, die Tour vermasseln ... Der Präsident fragte mich, was ich von einer Pensionierung halten würde und ich erklärte ›nichts‹. Dann sagte ich ihm, warum. Ich erzählte ihm, daß er mich brauche, um ihn vor diesen Leuten in seiner Umgebung zu schützen. Einige dieser Burschen wissen überhaupt nichts von einem ordentlichen Gerichtsverfahren. Sie denken, daß sie sich ungestraft einen Mord leisten können. Ich sagte dem Präsidenten, daß ich hoffe, lange genug zu leben, um zu verhindern, daß ihn diese Leute in ernste Schwierigkeiten bringen würden.«

Edgar äußerte sich vernichtend über Nixons engste Mitarbeiter.

»John Mitchell hat niemals einen Gerichtssaal von innen gesehen. Er ist dem Posten eines Justizministers in keiner Weise gewachsen. Ehrlichman, Haldeman und (Ron) Ziegler (Nixons Pressesprecher) ... wissen nichts, außer wie man Werbung macht. Dieser Berater Dean – er kennt nicht einmal das Gesetz. Ich nehme keine Notiz von dem Hurensohn.«

Edgar sprach von den Männern im »Kindergarten des Präsidenten«, die immerzu »mit unausgegorenen Plänen ankommen«. Er berichtete dem Journalisten, wie er im Jahr 1970 den Plan des Weißen Hauses für eine koordinierte Kampagne gegen innere Unruhen zum Scheitern gebracht hatte. Dann sagte er mit ernüchterndem Weitblick die Watergate-Katastrophe voraus.

»Der Präsident«, erklärte er, »ist ein guter Mann. Er ist ein Patriot. Aber er hört auf die falschen Leute. Oh Gott, einige ehemalige Beamte, die ich aus meinem Büro rausgeworfen habe, arbeiten für ihn. Eines Tages wird dieser Sauhaufen für eine feine Schweinerei sorgen.«

Ob Edgar sich noch immer in der Rolle des Beschützers von Nixon fühlte oder nicht, seine Gefühle wurden indes nicht erwidert.

»Der Haß von Nixon und seinem Stab auf Hoover«, sagte James McCord, »schien immer größer zu werden ... Meine eigenen Erfahrungen im CREEP bestätigen dies ... Es war ein offenes Geheimnis, daß Nixon hinter ihm her war ... mit allen ihm zur Verfügung stehenden Mitteln.«

Innerhalb von wenigen Tagen nach seinem vertraulichen Gespräch mit Tully provozierte Edgar die Regierung noch mehr. Ein Jahr zuvor hatte Justizminister Mitchell gegen Edgars Rat die geheime Überwachung einer ausländischen Botschaft durch das FBI angeordnet, welche die CIA für dringend erforderlich gehalten hatte. Am 3. Februar 1972 enthüllte ein Bericht:

»Hoover hatte berichtet, daß er vor dem Kongreß aussagen und den Kongreß darüber unterrichten werde, daß die Abhöraktion in der (chilenischen) Botschaft auf Antrag der CIA durchgeführt worden war.«

Edgar drohte damit, das Herumschnüffeln im eigenen Land zu enthüllen, doch die Regierung wollte die Überwachungsoperationen weiter fortsetzen. Es paßte zu dem von McCord beschriebenen Szenario, der damals in regelmäßigem Kontakt zu seinen Verbindungsmännern von CIA und FBI stand.

»Nixon beabsichtigte, Hoover zu feuern«, sagte er. »Hoover erfuhr davon und entschloß sich, vor dem Kongreß die Einzelheiten von Nixons Abhöraktionen gegen die Massenmedien, die Angehörigen des National Security Council (Nationalen Sicherheitsrates) und gegen Ellsberg zu enthüllen. Nixon fürchtete dies.«

Die von Edgar abgelehnte Überwachung wurde weiter durchgeführt. Während seiner Routinebefragung am 2. März 1972 vor dem Haushaltsausschuß des Kongresses sagte Edgar aber kein Wort darüber. Dennoch war er dabei, Nixon erneut in die Quere zu kommen. Ende Februar hatte der Kolumnist Jack Anderson die Regierung mit einem Artikel in große Unruhe versetzt, in dem er behauptete, daß die Republikaner eine große Geldspende von ITT als Entgelt für die Intervention der Regierung bei einem Antitrust-Verfahren gegen die Gesellschaft angenommen hatten. Die Geschichte basierte auf einem Memorandum, das allem Anschein nach von dem ITT-Lobbyisten Dita Beard verfaßt und vor der Veröffentlichung von Anderson für echt erklärt worden war. Da bekannt war, daß Edgar Anderson haßte, suchte Nixons Berater John Dean den FBI-Direktor zu einem Gespräch auf. Seine Mission bestand darin, vom FBI einen Beweis zu erhalten, daß das Beard-Memorandum eine Fälschung sei.

»Hoover«, erinnerte sich Dean, »saß selbstsicher am Ende eines langen polierten Konferenztisches und erwartete mich, als ob ich gekommen sei, um ihn zu fotografieren.« Dean bemerkte, daß Edgar nach Parfüm duftete. Dann trug er sein Anliegen vor. Edgar war die Liebenswürdigkeit in Person und stimmte mit ihm überein, daß Anderson, derselbe Journalist, der auch seinen Müll hatte untersuchen lassen, »der erbärmlichste Mensch dieser Welt« sei, »... er ist nur auf Sensationen aus, er lügt und stiehlt ... er würde alles für eine Story tun«. Natürlich sei er nur zu gerne dazu bereit, das Beard-Memorandum durch das FBI-Labor untersuchen zu lassen.

Ein zuversichtlicher Dean meinte schon, daß das für die Regierung so kompromittierende Memorandum sich sehr bald als Fälschung herausstellen würde. Doch er irrte sich. Anstatt das Dokument zu entkräften, gelangte der FBI-Bericht zu dem Schluß, daß das Memorandum aller Wahrscheinlichkeit nach echt sei. Als Dean Edgars Büro aufforderte, Druck auszuüben, bekam Edgar einen Wutanfall. Ein Mitarbeiter erinnert sich, wie er sagte: »Rufen Sie Dean sofort zurück. Sagen Sie ihm, daß er sich zum Teufel scheren soll! ... Dieses Ansinnen ist unverschämt.«

Es war sicherlich unverschämt, aber auch der Präsident versuchte, sich selber einzuschalten, indem er einen persönlichen Brief an Edgar schrieb. Noch immer weigerte sich Edgar, nachzugeben. Colson berichtete seinen Kollegen, daß er Nixon niemals zuvor so wütend gesehen hatte. Es kam wiederum zu Diskussionen, den FBI-Direktor zu feuern oder ihn zumindest auf einen neuen pompös klingenden aber unbedeutenden Posten zu versetzen.

Am Kulminationspunkt dieses Streites wurde der Präsident durch eine vernichtende Enthüllung im *Life*-Magazin in eine weitere peinliche Lage gebracht. In allen Einzelheiten wurde in diesem Artikel geschildert, wie das Weiße Haus interveniert hatte, um dem Bankier Arnholt Smith, einem der besten Freunde Nixons, und einem Buchmacher namens John Alessio, einem weiteren Geldgeber Nixons, zu helfen, Vorwürfe wegen Korruption und Steuerhinterziehung zu entkräften. *Life* berichtete, daß Edgar seinen persönlichen Einfluß benutzt hatte, um am Scheitern der Bemühungen des Weißen Hauses mitzuwirken und dafür zu sorgen, daß Alessio vor Gericht gestellt wurde. Es waren diese Dinge, meinte McCord aufgrund seiner Kontakte ins Weiße Haus zu wissen, die Nixons Verärgerung über Edgar noch weiter schürten. Und nun sollte alles herauskommen.

35. KAPITEL

> *Nixon war entschlossen, Hoover bei der erstbesten Gelegenheit nach den Wahlen des Jahres 1972 loszuwerden und er wollte sich keinen weiteren Gefahren aussetzen, die ihn daran hindern konnten.*
>
> Henry Kissinger
> Ehemaliger Sicherheitsberater

Ende März 1972 hatte Gordon Liddy eine vertrauliche Unterredung mit dem Präsidentenberater Charles Colson. Nach ihrem Gespräch griff Colson zum Telefon. »Gordon Liddy«, berichtete er dem CREEP-Organisator Jeb Magruder, »hat von euch noch immer nicht die Entscheidung für ein geheimes Programm erhalten. Ich möchte nicht in eine endlose Diskussion um das Für und Wider geraten ... Laßt uns endlich damit weiterkommen.«

Bei dem zur Debatte stehenden Programm handelte es sich um das Projekt mit dem Codenamen »Edelstein«, das in Kürze genehmigt werden sollte. Es war Liddys Idee, auf eine Anfrage von höchster Stelle aus dem Weißen Haus. Zwei Monate vorher hatte er im Büro des Justizministers der Vereinigten Staaten sein Konzept John Mitchell, John Dean und Jeb Magruder erläutert.

Liddy schlug vor, im Rahmen von »Edelstein« folgende Maßnahmen zu ergreifen: die elektronische Überwachung des Parteikonvents der Demokraten, unter anderen durch den Einsatz eines Jagdflugzeugs, um Funk- und Telefonverbindungen zu unterbrechen; Einbrüche, um Dokumente in Besitz zu nehmen und zu fotografieren; Kidnapperteams, um radikale Führer gefangenzunehmen, sie unter Drogen zu setzen und in ein sicheres Haus in Mexiko zu schmuggeln; Überfallkommandos, um Demonstranten zu verprügeln; Prostituierte, um Politiker der Partei der Demokraten auf eine speziell eingerichtete Yacht zu locken, wo sie bei ihren sexuellen Aktivitäten heimlich gefilmt werden sollten; und das Außerbetriebsetzen der Klimaanlage in der Versammlungshalle des Parteikonvents. Die Gesamtkosten hierfür würden sich auf etwa 1 Millionen Dollar belaufen.

Liddy wurde von seinen Vorgesetzten nicht auf der Stelle gefeuert, als er diesen Plan vortrug. Sie schickten ihn lediglich mit der Anweisung, »den Plan ein wenig abzuschwächen« zurück. Die nächste Version von »Edelstein«, die sich auf Überwachung, Abhörung und heimliche Fotos konzentrierte, wurde besser aufgenommen. Es wurde über die ver-

schiedenen Ziele diskutiert, wozu auch das Büro des Nationalkomitees der Demokraten gehörte. Obwohl bis April keine Entscheidung über die Durchführung getroffen wurde, waren damit die Würfel für die Einbrüche in Watergate gefallen.
In den folgenden Wochen reisten Gordon Liddy und Howard Hunt im Lande umher und verfolgten die verrückten Pläne weiter. Sie flogen mit dem Auftrag nach Los Angeles, Dokumente in ihren Besitz zu bringen, die »den (aussichtsreichen) demokratischen Senator Muskie aus dem Rennen werfen sollten«. Der Plan schlug fehl. Mit einer roten Perücke eilte Hunt dann nach Colorado, um den ITT-Lobbyisten Dita Beard zu überreden, die Urheberschaft des Memorandums zu bestreiten, das nach dem Bericht des Kolumnisten Jack Anderson die Korruption der Republikaner bewies. Kurz darauf, um den 24. März, speisten Hunt und Liddy mit einem ehemaligen Arzt des CIA im ›Hay Adams‹-Hotel, direkt gegenüber dem Weißen Haus. Sie setzten zu diesem Zeitpunkt eine Operation in Gang, um Anderson zu »stoppen« – vielleicht bedeutete dies auch, daß sie ihn töten wollten.
Immer wieder hatte der Kolumnist den Zorn der Nixon-Administration erregt, da er mehr als 70 Artikel veröffentlicht hatte, deren Quellenmaterial aus Geheimdienstkreisen stammte. Er stand bereits – illegal – unter der Beobachtung des CIA. Hunt, der selbst ein ehemaliger CIA-Beamter war und angeblich in Attentatspläne gegen ausländische Staatsmänner verwickelt gewesen sein soll, sagte zu Liddy, daß Anderson jetzt wirklich zu weit gegangen sei. Er behauptete, daß eine seiner Kolumnen zu dem Ergebnis geführt habe, daß eine wichtige Quelle des amerikanischen Geheimdienstes im Ausland mit verhängnisvollen Folgen aufgedeckt worden war.
Später berichtete Hunt Mitarbeitern, daß der Befehl, Anderson zu töten, von einem »hohen Beamten im Weißen Haus« gekommen sei. Liddy behauptete, es sei seine Idee gewesen. Der Mann, von dem es hieß, daß er zugegeben hatte, in der Vergangenheit einen Menschen getötet zu haben, hatte vor kurzem von der CIA eine 9mm Parabellum-Pistole erhalten, »für den Fall, daß Bud Krogh oder ein anderer meiner Vorgesetzten im Weißen Haus mir den Auftrag für einen Mordanschlag geben würde«.
In dem getäfelten Speiseraum des ›Hay Adams‹-Hotel diskutierten Hunt, Liddy und der »aus dem aktiven Dienst ausgeschiedene« Arzt des CIA über die verschiedenen Alternativen. Sollte man Anderson durch einen vorgetäuschten Verkehrsunfall töten? Sollte er das Opfer eines Raubüberfalls werden? Oder sollten sie zur Methode des »Aspirin-Roulettes« greifen und vergiftete Pillen in seinen Medizinschrank schmuggeln?
Der CIA hatte seit Jahren derartige Pläne ausgeheckt. Ihre Technical Services Division hatte mit dem Botulinusbazillus vergiftete Zigaret-

Eine der letzten Aufnahmen des FBI-Direktors

Mit Tolson bis zu seinem Tode regelmäßiger Gast im Hotel Mayflower in Washington

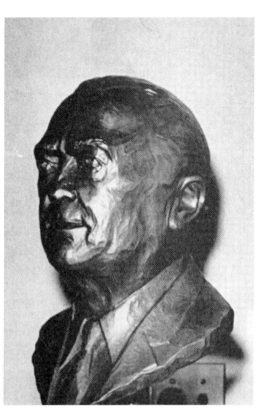

35 Noch zu seinen Lebzeiten ein Abschiedsgeschenk für seine Mitarbeiter: Hoovers Bronzebüste

36 Nixons Staatsbegräbnis für den toten FBI-Chef

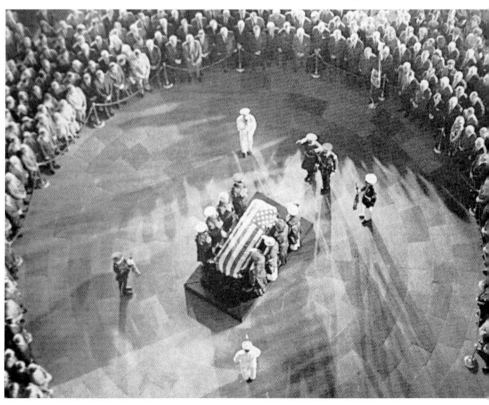

ten für die Tötung des Präsidenten Nasser von Ägypten hergestellt; ein vergiftetes Taschentuch für die Beseitigung des irakischen Generals Kassem; ein chemisches Mittel, das auf die Zahnbürste des Ministerpräsidenten des Kongos, Lumumba, geschmiert werden sollte; sowie einen speziell präparierten Kugelschreiber für die Ermordung des kubanischen Staatschefs Fidel Castro. Obwohl keiner dieser Attentatspläne verwirklicht wurde, war der von der Regierung bestellte Giftmord eine allgemein anerkannte Methode in der Welt der Geheimdienste.[1]

»Ich war bereit, einem Befehl, Jack Anderson zu töten, zu gehorchen«, schrieb Liddy später, »... diese Ermordung würde nicht aus Vergeltung, sondern zur Vorbeugung erfolgen«. Welche Methode auch immer angewendet werden sollte, er und Hunt beschlossen, daß in den Plan Exilkubaner eingebunden werden sollten – so wie es auch bei dem Einbruch in die Praxis des Psychiaters von Ellsberg gewesen war und wie es später bei der Watergate-Operation der Fall sein sollte. Doch Liddy sollte enttäuscht werden. Nachdem die nötigen Vorkehrungen zum Erwerb eines Giftes, das keine Spuren hinterlassen würde, getroffen waren, wurde Hunt darüber unterrichtet, daß der Plan, den Kolumnisten zu töten, fallengelassen worden war.

Einige vertreten die Auffassung, daß Watergate nur die Spitze des Eisbergs gewesen sei. Während der Amtszeit von Richard Nixon drangen unbekannte Personen in die Häuser und Büroräume zahlreicher Personen ein, die von der Regierung als ihre »Feinde« angesehen wurden. Es gab mindestens hundert solcher Einbrüche. Alle schienen aus politischen Gründen erfolgt zu sein und alle blieben ungelöst. Die häufigsten Zielobjekte waren Radikale und ausländische Diplomaten, die man subversiver Tätigkeiten verdächtigte. Doch genauso erging es angesehenen Reportern. Im April 1972 gab es einen Einbruch in das Haus des CBS-Korrespondenten für das Weiße Haus, Dan Rather, und kurz darauf in das Büro seines Kollegen Marvin Kalb. Dasselbe geschah Tad Szulc, der für die Nixon-Administration ein Stachel im Fleisch war. So erging es auch prominenten Politikern, wie dem Schatzmeister der Demokraten, Robert Strauss, im Jahr 1972 und dem Senator Lowell Weicker im darauffolgenden Jahr. Und vielleicht gab es auch ein noch berühmteres Opfer: J. Edgar Hoover.

Einige der Opfer der mysteriösen Einbrüche besaßen Dokumente, von denen man glaubte, daß sie die Regierung Nixon kompromittieren könnten. Mehr als jede andere mögliche Zielperson wußte Edgar von dem ganzen Spektrum dieser Missetaten und er verfügte über eine unbekannte Anzahl dokumentarischer Beweise.

Ein Jahr nach Watergate ging Mark Frazier, ein junger in Washington tätiger Reporter, einem interessanten Hinweis nach. Er erfuhr, daß drei verschiedene Informanten bei ihren eidesstattlichen Erklärungen vor dem Senatsausschuß zur Untersuchung der Watergate-Vorgänge über zwei Einbrüche in Edgars Haus in Rock Creek Park gesprochen hatten. Angeblich waren sie »von Gordon Liddy angeordnet« worden. Angesichts der ständig neuen Informationen über Watergate gelang es Frazier nicht, seine Geschichte in einer Zeitung in Washington zu veröffentlichen. Statt dessen wurde sie in der Publikation der Universität *The Harvard Crimson* abgedruckt. Der Artikel basierte auf Interviews mit einem Informanten aus dem Watergate-Ausschuß, aus Gesprächen mit einem »ehemaligen Mitarbeiter von Howard Hunt« und mit Felipe DeDiego. Bei ihm handelte es sich um einen Kubaner, der gemeinsam mit Hunt und Liddy sowohl an dem Einbruch bei Ellsbergs Psychiater als auch bei dem ersten der beiden Watergate-Einbrüche beteiligt gewesen war.

Nach diesen Informationen war Edgar das Ziel zweier Einbruchsoperationen. Ein erster Einbruchsversuch im »Spätwinter 1972« war geplant, »um Dokumente zu entwenden, von denen man meinte, daß sie als mögliches Erpressungsmaterial gegen das Weiße Haus verwendet werden könnten«. Er scheiterte, aber dann folgte ein zweiter, erfolgreicher Einbruch. »Dieses Mal«, berichtete Frazier, »wurde entweder durch ein Mißverständnis oder mit Vorsatz eine thiophosphathaltige Substanz auf Hoovers persönlichen Toilettenartikeln angebracht.«

Thiophosphat ist eine chemische Verbindung, die bei Insektiziden verwendet wird. Für Menschen ist sie hochgiftig, wenn sie oral eingenommen, inhaliert oder durch die Haut aufgenommen wird. Die Einnahme kann zu einem tödlichen Herzanfall führen und nur dann nachgewiesen werden, wenn die Autopsie innerhalb weniger Stunden nach Eintreten des Todes durchgeführt wird.

Die ehemaligen Mitglieder des Watergate-Untersuchungsausschusses und die mit den Ermittlungen beauftragte Anklagebehörde erinnern sich daran, daß ihnen von Einbrüchen in Edgars Haus erzählt worden ist. Die Akten der Staatsanwaltschaft berichten über eine Anfrage an das FBI bezüglich »möglicher Einbrüche« in sein Haus. Der frühere Staatsanwalt der Anklagebehörde, Nathaniel Akerman, erinnert sich an diese Angelegenheit als »etwas, was sicherlich nicht als Hirngespinst zu bezeichnen ist«.[2]

Heute streitet Gordon Liddy ab, jemals etwas von einem Einbruch in Edgars Haus gehört zu haben. Hunt, mit dem man in Mexiko Verbindung aufnahm, erklärte lediglich, daß dies »eine Angelegenheit war, die mich nicht im geringsten interessierte«. Doch der ehemalige Stabschef von Nixon, Haldeman, räumt ein, daß etwas derartiges geschehen sein könnte. »Ich muß zugestehen, daß es möglich gewesen ist«, sagt er.

»Ich glaube, daß Nixon zu dieser Zeit dazu fähig war, zu Colson zu sagen: ›Ich will, daß es getan wird. Ich will keinerlei Einwände hören.

Ich will nicht, daß Sie mit Haldeman darüber sprechen, denn er wird nur sagen: Tun Sie es nicht. Machen Sie weiter und ziehen Sie es durch ...‹«

Der Watergate-Einbrecher Felipe DeDiego, der heute behauptet, nichts von den Einbrüchen bei Hoover zu wissen, wurde von Frazier zweimal befragt. Bei der ersten Unterredung erklärte er, daß er von der Operation wisse und hoffe, bald in der Lage zu sein, »über alles zu sprechen«. Dann, als er noch einmal dazu befragt wurde, widerrief er seine Aussagen. Doch zu Hause in Florida berichtete er dem Bezirksstaatsanwalt von Dade County, Richard Gerstein, daß er Informationen über »andere Einbrüche politischer Natur« habe.[3]

Ein anderer der in den Watergate-Fall verwickelten Einbrecher war Frank Sturgis. Im Jahr 1988 sagte er aus, daß DeDiego ihm unmittelbar nach Edgars Tod von den Einbrüchen in Hoovers Haus erzählt habe. »Felipe berichtete mir davon«, sagte er.

»Ich vermutete, daß der CIA dahintersteckte. Ich meinte zu ihm: ›Ich nehme an, daß unsere Freunde wahrscheinlich dorthin gehen und feststellen wollten, welche Art von Dokumenten Hoover beiseitegeschafft hatte‹. Felipe lachte und entgegnete: ›Das ist gefährlich. Es ist gefährlich ...‹ Und danach sprachen wir nie wieder darüber.«

Sturgis gab zu, daß die Einbrecher schon früher in Washington aktiv gewesen waren, als bei der offiziellen Watergate-Untersuchung festgestellt wurde. Als er danach gefragt wurde, ob er selber an den Einbrüchen in Hoovers Haus beteiligt gewesen sei, machte er Ausflüchte. »Ich sage nicht ›Ja‹ zu meiner Beteiligung. Lassen Sie mich mit ›Nein‹ antworten. Viele verborgene Geheimnisse hängen damit zusammen.«

Anfang April 1972 speiste Edgar eines Tages wie gewöhnlich in dem Washingtoner ›Mayflower‹-Hotel zu Mittag. Er aß Grapefruit und Landkäsesalat in einer dunklen Ecke des Hotels. Neben ihm saßen Clyde und Thomas Webb, der zuverlässige Anwalt und FBI-Veteran, dem Edgar vor langer Zeit dazu geraten hatte, für Clint Murchison zu arbeiten. Sie lauschten verblüfft, als Edgar von seinen Auseinandersetzungen mit Präsident Nixon berichtete.

Edgar war müde geworden. Einige Wochen vorher, als er dem Reporter Andrew Tully von Nixons »Kindergarten« erzählt hatte, hatte er eine Pause einlegen müssen und seine Augen geschlossen. »Ich werde alt«, seufzte er. »Ich weiß das. Verdammt nochmal, nicht einmal ich kann ewig leben.«

Einige Zeit zuvor hatte der plastische Chirurg Gordon Bell aus Washington operativ einen kleinen Hautkrebstumor aus Edgars Gesicht entfernt.

»Er verhielt sich wie ein kleines Baby«, einnerte sich Dr. Bells Witwe, »ein klassischer Hypochonder. Er hatte große Angst vor dem Eingriff. Clyde Tolson stand neben ihm und tat alles, was eine Frau an seiner Stelle getan hätte, um ihm beizustehen. Hoover sorgte dafür, daß Clyde aufpaßte, was in der Spritze war, und sagte: ›Ich will nicht, daß Sie mir irgendein Wahrheitsserum spritzen.‹ Später brachte er uns Exemplare seiner Bücher mit überschwenglichen Widmungen. ›Du mußt wissen‹, sagte mein Mann damals, ›der Mann verliert allmählich seinen Verstand.‹«

Bei einer anderen Gelegenheit rief Clyde früh am Morgen den Arzt an. »Er teilte uns mit, daß Mr. Hoover schwer gestürzt sei«, sagte Mrs. Bell.

»Wir öffneten unsere Praxis und sie trafen ein. Hoover hatte eine klaffende Wunde an der Stirn und eine Augenbraue war aufgeschlagen – bis auf den Knochen. Ich würde sagen, daß sie getrunken hatten. Mein Mann, der einen trockenen Humor hatte, wandte sich an Clyde und sagte zu ihm: ›Das nächste Mal, wenn Sie Ihren Chef verletzen, sollten Sie versuchen, die Augenbraue zu verfehlen.‹ Clyde war über diese Bemerkung derart aufgebracht, daß er den Behandlungsraum verließ. Man stürzt nicht zu Hause und verletzt sich auf diese Weise. Mein Mann belehrte Hoover, daß es an der Zeit sei, auf sein Alter Rücksicht zu nehmen.«

In den vergangenen Monaten hatte Edgar in seinem Büro viel Zeit damit verbracht, aus dem Fenster auf die Stahlträger des neuen FBI-Gebäudes zu starren, das auf der Straßenseite gegenüber sehr langsam in die Höhe wuchs. Auf seinem Schreibtisch befand sich ein Fotoalbum über den Bau, das Mitarbeiter ständig mit dem neuesten Stand zu bestücken hatten. »Bei der Geschwindigkeit, mit der es gebaut wird«, bemerkte er, »wird niemand von uns mehr da sein, wenn es vollendet ist.«
Viele von »uns« waren bereits gegangen. Von seinen Freunden in der Ölbranche waren Billy Byars 1965 und Clint Murchison im Jahr 1969 gestorben. Sid Richardson war bereits seit langem tot. Im vorigen Herbst hatte Edgar einen alten Klassenkameraden beerdigt, mit dem er zu Beginn seiner Zeit im FBI eine enge Verbindung gepflegt hatte. Es handelte sich um Frank Baughman, einen der wenigen, die Edgar noch mit seinem alten Spitznamen »Speed« riefen. Zwei Monate zuvor war Walter Winchell in Los Angeles an Krebs gestorben. Edgar hatte es nicht für nötig gefunden, bei der Beisetzung zu erscheinen.
Andere verfielen gesundheitlich sehr schnell. Lewis Rosenstiel hatte einen Schlaganfall erlitten. Clyde war wegen seiner Herzprobleme wieder im Krankenhaus gewesen. Edgar selbst sprach häufiger von Gott als man es von ihm gewohnt war. »Für mich«, sagte er zu dem

Autor eines evangelischen Magazins, »ist Jesus eine lebendige Realität ... Ich weiß, daß ich auf unseren Erlöser zählen kann.« Vor kurzem hatte er seinen letzten Willen niedergeschrieben und beinahe sein gesamtes Vermögen Clyde vermacht.
Als Cartha DeLoach ihn Ende April bei einem Essen der Hearst-Verlagsgruppe in New York sah, schien Edgar ziemlich aufgedreht zu sein. Auch Roy Cohn, sein Protegé aus den Tagen von McCarthy, war anwesend. Er hatte den Eindruck, daß der FBI-Direktor gut und jünger als 77 Jahre aussah.

»Ich habe mich einem Checkup unterzogen und alles ist prima«, erklärte Edgar. »Wenn ich in den Ruhestand trete, werde ich auseinanderfallen und vermodern. Das wird auch passieren, wenn Sie den Dienst quittieren. Ich bleibe auf meinem Posten.«

Es gab einen weiteren Grund, sich an sein Amt zu klammern. »Sie sind auf die gleiche Weise von den Menschen gequält worden«, sagte er Cohn. »Ich habe nicht mehr viel Zeit. Aber noch bin ich da. Und ich bleibe genau dort, wo ich bin.«
Nach seiner Rückkehr nach Washington aß Edgar im ›Cosmos Club‹ und besuchte am Samstag wie gewöhnlich die Pferderennen in Pimlico. Am Sonntag, dem 30. April, trank er Martinis mit den Nachbarn, machte sich im Garten nützlich und sah sich im Fernsehen die Sendung *Das FBI* an.
Es ist schon von gewisser Ironie, daß Edgars letzter Tag der 1. Mai war, der Tag der Arbeit, der von der Linken gefeiert wurde, jener Linken, die er sein ganzes Leben lang bekämpft hatte. Edgar traf allein in seinem Büro ein, ohne den kränkelnden Clyde.
Es war kein angenehmer Tag im FBI-Hauptquartier. An diesem Morgen hatte Jack Anderson in seiner Kolumne in *The Washington Post* Enthüllungen über FBI-Dossiers betreffend das Privatleben von Politikern, Führern der Schwarzen, Journalisten und Leuten aus dem Showbusiness gebracht. Einige Stunden danach, während seines zeitlich sorgsam abgestimmten Erscheinens im Kapitol, versprach er, Beweise für seine Behauptungen zu präsentieren.

»Die Exekutive«, äußerte er vor einem Untersuchungsausschuß des Kongresses, »führt geheime Untersuchungen gegen prominente Amerikaner durch ... Der FBI-Direktor J. Edgar Hoover hat ein ausgeprägtes Interesse daran gezeigt, wer mit wem in Washington schläft ... Ich sollte in diesem Zusammenhang darauf hinweisen, daß ich mich nicht auf Gerüchte berufe. Ich habe FBI-Berichte gesehen; ich habe FBI-Akten geprüft ... Ich bin bereit, einige dieser Dokumente dem Ausschuß zur Verfügung zu stellen.«

Dies waren 1972 erstaunliche Behauptungen und auf den Korridoren des FBI-Hauptquartiers wurde an diesem Tag nur über Anderson geredet. Doch dies war nur eine erste Breitseite. Schon zuvor hatte Edgar Vorausexemplare von zwei Büchern über ihn erhalten. *Citizen Hoover* von Jay Robert Nash war ein heftiger Angriff auf Edgars gesamte Karriere. Nash schrieb, daß die Amerikaner nicht mehr wüßten, was sie von Edgar halten sollten. Er sei sowohl

»Wohltäter und Tyrann, Beschützer und Unterdrücker, Wahrheitsverkünder und Lügner ... Tatsache ist, daß das FBI, wie wir es uns vorstellen in Wirklichkeit niemals neben dem sehr ergiebigen und ideenreichen Geist seines ewigen Direktor existiert hat ... Für ihn waren alle guten Bestrebungen für die Anliegen der Rechten gerechtfertigt, alle moralischen Siege über offenkundige Feinde unvermeidlich, so lange wie das Vertrauen in die allumfassende Macht seines geachteten Amtes uneingeschränkt war.«

Das zweite Buch, welches das FBI in Form eines Korrekturabzugs erhalten hatte, war weitaus vernichtender. Mit einer kühnen Bloßstellung, die lediglich den Titel *John Edgar Hoover* trug, wies der bekannte Reporter Hank Messick auf die dunklen Punkte hinter Edgars willfähriger Einstellung gegenüber dem organisierten Verbrechen hin. Zudem betonte er die Beziehung zu Lewis Rosenstiel, die Edgar in die Nähe der Topgangster brachte.
Das Zitat von de Tocqueville auf dem Deckblatt des Buches von Messick lautete:

»Die Unmoral der Großen ist weniger zu fürchten als die Tatsache, daß Unmoral zu Größe führen kann.«

Nach Edgars Tod wurde das Buch von Nash auf seinem Nachttisch gefunden und auch Messicks Werk wird sich in seinem Haus befunden haben. Die verdeckte Intervention des FBI schüchterte die Verleger nicht länger ein. Diese Bücher wurden veröffentlicht, ob es Edgar nun gefiel oder nicht.
Edgar blieb an diesem Tag bis beinahe 18.00 Uhr in seinem Büro, was für seine Verhältnisse recht spät war. Danach fuhr er zum Essen in Clydes Appartement. Wahrscheinlich war er um etwa 22.15 Uhr zu Hause, wo er von den beiden kläffenden schottischen Zwergterriern begrüßt wurde. Edgar nahm noch gerne einen Schlaftrunk zu sich, ein Glas seines Lieblingsbourbon, Jack Daniel's Black Label, der in einer Karaffe mit Spieluhr aufbewahrt wurde. Wenn der Inhalt zur Neige ging, erklang aus der Karaffe »For he's a jolly good fellow«. Edgar liebte diese Melodie.
Wenn es in dieser Nacht einen ruhigen Moment gegeben hat, so wurde er wahrscheinlich durch ein unangenehmes Telefongespräch gestört. Helen Gandy behauptete später, daß irgendwann zwischen 22.00 Uhr

und Mitternacht Präsident Nixon Edgar zu Hause anrief. Er wollte Edgar endlich mitteilen, daß er aus seinem Amt ausscheiden müsse, so berichtete Helen Gandy. Danach telefonierte Edgar mit Clyde, um mit ihm über das Gespräch mit Nixon zu sprechen. Clyde erzählte dies später Gandy und auf diesem Weg ist die Geschichte überliefert worden.

Wenn Helen Gandys Bericht zutreffend ist, muß Edgar sehr deprimiert gewesen sein, als er zu Bett ging. Er betrat die Empfangshalle, ging an seiner Büste vorbei, an den Bildern und Widmungen, die seine 59jährige berufliche Laufbahn widerspiegelten. Darunter befand sich auch eines, das ihn mit dem lächelnden Richard Nixon zeigte. Dann ging er die Stufen nach oben. Auf dem Treppenabsatz hing ein Ölbild von ihm. Schließlich betrat er sein Schlafzimmer mit dem Himmelbett aus Ahornholz.

Der 2. Mai, ein Donnerstag, begann wie ein typischer Frühlingstag in Washington. Bereits am frühen Morgen war es sehr heiß. Edgars schwarze Haushälterin, Annie Fields, kam wie stets aus ihrer Wohnung im Kellergeschoß, um das Frühstück zuzubereiten. Edgar pflegte stets um 7.30 Uhr herunterzukommen. Aber heute kam er nicht.

Der Chauffeur soll um 7.45 Uhr eingetroffen sein, kurz danach sein Vorgänger James Crawford. Dieser gehörte zu jenen Schwarzen, denen Edgar schon früh den Rang eines FBI-Agenten verliehen hatte, um Vorwürfen der Rassendiskriminierung zu begegnen. Auch nach seiner Pensionierung arbeitete er für Edgar, als Faktotum und Gärtner. An diesem Morgen war er mit Edgar verabredet, um mit ihm darüber zu sprechen, wo einige neue Rosenbüsche eingepflanzt werden sollten. Doch der FBI-Direktor tauchte nicht auf. Genau wie die Angestellten warteten die Hunde, begierig auf das morgendliche Ritual der Häppchen vom Tisch ihres Herrn. Dann wurde es 8.30 Uhr und die Diener begannen sich allmählich Sorgen zu machen. Kein Geräusch war an diesem Morgen von oben zu hören.

Es heißt, daß Annie Fields nach oben ging, um nach dem Rechten zu sehen.[4] Zaghaft klopfte sie an die Schlafzimmertür, dann – nachdem sie keine Antwort erhalten hatte – versuchte sie, die Tür zu öffnen. Sie war unverschlossen, was im höchsten Maße ungewöhnlich war.

Die Haushälterin sah Edgars Körper sofort, nachdem sie den Raum betreten hatte. Er lag neben dem Bett, bekleidet mit seinen Pyjamahosen. Sein Oberkörper war nackt. Sie ging nicht weiter in das Schlafzimmer hinein und rannte nach unten, um Crawford zu suchen, der am längsten als Hausangestellter bei Edgar gewesen war. Als Crawford auf dem Boden des Schlafzimmers kniete und die starre, kalte Hand in der seinen hielt, wußte er sofort, daß sein Boß tot war.

Crawford eilte ans Telefon, um den Arzt zu rufen. Dann rief er Clyde an, die einzige andere Person, die sofort benachrichtigt werden mußte.

Clyde hätte diesen Anruf beinahe verpaßt. Er hatte sein Appartement bereits verlassen und war auf dem beschwerlichen Weg zur Limousine, die in Kürze eintreffen mußte, als er bemerkte, daß er etwas vergessen hatte. So kam er zurückgehumpelt – aufgrund der Schlaganfälle zog er ein Bein nach – und hörte, daß das Telefon läutete.

Innerhalb einer Stunde nach dem Auffinden des Toten war Edgars Arzt, Robert Choisser, an Ort und Stelle. »Mr. Hoover war seit einigen Stunden tot«, erinnerte er sich.

»Ich war ziemlich überrascht von seinem plötzlichen Tod, denn er war bei guter Gesundheit. Ich kann mich nicht daran erinnern, daß ich ihm Medikamente gegen Bluthochdruck oder Herzbeschwerden verschrieben habe. Es gab keinen Anhaltspunkt, aufgrund dessen man mit seinem Tod zu diesem Zeitpunkt rechnen mußte, wenn man von seinem hohen Alter absah.«

Da der Körper sich bereits in Totenstarre befand, muß Edgar seit vielen Stunden tot gewesen sein. Nach der Einschätzung von Choisser mußte der Tod etwa zwischen 2.00 und 3.00 Uhr in der Nacht eingetreten sein. Da Todesfälle zu Hause dem Büro des amtlichen Leichenbeschauers gemeldet werden mußten, telefonierte er im Laufe des Vormittags mit Dr. Richard Welton, einem ehemaligen Klassenkameraden, der als ärztlicher Leichenbeschauer tätig war. Wie in solchen Fällen üblich, bestätigte der amtliche Leichenbeschauer die durch den Arzt festgestellte Todesursache und registrierte lediglich den Tod. Doch Welton und der amtliche Leichenbeschauer James Luke waren der Meinung, daß der Tod eines so prominenten Mannes wie Edgar ihre Anwesenheit erforderlich machte.

Die beiden ärztlichen Leichenbeschauer trafen kurz nach 11.00 Uhr in Edgars Haus ein und fanden alles so vor, wie es von Dr. Choisser beschrieben worden war, mit der Einschränkung, daß der Körper vom Boden auf das Bett gelegt worden war, wie sich Dr. Welton zu erinnern glaubt. »Alles war völlig normal«, erinnerte sich Welton. »Es gab nichts, was auf eine Fremdeinwirkung hindeutete. Hoover war in einem Alter, wo man damit rechnen mußte ... Es ist in einem solchen Falle normal, daß die betreffende Person tot neben dem Bett aufgefunden wird, nachdem sie wahrscheinlich während der Nacht versucht hatte, das Badezimmer aufzusuchen.«[5]

Auf dem Weg zu seinem Wagen überlegte Welton, ob eine Autopsie durchgeführt werden sollte. »Was passiert«, fragte er Luke, »wenn jemand in sechs Monaten daherkommt und erklärt, jemand habe Hoover Arsen verabreicht? Wir meinten, daß eine Autopsie durchgeführt werden sollte.« Dies war nur ein flüchtiger Gedanke. Doch nach seiner Rückkehr in sein Büro rief Dr. Luke den ärztlichen Leichenbeschauer von New York City, Dr. Milton Helpern, an, um mit ihm darüber zu

sprechen. Dr. Helpern war einer der berühmtesten Gerichtsmediziner der Welt.
Keiner der beiden Pathologen hatten Anlaß zu der Vermutung, daß jemand Arsen oder irgendein anderes Gift Edgar verabreicht hätte. Doch zu diesem Zeitpunkt wußte auch niemand, daß die Watergate-Einbrecher existierten, geschweige denn, daß zwei von ihnen mit einem CIA-Experten über Möglichkeiten gesprochen hatten, wie man den Kolumnisten Jack Anderson töten könnte, wozu auch die Überlegung gehörte, Gift in seinen Medizinschrank zu schmuggeln. Sie wußten nichts von den angeblichen Einbrüchen in Edgars Haus und nichts von dem Hinweis, daß ein Gift an »Hoovers persönlichen Toilettenartikeln angebracht« sein könnte – ein Gift, das einen Herzstillstand hätte verursachen können und nur dann festzustellen war, wenn die Autopsie so schnell wie nur möglich durchgeführt worden wäre.
Andererseits hatten die Ärzte auch keinerlei Vorstellung von dem Streß, dem Edgar ausgesetzt gewesen war, den jüngsten Angriffen auf seine Person – Jack Andersons Zeugenaussage vor dem Untersuchungsausschuß des Kongresses, bei der er versprach, Beweise für seine Beschuldigungen vorzulegen, daß Edgar Personen des öffentlichen Lebens ausspioniert habe, und Hank Messicks in Kürze erscheinendes Buch mit den Andeutungen über Edgars Verbindungen zum organisierten Verbrechen. Sie wußten nichts von dem Telefongespräch der letzten Nacht, als Präsident Nixon Edgar mitgeteilt haben soll, daß es an der Zeit sei, abzutreten.
Am 5. Mai, nachdem entschieden worden war, daß eine Autopsie nicht erforderlich sei, unterzeichnete der amtliche Leichenbeschauer Luke den Totenschein:

»John Edgar Hoover, männlich, weiß.
Beruf: Direktor des FBI.
Todesursache: Hypertonische kardiovaskuläre Erkrankung«.

Drei Tage nach Edgars Tod, betraten die Männer, die wenig später in das Hauptquartier der Demokraten einbrechen sollten, den Raum 419 im Howard Johnson Motor Lodge direkt gegenüber dem Watergate-Gebäude, das durch sie weltweite Berühmtheit erlangen sollte. Ihr erster Einbruch, drei Wochen danach, schlug fehl. Kurz danach folgte ein erfolgreicher Einbruch, dann ein zweiter – im Juni – bei dem sie erwischt wurden. Daraus entstand der Watergate-Skandal, der zum Rücktritt von Präsident Richard Nixon und zu Gefängnisstrafen für die meisten der Einbrecher und für John Mitchell, H. R. Haldeman, John Ehrlichman, John Dean, Charles Colson, Egil Krogh und anderen führte.
Krogh, Nixons Vertrauter und der Chef der »Klempner«, landete im Gefängnis und verbrachte seine Haftstrafe im Sicherheitsgefängnis

von Allenwood in Pennsylvania. In Allenwood befand sich Anfang 1974 auch der ehemalige Kongreßabgeordnete Neil Gallagher, ein früheres Opfer von Edgars Rache, weil er sich geweigert hatte, an den Verleumdungsaktionen gegen Robert Kennedy mitzuwirken. Jetzt verbüßte er eine Gefängnisstrafe wegen Steuerhinterziehung.[6] Gallagher berichtete, daß Krogh einige merkwürdige Andeutungen über Edgars Tod machte.

»Ich war der Gefängnisbibliothekar«, erinnerte sich Gallagher im Jahr 1991, »und Krogh kam mit zwei Bibeln herein. Er war sehr religiös, ein Scientist. Oft saß er an dem großen Tisch in der Bibliothek und schrieb Briefe. Manchmal kamen wir miteinander ins Gespräch. Eines Nachts, als ich im Begriff war, die Bibliothek zu schließen und nur noch wir beide da waren, sprachen wir über Hoover.

»Ich sagte, daß nach meiner Auffassung die näheren Umstände von Hoovers Tod ein wenig seltsam seien. Aufgrund meiner Auseinandersetzungen mit ihm hatte ich versucht, mich stets über ihn auf dem laufenden zu halten. Ich sagte zu Krogh: ›Hoover wußte über alles Bescheid, was in Washington vor sich ging. Er wußte bestimmt von den ›Klempnern‹ und allem anderen. Glauben Sie, daß Hoover den Präsidenten unter Druck gesetzt hat?‹ Und dann sagte ich zu ihm, was mich heute überrascht: ›Habt ihr Burschen Hoover erledigt? Sie hatten die Leute dazu und allen Anlaß ...‹

Einige Sekunden verstrichen. Dann sprang Krogh buchstäblich von seinem Stuhl hoch. Und mit einer sehr schrillen Stimme schrie er:

›Wir haben Hoover nicht erledigt. Er hat sich selbst erledigt‹. Dann sprang Krogh hoch, raffte seine Papiere und seine Bibeln zusammen und verließ eilig die Bibliothek. Wir haben niemals mehr miteinander gesprochen während der restlichen Zeit, in der wir zusammen in Allenwood waren.«

Als Krogh im Jahr 1991 befragt wurde, erinnerte er sich daran, Gallagher im Gefängnis getroffen zu haben. Als ihm vorgehalten wurde, was Gallagher über ihr Gespräch hinsichtlich des Todes von Edgar gesagt hatte, antwortete er: »Es mag sein, daß ich ein solches Gespräch einmal geführt habe, aber es ist lange her. Seit damals ist eine Menge Wasser ins Meer geflossen. Ich kann mich nicht mehr daran erinnern.« Es ist heute unklar, warum Nixons Berater erklärt haben soll, daß Edgar Selbstmord begangen habe und warum ihn dieses Thema derart aufgeregt hat. Wenn es im Weißen Haus Hinweise gegeben hat, die eine solche These bestätigen können, sind sie mit vielen anderen Geheimnissen aus der Watergate-Periode verschwunden. Es ist heute auch nicht möglich, der Behauptung nachzugehen, daß die Ermittlungsbeamten des Watergate-Ausschusses nicht in der Lage waren, der Spur, daß es Einbrüche in Edgars Haus vor seinem Tode gegeben haben soll, nachzugehen. Für die schwerwiegendste Behauptung, daß bei dem zweiten Einbruch ein chemisches Gift heimlich eingeschmuggelt wurde, um den Tod durch einen vorgetäuschten Herzanfall herbeizuführen, gibt es keine stichhaltigen Beweise.

Nachdem Clyde Tolson von Edgars Tod erfahren hatte, führte er zwei Telefongespräche. Das erste galt der Sekretärin Helen Gandy, die seit 1919 im Dienste des FBI-Direktors gestanden hatte. Dann telefonierte er mit dem Büro des Justizministers und von dort ging die Nachricht an H. R. Haldeman im Weißen Haus, der seinerseits den Präsidenten um 9.15 Uhr unterrichtete, wie es seine handschriftlichen Aufzeichnungen belegen.
Haldeman erinnert sich, daß die Neuigkeit »keine große Überraschung« für Nixon war. Der Präsident machte keine Andeutung über das angebliche Telefongespräch mit Edgar in der vorherigen Nacht. In sein Tagebuch schrieb er, so berichtet er in seinen Memoiren, das folgende:

»Hoover ... starb zur rechten Zeit und glücklicherweise starb er, als er noch im Amt war. Es hätte ihn umgebracht, wenn man ihn aus seinem Amt gezwungen oder, sogar, wenn er freiwillig zurückgetreten wäre. Ich erinnere mich an unsere letzte Unterredung, die ich mit ihm vor zwei Wochen geführt hatte, als ich ihn anrief und die sehr gute Arbeit erwähnte, die das FBI bei der Aufklärung der Entführungen geleistet hatte ...«

Ehrlichman und Haldeman können sich an keine Reaktion des Präsidenten auf Edgars Tod erinnern, abgesehen von seiner Sorge um die Akten. John Mitchell, der seinen Posten als Justizminister aufgegeben hatte, um die Kampagne für Nixons Wiederwahl zu leiten, teilte diese Besorgnis. Seine Anordnungen an diesem Vormittag, so notierte es Haldeman damals, bestanden darin, »die streng gehüteten Geheimnisse« ausfindig zu machen. Es wurde beschlossen, Edgars Tod nicht vor 11.00 Uhr offiziell bekanntzugeben.
Gordon Liddy, Nixons Experte für schmutzige Tricks, hielt es für lebensnotwendig, die streng gehüteten Geheimnisse aufzuspüren. Als FBI-Veteran hatte er selbst früher einmal einige der brisantesten politischen Akten Edgars gesehen.

»Ich rief sofort das Weiße Haus an«, erinnerte sich Liddy. »Ich sagte: ›Sie müssen diese Akten in Ihren Besitz bringen. Sie sind von enormer Bedeutung. Sie haben nicht viel Zeit. Es wird zu einem regelrechten Wettrennen kommen. Schaffen Sie diese Akten herbei.‹«

Liddy meint sich erinnern zu können, daß er mit Ehrlichman gesprochen hatte, der eine direkte Verbindung zum Präsidenten hatte, und daß er sich an Howard Hunt gewandt hatte, um ein Gespräch mit Charles Colson führen zu können. Ehrlichman bestätigt, daß er die bedenkliche Situation Nixon vorgetragen hat und irgend jemand ergriff dann an diesem Morgen drastische Maßnahmen.

Als die Angestellten des Beerdigungsinstituts etwa um 12.30 Uhr in Edgars Haus eintrafen, erwartete sie eine Szene, die an die dunkelsten Bilder von George Orwell erinnerte. »Sie ließen keinen Stein auf dem anderen«, erinnerte sich der Leichenbestatter William Reburn.

»Überall schwärmten Männer in Anzügen im Haus herum. Es waren 15 oder 18. Sie durchwühlten alles und überprüften alle Gegenstände. Ich nahm an, daß es sich bei ihnen um Beamte der Regierung handelte. Sie durchsuchten Hoovers Bücher, den Schreibtisch, die Schubladen, als ob sie nach etwas suchten ...

Sie gingen ganz methodisch vor. Ein Agent nahm sich den Bücherschrank vor und prüfte die Bücher Seite für Seite. Sie nahmen alle Bücher aus den Regalen und schauten unter und hinter die Regale. Es gab dieses Gerücht, daß Hoover über Geheimakten verfügen würde und da kam mir der Gedanke: Sie suchten seine Akten.«

Wer immer diese Personen waren, wahrscheinlich war schon jemand vor ihnen da gewesen. An diesem Vormittag hatten Edgars Nachbarn etwas Seltsames beobachtet. »Es war früh am Morgen«, erinnerte sich Anthony Calomaris 1992.

»Ich war damals 17 Jahre alt und machte mich gerade für die Schule fertig. Da rief mich meine Mutter auf den Balkon ihres Zimmers. Dort drüben waren zwei Männer, die etwas aus der Tür von Mr. Hoovers Küche heraustrugen. Annie, die Haushälterin, stand an der Tür. Der Gegenstand, den sie trugen, war lang und allem Anschein nach schwer und er war in so etwas wie eine Steppdecke eingewickelt. Sie hoben ihn in einen Kombiwagen, der neben dem Haus stand und fuhren davon.«

Aufgrund der Form des Bündels vermuteten Anthony Calomaris und seine Mutter damals, daß ein menschlicher Körper darin transportiert wurde – daß Edgar in der Nacht gestorben war und daß es sich bei den Männern um Angestellte des Beerdigungsinstituts handelte, die so früh gekommen waren, um der Presse aus dem Weg zu gehen. Doch die amtlichen Schriftstücke belegen, daß Edgars Körper erst sehr viel später, etwa zur Mittagszeit, weggebracht wurde. Alle Zeugenaussagen bestätigen, daß zu dem Zeitpunkt, als die Nachbarn die Männer mit dem Bündel sahen, der tote Körper noch nicht einmal aufgefunden worden war.

Dennoch blieben Anthony Calomaris und seine Mutter beharrlich bei ihrer Darstellung, daß sie gesehen hätten, wie etwas aus Edgars Haus weggetragen wurde, bevor Anthony zur Schule ging. Die Männer waren sicherlich keine Einbrecher, denn wäre dies der Fall gewesen, hätte die Haushälterin sie bestimmt nicht so ruhig hinausgeleitet. Unter Berücksichtigung des bekannten Wunsches anderer Personen, Edgars Geheimnisse in ihren Besitz zu bringen, könnte es sich bei diesen Personen um Mitstreiter gehandelt haben, die etwas wegschafften, bevor sein Tod bekannt wurde, um späteren Nachforschungen zuvorzukommen?

Ungeachtet dessen, was in Edgars Haus gefunden wurde oder nicht, machten sich die Mitarbeiter Nixons auch Sorgen um die Dinge, die in seinem Büro aufbewahrt wurden. An diesem Vormittag gab der amtierende Justizminister Kleindienst nach einem Gespräch mit dem Weißen Haus die Anweisung, daß Edgars Büro versiegelt werden sollte – um seine Akten zu sichern. Am Nachmittag traf L. Patrick Gray, der Mann, den Nixon zum kommissarischen FBI-Direktor ernannt hatte, im FBI-Hauptquartier ein und erkundigte sich bei John Mohr nach dem Aufbewahrungsort der »Geheimakten«. Mohr antwortete, daß es keine derartigen Akten gebe.

Am nächsten Morgen, kurz vor 9.00 Uhr, stellte Gray noch einmal diese Frage.

»Aus dem Gespräch mit ihm und seinen Bemerkungen«, erinnerte sich Mohr, »gewann ich den Eindruck, daß er nach Geheimakten suchte, welche die Nixon-Administration in Verlegenheit bringen könnten ... Ich teilte ihm unmißverständlich mit, daß es hier keine Geheimakten gäbe.«

Es kam zu einem regelrechten Streit. Gray schrie gellend, daß er ein »dickköpfiger Ire« sei und er »sich von niemandem herumschubsen lasse«. Mohr entgegnete, er sei ein dickköpfiger Holländer und auch ihn würde niemand herumschubsen. Die lautstarke Auseinandersetzung konnte noch einige Büros weiter gehört werden.

Gray, der nach den Watergate-Ermittlungen nur mit knapper Not einer Anklage wegen der Vernichtung von Dokumenten entging, wird sich vermutlich letztlich durchgesetzt haben. Joe Diamond, ein junger Angestellter, der eine Woche nach Edgars Tod in den FBI-Dienst eintrat, erinnert sich an einen seltsamen Vorfall.

»Es war mein zweiter Arbeitstag und der Supervisor teilte mich und drei andere für eine Aufgabe im oberen Stockwerk ein. Wir gingen hinauf und dort waren vier Herren in Anzügen. Und sie gaben uns den Auftrag, die mit Papieren vollgestopften Kisten in den Keller zum Reißwolf zu bringen. Wir nahmen die Kisten auf und sie verhielten sich so, als ob wir Gold oder etwas ähnlich Wertvolles trugen. Es dauerte etwa zwei Stunden, die ganzen Unterlagen durch den Reißwolf zu jagen. Dann nahmen sie die Säcke und verschwanden ... Ich erkannte zwei der Männer in den Anzügen. Einer von ihnen war L. Patrick Gray und der andere war (der stellvertretende FBI-Direktor) Mark Felt.«

Es ist mit an Sicherheit grenzender Wahrscheinlichkeit zu vermuten, daß sehr viele Dokumente bereits vor der Amtsübernahme Grays verschwanden. »Ich erfuhr später«, erinnerte sich Kleindienst, »daß bestimmte Akten sogar schon beseitigt wurden, bevor ich meine Anordnung erließ, daß Hoovers Büro versiegelt werden sollte.«
»Von Personen aus dem FBI wurde mir berichtet«, sagte Liddy, »daß Miss Gandy zu dem Zeitpunkt, als sich Gray um die Akten kümmerte, bereits einiges vernichtet hatte.«
Kleindiensts Anweisungen, Edgars Büro zu versiegeln, waren von vornherein ziemlich bedeutungslos, denn John Mohr hatte den Befehl wörtlich verstanden. Er verschloß nur Edgars persönliches Büro, das überhaupt keine Akten enthielt. Die anderen neun Räume in der Bürosuite, die voller Dokumente waren, blieben ungesichert. In ihnen wurden einige der geheimsten Dokumente aufbewahrt, wozu auch die »Offiziellen und Vertraulichen« Akten gehörten, die in verschlossenen Aktenschränken unter dem wachsamen Auge von Helen Gandy gelagert waren.
Drei Jahre später bemühte sich ein Untersuchungsausschuß des Kongresses nach Kräften, die Aussagen von Miss Gandy, Mohr und Felt zu bewerten. Er konnte jedoch nur eines als sicher feststellen: Große Mengen an Dokumenten waren in den Wochen nach Edgars Tod mit Lastwagen in sein Haus gebracht worden. Helen Gandy erklärte dazu, daß es sich hierbei nur um Edgars persönliche Akten handelte mit seiner privaten Korrespondenz, Unterlagen über Kapitalanlagen und ähnlichem. In Übereinstimmung mit Edgars Wünschen habe sie die Unterlagen durchgesehen und sie dann im Reißwolf des Büros vernichten lassen.
Die Mitglieder des Congress' Government Information Subcommittee, vor denen Helen Gandy ihre Aussage machte, waren davon überzeugt, daß sie log. Unterlagen wiesen daraufhin, daß auch offizielle Dokumente mit dem Lastwagen in Edgars Haus geschafft wurden. Die Aussage von Helen Gandy, nach der die Lieferung nur aus vier Aktenschränken und 35 Pappkartons bestanden habe, wurde von dem Lastwagenfahrer Raymond Smith widerlegt, der den Transport durchgeführt hat. Er erklärte, daß er mindestens 20, vielleicht 25 Schränke vom FBI-Hauptquartier in den Keller von Edgars Haus gebracht habe. Während des Transports öffnete sich eine Schublade und er sah, daß sie mit Mappen vollgestopft war, von denen jede ein paar Zentimeter dick war. Edgars Haushälterin Annie Fields berichtete den Nachbarn, daß die Akten sofort nach ihrer Anlieferung sorgsam verwahrt wurden.

Es ist schließlich festzuhalten, daß in Edgars Büro der Begriff »Persönlich« eine völlig andere Bedeutung als sonst üblich hatte. Schon zu Beginn seiner Amtszeit hatte Edgar das sogenannte Verfahren »Persönlich und Vertraulich« geschaffen, mit dem die Möglichkeit geschaffen wurde, daß höhere Beamte in absoluter Verschwiegenheit und außerhalb des normalen Dienstweges mit ihm Verbindung aufnehmen konnten.

Nach der Auffassung des Experten Professor Athan Theoharis von der Marquette-Universität, der sich sehr intensiv mit den geheimen Dossiers des FBI beschäftigt hat, enthielten die »Persönlichen und Vertraulichen« Akten wahrscheinlich weitaus brisanteres Material als die »Offiziellen und Vertraulichen« Dossiers, die seitdem für ein derartiges Aufsehen in der Öffentlichkeit gesorgt haben.

Es ist nicht sicher, daß die alle in Edgars Haus gebrachten Akten schließlich vernichtet wurden. Im Jahr 1975 berichtete *Newsweek*, daß Dossiers, »die für das Weiße Haus sehr, sehr schädlich« waren, in der Obhut von Clyde Tolson verblieben. Als er später selber starb, so berichtet *Newsweek* weiter, seien FBI-Agenten in sein Haus gestürmt, um die Dokumente wegzubringen. Clydes ehemalige Sekretärin, Dorothy Skillman, gab eine ähnliche Darstellung wie Helen Gandy. Sie erklärte, daß sie Clydes Korrespondenz vernichtet habe, die »zum größten Teil aus Glückwunschkarten« bestanden habe. Doch der *Newsweek*-Reporter Anthony Marro beharrt auf seiner Geschichte.

»Ich halte Ihre Aussage für wenig glaubwürdig«, sagte der Kongreßabgeordnete Andrew Maguire zu Helen Gandy, als sie im Dezember 1975 über das Verbleiben der Akten aussagte. »Dies«, antwortete sie hochmütig, »ist Ihr gutes Recht.«

»Ihr Bemühen ist aussichtslos«, sagte Mark Felt zu den Mitgliedern des Untersuchungsausschusses. »Nun gut, Sie werden nicht feststellen können, was alles vernichtet wurde. Nur Miss Gandy weiß darüber Bescheid. Und was wäre, wenn Sie es wüßten? ... Es ist ohne große Bedeutung, wenn einige Unterlagen verlorengegangen sind. Ich sah darin nichts Falsches und ich tue es auch heute noch nicht.«

EPILOG

Sie müssen wissen, er war der letzte regierende
Monarch in der westlichen Welt.

Tom Huston
Ehemaliger Mitarbeiter von Nixon, 1975

An dem Tage als Edgar starb, wurde um 12 Uhr mittags Washingtoner Zeit die amerikanische Flagge auf allen amerikanischen Regierungsgebäuden, militärischen Einrichtungen und Schiffen der US-Navy in der ganzen Welt auf Halbmast gesetzt. Präsident Nixon, der endlich von seinem Problem Hoover befreit worden war, unterhielt die Nation mit einer Show der öffentlichen Trauer.
Der Präsident behauptete jetzt, daß der Mann, den er versucht hatte, in die Wüste zu schicken, »einer seiner engsten persönlichen Freunde und Berater« gewesen sei. Edgar, erklärte er, war »das Symbol und die Verkörperung der Werte, die er am meisten schätzte: Mut, Patriotismus, Hingabe an sein Land und eine felsenfeste Aufrichtigkeit und Rechtschaffenheit«.
Vizepräsident Spiro Agnew, der schon bald wegen Bestechung und Steuerhinterziehung vor Gericht stehen sollte, sagte, daß Edgar sich bei allen Amerikanern für »sein kompromißloses Eintreten für die Grundwerte und seine absolute Unbestechlichkeit« Sympathie und Zuneigung erworben habe. John Mitchell, der Edgars Entlassung betrieben hatte, nannte seinen Tod »eine große Tragödie«. Der amtierende Justizminister Kleindienst, der sich die Angewohnheit zu eigen gemacht hatte, den Telefonhörer bei den Gesprächen mit Edgar weit weg von seinem Ohr zu halten, hielt ihn nun für »einen Giganten unter den Patrioten«, der sich niemals dem Makel der politischen Einflußnahme ausgesetzt habe. Der damalige Gouverneur von Kalifornien, Ronald Reagan, erklärte, daß »kein Mann des 20. Jahrhunderts mehr für dieses Land getan habe als Hoover«.
Auch im Kongreß beeilten sich die Politiker, Edgar zu loben. John Rooney, der Opfer vieler Beschimpfungen von Edgar gewesen war, betonte Edgars »tiefen Respekt für seine Mitmenschen«. Der Kongreßabgeordnete Hale Boggs, der noch im vorangegangenen Jahr Edgars Entlassung verlangt hatte, behauptete jetzt, daß er ihn niemals persönlich angegriffen hätte. Sogar Senator Edward Kennedy sprach von Edgars »Ehrlichkeit, Redlichkeit und seinem Bemühen, das zu

tun, was nach seiner Ansicht am besten für das Land war«. Insgesamt erwiesen 149 Abgeordnete des Repräsentantenhauses und Senatoren dem Toten ihre Reverenz.
Unter den wenigen, die sich ganz anders äußerten, war auch Martin Luther Kings Witwe, Coretta. Sie sprach von Edgars »beklagenswertem und gefährlichem« Vermächtnis und seinem Ordnungssystem »voller Lügen und schäbiger Informationen über einige der wichtigsten Vertreter in der Regierung, zu denen sogar Präsidenten gehörten«. Dr. Benjamin Spock war froh, daß Edgar tot war. »Es ist eine große Erleichterung, insbesondere wenn sein Nachfolger ein Mann ist, der die Bedeutung der demokratischen Institutionen in den Vereinigten Staaten von Amerika besser versteht.«
Vom FBI-Hauptquartier wurde ein Fernschreiben bis in die entferntesten Winkel von Edgars Herrschaftsbereich geschickt, das die FBI-Angehörigen dazu aufforderte, für ihn zu beten. Es war von Clyde unterschrieben, aber vermutlich von John Mohr entworfen worden.
In Miami erklärte der Spezialagent Whittaker, Edgars Tod sei »wie der Verlust eines Vaters«.
Der aus dem FBI-Dienst ausgeschiedene Cartha DeLoach sagte der Presse, daß Edgar »ein bedeutender Amerikaner, ein mitfühlender Mensch von unerschütterlicher Loyalität und Hingabe« gewesen sei. Insgeheim hatte DeLoach Vorbehalte. »Ich respektierte ihn«, erinnerte er sich, »aber ich habe ihn nie als einen wirklichen Freund betrachtet.«
»Für mich«, sagte Mark Felt, »war es kein persönlicher Verlust. Ich habe niemals irgendwelche Gefühle gegenüber ihm empfunden. Meine Gedanken kreisten an jenem Tag vor allem um die Probleme, die durch seinen Tod entstanden waren.«
In den FBI-Dienststellen im ganzen Land war nur wenig Trauer zu spüren. In Kalifornien fand der Agent Cyril Payne auf einer Abschiedsparty eines Kollegen nicht die gedrückte Stimmung vor, die er eigentlich erwartet hatte. »Ich konnte meinen Augen nicht trauen«, erinnerte er sich. »Der Raum war voller Leute! Alle älteren Beamten waren da. Wenn ein Fremder in den Raum spaziert wäre, hätte er angenommen, es handele sich um die Weihnachtsfeier der Dienststelle! Statt der trauernden Versammlung, die ich mir vorgestellt hatte, wurde der Lunch zu einer fröhlichen Feier. Man hatte den Eindruck, daß die große Mehrzahl der Agenten vor allem erleichtert war ...«
Ein anderer Agent machte die spöttische Bemerkung: »Es war völlig richtig, daß der Direktor im Schlaf verschieden ist. Das war die Art, wie das FBI in der letzten Zeit geführt wurde.«
Seit Jahren hatte ein Witz im FBI die Runde gemacht: Über den Tag, als Clyde Edgar mitgeteilt hatte, wieviel die Begräbnisparzellen für sie beide kosten würden. »Ich bin nicht bereit, soviel für eine Friedhofsparzelle zu bezahlen«, schrie Edgar. »Ich werde Dir sagen, was Du tun

wirst. Geh und kauf Dir Deine eigene Parzelle und miete mir eine Gruft für drei Tage. Ich werde nur drei Tage dort sein.«
Nach dem Tod Edgars erinnerte sich der Mafiaexperte des FBI, Neil Welch, an diese Anekdote. »Die letzte Auferstehung ist irgendwann früher gewesen«, sagte er 1988 trocken. »Ich wollte sehen, ob sich die Geschichte wiederholt. Also kam eine Gruppe von uns in Detroit zusammen und flog nach Washington, nicht wegen eines Gefühls der tiefen Trauer oder etwas ähnlichem, sondern nur aus Neugierde, um die Umwandlung mitzuerleben. Ich wollte sehen, welche Machenschaften in diesem Tempel dort mit ihm vor sich gingen ...«
In New York entdeckten drei Gangster von der Gambino-Familie auf den Aqueduct Racetracks die Nachricht seines Todes in einer Zeitung. »Ihr wißt, was ich davon halte«, sagte der älteste der Gruppe achselzuckend. »Absolut nichts. Dieser Bursche war ohne jede Bedeutung für uns.«
Auf den von Edgar besuchten Rennbahnen war die Situation anders. Der Tisch in Pimlico, an dem er üblicherweise gesessen hatte, war schwarz ausgelegt. In Bowie war sein Tisch mit einer Namenskarte versehen. Edgars Mittagstisch im ›Mayflower‹, wo er noch am Vortage gegessen hatte, war in den Farben der Nationalflagge geschmückt worden.
»Der Schock über den Tod unseres Bruders Hoover«, sagte ein Sprecher der Freimaurer in Washington, »war weit über die Grenzen unserer großen Nation hinaus zu spüren ... Als Bruder Hoover starb, fiel ein Gigant und die Götter weinten.«

Die Angestellten des Beerdigungsinstituts Gawler an der Wisconsin Avenue, die sich um die Bestattung Edgars kümmerten, waren an den Tod berühmter Menschen gewöhnt. Die Firma hatte sich der sterblichen Überreste vieler Freunde und Feinde Edgars angenommen wie Joseph McCarthy und Dwight Eisenhower, John Kennedy und Estes Kefauver – eine lange Liste prominenter Amerikaner. Dennoch hatte sie die halbe Stunde, die sie in Edgars Haus verbracht hatten, erschüttert.
»Das Haus war wie ein Museum«, erinnerte sich der Angestellte William Reburn, »wie eine geheiligte Stätte, die ein Mensch für sich selbst geschaffen hatte. Er muß sehr von sich überzeugt gewesen sein. Das Bild von ihm am Treppenabsatz war fast wie das Bild von Napoleon mit der Hand in der Uniformjacke.« Ein Kollege, John van Hoesen, erinnerte sich an die Skulpturen: »Büsten, wie Büsten von Cäsar im alten Rom, aber sie waren von J. Edgar Hoover.«
Es bereitete einige Mühe, Edgars schweren Körper nach unten und aus einem Seiteneingang in eine alte Limousine zu schaffen. Bei Gawler wurde der Körper einbalsamiert, bekleidet mit Anzug und Krawatte,

die von Clyde ausgesucht worden war, und in einen 3.000 Dollar teuren Sarg gelegt.

»Er sah sehr gut aus«, berichtete Edgars Nichte Margaret Fennell, »aber er wirkte kleiner als ich ihn in Erinnerung hatte. Ich vermute, daß der Tod die Menschen kleiner erscheinen läßt.« Zum erstenmal seit vielen Jahren mußte Edgar auf seine verschiedenen Hilfsmittel wie die Schuhe mit dicker Sohle verzichten, die er benutzt hatte, um größer zu wirken, als er tatsächlich war.

»Meine ehemaligen Kollegen«, erzählte DeLoach, »konnten es nicht ertragen, mitansehen zu müssen, wie der Tod aus ihm einen ganz gewöhnlichen Menschen gemacht hatte. Miss Gandy sprach mit Mr. Tolson und mit John Mohr und sie kamen überein, den Sarg zu schließen.«

Als Präsident Nixon für ihn ein Staatsbegräbnis anordnete, mußten Mohr und Mrs. Gandy ihre Pläne für eine stille freimaurerische Zeremonie im engsten Kreise aufgeben, die auch Edgar sich gewünscht hatte. Am nächsten Morgen brachte ein Leichenwagen im strömenden Regen die sterblichen Überreste in die Rotunda des Kapitols. Das gesamte Oberste Gericht, das Kabinett und Mitglieder des Kongresses waren versammelt. Eingehüllt in die Flagge lag der Sarg auf dem Katafalk Lincolns: Eine Ehre, die zuvor nur 21 Menschen erwiesen worden war. Edgar war der erste zivile Beamte, der auf diese Weise geehrt wurde, und 25 000 Menschen strömten zum Kapitol, um ihm die letzte Ehre zu erweisen.[1]

Es war Nixon, der am nächsten Tag bei den Begräbnisfeierlichkeiten in der Nationalen Presbyterianer-Kirche die Trauerrede hielt.

»Amerika«, sagte er feierlich, »hat diesen Mann verehrt, nicht nur als den Direktor einer Institution, sondern als eine Institution kraft seiner eigenen Person. Fast ein halbes Jahrhundert, fast ein Viertel der gesamten Geschichte dieses Landes, hat J. Edgar Hoover einen großen Einfluß auf das Gute im Leben unserer Nation ausgeübt. Während acht Präsidenten kamen und gingen, während andere Vertreter unserer moralischen Grundvorstellungen, Sitten und Einstellungen emporstiegen und wieder fielen, blieb der FBI-Direktor auf seinem Posten ... Jeder von uns steht für immer in seiner Schuld ... Sein Tod vergrößert nur den Respekt und die Bewunderung, die für ihn überall in diesem Land und in jedem anderen Land empfunden wird, wo sich die Menschen der Idee der Freiheit verpflichtet fühlen.«

Die Watergate-Bänder belegten, daß Nixon zehn Monate später, am Höhepunkt der Krise, die schließlich zu seinem Sturz führen sollte, mit John Dean über Edgar sprach.

Dean: »Nun, die andere Angelegenheit ist, ... jeder muß wissen, daß

wir die politisch Verantwortlichen sind, nicht sie – daß Hoover über jeden Vorwurf erhaben war ...«
Nixon: »Scheiße! Scheiße!«
Dean: »Totale Scheiße. Die einzige Person, die Hoovers Ansehen zerstören könnte und es auch tun würde, wäre dieser Bursche Bill Sullivan ... Er ist dabei, einige Leute vom FBI und einen ehemaligen Präsidenten erheblich zu belasten.«
Nixon: »Gut ...«

Polizisten aus dem ganzen Land säumten den Weg zum Congressional Cemetery, wo schon Edgars Eltern begraben worden waren. Clyde hatte erklärt, daß es der letzte Wille seines Freundes gewesen war, lieber dort als in Arlington zu liegen, wie es Nixon vorgeschlagen hatte. Der Leichenzug bestand jetzt nur noch aus zehn Limousinen, in denen Clyde, der Kongreßabgeordnete John Rooney, einige Mitarbeiter und die wenigen Verwandten, Neffen und Nichten mit ihren Kindern, saßen.
Der Friedhof, einer der ältesten in Washington, war zu dieser Zeit etwas verwahrlost – ein ungewöhnlicher Platz für den letzten Bestimmungsort eines Mannes von Edgars Format. Die Limousinen bahnten sich langsam ihren Weg zwischen den schmalen Torpfosten hindurch und die Trauernden versammelten sich für die abschließende Zeremonie. Clyde wurde in einem Rollstuhl zu der Grabstätte gefahren. »Ich war schockiert«, sagte Edgars Neffe Fred Robinette. »Er machte den Eindruck, als wisse er nicht, wo er sich befand. Er hatte diesen geistesabwesenden Blick.«
Da keine Witwe vorhanden war, war es Clyde, der die Fahne vom Sarg entgegennahm. Dann war es vorbei. Wenige Minuten, nachdem die Trauergäste den Friedhof verlassen hatten, stahlen Kinder aus der Nachbarschaft die Blumen vom Grab.
Clyde wurde nun zu einem regelrechten Einsiedler. Er weigerte sich, mit dem amtierenden FBI-Direktor Gray am Telefon zu sprechen, der ihm sein Beileid aussprechen wollte, und setzte nie wieder einen Fuß in sein Büro. Sein Rücktrittsgesuch, für das er gesundheitliche Gründe anführte, wurde von einem anderen FBI-Beamten aufgesetzt und seine Unterschrift wurde von einer Sekretärin gefälscht. Clyde zog in Edgars Haus und blieb dort für den Rest seines Lebens.
Er erhielt den größten Teil von Edgars Vermögen, das offiziell einen Wert von einer halben Million Dollar hatte, was heute etwa 1,5 Millionen Dollar entspräche, obwohl die Ermittlungsbeamten des Justizministeriums später vermuteten, daß sein wirkliches Vermögen auf geheimen Investmentkonten verborgen war. Clyde begann bald, die unzähligen kostbaren Gegenstände zu veräußern, die sein Freund über viele Jahre lang zusammengetragen hatte. Sie wurden in der Sloan Auction Galerie versteigert, wobei der Name des Verkäufers mit dem

Decknamen »JET« – für »J. Edgar« und »Tolson« verschleiert wurde. In seinem Testament hatte Edgar das Wohlergehen seiner beiden Cairn-Terrier in die Hände von Clyde gelegt. Doch Clyde ließ sie wenig später einschläfern. Er versank in Apathie und verbrachte seine Tage damit, Candy zu kauen – eine langjährige Schwäche von ihm – und fernzusehen.

In der ihm noch verbleibenden Zeit ließ sich Clyde nur noch einmal zu einer erwähnenswerten Handlung bewegen, als William Sullivan 1973 in der Öffentlichkeit von der Übergabe der Abhörprotokolle ans Weiße Haus berichtete. Die Regierung, erklärte Sullivan, hatte befürchtet, daß Edgar Zuflucht zur Erpressung nehmen würde, um seinen Posten zu behalten – nicht zuletzt auch deswegen »weil er in den letzten Jahren nicht mehr zurechnungsfähig gewesen sei«.

Dies bewegte Clyde dazu, einen Protestbrief an *The Washington Post* zu schreiben, in dem er Sullivan als »einen verärgerten ehemaligen Angestellten« abqualifizierte. Etwa einen Monat später, als die Ermittlungsbeamten Clyde zum Watergate-Skandal befragten, äußerten sie ihre Zweifel an seiner eigenen »geistigen Verfassung«.

Clyde war zu einem bemitleidenswerten einsamen Mann geworden, der nur noch von freundlichen Nachbarn besucht wurde. Zu ihnen gehörte Betty Nelson, die ihn 1975 am Valentinstag aufsuchte, ihm Schokoladenriegel brachte und einen Kuß gab. Anfang April wurde Clyde ins Krankenhaus eingeliefert und starb dort einige Tage später an Herzversagen.

Der neue FBI-Direktor Clarence Kelley sagte, daß Clydes Tod »eine große Lücke hinterlasse«. Die Wahrheit war, daß er im Grunde vergessen war. Es heißt, daß er in seinen letzten drei Jahren das Haus nur noch verlassen hatte, um Edgars Grab auf dem Congressional Cemetery aufzusuchen. Nun lag auch Clyde dort, nur wenige Meter von dem Mann entfernt, den er geliebt hatte. Die Angestellten des Friedhofs sagten aus, daß beide darum gebeten hatten, nahe dem anderen begraben zu werden.

Präsident Nixon hatte am Morgen von Edgars Tod Zynismus demonstriert, als bei seinen Überlegungen, wer ihn ersetzen könnte, seine erste Wahl auf Clyde fiel – nicht trotz, sondern weil er praktisch ein Invalide war. »Tolsons schlechter gesundheitlicher Zustand«, sagte der Präsident zu H. R. Haldeman, »kann von Vorteil sein.« Dieser Gedanke wurde sogar ordnungsgemäß protokolliert. Nixon wollte die Kontrolle über das FBI, die ihm Edgar verweigert hatte, und ein kranker Mann schien genau der richtige Kandidat zu sein.

»Wir haben die damit verbundene Macht in den ersten vier Jahren nicht genutzt«, bemerkte der Präsident zu seinem Mitarbeiter John Dean. »Wir haben das FBI nicht genutzt, und wir haben das Justizministerium nicht genutzt, aber dies wird sich jetzt ändern ...«

Erst als Clyde den Posten des Direktors abgelehnt hatte, hatte Nixon entschieden, L. Patrick Gray zum kommissarischen FBI-Direktor im Wahljahr zu ernennen, gegen dessen Berufung es kaum Einwände gab. Gray war ein ehemaliger Angehöriger der US-Navy, dessen Karriere mit der Parole »Aye, aye, Sir« beschrieben werden könnte, wie unfreundliche Kritiker über ihn sagten. Von jetzt an sollte für eine gewisse Zeit der »Sir« Nixon selbst sein – und dem Präsident gefiel dies.

Edgar hatte seinen Machtbereich geführt, als könne er ewig leben und das Durcheinander, das er zurückließ, sollte noch jahrelang bleiben, nicht zuletzt durch das Chaos nach den Vorgängen um Watergate. Dennoch wurde das FBI Schritt für Schritt, zunächst unter Gray, dann unter der Führung des FBI-Veteranen und ehemaligen Polizeichefs Clarence Kelley und vor allem während der neunjährigen Leitung durch William Webster in die moderne Welt integriert. Frauen wurden als Agenten zugelassen und die FBI-Angehörigen im ganzen Land wurden von den törichten Regeln und Bestimmungen befreit, die Edgar ihnen auferlegt hatte. Die FBI-Beamten mußten nicht länger in der ständigen Angst vor willkürlichen Bestrafungen leben. Die älteren höheren Beamten, die Edgar um sich versammelt hatte, wurden nach und nach abgelöst oder verließen die Bundespolizei auf eigenen Wunsch. Und es hat den Anschein, daß seitdem die schlimmsten Übergriffe des FBI gegen den Kongreß und gewöhnliche Bürger aufgedeckt und ausgemerzt worden sind.

»Die Bedeutung von J. Edgar Hoover«, schrieb sein langjähriger Mitarbeiter Louis Nichols Ende 1972 zuversichtlich, »wird erst im Laufe der Zeit richtig erkannt werden«. Um diese Hoffnung zu erfüllen, widmeten sich treue Anhänger der Aufgabe, das Ansehen Edgars zu bewahren. Sie setzten ihren Einfluß ein, um im Kongreß ein Gesetz durchzusetzen, um Gedenkmünzen, Porträts und Skulpturen von Edgar in Auftrag zu geben. Edgars FBI-Abzeichen mit der Nr. 1 wurde der Smithsonian Institution (Institut zur Förderung der Wissenschaften in Washington) übergeben. Seine Waffe, ein 32er Colt Pocket Positive wurde sorgsam aufbewahrt. Die treuen Anhänger Edgars aus dem FBI, Angehörige der alten Garde, machten alljährlich eine Pilgerfahrt zu seiner Grabstätte. Doch ihre Zahl nahm bald ab. Edgars Grab war ungepflegt und wurde im Laufe der Zeit von Reben und Unkraut überwuchert.[2]

Noch 20 Jahre nach seinem Tod sorgt der Name J. Edgar Hoover für Kontroversen. Die Amerikaner sehnen sich entweder nach den Werten, die er zu verkörpern schien, oder sie fragen sich, wie es möglich war, daß seine Rechtsverletzungen solange toleriert wurden. Um dieses Phänomen besser verstehen zu können, muß man die Frage stellen, welche Motive Edgars Leben bestimmten, wie es dazu kam, daß er in

einer derart eingeengten geistigen Welt lebte – eine Welt, in die er mit einigem Erfolg auch seine Landsleute einsperren wollte.
Die umfangreiche Bibliothek, die Edgar hinterlassen hat und die nun in der FBI-Akademie verwahrt wird, gibt kaum Antwort darauf. Sie besteht vorwiegend aus zahlreichen Büchern über den Kommunismus, einer Reihe von Büchern über Religion, Gesundheit und einigen Krimis. Es gibt keinerlei Hinweis, daß Edgar eine spezifische philosophische Grundanschauung gehabt hat oder daß er sein Leben nach einem bestimmten Plan führte.
Aber alle bedeutenden Psychologen und Psychiater, die gebeten wurden, die in diesem Buch enthaltenen Informationen zu studieren, erkennen übereinstimmend ein eindeutiges Muster in Edgars Charakter, das sich bereits in der Kindheit zu formen begann und bei dem erwachsenen Mann zu ernsthaften mentalen Störungen führte.[3] Als Edgar 12 Jahre alt war, starb seine kleine Schwester. Von da an wurde Edgar von seiner Mutter wie ein Augapfel gehütet.
Annie Hoover betrachtete sich selbst als »eine Dame« und sie erhob Anspruch auf einen gewissen sozialen Status. Wenn sie jemals Hoffnungen gehegt hatte, daß ihr Ehemann Karriere machen und seine Herkunft hinter sich lassen könnte, waren sie zum Zeitpunkt von Edgars Geburt hinfällig geworden. Sie schwanden völlig, als Dickerson ernsthaft geistig erkrankte. Statt dessen setzte Annie große Erwartungen auf Edgar, die vielleicht zu groß waren.
Edgar versäumte ein entscheidendes Stadium in der normalen Entwicklung eines Kindes: das Ende der totalen Abhängigkeit von der Mutter, eine wachsende Beziehung zu einem ihm beistehenden Vater und die Entdeckung seines eigenen Selbst als eine unabhängige Persönlichkeit. Anstatt eine Reihe von moralischen Werten für sich selbst zu entwickeln, prägten ihn vor allem die unvernünftigen Verhaltensregeln seiner Kindheit. Unter dem Einfluß seiner dominierenden Mutter entwickelte er die Überzeugung, daß nur größere Leistungen ihn »gut« machen würden. Durch seine Kindheit neigte er zu lebenslanger Unsicherheit und einem Mangel an Selbstachtung.
Studien lassen heute vermuten, daß derart besonders verletzbare Menschen mit einem solchen Hintergrund dazu neigen, sich in ihren Gefühlsäußerungen zu verschließen und von wichtigen Beziehungen fernzuhalten. Ihre Lebensanschauung basiert auf dem Glauben, daß das Gute sich nur in ihnen manifestiert und das Schlechte von jedem und allem repräsentiert wird, das im Widerspruch zu ihrer Geisteshaltung zu stehen scheint. Oft werden solche Menschen von Gruppen oder Organisationen angezogen, die ihre eigene beschränkte Weltanschauung widerspiegeln. Sie umgeben sich mit Gefährten, die sie in der Vorstellung bestärken, daß sie stets mit allem recht haben. Diese Faktoren sind typisch für einen Zustand, den die Psychologen als Para-

noia bezeichnen. Edgar entsprach diesem Muster. Die Erwartungen seiner Mutter in ihn erklären seinen Zwang, nicht nur gut, sondern perfekt zu handeln. Edgars frühe Besessenheit, »Buch zu führen«, seine extrem große Niedergeschlagenheit, als es dem Kadettenkorps der Schule nicht gelang, einen Preis zu gewinnen, sein Beharren auf Sauberkeit und Ordnung und seine neurotische Angst vor Bakterien sind für diesen Persönlichkeitstyp charakteristisch.

Schon von früh an, wenn ein gesunder Jugendlicher sich offen und wißbegierig zeigt, vertrat Edgar starre, reaktionäre Auffassungen. Schon damals hatte er die Schnellfeuer-Sprechweise, für die der erwachsene Mann berühmt werden sollte. Er redete lieber selber anstatt zuzuhören. Dies ist eine Abwehrhaltung gegen ständige Angriffe, das Ersticken potentieller Einwände, indem man dem Gegenüber keine Gelegenheit zum Reden einräumt. Im FBI fand Edgar als paranoide Persönlichkeit ideale Bedingungen vor. Er traf nicht nur auf eine in hohem Maße disziplinierte Gruppe, sondern auch auf eine Gemeinschaft, die er nach seinen Vorstellungen formen und für den Rest seines Lebens kontrollieren konnte.

»Es besteht kein Zweifel«, meinte der Psychiater Dr. Harold Lief, der emeritierte Professor für Psychiatrie an der Universität von Pennsylvania, »daß bei Hoover eine Persönlichkeitsstörung, eine narzißtische Störung mit verschiedenen Zwangsvorstellungen vorlag. Ich erwähne in diesem Zusammenhang einige paranoide Merkmale: extremes Mißtrauen und ein Gutteil Sadismus. Eine Kombination von Narzißmus und Paranoia führt zu einem Zustand, der als autoritäre Persönlichkeit bezeichnet werden kann. Hoover hätte einen perfekten Nazi auf höherer Ebene abgegeben.«

Dr. Lief, der zu dieser Schlußfolgerung spontan und nur aufgrund der Informationen dieses Buches gelangte, war von den Parallelen zum Reichsführer der SS, Heinrich Himmler, im nationalsozialistischen Deutschland überrascht. Lief betonte, daß Himmler wie Edgar einen schwachen Vater hatte und in hohem Maße von seiner Mutter abhängig war. Auch er führte bereits in einem ungewöhnlich frühen Alter genaue Aufzeichnungen und Tagebücher. Er war unter den Besten in der Schule, aber körperlich zu schwach für den Sport. In der Universität trat er einer studentischen Verbindung bei und hatte von früh an starre rechtsgerichtete Ideen. Obwohl er als Offiziersanwärter großen Eifer zeigte, versuchte er dem Militärdienst zu entgehen. Er war ein Plappermaul, das alle Gespräche an sich riß, extrem streng zu seinen Untergebenen und sehr unterwürfig gegenüber Vorgesetzten. Bei jeder sich ihm bietenden Gelegenheit denunzierte er andere. Er distanzierte sich von Frauen, während er andererseits ein krankhaftes Interesse am »unmoralischen« Verhalten anderer zeigte.

Der Psychologe Erich Fromm gelangte zu der Schlußfolgerung, daß

Heinrich Himmler eine typische, sadistische autoritäre Persönlichkeit gewesen sei.

»Es gibt Tausende Himmlers, die unter uns leben«, schrieb er. »Man darf die Zahl der Menschen nicht unterschätzen, denen sie Schaden zufügen und die sie zutiefst unglücklich machen. Der potentielle Himmler sieht wie jedermann aus, außer für jene, die gelernt haben, den Charakter eines Menschen zu deuten, und die nicht auf die Umstände warten müssen, die es dem ›Monster‹ gestatten, sein wahres Gesicht zu zeigen.«

Aber es ist das soziale System, in dem ein Mensch lebt, welches die Konsequenzen seines autoritären Handelns bestimmt. Glücklicherweise lebte Edgar mit seiner verkrüppelten Psyche in einer Gesellschaft, die sich doch sehr von jener im nationalsozialistischen Deutschland unterschied. Obwohl er unzählige Menschen verfolgte, gab es Grenzen, die er nicht überschreiten konnte. Doch im medizinischen Sinne war er ständig in Gefahr.

»Wäre Hoover erfolglos gewesen oder wäre die Welt, die er für sich selbst geschaffen hatte, zusammengebrochen«, sagte Dr. Lief, »wäre es furchtbar für ihn gewesen. Sicherlich hätte er in diesem Falle medizinische Behandlung benötigt. So wie die Umstände waren, konnte er seine Persönlichkeit erfolgreich zur Geltung bringen. Er gewann gewaltige Macht und es gelang ihm, sich, viele, viele Jahre innerhalb des Systems zu behaupten. Er war, so könnte man sagen, ein erfolgreicher Narziß und Soziopath.«

Ein Soziopath ist ein Mensch, dem es wegen einer geistigen Erkrankung an dem Gespür für gesellschaftliche oder moralische Verantwortlichkeit mangelt. Ein halbes Jahrhundert verfolgte Edgar seinen Kurs als Leiter des FBI, indem er sich als das genaue Gegenteil präsentierte.

Edgars sexuelle Einstellung ist für die Psychologen nicht überraschend.

»Sein Grundproblem«, erklärte Dr. Lief, »scheint für mich darin zu bestehen, daß er von Frauen sowohl angezogen als auch abgestoßen wurde. Weil er sinnliche Begierde und Liebe voneinander trennte, idealisierte er Mutterfiguren und begehrte die erniedrigte Frau, was auch sein angebliches Interesse an Pornografie erklären würde. Wenn ich nichts von seinen angeblichen homosexuellen Neigungen gewußt hätte, wäre meine Vermutung gewesen, daß seine erste sexuelle Ausprägung der Transvestismus war, und es hat sich ja in der Tat herausgestellt, daß dies ein Teil von Edgars Leben war.«

Für Edgar könnte der Transvestismus eine Form der Befreiung gewesen sein. Doch wie seine Homosexualität führte sie sicherlich zu inneren Qualen. Studien über Transvestismus berichten stets über erhebliche emotionale Spannungen. Viele Transvestiten wählen den Freitod und fast alle leben in der ständigen Angst vor der Bloßstellung. Es ist gewiß kein Zufall, daß der früheste Bericht über Edgars Tragen von Frauenkleidern aus der Nachkriegszeit stammt, als ihn die Sorgen über seine Sexualität dazu trieben, einen Psychiater zu konsultieren.

Edgars Puritanismus scheint die scheinheilige Haltung eines Mannes gewesen zu sein, der in der Öffentlichkeit stand und damit seine privaten Schwächen kompensieren wollte. 1957, ein Jahr vor den Vorfällen im New Yorker ›Plaza‹-Hotel, als Edgar Frauenkleider anzog und wobei es auch zu sexuellen Aktivitäten mit jungen Männern kam, hatte Edgar einen Aufruf zur Bekämpfung der Pornografie gestartet. »Wenn wir jetzt handeln«, erklärte er, »können wir eine neue Generation junger Menschen mit sauberen Gedanken und sauberen Körpern schaffen, die in einem besseren, sauberen Amerika leben«.

Der Professor für medizinische Psychologie an der John Hopkins-Universität, Dr. John Money, meint, daß Edgars sexuelle Konflikte zu einem vertrauten Bild passen, das sich oft bei Polizisten zeigt. »Man findet diese Konstellation bei Polizeibeamten, die im Sittendezernat arbeiten. Sie lungern in Männertoiletten herum, eigentlich aus dem Grunde, um andere Männer dingfest zu machen, aber sie sorgen dafür, daß sie zuerst bedient werden. Sie wirken wie Ritter in glänzenden Rüstungen, aber sie sind Undercover-Agenten sowohl durch ihren Beruf als auch aus psychologischen Gründen.«

»Hoovers gesamtes Leben«, bemerkte Dr. Money, »bestand darin, Menschen wegen ihrer Sexualität zu verfolgen und zu jagen und aus diesem Grund quälte er sie in vielfältiger Form. Er übernahm die Rolle eines Ausbundes an Tugendhaftigkeit, um das Land moralisch sauber zu halten, doch er verbarg seine eigenen sexuellen Neigungen. Das Schreckliche an ihm war, daß er ständig andere Menschen vernichten mußte, um sich selbst zu behaupten. Viele Menschen dieses Typs brechen zusammen und enden damit, daß sie ärztliche Hilfe benötigen. Hoover gelang es, mit seinem Konflikt zu leben – indem andere den Preis bezahlten.«

Nachdem Dr. Money darauf hingewiesen hatte, daß einige Persönlichkeitstypen heute durch die Namen berühmter Fälle allgemein bekanntgeworden sind – wie beispielsweise Sadismus durch den Marquis de Sade, der Masochismus durch Leopold von Sacher-Masoch und so weiter – schlägt er vor, Edgars Namen in ähnlicher Weise zu verwenden.

»Hoover«, glaubt er, »ist ein Muster, mit dem man jene Menschen beschreiben kann, die sich sexuell abnorm oder pervers verhalten und die andere Menschen opfern, um sich von ihren eigenen verborgenen Wünschen zu befreien. Er hatte das, was ich eine ›bösartige Bisexualität‹ nennen würde, und ich empfehle ganz ernsthaft, diesen Zustand von heute an als das ›J.-Edgar-Hoover-Syndrom‹ zu bezeichnen.«

Am 30. September 1975 spielte ein Musikkorps der US-Navy den dafür eigens komponierten »J. Edgar Hoover-Marsch« im Hof des riesigen Betonkomplexes, dessen Fertigstellung Edgar noch gerne miterlebt hätte und in dem sich heute das FBI-Hauptquartier befindet. Einige Stunden zuvor hatten Arbeiter ein funkelndes Namensschild hoch oben an der Fassade des Gebäudes an der Pennsylvania Avenue angebracht. Dies sollte das »J.-Edgar-Hoover-Gebäude« werden, so hatte es Richard Nixon unmittelbar nach Edgars Tod entschieden.

Das FBI-Hauptquartier wurde von Nixons Nachfolger, Präsident Gerald Ford eingeweiht. In seiner Rede wählte er seine Worte sehr sorgfältig und widmete die meisten seiner lobenden Bemerkungen nicht dem Andenken Edgars, sondern den »Spezialagenten, den seit Jahrzehnten legendären Symbolen für die amerikanische Justiz«. Über Edgar sagte er nur wenig und dies mit einiger Zurückhaltung. Er bezeichnete ihn lediglich als »einen Pionierarbeit leistenden Diener des Staates«.

Ende 1975 war diese Vorsicht nur zu verständlich geworden. Die verwerflichen Missetaten der Hoover-Jahre begannen allmählich durchzusickern. Entsetzte Senatoren und Abgeordnete des Repräsentantenhauses studierten sorgfältig die Dokumente und lauschten den Zeugenaussagen, die Edgars Verletzungen seiner Befugnisse und der Bürgerrechte bestätigten.

Der goldene Name am FBI-Hauptquartier ist mit jedem weiteren Jahr mehr verblaßt, wörtlich und bildlich. »Warum ehrt die Gesellschaft noch immer jemanden wie Hoover?« fragte Professor Lief 1992.

»Natürlich, er hatte seine größten Erfolge in einer Zeit, als der Antikommunismus das einigende Thema im Westen war. Die Gesellschaft scheint immer einen Teufel zu benötigen und der Kommunismus war der Teufel in diesem Jahrhundert – obwohl unter anderen Umständen dies genausogut der Jude oder irgendein anderer ›Dämon‹ hätte sein können. Hoover widmete sich in erster Linie dem Kampf gegen den Kommunismus, daher glaube ich, daß er deswegen verehrt wurde, weil er gegen den Teufel zu kämpfen schien.

Die amerikanische Gesellschaft hat eine seltsam zwiespältige Haltung gegenüber ihren Helden. Auf der einen Seite genießen es die Menschen, wenn sie entdecken, daß ihr Idol einen Klumpfuß hat, wenn sie die Fehler bei dem berühmten Menschen finden. Andererseits scheinen Tausende und Abertausende von Menschen das Bedürfnis zu haben, sich mit einem Helden zu identifizieren, um ihr Gefühl von sich selbst zu stärken, indem sie an jemanden glauben, der klüger und mächtiger als sie selbst ist. Und es widerstrebt ihnen sehr, den Helden von seinem Sockel zu stoßen, selbst wenn sie entdecken, daß er nicht das gewesen ist, was er vorgab zu sein. Dies ist ein merkwürdiger und zuweilen gefährlicher Widerspruch in unserer Gesellschaft.«

»Überall in der Welt«, bemerkte 1990 der Kolumnist Richard Cohen von der *Washington Post*, »wenn sich die Herrschaftsverhältnisse ändern, ändern sich auch die Namen. Aus Danzig wurde Gdansk. Die Moldau wurde zur Vltava. Überall in Osteuropa wurden die Standbilder von Lenin entfernt und in der Sowjetunion wurde Stalingrad in Wolgograd umbenannt. Dies sind alles politische Erklärungen. Sie bedeuten: ›Es gibt einen neuen Weg zu handeln.‹ Aber ein FBI-Agent, der in dieses Gebäude geht, blickt hinauf und sieht J. Edgar Hoovers Namen. Was soll er daraus lernen – daß Wirksamkeit und bürokratischer Erfolg den Mißbrauch der Amtsbefugnisse rechtfertigen?«

Es genügt nicht, daß Edgar eine effiziente Bundesbehörde zur Vollstreckung der Gesetze geschaffen hat, um ihn seit einem halben Jahrhundert zu einem amerikanischen Helden zu machen. Eine andere, ausgeglichenere Person, mit mehr Respekt für die Bürgerrechte hätte ebensogut das FBI aufbauen können. Den wahren Edgar zu akzeptieren war genauso gefährlich wie einen Diktator zu akzeptieren, nur weil er dafür sorgte, daß »die Dinge ihren normalen Lauf nahmen«.

Als Edgar noch lebte, hatte ein scharfsinniger Autor bemerkt, er habe »das Reich der Unberührbaren« betreten, »ein entferntes rosarotes Land des Geistes, jenseits der schroffen Klippen der Realität«. Heute ist klargeworden, was unter den schroffen Realitäten zu verstehen ist und es reicht nicht mehr, darüber zu klagen, daß Edgar Amerika getäuscht hat. Die mächtige Stellung von J. Edgar Hoover über so viele Jahre hinweg und in dieser Atmosphäre der geheuchelten Bewunderung konnte nur in einer von Menschen geführten Gesellschaft geschehen, die seinen verborgenen Amtsmißbrauch und seine öffentlichen Heucheleien entschuldigten, während sie ihn ansonsten unterstützten. Edgar hatte viele Komplizen, zu denen auch Präsidenten gehörten – Demokraten wie Republikaner –, die seine Übergriffe duldeten, weil sie ihren eigenen politischen Zielen dienten.

Wenn eine moralische Lehre hieraus gezogen werden kann, dann vielleicht jene, die von dem späteren Vizepräsident Walter Mondale formuliert wurde, als er 1975 an der Untersuchung des Senats über die Aktivitäten der CIA und des FBI beteiligt war.

»Die Lektion, die wir aus dieser Geschichte lernen können«, erklärte er, »lautet, daß wir unsere Freiheit nicht dadurch bewahren können, daß wir uns nur auf die guten Absichten der Männer verlassen, welche die Macht in ihren Händen halten.«

ANMERKUNGEN

ZU PROLOG
1. Abschrift des Weißen Hauses von einem Band, 8.10. und 25.10.1971.

ZU KAPITEL 1
1. Sullivan diente dem FBI 30 Jahre, von 1941 bis 1971. Er verließ das FBI nach einem Streit mit Hoover, was in einem späteren Kapitel noch detailliert beschrieben wird. Die Unterhaltung mit dem Co-Autor von Sullivans Buch, dem früheren NBC-Journalisten Bill Brown, und Analysen von Abhörbändern sowie Unterhaltungen mit Kongreßermittler Fink, bewiesen, daß Sullivan grundsätzlich die Wahrheit sagte. Seine Kommentare mögen manchmal eigensüchtig sein, aber die Anschuldigungen gegen Hoover stehen mit anderen Informationen in Einklang. Seine Kommentare bleiben eine wichtige Quelle für jede Studie über Hoovers Person. Sullivan wurde 1977 offensichtlich bei einem Jagdunfall erschossen, kurz bevor er einen bereits terminlich festgelegten Auftritt vor einem parlamentarischen Ermittlungsausschuß über das Attentat auf Präsident Kennedy hatte. (*The Bureau* von William Sullivan, N.Y., Norton, 1979, interne Abschrift durch DES-Ermittler Robert Fink, 2. Mai 1976; Feststellung von Arthur Schlesinger int. 26. Juli 1976, ints. Ann Barniker, Charles Bates, Bill Brown, Fred Clancy, Mark Felt, Robert Fink, Richard Helms, Harold Leinbaugh, John McGrail, Robert Mardian. 1988, 1990, David Garrow, int. Anmerkung Charles Brennan.)

ZU KAPITEL 3
1. Rauh ist Mitbegründer der Bewegung der Amerikaner für demokratische Aktion.
2. Hoover war niemals laut dem Washington D.C. Board of Election für Wahlen eingetragen. Bewohner von D.C. konnten bis 1956 überhaupt nicht wählen, erst von 1964 an wurden sie zur Präsidentenwahl zugelassen und zur Wahl von Parlamentsdelegierten, die selbst nicht wahlberechtigt waren. Anm. des Übers.: Vergleichbar mit unseren

früheren Berliner Abgeordneten, die bis zur Wiedervereinigung zwar Abgeordnete im Bundestag sein konnten, aber ohne Wahlberechtigung.

ZU KAPITEL 4

1. Herbert Hoover war nicht mit J. Edgar Hoover verwandt.
2. Während diese Erneuerung im allgemeinen Hoover zugeschrieben wurde, bestand sein Vorgänger Bruce Bielaski darauf, daß sie ein Teil des Programms sei, das er Jahre zuvor schon aufgestellt habe. (1958 int. von Bielaski, weiterberichtet vom Autor durch Wm. Dufty, 1992.)
3. Die beste Zusammenfassung von Hoovers komplexem Aktensystem ist in *From the Secret Files of J. Edgar Hoover*, herausgegeben von Athan Theoharis, Chicago, Ivan Dee. 1991.

ZU KAPITEL 5

1. Außer Amos scheint es, daß noch drei andere Schwarze als echte Agenten gearbeitet haben. Selbst das ist nicht sicher. Sie dienten in New York und Chicago und könnten auch als Chauffeure verwendet worden sein, wenn Hoover in der Stadt war.
2. Diese angebliche Überwachung von Farley unterscheidet sich deutlich von einer späteren Operation Roosevelts, die er im Jahr 1940 aus politischen Gründen anordnete. Im Jahr 1933 war die Verbindung zwischen Roosevelt und Edgar noch herzlich.

ZU KAPITEL 6

1. Dr. Rubye Johnson, außerordentlicher Professor für Sozialarbeit an der Universität Tulane meinte, daß Hoover Bemerkungen über Frauen und die Kriminalität von der Idee ableitete, daß Frauen das wesenhaft Böse seien, eine Vorstellung, die um 1900 kursierte. Diese Behauptung ist seitdem lange widerlegt worden, nicht zuletzt durch FBI-Statistiken. Die »Rothaarigen-These« ist lächerlich. (Int. Dr. Rubye Johnson, 1992.)
2. Man muß annehmen, daß drei Agenten gefeuert haben, Charles Winstead, Clarence Hurt und vielleicht auch Purvis. Winsteads Schüsse sollen Dillinger getötet haben. (FBI HQ 67-3900, et als.)

ZU KAPITEL 7

1. Die Frau mit dem Spielzeug-Revolver ist fälschlicherweise als Cobina Wright identifiziert worden. Interviews mit Wright und Stuart ergaben, daß dies ein Irrtum war. Stuart hatte Originalabzüge der Foto-

grafie, die er von ›Stork Club‹-Fotografen erhalten hatte. Das Bild war Sylvester 1936 aufgenommen worden, nicht 1935.

ZU KAPITEL 8

1. Kürzliche Beispiele ähnlichen Verhaltens homosexueller Amtsinhaber, eingeschlossen Präsident Reagans Berater Terry Dolan und Republikaner Robert Baumann. (*WP* 11. Mai 1987, Rechtsanwalt, 15. April 1982, *NYT*, 4. Oktober 1980, *Playboy*, August 1990.)

ZU KAPITEL 9

1. Der einzige, ernstliche Versuch zwischen 1937 und den sechziger Jahren, unabhängig über Hoover zu berichten, bestand in einer Serie der *New York Post* im Herbst 1959. Die Autoren William Dufty und David Gelman erinnern sich der spürbaren Furcht, die ihnen entgegenschlug und der Gegenmaßnahmen, die von Hoover ergriffen wurden. Die Serie wurde, noch ehe sie geschrieben war, beim Kongreß und durch den Nationalen Fabrikantenverband gebrandmarkt. Hoover erzählte Joseph Eckhouse, einem Top-Angestellten der Firma Gimbels (und insofern ein lebenswichtiger Anzeigenkunde für die *Post*), daß die Ehefrau des *Post*-Herausgebers, James Wechsler, wegen Zugehörigkeit zu der kommunistischen Partei von einer früheren Arbeitsstelle gefeuert worden sei (was nicht der Wahrheit entsprach), ordnete auch das Abhören von Wechslers Washingtoner Hotelzimmer an und die Zimmerdurchsuchung eines *Post*-Reporters. (*NYP* 5. - 20. Oktober 1959, von Dorothy Schiff dem Autor erzählt am 30. März 1988 ints. Wm. Dufty, David Gelman, Ed Kosner, Joseph Barry, Carl Pelleck, Nancy Wechsler, Cartha DeLoach, 1988, Sullivan zu Belmont, 1. Dezember 1958, FBI 94-8-173, Hoover an Hoffman, 22. Januar 1960, FBI 94-8-180, Wechsler/H korr., Wechslers Unterlagen, Staatliche Historische Gesellschaft von Wisconsin, *Time*, 19. Oktober 1959, *NAM News*, 20. Februar 1959, *The FBI Nobody Knows* von Fred Cook, N.Y., Macmillan, 1964, S. 416, Robert Spivack-Akte, FBI 100018954, *NYT*, 22. Juli 1975, int. John Crewdson, 1988, Nicholas an Hoover, 17. Oktober 1957, Private Sammlung.)

ZU KAPITEL 10

1. Harry Vaughan, Präsident Trumans Mitarbeiter, sagte Jahre später unverblümt, daß Corcoran während der ganzen Roosevelt-Ära und Truman-Präsidentschaft abgehört worden sei. Berichte darüber existieren nicht, aber das braucht nicht notwendigerweise zu bedeuten, daß es nicht geschehen ist. (*D*, S. 109. und siehe *B*, S. 1963 ff.)

ZU KAPITEL 11

1. England hatte bis 1943 die USA über das Geheimnis nur teilweise informiert.
2. Einige Wissenschaftler fragen sich, ob Stephenson wirklich Zutritt zu Roosevelt hatte. Die Besucherberichte des Präsidenten geben solche Besuche nicht wieder, aber der Archivar der Roosevelt-Bücherei bemerkt, es hätten oft solche »inoffiziellen« Sitzungen stattgefunden, über die eben nicht berichtet worden sei. Stephensons Sekretärin, Grace Garner, sagte, daß er »mit Gewißheit« den Präsidenten gesehen habe, und zwar wiederholt. Viele dieser Telegramme liefen über sie persönlich. (Raymond Teichmann, FDRL, leitender Bibliotheksarchivar in einem Brief an den Autor vom 16. Juni 1992, int. Garner, 1992.)
3. Eine Kopie dieser offiziellen britischen Geschichte von der Stephenson-Operation tauchte im Jahr 1989 in Kanada auf.
4. Von Auenrode gebrauchte den Namen »von Karsthoff« in jener Zeit. (Popov-Unterlagen.)
5. »Gottlob, den sind wir los«, war eine von Hoovers charakteristischen Redensarten, die er auch schriftlich benutzte, wenn ein Agent, den er nicht leiden konnte, das Amt verließ. (Davidson an Callahan re., Nelson Gibbons, 24. September 1962, FBI 67-528050.)
6. Sir William Stephenson bestätigte vor seinem Tod, daß er über Hoover mit Popov diskutiert habe. (Antwort auf die Frage des Autors, 1988.)
7. Popovs private Papiere zeigen, daß Masterman ihn mit »Mein lieber Popov« anredete, während Popov ihn als »JC« ansprach.
8. Popovs Ghostwriter und sein Sohn Marco sagen, er habe anfangs gezögert, diese Anekdote überhaupt niederzuschreiben, weil es für ihn eine so bittere Erinnerung war.
9. Die Witwen von zwei weiteren britischen Offizieren, die mit Popov arbeiteten, Ewen Montagu und Bill Luke, sagten im Jahr 1990, ihre Ehemänner hätten keine Zweifel gehabt, daß Popov Hoover gesehen habe. Popov selbst diskutierte die Episode mit einem Freund, dem jugoslawischen Autor Branko Bokun, im Jahr 1946. »Er erzählte es mir damals und viele Male danach«, erinnert sich Bokun. »Es gibt manchmal Dinge im Leben, die schockieren so sehr, daß sie dir nie aus der Erinnerung schwinden. Es zeichnete ihn für den Rest seines Lebens.« (Ints. Iris Montagu, Anne Luke und Branko Bokun 1990.) Die Darstellung Popovs wird durch die offiziellen Akten weder bestätigt noch in Zweifel gezogen. Die Briten geben keine Geheimberichte frei. Eine der offiziellen Geschichten des Geheimdienstes während des Krieges, deren Co-Autor der frühere MI-5-Direktor Charles Simkins war, sagt, daß es weder in MI-5- noch in MI-6-Akten einen Hinweis auf Popovs

Unterhaltung mit Jebsen gibt, auch nicht über seine Gegenüberstellung mit Hoover. Es mag bezeichnend erscheinen, daß die offiziellen Darstellungen bestätigen, daß es zwischen Auslands- und Inlandsgeheimdiensten gelegentlich Auseinandersetzungen gab. John Pepper, der für William Stephenson arbeitete und mit Popov in New York ankam, sagte 1990: »Wir haben MI-5 nichts über den Fall erzählt.« MI-5, das Popovs frühe europäische Operationen geleitet hatte, verlor die effektive Kontrolle und den Kontakt, sobald er seine Amerika-Mission begann. Popovs vorübergehender Aufenthalt in den Vereinigten Staaten mag durch die Akten der britischen Sicherheits-Koordination, der Organisation von William Stephenson, abgedeckt worden sein – aber der Inhalt bleibt unbekannt. (*British Intelligence in the Second World War*, Band 5 von Michael Howar, London HMSO, 1990 und *British Intelligence in the Second World War*, Band 4 von F.H. Hinsley und C.A.G. Simkins, London HMSO, 1990 [turf battle] ibid. S. 181, ints. Pepper, 1988, 1990.)

10. Laut japanischen Quellen war der Taranto-Präzedenzfall ein Schlüsselfaktor für die Planung von Pearl Harbor im August 1941, als Popov mit seiner Warnung in den Vereinigten Staaten ankam. Japanische Piloten trainierten hart – nach der Schilderung eines überlebenden Piloten – »weil Torpedobomben normalerweise über einen geschlossenen Hafen hinwegrauschen«. (*And I was There* von Edwin Layton und Roger Pineau und John Costello, N.Y., Morrow, 1985, S. 72, int. Hirata Matsumura. *International Herald Tribune*, 10. Dezember 1991.)

ZU KAPITEL 12

1. Es handelte sich um Vorspiele vor den Football-Spielen am Sonntag und Footballteams – im Gegensatz zu Baseball – wie 1941 erwähnt.
2. Diese Verhaftungen geschahen getrennt von den späteren Internierungen von 110 000 Japanamerikanern und ausländischen Bürgern. Erst 1988 wurde ein spezielles Gesetz verabschiedet, welches absicherte, daß an noch lebende Internierte eine Entschädigung ausbezahlt werden mußte. (*NYT*, 30. Juni 1985, *Washington Post*, 27. Oktober und *New York Times*, 9. November 1989.)
3. Popov und Hoover gerieten wieder aneinander im Jahr 1946. In einem Artikel in *Reader's Digest* gab Hoover eine verdrehte Version des ursprünglichen Popov-Kontaktes wieder, implizierte seine Loyalität Nazi-Deutschland gegenüber und nahm für sich die Entdeckung des deutschen Mikrofilm-Systems in Anspruch. Konfrontiert mit einem aufgebrachten Popov, stimmte Edgar Hoover zu, daß bei einer Neuausgabe des Artikels Änderungen angebracht werden müßten. Die FBI-

Akten berichten von Popovs Besuch im Hauptquartier in jenem Jahr, erwecken jedoch den Eindruck, daß er ausschließlich Mitarbeiter getroffen habe. Doch Popov beharrte darauf, daß er mit Hoover selbst zusammentraf. (*Reader's Digest*, April 1976, *Spy Counterspy*, von Dusko Popov, St. Albans [UK], Panther, 1976, S. 176 ff., Popov zu H., 6. September, H. zu Popov, 11. September, Ladd an Hoover, 11. September 1946, unsignierte Memo, 16. August, SAC an Direktor, 11. August, Kelley an Dunn, 1. Oktober 1973, FBI 65-36994, Popov an Iverson, 10. August 1973, Popov-Unterlagen.)

4. Die vertrauliche Natur von Hoovers Verbindung zu den erwähnten Ketchum-Beamten macht es plausibel, daß er mit ihnen regelmäßig zum Essen ging. Im Licht von all dem, was sonst bekannt geworden ist, kann Ketchums Darstellung nicht übergangen werden. (Ints. Betty Rotwell, Mrs. Edward Tindall, Harold Jinks, Betty Keenan, Mrs. Ernest Stevenson und Robert Donihi, 1990, Joseph Keenan an Hoover, 30. September 1947, Keenan-Unterlagen, Harward Juristische Bibliothek, siehe *P* N.Y., 1987, S. 544n59.)

5. Für seine Dienste im Zweiten Weltkrieg wurde William Stephenson als erster Nichtamerikaner mit der Verdienstmedaille ausgezeichnet. Er wurde auch zum britischen Ritter geschlagen wie William Donovan und später auch Hoover. Wäre Edgar Brite gewesen, hätte er sich von da an Sir J. Edgar Hoover nennen können. Wenig beeindruckt, vielleicht wegen seines geringen Kontaktes mit den Briten während des Krieges, hat Hoover bald darauf die britische Ehrung von der Liste seiner offiziellen Ehrungen gestrichen (*Intrepid's Last Case*, von William Stevenson, N.Y., Ballantine, 1984, S. 172, *A Man Called Intrepid*, von William Stevenson, London, Macmillan, 1976, S. 461, *Washington Times Herald*, 8. März 1946, *London Daily Telegraph* und *Times*, 18. Oktober, *Business Week*, 11. November, Einführung HSF 5, *Time*, 22. Dezember 1947.)

ZU KAPITEL 13

1. Zur ausführlichen Darstellung von Hoovers Rolle in der Welles-Affäre, siehe Kapitel 8.

ZU KAPITEL 14

1. Der Verdacht war zum ersten Mal durch eine Nachricht vom 9. Februar 1945 aufgekommen, die beinhaltete, daß Roosevelts Pläne für Geheimdienste mit Donovan »zu einem Polizeistaat führen würden«. Die Geschichte basierte auf einem Top-Secret-Memo Donovans, das nur für eine Handvoll Beamter, einschließlich Hoover, bestimmt war. Der Korrespondent der *Chicago Tribune* erhielt es, aber Walter Trohan

hat wiederholt geleugnet, daß Hoover seine Quelle gewesen sei und behauptet, daß der Mitarbeiter Roosevelts, Steve Early, es ihm gegeben habe. Early war drei Wochen vor Erscheinen der Geschichte von Washington weg und hätte kaum eine Information durchsickern lassen, die mit Gewißheit seinen Chef in Verlegenheit gesetzt hätte. Trohan wurde in dieser Zeit mit Hoover vertraut, sie sprachen sich gegenseitig mit »Kamerad« an. Von General Donovan wird gesagt, er habe in der Zwischenzeit die verschiedenen Kopien der in Frage kommenden Memos mit winzigen textlichen Abweichungen versehen – und es war dieser Eintrag in Hoovers Kopie, der wiederholt in Trohans Büro auftauchte. (*Donovan und die CIA* von Thomas Troy, Frederick, MD, Universitätspublikation von Amerika, 1981, S. 253 ff., *Chicago Tribune*, 9. Februar 1945, ints. Trohan, 1988, Walter Pforzheimer, Larry Houston, Thomas Powers, 1991 [Early] *FDR* von Ted Morgan, N.Y., Simon & Schuster, 1985, S. 744 [H/Trohan] int. Trohan, 1988, Trohan-Unterlagen, HHL. [Donovan belief] Thomas Troy, op.cit. S. 258 ff., [»marked«], *NYP*, 11. Oktober, int. Wm. Dufty, 1988.)
2. siehe Kapitel 8.

ZU KAPITEL 16

1. Es ist richtig, daß es in den frühen vierziger Jahren kommunistische Spionageunternehmungen gegeben hat und daß Dokumente durch Quellen in Washington aus der Hand gegeben wurden. Die Bentley/Chambers-Zeugenaussagen passen in das Geflecht von Beweisen in den Spionage-Affären Rosenberg und Fuchs. Es gibt immer noch keine letzte Gewißheit darüber, ob White oder Hiss wissentlich darin verwickelt waren.
2. Für die deutliche Darstellung des COINTELPRO siehe Kapitel 32.
3. Bei den Wahlen 1948 wurde Mundt Senator.
4. »Ich habe nie in meinem Leben Poker gespielt«, behauptete Hoover in einer Anmerkung von McGaugheys Darstellung aus dem Jahr 1946, doch andere McGaughey-Anekdoten zeigen, daß er log. Zu seiner Pokerrunde im Kongreß gehörten in den vierziger Jahren die Abgeordneten Michael Herwin, Thomas Martin und Ben Jensen sowie Senator Stiles Bridges. (Hoover-Anmerkungen, 16. Januar 1946, *Offical and Confidential* Akte 51, Cooper-Artikel, N.Y., *Journal*, 3. Dezember 1937, *Infamy, Pearl Harbor and Its Aftermath* von John Toland, N.Y., Berley Books, 1983, S. 342.)
5. Die vier Verurteilten waren Julius und Ethel Rosenberg, Morton Sobell und David Greenglass, alle in Verbindung mit dem Rosenberg-Spionage-Fall. Es ist kein Zweifel, daß die Rosenbergs Atomgeheimnisse preisgegeben haben. Nikita Chruschtschows Memoiren, herausgegeben im Jahr 1990, sprechen von Rosenbergs »signifikanter Hilfe«

in bezug auf das Tempo in der Entwicklung der sowjetischen Atombombe. Hoover war der erste, der die Verfolgung von Ethel durchsetzte, obwohl ihm handfeste Beweise fehlten. Er äußerte die Hoffnung, daß er »dazu beitragen könnte, Julius zusammenbrechen zu lassen«. Das passierte nicht und Hoover wartete ungeduldig und nervös auf den entscheidenden Moment der Hinrichtung des Paares im Jahr 1953. Zu Hause in Virginia gingen, laut der Aussage seines Sohnes, der FBI-Propaganda-Chef Louis Nichols und der Journalist Rex Collier »rund ums Haus und drehten die Lichter ab, damit sie mehr Elektrizität in Sing-Sing hätten, um die Rosenbergs auf dem elektrischen Stuhl hinzurichten. (Ints. Ann Ginger, Direktor, Meiklejohn Institut, und Gene Dennis, Archivar in ILWu San Francisco, 1992, *Rosenberg File* von Ronald Radosch und Joyce Milton, N.Y., Holt, Rinehart & Winston, 1983, *Ethel Rosenberg: Beyond the Myths*, von Irene Philipson, N.Y., Franklin Watts, 1988. [Chruschtschow] *Chruschtschow erinnert sich*, herausgegeben von Jerrold Schecter und Vyacheslav Luchkow, Boston, Little, Brown, 1990. S. 193 ff., Anthony Villano, op. cit. S. 25 ff., int. J. Edgar Nichols, 1988.)

6. Im Jahr 1943 hatte Edgar seinen sensationellen Auftritt vor dem Kongreß, als er dem Justizminister Brownell in seiner Behauptung beipflichtete, daß Truman die FBI-Warnung bezüglich Harry Dexter White ignoriert habe. Hoover behauptete, er erschiene nur, weil Brownell ihm dazu Befehl erteilt habe, aber Brownell sagte im Jahr 1988, daß Hoover »freiwillig erschienen wäre«. (Int. Brownell, 1988, OC 67. *NYT*, 7. November 1953, S. 14-19, 22-27., *Life,* 23. November 1953, *P* S. 318, *Drew Pearson Diaries*, 1949-59, herausgegeben von Tyler Abell, N.Y., Holt, Rinehart & Winston, 1974, S. 284.)

ZU KAPITEL 17

1. Es gibt keinen Bericht darüber, daß Hoover jemals Anteilnahme für Rockwell gezeigt habe.

2. Im Jahr 1956, wiederum vor der Wahl, fütterte Hoover Richard Nixon mit Informationen über Stevenson. Später erzählte er einem Kennedy-Mitarbeiter, daß Stevenson ein »notorischer Homosexueller« sei. (*Nation*, 7. Mai 1990, Zitat aus den FBI-Akten.)

3. Eine Quelle straft eine Bemerkung in den FBI-Akten Lügen, welche behauptet, daß Hoover damit aufhörte, McCarthy im Sommer 1953 mit Informationen zu versorgen. Der Interviewte, ein Elektronik-Spezialist, der McCarthy und seine Mitarbeiter für Zwecke des Militärs während der Armee-McCarthy-Anhörung abgehört hat, sagte, die heimliche Hilfe hätte bis zum Schluß angedauert. »Ich habe es belauscht«, erinnert er sich. »Zwei- manchmal dreimal täglich gab es Anrufe zwischen Hoover und Roy Cohn, Cohn und McCarthy erhiel-

ten immer noch alles, was sie von Hoover bekommen hatten.« (Int. mit einer Quelle, die auf Wunsch anonym bleiben möchte – sie arbeitet immer noch für die Regierung. Außerdem Athan Theoharis, *Secret File*, S. 264.)

ZU KAPITEL 18

1. Der frühere Agent Woods soll von Hoover noch nach der Pensionierung dazu herangezogen worden sein, Einzelheiten über Martin Luther Kings sexuelle Gewohnheiten an die Presse zu liefern. Er bestritt dies in einem Interview im Jahr 1990.
2. Der Richter des Obersten Gerichtshofes, Abe Fortas, trat im Jahr 1969 zurück, nachdem enthüllt worden war, daß er von einem verurteilten Kriminellen, dessen Gesuch noch nicht beschieden worden war, Geld genommen hat. Im Jahr 1965 hatte Hoover auf Druck von Präsident Johnson den Weg für Fortas geebnet. Im Jahr 1966 wechselten er und das FBI unkorrekterweise Informationen über einen Fall, der noch vor dem Gericht anhängig war. *Cloak and Gavel*, von Alexander Charns, Chicago, University of Illinois Press, S. 53-57, et als.)
3. Es gibt wirklich eine Menge FBI-Material über Smathers, einschließlich der Behauptungen über sein Sexualleben. (Smathers FBI-Dokumente, FOITA, Ausgabe 293, 982/190-47115, 19. Juli 1991.)

ZU KAPITEL 19

1. Die Akte zeigt, daß Hoover in einer Auseinandersetzung mit dem stellvertretenden Justizminister Kleindienst darüber debattiert hatte, wie man auf Erpresser zu reagieren habe oder darüber, ob das FBI jemals die telefonische Überwachung eines Kongreßmitglieds »eingerichtet« habe. Hoover vermied, auf diese Fragen zu antworten und behauptete schließlich, das FBI hätte »niemals« Abhörgeräte gegen Politiker eingesetzt. Nach einem Überwachungsexperten, der damals für die Regierung arbeitete, benutzte das FBI zu jener Zeit ein Geheimsystem, eines das nicht die Anbringung von »Wanzen als solches« erforderte, aber dank einer Vorrichtung, die normalerweise in jedem Haushalt und in jedem Büro vorhanden ist, funktionierte. (Hoover an Tolson, 13. April 1971, TSF.8.)
2. Gegen Dowdy wurde wegen Bestechung ermittelt. Er erhielt eine Gefängnisstrafe.
3. Verbotene FBI-Abhörungen waren, wie wiederholt berichtet, nicht auf Kongreßangehörige beschränkt. Robert Amory, ein stellvertretender CIA-Direktor in den fünfziger Jahren, meinte, Beweise dafür zu haben, daß das FBI auch die Bürotelefone angezapft habe. Staatssekretär Dean Rusk verdächtigte das FBI, daß es auch bei ihm Wanzen

angebracht hätte und nach dem früheren Agenten Norman Ollestad ließ Hoover sogar die eigenen Kollegen abhören. (*WP*, 7. Februar 1981, *As I Saw It* von Dean Rusk, N.Y. Norton, 1990, S. 197, 559, *Waging Peace and War* von Thomas Schoenbaum, N.Y., Simon & Schuster, 1988, S. 280, *Inside the FBI* von Norman Ollestad, N.Y., Lye Stuart, 1967, S. 68, 105.)
4. Gallagher bestand darauf, daß die Pfandbriefe in dem IRS-Fall der demokratischen Partei gehörten und ihm keinen Profit gebracht hätten. Er glaubt, daß die Anklagen ein Nachspiel der *Life*-Magazin-Episode gewesen seien.
5. Zicarelli wurde in den Jahren 1964 und 1965 abgehört, nicht im Jahr 1960, als er mit einem Freund darüber sprach, Gallaghers Hilfe in einem Deportationsfall zu erbitten. Die Gangster sprachen auch von einem Beamten, drei Richtern, einem US-Senator und einem republikanischen Kongreßabgeordneten. (Newark *Star Ledger*, *NYT*, 11. Juni 1969.)
6. Wie die Watergate-Abhörbänder zeigen, wurde Smiths enge Verbindung zum FBI später mit Präsident Nixon im Oval Office diskutiert. (Abschrift, 16. Februar 1973, S. 7, Band aus dem Weißen Haus.)

ZU KAPITEL 21

1. Lombardozzi starb im Jahr 1992. Seine Kommentare waren erst durch die Vermittlung und mit Hilfe des Londoner Anwalts William Pepper 1990 erhältlich.
2. Im Jahr 1948, als Hoover eine Anfrage des Justizministeriums wegen Informationen über Longy Zwillman erhielt, sagte er, daß FBI-Berichte »keine Ermittlungen« über diesen Mann enthielten. Diese Umschreibung verhehlte die Tatsache, daß die Amtsakten sehr wohl 600 Seiten über den Gangster enthielten. (*Gangster* von Mark Stuart, London, Star, 1987, S. 141.)
3. Eine Überprüfung der Anslinger-FBI-Akte beweist, daß er und Hoover freundlich miteinander umgingen. (FBI 72-56284.)
4. McClanahan wurde verurteilt und erhielt 13 Monate Gefängnis.
5. Im Jahr 1949, als Mitglieder der Licavoli-Mafia-Familie Davidson fragten, wie sie ihm für seine Hilfe für einen Verwandten danken könnten, schlug er 5.000 Dollar vor, die dem Edgar-Hoover-Fonds zugeführt werden sollten, der damals zur Bekämpfung jugendlicher Kriminalität gegründet wurde. Aber es existiert keine Verbindung zu einem Fonds dieses Namens. Die Licavolis zahlten die Spende. (Hoover an Tolson, et. als., 29. Juni 1949, FBI 94-8-350.371 *Life*, 2. Mai 1969, Int. Davidson, 1990.)
6. Auf den Rennbahnen von Maryland bekam Edgar seine Tips von »Washington Jake«, einer Figur, die den New Yorker Untergrundge-

schichten von Damon Runyon entsprungen zu sein schien. In Kalifornien hatte er mit Harry Hall zu tun, einem vorbestraften Buchmacher. Hall erinnert sich, Hoover einen Tip gegeben zu haben, als er selbst in Begleitung von Joe Matranga war, dem Schwiegersohn eines der höchsten Mafiabosse in Detroit. (Interview mit Jimmy Raftery, 1988, Interviews mit Harry Hall, 1988, 1990.)

ZU KAPITEL 22

1. Das 1992 erschienene Buch *Double Cross* von Chuck und Sam Giancana wurde wegen seiner Thesen zur Ermordung Präsident Kennedys scharf kritisiert. Tatsächlich scheint das Buch zum Teil nachträglich ausgeschmückt worden zu sein. Trotzdem zeigen die Interviews mit dem Co-Autor Sam Giancana (Chucks Sohn und sein Namensvetter, das Patenkind des Gangsters), daß die Hauptthesen sich auf das stützen, was der Gangster Chuck erzählte und dieser dann aus dem Gedächtnis richtig wiedergab. (Interview mit Sam Giancana, 1991, 1992.)
2. Guilemo Santucci, ein Vertrauter Costellos und Lanskys, äußerte sich ebenso. Sein Fahrer, John Dellafera, erinnerte sich, daß er oft von der »guten alten Zeit« sprach, »als Hoover und die anderen hohen Tiere ein Auge zudrückten. Er erzählte mir, sie täten Hoover einen Gefallen und dafür tue er ihnen einen Gefallen. Hoover ging auf den Handel ein, als ob sie gegen ihn belastendes Material hätten.« (Interview und schriftliche Aussage von Dellafera, 1991.)
3. In den späten vierziger Jahren führte das FBI eine Überprüfung von Costello durch und setzte Wanzen in seinen New Yorker ›Copacabana Club‹, wo die Gangster jeden Tag Hof hielten. Dies war höchst effektiv, bis aus heiterem Himmel plötzlich die Agenten abberufen wurden. »Es wurde uns niemals gesagt, warum«, erinnerte sich der frühere Agent Jack Danahee. (Int. 1988.)
4. Siehe Ende Kapitel 7.
5. Siehe Kapitel 7.
6. Angehörige der Polizei erzählten Hamill, sie hätten gleichfalls von den kompromittierenden Fotos gehört.
7. Lansky geriet im Jahr 1961 unter strenge FBI-Überwachung, aber das war ein Teil des Drucks gegen das organisierte Verbrechen unter Justizminister Robert Kennedy. (*Little Man* von Robert Lacey, Boston, Little, Brown, 1991, S. 288 ff., korr. Lacey, 1992.)
8. Die Zusammenarbeit des US-Geheimdiensts mit der Mafia während des Zweiten Weltkriegs war eine hochriskante Verbindung, ein Vorzeichen für die Vereinbarungen in den sechziger Jahren, als das CIA und die Unterwelt bei dem Plan, Fidel Castro zu ermorden, zusammenarbeiteten.

9. Der CIA-Angehörige James Angleton, von dem gesagt wurde, er sei im Besitz eines Hoover-Sexfotos, diente beim OSS in Rom zum Ende des Krieges – zu der Zeit, in der auch Lanskys Genosse, Lucky Luciano, eintraf, nachdem er angesichts seiner Dienste für den US-Geheimdienst aus dem US-Gefängnis entlassen wurde. (*Cold Warrior* von Tom Mangold, N.Y., Simon & Schuster, 1991, S. 22 ff.)

10. Die Bespitzelung des Bordells, nahe dem Brooklyn Marine Yard, geschah, weil man den US-Senator David Walsh, den Vorsitzenden des Ausschusses für Marineangelegenheiten verdächtige, daß er dort Kunde sei. Walsh wurde nach einer kontroversen Untersuchung entlassen, in welcher das FBI eine entscheidende Rolle gespielt hatte. Später sandte Walsh einen Dankbrief an Hoover. (*OC* 123, 153, *Trading With the Enemy* von Charles Higham, N.Y., Delacorte, 1983, S. 88, *NYP*, 1. - 22. Mai 1942, *NYT*, 6. Oktober 1942, *Meyer Lansky, Mogul of the Mob* von Dennis Eisenberg, Uri Dan und Eli Landau, N.Y., Paddington Press, 1979, S. 199.)

ZU KAPITEL 23

1. Der Richter McLaughlin und der ehemalige Ermittlungsbeamte des Untersuchungsausschusses William Gallinaro waren empört, als in einem anderen Prozeß in New York im Januar 1971 der Vorwurf des Meineides gegen Mrs. Rosenstiel erhoben wurde. Sie glaubten damals und dies ist auch heute noch ihre Auffassung, daß Rosenstiel der Urheber dieser Verleumdung war, der sein Geld und seinen Einfluß benutzte, um die Arbeit des Untersuchungsausschusses zu behindern, indem er den Ruf seiner früheren Ehefrau in Frage stellte. Der Anwalt des Millionärs in dem Scheidungsverfahren, Benjamin Javits, verlor seine Zulassung als Rechtsanwalt, weil er mit seinem Mandanten gemeinsame Sache gemacht und versucht hatte, das Rechtssystem zu unterlaufen. (*The New York Times*, 9. Februar 1971; *Village Voice*, 18. Februar 1971; Interviews mit William Gallinaro und Edward McLaughlin, 1988; [Javits] *The New York Times*, 6. Januar 1971.)

2. Im Jahr 1959 wies Hoover Dr. Robert Hutchins, den Präsidenten des Fund of the Republic, der vier Millionen Dollar für den Kampf gegen das organisierte Verbrechen anbot und das FBI um Rat gebeten hatte, in schroffer Form ab. Hoover schickte William Sullivan, um Hutchins deutlich zu machen, daß keiner der von Hutchins erwähnten Gangsterbosse – alles prominente Mafiosi – dem FBI bekannt waren. Hoover riet ihm zudem, daß der Fonds besser daran tun würde, eine Studie zu erstellen, warum Schwarze derart viele Gewaltverbrechen verübten. (Interview mit W.H. Ferry, 1988, 1991; *Nation*, 26. April 1971, Corr. 27. Januar – 30. März 1953, FBI 100-368336; FBI Querverweise über W.H. Ferry.)

ZU KAPITEL 24

1. Johnsons Biograph Robert Caro erklärte im Jahr 1990, daß es »völlig eindeutig« sei, daß es zu Stimmenkäufen gekommen sei, und zu dem gleichen Ergebnis kommt auch die sehr ausführliche Studie von Mary Kahl. (*The Years of Lyndon Johnson: Means of Ascent*, von Robert Caro, N.Y., Alfred Knopf, 1990, S. XXXI, 384; *Ballot Box* 13, von Mary Kahl, Jefferson, North Carolina, McFarland, 1983, S. 231, 241; Interview mit Madeleine Brown, 1989; *People*, 3. August 1987.)
2. Die allgemein anerkannte Begründung, warum Kennedy sich für Johnson entschied, beruht auf der Rekonstruktion der Ereignisse durch den Historiker und ehemaligen Mitarbeiter von Kennedy Arthur Schlesinger. Durch die Schilderungen von Gesprächen mit Robert Kennedy weist er nach, daß John Kennedy Johnson zunächst nur auf die Kandidatenliste setzte als eine List, um die Partei geschlossen hinter sich zu bringen – er hatte nicht im Traume daran gedacht, daß dieser akzeptieren würde. Er war verärgert, als Johnson dann doch annahm. Schlesinger vermutete, daß Johnson diesen Schritt tat, weil er glaubte, daß dies seine letzte Chance sein könnte, eine Persönlichkeit von nationaler Bedeutung zu werden. Wenn er die freie Wahl gehabt hätte, erinnerte sich Robert, »hätte Jack Johnson loswerden wollen«. Doch als er versuchte, Johnson den Vorsitz der Partei anzudrehen, gab ihm der Texaner einen Korb. Er wurde mit folgenden Worten zitiert: »Ich will den Posten des Vizepräsidenten und beabsichtige, ihn auch zu bekommen.« (Siehe auch die Quellenangaben zum »Parteikonvent« für dieses Kapitel.)
3. Das Tagebuch Lincolns, das über ihre Arbeit für John Kennedy berichtet, bleibt weiterhin in einem Schließfach verwahrt.
4. Am 18. August 1960 sandte Hoover einen FBI-Bericht über Kennedy an dessen republikanischen Gegner, Richard Nixon. Obwohl dieser Bericht nach seiner Freigabe weitgehend geschwärzt ist, befaßte er sich anscheinend mit Kennedys Frauenaffären. (SAC Washington an Hoover, 18. August 1960, FBI 94-37374; Interview mit Hervé Alphand, 1988; *A Hero for Our Time*, von Ralph Martin, N.Y., Macmillan, 1983, S. 342; *L'Étonnement d'Etre*, von Hervé Alphand, Paris, Fayard, 1977, S. 382.)

ZU KAPITEL 25

1. Siehe Kapitel 5.

ZU KAPITEL 26

1. Giancanas Halbbruder Chuck hat eine gleichermaßen aufsehenerre-

gende, wie völlig unbewiesene These aufgestellt. Nach seiner Darstellung enthielten einige der Sendungen Kopien von FBI-Berichten über das organisierte Verbrechen – Berichte, die Giancana glauben ließen, daß er einen tiefen Einblick in die Operationen des FBI gegen die Unterwelt erhielt. Doch bald erkannte der Gangster, daß es große Lücken in dem ihm zugesandten Geheimdienstmaterial gab, daß der Präsident entscheidende Informationen zurückhielt. Man kann vermuten, daß von diesem Zeitpunkt an seine Wut gegen Kennedy keine Grenzen kannte. (*Double Cross*, von Sam und Chuck Giancana, N.Y., Warner, 1992, S. 296; Interview mit Sam Giancana, 1992.)
2. Eine Nachricht vom 30. März 1962 in den *Offiziellen und Vertraulichen* Akten Hoovers wies ihn darauf hin, daß bei der Geschichte der angeblichen Heirat auch über eine Scheidung in Reno und eine weitere in New Jersey, als die erste für ungültig erklärt worden war, berichtet wurde. Der Verfasser behauptete, daß die Ehe im Jahr 1953 auf Druck des Kardinals Cushing vom Papst annulliert wurde. (*Official and Confidential Files*, 13.2.)
3. Siehe Goddess: *The Secret Lives of Marilyn Monroe*, von Anthony Summers, N.Y., New American Library, 1986, für einen vollständigen Bericht der Überwachung und des Todes der Schauspielerin.
4. In den Aufzeichnungen der Telefongespräche werden dennoch nach dem August 1962 Anrufe vermerkt, einige mit der Anmerkung »Nein«, andere nicht.
5. Das einzige derartige Foto, das jemals aufgenommen worden ist, wurde von einem Fotografen geschossen, der gute Verbindungen ins Weiße Haus hatte. Es wurde bis 1987 zurückgehalten, bis es in der Juni-Ausgabe von *Life* erschien.

ZU KAPITEL 27

1. Hoover reagierte, indem er der Presse Informationen zuspielte, um den Ruf von Yarmolinsky in Mißkredit zu bringen. (Siehe den Eintrag über Yarmolinsky bei den Quellenangaben für dieses Kapitel.)
2. Der sowjetische Marineattaché Jewgenj Iwanow, der eine zentrale Rolle als Mittelpunkt des Profumo-Skandals spielte, war in Wirklichkeit ein Agent des GRU (militärischer Geheimdienst). Im Jahr 1992 erklärte er, daß er aus Moskau darüber unterrichtet wurde, daß man an Mariella Nowotny interessiert sei. Iwanow sprach selber mit ihr in London. (*The Naked Spy*, von Jewgenj Iwanow, London, John Blake, 1992, S. 144 ff.)
3. In den frühen sechziger Jahren benutzte das FBI Mollenhoff als Mittelsmann, um den Mitgliedern des Kongresses FBI-Informationen zuzuspielen. Im Jahr 1970, als Mollenhoff ein Mitarbeiter von Präsident Nixon war, schrieb er an Hoover, um ihn zu warnen, daß die *Los*

Angeles Times beabsichtige, eine kritische Artikelserie über das FBI zu veröffentlichen. (Theodore Sorensen, Mündliche Überlieferung, JFKL, Abschrift, 27. Februar 1973, S. 5; WHT, Corr. Edwin Guthman, Juni 1991; Mollenhoff an Hoover, 23. Februar 1970, Akten des Stabes im Weißen Haus, Nixon Papiere.)

ZU KAPITEL 28

1. Einige vermuten, daß Johnson eine Bestätigung für die Theorie eines »verrückten Einzelgängers« haben wollte, weil er fürchtete, daß Gerüchte über eine sowjetische Beteiligung zu einem Nuklearkrieg führen könnten. Dies mag eine Rolle gespielt haben.
2. Hoover versuchte, Bürger zu diskreditieren, die öffentlich die »Einzeltäter«-Theorie in Zweifel zogen. Er genehmigte das Absenden eines gefälschten anonymen Briefes, um den Rechtsanwalt Mark Lane anzugreifen und befahl die Verbreitung einer Fotografie, die Lane angeblich bei sexuellen Aktivitäten zeigte. Die Aufnahme und das Memorandum wurden zumindest einem Mitglied der Warren-Kommission übergeben: dem Kongreßabgeordneten Hale Boggs. (Baumgartner an Sullivan, 24. Februar 1964, IC 6, S. 762, Hoover an SAC NY, 16. Oktober 1964, FBI 100-11844; DeLoach an Tolson, 26. September 1966; Mark Allen FOIA freigegeben Civil Action 81-1206; [Foto] Memorandum ohne Quellenangabe, 29. Februar 1968; Fred Graham Papiere, Library of Congress; Interviews mit Graham, 1990, und mit Thomas Boggs, 1988; *Mother Jones*, August 1979.)
3. Aus dem Originaladreßbuch wurde auch ein durchgestrichener Name nicht übernommen, der allem Anschein nach »Gandy« lautet. Es könnte purer Zufall sein, daß dies der Name von Hoovers Sekretärin (Helen Gandy) war. Aber die Aufzeichnungen weisen darauf hin, daß Oswald derart erbost über die Maßnahmen vor dem Attentat war, die er als Belästigung durch das FBI empfand, daß er die Absicht hatte, sich bei »den zuständigen Behörden« darüber zu beschweren. Es ist durchaus möglich, daß Oswald versucht hatte, mit Hoover zu sprechen und wie unzählige andere Anrufer in den Jahren von Helen Gandy abgewimmelt wurde und daher ihren Namen in sein Adreßbuch eingetragen hat. Während er verhaftet war, machte er »abfällige Bemerkungen« über Hoover. (WC-Dokumente 205, 16.64; WR IV, S. 466 ff.)
4. Die beiden Reporter Alonzo Hudkins von *The Houston Post* und Hugh Aynesworth von *The Dallas Morning News* haben später erklärt, daß die von Hudkins veröffentlichte »Informantennummer« – S-172 – der Fantasie von Aynesworth entsprungen sei, wie er selber 1976 zugab. Doch ihre unterschiedlichen Darstellungen sind für die Experten in diesem Fall nicht schlüssig. Dennoch ähnelt die Nummer S-172 dem Code, den das FBI damals seinen Informanten zuwies. Im Jahr

1975 berichtete der FBI-Agent Joe Pearce FBI-Inspektoren, daß Oswald Hostys »Informant oder Quelle« gewesen sei. (*Esquire*, Februar 1976; HSCA Bericht, S. 185 ff.; McNiff an Adams, 31. Dezember 1975, FBI 62-116395.)

5. Die Warren-Kommission hat den Deputy-Sheriff Sweatt nicht einmal vernommen. Es hat den Anschein, als ob das FBI die Kommission auch nicht über eine ähnliche Behauptung des ehemaligen Obersten des militärischen Nachrichtendienstes, Philip Corso, unterrichtete. (DeLoach an Mohr, zwei Memoranden, 7. Februar und 10. Februar 1964, FBI 1977 freigegeben, ohne Seriennummer; Rosen an Belmont, 7. Februar 1964, FBI 105-82555; Interviews mit Mary und Julian Sourwine, 1991; Interview mit Corso, 1992.)

6. Der Untersuchungsausschuß des Kongresses berichtete, daß Alemans FBI-»Kontaktmann« zu dieser Zeit »bestritt, daß ihm Aleman jemals eine derartige Information gegeben habe«. Es ist nicht eindeutig, ob sich dies auf Scranton bezieht, der im Jahr 1992 jede Stellungnahme dazu ablehnte. (HSCA Bericht, S. 175; Interview 1992.)

7. Der Untersuchungsausschuß des Kongresses zitierte Becker mit den Worten, daß er die Drohung Marcellos 1962 nicht an das FBI gemeldet hatte. Doch 1992 bestand er darauf, daß er diese Information weitergegeben habe und bemerkte, daß seine Befragung durch den Ausschuß nur sehr oberflächlich durchgeführt worden sei. Die Ermittlungsbeamten sprachen mit ihm nur am Telefon, niemals persönlich. Und er machte niemals eine Aussage vor dem Ausschuß. (HSCA IX, 83; Interview mit Becker, 1992.)

8. Professor Robert Blakey, der ehemalige oberste Rechtsberater des Untersuchungsausschusses des Kongresses, erinnerte sich im Jahr 1992, daß die heimlich aufgenommenen Drohungen der Gangster im Justizministerium die Runde machten. Unabhängig davon durchgeführte Nachforschungen haben indes keinen Hinweis ergeben, daß diese Informationen an den Secret Service gemeldet worden waren. Das Versäumnis, Berichte weiterzugeben, wird manchmal damit begründet, daß dadurch die Quellen und Methoden des FBI hätten bloßgestellt werden können. Aber dies kann keine Entschuldigung in einem Fall sein, bei dem Drohungen gegen das Leben des Präsidenten geäußert wurden. (Interviews mit Robert Blakey und Mark Allen, 1992.)

9. Einem der Freunde Murchisons, D.H. »Dryhole« Byrd, gehörte der texanische Schulbuchverlag. Er und Paul Raigorodsky, der vor der Warren-Kommission über Oswalds Aktivitäten in Dallas aussagte, waren – wie Hoover – Gäste in Murchisons Hotel in Kalifornien. (*Dallas Conspiracy*, von Peter Dale Scott, unveröffentlicht, Manuskript, S. VI, 21; *Clint*, von Ernestine van Buren, Austin, Texas, Eakin Press, 1986, S. 96; *Wall Street Journal*, 20. April 1970; [Raigorodsky] Interview

mit Allen Witwer, 1990; *Crossfire*, von Jim Marrs, N.Y., Caroll & Graf, 1989, S. 282.)

10. Näheres hierzu siehe im nächsten Kapitel.

11. Siehe Kapitel 7. Gordon Novel, von dem in Kapitel 22 berichtet wird, daß ihm von einem höheren CIA-Beamten kompromittierende Aufnahmen von Hoover gezeigt worden seien, behauptet auch, daß er Jahre später ein Gespräch mit Marcello über diese Angelegenheit geführt habe. Novel berichtet, daß Marcello ihm gesagt habe, daß auch ihm ein solches Foto gezeigt worden sei – während der Kontakte mit jenen Personen, die an den gemeinsamen Plänen von CIA und Mafia für die Ermordung von Fidel Castro zu Beginn der sechziger Jahre beteiligt waren. Marcello sagte ihm, daß andere Topgangster der Mafia seit langer Zeit über Verleumdungsmaterial verfügten und es benutzt hatten, um Hoovers FBI in Schach zu halten. (Interview mit Gordon Novel, 1992.)

ZU KAPITEL 29

1. Es gab einen weiteren Aspekt zu der Jenkins-Affäre. Präsident Johnson war vor allem darüber beunruhigt, daß dies auch zur Aufdeckung der Affäre der Frau eines seiner Mitarbeiter führen könnte, die regelmäßig mit ihm bei verschiedenen gesellschaftlichen Anlässen mit einem homosexuellen Gefährten als »Tarnung« erschien. Im Jahr 1964 erhielten verschiedene Beamte in Washington Kopien eines Vorgangs, der allem Anschein nach ein kompromittierender Brief Edgars an Jenkins war. Edgar reagierte, indem er Senator Bourke Hickenlooper den Brief als Teil einer »kommunistischen Verleumdungskampagne« brandmarken ließ. Agenten, die den Brief prüften, tauften ihre Untersuchung REPULSE – für »Russian Efforts to Publish Unsavory Love Secrets of Edgar« (Sowjetische Versuche, unappetitliche Liebesbriefe von Edgar zu veröffentlichen). (Evans an Belmont, 17. Oktober; DeLoach an Mohr, 30. Oktober 1964, FBI 94-4-3830; Interview mit Robert Baker, 1990; [Hickenlooper] H/Hickenlooper Corr., Januar 1966; Hickenlooper Papiere, Herbert Hoover Library, Congressional Record, 17. Januar 1966, S. 367; *The New York Times*, 15. Januar 1966; [betitelt] Trenton, NJ, *Times*, 13. März 1980.)

ZU KAPITEL 30

1. Obwohl er entschieden gegen jene vorging, die sich für die Gleichheit der Rassen einsetzten, tat Hoover nichts, um die Interessen der Vertreter einer weißen Vormachtstellung zu unterstützen. Im Gegenteil, es war so, daß das FBI entschieden gegen den Ku-Klux-Klan vorging, zu Beginn seiner Karriere und – besonders nachdrücklich – in

der Mitte der sechziger Jahre. (*Secrecy and Power*, von Richard Gid Powers, N.Y., Free Press, 1987, S. 140 ff., 373ff., 407ff.; Athan Theoharis, *Secret Files*, S. 129; Interview mit Neil Welch, 1988.)

2. Siehe Kapitel 27. Tatsächlich erließ Robert Kennedy die Genehmigung für die Abhöraktion nur unter der Bedingung, die Maßnahme innerhalb von 30 Tagen zu überprüfen. Bis 1965 gab es indes keine Überprüfung, denn die Ermordung von Präsident Kennedy am 22. November 1963 führte dazu, daß Robert monatelang seinen Amtsgeschäften nicht nachging. Doch Hoover ignorierte die von Kennedy gestellte Bedingung und das Abhören von Martin Luther King wurde immer weiter fortgesetzt. (Athan Theoharis, *Secret Files*, S. 99.)

3. Die FBI-Unterlagen belegen, daß Dr. King einmal mit einem Mitarbeiter beunruhigt über Rustins Homosexualität gesprochen hatte. Die originalen FBI-Unterlagen über die Überwachungsoperationen liegen im Nationalarchiv und sind bis zum Jahr 2027 für die Öffentlichkeit nicht zugänglich. Erst dann werden die Historiker erfahren können, was in ihnen über Kings Intimleben steht. (*Parting the Waters*, von Taylor Branch, N.Y., Simon & Schuster, 1988, S. 861.)

4. Der ehemalige Agent Joseph Woods, der von Royko namentlich genannt worden war, erklärte 1968, daß der Reporter »aufgemischt« werden sollte. Als aktiver Agent hatte Woods zu denjenigen gehört, die Hoover mit intimen Informationen über Politiker versorgten. (Interview mit Woods, 1988; und siehe Kapitel 18.)

5. Obwohl Sullivans Versuch, seine eigene Rolle geringer darzustellen, aus eigenem Interesse erfolgte, weisen die ehemaligen stellvertretenden FBI-Direktoren Courtney Evans und Charles Bates den Gedanken entschieden zurück, daß er das Tonband ohne Hoovers Billigung abgeschickt haben könnte. Sullivans langjährige Sekretärin, Ann Barniker, sagte, die ganze gegen King gerichtete Operation war »Mr. Hoovers Ding«. (Interviews mit Courtney Evans, Charles Bates, Lish Whitsun, Nate Ferris, Ray Wannall, John McGrail, Larry Cohen, Bill Brown, Nicholas Horrock, 1988, Ann Barniker, 1990; *The Bureau: My Thirty Years in Hoover's FBI*, von William Sullivan, N.Y., Norton, 1979, S. 142; SRIA, S. 160; *The FBI and Martin Luther King, Jr.*, von David Garrow, N.Y., Norton, 1981, S. 161; und David Garrows Notizen über das Interview mit Charles Brennan.)

6. Obwohl Rays Aussagen nur wenig Glauben geschenkt wurde, deuten sachkundige Experten auf Anhaltspunkte, die darauf hinzuweisen scheinen, daß Ray vor dem Attentat Kontakte zu einem FBI-Informanten gehabt und daß das FBI im voraus Hinweise erhalten hatte, daß King in Memphis getötet werden sollte, es aber dennoch unterließ, ihn zu warnen. (Interviews mit Harold Weisberg, James Lesar, 1988, Philip Melanson, 1991.)

ZU KAPITEL 31

1. Der Parteikonvent der Demokraten in Chicago wurde zu einer Woche der heftigsten Auseinandersetzungen, während der Hunderte von Anti-Vietnamdemonstranten bei Straßenschlachten mit der Polizei verletzt wurden. Edgar lobte das Vorgehen der Polizei und erklärte, daß die Massenmedien die Tatsachen verzerrt dargestellt hätten. Später kam eine vom Präsidenten eingesetzte Untersuchungskommission zu dem Ergebnis, daß das Verhalten der Polizei ungerechtfertigt und heimtückisch gewesen sei, »ein Polizeiaufruhr«. Eine Untersuchung des Senats bewies, daß Edgar die Agenten aufgefordert hatte, nicht die Tatsachen zu prüfen, sondern Informationen zu beschaffen, die das Vorgehen der Polizei rechtfertigten. (IC 6, S. 254; *The New York Times*, 19. Dezember, 2. Dezember 1968.)
2. Der Bruder von Rose Mary Woods war ein pensionierter FBI-Agent. Er gehörte zu denen, die Hoover mit nachteiligen Informationen über Politiker fütterten, und er versuchte später – nach den Angaben eines Reporters – Verleumdungsmaterial über Martin Luther King in Umlauf zu bringen.
3. Es gab dort ein Restaurant mit dem Namen ›Hearthside‹ und auch eine Talsperre in der Nähe. Im Jahre 1988 erinnerte sich Billy Byars jun., an die beiden von Krebs genannten Jugendlichen und bestätigte, daß einer von ihnen im ›Del Charro‹ gewesen sei. Obwohl er erklärte, er wisse nichts von den angeblichen sexuellen Aktivitäten, erinnern sich drei Bekannte von Krebs, daß sie damals Details dieser Geschichte gehört hatten.

ZU KAPITEL 32

1. Hoover hatte sich »äußerst erfreut« über das Abschicken eines gefälschten Briefes, mit dem der New Yorker Funktionär der kommunistischen Partei, William Albertson, als FBI-Informant verleumdet wurde, gezeigt. Erst 1989 wurden seiner Witwe 170.000 Dollar gezahlt als Entschädigung für die Tatsache, daß die Operation Albertsons Karriere zugrundegerichtet hatte. Hoover überwachte persönlich die 30jährige Verfolgung von Frank Wilkinson, einem Beamten der Baubehörde in Los Angeles, der dem FBI zum erstenmal aufgefallen war, als er 1942 Proteste gegen die Wohnungsbaupläne anführte. Obwohl er sich keines anderen Vergehens schuldig gemacht hatte, ein entschiedener Befürworter der Bürgerrechte war und die Abschaffung des Ausschusses zur Untersuchung un-amerikanischer Aktivitäten verlangt hatte, wurde Wilkinson überwacht, sein Telefon angezapft und in sein Büro eingebrochen. Die Hetzbriefe gegen ihn wurden von fiktiven Organisationen abgeschickt und seine Kundgebungen wurden ge-

stört – bei einer Gelegenheit sogar von amerikanischen Nazis, die von FBI-Agenten dazu angestiftet worden waren. Einmal bekam das FBI genaue Einzelheiten eines geplanten Mordanschlags gegen Wilkinson und unterließ es, ihn zu warnen. Hoovers Notizen und Initialen sind überall in der Wilkinson-Akte zu finden, die insgesamt auf 132 000 Seiten anwuchs. (*The New York Times*, 26. Oktober 1989; *People*, 20. November 1989; [Wilkinson] Artikelreihe der *Los Angeles Times*, insbesondere vom 18. Oktober 1987; Interview mit Frank Wilkinson, 1989; Teile der FBI-Unterlagen 100-112434; *It Did Happen Here*, von Bud und Ruth Schulz, Berkeley, University of California Press, 1989, S. 263; und Athan Theoharis, *Secret Files*, S. 129.)

2. Es gibt Beweise, daß das FBI Ereignisse auslöste, die zum Tod anderer Black Panthers führten. In New Haven, Connecticut, wurde Alex Rackley von seinen eigenen Kameraden hingerichtet, weil von ihm fälschlich behauptet worden war, er sei ein Informant der Regierung. (In: *These Times*, 9. Mai 1990.)

ZU KAPITEL 33

1. Siehe Kapitel 8.
2. Siehe Kapitel 20.
3. Siehe Kapitel 19.
4. Mitchell sagte nichts von einem Rücktrittsangebot während eines Gesprächs mit Len Colodny, dem Co-Autor von Silent Coup, das insgesamt 80 Stunden umfaßte, und das im Jahr 1988 kurz vor seinem Tod geführt wurde. (Interview mit Len Colodny, 1991.)

ZU KAPITEL 35

1. Der sowjetische KGB führte erfolgreich zahlreiche Tötungen mit dem Einsatz von Gift durch. (*KGB*, von John Barron, N.Y., Bantam, 1974, S. 423ff.)
2. Das FBI behauptete 1991, daß es im Hinblick auf dieses Thema über keinerlei Informationen verfüge. Doch nachdem es mit einem Memorandum aus den Akten der Anklagebehörde konfrontiert wurde, präsentierte es ein Dokument über die Untersuchung Akermans, in welchem erklärt wurde, daß seine Quelle unabhängig von dem Artikel im *Crimson* sei. Der angebliche Verfasser, der ehemalige Agent Forrest Putman, sagte dazu, er könnte sich nicht daran erinnern, den Bericht geschrieben zu haben. (John Wright [FBI] an James Lesar, 17. Februar 1989; Kevin O'Brien [FBI] an Lesar, 20. November 1991; Forrest Putman an ZENSIERT, 26. November 1973, FBI 62-115870; Interview mit Putman, 1991.)
3. Nach dem Artikel im *Crimson* deutete DeDiego an, daß zwei Exil-

kubaner, Humberto Lopez und Jaime Ferrer, näheres zu den Einbrüchen sagen könnten. Lopez, der ein Agent der Gruppe um Hunt und Liddy war, erklärte 1988, daß er nichts darüber wisse. Jaime Ferrer wurde dazu nicht vernommen. In den frühen sechziger Jahren, als die CIA geheime Operationen gegen Castro durchführte, gehörte De-Diego zu der Organisation 40, einer Gruppe, deren Mitglieder dazu ausgebildet worden waren, Dokumente der kubanischen Regierung in ihren Besitz zu bringen und – in einigen Fällen – Mordanschläge auszuführen. (Interview mit Humberto Lopez, 1988; und siehe die Quellenangaben über DeDiego für dieses Kapitel.)

4. Der Bruder von Clyde Tolson, Hillory, soll privat behauptet haben, daß Hoover in Wirklichkeit in Clydes Appartement gestorben sei und daß sein toter Körper von Agenten in einem FBI-Fahrzeug in sein Haus gebracht worden war – um peinliche Fragen zu vermeiden. Obwohl diese Geschichte nicht gänzlich unglaubwürdig erscheint, sind die Belege hierfür dermaßen spärlich, so daß sie nur als unbestätigtes Gerücht betrachtet werden können. (Interview mit Robert Simmons, 1988, 1991.)

5. Dr. Luke erklärte gegenüber der Presse, daß Hoover »seit einiger Zeit an einem Herzleiden gelitten« habe. Es ist seltsam, daß Dr. Choisser, Hoovers langjähriger Hausarzt, dies dementiert hat. (Totenschein Nr. 72-03405; Hoover Staff File 8; *The New York Times* und *The Washington Post*, 3. Mai 1972; siehe auch unbelegte Hinweise auf ein weitaus früheres Herzleiden in *J. Edgar Hoover: The Man and the Secrets*, von Curt Gentry, N.Y., Norton, 1991, S. 461.)

6. Siehe Kapitel 19.

ZU EPILOG

1. Da man wußte, daß zum gleichen Zeitpunkt, da Edgar feierlich aufgebahrt sein würde, in der Nähe des Kapitols Kundgebungen gegen den Vietnamkrieg stattfinden sollten, erteilte der Präsidentenberater Charles Colson die Anweisung, die Demonstrationen zu zerschlagen. Gordon Liddy und Howard Hunt setzten ein Team von Exilkubanern ein, unter denen auch einige waren, die an den Watergate-Einbrüchen teilnehmen sollten. Die Kubaner provozierten tätliche Auseinandersetzungen in der Menge. Danach behaupteten die daran beteiligten Personen, daß sie nur Edgars Katafalk schützen wollten, der aber in Wirklichkeit bereits von der Polizei und den Sicherheitskräften völlig ausreichend gesichert wurde. (*Nightmare*, von Anthony Lukas, London, Penguin, 1988, S. 194; *Undercover*, von Howard Hunt, N.Y., Putnam, 1974, S. 211; *Will*, von Gordon Liddy, N.Y., St. Martin's Press, 1980, S. 220; *Secret Agent*, von Jim Hougan, N.Y., Morrow, 1978, S. 133 ff; *The Washington Post*, 26. Mai 1974; *Miami Herald*, 22. April 1973;

The New York Times, 9. März 1973; Interviews mit Gordon Liddy, Rolando Martinez, Felipe DeDiego, Frank Sturgis, Humberto Lopez, William Kunstler, 1988.)
2. Nachdem die Leitung des Friedhofes gewechselt hatte, wurde sein Grab 1992 anständig gepflegt. Die Gesellschaft der Ehemaligen Agenten und die Washingtoner Freimaurer sorgen jetzt für die laufenden Kosten und die Grabpflege. (Interview mit John Hanley, 1992.)
3. Der Inhalt dieses Buches wurde mit zwei bedeutenden Professoren für Psychiatrie und Psychologie, einem Kinderpsychologen und einem Armeepsychologen, der mit verhaltensgestörten Familien gearbeitet hat, diskutiert. Es handelt sich hierbei um Dr. Harold Lief, den emeritierten Professor an der Universität von Pennsylvania und den ehemaligen Präsidenten der amerikanischen Akademie der Psychoanalytiker; Dr. John Money, Professor für medizinische Psychologie an der medizinischen Fakultät der John Hopkins-Universität; Dr. Norris Haynes, Forschungsleiter in dem Studienzentrum für Kinder an der Yale-Universität; und um Gaye Humphreys, einen Familientherapeuten, der jetzt bei der Armee in Irland tätig ist.

ABKÜRZUNGEN FÜR DIE ANMERKUNGEN

B	The Boss, von Athan Theoharis and John Stuart Cox, Philadelphia, Temple, 1988
BI	Bureau of Investigation document
CP	Cummings Papers
CR	Congressional Record
D	The Director, von Ovid Demaris, New York, Harper's Magazine Press, 1975
DJ	Department of Justice
F	From the Secret Files of J. Edgar Hoover, herausgegeben von Athan Theoharis, Chicago, Ivan Dee, 1991
FBI	FBI Dok.Nr.
FDRL	Franklin D. Roosevelt Library
EL	Dwight D. Eisenhower Library
EPUA	Morris Ernst Papers, University of Texas at Austin
ER	Eleanor Roosevelt
G	Cornelius Gallagher
GC	Bearing the Cross, von David Garrow, New York, William Morrow, 1986
GF	The FBI and Martin Luther King, Jr., by David Garrow, New York, Norton, 1981
H	J. Edgar Hoover
HC	Hoover Collection, Supreme Council 33°, House of the Temple
HH	Herbert Hoover Papers
HHL	Herbert Hoover Library
HIW	Hoover Institution on War, Revolution and Peace
HSCA	Hearings and Appendices of the House Committee on Assassinations
HSF	Hoover Staff File
HSTL	Harry S. Truman Library
HT	Harry Truman
INTPERF	Summary Report, The Investigation of the Assassination of President John F. Kennedy: Performance of the Intelligence Agencies, Final Report of the Select Committee to Study Governmental Operations with Respect to Intelligence Activities, U.S. Senate, Band V, Washington, D.C., Government Printing Office, 1976

JFK	John F. Kennedy
JFKL	John F. Kennedy Library
LAT	Los Angeles Times
LBJ	Lyndon Baines Johnson
LBJL	Lyndon Baines Johnson Library
LC	Library of Congress
MLK	Martin Luther King, Jr.
NA	National Archives
N	Richard Nixon
NP	Nixon Papers
NYP	New York Post
NYT	The New York Times
OC	Official and Confidential Files
P	Secrecy and Power, von Richard Gid Powers, New York, Free Press, 1987
POF	President's Official Files, Franklin Delano Roosevelt Library
PC	Private Collection (Lou Nichols' Papiere)
RFK	Robert F. Kennedy
RG65NA	Record Group 65, Civil Reference Division of the National Archives
RR	FBI-Leseraum
S	The Bureau: My Thirty Years in Hoover's FBI, von William Sullivan, New York, Norton, 1979
SRIA	Supplementary Detailed Staff Reports on Intelligence Activities and the Rights of Americans, Band III, Final Report of Select Committee to Study Governmental Activities, U.S. Senate
T	Clyde Tolson
TSF	Tolson Staff File
TWF	Tolson Will File
WAC	Hearings, Senate Committee on Presidential Campaign Activities
WC	Warren Commission
WES	Washington Evening Star
WH	Washington Herald
WHSF	White House Special Files, Nixon-Papiere
WHT	White House Tape transcripts
WMP	Wayne Morse Papers, University of Oregon
WP	The Washington Post
WS	Washington Star
WT	The Washington Times

ANHANG

DANKSAGUNG

Neben jenen, denen ich am Anfang des Buches gedankt habe, haben eine große Anzahl von Personen dazu beigetragen, dieses Projekt zu realisieren. In diesem Zusammenhang ist zu bemerken, daß das FBI Recherchen über seine Arbeit nur sehr widerwillig akzeptiert und dies trotz der Bestimmungen des Freedom of Information Act. Dennoch gilt mein Dank Susan Falb, Leslie Clemens und Sally Sparks aus der Forschungsabteilung des Büros für Öffentlichkeitsarbeit, dem Personal der Bibliothek und Larry Heim, dem Herausgeber von The Grapevine, der Zeitschrift der Gesellschaft der Ehemaligen Agenten. Dutzende von Agenten und pensionierten Agenten wurden befragt und die Namen derjenigen, die sich damit einverstanden erklärt haben, sind namentlich bei den Quellenangaben aufgeführt worden. Die ehemaligen stellvertretenden FBI-Direktoren Charles Bates, Cartha DeLoach, Courtney Evans und Mark Felt standen bereitwillig für Auskünfte zur Verfügung. Dies trifft auch auf den verstorbenen Guy Hottel zu, der eine Zeitlang der Vertraute von Hoover und Clyde Tolson gewesen war, und eingewilligt hat, im Alter von 86 Jahren dazu zum erstenmal befragt zu werden. Clark Schoaff, der Hüter der Erinnerungsstücke Hoovers im Tempel des Höchsten Rates des 33. Grades des Schottischen Ritus der Freimaurer gab uns wiederholt die Möglichkeit, die Sammlung zu besichtigen. Die Söhne der beiden engen Mitarbeiter von Hoover, John Edgar Nichols und John Edgar Ruch, erlaubten den Einblick in die Unterlagen und Aufnahmen ihrer Väter.

Meine Rechercheure studierten die Unterlagen aller Präsidenten, denen Hoover gedient hatte, und mein besonderer Dank gilt Raymond Teichman, dem leitenden Archivar der Franklin Delano Roosevelt Library und William Johnson, dem Chefarchivar der John F. Kennedy Library. Dank gebührt auch John Taylor, dem Archivar der militärgeschichtlichen Abteilung im Nationalarchiv und Jean Smith von der Kongreßbücherei.

Einige der neuen Informationen zu Pearl Harbor wurden in einem Taubenschlag in der ehemaligen Residenz des Bischofs von Grasse (Frankreich) gefunden, die nun der Wohnsitz von Marco Popov, Dusko Popovs Sohn, ist. Alston Purvis, der Sohn Melvins, gab mir Einblick in die umfangreiche Korrespondenz seines Vaters mit Hoover – das einzige bekanntgewordene Beispiel einer umfangreichen privaten Briefkorrespondenz des FBI-Direktors. Der Autor James Rusbridger stellte bereitwillig seine Unterlagen über Pearl Harbor zur Verfügung. Gaye Humphreys in Irland führte mich in die Welt der Psychiatrie ein, die für mich Neuland war. Der Rechtsanwalt und Autor Bill Pepper sorgte für wichtige Kontakte zu Angehörigen der Unterwelt.

Das Assassination Archive and Research Center in Washington, das eine große Sammlung von FBI-Material über die Ermordung des Präsidenten Kennedy verwahrt, war erneut eine wichtige Quelle – sie ist dermaßen wertvoll, daß sie mehr tatkräftige Unterstützung verdienen würde, als eine Handvoll von Privatleuten gewährleisten kann. Gemeinsam mit ihnen trauere ich um den Tod ihres Gründers, Bernard Fensterwald, im Jahre 1991, dessen Erfahrung als Rechtsberater des Kongresses mir dabei geholfen hat, zu verstehen, wie Hoover den Kongreß manipulierte. Ich danke Mark Allen, Mary Ferrell und Paul Hoch, Professor Philip Melanson und Harold Weisberg – jenen zuverlässigsten der Experten über das Attentat von Dallas. Gary Miller, Dale Myers, Larry Happanen, Gus Russo, Ed Tatro und Scott Van Wynsberghe unterstützten meine Arbeit mit Kontakten und Informationen.

Die beiden ausgezeichneten Autoren David Garrow und Richard Gid Powers, die bereits früher über Hoover geschrieben haben, stellten mir ihre Unterlagen und Erinnerungen zur Verfügung. John Flanagin und Sondra Feldstein, die beide hohe akademische Grade in amerikanischer Geschichte erworben haben, übernahmen die oft undankbare Aufgabe, die Unterlagen früherer Präsidenten und unzähliger Regierungsbeamter zu studieren. Margot Erdman in New York, Robert Fink und Margaret St. John in Washington, Peter Frumkin in Boston und Mike Spears leisteten hervorragende Dienste als Rechercheure. K.B. Basseches in Washington und Terry Murphy in Irland fotografierten alte Aufnahmen mit gewissenhafter Sorgfalt. Bei Putnam in New York sorgte Dolores McMullan für die Verlagsarbeit auf beiden Seiten des Atlantiks mit Freundlichkeit und Engagement. In Virginia befaßten sich Audrey Atkins, Kathy Titus, Barbara Warren und Shirley Yoder gewissenhaft mit Hunderten von Stunden aufgezeichneter Gespräche. Debbie Roberts kümmerte sich um unser chaotisches Büro in Virginia, wie John Lombard in Irland. Denise Fitzgerald half uns als Sekretärin in der letzten Phase. Pip Printing in Manassas und Mail Boxes Etc. in Georgetown kopierten Tausende von Dokumenten – und dies ist keineswegs nebensächlich bei einem derartigen Buch. James Ronayne fuhr bereitwillig Tausende von Meilen in meinem Auftrag.

Erneut bin ich meinem Anwalt James Lesar, einem Experten des Freedom of Information Act und meinem finanziellen Ratgeber, Peter Metcalf, zu Dank verpflichtet. Neun talentierte Journalisten: Fred Cook in New Jersey, Hank Messick und Dan Christensen in Florida, Anthony Cook in Beverly Hills, William Dufty in Michigan, Jeff Goldberg und Jim Hougan in Washington sowie Stephen Dorril und Tom Mangold im Vereinigten Königreich sind an erster Stelle unter den zahlreichen Mitarbeitern zu nennen, die mir mit ihrer Sachkenntnis zur Seite standen, ohne nach einer Belohnung zu fragen. Und langjährige geduldige Freunde wie Bob Dorff, Fanny Dubes, Tamara Glenny und Henry Ehrlich, Monica Gruler, Sheelagh Power und Robert Murray sowie Paddy und Joyce O'Keeffe vom Knocklofty Haus in County Waterford waren mir in jeder Weise behilflich.

BIBLIOGRAPHIE

ZU J. EDGAR HOOVER

Comfort, Mildred. *J. Edgar Hoover, Modern Knight Errant.* Minneapolis: T. S. Denison, 1959.
Demaris, Ovid. *The Director.* New York: Harper's Magazine Press, 1975.
Fowler, Blonde. *FBI Woman.* Privately published, 1976.
Gentry, Curt. *J. Edgar Hoover: The Man and the Secrets.* New York: Norton, 1991.
Gibson, Dirk. *Neither God Nor Devil: A Rhetorical Perspective on the Political Myths of J. Edgar Hoover.* Ann Arbor, MI: University Microfilms International, 1983.
Lewis, Eugene. *Public Entrepreneurship: Toward a Theory of Bureaucratic Political Power.* Bloomington: Indiana University Press, 1984.
Memorial Tributes to J. Edgar Hoover in the Congress of the United States and Various Articles and Editorials Relating to His Life and Work. Washington, D.C.: U.S. Government Printing Office, 1974.
Messick, Hank. *John Edgar Hoover.* New York: David McKay, 1972.
Nash, Jay Robert. *Citizen Hoover.* Chicago: Nelson Hall, 1972.
Powers, Richard Gid. *Secrecy and Power.* New York: Free Press, 1987.
Theoharis, Athan. *From the Secret Files of J. Edgar Hoover.* Chicago: Ivan Dec, 1991.
Theoharis, Athan, and John Stuart Cox. *The Boss.* Philadelphia: Temple, 1988.
Toledano, Ralph de. *J. Edgar Hoover: The Man in His Time.* New York: Manor, 1974

VON J. EDGAR HOOVER

Hoover, J. Edgar. *J. Edgar Hoover on Communism.* New York: Random House, 1969.
Hoover, J. Edgar. *J. Edgar Hoover Speaks.* Edited by James D. Bales. Washington, D.C.: Capitol Hill Press, 1971.
Hoover, J. Edgar. *Masters of Deceit.* New York: Henry Holt, 1958.
Hoover, J. Edgar. *Persons in Hiding.* Boston: Little, Brown, 1938.
Hoover, J. Edgar. *A Study of Communism.* New York: Holt, Rinehart and Winston, 1962.

ZUM FBI

Blackstock, Nelson. *COINTELPRO*. New York: Pathfinder, 1988.
Churchill, Ward, and Jim Vander Wall. *The COINTELPRO Papers*. Boston: South End Press, 1990.
Clark, Ramsey. *Crime in America*. New York: Simon & Schuster, 1970.
Cochran, Louis. *FBI Man*. New York: Duell, Sloan & Pearce, 1966.
Collins, Frederick. *The FBI in Peace and War*. New York: Putnam, 1943.
Conners, Bernard. *Don't Embarrass the Bureau*. Indianapolis: Bobbs-Merrill, 1972.
Cook, Fred. *The FBI Nobody Knows*. New York: Macmillan. 1964.
Donner, Frank. *The Age of Surveillance*. New York: Vintage, 1981.
Felt, Mark. *The FBI Pyramid*. New York: Putnam, 1979.
Keller, William. *The Liberals and J. Edgar Hoover*. Princeton, NJ: Princeton University Press, 1989.
Kelley, Clarence, and James Davis. *Kelley: The Story of an FBI Director*. Kansas City, MO: Andrews, McMeel & Parker, 1987.
Lamphere, Robert, and Tom Shactman. *The FBI-KGB War*. New York: Random House, 1986.
Look magazine editors. *The Story of the FBI*. New York: Dutton, 1947.
Lovegrove, Richard, and Tom Orwig. *The FBI*. New York: Brompton, 1989.
Lowenthal, Max. *The Federal Bureau of Investigation*. New York: Harcourt Brace Jovanovich, originally published by William Sloane, 1950.
Lynum, Curtis. *The FBI and I*. Bryn Mawr, PA: Dorrance, 1987.
Millspaugh, Arthur. *Crime Control by the National Government*. Washington, D.C.: Brookings Institution, 1937.
Mitgang, Herbert. *Dangerous Dossiers*. New York: Donald Fine, 1988.
Munves, James. *The FBI and the CIA*. New York: Harcourt Brace Jovanovich, 1975.
Nelson, Jack, and Ronald Ostrow. *The FBI and the Berrigans*. New York: Coward, McCann, 1972.
Ollestad, Norman. *Inside the FBI*. New York: Lyle Stuart, 1967.
O'Reilly, Kenneth. *Racial Matters*. New York: Macmillan Free Press, 1989.
Payne, Cril. *Deep Cover*. New York: Newsweek Books, 1979.
Purvis, Melvin. *American Agent*. Garden City, NY: Doubleday, Doran, 1936.
Robins, Natalie. *Alien Ink*. New York: Morrow, 1992.
Rosenfeld, Susan. *The History of the J. Edgar Hoover Building*. Washington, D.C.: FBI Office of Congressional and Public Affairs, 1987.
Schott, Joseph. *No Left Turns*. New York: Praeger, 1975.
Sullivan, William. *The Bureau: My Thirty Years in Hoover's FBI*. New York: Norton, 1979.
Theoharis, Athan. *Spying on Americans*. Philadelphia: Temple, 1978.
Tully, Andrew. *Inside the FBI*. New York: Dell, 1987.
Turner, William. *Hoover's FBI: The Men and the Myth*. Los Angeles: Sherbourne Press, 1970.

Turrou, Leon. *Where My Shadow Falls.* Garden City, NY: Doubleday, 1949.

Ungar, Sanford. *FBI.* Boston: Atlantic Monthly Press, 1975.

Villano, Anthony, and Gerald Astor. *Brick Agent.* New York: New York Times Books, 1977.

Watters, Pat, and Stephen Gillers, eds. *Investigating the FBI.* Garden City, NY: Doubleday, 1973.

Welch, Neil, and David Marston. *Inside Hoover's FBI.* New York: Doubleday, 1984.

Whitehead, Don. *The FBI Story.* New York: Random House, 1956.

Williams, David. *Without Understanding: The FBI and Political Surveillance 1908-1941.* Ann Arbor, MI: University Microfilms International, 1981.

Wright, Richard. *Whose FBI?.* LaSalle, IL: Open Court, 1974.

ZU DEN PRÄSIDENTEN BIS 1932

Hoover, Herbert. *Memoirs of Herbert Hoover: The Cabinet and the Presidency, 1920-23.* New York: Macmillan, 1952.

McCoy, Donald R. *Calvin Coolidge.* Lawrence: University Press of Kansas, 1988.

Morris, Edmund. *The Rise of Theodore Roosevelt.* New York: Ballantine Books, 1979.

Nash, Georg H. *The Life of Herbert Hoover.* New York: Norton, 1988.

Trani, Eugene, and David Wilson. *The Presidency of Warren G. Harding.* Lawrence: University Press of Kansas, 1977.

ZU FRANKLIN D. ROOSEVELT

Berle, Beatrice, and Travis Jacobs, eds. *Navigating the Rapids, 1918-71.* New York: Harcourt Brace Jovanovich, 1973.

Biddle, Francis. *In Brief Authority.* Garden City, NY: Doubleday, 1962.

Cook, Blanche Wiesen. *Eleanor Roosevelt,* vol. 1, 1884-1933. New York: Viking, 1992.

Freidel, Frank. *Franklin D. Roosevelt.* Boston: Little, Brown, 1990.

Gellman, Irwin. *Good Neighbor Diplomacy.* Baltimore: Johns Hopkins University Press, 1979.

Hull, Cordell. *Memoirs of Cordell Hull,* vol. 2. New York: Macmillan, 1948.

Ickes, Harold. *The Secret Diary of Harold L. Ickes, 1933-36.* New York: Simon & Schuster, 1953.

Lash, Joseph. *Eleanor and Franklin.* New York: Norton, 1971.

Lash, Joseph. *Love, Eleanor.* New York: Doubleday, 1982.

Littell, Norman. *My Roosevelt Years.* Seattle: University of Washington Press, 1987.

McClure, Ruth, ed. *Eleanor Roosevelt: An Eager Spirit, Letters of Dorothy Dow, 1933-45.* New York: Norton, 1984.

Moley, Raymond. *After Seven Years.* New York: Harper, 1939.
Morgan, Ted. *FDR.* New York: Simon & Schuster, 1985.
Sherwood, Robert. *Roosevelt and Hopkins.* New York: Bantam, 1950.

ZU HARRY S. TRUMAN

Daniels, Jonathan. *The Man from Independence.* New York: Lippincott, 1950.
Donovan, Robert J. *Conflict and Crisis.* New York: Norton, 1977.
Donovan, Robert J. *Tumultuous Years.* Toronto: McLeod, 1982.
Ferrell, Robert, ed. *Dear Bess: Letters from Harry to Bess Truman, 1910-59.* New York: Norton, 1983.
Ferrell, Robert, ed. *Off the Record: The Private Papers of Harry S. Truman.* New York: Harper & Row, 1980.
McCullough, David. *Truman.* New York: Simon & Schuster, 1992.
Miller, Merle. *Plain Speaking.* New York: Berkley, 1973.

ZU DWIGHT D. EISENHOWER

Brendon, Piers. *Ike.* New York: Harper & Row, 1986.
Miller, Merle. *Ike the Soldier.* New York: Putman, 1987.

ZU JOHN F. UND ROBERT KENNEDY

Beschloss, Michael. *The Crisis Years: Kennedy and Khrushchev, 1960-1963.* New York: HarperCollins, 1991.
Blair, Joan, and Clay Blair. *The Search for JFK.* New York: Putnam, 1974.
Bradlee, Benjamin. *Conversations with Kennedy.* New York: Pocket Books, 1976.
Davis, John. *The Kennedys: Dynasty and Disaster.* New York: S.P.I. Books, 1972.
Exner, Judith, with Ovid Demaris. *My Story.* New York: Grove Press, 1977.
Goodwin, Doris Kearns. *The Fitzgeralds and the Kennedys.* New York: St. Martin's Press, 1987.
Guthman, Edwin, and Jeffrey Shulman, eds. *Robert Kennedy: In His Own Words.* New York: Bantam, 1988.
Lasky, Victor. *It Didn't Start with Watergate.* New York: Dell 1977.
Lasky, Victor. *JFK: The Man and the Myth.* New York: Macmillan, 1963.
Lincoln, Evelyn. *Kennedy and Johnson.* New York: Holt, Rinehart, Winston, 1968.
Lincoln, Evelyn. *My Twelve Years with John F. Kennedy.* New York: David McKay, 1965.
Martin, Ralph. *A Hero for Our Time.* New York: Macmillan, 1983.
Navasky, Victor. *Kennedy Justice.* New York: Atheneum, 1971.

Parmet, Herbert. *Jack: The Struggles of John F. Kennedy.* New York: Dial Press, 1980.

Parmet, Herbert. *JFK: The Presidency of John F. Kennedy.* New York: Dial Press, 1983.

Reeves, Thomas. *A Question of Character.* New York: Free Press, 1991.

Salinger, Pierre. *With Kennedy.* Garden City, NY: Doubleday, 1966.

Schlesinger, Arthur M., Jr. *Robert Kennedy and His Times.* Boston: Houghton Mifflin, 1978.

Schlesinger, Arthur M., Jr. *A Thousand Days.* Boston: Houghton Mifflin, 1978.

Summers, Anthony. *Goddess: The Secret Lives of Marilyn Monroe.* New York: New American Library, 1986.

Summers, Anthony, and Stephen Dorril. *Honeytrap.* London: Weidenfeld & Nicolson, 1987.

White, Theodore H. *The Making of President, 1964.* New York: Atheneum, 1965.

Wofford, Harris. *Of Kennedys and Kings.* New York: Farrar, Straus & Giroux, 1980.

ZUR KENNEDY-VERSCHWÖRUNG

Blakey, Robert, and Richard Billings. *The Plot to Kill the President.* New York: Times Books, 1981.

Hoch, Paul. *The Oswald Papers: The FBI versus the Warren Commission.* Unpublished manuscript.

Manchester, William. *The Death of a President.* New York: Harper & Row, 1967.

Melanson, Philip. *Hypno Plot.* New York: Shapolsky, 1991.

Melanson, Philip. *The Robert F. Kennedy Assassination: Conspiracy and Cover-Up.* New York: Shapolsky, 1991.

Melanson, Philip. *Spy Saga.* New York: Praeger, 1990.

Scott, Peter Dale. *Dallas Conspiracy.* Unpublished manuscript.

Scott, Peter Dale, with Paul Hoch and Russell Stetler, eds. *The Assassinations: Dallas and Beyond.* New York: Vintage, 1976.

Summers, Anthony. *Conspiracy.* New York: Paragon House, 1989.

ZU LYNDON JOHNSON

Ball, George. *The Past Has Another Pattern.* New York: Norton, 1982.

Caro, Robert. *The Years of Lyndon Johnson, Means of Ascent.* New York: Alfred Knopf, 1990.

Caro, Robert. *The Years of Lyndon Johnson, The Path to Power.* New York: Alfred Knopf, 1982.

Goodwin, Richard. *Remembering America.* Boston: Little, Brown, 1988.

Haley, Evetts. *A Texan Looks at Lyndon.* Canyon, TX: Palo Duro Press, 1964.
Johnson, Lady Bird. *A White House Diary.* London: Weidenfeld & Nicholson, 1970.
Johnson, Lyndon. *The Vantage Point.* New York: Holt, Rinehart and Winston, 1971.
Kahl, Mary. *Ballot Box 13.* Jefferson, NC: McFarland, 1983.
Kearns, Doris. *Lyndon Johnson and the American Dream.* New York: Harper & Row, 1976.
Miller, Merle. *Lyndon.* New York: Putnam, 1980.

ZU RICHARD NIXON

Ehrlichman, John. *Witness to Power.* New York: Pocket Books, 1982.
Eisenhower, Julie. *Pat Nixon: The Untold Story.* New York: Zebra, 1986.
Haldeman, H. R. *The Ends of Power.* New York: Times Books, 1978.
Hersh, Seymour. *The Price of Power.* New York: Summit, 1983.
Kissinger, Henry. *White House Years.* Boston: Little, Brown, 1979.
Kissinger, Henry. *Years of Upheaval.* Boston: Little, Brown, 1982.
Morris, Roger. *Haig: The General's Progress.* New York: Playboy Press, 1982.
Morris, Roger. *Richard Milhous Nixon: The Rise of an American Politician.* New York: Henry Holt, 1990.
Nixon, Richard. *Memories of Richard Nixon,* vols. 1 and 2, New York: Grosset & Dunlap, 1978.
Nixon, Richard. *Six Crises.* Garden City, NY: Doubleday, 1962.
Oudes, Bruce, ed. *From: The President, Richard Nixon's Secret Files.* New York: Harper & Row, 1989.
Parmet, Herbert. *Richard Nixon and His America.* Boston: Little, Brown, 1990.
Wills, Garry. *Nixon Agonistes.* New York: New American Library, 1971.

ZU WATERGATE

Colodny, Len, and Robert Gettlin. *Silent Coup.* New York: St. Martin's Press, 1991.
Dean, John. *Blind Ambition.* New York: Simon & Schuster, 1976.
Hougan, Jim. *Secret Agenda.* New York: Morrow, 1978.
Hunt, Howard. *Undercover.* New York: Berkley, 1974.
Liddy, G. Gordon. *Will.* New York: St. Martin's Press, 1980.
Lukas, Anthony. *Nightmare.* London: Penguin, 1988.
McCord, James. *A Piece of Tape.* Rockville, MD: Washington Media Services, 1974.
Magruder, Jeb. *An American Life.* New York: Atheneum, 1974.

Miller, Marvin. *The Breaking of a President: The Nixon Connection.* Covina, CA: Classic, 1975.

ZUM GANGSTERTUM IN DEN DREISSIGERN

Cromie, Robert, and Joseph Pinkston. *Dillinger: A Short and Violent Life.* New York: McGraw-Hill, 1962.

Karpis, Alvin. *The Alvin Karpis Story.* New York: Coward, McCann & Geoghan, 1971.

Nash, Jay Robert. *The Dillinger Dossier.* Highland Park, IL: December Press, 1983.

Nash, Jay Robert, and Ron Offen. *Dillinger: Dead or Alive?.* Chicago: Henry Regnery, 1970.

Spiering, Frank. *The Man Who Got Capone.* New York: Bobbs-Merrill, 1976.

Toland, John. *The Dillinger Days.* New York: Random House, 1963.

ZUM ANTIKOMMUNISMUS

Belfrage, Cedric. *The American Inquisition.* New York: Thunder's Mouth Press, 1989.

Bentley, Eric, ed. *Thirty Years of Treason.* New York: Viking, 1971.

Bessie, Alvah. *Inquisition in Eden.* New York: Macmillan, 1965.

Caute, David. *The Great Fear.* New York: Simon & Schuster, 1978.

Cave Brown, Anthony, and Charles McDonald. *On a Field of Red.* New York: Putnam, 1981.

Ceplair, Larry, and Stephen Englund. *The Inquisition in Hollywood.* New York: Doubleday, 1980.

Cohn, Roy. *McCarthy.* New York: New American Library, 1968.

Crockett, Sam. *Frankfurter's Red Record.* New York: Christian Educational Association, 1961.

Goldman, Emma. *Living My Life.* New York: Knopf, 1931.

Hiss, Alger. *Recollections of a Life.* New York: Seaver, 1988.

Kahn, Gordon. *Hollywood on Trial.* New York: Boni & Gaer, 1948.

O'Reilly, Kenneth. *Hoover and the Un-Americans.* Philadelphia: Temple, 1983.

Oshinsky, David. *A Conspiracy So Immense.* New York: Free Press, 1983.

Post, Louis. *The Deportations Delirium of Nineteen-twenty.* New York: Da Capo, 1970.

Reeves, Thomas. *The Life and Times of Joe McCarthy.* New York: Stein & Day, 1982.

Schulz, Bud, and Ruth Schulz. *It Did Happen Here.* Berkeley: University of California Press, 1989.

Theoharis, Athan, ed. *Beyond the Hiss Case: The FBI, Congress, and the Cold War.* Philadelphia: Temple, 1982.

Vaughan, Robert. *Only Victims.* New York: Putnam, 1972.
Von Hoffman. *Nicholas. Citizen Cohn.* New York: Doubleday, 1988.
Weinstein, Allen. *Perjury.* New York: Knopf, 1978.
Zion, Sidney. *The Autobiography of Roy Cohn.* Secaucus, NJ: Lyle Stuart, 1988.

ZUM NACHRICHTENDIENST

Campbell, Rodney. *The Luciano Project.* New York: McGraw-Hill, 1977.
Cave Brown, Anthony. *„C": The Secret Life of Sir Stewart Menzies.* New York: Macmillan, 1987.
Cave Brown, Anthony. *The Last Hero.* New York: Times Books, 1982.
Corson, William. *The Armies of Ignorance.* New York: Dial Press, 1977.
Downes, Donald. *The Scarlet Thread.* London: Derek Verschoyle, 1953.
George, Willis. *Surreptitious Entry.* New York: Appleton-Century, 1946.
Hinsley, F. H., and C. A. G. Simkins. *British Intelligence in the Second World War.* London: HSMO, 1990.
Hougan, Jim. *Spooks.* New York: Morrow, 1978.
Hyde, H. Montgomery. *Room 3603.* London: Mayflower-Dell, 1964.
Hyde, H. Montgomery. *Secret Intelligence Agent.* London: Constable, 1982.
Knightley, Phillip. *The Second Oldest Profession.* London: André Deutsch, 1986.
Masterman, J. C. *The Double-Cross System.* St. Albans, UK: Panther, 1979.
Philby, Kim. *My Secret War.* New York: Grove Press, 1968.
Ranelagh, John. *The Agency.* New York: Simon & Schuster, 1986.
Smith, R. Harris. *OSS: The Secret History of America's First Central Intelligence Agency.* Berkeley: University of California Press, 1972.
Spindel, Bernard. *The Ominous Ear.* New York: Award House, 1968.
Stevenson, William. *Intrepid's Last Case.* New York: Ballantine, 1984.
Stevenson, William. *A Man Called Intrepid.* London: Macmillan, 1976.
Troy, Thomas. *Donovan and the CIA.* Frederick, MD: University Publications of America, 1981.
West, Nigel. *British Security Service Operations, 1909-1945.* London: Bodley Head, 1981.
Winks, Robin. *Cloak and Gown: Scholars and the Secret War.* New York: Morrow, 1987.
Wise, David. *The American Police State.* New York: Random House, 1976.
Wright, Peter. *Spycatcher.* New York: Viking, 1987.

ZUM ORGANISIERTEN VERBRECHEN

Bonanno, Joseph, and Sergio Lalli. *A Man of Honor.* New York: Simon & Schuster, 1983.
Brashler, William. *The Don.* New York: Ballantine Books, 1977.

Cressey, Donald. *Theft of a Nation.* New York: Harper & Row, 1969.
Davis, John. *Mafia Kingfish.* New York: McGraw-Hill, 1989.
Demaris, Ovid. *Captive City.* Secaucus, NJ: Lyle Stuart, 1969.
Demaris, Ovid. *The Last Mafioso.* New York: Times Books, 1981.
Dorman, Michael. *Payoff.* New York: David McKay, 1972.
Dorwart, Jeffrey. *Conflict of Duty.* Annapolis, MD: Naval Institute Press, 1983.
Eisenberg, Dennis, Uri Dan, and Eli Landau. *Meyer Lansky: Mogul of the Mob.* New York: Paddington Press, 1979.
Fox, Stephen. *Blood and Power: Organized Crime in Twentieth-Century America.* New York: Morrow, 1989.
Fried, Albert. *The Rise and Fall of the Jewish Gangster in America.* New York: Holt, Rinehart and Winston, 1980.
Giancana, Sam, and Chuck Giancana. *Double Cross.* New York: Warner, 1992.
Gosch, Martin, and Richard Hammer. *The Last Testament of Lucky Luciano.* Boston: Little, Brown, 1974.
Hargreaves, Robert. *Superpower: A Portrait of America in the Seventies.* New York: St. Martin's Press, 1973.
Katz, Leonhard. *Uncle Frank.* New York: Drake, 1973.
Kennedy, Robert. *The Enemy Within.* New York: Harper & Row, 1960.
Lacey, Robert. *Little Man.* Boston: Little, Brown, 1991.
Maas, Peter. *The Valachi Papers.* New York: Bantam, 1969.
Messick, Hank. *Lansky.* New York: Berkley Medallion, 1971.
Messick, Hank. *The Mob in Show Business.* New York: Pyramid Books, 1973.
Moldea, Dan. *Interference.* New York: Morrow, 1989.
Peterson, Virgil. *The Mob.* Ottawa, IL: Green Hill, 1983.
Rappleye, Charles, and Ed Becker. *All-American Mafioso.* New York: Doubleday, 1991.
Reid, Ed. *The Grim Reapers: The Anatomy of Organized Crime in America.* New York: Banatam, 1970.
Reid, Ed, and Ovid Damaris. *The Green Felt Jungle.* New York: Trident Press, 1963.
Roemer, William. *Man Against the Mob.* New York: Donald Fine 1989.
Samish, Art, and Bob Thomas. *The Secret Boss of California.* New York: Crown, 1971.
Sifakis, Carl. *The Mafia File from Accardo to Zwillman.* Wellingborough, UK: Equation, 1988.
Tully, Andrew. *Treasury Agent.* New York: Simon & Schuster, 1958.
Turkus, Burton, and Sid Feder. *Murder Inc.* New York: Farrar, Straus, Young, 1951.
Winter-Berger, Robert. *The Washington Pay-off.* Secaucus, NJ: Lyle Stuart, 1972.

Wolf, George, and Joseph DiMona. *Frank Costello: Prime Minister of the Underworld.* New York: Morrow, 1974.

ZU PSYCHOLOGIE UND SEXOLOGIE

Adorno, T. W. *The Authoritarian Personality.* New York: Norton, 1982.
Bland, Jed. *The Gender Paradox.* Derby, UK: Derby TV/TS Group, 1991.
Davison, Gerald, and John Neale. *Abnormal Psychology: An Experimental Clinical Approach,* 3rd edition. New York: John Wiley, 1982.
Eskapa, Roy. *Bizarre Sex.* London: Grafton, 1989.
Fromm, Erich. *The Anatomy of Human Destructiveness.* London: Pelican, 1987.
Isay, Richard A. *Being Homosexual.* New York: Farrar, Straus & Giroux, 1989.
Lloyd, Robin. *For Money or Love: Boy Prostitution in America.* New York: Vanguard Press, 1976.
Routledge, Leigh. *The Gay Book of Lists.* Boston: Aylson, 1987.
Scharss, David. *The Sexual Relationship: An Object Relations View of Sex and the Family.* New York: Routledge, 1982.
Skynner, Robin, and John Cleese. *Families and How to Survive Them.* Reading, UK: Cox & Wyman, 1983.
Tripp, C. A. *Homosexual Matrix.* New York: Meridian, 1987.

ZUM RASSISMUS

Abernathy, Ralph. *And the Walls Came Tumbling Down.* New York: Harper & Row, 1989.
Branch, Taylor. *Parting the Waters.* New York: Simon & Schuster, 1988.
Duberman, Martin. *Paul Robeson: A Biography.* New York: Ballantine Books, 1989.
Garrow, David. *Bearing the Cross.* New York: Morrow, 1986.
Garrow, David. *The FBI and Martin Luther King, Jr.* New York: Norton, 1981.
Huie, William Bradford. *Did the FBI Kill Martin Luther King?.* Nashville: Thomas Nelson, 1977.
Lane, Mark, and Dick Gregory. *Code Name „Zorro".* Englewood Cliffs, NJ: Prentice-Hall, 1977.
Melanson, Philip. *The Murkin Conspiracy.* New York: Praeger, 1989.
Raines, Howell. *My Soul Is Rested.* New York: Putnam, 1977.
Ray, James Earl. *Who Killed Martin Luther King?* Washington, D.C.: National Press Books, 1992.
Rowan, Carl. *Breaking Barriers.* Boston: Little, Brown, 1991.
Rowe, Gary Thomas. *My Undercover Years with the Ku Klux Klan.* New York: Bantam, 1976.

Weisberg, Harold. *Frame-Up.* New York: Outerbridge & Dienstfrey, 1971.
Williams, John. *The King God Didn't Save.* New York: Coward-McCann, 1970.
Wofford, Harris. *Of Kennedys and Kings.* New York: Farrar, Straus & Giroux, 1980.

OFFIZIELLE BERICHTE UND VERÖFFENTLICHUNGEN

Alleged Assassination Plots Involving Foreign Leaders. Interim Report of the Select Committee to Study Governmental Operations with Respect to Intelligence Activities, U.S. Senate, Washington D.C.: U.S. Government Printing Office, 1975. (Subsequent listings are also published by U.S. Government Printing Office.)

Hearings before Select Committee to Study Governmental Operations with Respect to Intelligence Activities of United States Senate, 94th Congress, 1st Session, vols. 2 (Huston Plan) and 6 (Federal Bureau of Investigation).

Hearings before Senate Committee on Presidential Campaign Activities, 93rd Congress, 1st Session (Watergate and Related Activities).

Hearings before Subcommittee on Civil and Constitutional Rights of the Committee on the Judiciary, House of Representatives, on FBI Oversight (Serial No. 2, Part III), 1976.

Hearings before Subcommittee of House Committee on Appropriations, Testimonies of J. Edgar Hoover, 1926-1972.

Inquiry into the Destruction of Former FBI Director J. Edgar Hoover's Files and FBI Recordkeeping, Hearings, House Government Information and Individual Rights Subcommittee on Government Operations, 1975.

Investigation of the Assassination of President John F. Kennedy: *Performance of the Intelligence Agencies.* Book V, Final Report of the Select Committee to Study Governmental Operations, with Respect to Intelligence Activities, U.S. Senate, 1976.

Report of the President's Commission on the Assassination of President John F. Kennedy, and twenty-six accompanying volumes of Hearings and Exhibits, 1964; published by U.S. Government Printing Office and also Doubleday, McGraw-Hill, Bantam, Popular Library and Associated Press, 1964.

Report of the Select Committee on Assassinations, U.S. House of Representatives, and twelve accompanying volumes of Hearings and Appendices (on Kennedy case as opposed to Martin Luther King assassination), 1979, published by U.S. Government Printing Office; and Report (only) by Bantam, New York, 1979, under title *The Final Assassinations Report.*

Supplementary Detailed Staff Reports on Intelligence Activities and the Rights of Americans, Book III, Final Report of the Select Committee to Study Governmental Activities, U.S. Senate, 1976.

REGISTER

Abernathy, Ralph 352, 356, 359-363
Abrams, Norma 228
Adonis, Joe 108, 218 f.
Agnew, Spiro 370, 432
Akerman, Nathaniel 418
Al Capone 217 f., 223
Al Hart 240
Albert, Carl 186
Aleman, Jose 324 f.
Alessio, John 414
Alexander, Jack 103 f.
Allen, George 132, 166, 173, 176, 227, 230
Allman, William 377
Alsop, Joseph 102, 272
Amos, James 60
Anastasia, Albert 237
Anderson, Jack 220, 267, 358, 391 f., 413, 416 f., 421 f., 425
Anderson, John 365
Anderson, Robert 176
Angleton, James 152, 234 f.
Anslinger, Harry 222
Arends, Leslie 192
Armbruster, Edward J. 47
Arnett, Peter 342
Arvad, Inga 256 ff., 260, 265
Auerbach, Richard 90

Babyface Nelson 10, 71, 74
Bacall, Lauren 157
Baker, Robert (Bobby) 224 f., 256, 259, 263, 288, 306 f., 315, 334
Baldwin, Roger 45
Ball, George 332, 340 f.
Banister, Guy 320-324
Barbara, Joe 237
Barker, Fred 74
Barker, Kate »Ma« 74
Barrow, James 62
Barry, Joan 159
Bates, Charles 303 f., 340,
357, 384
Battaglia, »lächelnde Gus« 261
Baughman, Frank 63, 420
Bayliss, Joseph 63
Beard, Dita 413, 416
Beck, Dave 275 f.
Becker, Ed 324 ff.
Beecher, William 397
Bell, Gordon 419 f.
Belmont, Alan 221
Bender, George 136, 189
Bennan, Charles 154
Bennett, Harry 108 f.
Bennett, James 222
Bentley, Elizabeth 160 f.
Berkman, Alexander 39
Berle Adolf 93, 113, 137, 147
Berle, Beatrice 93, 147
Berlin, Richard 305
Bernhard, Berl 355
Biddle, Francis 93, 109, 112 ff., 116, 137, 143
Bielaski, A. Bruce 29 f., 35 f.
Biffle, Leslie 136
Billingsley, Sherman 223, 231
Bircher, John 31
Black, Fred 315
Black, Hugo 196
Bland, George 326
Blodgett, Julian 325 f.
Blue, George 210
Bobak, Joe 248 f.
Bogard, Humphrey 157
Boggs, Hale 186, 197, 316, 395-398, 432
Boggs, Thomas 197 f., 316
Bompensiero, Frank 232
Bonanno, Joseph (Joe) 231, 261
Bonnie and Clyde 67
Boothe Luce, Clare 265
Boswell, William 282

Boyd, James 189
Braddock, Jim 86, 231
Bradlee, Ben 266 f., 287, 301, 310, 358
Branch, Taylor 309
Brennan, Charles 399
Bridges, Harry 114 ff.
Brinkley, David 342
Brooks, Lawrence 38, 393
Brossard, Chandler 86
Brown, Bernard 207
Brown, Madeleine 328, 334
Brown, Thad 295 f.
Brudner, Charlie »The Brud« 243
Bruno, Angelo 239
Bryant, Anita 84
Buchalter, Louis »Lepke« 229, 242
Buchanan, Patrick 393
Buchwad, Art 102
Buck, Pearl S. 158
Buckley jun., William F. 168
Buffalino, William 291
Bugas, John 109
Bullitt, William 93
Burger, Ernst 138 f.
Burger, Warren E 14
Burke, Frank 37, 39, 41
Burns, John 133
Burns, William 42, 44, 60
Burton, George 143 f.
Burton, Harold 28, 196 f.
Byars jun., Billy 272, 328, 378
Byars, Billy 176, 255, 328, 420

Cabot Lodge, Henry 258
Cain, Effie 90
Caldwell, Erskine 158
Callahan, Nicholas 190, 215
Calomaris, Anthony 298, 428 f.

Camil, Scott 381
Campbell, Judith 261 f., 279, 283-286, 293, 296 f., 305 f.
Campisi, Joseph 327
Capote, Truman 82, 158
Carr, Waggoner 317
Carroll, Joseph 305
Carter, Thomas 208
Casey, Lee 103
Cassini, Igor 267
Caulfield, John 408, 411
Celler, Emanuel 194, 244
Cellura, Leo 108
Chambers, Whittaker 161 f.
Chang, Suzy 304 f.
Chapin, Dwight 376
Chaplin, Charlie 159 f.
Choisser, Robert 424
Chruschtschow, Nikita Sergejewitsch 177
Churchill, Randolph 119
Churchill, Winston 118 f., 136
Civello, Joseph 327
Clark, Leo 344
Clark, Mark 385
Clark, Ramsey 203 f., 369, 377, 393
Clark, Tom 350
Clark, Wilbur 233
Clark, William 95
Clausen, Henry 133
Clifford, Clark 155
Clifford, Clark 343
Coffman, Barbara 174
Cohen, Larry 410
Cohen, Richard 444
Cohn, Roy 182 ff., 200 ff., 242-248, 272, 305, 421
Colby, Anita 76, 88, 90
Collier, Rex 102
Collins, Patricia 41
Colson, Charles 407 f., 415, 413, 418, 425, 428
Connally, John 300, 371
Connelley, Earl 124 f.
Cook, Blanche 142
Coolidge, Calvin 64
Cooper, Courtney Ryley 82
Cooper, Gary 156
Coplon, Judith 166 f.
Corcoran, Jimmy G.C. 83 f.,
116, 149, 196
Corso, Philip 319
Costello, Frank 217-220, 222 f., 228-231, 233, 237-240, 253, 324
Courtney, Max 243
Cowley, Sam 72 f.
Crawford, James 60 f., 350, 423
Crolla, Edidio 233
Cronin, John 162 f.
Crosby, Bing 91
Croswell, Edgar 237
Crown, Henry 219
Cummings, Homer 66 f. 99, 107
Curtis, Tony 277
Cushing 272
Cutler, Lloyd 138 f.

D'Anna, Tony 108
Danoff, John 292
Dasch, George 138 f.
Daugherty, Harry 41, 45
Daulyton, Edna 86, 141, 190, 261
Davidson, Irving 225, 327
Davis, Angela 95
Davy, Dorothy 16, 18 f., 22, 24
De Toldedano, Ralph 177
De Voto, Bernard 167
Dean, John 390, 408, 413, 415, 425, 435 ff.
Dean, Patrick 327
DeDiego, Felipe 418 f.
DeLoach, Cartha »Deke« 32, 79, 90, 199, 202, 204, 213, 226, 241 f., 256, 260, 266 f., 269, 285, 290, 294, 296, 315, 319, 335 f., 338 ff., 342 ff., 345 f., 353, 357 ff., 363, 369, 389 f., 392, 405, 421, 433, 435
Dewey, Thomas 150, 164 f., 190, 218, 229, 245
Diamond, Joe 429
Dickason, Denis 41
Dickinson, Angie 288 ff.
Dillinger, John 10, 67, 71-74, 76, 105 f., 218, 332

Dirksen, Everett 308
Disano, Eduardo 228
Disney, Walt 156
Dixson, John 248
Dodd, Thomas 189
Dodge. Franklin 63
Dolan, Joe 272, 280, 300
Dondero, George 170
Donovan, William 121 f., 127, 130, 136 ff., 150 f., 235 f.
Douglas, William 196
Dowd, John 181, 214 ff.
Dowdy, John 198
Downes, Donald 137
Doyle, Jim 78
Dragna, Louis 232
Drew, John 223 f.
Dufty, William 348
Duggan, Laurence 161
Duncan-Schwestern 152
Dunphy, John 215
Dunson, George 80
Dutch Schultz, Edgar 217 f.

Eakins, Henry 186
Early, Steve 131
Eastland, James 355
Ehrlichman, John 370, 374-377, 400, 402, 404 ff., 408 ff., 412, 425, 427 f.
Einstein, Albert 158 f.
Eisenhower, Dwight D. 11, 117, 146, 173, 175 ff., 182, 184, 251, 254, 312
Elliott, Charles 391 f.
Ellis, Charles 127
Ellsberg, Daniel 11, 398, 407, 409 f., 412, 417
Elson Edward 27, 154
Engels, Friedrich 37
Ennis, Edward 113
Erickson, Frank 230
Ernst, Morris 169
Ervin, Sam 194 f.
Eskridge, Duane 130 f.
Evans, Courtney 279, 298 ff., 303 ff., 314, 336

Factor, John 69
Farley, James 66, 113, 116

Felt, Mark 271, 317, 401, 430 f., 433
Fennell, Margaret 20, 23 f., 33 f,. 43, 435
Fensterwald, Bernard 198 f.
Ferrie, David 321 ff.
Ferry, W.H 297
Fidel Castro 279, 283, 320, 323, 357
Fields, Annie 423, 428 ff.
Fields, W.C. 140
Fischetti, Joe 262
Flanagan, Francis 208
Fleming, Ian 122, 127
Fletcher, Howard 207
Fly, James 98, 114, 134 f.
Flynn, William 37, 39
Fonda, Jane 381
Fong, Hiram 198
Fooner, Michael 63
Forbes, Arthur 92, 178 f.
Forbes, Mara 92
Ford, Gerald 203, 315, 365, 443
Fortas, Abe 196, 345
Foster, Wallace 66
Fowler, Jeff 21
Foxworth, Percy »Sam« 124 ff.
Frankfurter, Felix 39 f., 196
Franklin, Benjamin 18
Frasca, Dom 303
Fratianno, Jimmy »Das Wiesel« 231 f.
Frazier, Mark 417 ff.
Freud, Sigmund 29
Fromm, Erich 441
Fulbright, William 342 f.

Gable, Clark 70, 348
Gabor, Zsa Zsa 178
Gale, Gustave 85
Gallagher, Cornelius 200-204, 426
Gandy, Helen 32 f., 68 f., 71, 79, 141, 146, 170, 190, 257, 271, 311, 349, 389, 405, 422 f., 427, 430 f., 435
Gardner 193 f.
Garrison, Jim 234, 322
Garvan, Francis 37, 67

Garvey, Marcus 351
Gary, Romain 384
Gaxton, William 28
Genovese, Vito 219, 224
Gerstein, Richard 419
Giancana, Chuck 285, 294, 324
Giancana, Sam 224, 230, 240, 251, 261 f., 276, 278 f., 283, 286, 291 f., 294, 323,
Gibbons, Nelson 209 f.
Gill, Michael 192
Gill, Wray 323
Goldman, Emma 38 f.
Goldwater, Barry 101, 195, 345 f., 370
Golos, Jacob 161
Goodelman, Leon 115 f.
Goodwin, Richard 335, 337, 341, 354
Gould, Robert 240
Gouzenko, Igor 161
Göring, Hermann 256, 265
Gray, Francis 20, 22
Gray, Patrick L. 429 f., 436, 438
Greene, Graham 127
Greenson, Ralph 295
Gregory, Dick 13, 385
Griffin, Burt 316, 323
Griffin, Joseph 92
Gronau, Baron 124, 129
Grove, Dan 372 f.
Grunewald, Henry 84
Guest, Edgar 29
Gunsser, Albert 182
Gurfein, Murray 235

Haber, Joyce 384
Haig, Alexander 375
Haldeman, H.R. 370, 374, 376, 387 f., 397, 406, 412, 418 f., 425, 427, 437
Halifax, Lord 137
Hall, William E. 342
Hamill, Pete 232
Hamilton, James 296
Hamm jun., William 69
Hammett, Dashiell 158
Hampton, Fred 385
Harding, Warren Gamaliel 41
Hardy, Robert 382
Harlan, John 196
Harris, Curly 85, 230 f.
Hauptmann, Richard 65
Hauser, Joseph 324
Hay, Harry 84
Hayden, Sterling 157
Hearst, Randolph 304
Held, Richard 383 f.
Hellman, Lilian 158
Helm, Edith 141 f.
Helms, Richard 152, 194
Helpern, Milton 424 f.
Hemingway, Ernest 158
Hemingway, Mary 158
Henle, Raymond 100
Hepburn, Katharine 157
Herbers, John 358
Hess, Karl 101
Hewitt, Raymond 383 f.
Hickenlooper, Bourke 170
Hickok, Lorena 142
Higgins, Marguerite 342
Higham, Charles 93
Higman, Howard 168
Himmler, Heinrich 440 f.
Hiss, Alger 156, 161-164
Hitler, Adolf 106, 110, 122, 138, 148, 256, 265
Hitz, Bill 29
Hitz, John 18
Hochstein, Philip 267
Hoffa, Jimmy 199 f., 224, 261, 276, 278, 291 f., 294, 324
Holiday, Billie 348
Holt, Henry 180
Hood, Richard 156
Hoover jun., Dickerson 18 f., 27, 34, 42, 63
Hoover sen., Dickerson 16 ff., 23 f.,439
Hoover, Anna 16 ff., 27, 33 f.,42, 44, 88 f., 118, 439
Hoover, Herbert 41, 44, 46, 64, 66, 227
Hoover, John E. 27
Hoover, Lilian 17 f.
Hoover, Sadie 17
Hoover, Virginia 27
Hope, Bob 91

Horan, James 303
Hosty, James 316 f.
Hottel, Guy 82, 86, 89, 150, 175
Houston, Leonore 57
Howard, Bill 91
Howard, John 91
Hughes, Howard 56
Hughes, John 240
Hull, Gordell 106
Hummer, Ed 163
Humphrey, Hubert 254, 346, 360, 369
Humphries, Murray »Das Kamel« 225
Hundley, William 181, 223, 229, 271, 300, 330
Hunt, Howard 408 f., 416 ff., 428
Huston, John 157
Huston, Luther 277
Huston, Tom 387-390
Hutchins, Robert 168
Huxley, Aldous 158
Hyde, Montgomery 127, 135

Ickes, Harold 92 f., 111 f.
Irey, Elmer 65
Iwanow, Jewgenj 301

Jackson, Robert 109-112, 114, 196
Jay, John 210
Jaycoy, Earl 198
Jebsen, Johann 123 f., 129, 135
Jenkins, Herbert 356
Jenkins, Walter 344 ff., 353
Jenkins, William 344
Jenner, William 192
Johnson, Lyndon B. 14, 117, 195, 197, 223, 226, 244, 254 ff., 259 ff., 263 ff., 273, 288, 306, 312 f., 327 f., 331-347, 351, 354 f., 357 f., 365, 369 ff., 394
Johnson, Marlin 385
Jones, Lawrence »Biff« 20

Kalb, Marvin 397, 417
Kane, William 279
Karpis, Alvin »Kriecher« 10, 99
Kater Florence 258 f., 273
Kater, Leonard 258 f.
Katzenbach, Nicholas 299, 316, 333, 358
Kaufman, Sidney 32
Keenan, Joseph 136
Kefauver, Estes 185, 220 f.
Kellam, Jesse 334
Kelley, Clarence 127, 365, 438
Kelly, Kathryn 70
Kendall, Donald 389
Kennedy, Edward 186, 365 f., 408, 432
Kennedy, Jacqueline 266, 354
Kennedy, John 13, 15, 62, 117, 192, 254, 256-270, 274, 278, 281, 282-293, 301-308, 311 f., 314, 324 f., 330, 332, 334, 338, 350, 352, 354, 365, 371
Kennedy, Joseph 251 f., 256, 260 f., 265, 273, 276, 281, 286
Kennedy, Kathleen 257
Kennedy, Robert 13, 61 f., 200, 251, 261 ff., 265, 268-275, 277 ff.,282 f., 283, 292-295, 298-304, 306-311, 314, 316, 323 ff., 330, 337 ff., 341, 343 f., 352, 354, 365 f., 376, 393, 426
Kerr, Jean 173, 182
Ketchum, Charlton 136
King, Coretta 360 f., 363, 433
King, Martin Luther 13, 93, 201, 302, 306, 309, 347 f., 351-365, 368, 375 ff., 393
Kissinger, Henry 375, 396 f., 403, 407
Kleindienst, Richard 392, 397 f., 403, 429 f., 432
Klurfeld, Herman 85, 164, 230
Knebel, Fletcher 33, 101
Knight, Frances 319

Knowland,William 256
Knutson, Harold 190
Koch, Norman 193
Kohn, Aaron 321
Konigsberg, Kayo 202 f.
Koras, Bill 312
Kovolick, Phil »Der Stock« 227
Kraft, Joseph 342, 397
Kraslow, David 179, 358
Krebs, Charles 378 f.
Kremer von Auenrode 123 f., 129
Krock, Arthur 257
Krogh, Egil 380, 408 f., 416, 425 f.
Krupa, Gene 86

La Verne Duffy 308
Ladd, D.M 221
LaMare, Chester 108
Lambert, William (Bill) 204, 338 f.
Lamour, Dorothy 91 f.
Lanman, Charles 125
Lansky, Jake 240
Lansky, Meyer 13, 218 ff., 222 f., 227, 229, 231-236, 239-242, 250, 261, 329
LaRue, Fred 410
LaRue, Ike 410
Lash, Joseph 142-147
Lash, Trude 146 f.
Lawford, Peter 279, 290-296, 301
Layton, Edwin 129
Lenin 37
Leroy 207 f.
Levine, Jack 59, 61 f.
Levinson, Ed 223
Lewis, Aubrey 62
Lewis, Sinclair 158
Liddell, Guy 126
Liddy, Gordon 141, 193 f., 274, 291, 415-418, 427, 430, 408 ff.
Lief, Harold 95, 440 f., 443
Lilley, Julius 78
Lincoln, Abraham 10, 15, 17, 393
Lincoln, Evelyn 264 f., 271 f., 286

Lindbergh, Charles 64
Linsey, Joe 240
Lippmann, Walter 102, 343, 346
Lisagor, Peter 342
Littell, Norman 110, 116
Liu, Marianna 371-374, 377
Lockerman, Doris 74
Lombardozzi, Carmine »Der Doktor« 217, 230
Long, Edgar 198 ff., 204
Longy Zwillman 217
Lowenthal, John 170
Lowenthal, Max 169 ff.
Luciano, Charles »Lucky« 217 ff., 229
Ludlum, Robert 81
Luke, James 424
Lynum, Curtis 149, 189
Lyons, Eugene 359

MacMillan, Chloe 128
Macmillan, Harold 302 ff.
Madden, Owney »dem Killer« 222, 231
Magruder, Jeb 415
Maguire, Andrew 431
Mailer, Normen 13
Malcolm X 351
Malcolm, Durie 286 f.
Malnik, Alvina 329 f.
Malone, John 209, 211
Manchester, William 332, 380
Mann, Thomas 158
Mansfield, Mike 186, 308
Mantle, Micky 337
Marcello, Carlos 224 f., 232, 261, 278, 322-327, 329 f.
Mardian, Robert 58 f., 227, 346, 397-400, 402 ff., 407
Margenau, Henry 167
Marion, Frances 90
Marro, Anthony 431
Marshall, Burke 358
Martin, Dwight 59
Martin, Jack 321
Marvin, Langdon 258
Marx, Karl 29, 37
Marx, Louis 398 f.
Maschinengewehr-Kelly, George 10, 67, 69 f., 72,
106,
Masterman, John 127, 129
May, Elizabeth 201
Mayfield, Irving 133
McCarthy, Joseph 38, 53, 172-176, 182-185, 347, 421
McClanahan, Dub 224
McCone, John 305
McCord, James 410, 412, 414
McCormack, John 66, 188
McCoy, Ronald 257
McGaughey, Robert 163
McGovern, George 186, 394 f.
McGrath, Howard 94, 171
McGuire, Phyllis 278 f.
McKellar, Kenneth 66, 98 f.
McKinley, William 39
McKinnon, George 190
McLairen, Leo 27, 48, 60 f., 90
McLaughlin, Edward 240
McNamara, Robert Strange 300, 305, 341
McWilliams, Carey 102
Melish, William 169
Melvin, Alston 75
Menhinick, George 64
Menzies, Steward 123, 127 f.
Merman, Ethel 84
Messersmith, George 121
Messick, Hank 227, 233, 422, 425
Michaelson, George 29 f.
Miller, Arthur 158, 290
Miller, Earl 142
Miller, Merle 166
Miller, Pooch, 81
Mills, Wilbur 186
Mintenner, Bradshaw 155 f.
Mitchell, John 370, 375 f., 392, 397, 402 f., 405 f., 411 ff., 415, 425, 427, 432
Mitchum, Robert 62
Mohr, John 180, 215, 429 f. 433, 435
Mohrenschildt, George de 327
Mollenhoff, Clark 307

Money, John 95, 442
Monroe, Joe 117
Monroe, Marilyn 262, 288, 290-298, 305
Monsky, Mark 304, 359
Montagu, Ewen 128, 135
Montoya, Joseph 197
Moore, Gordon 176
Moore, Henry 158
Moore, Roy 213
Morgan, Ted 141
Morgenthau, Henry 161
Morgenthau, Robert 181
Morrison, James 192
Morse, Wayne 197
Morton, Thruston 195
Moyers, Bill 337, 345
Mundt, Karl 163, 186
Murchison jun., Clint 224, 327
Murchison, Clint 84, 174-184, 214, 224-227, 255 f., 339, 369, 410, 419 f.
Murphy, Frank 110, 196
Murphy, George 105
Murray, Eunice 294
Murret, Dutz 323
Murtagh, Arthur 62 f., 194, 212 f., 350, 364
Muskie, Edmund 395, 416
Mussolini, Benito 148

Nash, Jay Robert 73, 422
Nellis, Joseph 220
Nelson, Jack 102
Newberger, Maurice 197
Nichols, Bill 180
Nichols, J. Edgar 137
Nichols, Louis »Nick der Grieche« 52, 82, 99-102, 117, 137, 146, 162-165, 168, 170, 180, 241, 243 f., 369, 438
Niles, Dave 166
Nixon, Richard 9-12, 93, 116 f., 155 f., 162 f., 173 f., 178, 184, 192, 195, 227, 254 f., 272, 287, 346, 366, 368, 370-377, 380, 386 ff., 393 f., 396-400, 402-411, 413, 417 ff., 423, 425, 427 f., 432,

489

435-338, 443
Noisette, Sam 60, 348, 350
Norman, Terence F. 380
Norris, George 111
Novel, Gordon 234 f.
Nowotny, Mariella 301 f., 304 f.
Noyes, Newbold 359

O'Brian, Barney 202
O'Brian, Lord John 30 f., 35, 40
O'Donnell, Kenneth 265 f., 270, 272, 274, 283, 300 f., 314
O'Farrell, Val 66
O'Hara, John 158
O'Keeffe, Georgia 158
O'Leary, Jeremiah 100 f.
O'Neill, Tip 226
Odet, Clifford 157
Ogilvie, Richard 237 f.
Ollestad, Norman 47, 300
Olney, Warren 188, 315
Osten, Ulrich von der 126 f.
Oswald, Lee Harvey 313 f., 316-324, 327 f.
Oswald, Marina 318
Otash, Fred 250
Otepka, Otto 318
Owen, David 175

Paine, Ruth 316
Palmer, Mitchell 36 f., 39, 40 f., 65
Pankhurst, Emmeline 29
Papich, Sam 386, 389
Parker, Dorothy 158
Pasternak, Joe 84
Patterson, Eugene 359
Paul VI. 356
Payne, Cyril 58, 317, 433
Pearson, Drew 101, 131, 275, 282
Pecora, Nofio 323
Pendergast, Tom 150, 165
Phillips, David 313
Picasso, Pablo 158
Pierce, Samuel 353
Piper, Erwin 49
Pitchess, Pete 219, 370 f.

Pollock, Seymour 231 ff.
Popov, Dusan »Dusko« 122-128, 130, 135, 159
Post, Louis 39
Powers, David 310, 314
Pratt, Elmer »Geronimo« 386
Pratt, Trude 144 ff.
Pretty Boy Floyd 67, 74, 332
Profumo, John 301-305, 308
Prokofjew, Sergej 156
Purdom, Alicia 273, 300
Purdom, Edmund 273
Purvis, Joseph 193
Purvis, Melvin 68 ff., 72-76

Ragano, Frank 324
Ragen, James 219
Ramussen, Howard 381
Rankin, Lee 315, 317 f.
Rather, Dan 417
Rauh, Joseph 40, 350
Ray, James Earl 362 ff.
Rayburn, Sam 176
Reagan, Neil 157
Reagan, Ronald 157, 353, 432
Rebozo, Bebe 371 f., 373
Reburn, William 428, 434
Redline, Leland 181
Reed, John 29
Reed, Stanley 196
Reedy, George 333, 337
Reid, Ed 325 f.
Remington, William 161
Resnick, Irving »Ash« 232
Reuss, Henry 395
Reuther, Walter 108
Ribicoff, Abraham 186
Richardson, Sid 174-177, 180, 226, 255, 420
Richey, Lawrence 44
Riddle, Donald 211
Ripley, Robert »Glaubt es oder nicht« 103
Ritter, Red 243
Roberts, Chuck 287
Roberts, Delphine 321
Robertson T. A. »Tar« 122 f., 124, 126
Robeson, Paul 351
Robinette, Fred 18, 436

Rockefeller, Nelson 192, 360
Rockwell, Lincoln 174
Roemer, William (Bill) 219, 251, 278 f., 330
Roethke, Theodore 13
Rogers, Ginger 89 f.
Rogers, Lela 89 f., 156 f., 251
Rogers, William 176, 237
Rogovin, Mitchell 14, 204
Rometsch, Ellen 306-310, 334
Rooney, John 187 f., 201, 206, 335, 356, 432, 436
Roosevelt jun., Franklin 146
Roosevelt, Alice 18
Roosevelt, Anna 146
Roosevelt, Eleonor 105, 140-147
Roosevelt, Franklin D. 10, 17, 53, 60, 65 ff., 92, 98, 103, 105-108, 110-114, 116-119 121, 126, 128, 136, 139, 141, 147-150, 161, 177, 253, 270
Roselli, John (Johnny) 224, 232, 261, 278, 283, 324
Rosenstiel, Lewis Solon 217, 238-247, 250, 253, 369, 420, 422
Rosenstiel, Susan 239 ff., 243-247, 249 f.
Ross, Charlie 166
Ross-Smith, A. M. 137
Rowan, Carl 356
Rowe, James 93
Rowland, Herbert 121
Royko, Mike 358
Ruby, Jack 313, 317 f., 323, 327 f.
Ruch, George 37 f., 46, 82
Ruffin, Marshall G. de 95 f., 153, 392
Ruffin, Monteen de 95 f.
Rusk, Dean 203
Russel, Bertrand 29
Russel, Richard 315, 319
Rustin, Bayard 356, 360
Ryan, Ray 223

Sage, Anna 72 f.
Salerno, Ralph 188
Salinger, Pierre 263, 273 f., 287
Salisbury, Harrison 109, 342
Salk 158
Samish, Art 224, 240
Sandburg, Carl 158
Saroyan, William 158
Savage, James 39, 41
Scalise, Frank 237
Scalise, Joseph 237
Schiff, Dorothy 194
Schine, David 183
Schine, Myer 183
Schlei, Norbert 313
Schlesinger jun., Arthur 222
Schlesinger, Arthur 283
Schott, Joseph 91
Schumacher, Dick 289
Schwartz, Abba 301
Schwartzkopf, Lucy 193
Scranton, Paul 325
Seberg, Jean 383 f.
Seigenthaler, John 272
Service, Robert 29
Shaheen, Michael 215
Shainus, Aaron 81
Shanahan, Edwin 50
Shanklin, Gordon 317
Shaw, George Bernhard 29
Shaw, Irwing 158
Shaw, Jack 207, 209-212, 394
Shaw, May 210
Shimon, Joseph (Joe) 80, 83 f.
Shivers, Robert 131 ff.
Sidey, Hugh 274, 333
Siegel, Bugsy 217, 219, 223, 233
Silberman, Laurence 197, 341
Simon, Simone 125
Simon, William 294
Sirhan 366
Skillman, Dorothy 431
Smathers, George 195, 262, 346
Smith, Allen 156
Smith, Arnholt 414
Smith, Don 379
Smith, Gerald 109

Smith, Harold 150
Smith, Hedrick 397
Smith, Holland 226
Smith, Marvin 161
Smith, Raymond 430
Smith, Sandy 203 f.
Smith, Walter Bedell 152
Sokolsky, George »Sok« 182, 242, 244
Sorensen, Theodore 283
Spellman, Francis 154, 240, 245, 247, 356
Spindel, Bernard 198
Spock, Benjamin 13, 433
Sprague, Peter 181
Stalin 106, 110
Starsky, Morris 381
Steelman, John 149
Stegall, Mildred. 342, 345
Steinbeck, John 158
Stephens, David 21 f., 28
Stephenson, William 118-122, 127 ff., 137
Stevenson, Adlai 93, 175, 186, 252, 254, 272
Steward, Potter 196
Stewart, Jimmy 102
Stimson, Henry 121, 139
Stone, Harlan 44 f., 46
Stout, Rex 158
Strauss, Robert 417
Stricker, Sidney 241
Strider, Jesse 60
Stuart, Luisa 85 f.
Stukenbroeker, Fern 180
Sturgis, Frank 419
Sullivan, William 12, 21, 24, 26, 41, 95, 103, 105, 112, 141, 147, 149 f., 152, 162, 164 f., 171, 173, 180, 182, 184, 187, 189, 195, 212 f., 238, 259, 269 f., 304, 315, 317, 319, 331, 333, 345, 353, 355, 358, 361 ff., 365, 372 f., 377, 389 f., 397-400, 403, 407, 410 f., 436 f.
Summersby, Kay 177
Surine, Donald 173, 176 f.
Suydam, Henry 99
Swearingen, Wesley 117, 385
Szulc, Tad 409, 417

Taylor, Elizabeth 178
Taylor, Henry 287 f.
Taylor, Robert 156
Tearlsey, Amos M. 192
Temple, Shirley 165
Theoharis, Athan 431
Thomas, Bill 384
Thomas, Parnell 155
Thompson, Bill 306
Thompson, Malvina 141
Thompson, Malvina 144
Tiarks, Rober 296
Tocco, Joe 108
Tolson, Clyde Anderson 77-82, 84-89, 91, 94, 98 ff., 102, 111, 118 ff., 125, 133, 139, 140, 164, 172, 177-183, 207, 212, 214 f., 218, 223, 225, 231-235, 242 f., 248, 253, 255 ff., 266, 270, 312, 335, 358, 362, 365, 367, 369, 374 f., 378 f., 389 f., 392, 395, 397, 404, 419 f., 423 f., 427, 431, 433, 435-438
Torrio 217
Trafficante, Santos 240, 322-326
Trahern, Conrad 191, 193
Trimble, John 64 f.
Trohan, Walter 112, 173, 194, 374
Troy, Thomas 127
Truman, Harry S. 11, 116, 148-151, 155 f., 160 ff., 164-167, 169, 171 f., 174, 196, 253, 312
Tucker, Ray 81
Tujague, Gerard 320
Tully, Andrew 411 f., 419
Tunney, Gene 118 f.
Tuohy, Roger der Schreckliche 69, 75
Turner, William 221, 251
Turnure, Pamela 258 f., 273, 288, 300
Turrou, Leon 47
Tyler, Harold 61, 214

Urschel, Charles 69

Valentino Rudolph 348
Valera, Eamon de 58
Van Buren, Ernestine 179 f.
Van Deman, Ralph 121
Van Derbur, Marylin 168
Van Hoesen, John 434
Vandenberg 190
Vaughan, Harry 149 f.
Velde, Harold 192
Vidal, Gore 267, 349
Villano, Anthony 221, 251
Viner, Harry 80
Vinson, Frederick 196
Volkogonov, Dimitri 163

Wainwright Loudon 331
Wallace, George 368
Wallace, Henry 101, 105
Walsh, Thomas 53, 65
Walton, Bill 266
Warner, Jack 102
Warren, Earl 196, 313, 315
Warren, Raymond 377
Watson, Edwin 129
Watson, Marvin 328, 339, 342
Watson, Philip 293
Watt, Robert 106
Watt, Ruth 173
Wayne, John 178
Webb, Del 223

Webb, Thomas (Tom) 224 f., 327, 419
Webster, William 438
Wechsler, James 101 f.
Weicker, Lowell 186, 417
Weisman, Lawrence 202
Weiss, Jesse 223, 241, 329 f.,
Weitz, John 234 f.
Welch, Neil 220, 222, 393, 434
Welles, Summer 92 f., 147
Welton, Richard 424
Wessel, Milton 238
Whidbee, Harry 178, 314
White, E. B. 158
White, Harry Dexter 161
White, Theodore 341, 346
Whitsun, Lish 361
Whittaker, Kenneth 58, 278, 373, 411
Wicker, Tom 102
Wickman, Joe 93
William Hitz 27 f.
Williams, Edward Bennett 229
Williams, John 307 f.
Williams, Marcia 340
Williams, Tennessee 158
Wilson, Donald 364
Wilson, Harold 340 f.
Wilson, Woodrow 22, 29 f.

Winchell, Walter 85, 89, 131, 164, 182, 222 f., 228-231, 252, 287 f., 298, 420
Winstead, Charles 103
Winter-Berger, Robert 188
Witwer, Alan 179, 224, 226 f., 339
Woods, Joseph I. 192, 411
Woods, Rose Mary 376, 411
Wright, Orville 19
Wright, Peter 206

Yarborough, Ralph 197
Yarmolinsky, Adam 300
Yochelson, Leon 345
Young, Andrew 364
Young, David 408
Young, Homer 290
Young, Stephen 342
Young, Vash 29
Younger, Evelle J. 116

Zanuck, Darryl 75
Zicarelli, »Bayonne Joe« 201 ff.
Ziegler, Ron 412
Ziegler, Ron 412
Zioncheck, Marion 99

BILDNACHWEIS

National Archives: 1, 2, 3, 10, 17, 19, 25, 34, 35
FBI: 4
Bilderdienst Süddeutscher Verlag: 9, 18, 20, 23, 26, 28, 30, 33
AP/Wide World Photos: 8, 32, 36
UPI/Bettmann Newsphotos: 11, 12, 21, 29
C. Murchison Memorial Library: 24
Life Magazine© Time Warner, Inc. :   27
New York Daily News: 22
Hong Kong Hilton: 31
Gandy Family Collection: 6
Popov Collection: 13
The New York Times: 16
Historical Pictures/Stock Montage: 14

„Mit einem gewissen Recht kann man dieses Buch als erste globale Geschichte des Zweiten Weltkriegs aus deutscher Feder bezeichnen. Es setzt der bisher dominierenden Denkschule von ‚Hitlers Krieg' die neue Denkschule von ‚Roosevelts Krieg' entgegen."

HERBIG

Dieses Buch löst das Rätsel von Pearl Harbor erstmals durch systematische Analyse des Konzepts von Politik und Kriegführung, das Roosevelt gegenüber den Achsenmächten von 1937 bis 1945 verfolgt hat.

"Wäre der Kommunismus nicht an den eigenen Geburtsfehlern zugrunde gegangen, die Bundesrepublik Deutschland und ihre Gesellschaft hätten auf Dauer den kommunistischen Lockungen nicht widerstanden."

Langen Müller

Wem gehört das Verdienst an der Wiedervereinigung? Hatte man in der Bundesrepublik unverdrossen auf das von der Verfassung vorgegebene Ziel „Einheit in Freiheit" hingearbeitet oder es abgeschrieben, zumindest aus den Augen verloren?